全国机动车检测维修专业技术人员职业水平考试用书

机动车整形技术
（检测维修工程师）
——机动车钣金维修

交通运输部职业资格中心 编

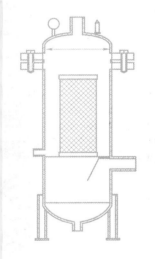

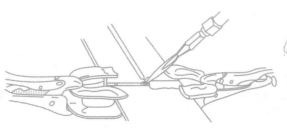
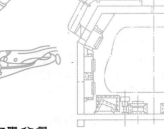

人民交通出版社股份有限公司
China Communications Press Co.,Ltd.

内 容 提 要

本书包括基础知识篇、专业技术篇、实务篇、案例分析篇、练习篇,主要介绍了机动车检测维修工程师级别整形技术(机动车钣金维修)专业的相关知识。

本书可供报名参加机动车检测维修专业技术人员职业水平考试整形技术(机动车钣金维修)专业检测维修工程师级别的考生使用。

图书在版编目(CIP)数据

机动车整形技术. 检测维修工程师. 机动车钣金维修/交通运输部职业资格中心编. —北京:人民交通出版社股份有限公司,2018.2

全国机动车检测维修专业技术人员职业水平考试用书

ISBN 978-7-114-14520-9

Ⅰ.①机… Ⅱ.①交… Ⅲ.①机动车—钣金工—车辆修理—水平考试—自学参考资料 Ⅳ.①U472.4

中国版本图书馆 CIP 数据核字(2018)第 033004 号

Jidongche Zhengxing Jishu(Jiance Weixiu Gongchengshi)——Jidongche Banjin Weixiu

书 名:	机动车整形技术(检测维修工程师)——机动车钣金维修
著 作 者:	交通运输部职业资格中心
责任编辑:	刘 博
出版发行:	人民交通出版社股份有限公司
地 址:	(100011)北京市朝阳区安定门外外馆斜街3号
网 址:	http://www.ccpress.com.cn
销售电话:	(010)59757973
总 经 销:	人民交通出版社股份有限公司发行部
经 销:	各地新华书店
印 刷:	北京鑫正大印刷有限公司
开 本:	787×1092 1/16
印 张:	35
字 数:	815 千
版 次:	2018年2月 第1版
印 次:	2018年2月 第1次印刷
书 号:	ISBN 978-7-114-14520-9
定 价:	108.00 元

(有印刷、装订质量问题的图书由本公司负责调换)

前　言

随着经济社会的快速发展,机动车保有量逐年增长,机动车作为服务百姓出行必要的交通工具在整个交通运输体系中发挥着重要作用。机动车检测维修业作为与百姓生活联系密切的民生服务业,在不断发展的过程中,也面临着更高的服务要求。近年来,交通运输部从人、车、路、环境等道路运输要素入手,做出了促进机动车检测维修业科学发展的一系列制度安排,然而高素质、高水平专业技术人员紧缺的状况依然存在。

为提升检测维修人员整体素质,扩大高层次检测维修人员队伍规模,保证车辆安全运行,2006年6月,原人事部、原交通部联合印发了《机动车检测维修专业技术人员职业水平评价暂行规定》和《机动车检测维修专业技术人员职业水平考试实施办法》,建立了机动车检测维修专业技术人员职业水平评价制度,成为机动车检测维修领域唯一一项专业技术人员国家职业资格制度。2017年9月12日,经国务院同意,人力资源和社会保障部公布了《国家职业资格目录》。机动车检测维修专业技术人员职业资格作为水平评价类专业技术人员职业资格赫然在列。根据交通运输部认真落实国家职业资格目录,规范发展交通运输职业资格的具体要求,组织实施好机动车检测维修专业技术人员职业资格,使其发挥职业资格制度的应有作用,是当前和今后一个时期交通运输行业职业资格工作的重要任务之一。

为方便广大考生备考,我们组织编写了新版《机动车检测维修专业技术人员职业水平考试用书》。本套考试用书与前版相比,主要从4个方面进行了调整:一是更新优化并适当精简了考试用书内容,增强了针对性和实用性。二是将原来的机动车整形技术专业分为钣金维修和涂装维修两个方向。三是将原有的《公共基础知识》和《机动车检测维修实务》(实务考试方式已由原来的实操方式改为计算机模拟方式)有关内容修编到相应专业级别的考试用书中,考生只要按所报考的专业和级别购买相应的考试用书即可进行备考。四是增加了题目练习的章节。

新版考试用书按专业、级别分别成书,共计8册,分别为《机动车机电维修技术(检测维修工程师)》《机动车机电维修技术(检测维修士)》《机动车检测评估与运用技术(检测维修工程师)》《机动车检测评估与运用技术(检测维修士)》《机动车整形技术(检测维修工程师)——机动车钣金维修》《机动车整形技术(检测维修工程师)——机动车涂装维修》《机动车整形技术(检测维修士)——机动车钣金维修》《机动车整形技术(检测维修士)——机动车涂装维修》。

《机动车整形技术(检测维修工程师)——机动车钣金维修》由宋孟辉、高元伟担任主编,张成利、张红岩、张丽丽、郭大民担任副主编。其中第一篇的第一章由高元伟、赵耀编写,第二章由宋孟辉、高元伟编写,第三章由高元伟、宋孟辉编写,第四章由王亮、崔升广、边境编写,第五章由董航、史操、孙春编写,第六章由张立新、李长城、金叶编写,第七章由吴兴敏、谭昕月、王强编写,第八章由李晗、张义、金雷编写;第二篇的第一章由宋孟辉、杨占峰、初洪岩编写,第二章由金艳秋、高晓旭、白宏鹏、边振华编写,第三章由张红岩、李支道、陈乃鹏编写,第四章由张丽丽、艾曦锋、付万松、高鹏博、高宇编写,第五章由郭大民、李春旭、郝运鹏、侯继红编写,第六章由张成利、王振玉、鞠峰、孙薇、王崇军、李雪飞、佟超、崔琦、霍红雷、贾智鹏编写,第七章由孙涛、王立刚、刘泽南、李海洋编写,第八章由李泰然、李培峰、李文鹏编写,第九章由翟静、曲昌辉、姜军编写;第三篇的第一章由黄宜坤、范沛龙编写,第二章由李洪刚、赵鹏、王帅、任志欣、王艺轩编写;第四篇由黄艳玲、张亚东、曹海波编写;第五篇由贾宝峰、于安全、程纲编写。全书由张京伟、渠桦、陈章宇、何勇、程玉光、刘雁生、张小鹏审定。

  在编写过程中,得到了交通运输部运输服务司的悉心指导和北京市交通委员会运输管理局、贵州省道路运输管理局、中国汽车维修行业协会、北京市汽车研究所、北京交通运输职业学院、北京市工业技师学院、山东交通学院、北京祥龙博瑞汽车服务(集团)有限公司、中车(北京)汽修连锁有限公司、庞贝捷漆油贸易(上海)有限公司等单位的大力支持,在此一并致以衷心的感谢!

  由于内容较多,加之修编人员水平所限,书中难免存在错误和不妥之处,恳请广大读者批评指正。

交通运输部职业资格中心
二〇一八年一月

目 录

第一篇 基础知识篇

第一章 机动车检测维修专业技术人员职业道德规范 … 3
  第一节 职业道德概述 … 3
  第二节 机动车检测维修专业技术人员职业道德 … 4
第二章 法律、法规、规章和标准规范 … 6
  第一节 法律、法规、规章 … 6
  第二节 标准规范 … 62
第三章 机动车构造原理 … 127
  第一节 汽车概述 … 127
  第二节 汽车发动机基本构造 … 132
  第三节 汽车底盘基本构造 … 151
  第四节 汽车电气设备基本构造 … 176
第四章 常用机动车材料性能及应用 … 190
  第一节 车用燃料 … 190
  第二节 车用润滑料 … 193
  第三节 车用其他工作液 … 198
  第四节 汽车轮胎 … 202
  第五节 汽车制造材料 … 204
第五章 常用测量器具 … 211
  第一节 计量基础知识 … 211
  第二节 汽车维修常用测量器具的使用 … 214
第六章 机动车检测维修安全常识 … 223
  第一节 汽车维修个人安全防护 … 223
  第二节 汽车维修工具、维修设备的使用安全 … 225
  第三节 汽车维修环境安全 … 229
  第四节 汽车维修常见专业技术人员操作规程 … 234
第七章 新能源汽车 … 240

第八章　机动车专业英语	253
第一节　专业英语的翻译方法概述	253
第二节　机动车检测维修中的常用英文术语	257

第二篇　专业技术篇

第一部分　机动车钣金维修基础知识

第一章　车身钣金维修操作安全与防护	271
第一节　危害车身钣金维修人员的因素	271
第二节　从业者的安全防护	272
第二章　车身结构与材料	279
第一节　车身结构	279
第二节　客车与货车身结构	290
第三节　汽车车身常用材料	301
第三章　汽车车身尺寸的测量	307
第一节　车身尺寸数据图的识读	307
第二节　车身尺寸的对比测量	313
第三节　车身尺寸的三维测量	317

第二部分　机动车车身损坏分析与修复

第四章　车身损伤评估	326
第一节　车身的损伤	326
第二节　整体式车身的碰撞吸能区	339
第三节　车身损伤评估	342
第五章　车身金属板件的维修	350
第一节　车身金属覆盖件损伤的维修	350
第二节　车身金属结构件损伤的校正	361
第三节　车身结构件的更换	369
第六章　车身零件总成损坏的更换与维修	380
第一节　车身可拆卸覆盖件的更换	380
第二节　汽车内饰件的更换	408
第三节　汽车座椅的更换	409
第四节　汽车玻璃的维修	419
第五节　车身塑料件的维修	429

第三部分　机动车钣金维修技能与管理

第七章　车身钣金维修专业技能管理	436
第一节　放样与下料技能	436

第二节　板件的手工成形技能 ·········· 444
第八章　焊接技术在车身钣金维修中的应用与管理 ·········· 453
　　第一节　惰性气体保护焊 ·········· 453
　　第二节　电阻点焊和钎焊 ·········· 462
第九章　车身钣金维修车间管理 ·········· 467
　　第一节　机动车碰撞损伤维修计划制定 ·········· 467
　　第二节　汽车钣金维修工具设备管理 ·········· 469

第三篇　实　务　篇

第一章　实操考试系统介绍 ·········· 475
第二章　实操考试系统操作 ·········· 479

第四篇　案例分析篇

案例一 ·········· 509
案例二 ·········· 509
案例三 ·········· 510
案例四 ·········· 511
案例五 ·········· 512
案例六 ·········· 512
案例七 ·········· 514
案例八 ·········· 515
案例九 ·········· 516
案例十 ·········· 516
案例十一 ·········· 517
案例十二 ·········· 518
案例十三 ·········· 519
案例十四 ·········· 520
案例十五 ·········· 521
案例十六 ·········· 522
案例十七 ·········· 523
案例十八 ·········· 523
案例十九 ·········· 524
案例二十 ·········· 525
案例二十一 ·········· 526

案例二十二 …………………………………………………………………… 526
　　案例二十三 …………………………………………………………………… 527
　　案例二十四 …………………………………………………………………… 528
　　案例二十五 …………………………………………………………………… 528
　　案例二十六 …………………………………………………………………… 529
　　案例二十七 …………………………………………………………………… 530
　　案例二十八 …………………………………………………………………… 530
　　案例二十九 …………………………………………………………………… 531
　　案例三十 ……………………………………………………………………… 532

第五篇　练　习　篇

第一章　基础知识练习题 ……………………………………………………… 535
　　第一节　基础知识判断题 ……………………………………………………… 535
　　第二节　基础知识单项选择题 ………………………………………………… 536
　　第三节　基础知识多项选择题 ………………………………………………… 537
第二章　专业技术练习题 ……………………………………………………… 539
　　第一节　专业技术判断题 ……………………………………………………… 539
　　第二节　专业技术单项选择题 ………………………………………………… 540
　　第三节　专业技术多项选择题 ………………………………………………… 543
第三章　案例分析题 …………………………………………………………… 546

参考文献 ………………………………………………………………………… 550

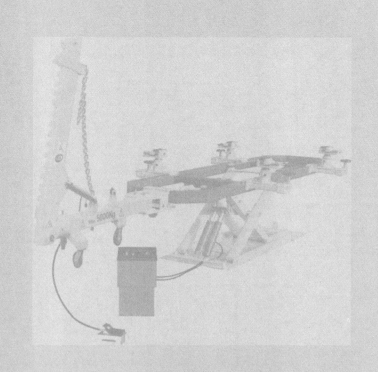

第一篇 基础知识篇

第一章 机动车检测维修专业技术人员职业道德规范

学习目标
1. 了解职业道德的概念及特点。
2. 熟悉机动车检测维修专业技术人员职业道德规范的要求。

第一节 职业道德概述

一、道德

道德是社会意识形态之一,是人们共同生活及其行为的准则和规范。道德通过人们的自律或通过一定的舆论对社会生活起约束作用。

道德和法律一样,都是社会上层建筑的组成部分,都是由物质生活条件决定的。在一个社会中,法律和道德都是调整人们行为的社会规范,但两者又有所不同:法律是国家制定或者认可的,具有强制性,而且只有一个有效的法律体系;而道德则是人们自发形成的,靠社会舆论和人们内心信念执行的。因此,法律是他律,道德是自律,两者相互作用、相互补充,其中自律比他律的范围和效果要大得多。

二、职业道德

随着社会生产的专业化,许多人相对固定在某一个专业上进行生产工作,从而形成了社会职业,因此,在这些职业群体中逐步发展的关于本职业思想和行为的善与恶、美与丑、正义与非正义、公正与偏私等观念、原则、规范和标准的总和,即职业道德。职业道德的特点是:

（1）职业道德是所有从业人员在职业活动中应该遵循的行为准则:即职业道德的适用主体主要是该职业的从业人员。

（2）职业道德涵盖的社会关系有:从业人员与服务对象、职业与职工、职业与职业之间的关系。

（3）职业道德的内容有：社会对从业人员职业观念、职业态度、职业技能、职业纪律和职业作风的要求。

《公民道德建设实施纲要》指出：要大力倡导以爱岗敬业、诚实守信、办事公道、服务群众、奉献社会为主要内容的职业道德，鼓励人们在工作中做一个好建设者。因此，"爱岗敬业、诚实守信、办事公道、服务群众、奉献社会"就是我国各个职业共同的职业道德要求。

第二节 机动车检测维修专业技术人员职业道德

一、机动车检测维修专业技术人员

专业技术人员是指依照国家人才法律法规，经过国家人事部门全国统考合格，并经国家主管部委注册备案，颁发注册执业证书，在企业或事业单位从事专业技术工作的技术人员及具有前述执业证书并从事专业技术管理工作的人员。

机动车检测维修是指以维持或者恢复机动车技术状况和正常功能，延长机动车使用寿命为作业任务所进行的维护、修理以及维修救援、诊断等相关活动。根据维修对象不同，可以分为汽车维修经营业务、危险货物运输车辆维修经营业务、摩托车维修经营业务和其他机动车维修经营业务四类。对四类维修进行的诊断，称为检测，包括：从事相应车型的整车修理、总成修理、整车维护、小修、维修救援、专项修理和维修竣工检验工作，从事发动机、车身、电气系统、自动变速器维修及车身清洁维护、涂漆、轮胎动平衡和修补、四轮定位检测调整、供油系统维护和油品更换、喷油泵和喷油器维修、曲轴修磨、汽缸镗磨、散热器（水箱）、空调维修、车辆装潢（篷布、坐垫及内装饰）、车辆玻璃安装等专项工作。从事上述工作且考取了国家执业资格并具有专业技术执业证书的人员，被称为机动车检测维修专业技术人员。

二、机动车检测维修专业技术人员职业道德规范

依据我国各职业"爱岗敬业、诚实守信、办事公道、服务群众、奉献社会"的基本道德要求，并结合机动车检测维修行业特点，提出了机动车检测维修专业技术人员的职业道德规范。

1. 爱岗敬业

爱岗敬业对检测维修人员的具体要求包括：

（1）热爱检测维修事业：指机动车检测维修专业技术人员要立足本职，服务交通，热爱检测维修岗位，有强烈的事业心和责任感。

（2）乐于奉献：指机动车检测维修专业技术人员要以本业为荣，以本职为乐，为交通经济建设大局服务，在机动车检测维修岗位上发扬忘我工作的精神。

（3）钻研业务：指机动车检测维修专业技术人员要对检测维修事业尽职尽责，勤恳忠诚，

注重务实,钻研业务,不断提高检测维修能力和水平。

(4)艰苦奋斗:指机动车检测维修专业技术人员要保持艰苦奋斗的光荣传统和创业精神,反对追求豪华、奢侈浪费的不良风气,发扬开拓进取的精神。

2. 诚实守信

诚实守信对检测维修人员的具体要求包括:

(1)诚实对待客户:指机动车检测维修专业技术人员要以善良真诚的态度对待客户,不利用技术优势隐瞒真实情况以及规定的价格、维修工时标准。

(2)信守检测维修合同:指机动车检测维修专业技术人员要严格按照检测维修合同约定,全面履行义务,不悔约,不违约。

(3)坚持公平竞争:指机动车检测维修专业技术人员要按照法律、法规、规章的要求进行竞争,不采取违法和损害行业的手段进行竞争。

3. 办事公道

办事公道对检测维修专业技术人员的具体要求包括:

(1)公开检测维修制度:指机动车检测维修专业技术人员要公开机动车检测维修作业规范、收费标准、监督电话等各项制度,自觉接受行政监督、舆论监督、社会监督。

(2)公平确定权利与义务:指机动车检测维修专业技术人员要严格按照平等原则签订检测维修合同,确定合理的权利和义务,并在其基础上提供文明优质服务。

(3)公正收取费用:指机动车检测维修专业技术人员要严格按照国家有关规定和合同约定,合理结算费用,依法开具发票。

4. 服务群众

服务群众对检测维修专业技术人员的具体要求包括:

(1)尊重客户:指机动车检测维修人员要尊重客户人格、尊重客户财产权利,主动为客户提供力所能及的各种服务。

(2)寓检测维修于服务之中:指机动车检测维修专业技术人员要在本职工作中全心全意为客户服务,热爱客户,维护客户的合法利益。

5. 奉献社会

奉献社会对检测维修专业技术人员的具体要求包括:

(1)为职业添彩:指机动车检测维修专业技术人员要在本岗位上勤奋工作,为职业发展添光加彩,使机动车检测维修职业在社会各职业中成为光荣职业,为社会发展奉献力量。

(2)为社会增添正气:指机动车检测维修专业技术人员要在检测维修中不谋私利、清正廉明、反腐拒贿,为社会风气增添正义和正气。

第二章

法律、法规、规章和标准规范

> **学习目标**
> 1. 熟悉相关法律、法规及规章中与机动车检测维修有关的要求。
> 2. 熟悉机动车检测维修相关标准规范。

第一节 法律、法规、规章

一、法律、法规基础知识

（一）道路交通法基础知识

1. 道路交通法的概念与体系

在综合交通运输中，人类利用汽车、拖拉机、人力车等载运工具，通过公路及站、场等枢纽，将货物或旅客进行位移的活动是道路运输，调整道路运输关系的法律规范就是道路交通法。

道路交通法有自己的体系，从它们的渊源形式及效力等级的角度看，道路交通法包括交通法律、交通行政法规、部门交通规章、地方性交通法规、单行条例、地方交通规章、国际运输公约、国际航运习惯等。

1）法律

法律是指由全国人民代表在会及其常务委员会制定并通过的法律规范。法律作为道路交通法的渊源有两种，一种是法律专门调整交通关系，如全国人民代表大会常务委员会通过的《中华人民共和国道路交通安全法》；另一种是法律中部分内容涉及交通关系，例如《中华人民共和国大气污染防治法》《中华人民共和国产品质量法》中有关汽车污染、汽车产品的质量等规定。

2）行政法规

行政法规是国务院制定或批准的法律规范。国务院已制定或批准了大量的交通行政法规,例如《中华人民共和国道路运输条例》等。交通行政法规在交通管理中起着重要作用。

3) 部门规章

部门规章是指国务院各部、委制定的法律规范。国务院各部、委是国家的行业主管机关,根据《中华人民共和国立法法》的规定,各部、委有权根据法律和国务院的行政法规、决定、命令在部门的权限内发布规章。交通运输部是公路、水路交通等的主管部门,其制定的规章如《机动车维修管理规定》《道路货物运输及站场管理规定》《道路旅客运输及客运站管理规定》等均属部门规章。部门规章是交通法常见的表现形式。

4) 地方性法规

地方性法规是指省、自治区、直辖市的人民代表大会及其常务委员会,省、自治区人民政府所在地的市和国务院批准的较大的市人民代表大会及其常务委员会制定和颁布的在本地区产生效力的法律规范。全国各地有数量不等的地方性交通法规。

5) 自治条例和单行条例

自治条例和单行条例是民族区域自治地方人民代表大会及其常务委员会依照当地民族的政治、经济和文化特点,制定并颁布的法律规范。根据民族区域自治法的规定,自治区的自治条例和单行条例须报全国人民代表大会常务委员会批准后生效,自治州、自治县的自治条例和单行条例须报省或自治区人民代表大会常务委员会批准后生效。在我国一些民族自治地区,有一些有关交通的单行条例。

6) 地方规章

地方规章是指省、自治区、直辖市以及省、自治区人民政府所在地的市和经国务院批准的较大的市的人民政府,可以根据法律和国务院的行政法规,制定在本地区发生效力的法律规范。目前,上述有立法权的地方各级人民政府制定了相当数量的地方交通规章,它们为发展地方交通事业、解决地域性突出的问题,发挥着重要作用。

7) 国际条约和国际惯例

国际条约是国家之间缔结或参加的,对缔约国或参加国具有拘束力的明示协议;国际惯例是国际上重复类似的行为并被认为具有法律约束力的默示协议,即国际习惯。

2. 道路交通法的立法概况

我国现行的有关道路交通法律有《中华人民共和国道路交通安全法》《中华人民共和国公路法》;行政法规有《中华人民共和国道路运输条例》《中华人民共和国道路交通安全法实施条例》;规章有《道路运输从业人员管理规定》《机动车维修管理规定》《道路货物运输及站场管理规定》《道路旅客运输及客运站管理规定》《国际道路运输管理规定》《机动车驾驶员培训管理规定》《道路危险货物运输管理规定》等。

目前,我国交通法制建设还存在许多问题。主要表现在:一是交通立法尚未形成体系,一些重要的领域存在着法律上的空白;二是已发布的一些交通法律、行政法规内容陈旧,且较为原则,可操作性不够;三是已有的交通方面的规定主要是部门规章,立法层次低,法律效力有限;四是立法质量不高,一些法律、法规、规章之间不够协调;五是我国交通立法与国内其他行业和国外发达国家以及国际惯例有较大差距。因此,交通法律体系距实现"层次分明、体系完整、结构合理、规范协调"的目标尚任重道远。

(二)道路交通法中的职业资格制度

1. 道路运输从业人员

根据《道路运输从业人员管理规定》第二条规定,道路运输从业人员是指经营性道路客货运输驾驶员、道路危险货物运输从业人员、机动车维修技术人员、机动车驾驶培训教练员、道路运输经理人和其他道路运输从业人员。道路运输从业人员的具体范围为:

(1)经营性道路客货运输驾驶员包括经营性道路旅客运输驾驶员和经营性道路货物运输驾驶员。

(2)道路危险货物运输从业人员包括道路危险货物运输驾驶员、装卸管理人员和押运人员。

(3)机动车维修技术人员包括机动车维修技术负责人员、质量检验人员以及从事机修、电器、钣金、涂漆、车辆技术评估(含检测)作业的技术人员。

(4)机动车驾驶培训教练员包括理论教练员、驾驶操作教练员、道路客货运输驾驶员从业资格培训教练员和危险货物运输驾驶员从业资格培训教练员。

(5)道路运输经理人包括道路客货运输企业、道路客货运输站(场)、机动车驾驶员培训机构、机动车维修企业的管理人员。

(6)其他道路运输从业人员是指除上述人员以外的道路运输从业人员,包括道路客运乘务员、机动车驾驶员培训机构教学负责人及结业考核人员、机动车维修企业价格结算员及业务接待员。

2. 机动车检测维修专业技术人员水平评价制度

根据国务院行政法规《中华人民共和国道路运输条例》规定,申请从事机动车维修经营的,应当具备下列条件:①有相应的机动车维修场地;②有必要的设备、设施和技术人员;③有健全的机动车维修管理制度;④有必要的环境保护措施。该规定设定了申请从事机动车维修经营的条件,如果不具备这些条件,就不得进入机动车维修经营市场。其"有必要的设备、设施和技术人员"中"技术人员"的规定,是国家设立机动车检测维修水平评价制度法规依据。

所谓机动车检测维修水平评价,是指通过职业水平评价,取得机动车检测维修士或机动车检测维修工程师职业水平证书,表明持证人员已具备相应专业技术岗位工作水平和能力。职业水平评价是职业资格考试的一种方式。

国家建立机动车检测维修水平评价制度,是保证公共安全的需要;是机动车维修经营者市场准入的需要;是提高机动车维修行业从业人员素质的需要;是对机动车维修业进行有效行业管理的需要;是保护托修人和合法经营者合法利益的需要;是交通行业专业技术人员职业资格纳入全国专业技术人员职业资格证书制度统一规划的需要;是和国际接轨的需要。

二、机动车维修制度

(一)机动车维修的定义与意义

机动车维修可以有两种定义,一种是广义的机动车维修,是泛指所有对机动车进行的维护和修理行为,包括车辆使用者自行进行的维护和修理;另一种是特指具有机动车维修经营资质的经营者对机动车进行的维护和修理行为。

（1）通过维修，保持机动车的性能。机动车作为交通工具，一方面，带给人类快捷和舒适的服务；另一方面，也带给人类风险，因此通过维修保持机动车的性能，是交通安全的需要。

（2）通过维修，恢复机动车的性能。机动车作为交通工具，一方面，它的机械性能必然受到自然磨损；另一方面，也会在交通事故中受到创伤，因此通过维修恢复机动车的性能，也是交通安全的需要。

（3）通过维修，改进机动车的性能。机动车作为交通工具，一方面，它的结构及性能受制造时条件的限制，另一方面，法律法规对它的要求逐步提高，因此通过维修改进机动车的性能，同样也是交通安全的需要。

（4）通过维修，实现维修的产业化。机动车作为交通工具，它是机械制造业的产品，也是道路运输业的生产工具，更是大众的代步工具。机动车维修是一项技术性强的专业工作，不能也不可能要求大众成为"专家使用者"，因此机动车维修的产业化是社会发展的必然产物。

（二）相关法律、法规及规章中对机动车维修的要求

1. 《中华人民共和国道路交通安全法》（以下简称《道路交通安全法》）中的相关内容

《道路交通安全法》颁布于2003年，最新修正于2011年。本法分总则、车辆和驾驶员、道路通行条件、道路通行规定、交通事故处理、执法监督、法律责任、附则8章124条。其中与机动车维修有关的法律制度如下。

1）机动车的定义

《道路交通安全法》中规定了机动车的定义：以动力装置驱动或者牵引，上道路行驶的供人员乘用或者用于运送物品以及进行工程专项作业的轮式车辆。因此，机动车包括各种汽车、摩托车、无轨电车、电瓶车、轮式专用车辆（叉车、装载车、挖掘机、平地机等）。

非机动车是机动车的对称，是指以人力或者畜力驱动，上道路行驶的交通工具，以及虽有动力装置驱动但设计最高时速、空车质量、外形尺寸符合有关国家标准的残疾人机动轮椅车、电动自行车等交通工具。

2）机动车变更登记事项

《道路交通安全法》规定了机动车变更登记的事项，有下列情形之一的，应当办理相应的登记：①机动车所有权发生转移的；②机动车登记内容变更的；③机动车用作抵押的；④机动车报废的。这一制度决定了机动车维修经营者在经营这些事项时，必须履行经过公安机关交通管理机构登记的法定义务。

3）机动车强制报废制度

《道路交通安全法》规定了国家实行机动车强制报废制度，根据机动车的安全技术状况和不同用途，规定不同的报废标准。应当报废的机动车必须及时办理注销登记。达到报废标准的机动车不得上路行驶。报废的大型客、货车及其他道路运输车辆应当在公安机关交通管理部门的监督下解体。这一制度决定了机动车维修经营者必须履行不准维修达到报废标准的机动车的法定义务。

4）机动车安全保障的社会公众义务

《道路交通安全法》规定任何单位或者个人不得有下列行为：①拼装机动车或者擅自改变机动车已登记的结构、构造或者特征；②改变机动车型号、发动机号、车架号或者车辆识别

代号;③伪造、变造或者使用伪造、变造的机动车登记证书、号牌、行驶证、检验合格标志、保险标志;④使用其他机动车的登记证书、号牌、行驶证、检验合格标志、保险标志。其中,不得有"拼装机动车或者擅自改变机动车已登记的结构、构造或者特征,改变机动车型号、发动机号、车架号或者车辆识别代号",适用于机动车维修经营者。

2.《中华人民共和国道路交通安全法实施条例》(以下简称《道路交通安全法实施条例》)中的相关内容

《道路交通安全法实施条例》是《道路交通安全法》的配套行政法规。其中与机动车维修有关的法律制度如下。

1)规定了维修前必须审查变更登记的义务

《道路交通安全法实施条例》规定,已注册登记的机动车有下列情形之一的,机动车所有人应当向登记该机动车的公安机关交通管理部门申请变更登记:①改变机动车车身颜色的;②更换发动机的;③更换车身或者车架的;④因质量有问题,制造厂更换整车的;⑤营运机动车改为非营运机动车或者非营运机动车改为营运机动车的;⑥机动车所有人的住所迁出或者迁入公安机关交通管理部门管辖区域的。因此,维修经营者遇到这些事项,应当审查有无公安机关交通管理部门变更登记证书。

2)规定了不准维修达到国家规定的强制报废标准的车辆

《道路交通安全法实施条例》规定已注册登记的机动车达到国家规定的强制报废标准的,公安机关交通管理部门应当在报废期满的 2 个月前通知机动车所有人办理注销登记。机动车所有人应当在报废期满前将机动车交售给机动车回收企业,由机动车回收企业将报废的机动车登记证书、号牌、行驶证交公安机关交通管理部门注销。机动车所有人逾期不办理注销登记的,公安机关交通管理部门应当公告该机动车登记证书、号牌、行驶证作废。因此,达到国家规定的强制报废标准的车辆,维修经营者不准维修。

3)规定了安装符合国家标准的行驶记录仪的制度

《道路交通安全法实施条例》规定,用于公路营运的载客汽车、重型载货汽车、半挂牵引车,应当安装、使用符合国家标准的行驶记录仪。交通警察可以对机动车行驶速度、连续驾驶时间以及其他行驶状态信息进行检查。安装行驶记录仪可以分步实施,实施步骤由国务院机动车产品主管部门会同有关部门规定。因此,维修经营者应当依照有关规定,安装符合国家标准的行驶记录仪。

3.《中华人民共和国道路运输条例》(以下简称《道路运输条例》)中的相关内容

《道路运输条例》于 2004 颁布,于 2016 进行了第二次修订,主要调整道路运输经营的道路旅客运输经营、道路货物运输经营、站(场)经营、机动车维修经营、机动车驾驶员培训中的法律关系。

1)规定了机动车维修经营的行政许可制度

机动车维修经营是涉及公共交通安全的经营项目,因此《道路运输条例》将其列为行政许可项目。申请从事机动车维修经营的,应当具备的条件是:有相应的机动车维修场地;有必要的设备、设施和技术人员;有健全的机动车维修管理制度;有必要的环境保护措施,共四项。这些条件是必备的,且为并行共同具备,不是选择性条件。这些条件的设定,充分体现了安全、环境保护、维修的技术要求等要素。为方便申请人,使机动车维修经营的布局符合当地的道路运输规划,《道路运输条例》将行政许可主体授权给申请人所在地县级道路运输管理机构。县级道路运输管理机构应当自受理申请之日起15日内审查完毕,作出许可或者不予许可的决定,并书面通知申请人。道路运输管理机构的行政许可,是向工商行政管理机关办理有关登记手续的前置程序。

2)规定了机动车维修知识是从业资格的考试科目

《道路运输条例》规定,从事客运经营的驾驶员,应当符合下列条件:①取得相应的机动车驾驶证1年以上;②年龄不超过60周岁;③3年内无重大以上交通责任事故记录;④经设区的市级道路运输管理机构对有关客运法律法规、机动车维修和旅客急救基本知识考试合格。

《道路运输条例》规定,从事货运经营的驾驶员,应当符合下列条件:①取得相应的机动车驾驶证;②年龄不超过60周岁;③经设区的市级道路运输管理机构对有关货运法律法规、机动车维修和货物装载保管基本知识考试合格。

3)规定了机动车维修经营的行为规范和法律责任

《道路运输条例》对机动车维修经营的行为规范作了明确规定,并规定了违反的法律责任。

(1)应当按照国家有关技术规范对机动车进行维修,保证维修质量,不得使用假冒伪劣配件维修机动车。违反该规定,使用假冒伪劣配件维修机动车,由县级以上道路运输管理机构责令改正;有违法所得的,没收违法所得,处违法所得2倍以上10倍以下的罚款;没有违法所得或者违法所得不足1万元的,处2万元以上5万元以下的罚款,没收假冒伪劣配件;情节严重的,由原许可机关吊销其经营许可;构成犯罪的,依法追究刑事责任。

(2)机动车维修经营者应当公布机动车维修工时定额和收费标准,合理收取费用。

(3)机动车维修经营者对机动车进行二级维护、总成修理或者整车修理的,应当进行维修质量检验。检验合格的,维修质量检验人员应当签发机动车维修合格证。违反该规定,签发虚假的机动车维修合格证,由县级以上道路运输管理机构责令改正;有违法所得的,没收违法所得,处违法所得2倍以上10倍以下的罚款;没有违法所得或者违法所得不足3000元的,处5000元以上2万元以下的罚款;情节严重的,由原许可机关吊销其经营许可;构成犯罪的,依法追究刑事责任。

(4)机动车维修实行质量保证期制度。质量保证期内因维修质量原因造成机动车无法正常使用的,机动车维修经营者应当无偿返修。机动车维修质量保证期制度的具体办法,由国务院交通主管部门制定。

(5)机动车维修经营者不得承修已报废的机动车,不得擅自改装机动车。违反该规定,承修已报废的机动车或者擅自改装机动车的,由县级以上道路运输管理机构责令改正;有违法所得的,没收违法所得,处违法所得2倍以上10倍以下的罚款;没有违法所得或者违法所得不足1万元的,处2万元以上5万元以下的罚款,没收报废车辆;情节严重的,由原许可机关吊销其经营许可;构成犯罪的,依法追究刑事责任。

4.《机动车维修管理规定》中的相关内容

《机动车维修管理规定》于2005年由交通部发布,于2016年通过了第二次修正,共7章57条。

1)总则

(1)为规范机动车维修经营活动,维护机动车维修市场秩序,保护机动车维修各方当事人的合法权益,保障机动车运行安全,保护环境,节约能源,促进机动车维修业的健康发展,根据《中华人民共和国道路运输条例》及有关法律、行政法规的规定,制定本规定。

(2)从事机动车维修经营的,应当遵守本规定。本规定所称机动车维修经营,是指以维持或者恢复机动车技术状况和正常功能,延长机动车使用寿命为作业任务所进行的维护、修理以及维修救援等相关经营活动。

(3)机动车维修经营者应当依法经营,诚实信用,公平竞争,优质服务,落实安全生产主体责任和维修质量主体责任。

(4)机动车维修管理,应当公平、公正、公开和便民。

(5)任何单位和个人不得封锁或者垄断机动车维修市场。托修方有权自主选择维修经营者进行维修。除汽车生产厂家履行缺陷汽车产品召回、汽车质量"三包"责任外,任何单位和个人不得强制或者变相强制指定维修经营者。鼓励机动车维修企业实行集约化、专业化、连锁经营,促进机动车维修业的合理分工和协调发展。鼓励推广应用机动车维修环保、节能、不解体检测和故障诊断技术,推进行业信息化建设和救援、维修服务网络化建设,提高机动车维修行业整体素质,满足社会需要。鼓励机动车维修企业优先选用具备机动车检测维修国家职业资格的人员,并加强技术培训,提升从业人员素质。

(6)交通运输部主管全国机动车维修管理工作。县级以上地方人民政府交通运输主管部门负责组织领导本行政区域的机动车维修管理工作。县级以上道路运输管理机构负责具体实施本行政区域内的机动车维修管理工作。

2)经营许可

(1)机动车维修经营依据维修车型种类、服务能力和经营项目实行分类许可。机动车维修经营业务根据维修对象分为汽车维修经营业务、危险货物运输车辆维修经营业务、摩托车维修经营业务和其他机动车维修经营业务四类。汽车维修经营业务、其他机动车维修经营业务根据经营项目和服务能力分为一类维修经营业务、二类维修经营业务和三类维修经营业务。摩托车维修经营业务根据经营项目和服务能力分为一类维修经营业务和二类维修经营业务。

(2)获得一类、二类汽车维修经营业务或者其他机动车维修经营业务许可的,可以从事相应车型的整车修理、总成修理、整车维护、小修、维修救援、专项修理和维修竣工检验工作;获得三类汽车维修经营业务(含汽车综合小修)、三类其他机动车维修经营业务许可的,可以分别从事汽车综合小修或者发动机维修、车身维修、电气系统维修、自动变速器维修、轮胎动平衡及修补、四轮定位检测调整、汽车润滑与养护、喷油泵和喷油器维修、曲轴修磨、汽缸镗磨、散热器维修、空调维修、汽车美容装潢、汽车玻璃安装及修复等汽车专项维修工作。具体有关经营项目按照《汽车维修业开业条件》(GB/T 16739—2014)相关条款的规定执行。

(3)获得一类摩托车维修经营业务许可的,可以从事摩托车整车修理、总成修理、整车维护、小修、专项修理和竣工检验工作;获得二类摩托车维修经营业务许可的,可以从事摩托车维护、小修和专项修理工作。

(4)获得危险货物运输车辆维修经营业务许可的,除可以从事危险货物运输车辆维修经营业务外,还可以从事一类汽车维修经营业务。

(5)申请从事汽车维修经营业务或者其他机动车维修经营业务的,应当符合下列条件:

①有与其经营业务相适应的维修车辆停车场和生产厂房。租用的场地应当有书面的租赁合同,且租赁期限不得少于1年。停车场和生产厂房面积按照国家标准《汽车维修业开业条件》(GB/T 16739—2014)相关条款的规定执行。

②有与其经营业务相适应的设备、设施。所配备的计量设备应当符合国家有关技术标准要求,并经法定检定机构检定合格。从事汽车维修经营业务的设备、设施的具体要求按照国家标准《汽车维修业开业条件》(GB/T 16739—2014)相关条款的规定执行;从事其他机动车维修经营业务的设备、设施的具体要求,参照国家标准《汽车维修业开业条件》(GB/T 16739—2014)执行,但所配备设施、设备应与其维修车型相适应。

③有必要的技术人员:从事一类和二类维修业务的,应当各配备至少1名技术负责人员、质量检验人员、业务接待人员以及从事机修、电器、钣金、涂漆的维修技术人员。技术负责人员应当熟悉汽车或者其他机动车维修业务,并掌握汽车或者其他机动车维修及相关政策法规和技术规范;质量检验人员应当熟悉各类汽车或者其他机动车维修检测作业规范,掌握汽车或者其他机动车维修故障诊断和质量检验的相关技术,熟悉汽车或者其他机动车维修服务收费标准及相关政策法规和技术规范,并持有与承修车型种类相适应的机动车驾驶证;从事机修、电器、钣金、涂漆的维修技术人员,应当熟悉所从事工种的维修技术和操作规范,并了解汽车或者其他机动车维修及相关政策法规。各类技术人员的配备要求按照《汽车维修业开业条件》(GB/T 16739—2014)相关条款的规定执行。

从事三类维修业务的,按照其经营项目分别配备相应的机修、电器、钣金、涂漆的维修技术人员;从事汽车综合小修、发动机维修、车身维修、电气系统维修、自动变速器维修的,还应当配备技术负责人员和质量检验人员。各类技术人员的配备要求按照国家标准《汽车维修业开业条件》(GB/T 16739—2014)相关条款的规定执行。

④有健全的维修管理制度。包括质量管理制度、安全生产管理制度、车辆维修档案管理制度、人员培训制度、设备管理制度及配件管理制度。具体要求按照国家标准《汽车维修业开业条件》(GB/T 16739—2014)相关条款的规定执行。

⑤有必要的环境保护措施。具体要求按照国家标准《汽车维修业开业条件》(GB/T 16739—2014)相关条款的规定执行。

(6)从事危险货物运输车辆维修的汽车维修经营者,除具备汽车维修经营一类维修经营业务的开业条件外,还应当具备下列条件:

①有与其作业内容相适应的专用维修车间和设备、设施,并设置明显的指示性标志。

②有完善的突发事件应急预案,应急预案包括报告程序、应急指挥以及处置措施等内容。

③有相应的安全管理人员。

④有齐全的安全操作规程。

需要说明的是,危险货物运输车辆维修是指对运输易燃、易爆、腐蚀、放射性、剧毒等性质货物的机动车维修,不包含对危险货物运输车辆罐体的维修。

(7)申请从事机动车维修经营的,应当向所在地的县级道路运输管理机构提出申请,并提交下列材料：

①《交通行政许可申请书》、有关维修经营申请者的营业执照原件和复印件。

②经营场地(含生产厂房和业务接待室)、停车场面积材料、土地使用权及产权证明原件和复印件。

③技术人员汇总表，以及各相关人员的学历、技术职称或职业资格证明等文件原件和复印件。

④维修检测设备及计量设备检定合格证明原件和复印件。

⑤按照汽车、其他机动车、危险货物运输车辆、摩托车维修经营，分别提其他相关材料。

(8)道路运输管理机构对机动车维修经营申请予以受理的，应当自受理申请之日起15日内作出许可或者不予许可的决定。符合法定条件的，道路运输管理机构作出准予行政许可的决定，向申请人出具《交通行政许可决定书》，在10日内向被许可人颁发机动车维修经营许可证件，明确许可事项；不符合法定条件的，道路运输管理机构作出不予许可的决定，向申请人出具《不予交通行政许可决定书》，说明理由，并告知申请人享有依法申请行政复议或者提起行政诉讼的权利。

机动车维修经营者应当在取得相应工商登记执照后，向道路运输管理机构申请办理机动车维修经营许可手续。

(9)申请机动车维修连锁经营服务网点的，可由机动车维修连锁经营企业总部向连锁经营服务网点所在地县级道路运输管理机构提出申请，提交下列材料，并对材料真实性承担相应的法律责任：

①机动车维修连锁经营企业总部机动车维修经营许可证件复印件。

②连锁经营协议书副本。

③连锁经营的作业标准和管理手册。

④连锁经营服务网点符合机动车维修经营相应开业条件的承诺书。

道路运输管理机构在查验申请资料齐全有效后，应当场或在5日内予以许可，并发给相应许可证件。连锁经营服务网点的经营许可项目，应当在机动车维修连锁经营企业总部许可项目的范围内。

(10)机动车维修经营许可证件实行有效期制。从事一、二类汽车维修业务和一类摩托车维修业务的证件有效期为6年；从事三类汽车维修业务、二类摩托车维修业务及其他机动车维修业务的证件有效期为3年。

机动车维修经营许可证件由各省、自治区、直辖市道路运输管理机构统一印制并编号，县级道路运输管理机构按照规定发放和管理。

(11)机动车维修经营者应当在许可证件有效期届满前30日到作出原许可决定的道路运输管理机构办理换证手续。

(12)机动车维修经营者变更经营资质、经营范围、经营地址、有效期限等许可事项的，应当向作出原许可决定的道路运输管理机构提出申请；符合本章规定许可条件、标准的，道路运输管理机构依法办理变更手续。机动车维修经营者变更名称、法定代表人等事项的，应当向作出原许可决定的道路运输管理机构备案。机动车维修经营者需要终止经营的，应当在终止经营前30日告知作出原许可决定的道路运输管理机构办理注销手续。

3）维修经营

（1）机动车维修经营者应当按照经批准的行政许可事项开展维修服务。

（2）机动车维修经营者应当将机动车维修经营许可证件和《机动车维修标志牌》悬挂在经营场所的醒目位置。《机动车维修标志牌》由机动车维修经营者按照统一式样和要求自行制作。

（3）机动车维修经营者不得擅自改装机动车，不得承修已报废的机动车，不得利用配件拼装机动车。托修方要改变机动车车身颜色，更换发动机、车身和车架的，应当按照有关法律、法规的规定办理相关手续，机动车维修经营者在查看相关手续后方可承修。

（4）机动车维修经营者应当加强对从业人员的安全教育和职业道德教育，确保安全生产。机动车维修从业人员应当执行机动车维修安全生产操作规程，不得违章作业。

（5）机动车维修产生的废弃物，应当按照国家的有关规定进行处理。

（6）机动车维修经营者应当公布机动车维修工时定额和收费标准，合理收取费用。机动车维修工时定额可按各省机动车维修协会等行业中介组织统一制定的标准执行，也可按机动车维修经营者报所在地道路运输管理机构备案后的标准执行，也可按机动车生产厂家公布的标准执行。当上述标准不一致时，优先适用机动车维修经营者备案的标准。机动车维修经营者应当将其执行的机动车维修工时单价标准报所在地道路运输管理机构备案。机动车生产厂家在新车型投放市场后6个月内，有义务向社会公布其维修技术信息和工时定额。具体要求按照国家有关部门关于汽车维修技术信息公开的规定执行。

（7）机动车维修经营者应当使用规定的结算票据，并向托修方交付维修结算清单。维修结算清单中，工时费与材料费应当分项计算。维修结算清单标准规范格式由交通运输部制定。机动车维修经营者不出具规定的结算票据和结算清单的，托修方有权拒绝支付费用。

（8）机动车维修经营者应当按照规定向道路运输管理机构报送统计资料。道路运输管理机构应当为机动车维修经营者保守商业秘密。

（9）机动车维修连锁经营企业总部应当按照统一采购、统一配送、统一标识、统一经营方针、统一服务规范和价格的要求，建立连锁经营的作业标准和管理手册，加强对连锁经营服务网点经营行为的监管和约束，杜绝不规范的商业行为。

4）质量管理

（1）机动车维修经营者应当按照国家、行业或者地方的维修标准和规范进行维修。尚无标准或规范的，可参照机动车生产企业提供的维修手册、使用说明书和有关技术资料进行维修。

（2）机动车维修经营者不得使用假冒伪劣配件维修机动车。机动车维修配件实行追溯制度。机动车维修经营者应当记录配件采购、使用信息，查验产品合格证等相关证明，并按规定留存配件来源凭证。托修方、维修经营者可以使用同质配件维修机动车。同质配件是指，产品质量等同或者高于装车零部件标准要求，且具有良好装车性能的配件。机动车维修经营者对于换下的配件、总成，应当交托修方自行处理。机动车维修经营者应当将原厂配件、同质配件和修复配件分别标识，明码标价，供用户选择。

（3）机动车维修经营者对机动车进行二级维护、总成修理、整车修理的，应当实行维修前诊断检验、维修过程检验和竣工质量检验制度。承担机动车维修竣工质量检验的机动车维修企业或机动车综合性能检测机构应当使用符合有关标准并在检定有效期内的设备,按照有关标准进行检测,如实提供检测结果证明,并对检测结果承担法律责任。

(4)机动车维修竣工质量检验合格的,维修质量检验人员应当签发《机动车维修竣工出厂合格证》;未签发《机动车维修竣工出厂合格证》的机动车,不得交付使用,车主可以拒绝交费或接车。

(5)机动车维修经营者应当建立机动车维修档案,并实行档案电子化管理。维修档案包括:维修合同(托修单)、维修项目、维修人员及维修结算清单等。对机动车进行二级维护、总成修理、整车修理的,维修档案还应当包括:质量检验单、质量检验人员、竣工出厂合格证(副本)等。机动车维修经营者应当按照规定如实填报、及时上传承修机动车的维修电子数据记录至国家有关汽车电子健康档案系统。机动车生产厂家或者第三方开发、提供机动车维修服务管理系统的,应当向汽车电子健康档案系统开放相应数据接口。机动车托修方有权查阅机动车维修档案。

(6)道路运输管理机构应当加强机动车维修从业人员管理,建立健全从业人员信用档案,加强从业人员诚信监管。机动车维修经营者应当加强从业人员从业行为管理,促进从业人员诚信、规范从业维修。

(7)道路运输管理机构应当加强对机动车维修经营的质量监督和管理,采用定期检查、随机抽样检测检验的方法,对机动车维修经营者维修质量进行监督。道路运输管理机构可以委托具有法定资格的机动车维修质量监督检验单位,对机动车维修质量进行监督检验。

(8)机动车维修实行竣工出厂质量保证期制度。汽车和危险货物运输车辆整车修理或总成修理质量保证期为车辆行驶20000km或者100日;二级维护质量保证期为车辆行驶5000km或者30日;一级维护、小修及专项修理质量保证期为车辆行驶2000km或者10日。摩托车整车修理或者总成修理质量保证期为摩托车行驶7000km或者80日;维护、小修及专项修理质量保证期为摩托车行驶800km或者10日。其他机动车整车修理或者总成修理质量保证期为机动车行驶6000km或者60日;维护、小修及专项修理质量保证期为机动车行驶700km或者7日。质量保证期中行驶里程和日期指标,以先达到者为准。机动车维修质量保证期,从维修竣工出厂之日起计算。

(9)在质量保证期和承诺的质量保证期内,因维修质量原因造成机动车无法正常使用,且承修方在3日内不能或者无法提供因非维修原因而造成机动车无法使用的相关证据的,机动车维修经营者应当及时无偿返修,不得故意拖延或者无理拒绝。

(10)在质量保证期内,机动车因同一故障或维修项目经两次修理仍不能正常使用的,机动车维修经营者应当负责联系其他机动车维修经营者,并承担相应修理费用。

(11)机动车维修经营者应当公示承诺的机动车维修质量保证期。所承诺的质量保证期不得低于第(8)项中的规定。

(12)道路运输管理机构应当受理机动车维修质量投诉,积极按照维修合同约定和相关规定调解维修质量纠纷。

(13)机动车维修质量纠纷双方当事人均有保护当事车辆原始状态的义务。必要时可拆检车辆有关部位,但双方当事人应同时在场,共同认可拆检情况。

(14)对机动车维修质量的责任认定,需要进行技术分析和鉴定,且承修方和托修方共同要求道路运输管理机构出面协调的,道路运输管理机构应当组织专家组或委托具有法定检测资格的检测机构作出技术分析和鉴定。鉴定费用由责任方承担。

(15)对机动车维修经营者实行质量信誉考核制度。机动车维修质量信誉考核办法另行制定。机动车维修质量信誉考核内容应当包括经营者基本情况、经营业绩(含奖励情况)、不良记录等。

(16)道路运输管理机构应当建立机动车维修企业诚信档案。机动车维修质量信誉考核结果是机动车维修诚信档案的重要组成部分。道路运输管理机构建立的机动车维修企业诚信信息,除涉及国家秘密、商业秘密外,应当依法公开,供公众查阅。

5)监督检查

(1)道路运输管理机构应当依法履行对维修经营者所取得维修经营许可的监管职责,定期核对许可登记事项和许可条件。对许可登记内容发生变化的,应当依法及时变更;对不符合法定条件的,应当责令限期改正。道路运输管理机构的工作人员应当严格按照职责权限和程序进行监督检查,不得滥用职权、徇私舞弊,不得乱收费、乱罚款。

(2)道路运输管理机构的执法人员在机动车维修经营场所实施监督检查时,应当有2名以上人员参加,并向当事人出示交通运输部监制的交通行政执法证件。

6)法律责任

(1)有下列行为之一,擅自从事机动车维修相关经营活动的,由县级以上道路运输管理机构责令其停止经营;有违法所得的,没收违法所得,处违法所得2倍以上10倍以下的罚款;没有违法所得或者违法所得不足1万元的,处2万元以上5万元以下的罚款;构成犯罪的,依法追究刑事责任:

①未取得机动车维修经营许可,非法从事机动车维修经营的。

②使用无效、伪造、变造机动车维修经营许可证件,非法从事机动车维修经营的。

③超越许可事项,非法从事机动车维修经营的。

(2)机动车维修经营者非法转让、出租机动车维修经营许可证件的,由县级以上道路运输管理机构责令停止违法行为,收缴转让、出租的有关证件,处以2000元以上1万元以下的罚款;有违法所得的,没收违法所得。对于接受非法转让、出租的受让方,应当按照上一条的规定处罚。

(3)机动车维修经营者使用假冒伪劣配件维修机动车,承修已报废的机动车或者擅自改装机动车的,由县级以上道路运输管理机构责令改正,并没收假冒伪劣配件及报废车辆;有违法所得的,没收违法所得,处违法所得2倍以上10倍以下的罚款;没有违法所得或者违法所得不足1万元的,处2万元以上5万元以下的罚款,没收假冒伪劣配件及报废车辆;情节严重的,由原许可机关吊销其经营许可;构成犯罪的,依法追究刑事责任。

(4)机动车维修经营者签发虚假或者不签发机动车维修竣工出厂合格证的,由县级以上道路运输管理机构责令改正;有违法所得的,没收违法所得,处以违法所得2倍以上10倍以下的罚款;没有违法所得或者违法所得不足3000元的,处以5000元以上2万元以下的罚款;情节严重的,由许可机关吊销其经营许可;构成犯罪的,依法追究刑事责任。

(5)有下列行为之一的,由县级以上道路运输管理机构责令其限期整改;限期整改不合格的,予以通报:

①机动车维修经营者未按照规定执行机动车维修质量保证期制度的。
②机动车维修经营者未按照有关技术规范进行维修作业的。
③伪造、转借、倒卖机动车维修竣工出厂合格证的。
④机动车维修经营者只收费不维修或者虚列维修作业项目的。
⑤机动车维修经营者未在经营场所醒目位置悬挂机动车维修经营许可证件和机动车维修标志牌的。
⑥机动车维修经营者未在经营场所公布收费项目、工时定额和工时单价的。
⑦机动车维修经营者超出公布的结算工时定额、结算工时单价向托修方收费的。
⑧机动车维修经营者未按规定建立电子维修档案,或者未及时上传维修电子数据记录至国家有关汽车电子健康档案系统的。
⑨违反本规定其他有关规定的。

(6)道路运输管理机构的工作人员有下列情形之一的,由同级地方人民政府交通运输主管部门依法给予行政处分;构成犯罪的,依法追究刑事责任:
①不按照规定的条件、程序和期限实施行政许可的。
②参与或者变相参与机动车维修经营业务的。
③发现违法行为不及时查处的。
④索取、收受他人财物或谋取其他利益的。
⑤其他违法违纪行为。

5.《道路货物运输及站场管理规定》中的相关内容

《道路货物运输及站场管理规定》于2005年由交通部发布,于2012年进行了第3次修正。该规章主要调整货运及货运站关系,由于货运的工具是车辆,因此其中有部分内容与车辆的维修管理有关。

1)规定了车辆合格是货运行政许可的条件之一

《道路运输条例》规定申请从事货运经营的,应当具备下列条件:①有与其经营业务相适应并经检测合格的车辆;②有符合本条例第二十三条规定条件的驾驶员;③有健全的安全生产管理制度。其中"合格的车辆",包括新购置的合格车辆和维修合格的车辆;"健全的安全生产管理制度",包括车辆的维修制度。

《道路货物运输及站场管理规定》从三个方面规定了维修的要求。第一,申请从事道路货运经营客车技术要求应当具备条件中,技术性能符合国家标准《道路运输车辆综合性能要求和检验方法》(GB 18565—2016)的要求;外廓尺寸、轴荷和质量符合国家标准《道路车辆外廓尺寸、轴荷和质量限值》(GB 1589—2016)的要求,包含了维修的要求。第二,从事道路货运经营货车的其他要求中:从事大型物件运输经营的,应当具有与所运输大型物件相适应的超重型车组;从事冷藏保鲜、罐式容器等专用运输的,应当具有与运输货物相适应的专用容器、设备、设施,并固定在专用车辆上;从事集装箱运输的,车辆还应当有固定集装箱的转锁装置。包含了维修的要求。第三,健全的安全生产管理制度,包括车辆安全生产管理的制度,也包含了维修的要求。

2)规定了车辆管理是货运管理的重要内容之一

《道路运输条例》规定,客运经营者、货运经营者应当使用符合国家规定标准的车辆从事道路运输经营;客运经营者、货运经营者应当加强对车辆的维护和检测,确保车辆符合国家规定的技术标准;不得使用报废的、擅自改装的和其他不符合国家规定的车辆从事道路运输经营。该规定中包含了车辆的维修制度。

为贯彻执行国务院《道路运输条例》规定,《道路货物运输及货运站管理规定》规定了货运经营者维修的下列义务:

(1)应当建立车辆技术管理制度,按照国家规定的技术规范对货运车辆进行定期维护,确保货运车辆技术状况良好。货运车辆的维护作业项目和程序应当按照国家标准《汽车维护、检测、诊断技术规范》(GB 18344—2016)等有关技术标准的规定执行。

(2)禁止使用报废的、擅自改装的、拼装的、检测不合格的和其他不符合国家规定的车辆从事道路货物运输经营。

(3)应当建立货运车辆技术档案,并妥善保管。对相关内容的记载应当及时、完整和准确,不得随意更改。车辆技术档案主要内容为:车辆基本情况、主要部件更换情况、修理和二级维护记录(含出厂合格证)、技术等级评定记录、车辆变更记录、行驶里程记录、交通事故记录等。

(4)对达到国家规定的报废标准或者经检测不符合国家强制性标准要求的货运车辆,应当及时交回《道路运输证》,不得继续从事道路货物运输经营。

(5)应当按照国家有关规定在其重型货运车辆、牵引车上安装、使用行驶记录仪,并采取有效措施,防止驾驶员连续驾驶时间超过 4h。

《道路货物运输及站场管理规定》规定了道路运输管理机构执行维修的下列义务:

(1)严禁任何单位和个人为货运经营者指定车辆维护企业;车辆二级维护执行情况不得作为道路运输管理机构的路检路查项目。

(2)应当建立管理档案,并妥善保管。对相关内容的记载,应及时、完整和准确,不得随意更改。车辆管理档案主要内容应包括:车辆基本情况、主要部件更换情况、修理和二级维护记录(含出厂合格证)、技术等级评定记录、车辆变更记录、行驶里程记录、交通事故记录等。

(3)应当对经营者车辆技术档案的建立情况实施监督管理。

(4)应当定期对货运车辆进行审验,每年审验一次。审验内容包括:车辆技术档案、车辆结构及尺寸变动情况和违章记录等。审验符合要求的,道路运输管理机构在《道路运输证》审验记录中注明;不符合要求的,应当责令限期改正或者办理变更手续。

3)规定了车辆检测管理违法是承担法律责任的原因

(1)不按规定维护和检测运输车辆的,由县级以上道路运输管理机构责令改正,处 1000元以上 5000 元以下的罚款。

(2)使用擅自改装或者擅自改装已取得《道路运输证》的车辆的,由县级以上道路运输管理机构责令改正,处 5000 元以上 2 万元以下的罚款。

(3)货运经营者已不具备开业要求的有关安全条件、存在重大运输安全隐患的,由县级以上道路运输管理机构责令限期改正;在规定时间内不能按要求改正且情节严重的,由原许可机关吊销《道路运输经营许可证》或者吊销相应的经营范围。

(4)认定违法,由县级以上道路运输管理机构责令限期整改;整改不合格的,对其以下行为予以通报：

①没有建立货运车辆技术档案的。

②没有按照国家有关规定在货运车辆上安装行驶记录仪的。

③大型物件运输车辆不按规定悬挂、标明运输标志的。

④发生公共突发性事件，不接受当地政府统一调度安排的。

⑤因配载造成超限、超载的。

⑥运输没有限运证明物资的。

⑦未查验禁运、限运物资证明，配载禁运、限运物资的。

6.《道路旅客运输及客运站管理规定》中的相关内容

《道路旅客运输及客运站管理规定》于2005年由交通部发布，于2016年进行了第5次修正。该规章主要调整客运及客运站关系，由于客运的工具是车辆，因此其中有部分内容与车辆的维修管理有关。

1）规定了车辆合格是客运行政许可的条件之一

《道路运输条例》规定，申请从事客运经营的，应当具备下列条件：

(1) 有与其经营业务相适应并经检测合格的车辆。

(2) 从事客运经营的驾驶员，应当符合《道路运输从业人员管理规定》。

(3) 有健全的安全生产管理制度。

其中，"合格的车辆"，包括新购置的合格车辆和维修合格的车辆；"健全的安全生产管理制度"，包括车辆的维修制度。

《道路旅客运输及客运站管理规定》从四个方面规定了维修的要求。

第一，申请从事道路客运经营客车技术要求应当具备条件中，①技术性能符合国家标准《道路运输车辆综合性能要求和检验方法》（GB 18565—2016）的要求；②外廓尺寸、轴荷和质量符合国家标准《道路车辆外廓尺寸、轴荷和质量限值》（GB 1589—2004）的要求；③从事高速公路客运或者营运线路长度在800km以上的客运车辆，其技术等级应当达到行业标准《道路运输车辆技术等级划分和评定要求》（JT/T 198—2016）规定的一级技术等级；营运线路长度在400km以上的客运车辆，其技术等级应当达到二级以上；其他客运车辆的技术等级应当达到三级以上，包含了维修的要求。

第二，从事道路客运经营客车类型等级要求应当具备条件中，从事高速公路客运、旅游客运和营运线路长度在800km以上的客运车辆，其车辆类型等级应当达到行业标准《营运客车类型划分及等级评定》（JT/T 325—2013）规定的中级以上，包含了维修的要求。

第三，健全的安全生产管理制度，包括车辆安全生产管理的制度，也包含了维修的要求。

第四，已获得相应道路班车客运经营许可的经营者，申请新增客运班线时，拟投入车辆承诺书，包括客车数量、类型及等级、技术等级、座位数以及客车外廓长、宽、高等。若拟投入客车属于已购置或者现有的，应提供行驶证、车辆技术等级证书（车辆技术检测合格证）、客车等级评定证明及其复印件。

2）规定了车辆管理是客运管理的重要内容之一

《道路运输条例》规定，客运经营者、货运经营者应当使用符合国家规定标准的车辆从事道路运输经营；客运经营者、货运经营者应当加强对车辆的维护和检测，确保车辆符合国家规定的技术标准;不得使用报废的、擅自改装的和其他不符合国家规定的车辆从事道路运输经营。该规定中包含了车辆的维修制度。

为贯彻执行国务院《道路运输条例》规定,《道路旅客运输及客运站管理规定》规定了客运经营者维修的下列义务:

(1)客运经营者应当依据国家有关技术规范对客运车辆进行定期维护,确保客运车辆技术状况良好。客运车辆的维护作业项目和程序应当按照国家标准《汽车维护、检测、诊断技术规范》(GB 18344—2016)等有关技术标准的规定执行。

(2)禁止使用报废的、擅自改装的、拼装的、检测不合格的客车以及其他不符合国家规定的车辆从事道路客运经营。

(3)应当建立客运车辆技术档案并妥善保管。对相关内容的记载应及时、完整和准确,不得随意更改。车辆技术档案主要内容应包括:车辆基本情况、主要部件更换情况、修理和二级维护记录(含出厂合格证)、技术等级评定记录、类型及等级评定记录、车辆变更记录、行驶里程记录、交通事故记录等。

(4)客运车辆办理过户变更手续时,客运经营者应当将车辆技术档案完整移交。

(5)客运经营者对达到国家规定的报废标准或者经检测不符合国家强制性标准要求的客运车辆,应当及时交回《道路运输证》,不得继续从事客运经营。

《道路旅客运输及客运站管理规定》规定了道路运输管理机构执行维修的下列义务:

(1)严禁任何单位和个人为客运经营者指定车辆维护企业;车辆二级维护执行情况不得作为道路运输管理机构的路检路查项目。

(2)应当建立管理档案,并妥善保管。对相关内容的记载应当及时、完整和准确,不得随意更改。车辆管理档案主要内容应当包括:车辆基本情况、二级维护和检测记录、技术等级评定记录、类型及等级评定记录、车辆变更记录、交通事故记录等。

(3)应当对经营者车辆技术档案的建立情况实施监督管理。

(4)应当定期对客运车辆进行审验,每年审验一次。审验内容包括:车辆违章记录;车辆技术档案;车辆结构、尺寸变动情况;按规定安装、使用符合国家标准的行车记录仪情况;客运经营者为客运车辆投保承运人责任险情况。审验符合要求的,道路运输管理机构在《道路运输证》审验记录栏中注明;不符合要求的,应当责令限期改正或者办理变更手续。

(5)依据行业标准《营运客车类型划分及等级评定》(JT/T 325—2013)和交通部颁布的《营运客车类型划分及等级评定规则》的要求实施营运客车类型等级评定。

3)规定了车辆管理违法是承担法律责任的原因

(1)客运经营者已不具备开业要求的有关安全条件、存在重大运输安全隐患的,由县级以上道路运输管理机构责令限期改正;在规定时间内不能按要求改正且情节严重的,由原许可机关吊销《道路运输经营许可证》或者吊销相应的经营范围。

(2)客运经营者不按规定维护和检测客运车辆的,由县级以上道路运输管理机构责令改正,处1000元以上5000元以下的罚款。

(3)客运经营者使用擅自改装或者擅自改装已取得《道路运输证》的客运车辆的,由县级以上道路运输管理机构责令改正,处5000元以上2万元以下的罚款。

三、机动车检测制度

(一)机动车检测的定义与意义

机动车检测是指具有机动车技术检验资质的检测站对机动车的性能、结构、技术等级等事项进行检验、测定的活动。机动车检测,根据检测的内容分为安全技术检测和综合性能测;按时间分为定期检测和临时检测;按是否自愿检测分为法定检测和自愿检测等。

机动车检测是促进机动车制造业的制造合格产品的手段。我国机动车制造业发展不平衡,因此其产品质量也参差不齐。通过机动车检测,可以促进机动车制造业制造合格产品。

机动车检测是机动车申请注册登记和定期审验的一个必要条件。机动车作为交通工具,一方面,它的机械性能受到制造条件限制;另一方面,也会在交通事故中受到创伤和自然磨损。因此,通过检测,确定是否能达到上路的标准,以保障交通安全,检测合格是其必要的条件。

机动车检测是道路运输业市场准入条件之一——车辆合格的鉴定方法。机动车是道路运输业的生产工具,我国道路运输的法规将车辆合格与否作为市场准入条件之一,由于它提供的是公共服务,因此,法规规定的车辆的条件比一般自用性车辆要高,机动车检测是车辆合格的鉴定方法。

通过检测,实现检测的社会化。机动车作为交通工具,它是机械制造业的产品,也是道路运输业的生产工具,更是大众的代步工具。检测是一项技术性强的专业工作,不能也不可能要求大众成为"专家使用者",也不能始终由政府管理机关承担这种技术性的工作,因此检测的社会化是社会发展的必然产物。

(二)相关法律、法规及规章中的机动车检测制度

1.《道路交通安全法》中的相关内容

《道路交通安全法》中与机动车检测有关的法律制度如下。

1) 机动车的定义

《道路交通安全法》规定了机动车的定义。如前文"相关法律、法规及规章中对机动车维修的要求"中所述。

2) 机动车安全检测是新车注册登记的条件

《道路交通安全法》规定:"准予登记的机动车应当符合机动车国家安全技术标准。申请机动车登记时,应当接受对该机动车的安全技术检验。但是,经国家机动车产品主管部门依据机动车国家安全技术标准认定的企业生产的机动车型,该车型的新车在出厂时经检验符合机动车国家安全技术标准,获得检验合格证的,免予安全技术检验。"这一规定确定了新车免检的制度,但该制度的适用范围限定条件是:①必须是国家机动车产品主管部门认定的企业生产的机动车型,而非地方政府、企业或者中介机构认定;②必须是依据机动车国家安全技术标准认定的,而非依据行业标准、企业标准、地方标准认定;③必须是在出厂时获得检验合格证的。因此,在新车免检范围外的车辆,仍然需要经过机动车检测,才能获得新车注册登记。

3) 机动车定期安全检测制度

《道路交通安全法》规定:"驾驶机动车上道路行驶,应当悬挂机动车号牌,放置检验合格标志、保险标志,并随车携带机动车行驶证。"另规定:"对登记后上道路行驶的机动车,应当依照法律、行政法规的规定,根据车辆用途、载客载货数量、使用年限等不同情况,定期进行安全技术检验。对提供机动车行驶证和机动车第三者责任强制保险单的,机动车安全技术检验机构应当予以检验,任何单位不得附加其他条件。对符合机动车国家安全技术标准的,公安机关交通管理部门应当发给检验合格标志。"这些规定设定了三个基本制度:一是机动车定期安全检测的制度;二是机动车安全技术检验机构检验,任何单位不得附加其他条件;三是公安机关交通管理部门对符合机动车国家安全技术标准的,应当发给检验合格标志,驾驶机动车上道路行驶,应当放置检验合格标志。检测行为由机动车安全技术检验机构实施,颁发标志由公安机关交通管理部门负责。

4)对机动车进行安全技术检验行为的性质

《道路交通安全法》规定,对机动车的安全技术检验实行社会化。具体办法由国务院规定。机动车安全技术检验实行社会化的地方,任何单位不得要求机动车到指定的场所进行检验。"对机动车的安全技术检验实行社会化"这条规定已经回答了机动车的安全技术检验机构的性质不是政府行为、行政行为,而是中介行为。由于机动车的安全技术检验机构是中介行为,因此任何单位不得要求机动车到指定的场所进行检验。

5)机动车安全技术检验机构的法定义务

《道路交通安全法》规定了公安机关交通管理部门、机动车安全技术检验机构不得要求机动车到指定的场所进行维修。机动车安全技术检验机构对机动车检验收取费用,应当严格执行国务院价格主管部门核定的收费标准。这条规定了机动车安全技术检验机构的两项法定义务:一是机动车安全技术检验机构作为中介,无权要求机动车到指定的场所进行维修;二是机动车安全技术检验机构对机动车检验收取费用,应当按核定的收费标准执行,反过来,也说明对机动车检验收取费用是政府管制价格。

6)机动车强制报废检测的法律基础

《道路交通安全法》规定:"国家实行机动车强制报废制度,根据机动车的安全技术状况和不同用途,规定不同的报废标准。""机动车的安全技术状况"是报废标准的制定和判断的依据,而机动车的安全技术状况需要机动车强制报废的检测,因此这一规定提供了机动车强制报废检测的法律基础。

7)机动车安全技术检验机构的法律责任

《道路交通安全法》规定:"机动车安全技术检验机构实施机动车安全技术检验超过国务院价格主管部门核定的收费标准收取费用的,退还多收取的费用,并由价格主管部门依照《中华人民共和国价格法》的有关规定给予处罚。机动车安全技术检验机构不按照机动车国家安全技术标准进行检验,出具虚假检验结果的,由公安机关交通管理部门处所收检验费用5倍以上10倍以下罚款,并依法撤销其检验资格;构成犯罪的,依法追究刑事责任。"这里所说的违法行为及其法律责任包括:一是超过标准收取费用的,退还多收取的费用,并由价格主管部门依照《中华人民共和国价格法》的有关规定给予处罚;二是不按照标准进行检验,出具虚假检验结果的,由公安机关交通管理部门处所收检验费用5倍以上10倍以下罚款,并依法撤销其检验资格;三是构成犯罪的,依法追究刑事责任。

8)国家机动车产品主管部门的法律责任

《道路交通安全法》规定:"国家机动车产品主管部门未按照机动车国家安全技术标准严格审查,许可不合格机动车型投入生产的,对负有责任的主管人员和其他直接责任人员给予降级或者撤职的行政处分。"这里所指的违法主体是国家机动车产品主管部门;违法行为是未按照机动车国家安全技术标准严格审查,许可不合格机动车型投入生产;法律责任方式是对负有责任的主管人员和其他直接责任人员给予降级或者撤职的行政处分。

9)机动车生产、销售企业的法律责任

《道路交通安全法》规定,机动车生产企业经国家机动车产品主管部门许可生产的机动车型,不执行机动车国家安全技术标准或者不严格进行机动车成品质量检验,致使质量不合格的机动车出厂销售的,由质量技术监督部门依照《中华人民共和国产品质量法》的有关规定给予处罚。擅自生产、销售未经国家机动车产品主管部门许可生产的机动车型的,没收非法生产、销售的机动车成品及配件,可以并处非法产品价值3倍以上5倍以下罚款;有营业执照的,由工商行政管理部门吊销营业执照,没有营业执照的,予以查封。生产、销售拼装的机动车或者生产、销售擅自改装的机动车的,依照本条第三款的规定处罚。有本条第二款、第三款、第四款所列违法行为,生产或者销售不符合机动车国家安全技术标准的机动车,构成犯罪的,依法追究刑事责任。这里的违法主体是机动车生产、销售者;违法行为是生产企业不执行国家标准或者不严格进行机动车成品质量检验,致使质量不合格的机动车出厂销售,或者擅自生产、销售未经国家机动车产品主管部门许可生产的机动车型,或者生产、销售擅自改装的机动车;违法行为的法律责任方式包括:一是对生产企业不执行国家标准或者不严格进行机动车成品质量检验,致使质量不合格的机动车出厂销售的,由质量技术监督部门依照《中华人民共和国产品质量法》的有关规定给予处罚;二是擅自生产、销售未经国家机动车产品主管部门许可生产的机动车型的,以及生产、销售擅自改装的机动车的,没收非法生产、销售的机动车成品及配件,可以并处非法产品价值3倍以上5倍以下罚款;有营业执照的,由工商行政管理部门吊销营业执照,没有营业执照的,予以查封;三是构成犯罪的,依法追究刑事责任。

2.《道路交通安全法实施条例》中的相关内容

《道路交通安全法实施条例》中与机动车检测有关的法律制度如下。

1)规定了机动车安全技术检验机构的行业管理及其法律责任

《道路交通安全法实施条例》规定,机动车安全技术检验由机动车安全技术检验机构实施。机动车安全技术检验机构应当按照国家机动车安全技术检验标准对机动车进行检验,对检验结果承担法律责任。质量技术监督部门负责对机动车安全技术检验机构实行资格管理和计量认证管理,对机动车安全技术检验设备进行检定,对执行国家机动车安全技术检验标准的情况进行监督。机动车安全技术检验项目由国务院公安部门会同国务院质量技术监督部门规定。《道路交通安全法》只明确了机动车安全技术检验机构的性质是社会化的中介,但未明确其行业管理机关。在《道路交通安全法实施条例》中,一是明确了质量技术监督部门负责资格管理和计量认证管理,并对检验设备进行检定,监督安全技术检验标准的执行情况四项职责;二是明确了国务院公安部门会同国务院质量技术监督部门,对机动车安全技术检验项目共同制定的职责;三是机动车安全技术检验机构对检验结果承担法律责任。

2）规定了机动车安全技术检验的期限

《道路交通安全法实施条例》规定,机动车应当从注册登记之日起,按照下列期限进行安全技术检验:①营运载客汽车5年以内每年检验1次;超过5年的,每6个月检验1次。②载货汽车和大型、中型非营运载客汽车10年以内每年检验1次;超过10年的,每6个月检验1次。③小型、微型非营运载客汽车6年以内每2年检验1次;超过6年的,每年检验1次;超过15年的,每6个月检验1次。④摩托车4年以内每2年检验1次;超过4年的,每年检验1次。⑤拖拉机和其他机动车每年检验1次。定期检验是机动车所有人或者使用人的法定义务,必须在机动车安全技术检验机构接受定期检验。当然,营运机动车在规定检验期限内经安全技术检验合格的,不再重复进行安全技术检验。

3）规定了机动车安全技术检验机构不予通过检验的权利

一般来说,《道路交通安全法》要求机动车安全技术检验机构只对机动车安全技术检验的国家标准负责。《道路交通安全法实施条例》也规定了特殊情况,即:"已注册登记的机动车进行安全技术检验时,机动车行驶证记载的登记内容与该机动车的有关情况不符,或者未按照规定提供机动车第三者责任强制保险凭证的,不予通过检验。"

3.《道路运输条例》中的相关内容

《道路运输条例》调整道路运输经营中的道路旅客运输经营、道路货物运输经营;站(场)经营;机动车维修经营;机动车驾驶员培训中法律关系。与机动车检测有关的法律制度如下。

1）规定了客运经营车辆的检测制度

《道路运输条例》规定申请从事客运经营的,应当具备下列条件:①有与其经营业务相适应并经检测合格的车辆;②有符合本条例第九条规定条件的驾驶员;③有健全的安全生产管理制度。申请从事班线客运经营的,还应当有明确的线路和站点方案。其中,"有与其经营业务相适应并经检测合格的车辆",设定了客运经营车辆的检测制度。

2）规定了货运经营车辆的检测制度

《道路运输条例》规定申请从事货运经营的,应当具备下列条件:①有与其经营业务相适应并经检测合格的车辆;②有符合本条例第二十三条规定条件的驾驶员;③有健全的安全生产管理制度。其中,"有与其经营业务相适应并经检测合格的车辆"设定了货运经营车辆的检测制度。

3）规定了客、货运经营者对车辆的检测义务及法律责任

《道路运输条例》规定:"客运经营者、货运经营者应当加强对车辆的维护和检测,确保车辆符合国家规定的技术标准;不得使用报废的、擅自改装的和其他不符合国家规定的车辆从事道路运输经营。"这里设定了客、货运经营者对车辆的检测义务,违反本条例的规定,客运经营者、货运经营者不按规定维护和检测运输车辆的,由县级以上道路运输管理机构责令改正,处1000元以上5000元以下的罚款。

4.《道路货物运输及站场管理规定》中的相关内容

《道路货物运输及站场管理规定》中有部分内容与车辆的检测技术管理有关。

1）规定了车辆检测合格是货运行政许可的条件之一

《道路运输条例》规定,申请从事货运经营的,应当具备下列条件:①有与其经营业务相

适应并经检测合格的车辆;②有符合规定条件的驾驶员;③有健全的安全生产管理制度。其中,"检测合格的车辆"设定了检测的制度。

《道路货物运输及站场管理规定》从三方面规定了维修的要求。第一,申请从事道路货运经营客车技术要求应当具备:①技术性能符合国家标准《道路运输车辆综合性能要求和检验方法》(GB 18565—2016)的要求;②外廓尺寸、轴荷和质量符合国家标准《道路运输车辆外廓尺寸、轴荷和质量限值》(GB 1589—2016)的要求,包含了参加检测的要求。第二,从事道路货运经营货车的其他要求中:从事大型物件运输经营的,应当具有与所运输大型物件相适应的超重型车组;从事冷藏保鲜、罐式容器等专用运输的,应当具有与运输货物相适应的专用容器、设备、设施,并固定在专用车辆上;从事集装箱运输的,车辆还应当有固定集装箱的转锁装置。包含了参加检测的要求。第三,健全的安全生产管理制度,包括车辆安全生产管理的制度,也包含了参加检测的要求。

这些条件体现在该规章的"申请从事道路货物运输经营的,应当向县级道路运输管理机构(不含设区的市所属区运输管理机构,下同)提出申请,并提供以下材料:机动车辆行驶证、车辆检测合格证明复印件;拟购置运输车辆的承诺书,承诺书应当包括车辆数量、类型、技术性能、购置时间等内容"中。

2)规定了车辆管理是货运管理的重要内容之一

《道路运输条例》规定,客运经营者、货运经营者应当使用符合国家规定标准的车辆从事道路运输经营;客运经营者、货运经营者应当加强对车辆的维护和检测,确保车辆符合国家规定的技术标准;不得使用报废的、擅自改装的和其他不符合国家规定的车辆从事道路运输经营。其中,包括车辆的检测制度。

为贯彻执行国务院《道路运输条例》规定,《道路货物运输及货运站管理规定》规定了货运经营者维修的下列义务:

(1)应当建立车辆技术管理制度,按照国家规定的技术规范对货运车辆进行定期维护,确保货运车辆技术状况良好。货运车辆的维护作业项目和程序应当按照国家标准《汽车维护、检测、诊断技术规范》(GB 18344—2016)等有关技术标准的规定执行。

(2)禁止使用报废的、擅自改装的、拼装的、检测不合格的和其他不符合国家规定的车辆从事道路货物运输经营。

(3)应当定期进行货运车辆检测,车辆检测结合车辆定期审验的频率一并进行。道路货物运输经营者在规定时间内,到符合国家相关标准的机动车综合性能检测机构进行检测。

(4)对达到国家规定的报废标准或者经检测不符合国家强制性标准要求的货运车辆,应当及时交回《道路运输证》,不得继续从事道路货物运输经营。

(5)应当建立货运车辆技术档案,并妥善保管。对相关内容的记载应及时、完整和准确,不得随意更改。车辆技术档案主要内容为:车辆基本情况、主要部件更换情况、修理和二级维护记录(含出厂合格证)、技术等级评定记录、车辆变更记录、行驶里程记录、交通事故记录等。

为贯彻执行国务院《道路运输条例》规定,《道路货物运输及货运站管理规定》规定了机动车综合性能检测机构的下列义务:

(1)按照国家标准《道路运输车辆综合性能要求和检验方法》(GB 18565—2016)和《道

路车辆外廓尺寸、轴荷和质量限值》(GB 1589—2016)的规定进行检测,出具全国统一式样的检测报告。并依据检测结果,对照行业标准《道路运输车辆技术等级划分和评定要求》(JT/T 198—2016),评定车辆技术等级。货运车辆技术等级分为一级、二级和三级。

(2)应当使用符合标准的设施、设备,严格按照国家有关道路运输车辆技术检测标准对货运车辆进行检测,对出具的车辆检测报告负责,并对已检测车辆建立检测档案。

为贯彻执行国务院《道路运输条例》规定,《道路货物运输及货运站管理规定》规定了道路运输管理机构的下列义务:

(1)严禁任何单位和个人为道路货物运输经营者指定车辆维护企业;车辆二级维护执行情况不得作为路检路查项目。

(2)车辆检测结合车辆定期审验的频率一并进行。

(3)车籍所在地县级以上道路运输管理机构应当将车辆技术等级在《道路运输证》上标明。

(4)应当定期对货运车辆进行审验,每年审验一次。审验内容包括:车辆技术档案、车辆结构及尺寸变动情况和违章记录等。审验符合要求的,道路运输管理机构在《道路运输证》审验记录中注明;不符合要求的,应当责令限期改正或者办理变更手续。

(5)应当分别建立货运车辆管理档案,并妥善保管。对相关内容的记载应当及时、完整和准确,不得随意更改。道路运输管理机构管理档案主要内容为:车辆基本情况、二级维护和检测情况、技术等级记录、车辆变更记录、交通事故记录等。

(6)对经营者车辆技术档案建立情况实施监督管理。

3)规定了车辆管理违法是承担法律责任的原因

(1)不按规定维护和检测运输车辆的,由县级以上道路运输管理机构责令改正,处1000元以上5000元以下的罚款。

(2)使用擅自改装或者擅自改装已取得《道路运输证》的车辆的,由县级以上道路运输管理机构责令改正,处5000元以上2万元以下的罚款。

(3)不按国家有关技术规范进行检测、未经检测出具检测结果或者不如实出具检测结果的,由县级以上道路运输管理机构责令改正,没收违法所得,违法所得在5000元以上的,并处违法所得2倍以上5倍以下的罚款;没有违法所得或者违法所得不足5000元的,处以5000元以上2万元以下的罚款;构成犯罪的,依法追究刑事责任。

(4)货运经营者已不具备开业要求的有关安全条件、存在重大运输安全隐患的,由县级以上道路运输管理机构责令限期改正;在规定时间内不能按要求改正且情节严重的,由原许可机关吊销《道路运输经营许可证》或者吊销相应的经营范围。

(5)认定违法,由县级以上道路运输管理机构责令限期整改,整改不合格的,予以通报的行为:

①没有建立货运车辆技术档案的。

②没有按照国家有关规定在货运车辆上安装行驶记录仪的。

③大型物件运输车辆不按规定悬挂、标明运输标志的。

④发生公共突发性事件,不接受当地政府统一调度安排的。

⑤因配载造成超限、超载的。

⑥运输没有限运证明物资的；
⑦未查验禁运、限运物资证明，配载禁运、限运物资的。

5.《道路旅客运输及客运站管理规定》中的相关内容

《道路旅客运输及客运站管理规定》中有部分内容与车辆的技术管理有关。

1) 规定了车辆检测合格是客运行政许可的条件之一

《道路运输条例》规定，申请从事客运经营的，应当具备下列条件：①有与其经营业务相适应并经检测合格的车辆；②有符合规定条件的驾驶员；③有健全的安全生产管理制度。其中"检测合格的车辆"确定了车辆的检测制度；"健全的安全生产管理制度"，包括车辆参加检测制度。

为贯彻执行国务院《道路运输条例》的规定，《道路旅客运输及客运站管理规定》从四方面规定了检测的要求。

第一，申请从事道路客运经营客车技术要求应当具备条件：①技术性能符合国家标准《道路运输车辆综合性能要求和检验方法》(GB 18565—2016)的要求；②外廓尺寸、轴荷和质量符合国家标准《道路车辆外廓尺寸、轴荷和质量限值》(GB 1589—2016)的要求；③从事高速公路客运或者营运线路长度在 800km 以上的客运车辆，其技术等级应当达到行业标准《道路运输车辆技术等级划分和评定要求》(JT/T 198—2016)规定的一级技术等级；营运线路长度在 400km 以上的客运车辆，其技术等级应当达到二级以上；其他客运车辆的技术等级应当达到三级以上，包含了检测的要求。

第二，从事道路客运经营客车类型等级要求应当具备条件中，从事高速公路客运、旅游客运和营运线路长度在 800km 以上的客运车辆，其车辆类型等级应当达到行业标准《营运客车类型划分及等级评定》(JT/T 325—2013)规定的中级以上，包含了检测的要求。

第三，健全的安全生产管理制度，包括车辆安全生产管理制度，也包含了参加检测的要求。

第四，已获得相应道路班车客运经营许可的经营者，申请新增客运班线时，拟投入车辆承诺书，包括客车数量、类型及等级、技术等级、座位数以及客车外廓长、宽、高等。若拟投入客车属于已购置或者现有的，应提供行驶证、车辆技术等级证书(车辆技术检测合格证)、客车等级评定证明及其复印件。其中的车辆技术检测合格证都贯彻执行了检测的制度。

2) 规定了车辆参加检测管理是客运管理的重要内容之一

《道路运输条例》规定，客运经营者、货运经营者应当使用符合国家规定的技术标准的车辆从事道路运输经营；客运经营者、货运经营者应当加强对车辆的维护和检测，确保车辆符合国家规定的技术标准；不得使用报废的、擅自改装的和其他不符合国家规定的车辆从事道路运输经营。其中，包括车辆的检测制度。

为贯彻执行国务院《道路运输条例》规定，《道路旅客运输及客运站管理规定》规定了客运经营者与参加检测有关的下列义务：

(1)客运经营者应当依据国家有关技术规范对客运车辆进行定期维护，确保客运车辆技术状况良好。客运车辆的维护作业项目和程序应当按照国家标准《汽车维护、检测、诊断技术规范》(GB 18344—2016)等有关技术标准的规定执行。

(2)禁止使用报废的、擅自改装的、拼装的、检测不合格的客车以及其他不符合国家规定的车辆从事道路客运经营。

（3）应当建立客运车辆技术档案并妥善保管。对相关内容的记载应及时、完整和准确，不得随意更改。车辆技术档案主要内容包括：车辆基本情况、主要部件更换情况、修理和二级维护记录（含出厂合格证）、技术等级评定记录、类型及等级评定记录、车辆变更记录、行驶里程记录、交通事故记录等。

（4）客运车辆办理过户变更手续时，客运经营者应当将车辆技术档案完整移交。

（5）客运经营者对达到国家规定的报废标准或者经检测不符合国家强制性标准要求的客运车辆，应当及时交回《道路运输证》，不得继续从事客运经营。

（6）应当定期进行客运车辆检测，车辆检测结合车辆定期审验的频率一并进行。客运经营者在规定时间内，到符合国家相关标准的机动车综合性能检测机构进行检测。

为贯彻执行国务院《道路运输条例》规定，《道路客运及客运站管理规定》规定了机动车综合性能检测机构的下列义务：

（1）按照国家标准《道路运输车辆综合性能要求和检验方法》（GB 18565—2016）和《道路车辆外廓尺寸、轴荷和质量限值》（GB 1589—2016）的规定进行检测，出具全国统一式样的检测报告。并依据检测结果，对照行业标准《道路运输车辆技术等级划分和评定要求》（JT/T 198—2016）评定车辆技术等级。货运车辆技术等级分为一级、二级和三级。

（2）应当使用符合标准的设施、设备，严格按照国家有关道路运输车辆技术检测标准对货运车辆进行检测，对出具的车辆检测报告负责，并对已检测车辆建立检测档案。

为贯彻执行国务院《道路运输条例》规定，《道路旅客运输及客运站管理规定》规定了道路运输管理机构执行维修的下列义务：

（1）严禁任何单位和个人为客运经营者指定车辆维护企业；车辆二级维护执行情况不得作为道路运输管理机构的路检路查项目。

（2）车辆检测结合车辆定期审验的频率一并进行。

（3）车籍所在地县级以上道路运输管理机构应当将车辆技术等级在《道路运输证》上标明。

（4）应当分别建立管理档案，并妥善保管。对相关内容的记载应及时、完整和准确，不得随意更改。车辆管理档案主要内容包括：车辆基本情况、二级维护和检测记录、技术等级评定记录、类型及等级评定记录、车辆变更记录、交通事故记录等。

（5）应当对经营者车辆技术档案的建立情况实施监督管理。

（6）应当定期对客运车辆进行审验，每年审验一次。审验内容包括：车辆违章记录；车辆技术档案；车辆结构、尺寸变动情况；按规定安装、使用符合国家标准的行车记录仪情况；客运经营者为客运车辆投保承运人责任险情况。审验符合要求的，道路运输管理机构在《道路运输证》审验记录栏中注明；不符合要求的，应当责令限期改正或者办理变更手续。

（7）依据行业标准《营运客车类型划分及等级评定》（JT/T 325—2013）和交通部颁布的《营运客车类型划分及等级评定规则》的要求实施营运客车类型等级评定。

3）规定了车辆检测管理违法是承担法律责任的原因

（1）客运经营者已不具备开业要求的有关安全条件、存在重大运输安全隐患的，由县级以上道路运输管理机构责令限期改正；在规定时间内不能按要求改正且情节严重的，由原许可机关吊销《道路运输经营许可证》或者吊销相应的经营范围。

（2）客运经营者不按规定维护和检测客运车辆的，由县级以上道路运输管理机构责令改正，处1000元以上5000元以下的罚款。

（3）客运经营者使用擅自改装或者擅自改装已取得《道路运输证》的客运车辆的，由县级以上道路运输管理机构责令改正，处5000元以上2万元以下的罚款。

（4）不按国家有关技术规范进行检测、未经检测出具检测结果或者不如实出具检测结果的，由县级以上道路运输管理机构责令改正，没收违法所得，违法所得在5000元以上的，并处违法所得2倍以上5倍以下的罚款；没有违法所得或者违法所得不足5000元的，处以5000元以上2万元以下的罚款；构成犯罪的，依法追究刑事责任。

四、其他相关法律、法规、规章知识

（一）《中华人民共和国大气污染防治法》

《中华人民共和国大气污染防治法》（以下简称《大气污染防治法》）于1987年9月颁布实施，2015年8月最新修订。《大气污染防治法》中的第四章"机动车船等污染防治"，是为防治交通工具大气污染专门制定的。

1.《大气污染防治法》规定的防治机动车船排放污染制度

机动车船排放污染是大气污染的一个重要来源。因此，《大气污染防治法》对机动车船的制造、销售或者进口、使用、维修、检测等各个环节规定了防治制度。

1）规定了鼓励生产和消费使用清洁能源的机动车船的原则

国家倡导低碳、环保出行，根据城市规划合理控制燃油机动车保有量，大力发展城市公共交通，提高公共交通出行比例。国家采取财政、税收、政府采购等措施推广应用节能环保型和新能源机动车船、非道路移动机械，限制高油耗、高排放机动车船、非道路移动机械的发展，减少化石能源的消耗。

2）规定了机动车船、非道路移动机械不得超过标准排放大气污染物的制度

（1）禁止生产、进口或者销售大气污染物排放超过标准的机动车船、非道路移动机械。

（2）机动车维修单位应当按照防治大气污染的要求和国家有关技术规范对在用机动车进行维修，使其达到规定的排放标准。交通运输、环境保护主管部门应当依法加强监督管理。

（3）在用机动车排放大气污染物超过标准的，应当进行维修；经维修或者采用污染控制技术后，大气污染物排放仍不符合国家在用机动车排放标准的，应当强制报废。其所有人应当将机动车交售给报废机动车回收拆解企业，由报废机动车回收拆解企业按照国家有关规定进行登记、拆解、销毁等处理。国家鼓励和支持高排放机动车船、非道路移动机械提前报废。

3）规定了机动车船的年度检测制度

按照国家或者地方的有关规定，在用机动车应当由机动车排放检验机构定期对其进行排放检验。经检验合格的，方可上道路行驶。经检验不合格的，公安机关交通管理部门不得核发安全技术检验合格标志。

4）规定了对在用机动车的污染物排放状况进行监督抽测的制度

《大气污染防治法》规定县级以上地方人民政府环境保护行政主管部门可以在机动车停放地对在用机动车的污染物排放状况进行监督抽测。

5）规定了机动车和非道路移动机械环境保护召回制度

生产、进口企业获知机动车、非道路移动机械排放大气污染物超过标准，属于设计、生产缺陷或者不符合规定的环境保护耐久性要求的，应当召回；未召回的，由国务院质量监督部门会同国务院环境保护主管部门责令其召回。

2.《大气污染防治法》规定的法律责任制度

1）违法进口、销售的情况

（1）违反本法规定，进口、销售超过污染物排放标准的机动车、非道路移动机械的，由县级以上人民政府工商行政管理部门、出入境检验检疫机构按照职责没收违法所得，并处货值金额一倍以上三倍以下的罚款，没收销毁无法达到污染物排放标准的机动车、非道路移动机械；进口行为构成走私的，由海关依法予以处罚。

（2）违反本法规定，销售的机动车、非道路移动机械不符合污染物排放标准的，销售者应当负责修理、更换、退货；给购买者造成损失的，销售者应当赔偿损失。

2）伪造排放检验报告的情况

（1）违反本法规定，伪造机动车、非道路移动机械排放检验结果或者出具虚假排放检验报告的，由县级以上人民政府环境保护主管部门没收违法所得，并处十万元以上五十万元以下的罚款；情节严重的，由负责资质认定的部门取消其检验资格。

（2）违反本法规定，机动车驾驶员驾驶排放检验不合格的机动车上道路行驶的，由公安机关交通管理部门依法予以处罚

3）违法从事机动车维修服务的情况

违反本法规定，从事机动车维修等服务活动，未设置异味和废气处理装置等污染防治设施并保持正常使用，影响周边环境的，由县级以上地方人民政府环境保护主管部门责令改正，处二千元以上二万元以下的罚款；拒不改正的，责令停业整治。

4）造成大气污染事故的情况

（1）违反本法规定，造成大气污染事故的，由县级以上人民政府环境保护主管部门依照本条第二款的规定处以罚款；对直接负责的主管人员和其他直接责任人员可以处上一年度从本企业事业单位取得收入百分之五十以下的罚款。

（2）对造成一般或者较大大气污染事故的，按照污染事故造成直接损失的一倍以上三倍以下计算罚款；对造成重大或者特大大气污染事故的，按照污染事故造成的直接损失的三倍以上五倍以下计算罚款。

（3）地方各级人民政府、县级以上人民政府环境保护主管部门和其他负有大气环境保护监督管理职责的部门及其工作人员滥用职权、玩忽职守、徇私舞弊、弄虚作假的，依法给予处分。

（4）违反本法规定，构成犯罪的，依法追究刑事责任。

（二）《中华人民共和国合同法》

为了保护合同当事人的合法权益，维护社会经济秩序，促进社会主义现代化建设而制定本法。由中华人民共和国第九届全国人民代表大会第二次会议于1999年3月15日通过，

于1999年10月1日起施行。

1. 合同的概念与基本原则

所谓合同是指平等主体的自然人、法人、其他组织之间设立、变更、终止民事权利义务关系的协议;不是所有的民事协议《中华人民共和国合同法》(以下简称《合同法》)都调整,民事协议中婚姻、收养、监护等有关身份关系的协议,由于已经有《中华人民共和国婚姻法》《中华人民共和国收养法》等已经调整,因此《合同法》不予调整。

《合同法》的立法原则包括:

(1)平等原则。即合同主体的权利能力平等、法律地位平等,平等是合同自愿原则的前提和基础,平等的体现就是要求一方不得将自己的意志强加给另一方。

(2)自愿原则。即合同自由,合同自由是平等原则的体现,是合同法的核心原则,自愿原则要求合同主体订约自由、选择相对人的自由、确定合同内容的自由、选择合同形式的自由、协议变更合同的自由、协议解除合同的自由、选择损害赔偿范围和计算方法的自由、选择解决合同争议方法的自由、选择诉讼管辖的自由等。

(3)公平原则。公平即合同主体确定各方的权利和义务要对等、均衡,公平原则是合同自由原则的补充与完善,公平的衡量标准不采用形式主义的公平,而是采用实质内容的公平,即双方的对待给付必须在客观上保持价值对等和均衡,才认为是公平的。

(4)诚实信用原则。诚实信用可以简称"诚信",是指合同主体在行使权利、履行义务时,应诚实守信,以善意的方式履行其义务,不得滥用权力及规避法律或合同规定的义务。诚信是合同自由原则的补充与完善,是商业道德和法律的一致性,它要求合同主体真诚履行合同权利和义务,合同履行之前要充分准备;合同不完善应当及时补救和解释;合同履行完要保密等。

(5)合法原则和公序良俗原则。即合同主体订立、履行合同,应当遵守法律、行政法规,尊重社会公德,不得扰乱社会经济秩序,损害社会公共利益。合法原则和公序良俗原则是保护合同当事人私权和公共利益的结合。合同是私权利行为,但同时任何合同又都要在社会中实施,因此法律必须兼顾两者的平衡。

(6)法律保护原则。法律保护原则是指依法成立的合同,对当事人具有法律约束力。当事人应当按照约定履行自己的义务,不得擅自变更或者解除合同。法律保护的本质是关于合同效力的规定,一方面要对合同主体约束,另一方面要有对外效力,即任何第三人不得侵害合同债权。法律对依法成立的合同进行保护。

2. 合同的订立

1) 合同订立的条件

合同订立的条件包括以下几个方面:

(1)合同主体合格。当事人订立合同,应当具有相应的民事权利能力和民事行为能力。

(2)合同形式合法。当事人订立合同的形式有书面形式、口头形式和其他形式。其中法律、行政法规规定采用书面形式的,应当采用书面形式。当事人约定采用书面形式的,应当采用书面形式。书面形式是指合同书、信件和数据电文(包括电报、电传、传真、电子数据交换和电子邮件)等可以有形地表现所载内容的形式。

(3)合同的条款齐全。合同的内容一般由当事人约定,主要条款应齐全,包括:当事人的名称或者姓名和住所、标的、数量、质量、价款或者报酬、履行期限、地点和方式、违约责任、解决争议的方法。另外,当事人可以参照各类合同的示范文本订立合同。

(4)合同订立的程序合法。

2)合同订立的程序

合同订立的程序包括要约和承诺。

(1)要约。要约是希望和他人订立合同的意思表示。要约的条件是:①内容具体确定;②表明经受要约人承诺,要约人即受该意思表示约束。不符合要约条件的是要约邀请,要约邀请是希望他人向自己发出要约的意思表示,例如,寄送的价目表、拍卖公告、招标公告、招股说明书、商业广告等为要约邀请。但商业广告的内容符合要约规定的,视为要约。

要约的法律效力,包括要约的生效时间、存续期间、要约内容效力、要约的消失等。要约一般以到达受要约人时生效,但采用数据电文形式订立合同,收件人指定特定系统接收数据电文的,该数据电文进入该特定系统的时间,视为到达时间。未指定特定系统的,该数据电文进入收件人的任何系统的首次时间,视为到达时间,到达时间即为生效时间;要约可以撤回或者撤销。撤回要约的通知应当在要约到达受要约人之前或者与要约同时到达受要约人,撤销要约的通知应当在受要约人发出承诺通知之前到达受要约人,二者的区别是前者是在要约到达之前或者同时到达,而后者是在受要约人发出承诺通知之前到达。

要约人确定了承诺期限或者以其他形式明示要约不可撤销的,受要约人有理由认为要约是不可撤销的,并已经为履行合同作了准备工作的,要约不得撤销。

(2)承诺。承诺是受要约人同意要约的意思表示,承诺生效时合同成立。承诺的条件是:①承诺一般应当以通知的方式作出,但根据交易习惯或者要约表明可以通过行为作出承诺的除外;②承诺应当在要约确定的期限内到达要约人。要约没有确定承诺期限的,承诺的判断方法是:要约以对话方式作出的,应当即时作出承诺,但当事人另有约定的除外;要约以非对话方式作出的,承诺应当在合理期限内到达;要约以信件或者电报方式作出的,承诺期限自信件载明的日期或者电报交发之日开始计算。信件未载明日期的,自投寄该信件的邮戳日期开始计算。要约以电话、传真等快速通信方式作出的,承诺期限自要约到达受要约人时开始计算。

由于承诺生效时合同成立,因此承诺生效以通知到达要约人时为准。承诺不需要通知的,根据交易习惯或者要约的要求作出承诺的行为时生效。

(3)要约与承诺的转化。承诺一般与要约应当"镜像一致",如果受要约人超过承诺期限发出承诺的,对要约的内容作出实质性变更的(合同标的、数量、质量、价款或者报酬、履行期限、履行地点和方式、违约责任和解决争议方法等的变更,是对要约内容的实质性变更),为新要约。

(4)缔约过失责任。《合同法》在规定违约责任的同时,规定了缔约过失责任。缔约过失责任与违约责任不同,前者是在当事人在订立合同过程中产生的,而后者是在当事人在订立合同后并开始履行合同中发生的。缔约过失给对方造成损失的,应当承担损害赔偿责任。缔约过失包括:①假借订立合同,恶意进行磋商;②故意隐瞒与订立合同有关的重要事实或者提供虚假情况;③有其他违背诚实信用原则的行为;④当事人在订立合同过程中知悉的商业秘密,无论合同是否成立,不得泄露或者不正当地使用。泄露或者不正当地使用该商业秘密给对方造成损失的,均应当承担损害赔偿责任。

3. 合同效力

合同效力即合同是否有效性,这里涉及合同的成立、合同的生效等名词,合同的成立不等于合同的生效,有的合同是依法成立即生效;有的合同是依法成立但法律、行政法规规定应当办理批准、登记等手续才能生效;也有的合同成立,但附条件、附期限才生效;还有的合同的合同效力待定。

1)合同的有效条件

合同有效的条件包括:

(1)合同当事人具有民事权利能力和行为能力。

(2)当事人真实意思表示。

(3)合同内容合法。

2)合同无效

根据合同的有效条件,合同无效分为无效合同、无效条款和可撤销合同。

(1)无效合同。

①一方以欺诈、胁迫的手段订立合同,损害国家利益。

②恶意串通,损害国家、集体或者第三人利益。

③以合法形式掩盖非法目的。

④损害社会公共利益。

⑤违反法律、行政法规的强制性规定。

(2)无效条款。合同中的某些条款无效而非整体合同无效,主要是合同中免责条款无效,包括:

①造成对方人身伤害的。

②因故意或者重大过失造成对方财产损失的。无效条款不影响其他合同条款的效力。

(3)可撤销合同。合同违反真实意思表示,但需要经过人民法院或者仲裁机构变更或者撤销才可以认定无效的,它与无效合同的区别在于可撤销合同必须符合一定的条件,必须是依法撤销才可以无效。可撤销合同必须符合的条件是:

①认定可撤销合同的法定事由有三个:一是因重大误解订立的合同;二是在订立合同时显失公平的;三是一方以欺诈、胁迫的手段或者乘人之危,使对方在违背真实意思的情况下订立的合同,受损害方有权请求人民法院或者仲裁机构变更或者撤销。

②行使可撤销权的为人民法院或者仲裁机构,但人民法院或者仲裁机构的撤销权受当事人请求限制,请求变更的,人民法院或者仲裁机构不得撤销。

③撤销权在法定条件下予以消灭,即具有撤销权的当事人自知道或者应当知道撤销事由之日起一年内没有行使撤销权,或者具有撤销权的当事人知道撤销事由后明确表示或者以自己的行为放弃撤销权,撤销权予以消灭。

合同无效后的法律后果是:

①无效的合同或者被撤销的合同自始没有法律约束力。

②合同无效、被撤销或者终止的,不影响合同中独立存在的有关解决争议方法的条款的效力。

③合同无效或者被撤销后,因该合同取得的财产,应当予以返还;不能返还或者没有必要返还的,应当折价补偿。有过错的一方应当赔偿对方因此所受到的损失,双方都有过错的,应当各自承担相应的责任。

④当事人恶意串通,损害国家、集体或者第三人利益的,因此取得的财产收归国家所有或者返还集体、第三人。

3)效力待定合同

效力待定合同是指合同效力尚在等待确定的合同。

(1)依法成立的合同。但根据法律、行政法规规定应当办理批准、登记等手续生效的,在办理批准、登记等手续期内的合同。

(2)附条件生效的合同。当事人对合同的效力可以约定附条件。附生效条件的合同,自条件成就时生效。附解除条件的合同,自条件成就时失效。当事人为自己的利益不正当地阻止条件成就的,视为条件已成就;不正当地促成条件成就的,视为条件不成就。

(3)附期限生效的合同。当事人对合同的效力可以约定附期限。附生效期限的合同,自期限届至时生效。附终止期限的合同,自期限届满时失效。

(4)限制民事行为能力人订立的待追认合同。限制民事行为能力人订立的合同,经法定代理人追认后,该合同有效,但纯获利益的合同或者与其年龄、智力、精神健康状况相适应而订立的合同,不必经法定代理人追认。相对人可以催告法定代理人在一个月内予以追认。法定代理人未作表示的,视为拒绝追认。合同被追认之前,善意相对人有撤销的权利。撤销应当以通知的方式作出。

(5)无代理权、超越代理权、终止代理权后订立的待追认合同。行为人没有代理权、超越代理权或者代理权终止后以被代理人名义订立的合同,未经被代理人追认,对被代理人不发生效力,由行为人承担责任。相对人可以催告被代理人在一个月内予以追认。被代理人未作表示的,视为拒绝追认。合同被追认之前,善意相对人有撤销的权利。撤销应当以通知的方式作出。

4)特殊效力的合同

主要包括:

(1)表见合同。行为人没有代理权、超越代理权或者代理权终止后以被代理人名义订立合同,相对人有理由相信行为人有代理权的,该代理行为有效。

(2)法定代表人、负责人超越权限的合同。法人或者其他组织的法定代表人、负责人超越权限订立的合同,除相对人知道或者应当知道其超越权限的以外,该代表行为有效。

(3)追认有效合同。无处分权的人处分他人财产,经权利人追认或者无处分权的人订立合同后取得处分权的,该合同有效。

4. 合同的履行

1)合同履行的原则

合同生效后,就进入履行阶段。合同履行的原则有:

(1)全面履行原则。当事人应当按照约定内容,全面履行自己的义务。

(2)诚实信用原则。当事人应当遵循诚实信用原则,根据合同的性质、目的和交易习惯履行通知、协助、保密等义务,这些义务是合同的附随义务。

(3)补救原则。合同生效后,当事人就质量、价款或者报酬、履行地点等内容没有约定或者约定不明确的,可以协议补充;不能达成补充协议的,按照合同有关条款或者交易习惯确定。

①质量要求不明确的,按照国家标准、行业标准履行;没有国家标准、行业标准的,按照通常标准或者符合合同目的的特定标准履行。

②价款或者报酬不明确的,按照订立合同时履行地的市场价格履行;依法应当执行政府定价或者政府指导价的,按照规定履行。执行政府定价或者政府指导价的,在合同约定的交付期限内政府价格调整时,按照交付时的价格计价。逾期交付标的物的,遇价格上涨时,按照原价格执行;价格下降时,按照新价格执行。逾期提取标的物或者逾期付款的,遇价格上涨时,按照新价格执行;价格下降时,按照原价格执行。

③履行地点不明确,给付货币的,在接受货币一方所在地履行;交付不动产的,在不动产所在地履行;其他标的,在履行义务一方所在地履行。

④履行期限不明确的,债务人可以随时履行,债权人也可以随时要求履行,但应当给对方必要的准备时间。

⑤履行方式不明确的,按照有利于实现合同目的的方式履行。

⑥履行费用的负担不明确的,由履行义务一方负担。

2)合同履行的主体

一般合同是向对方履行的,但特殊情况也有第三人参与。

(1)向第三人履行债务的合同。当事人约定由债务人向第三人履行债务的,债务人未向第三人履行债务或者履行债务不符合约定,应当向债权人承担违约责任。例如,保险合同中向受益人履行。

(2)由第三人履行债务的合同。当事人约定由第三人向债权人履行债务的,第三人不履行债务或者履行债务不符合约定,债务人应当向债权人承担违约责任。例如,运输合同中约定由收货人履行。

3)合同履行的抗辩权

合同履行中一方不履行债务时,对方可以行使抗辩权。根据抗辩权行使的时间,可以分为三种情况。

(1)同时抗辩。当事人互负债务,没有先后履行顺序的,应当同时履行。一方在对方履行之前有权拒绝其履行要求。一方在对方履行债务不符合约定时,有权拒绝其相应的履行要求。

(2)后履行债务的一方抗辩。当事人互负债务,有先后履行顺序,先履行一方未履行的,后履行一方有权拒绝其履行要求。先履行一方履行债务不符合约定的,后履行一方有权拒绝其相应的履行要求。

(3)不安抗辩。也称为不安抗辩权,应当先履行债务的当事人,有确切证据证明对方有经营状况严重恶化;转移财产、抽逃资金,以逃避债务;丧失商业信誉;有丧失或者可能丧失履行债务能力的其他情形的,可以向后履行一方抗辩,即中止履行。当事人没有确切证据中止履行的,应当承担违约责任。行使不安抗辩权决定中止履行的,应当及时通知对方。对方提供适当担保时,应当恢复履行。中止履行后,对方在合理期限内未恢复履行能力并且未提供适当担保的,中止履行的一方可以解除合同。

4) 合同履行的代位权

因债务人怠于行使其到期债权,对债权人造成损害的,债权人可以向人民法院请求以自己的名义代位行使债务人的债权,但该债权专属于债务人自身的除外。代位权的行使范围以债权人的债权为限。债权人行使代位权的必要费用,由债务人负担。

5) 合同履行的撤销权

因债务人放弃其到期债权或者无偿转让财产,对债权人造成损害的,债权人可以请求人民法院撤销债务人的行为。债务人以明显不合理的低价转让财产,对债权人造成损害,并且受让人知道该情形的,债权人也可以请求人民法院撤销债务人的行为。撤销权的行使范围以债权人的债权为限。债权人行使撤销权的必要费用,由债务人负担。撤销权自债权人知道或者应当知道撤销事由之日起一年内行使。自债务人的行为发生之日起五年内没有行使撤销权的,该撤销权消灭。

5. 违约责任

违约责任指合同当事人不履行合同义务或者履行合同义务不符合约定时所承担的法律后果,违约责任的归责原则采用严格责任,而侵权责任采用过错、无过错责任相结合方式。当违约责任和侵权责任竞合时,适用选择关系,即选违约责任就不能选侵权责任。

1) 违约责任的方式

根据《合同法》的规定,违约承担责任的方式包括继续履行、采取补救措施或者赔偿损失;也可以相互约定违约金、定金等方式。前三者是法定的,后两者是约定的。采取补救措施的方式有修理、更换、重作、退货、减少价款或者报酬等,损失赔偿额应当相当于因违约所造成的损失,包括合同履行后可以获得的利益,但不得超过违反合同一方订立合同时预见到或者应当预见到的因违反合同可能造成的损失。

2) 赔偿损失和违约金的关系

约定的违约金低于造成的损失的,当事人可以请求人民法院或者仲裁机构予以增加;约定的违约金过分高于造成的损失的,当事人可以请求人民法院或者仲裁机构予以适当减少。

3) 违约金和定金的关系

当事人可以依照《中华人民共和国担保法》约定一方向对方给付定金作为债权的担保。债务人履行债务后,定金应当抵作价款或者收回。给付定金的一方不履行约定的债务的,无权要求返还定金;收受定金的一方不履行约定的债务的,应当双倍返还定金。当事人如果既约定违约金,又约定定金的,一方违约时,对方可以选择适用违约金或者定金条款。即只能采用一种方式。

4) 免责条款

因不能预见、不能避免并不能克服的客观情况,即不可抗力不能履行合同的,根据不可抗力的影响,部分或者全部免除责任,但法律另有规定的除外。

6. 常见的合同类型

1) 承揽合同

承揽合同是承揽人按照定作人的要求完成工作,交付工作成果,定作人给付报酬的合同。承揽包括加工、定作、修理、复制、测试、检验等工作。机动车维修检测合同是承揽合同

的一种。承揽合同的主要特点是:

(1) 合同主体是承揽人和定作人。

(2) 合同条款主要内容包括承揽的标的、数量、质量、报酬、承揽方式、材料的提供、履行期限、验收标准和方法等条款。

(3) 合同的标的是加工承揽行为。

承揽合同的承揽人和定作人权利与义务是对等的,一方的权利就是另一方的义务。

2) 技术合同

技术合同是当事人就技术开发、转让、咨询或者服务订立的确立相互之间权利和义务的合同。技术合同的标的与技术有密切联系,不同类型的技术合同有不同的技术内容。技术合同履行环节多,履行期限长。技术合同的法律调整具有多样性。当事人一方具有特定性,通常应当是具有一定专业知识或技能的技术人员。技术合同是双务、有偿合同。

3) 租赁合同

租赁合同是转移租赁物使用收益权的合同。在租赁合同中,承租人的目的是取得租赁物的使用收益权,出租人也只转让租赁物的使用收益权,而不转让其所有权;租赁合同终止时,承租人须返还租赁物。这是租赁合同区别于买卖合同的根本特征。租赁合同是双务、有偿合同。在租赁合同中,交付租金和转移租赁物的使用收益权之间存在着对价关系,交付租金是获取租赁物使用收益权的对价,而获取租金是出租人出租财产的目的。

4) 委托合同

委托合同是指受托人为委托人办理委托事务,委托人支付约定报酬或不支付报酬的合同。其特征有:委托合同是典型的劳务合同;受托人以委托人的费用办理委托事务;委托合同具有人身性质,以当事人之间相互信任为前提;委托合同既可以是有偿合同,也可以是无偿合同;委托合同是诺成的、双务的合同。委托合同又称委任合同,是指委托人和受托人约定,由受托人处理委托事务的合同。

(三)《中华人民共和国劳动保护法》

《中华人民共和国劳动保护法》(以下简称《劳动法》)是为了保护劳动者的合法权益,调整劳动关系,建立和维护适应社会主义市场经济的劳动制度,促进经济发展和社会进步,根据宪法,制定该法。1994年7月5日第八届全国人民代表大会常务委员会第八次会议通过,自1995年1月1日起施行。

1.《劳动法》的原则

《劳动法》的立法原则如下。

1) 公民享有劳动权利和义务的原则

公民享有劳动权利和义务的原则的基本含义是:

(1) 每一个有劳动能力的公民均有参加劳动的权利,国家通过各种方式创造就业条件,促进就业,保障公民劳动权利的实现。

(2) 劳动是一切有劳动能力公民的法定义务,每一个有劳动能力的公民都应该参加劳动,完成劳动任务或工作任务。

(3) 每一个有劳动能力的公民均有义务遵守劳动纪律和职业道德,提高职业技能,执行劳动安全卫生规程。

2）保护劳动者合法权益原则

劳动者享有平等就业和选择职业的权利、取得劳动报酬的权利、休息休假的权利、获得劳动安全卫生保护的权利、接受职业技能培训的权利、享受社会保险和福利的权利、提请劳动争议处理的权利以及法律规定的其他劳动权利。保护劳动者合法权益原则，是指用人单位有义务提供实现劳动者的权利的物质条件和环境条件，侵犯其合法权利的应当受到法律制裁。

3）其他原则

《劳动法》在规定上述两大原则同时，还规定了：

（1）用人单位应当依法建立和完善规章制度，保障劳动者享有劳动权利和履行劳动义务。

（2）国家采取各种措施，促进劳动就业，发展职业教育，制定劳动标准，调节社会收入，完善社会保险，协调劳动关系，逐步提高劳动者的生活水平。

（3）国家提倡劳动者参加社会义务劳动，开展劳动竞赛和合理化建议活动，鼓励和保护劳动者进行科学研究、技术革新和发明创造，表彰和奖励劳动模范和先进工作者。

（4）劳动者有权依法参加和组织工会，工会代表和维护劳动者的合法权益，依法独立自主地开展活动。

（5）劳动者依照法律规定，通过职工大会、职工代表大会或者其他形式，参与民主管理或者就保护劳动者合法权益与用人单位进行平等协商。

2. 《劳动法》的适用范围

1）地域效力

《劳动法》第2条"在中华人民共和国境内的企业、个体经济组织（以下统称用人单位）和与之形成劳动关系的劳动者，适用本法"中的"境内"是地域效力。凡外商独资、合资、合作企业只要在我国"境内"，均适用劳动法。香港、澳门、台湾是我国独立关税地区，根据特别法规定，在其区域内《劳动法》不适用。

2）对事效力

《劳动法》第2条"在中华人民共和国境内的企业、个体经济组织（以下统称用人单位）和与之形成劳动关系的劳动者，适用本法"中的"形成劳动关系"是对事效力，即劳动法适用于劳动关系，而不是其他关系。

3）对人效力

《劳动法》第2条"在中华人民共和国境内的企业、个体经济组织（以下统称用人单位）和与之形成劳动关系的劳动者，适用本法"中的"用人单位"和"劳动者"是对人效力，即劳动法律的主体。用人单位是指企业、个体经济组织；劳动者是指年满16周岁并具有劳动能力的自然人，禁止用人单位招用未满16周岁的未成年人。法律准许的特殊工种需要招收未成年人的，如曲艺行业招收未成年演员，必须依法履行审批手续，并保障其接受义务教育的权利。那么，国家机关、事业组织、社会团体和与之建立劳动合同关系的劳动者，劳动法是否适用？只要建立了劳动合同关系就适用，没有建立的劳动合同关系就不适用。

3. 促进就业

劳动就业是指具有劳动能力的公民在法定劳动年龄内依法从事某种有报酬或劳动收入

的社会职业。劳动就业的实质是国家要为劳动者个人获取生活资料而与生产资料相结合创造必要的条件。妥善解决好劳动就业问题,对于促进社会秩序的安定,充分利用社会劳动力资源,保证经济发展对劳动力的需要以及逐步改善和提高人民生活水平都具有重要意义。因此,我国《劳动法》把促进就业当成重要任务,将其放在总则之后,其他内容之前。

1)国家责任

(1)国家通过促进经济和社会发展,创造就业条件,扩大就业机会。

(2)国家鼓励企业、事业组织、社会团体在法律、行政法规规定的范围内兴办产业或者拓展经营,增加就业。

(3)国家支持劳动者自愿组织起来就业和从事个体经营实现就业。

2)政府责任

地方各级人民政府应当采取措施,发展多种类型的职业介绍机构,提供就业服务。

3)用人单位责任

用人单位在录用使用劳动者就业时,应当做到:

(1)不因民族、种族、性别、宗教信仰不同而对劳动者就业歧视。

(2)妇女享有与男子平等的就业权利。在录用职工时,除国家规定的不适合妇女的工种或者岗位外,不得以性别为由拒绝录用妇女或者提高对妇女的录用标准。

(3)残疾人、少数民族人员、退出现役的军人的就业,法律、法规有特别规定的,从其规定。

(4)禁止用人单位招用未满十六周岁的未成年人。文艺、体育和特种工艺单位招用未满十六周岁的未成年人,必须依照国家有关规定,履行审批手续,并保障其接受义务教育的权利。

4. 劳动合同

1)劳动合同概念与种类

劳动合同是劳动者与用人单位确立劳动关系、明确双方权利和义务的协议。建立劳动关系应当订立劳动合同,订立和变更劳动合同,应当遵循平等自愿、协商一致的原则,不得违反法律、行政法规的规定。劳动合同依法订立即具有法律约束力,当事人必须履行劳动合同规定的义务。

劳动合同从不同角度可以有不同的分类:

(1)按劳动合同的期限分:有固定期限、无固定期限和以完成一定的工作为期限。劳动者在同一用人单位连续工作满十年以上,当事人双方同意延续劳动合同的,如果劳动者提出订立无固定期限的劳动合同,应当订立无固定期限的劳动合同。

(2)按劳动合同制定的主体分:一般合同和集体合同。前者是劳动者个人与用人单位签订的,后者是由工会代表职工(或者职工推举的代表)与企业签订的。集体合同是企业职工一方与企业就劳动报酬、工作时间、休息休假、劳动安全卫生、保险福利等事项,签订集体合同。集体合同草案应当提交职工代表大会或者全体职工讨论通过。集体合同签订后应当报送当地劳动行政部门;劳动行政部门自收到集体合同文本之日起十五日内未提出异议的,集体合同即行生效。依法签订的集体合同对企业和企业全体职工具有约束力。职工个人与企业订立的劳动合同中劳动条件和劳动报酬等标准不得低于集体合同的规定。

2）劳动合同的条款与形式

劳动合同应当以书面形式订立,主要条款分为必备条款和约定条款。必备条款包括:

(1) 劳动合同期限。

(2) 工作内容。

(3) 劳动保护和劳动条件。

(4) 劳动报酬。

(5) 劳动纪律。

(6) 劳动合同终止的条件。

(7) 违反劳动合同的责任。

约定条款是当事人协商约定其他内容,包括可以在劳动合同中约定保守用人单位商业秘密的有关事项。劳动合同可以约定试用期。试用期最长不得超过六个月。

3）劳动合同的无效

与一般合同一样,违反法律、行政法规的劳动合同,或者采取欺诈、威胁等手段订立的劳动合同都无效。无效的劳动合同,从订立的时候起,就没有法律约束力。确认劳动合同部分无效的,如果不影响其余部分的效力,其余部分仍然有效。劳动合同的无效,由劳动争议仲裁委员会或者人民法院确认。

4）劳动合同的解除

劳动合同的解除可以分为合意解除和单方解除,单方解除又可分为用人单位单方解除和劳动者单方解除。单方解除又可分为随时解除和提前通知解除。

(1) 合意解除:经劳动合同当事人协商一致,劳动合同可以解除。

(2) 用人单位随时单方解除:

①劳动者在试用期间被证明不符合录用条件的。

②严重违反劳动纪律或者用人单位规章制度的。

③严重失职,营私舞弊,对用人单位利益造成重大损害的。

④被依法追究刑事责任的,用人单位可以解除劳动合同。

(3) 劳动者随时单方解除:

①在试用期内的。

②用人单位以暴力、威胁或者非法限制人身自由的手段强迫劳动的。

③用人单位未按照劳动合同约定支付劳动报酬或者提供劳动条件的,劳动者可以随时通知用人单位解除劳动合同。

(4) 用人单位提前通知单方解除:

①劳动者患病或者非因工负伤,医疗期满后,不能从事原工作,也不能从事由用人单位另行安排的工作的。

②劳动者不能胜任工作,经过培训或者调整工作岗位,仍不能胜任工作的。

③劳动合同订立时所依据的客观情况发生重大变化,致使原劳动合同无法履行,经当事人协商不能就变更劳动合同达成协议的,用人单位可以解除劳动合同,但是应当提前三十日以书面形式通知劳动者本人。

(5) 劳动者提前通知单方解除:除劳动者随时单方解除劳动合同的情形外,解除劳动合同应当提前三十日以书面形式通知用人单位。

5）解除劳动合同的限制

为保护劳动者的合法利益，《劳动法》对解除劳动合同进行了限制。

（1）用人单位不得解除劳动合同的情况：

①劳动者患职业病或者因工负伤并被确认丧失或者部分丧失劳动能力的。

②患病或者负伤，在规定的医疗期内的。

③女职工在孕期、产假、哺乳期内的。

④法律、行政法规规定的其他情形。

（2）大规模裁减人员的限制：用人单位濒临破产进行法定整顿期间或者生产经营状况发生严重困难，确需裁减人员的，应当提前三十日向工会或者全体职工说明情况，听取工会或者职工的意见，经向劳动行政部门报告后，可以裁减人员。用人单位依据本条规定裁减人员，在六个月内录用人员的，应当优先录用被裁减的人员。

（3）用人单位解除劳动合同给予经济补偿：用人单位在合意解除、用人单位提前通知单方解除、大规模裁减人员情况下，解除劳动合同应给予经济补偿。

5. 工作时间和休息休假

1）工作时间

《劳动法》规定了我国的劳动工作时间基本制度，包括：计时制度和计件制度。计时制度有：日工作不超过八小时，周工作不超过四十四小时；计件制度中，用人单位应当根据规定的日工作不超过八小时，周工作不超过四十四小时的工时制度合理确定其劳动定额和计件报酬标准。加班实质是延长工作时间，用人单位由于生产经营需要，经与工会和劳动者协商后可以延长工作时间，一般每日不得超过一小时；因特殊原因需要延长工作时间的，在保障劳动者身体健康的条件下延长工作时间每日不得超过三小时，但是每月不得超过三十六小时。但发生自然灾害、事故或者因其他原因，威胁劳动者生命健康和财产安全，需要紧急处理的；生产设备、交通运输线路、公共设施发生故障，影响生产和公众利益，必须及时抢修的；法律、行政法规规定的其他情形，延长工作时间不受限制。用人单位不得违反法律规定，延长劳动者的工作时间。

2）休息休假

《劳动法》规定了我国的劳动者的休息休假制度，包括休息和休假。休息制度要求：用人单位应当保证劳动者每周至少休息一日。休假有法定节日休假和带薪年休假，法定节日休假有元旦、春节、国际劳动节、国庆节、法律、法规规定的其他休假节日；带薪年休假制度是劳动者连续工作一年以上的，有权享受带薪年休假。

3）休息休假的工资报酬

休息休假期间工作是占用劳动者的时间，是劳动者的额外义务，因此用人单位应当支付高于劳动者正常工作时间工资的工资报酬。其标准是：安排劳动者延长工作时间的，支付不低于工资的百分之一百五十的工资报酬；休息日安排劳动者工作又不能安排补休的，支付不低于工资的百分之二百的工资报酬；法定休假日安排劳动者工作的，支付不低于工资的百分之三百的工资报酬。

6. 工资

工资是用人单位按照劳动者劳动的数量和质量，根据国家预先规定的标准，以货币形式支付的劳动报酬。工资的本质是劳动者劳动价值的货币化形式。《劳动法》规定工资的基本制度有：

(1)按劳分配原则,同工同酬。

(2)国家对工资总量实行宏观调控。

(3)用人单位自主确定本单位的工资分配方式和工资水平。

(4)国家实行最低工资保障制度。确定和调整最低工资标准应当综合参考因素：劳动者本人及平均赡养人口的最低生活费用、社会平均工资水平、劳动生产率、就业状况、地区之间经济发展水平的差异。最低工资的具体标准由省、自治区、直辖市人民政府规定,报国务院备案。用人单位支付劳动者的工资不得低于当地最低工资标准。

(5)工资应当以货币形式按月支付给劳动者本人。不得克扣或者无故拖欠劳动者的工资。

(6)劳动者在法定休假日和婚丧假期间以及依法参加社会活动期间,用人单位应当依法支付工资。

7. 劳动安全卫生和女职工、未成年工特殊保护

1)劳动安全基本制度

《劳动法》规定的劳动安全基本制度包括：

(1)用人单位必须建立、健全劳动安全卫生制度,劳动安全卫生教育,防止事故,减少职业危害。

(2)劳动安全卫生设施必须符合国家规定的标准。

(3)新建、改建、扩建工程的劳动安全卫生设施必须与主体工程同时设计、同时施工、同时投入生产和使用。

(4)用人单位必须为劳动者提供符合国家规定的劳动安全卫生条件和必要的劳动防护用品,对从事有职业危害作业的劳动者应当定期进行健康检查。

(5)从事特种作业的劳动者必须经过专门培训并取得特种作业资格。

(6)劳动者在劳动过程中必须严格遵守安全操作规程。

(7)劳动者对用人单位管理人员违章指挥、强令冒险作业,有权拒绝执行;对危害生命安全和身体健康的行为,有权提出批评、检举和控告。

(8)国家建立伤亡事故和职业病统计报告和处理制度。县级以上各级人民政府劳动行政部门、有关部门和用人单位应当依法对劳动者在劳动过程中发生的伤亡事故和劳动者的职业病状况,进行统计、报告和处理。

2)女职工特殊保护

国家对女职工实行特殊劳动保护,包括：

(1)禁止安排女职工从事矿山井下、国家规定的第四级体力劳动强度的劳动和其他禁忌从事的劳动。

(2)不得安排女职工在经期从事高处、低温、冷水作业和国家规定的第三级体力劳动强度的劳动。

(3)不得安排女职工在怀孕期间从事国家规定的第三级体力劳动强度的劳动和孕期禁忌从事的活动。对怀孕七个月以上的女职工,不得安排其延长工作时间和夜班劳动。

（4）女职工生育享受不少于九十天的产假。

（5）不得安排女职工在哺乳未满一周岁的婴儿期间从事国家规定的第三级体力劳动强度的劳动和哺乳期禁忌从事的其他劳动，不得安排其延长工作时间和夜班劳动。

3）未成年工特殊保护

未成年工是指年满十六周岁未满十八周岁的劳动者，国家对未成年工实行特殊劳动保护，包括：

（1）不得安排未成年工从事矿山井下、有毒有害、国家规定的第四级体力劳动强度的劳动和其他禁忌从事的劳动。

（2）用人单位应当对未成年工定期进行健康检查。

8. 职业培训和社会保险、社会福利

1）职业培训

职业培训是指对具有劳动能力的、未正式参加工作的人和在职的职工进行技术业务知识和实际操作技能的教育和训练。职业培训可以开发劳动者的职业技能，提高劳动者素质，增强劳动者的就业能力和工作能力，因此国家必须通过各种途径，采取各种措施，发展职业培训事业。职业培训既是政府义务，也是用人单位义务。

2）社会保险

社会保险是指国家通过法律建立的，对劳动者在年老、患病、工伤、失业、生育等情况下获得帮助和补偿的制度。社会保险特征是社会性、补偿性、强制性、互济性和非营利性。我国现有养老、医疗、工伤、失业、生育等社会保险。劳动者死亡后，其遗属依法享受遗属津贴。这些社会保险是国家强制保险，用人单位和劳动者必须依法参加社会保险，缴纳社会保险费。劳动者享受的社会保险金必须按时足额支付。除此之外，国家鼓励用人单位根据本单位实际情况为劳动者建立补充保险，提倡劳动者个人进行储蓄性保险。

3）社会福利

社会福利是指国家和社会为维持和提高全社会的物质和精神生活质量，而由政府和非政府公共机构向全社会的公民提供公益设施和公共服务的福利，为劳动者休息、休养和疗养提供条件的事业。《劳动法》在规定国家发展社会福利义务之外，同时规定用人单位应当创造条件，改善集体福利，提高劳动者的福利待遇。

9. 劳动争议与法律责任

1）劳动争议

劳动争议是用人单位与劳动者之间因执行劳动法律、法规和规章发生的纠纷。在劳动法律关系中，发生纠纷并不奇怪，法律的任务是提供解决纠纷的渠道和规则。根据劳动法的规定，劳动争议可以依法采用下列方式解决：

（1）申请调解。劳动争议发生后，当事人可以向本单位劳动争议调解委员会申请调解。在用人单位内，可以设立劳动争议调解委员会。劳动争议调解委员会由职工代表、用人单位代表和工会代表组成。劳动争议调解委员会主任由工会代表担任。劳动争议经调解达成协议的，当事人应当履行。这种方法的优点是可以快速、彻底、成本较低的解决纠纷。

（2）劳动仲裁。劳动仲裁是由劳动行政部门代表、同级工会代表、用人单位方面的代表组成的劳动争议仲裁委员会，对劳动争议进行居中裁决的活动。劳动争议仲裁委员会主任由劳动行政部门代表担任。提出仲裁要求的一方应当自劳动争议发生之日起六十日内向劳动争议仲裁委员会提出书面申请。仲裁裁决一般应在收到仲裁申请的六十日内作出。对仲裁裁决无异议的,当事人必须履行。劳动仲裁是劳动诉讼的前置条件。劳动争议当事人对仲裁裁决不服的,可以自收到仲裁裁决书之日起十五日内向人民法院提起诉讼。一方当事人在法定期限内不起诉又不履行仲裁裁决的,另一方当事人可以申请人民法院强制执行。提起诉讼,也可以协商解决。

(3)劳动诉讼。劳动诉讼是由人民法院对发生的劳动争议,依照民事诉讼程序进行审理并裁决的活动。劳动诉讼分为一审和二审程序,对一审不服可以提出上诉,二审是终审裁判。

(4)行政协调处理。因签订集体合同发生争议,当事人协商解决不成的,当地人民政府劳动行政部门可以组织有关各方协调处理。协调处理不影响劳动仲裁,因履行集体合同发生争议,当事人协商解决不成的,仍可以向劳动争议仲裁委员会申请仲裁;对仲裁裁决不服的,可以自收到仲裁裁决书之日起十五日内向人民法院提起诉讼。

2)法律责任

《劳动法》规定了违反劳动法的刑事、民事和行政法律责任。

(1)刑事责任。既违反《劳动法》,又违反刑法,应当受到刑事处罚的,包括重大责任事故罪、重大劳动安全事故罪、强迫职工劳动罪等。

(2)民事责任。

①用人单位制定的劳动规章制度违反法律、法规规定的,对劳动者造成损害的,应当承担赔偿责任。

②用人单位违反本法对女职工和未成年工的保护规定,对女职工或者未成年工造成损害的,应当承担赔偿责任。

③用人单位克扣或者无故拖欠劳动者工资的、拒不支付劳动者延长工作时间工资报酬的、低于当地最低工资标准支付劳动者工资的、解除劳动合同后,未依照本法规定给予劳动者经济补偿的,由劳动行政部门责令支付劳动者的工资报酬、经济补偿,并可以责令支付赔偿金。

④用人单位的原因订立的无效合同,对劳动者造成损害的,应当承担赔偿责任。

⑤用人单位违法解除劳动合同或者故意拖延不订立劳动合同对劳动者造成损害的,应当承担赔偿责任。

⑥用人单位招用尚未解除劳动合同的劳动者,对原用人单位造成经济损失的,该用人单位应当依法承担连带赔偿责任。

(3)行政责任。

①用人单位制定的劳动规章制度违反法律、法规规定的,由劳动行政部门给予警告,责令改正。

②用人单位违反本法规定,延长劳动者工作时间的,由劳动行政部门给予警告,责令改正,并可以处以罚款。

③用人单位克扣或者无故拖欠劳动者工资的、拒不支付劳动者延长工作时间工资报酬的、低于当地最低工资标准支付劳动者工资的、解除劳动合同后未依法给予劳动者经济补偿

的,由劳动行政部门责令支付劳动者的工资报酬、经济补偿,并可以责令支付赔偿金。

④用人单位非法招用未满十六周岁的未成年人的,由劳动行政部门责令改正,处以罚款;情节严重的,由工商行政管理部门吊销营业执照。

⑤用人单位违反本法对女职工和未成年工的保护规定,侵害其合法权益的,由劳动行政部门责令改正,处以罚款。

⑥用人单位以暴力、威胁或者非法限制人身自由的手段强迫劳动的,侮辱、体罚、殴打、非法搜查和拘禁劳动者的,不构成犯罪的,由公安机关对责任人员处以十五日以下拘留、罚款或者警告。

⑦用人单位违法解除劳动合同或者故意拖延不订立劳动合同的,由劳动行政部门责令改正。

⑧用人单位无故不缴纳社会保险费的,由劳动行政部门责令其限期缴纳;逾期不缴的,可以加收滞纳金。

(四)《中华人民共和国安全生产法》

《中华人民共和国安全生产法》(以下简称《安全生产法》)是为了加强安全生产监督管理,防止和减少生产安全事故,保障人民群众生命和财产安全,促进经济发展而制定的法律。2014年8月31日第十二届全国人民代表大会常务委员会第十次会议通过全国人民代表大会常务委员会关于修改《中华人民共和国安全生产法》的决定,自2014年12月1日起施行。

1.《安全生产法》的适用范围与立法原则

在中华人民共和国领域内从事生产经营活动的单位(以下统称生产经营单位)的安全生产,适用本法;有关法律、行政法规对消防安全和道路交通安全、铁路交通安全、水上交通安全、民用航空安全以及核与辐射安全、特种设备安全另有规定的,适用其规定。

《安全生产法》的立法原则包括:

(1)安全生产工作应当以人为本,坚持安全发展,坚持安全第一、预防为主、综合治理的方针,强化和落实生产经营单位的主体责任,建立生产经营单位负责、职工参与、政府监管、行业自律和社会监督的机制。

(2)生产经营单位必须遵守本法和其他有关安全生产的法律、法规,加强安全生产管理,建立、健全安全生产责任制和安全生产规章制度,改善安全生产条件,推进安全生产标准化建设,提高安全生产水平,确保安全生产。

(3)生产经营单位的主要负责人对本单位的安全生产工作全面负责。

(4)从业人员权利和义务一致原则,即生产经营单位的从业人员有依法获得安全生产保障的权利,并应当依法履行安全生产方面的义务。

(5)工会参与原则,即工会依法组织职工参加本单位安全生产工作的民主管理和民主监督,维护职工在安全生产方面的合法权益。生产经营单位制定或者修改有关安全生产的规章制度,应当听取工会的意见。

(6)增强全社会的安全生产意识原则,即各级人民政府及其有关部门应当采取多种形式,加强对有关安全生产的法律、法规和安全生产知识的宣传,增强全社会的安全生产意识。

(7)国家实行生产安全事故责任追究制度,即国家依照本法和有关法律、法规的规定,追究生产安全事故责任人员的法律责任。

(8)国家鼓励和支持安全生产科学技术研究和安全生产先进技术的推广应用,提高安全生产水平。

(9)国家对在改善安全生产条件、防止生产安全事故、参加抢险救护等方面取得显著成绩的单位和个人,给予奖励。

2.《安全生产法》的执行主体

1)国务院和地方各级人民政府

国务院和县级以上地方各级人民政府应当根据国民经济和社会发展规划制定安全生产规划,并组织实施。安全生产规划应当与城乡规划相衔接。

国务院和县级以上地方各级人民政府应当加强对安全生产工作的领导,支持、督促各有关部门依法履行安全生产监督管理职责,建立健全安全生产工作协调机制,及时协调、解决安全生产监督管理中存在的重大问题。

乡、镇人民政府以及街道办事处、开发区管理机构等地方人民政府的派出机关应当按照职责,加强对本行政区域内生产经营单位安全生产状况的监督检查,协助上级人民政府有关部门依法履行安全生产监督管理职责。

2)国务院安全生产监督管理部门

安全生产监督管理部门和对有关行业、领域的安全生产工作实施监督管理的部门,统称负有安全生产监督管理职责的部门。

国务院安全生产监督管理部门依照本法,对全国安全生产工作实施综合监督管理;县级以上地方各级人民政府安全生产监督管理部门依照本法,对本行政区域内安全生产工作实施综合监督管理。

3)其他有关部门

国务院有关部门和县级以上地方各级人民政府有关部门依照《安全生产法》和其他有关法律、行政法规的规定,在各自的职责范围内对有关的安全生产工作实施监督管理;应当按照保障安全生产的要求,依法及时制定有关的国家标准或者行业标准,并根据科技进步和经济发展适时修订。生产经营单位必须执行依法制定的保障安全生产的国家标准或者行业标准;应当采取多种形式,加强对有关安全生产的法律、法规和安全生产知识的宣传,增强全社会的安全生产意识。

4)有关协会组织

有关协会组织依照法律、行政法规和章程,为生产经营单位提供安全生产方面的信息、培训等服务,发挥自律作用,促进生产经营单位加强安全生产管理。

3.安全生产各方权利与义务

1)生产经营单位的主要负责人的安全保障义务

(1)建立、健全本单位安全生产责任制;

(2)组织制定本单位安全生产规章制度和操作规程;

(3)组织制定并实施本单位安全生产教育和培训计划;

(4)保证本单位安全生产投入的有效实施;

(5)督促、检查本单位的安全生产工作,及时消除生产安全事故隐患;

(6)组织制定并实施本单位的生产安全事故应急救援预案;

(7) 及时、如实报告生产安全事故。

2) 生产经营单位的安全保障义务

(1) 具备安全生产条件义务。应当具备本法和有关法律、行政法规和国家标准或者行业标准规定的安全生产条件；不具备安全生产条件的，不得从事生产经营活动。

(2) 资金投入义务。应当具备的安全生产条件所必需的资金投入。

(3) 设置管理机构或者配备专职管理人员义务。一般生产经营单位，从业人员超过一百人的，应当设置安全生产管理机构或者配备专职安全生产管理人员；从业人员在一百人以下的，应当配备专职或者兼职的安全生产管理人员。

(4) 教育和培训义务。应当对从业人员进行安全生产教育和培训，保证从业人员具备必要的安全生产知识，熟悉有关的安全生产规章制度和安全操作规程，掌握本岗位的安全操作技能；未经安全生产教育和培训合格的从业人员，不得上岗作业。

(5) 采用新工艺、新技术、新材料或者使用新设备。必须了解、掌握其安全技术特性，采取有效的安全防护措施，并对从业人员进行专门的安全生产教育和培训。

(6) 特种作业人员资格。特种作业人员必须按照国家有关规定经专门的安全作业培训，取得特种作业操作资格证书，方可上岗作业。

(7) "三同时"义务。新建、改建、扩建工程项目（以下统称建设项目）的安全设施，必须与主体工程实现"三同时"，即同时设计、同时施工、同时投入生产和使用。安全设施投资应当纳入建设项目概算。

(8) 安全条件论证和安全评价。矿山建设项目和用于生产、储存危险物品的建设项目，应当分别按照国家有关规定进行安全条件论证和安全评价。

(9) 设计负责制。建设项目安全设施的设计人、设计单位应当对安全设施设计负责。

(10) 安全设施设计审查负责制。矿山建设项目和用于生产、储存危险物品的建设项目的安全设施设计应当按照国家有关规定，报经有关部门审查，审查部门及其负责审查的人员对审查结果负责。

(11) 安全设施的工程质量负责制。矿山建设项目和用于生产、储存危险物品的建设项目的施工单位必须按照批准的安全设计施工，并对安全设施的工程质量负责。

(12) 安全警示标志设置。生产经营单位应当在有较大危险因素的生产经营场所和有关设施、设备上，设置明显的安全警示标志。

(13) 安全设备的管理制度。安全设备的设计、制造、安装、使用、检测、维修、改造和报废，应当符合国家标准或者行业标准。生产经营单位必须对安全设备进行经常性维护、保养，并定期检测，保证正常运转。维护、保养、检测应当做好记录，并由有关人员签字。

(14) 检测、检验负责制。生产经营单位使用的涉及生命安全、危险性较大的特种设备，以及危险物品的容器、运输工具，必须按照国家有关规定，由专业生产单位生产，并经取得专业资质的检测、检验机构检测、检验合格，取得安全使用证或者安全标志，方可投入使用。检测、检验机构对检测、检验结果负责。

(15) 强制淘汰制度。国家对严重危及生产安全的工艺、设备实行淘汰制度。生产经营单位不得使用国家明令淘汰、禁止使用危及生产安全的工艺、设备。

(16) 危险物品管理制度。生产、经营、运输、储存、使用危险物品或者处置废弃危险物品的,由有关主管部门依照有关法律、法规的规定和国家标准或者行业标准审批并实施监督管理。生产经营单位生产、经营、运输、储存、使用危险物品或者处置废弃危险物品,必须执行有关法律、法规和国家标准或者行业标准,建立专门的安全管理制度,采取可靠的安全措施,接受有关主管部门依法实施的监督管理。

(17)重大危险源登记建档制度。重大危险源是指长期地或者临时地生产、搬运、使用或者储存危险物品,且危险物品的数量等于或者超过临界量的单元(包括场所和设施)。生产经营单位对重大危险源应当登记建档,进行定期检测、评估、监控,并制定应急预案,告知从业人员和相关人员在紧急情况下应当采取的应急措施。生产经营单位应当按照国家有关规定将本单位重大危险源及有关安全措施、应急措施报有关地方人民政府负责安全生产监督管理的部门和有关部门备案。

(18)保持安全距离责任。生产、经营、储存、使用危险物品的车间、商店、仓库不得与员工宿舍在同一座建筑物内,并应当与员工宿舍保持安全距离。生产经营场所和员工宿舍应当设有符合紧急疏散要求、标志明显、保持畅通的出口。禁止封闭、堵塞生产经营场所或者员工宿舍的出口。

(19)危险作业管理制度。生产经营单位进行爆破、吊装等危险作业,应当安排专门人员进行现场安全管理,确保操作规程的遵守和安全措施的落实。

(20)教育和督促责任。生产经营单位应当教育和督促从业人员严格执行本单位的安全生产规章制度和安全操作规程;并向从业人员如实告知作业场所和工作岗位存在的危险因素防范措施以及事故应急措施。

(21)提供劳动防护用品责任。生产经营单位必须为从业人员提供符合国家标准或者行业标准的劳动防护用品,并监督、教育从业人员按照使用规则佩戴、使用。

(22)经费保障责任。生产经营单位应当安排用于配备劳动防护用品、进行安全生产培训的经费。

(23)相邻安全责任。两个以上生产经营单位在同一作业区域内进行生产经营活动,可能危及对方生产安全的,应当签订安全生产管理协议,明确各自的安全生产管理职责和应当采取的安全措施,并指定专职安全生产管理人员进行安全检查与协调。

(24)发包或者出租责任。生产经营单位不得将生产经营项目、场所、设备发包或者出租给不具备安全生产条件或者相应资质的单位或者个人。生产经营项目、场所有多个承包单位、承租单位的,生产经营单位应当与承包单位、承租单位签订专门的安全生产管理协议,或者在承包合同、租赁合同中约定各自的安全生产管理职责;生产经营单位对承包单位、承租单位的安全生产工作统一协调、管理。

(25)缴纳保险费义务。生产经营单位必须依法参加工伤社会保险,为从业人员缴纳保险费。

3)安全生产管理机构以及安全生产管理人员的安全保障义务

生产经营单位的安全生产管理机构以及安全生产管理人员应当恪尽职守,依法履行职责。生产经营单位的主要负责人和安全生产管理人员必须具备与本单位所从事的生产经营活动相应的安全生产知识和管理能力。生产经营单位的安全生产管理机构以及安全生产管理人员履行下列职责:

（1）组织或者参与拟订本单位安全生产规章制度、操作规程和生产安全事故应急救援预案；

（2）组织或者参与本单位安全生产教育和培训，如实记录安全生产教育和培训情况；

（3）督促落实本单位重大危险源的安全管理措施；

（4）组织或者参与本单位应急救援演练；

（5）检查本单位的安全生产状况，及时排查生产安全事故隐患，提出改进安全生产管理的建议；

（6）制止和纠正违章指挥、强令冒险作业、违反操作规程的行为；

（7）督促落实本单位安全生产整改措施。

4）从业人员的权利和义务

生产经营单位使用被派遣劳动者的，被派遣劳动者享有本法规定的从业人员的权利，并应当履行本法规定的从业人员的义务。

（1）从业人员有权要求订立具有安全保障的劳动合同。生产经营单位与从业人员订立的劳动合同，应当载明有关保障从业人员劳动安全、防止职业危害的事项，以及依法为从业人员办理工伤社会保险的事项。生产经营单位不得以任何形式与从业人员订立协议，免除或者减轻其对从业人员因生产安全事故伤亡依法应承担的责任。

（2）知情权和建议权。从业人员有权了解其作业场所和工作岗位存在的危险因素、防范措施及事故应急措施，有权对本单位的安全生产工作提出建议。

（3）批评、检举、控告权和拒绝权。从业人员有权对本单位安全生产工作中存在的问题提出批评、检举、控告。有权拒绝违章指挥和强令冒险作业。生产经营单位不得因从业人员对本单位安全生产工作提出批评、检举、控告或者拒绝违章指挥、强令冒险作业而降低其工资、福利等待遇或者解除与其订立的劳动合同。

（4）停止作业权和撤离权：从业人员发现直接危及人身安全的紧急情况时，有权停止作业或者在采取可能的应急措施后撤离作业场所。生产经营单位不得因从业人员在前款紧急情况下停止作业或者采取紧急撤离措施而降低其工资、福利等待遇或者解除与其订立的劳动合同。

（5）享有工伤社会保险权和民事赔偿权。因生产安全事故受到损害的从业人员，除依法享有工伤社会保险外，依照有关民事法律尚有获得赔偿的权利的，有权向本单位提出赔偿要求。

（6）遵守安全生产规章制度和操作规程义务。从业人员在作业过程中，应当严格遵守本单位的安全生产规章制度和操作规程，服从管理，正确佩戴和使用劳动防护用品。

（7）接受安全生产教育和培训义务。从业人员应当接受安全生产教育和培训，掌握本职工作所需的安全生产知识，提高安全生产技能，增强事故预防和应急处理能力。

（8）报告义务。从业人员发现事故隐患或者其他不安全因素，应当立即向现场安全生产管理人员或者本单位负责人报告；接到报告的人员应当及时予以处理。

5）工会的权利和义务

工会对生产经营单位违反安全生产法律、法规，侵犯从业人员合法权益的行为，有权要求纠正；发现生产经营单位违章指挥、强令冒险作业或者发现事故隐患时，有权提出解决的建议,生产经营单位应当及时研究答复;发现危及从业人员生命安全的情况时,有权向生产经营单位建议组织从业人员撤离危险场所,生产经营单位必须立即作出处理。工会有权依法参加事故调查,向有关部门提出处理意见,并要求追究有关人员的责任。

对上述义务的履行,《安全生产法》分别规定其刑事、民事和行政法律责任。

(五)《家用汽车产品修理、更换、退货责任规定》

为了保护家用汽车产品消费者的合法权益,明确家用汽车产品修理、更换、退货(以下简称三包)责任,根据有关法律法规,制定本规定,自2013年10月1日起施行。国家质量监督检验检疫总局(以下简称国家质检总局)负责本规定实施的协调指导和监督管理;地方各级质量技术监督部门负责本行政区域内本规定实施的协调指导和监督管理。

1. 适用范围

中华人民共和国境内生产、销售的家用汽车产品的三包,适用本规定。三包责任由销售者依法承担。销售者依照规定承担三包责任后,属于生产者的责任或者属于其他经营者的责任的,销售者有权向生产者、其他经营者追偿。

2. 各方的义务

1)生产者的义务

(1)生产者应当严格执行出厂检验制度;未经检验合格的家用汽车产品,不得出厂销售。

(2)生产者应当向国家质检总局备案生产者基本信息、车型信息、约定的销售和修理网点资料、产品使用说明书、三包凭证、维修保养手册、三包责任争议处理和退换车信息等家用汽车产品三包有关信息,并在信息发生变化时及时更新备案。

(3)家用汽车产品应当具有中文的产品合格证或相关证明以及产品使用说明书、三包凭证、维修保养手册等随车文件。产品使用说明书应当符合消费品使用说明等国家标准规定的要求。家用汽车产品所具有的使用性能、安全性能在相关标准中没有规定的,其性能指标、工作条件、工作环境等要求应当在产品使用说明书中明示。

2)销售者的义务

销售者应当建立并执行进货检查验收制度,验明家用汽车产品合格证等相关证明和其他标识。销售者销售家用汽车产品,应当符合下列要求:

(1)向消费者交付合格的家用汽车产品以及发票。

(2)按照随车物品清单等随车文件向消费者交付随车工具、备件等物品。

(3)当面查验家用汽车产品的外观、内饰等现场可查验的质量状况。

(4)明示并交付产品使用说明书、三包凭证、维修手册等随车文件。

(5)明示家用汽车产品三包条款、包修期和三包有效期。

(6)明示由生产者约定的修理者名称、地址和联系电话等修理网点资料,但不得限制消费者在上述修理网点中自主选择修理者。

(7)在三包凭证上填写有关销售信息。

(8)提醒消费者阅读安全注意事项、按产品使用说明书的要求进行使用和维护。对于进口家用汽车产品,销售者还应当明示并交付海关出具的货物进口证明和出入境检验检疫机构出具的进口机动车辆检验证明等资料。

3)修理者的义务

(1)修理者应当建立并执行修理记录存档制度。书面修理记录应当一式两份,一份存档,一份提供给消费者。修理记录应当便于消费者查阅或复制。修理记录内容应当包括送修时间、行驶里程、送修问题、检查结果、修理项目、更换的零部件名称和编号、材料费、工时和工时费、拖运费、提供备用车的信息或者交通费用补偿金额、交车时间、修理者和消费者签名或盖章等。

(2)修理者应当保持修理所需要的零部件的合理储备,确保修理工作的正常进行,避免因缺少零部件而延误修理时间。

(3)用于家用汽车产品修理的零部件应当是生产者提供或者认可的合格零部件,且其质量不低于家用汽车产品生产装配线上的产品。

(4)在家用汽车产品包修期和三包有效期内,家用汽车产品出现产品质量问题或严重安全性能故障而不能安全行驶或者无法行驶的,应当提供电话咨询修理服务;电话咨询服务无法解决的,应当开展现场修理服务,并承担合理的车辆拖运费。

3. 三包责任内容

1)包修

包修期限不低于3年或者行驶里程60000km,以先到者为准;三包有效期限不低于2年或者行驶里程50000km,以先到者为准。包修期和三包有效期自销售者开具购车发票之日起计算。在包修期内,出现产品质量问题,消费者凭三包凭证由修理者免费修理(包括工时费和材料费)。

2)包换/包退

(1)免费更换发动机、变速器、易损耗零部件:自销售者开具购车发票之日起60日内或者行驶里程3000km之内(以先到者为准),发动机、变速器的主要零件出现产品质量问题的,消费者可以选择免费更换发动机、变速器。易损耗零部件在其质量保证期内出现产品质量问题的,消费者可以选择免费更换易损耗零部件。

(2)免费更换或退货:自销售者开具购车发票之日起60日内或者行驶里程3000km之内(以先到者为准),家用汽车产品出现转向系统失效、制动系统失效、车身开裂或燃油泄漏,消费者选择更换家用汽车产品或退货的,销售者应当负责免费更换或退货。

(3)累计修理或更换2次的情况(消费者需支付使用补偿金):①因严重安全性能故障累计进行2次修理,严重安全性能故障仍未排除或者又出现新的严重安全性能故障的;②发动机、变速器累计更换2次后,或者发动机、变速器的同一主要零件因其质量问题,累计更换2次后,仍不能正常使用的,发动机、变速器与其主要零件更换次数不重复计算;③转向系统、制动系统、悬架系统、前/后桥、车身的同一主要零件因其质量问题,累计更换2次后,仍不能正常使用的。

(4)修理时间超过35日或次数超过5次(消费者需支付使用补偿金):在三包有效期内,因产品质量问题修理时间累计超过35日的,或者因同一产品质量问题累计修理超过5次的,消费者可以凭三包凭证、购车发票,由销售者负责更换。

3)时限要求

(1)三包有效期内,符合更换条件的,销售者应当自消费者要求换货之日起15个工作日内向消费者出具更换家用汽车产品证明。

（2）三包有效期内，符合退货条件的，销售者应当自消费者要求退货之日起15个工作日内向消费者出具退车证明，并负责为消费者按发票价格一次性退清货款。

（3）三包有效期内，消费者书面要求更换、退货的，销售者应当自收到消费者书面要求更换、退货之日起10个工作日内，作出书面答复。逾期未答复或者未依法负责更换、退货的，视为故意拖延或者无正当理由拒绝。

（4）消费者遗失三包凭证的，销售者、生产者应当在接到消费者申请后10个工作日内予以补办。

4. 三包责任的转移

更换家用汽车产品后，销售者、生产者应当向消费者提供新的三包凭证，家用汽车产品包修期和三包有效期自更换之日起重新计算。家用汽车在包修期和三包有效期内发生所有权转移的，三包凭证应当随车转移，三包责任不因汽车所有权转移而改变。

5. 三包责任的免除

有下列情形之一的，可以免除三包责任：

（1）易损耗零部件超出生产者明示的质量保证期出现产品质量问题的。

（2）消费者所购家用汽车产品已被书面告知存在瑕疵的。

（3）家用汽车产品用于出租或者其他营运目的的。

（4）使用说明书中明示不得改装、调整、拆卸，但消费者自行改装、调整、拆卸而造成损坏的。

（5）发生产品质量问题，消费者自行处置不当而造成损坏的。

（6）因消费者未按照使用说明书要求正确使用、维护、修理产品，而造成损坏的。

（7）因不可抗力造成损坏的。

（8）无有效发票和三包凭证的。

（六）《道路运输从业人员管理规定》

为加强道路运输从业人员管理，提高道路运输从业人员综合素质，根据《中华人民共和国道路运输条例》《危险化学品安全管理条例》以及有关法律、行政法规，制定本规定。交通运输部关于修改《道路运输从业人员管理规定》的决定（交通运输部令2016年第52号）《交通运输部关于修改〈道路运输从业人员管理规定〉的决定》已于2016年4月14日经第8次部务会议通过。

1. 道路运输从业人员

道路运输从业人员是指经营性道路客货运输驾驶员、道路危险货物运输从业人员、机动车维修技术人员、机动车驾驶培训教练员、道路运输经理人和其他道路运输从业人员。

（1）经营性道路客货运输驾驶员包括经营性道路旅客运输驾驶员和经营性道路货物运输驾驶员。

（2）道路危险货物运输从业人员包括道路危险货物运输驾驶员、装卸管理人员和押运人员。

（3）机动车维修技术人员包括机动车维修技术负责人员、质量检验人员以及从事机修、电器、钣金、涂漆、车辆技术评估（含检测）作业的技术人员。

（4）机动车驾驶培训教练员包括理论教练员、驾驶操作教练员、道路客货运输驾驶员从业资格培训教练员和危险货物运输驾驶员从业资格培训教练员。

（5）道路运输经理人包括道路客货运输企业、道路客货运输站（场）、机动车驾驶员培训机构、机动车维修企业的管理人员。

（6）其他道路运输从业人员是指除上述人员以外的道路运输从业人员,包括道路客运乘务员、机动车驾驶员培训机构教学负责人及结业考核人员、机动车维修企业价格结算员及业务接待员。

2. 从业资格管理

（1）县级以上地方人民政府交通运输主管部门负责组织领导本行政区域内的道路运输从业人员管理工作,并具体负责本行政区域内道路危险货物运输从业人员的管理工作。

（2）国家对经营性道路客货运输驾驶员、道路危险货物运输从业人员实行从业资格考试制度。其他已实施国家职业资格制度的道路运输从业人员,按照国家职业资格的有关规定执行。

（3）鼓励机动车维修企业、机动车驾驶员培训机构优先聘用取得国家职业资格的从业人员从事机动车维修和机动车驾驶员培训工作。

（4）道路运输从业人员从业资格考试应当按照交通运输部编制的考试大纲、考试题库、考核标准、考试工作规范和程序组织实施。

（5）经营性道路客货运输驾驶员、道路危险货物运输从业人员经考试合格后,取得全国通用的《中华人民共和国道路运输从业人员从业资格证》,有效期为6年。道路运输从业人员应当在从业资格证件有效期届满30日前到原发证机关办理换证手续。

3. 对道路运输从业人员的要求

1）经营性道路旅客运输驾驶员应当符合的条件

（1）取得相应的机动车驾驶证1年以上。

（2）年龄不超过60周岁。

（3）3年内无重大以上交通责任事故。

（4）掌握相关道路旅客运输法规、机动车维修和旅客急救基本知识。

（5）经考试合格,取得相应的从业资格证件。

2）经营性道路货物运输驾驶员应当符合的条件

（1）取得相应的机动车驾驶证。

（2）年龄不超过60周岁。

（3）掌握相关道路货物运输法规、机动车维修和货物装载保管基本知识。

（4）经考试合格,取得相应的从业资格证件。

3）道路危险货物运输驾驶员应当符合的条件

（1）取得相应的机动车驾驶证。

（2）年龄不超过60周岁。

（3）3年内无重大以上交通责任事故。

（4）取得经营性道路旅客运输或者货物运输驾驶员从业资格2年以上或者接受全日制驾驶职业教育的。

（5）接受相关法规、安全知识、专业技术、职业卫生防护和应急救援知识的培训,了解危险货物性质、危害特征、包装容器的使用特性和发生意外时的应急措施。

（6）经考试合格，取得相应的从业资格证件。

4）道路危险货物运输装卸管理人员和押运人员应当符合的条件

（1）年龄不超过60周岁。

（2）初中以上学历。

（3）接受相关法规、安全知识、专业技术、职业卫生防护和应急救援知识的培训，了解危险货物性质、危害特征、包装容器的使用特性和发生意外时的应急措施。

（4）经考试合格，取得相应的从业资格证件。

5）机动车维修技术人员应当符合的条件

（1）技术负责人员。

①具有机动车维修或者相关专业大专以上学历，或者具有机动车维修或相关专业中级以上专业技术职称。

②熟悉机动车维修业务，掌握机动车维修及相关政策法规和技术规范。

（2）质量检验人员。

①具有高中以上学历。

②熟悉机动车维修检测作业规范，掌握机动车维修故障诊断和质量检验的相关技术，熟悉机动车维修服务收费标准及相关政策法规和技术规范。

（3）从事机修、电器、钣金、涂漆、车辆技术评估（含检测）作业的技术人员。

①具有初中以上学历。

②熟悉所从事工种的维修技术和操作规范，并了解机动车维修及相关政策法规。

6）机动车驾驶培训教练员应当符合的条件。

（1）理论教练员。

①取得相应的机动车驾驶证，具有2年以上安全驾驶经历。

②具有汽车及相关专业中专以上学历或者汽车及相关专业中级以上技术职称。

③掌握道路交通安全法规、驾驶理论、机动车构造、交通安全心理学、常用伤员急救等安全驾驶知识，了解车辆环保和节约能源的有关知识，了解教育学、教育心理学的基本教学知识，具备编写教案、规范讲解的授课能力。

（2）驾驶操作教练员。

①取得相应的机动车驾驶证，符合安全驾驶经历和相应车型驾驶经历的要求。

②年龄不超过60周岁。

③掌握道路交通安全法规、驾驶理论、机动车构造、交通安全心理学和应急驾驶的基本知识，熟悉车辆维护和常见故障诊断、车辆环保和节约能源的有关知识，具备驾驶要领讲解、驾驶动作示范、指导驾驶的教学能力。

（3）道路客货运输驾驶员从业资格培训教练员。

①具有汽车及相关专业大专以上学历或者汽车及相关专业高级以上技术职称。

②掌握道路旅客运输法规、货物运输法规以及机动车维修、货物装卸保管和旅客急救等相关知识，具备相应的授课能力。

③具有2年以上从事普通机动车驾驶员培训的教学经历，且近2年无不良的教学记录。

(4)危险货物运输驾驶员从业资格培训教练员。

①具有化工及相关专业大专以上学历或者化工及相关专业高级以上技术职称。

②掌握危险货物运输法规、危险化学品特性、包装容器使用方法、职业安全防护和应急救援等知识,具备相应的授课能力。

③具有2年以上化工及相关专业的教学经历,且近2年无不良的教学记录。

4. 从业行为规定

(1)经营性道路客货运输驾驶员以及道路危险货物运输从业人员应当在从业资格证件许可的范围内从事道路运输活动。道路危险货物运输驾驶员除可以驾驶道路危险货物运输车辆外,还可以驾驶原从业资格证件许可的道路旅客运输车辆或者道路货物运输车辆。

(2)机动车维修技术人员应当按照维修规范和程序作业,不得擅自扩大维修项目,不得使用假冒伪劣配件,不得擅自改装机动车,不得承修已报废的机动车,不得利用配件拼装机动车。

(七)《关于促进汽车维修业转型升级 提升服务质量的指导意见》

为贯彻落实党的十八大和十八届三中全会精神,加快促进汽车维修业转型升级,提升维修服务质量,更好地服务于经济社会发展和人民群众生活质量提升。交通运输部等十部委联合印发的《关于促进汽车维修业转型升级 提升服务质量的指导意见》(交运发〔2014〕186号)。其主要包含以下24个方面的要求。

1. 基本原则

(1)公平竞争。坚持市场公平竞争,发挥市场在资源配置中的决定性作用。

(2)自主消费。坚持消费者自由选择、自主消费,保护消费者合法权益,提升便民服务。

(3)依法监管。坚持运用法治思维和法治方式履行市场监管,实行宽进严管,加强事中事后监管。

(4)协同发展。坚持与汽车上下游产业、汽车后市场相关行业协同发展、融合发展。

(5)部门共治。坚持部门联动、齐抓共管、共同治理,推动市场主体自我约束、诚信经营。

2. 总体目标

通过5年左右努力,推动汽车维修业基本完成从规模扩张型向质量效益型的转变,市场发育更加成熟,市场布局更趋完善,市场结构更趋优化,市场秩序更加公平有序,市场主体更加诚信规范,资源配置更加合理高效,对汽车后市场发展引领和带动作用更加显著;基本完成从服务粗放型向服务品质型的转变,为人民群众提供更加诚信透明、经济优质、便捷周到、满意度高的汽车维修和汽车消费服务。

3. 鼓励连锁经营,促进市场结构优化

要积极发挥规划引导作用。各地交通运输主管部门要积极会同发展改革、城乡建设、商务主管等部门,按照"因地制宜、合理布局、供需平衡、便民利民"的原则,编制发布本行政区的《汽车维修行业发展规划》,将汽车维修纳入当地经济社会发展总体规划,在城市发展中为汽车维修业提供一定功能空间,增强城市承载功能,促进汽车维修业发展与人民群众维修服务、汽车消费需求相适应。在确保安全、环保生产条件下,鼓励企业在大型社区、公共停车场、客货运输站场周边、高速公路服务区及旅游景点服务区布设连锁网点。对于开办连锁维修网点的,在经营场所所在的地级市主城区或者县、市行政区范围内,可以共享技术负责人和《汽车维修业开业条件》(GB/T 16739—2014)规定的大型维修设施设备。

4. 鼓励规模化发展，提升资源配置效率

鼓励骨干、龙头企业通过资本纽带、市场运作等手段，积极开展重组、并购、扩张，不断创新服务模式，延伸企业价值链，实现规模化、集团化发展。鼓励大型企业建立配件集中采购平台、钣喷中心等专业化支持体系，提升企业运作效率和效益。鼓励中小企业在维修装备、维修技术信息共享等方面形成优势互补，壮大发展实力。

5. 鼓励专业化维修，提升业态发展水平

鼓励发展事故汽车、变速器、尾气后处理装置、轮胎、玻璃维修等技术有特长、服务有特色、创造附加值高的专项修理企业，完善汽车安全状况检查、维护等服务内容，不断满足市场多样化、个性化需求。要加强新能源汽车维修服务能力建设，建立健全新能源汽车维修技术标准规范及认证体系，加大维修技术储备、推广力度，加快维修网点建设，不断满足新的市场需求；鼓励新能源汽车生产企业在各大中城市积极拓展特约维修服务网点，开展技术培训和推广，提供必要维修配件保障。要加强营运车辆维修服务能力建设，鼓励公交、大型客货运输企业建立健全专业化的维修机构或部门，为营运车辆提供可靠的维修服务和技术保障。

6. 鼓励品牌化发展，充实行业发展内涵

要按照"政府引导、企业创建、社会满意"的原则，积极推进企业品牌建设。要建立健全行业品牌培育、发展、激励、保护的政策和机制，营造良好的品牌成长环境。要着力扶持、培育一批维修服务质量高、质量信誉优(AAA)的企业尽快成长为地方品牌，提升品牌价值和效应，并逐步向区域、全国扩展，发挥品牌示范保护作用。鼓励企业增强品牌意识，提高品牌创建内生动力；鼓励优质企业依法进行商标注册，加强商标保护，不断提升品牌价值和形象。鼓励企业积极开展维修技术人员亮牌服务，打造企业核心竞争力，树立企业品牌和形象。

7. 促进行业安全发展，筑牢行业发展基石

企业要牢固树立"平安汽修"理念，充分认识"平安汽修"是"平安交通"的重要组成部分，建立健全安全生产管理制度，有效落实安全生产主体责任。要加强维修从业人员安全生产作业培训。要建立健全安全操作规程，加强对在用汽车喷烤漆房、举升机等重点维修装备的维护管理，并依据相关标准定期开展安全检查和评价，对安全隐患较大的维修装备要限期整改或更新。各地道路运输管理机构要加强行业安全生产监管，为推进"平安交通"作出贡献。

8. 推广绿色维修作业，促进行业可持续发展

要按照《汽车绿色维修指南》要求，建立健全行业绿色汽修技术和管理体系，促进汽车维修业与现代城市、居民社区有机融合、和谐共处。企业要制定落实环境保护和资源节约的规章制度。要鼓励企业进行绿色汽修设施设备及工艺的升级改造，推广使用符合节能环保要求的新设备、新工艺和新材料，形成维修废弃物和有害排放少、资源利用率高的成套工艺规范。维修企业要做好废机油、制动液、制冷剂、废铅酸蓄电池等废弃物的回收处置，力争3年内实现全国一、二类维修企业危险维修废弃物规范处置率达到95%以上；要加大喷烤漆房废气治理设施建设，避免大气污染。要逐步建立维修企业环境保护责任追究制度。要不断拓展绿色汽车维修作业的深度和广度，促进绿色汽车维修常态化、长效化。

9. 实施汽车检测与维护制度，促进行业生态文明建设

交通运输部门要会同环境保护部门，建立实施汽车检测与维护(I/M)制度。要建立健全汽车检测与维护政策标准体系,明确汽车尾气检测站(I站)和维护站(M站)的职责、认定标准、统一标识及作业服务流程,制定机动车排放维修技术规范,提升排放维修技术和装备水平,不断提高全社会汽车尾气排放治理能力。各地环保、交通运输部门要结合本地实际,分别选择、扶持一批汽车检测站、维修企业发展成为I站和M站网点,并定期公示、发布网点信息。经认定的I站、M站网点要在经营场所显著位置悬挂、张贴统一标识,开展规范化检测、维修服务。M站网点要严格按照汽车尾气排放维修技术规范、汽车维修技术手册及车型维修技术资料进行排放控制关键零部件维修,不得任意更换。M站要向环保部门定期报送汽车尾气维修数据信息。

10. 限制滥用汽车保修条款,保障消费者维修选择权

贯彻落实反垄断法、反不正当竞争法及消费者权益保护法和汽车三包规定,保障消费者的维修消费选择权和汽车产品保修权利。汽车生产及其授权销售、维修企业(包括进口汽车经营企业)应告知消费者按照使用说明书要求正确使用、维护、修理汽车产品,不得限制、干预消费者自主选择维修企业和维修服务,不得以汽车在"三包"期限内选择非授权维修服务为理由拒绝提供维修服务。

11. 加强行业诚信建设,营造放心修车环境

要发挥消费者监督评价对市场消费的导向作用,建立健全汽车维修质量监测体系。要完善机动车维修企业质量信誉考核办法,积极运用互联网和信息化手段,引入消费者监督评价机制,构建企业经营行为和服务质量动态监管机制及信息化监管平台,用市场信息公开透明和消费者口碑倒逼和推动市场诚信建设,不断提升用户满意度。鼓励行业协会、保险机构和第三方机构参照相关国家和行业标准开展维修服务质量和客户满意度调查,促进企业服务更加规范、优质。各地道路运输管理机构要将消费者、保险机构及第三方机构评价作为企业质量信誉考核的重要内容,建立企业服务质量"黑名单"制度。要加强对考核结果的宣传和应用,积极协调政府机关事业单位用车主管部门、保险监管部门,制定鼓励性政策,推动机关事业单位用车、事故车维修优先选择诚信企业。根据《国务院关于印发社会信用体系建设规划纲要(2014—2020年)的通知》(国发〔2014〕21号)要求,探索建立企业信用制度,将企业经营失范、违规行为纳入企业信用记录,会同社会征信、工商和质检部门定期向社会公布违规情况,并依法严肃处理。

要加强舆论引导和监督,促进社会共同治理。要积极树立、宣传汽车维修行业的典型和标兵,凝聚行业服务精神,展示行业精神风貌。要会同消费者权益保护部门,曝光侵害消费者权益的典型案件和行为,宣传维权知识和手段,提高消费者自我保护和防范意识,促进消费者理性消费。

12. 强化维修标准化、规范化作业,提升维修服务质量

各地交通运输主管部门和道路运输管理机构要按照《汽车维修业开业条件》(GB/T 16739—2014)要求严把市场准入关,确保企业维修能力达标。维修企业要遵照《汽车维护、检测、诊断技术规范》(GB/T 18344—2016)等标准及车型维修技术资料开展维修作业,确保维修质量合格。要遵照《机动车维修服务规范》(JT/T 816—2011)开展规范化的维修服务,提升维修服务质量和水平。要强化实施维修质量保证体系,督促企业严格执行汽车维修合同管理、"三检"管理、维修竣工合格证和质量保证期等制度,切实保障维修质量合格、过硬。

13. 广泛开展便民服务，提升行业服务效能

各地交通运输主管部门和道路运输管理机构要结合本地实际，积极组织企业开展服务质量公约、服务质量标准承诺、阳光维修服务等活动，加强行业自律规范，抵制市场不良风气。要结合消费者权益保护日、道路交通安全日、节能宣传周和质量月等公益主题载体，组织开展形式多样的公益服务活动，让汽车维修常识、安全行车知识、消费者维权知识、汽车故障义诊及咨询等公益服务真正走进群众。维修企业要坚持以消费者为中心，不断增强服务意识，创新服务形式，优化服务流程，透明服务信息，提升便民服务能力。鼓励企业提供电话、网络预约服务，提供代用汽车、上门接送车及各类定制化服务，满足消费者时效性和便利化需求；鼓励拓展服务范围和能力，开展"一站式"汽车消费服务，延伸企业价值链；鼓励建立客户服务回访机制。

14. 建立健全汽车维修救援体系，提供有效出行保障

要按照"统一平台、统一调度、统一服务、快速响应"的原则，合理布设救援网点，逐步建立覆盖全国的汽车维修救援体系。探索设立全国统一的汽车救援服务电话，便于呼救施救。要加强与相关部门协调联动，确保事故救援及时、高效、到位。要建立行业统一的信息服务平台，制定救援企业入网条件、服务规范和收费标准。鼓励符合条件的救援企业和保险机构积极加入救援网络，统一调配运行。救援企业要配备专业化的救援装备和技术人员，加强救援培训，不断提升救援能力。高速公路清障救援服务，要按照国家发展改革委、交通运输部《关于规范高速公路车辆救援服务收费有关问题的通知》（发改价格〔2010〕2204号）有关要求执行。

15. 建立健全维修质量纠纷调解和投诉处理机制，维护消费者合法权益

各地要按照"渠道畅通、处理及时、技术权威、裁决公正"的原则，建立健全汽车维修质量纠纷调解、投诉处理的工作平台和机制。各地交通运输主管部门可委托第三方的公益性机构，受理维修质量投诉和纠纷调解，提供汽车维修技术咨询，并提供必要的业务经费支持。要公布投诉电话、网站，设立接待服务场所，确保投诉渠道畅通。要公布投诉受理范围、处理流程及处理时效，及时答复处理结果。要不断提高专业技术能力、鉴定能力和纠纷调解水平，依法依规化解各类投诉和纠纷，提升维权成效。要建立投诉举报处理与部门执法的联动机制，道路运输管理机构要依据线索认真调查核实、及时依法处理，并向社会公布处理结果。消费者也可通过12365和12315投诉举报电话，向质量技术监督、工商部门反映汽车配件质量问题，投诉、举报生产、销售假冒伪劣汽车配件以及欺诈消费者等违法行为，切实保护消费者合法权益。

16. 建立实施汽车维修技术信息公开制度

建立实施汽车维修技术信息公开制度，保障所有维修企业平等享有获取汽车生产企业汽车维修技术信息的权利，促进汽车维修市场公平竞争，提升汽车维修质量，确保在用汽车行车安全和尾气排放达标。自2015年1月1日起，汽车生产企业（包括从中国境外进口汽车产品到境内销售的企业）要在新车上市时，以可用的信息形式、便利的信息途径、合理的信息价格，无歧视、无延迟地向授权维修企业和独立经营者（包括独立维修企业、维修设备制造企业、维修技术信息出版单位、维修技术培训机构等）公开汽车维修技术资料。要在汽车产品说明书中明确车辆型式核准证书信息，规定排放维修技术要求，说明排放控制关键零部件生产厂家、型号及有效使用寿命等信息。在2015年12月31日前,汽车生产企业要公开全部已进入《车辆生产企业及产品公告》国产车型以及已获CCC认证的国产及进口车型的汽车维修技术信息。

17. 破除维修配件渠道垄断

促进汽车维修配件供应渠道开放和多渠道流通。按照市场主体权利平等、机会平等、规则平等的原则,打破维修配件渠道垄断,鼓励原厂配件生产企业向汽车售后市场提供原厂配件和具有自主商标的独立售后配件;允许授权配件经销企业、授权维修企业向非授权维修企业或终端用户转售原厂配件,推动建立高品质维修配件社会化流通网络。贯彻落实《反垄断法》和《消费者权益保护法》有关规定,保障所有维修企业、车主享有使用同质配件维修汽车的权利,促进汽车维修市场公平竞争,保障消费者的自主消费选择权。鼓励汽车维修配件流通企业发展电子商务,创新流通模式,加深与维修业融合发展。要充分运用物联网技术,建立汽车维修配件追溯体系,保证配件供应渠道公开、透明,实现汽车维修配件可溯源、可追踪,消费者合法权益受到损害时可追偿、可追责。要制定实施汽车维修配件分类及编码规则、汽车维修配件流通规范等技术标准。鼓励建立可追溯配件质量保证保险制度。鼓励发展第三方的汽车维修配件认证机构,强化配件质量和信誉保证。鼓励发展汽车维修配件公益性群体品牌。

18. 加强维修人才队伍建设

要完善维修从业人员考试内容,增加实际维修操作技能考核,强化车辆安全状况检修能力考核。要强化维修企业关键岗位和工种持证上岗制度,逐步提高技术负责人和质量检验员等关键岗位持证上岗比例。教育部门会同交通运输部门在国家加快发展现代职业教育体系框架下,继续实施汽车维修紧缺人才培养工程、专业技术人员知识更新工程,从源头上提升从业人员技能素质。鼓励本科高校优化完善汽车服务工程等相关专业人才培养方案,加强应用型、复合型人才培养;鼓励职业院校优化完善汽车运用与维修类专业培养体系,培养技术技能型人才。积极加强本科高校、职业院校与企业在"产学研用"等方面的深入合作,推进产教融合,提升毕业生创新能力与实践能力。支持企业工程技术人员到本科高校和职业院校兼职,鼓励企业为本科高校和职业院校师生实习实践提供便利条件。积极推进"双证书"制度。完善职业资格制度,畅通维修技术人员技能提升、职业发展通道;构建汽车维修从业人员诚信评价体系,逐步提升从业人员职业道德水平。加强维修行业高级人才队伍建设,吸引、培养和稳定一批企业职业经理人,建立维修技术专家和人才库,引导维修人才合理流动,稳步扩大行业高级人才队伍规模。鼓励行业协会、汽车保险机构、专业培训机构等社会力量举办维修技术培训和技能大赛,搭建维修技术学习交流网络平台,提升从业人员技能水平。要形成从业人员知识技能水平与薪酬待遇、职业发展相挂钩的激励机制。

19. 提高维修装备技术水平

鼓励开展汽车维修检测设备第三方安全、环保认证。鼓励行业协会组织对列入《交通运输行业重点监督管理产品目录》的汽车维修检测设备进行评价和推荐,为企业购置、更新维修检测设备提供参照。鼓励企业采购、使用经认证和推荐的维修检测设备。加强维修装备标准和能力建设,鼓励维修装备生产企业加大技术创新,研发生产各类先进适用、机电一体的汽车诊断仪器、维修检测专用设备和工具,不断提升我国汽车维修业及其装备制造业的科技含量和核心竞争力。

20. 推进维修行业信息化建设

坚持监管与服务并举、发挥政府和市场两个积极作用的原则,充分运用互联网、大数据、云计算等技术手段,创新机制和模式,积极推进行业信息化建设。要建立覆盖全国的"汽车电子健康档案"系统,为健全汽车维修数据档案、促进汽车三包、二手汽车公平交易和缺陷汽车产品召回提供有效手段和依据。围绕提升行业数字化监管能力,鼓励各地道路运输管理机构建立汽车维修服务质量评价网络平台,督促企业诚信经营、优质服务。鼓励维修企业建立健全维修服务管理信息系统,提升企业管理效率和水平。

21. 依法加强维修市场监管

各地交通运输主管部门和道路运输管理机构要依法加强对维修企业经营资质监管,确保企业符合开业许可条件。要建立完善市场退出机制,对安全生产考评不达标的维修企业,要暂停其经营资格,严肃整改;整改仍不达标的,取消其经营资格。要依法查处各类非法经营、无证经营、超范围经营、违法拼装改装及承修报废汽车、盗抢汽车等行为,规范和净化市场环境。汽车维修企业要严格落实维修车辆登记制度,发现拼装、盗抢、肇事逃逸嫌疑车辆的,要及时向公安部门报告;发现同一车型多起同类安全隐患或可能存在产品缺陷的,要及时向交通运输部门报告。

各地交通运输部门要加强汽车维修配件使用的监管,督促企业使用符合标准及CCC认证要求的维修配件,对使用以假充真、以次充好、不合格以及不符合CCC认证要求的汽车配件产品的,要依法查处,情节严重的,吊销其经营许可,并通报质检部门追究生产者责任。对生产、销售假冒伪劣及不合格汽车配件产品的,由质检、工商部门依法查处。对涉嫌价格垄断等价格违法行为的,由价格主管部门依法处理。对经营者集中达到反垄断申报标准的,要依法向国务院反垄断执法机构申报。对使用假冒伪劣配件维修汽车造成汽车安全隐患,导致道路交通事故的,要依法追究相关维修企业和人员的责任。

22. 加大部门政策服务和联合监管

各级交通运输主管部门要切实加强与发改委(价格)、公安、环保、商务、工商、质检及保监等部门的沟通协调、信息共享,充分发挥各部门职能作用,形成各市场监管部门间各司其职、各负其责、相互配合、齐抓共管的工作机制,切实维护汽车维修市场经营秩序。各部门要加强政策制定和协作配合,加大政策支持和服务力度,争取将汽车维修业发展纳入地方政府"民生工程"和"民心工程",为包括汽车维修业在内的汽车后市场规范、健康发展营造良好外部环境,为人民群众满意修车、放心开车、享有高品质汽车生活提供有力保障。

23. 加强行业政策标准研究

要加强汽车维修业政策标准的系统性、基础性、前瞻性研究。要研究完善汽车维修业发展战略规划及评价指标体系,为汽车维修业布局规划和发展水平衡量提供客观依据。要加强标准研究和制度修订,增强标准规范对行业发展的规范引领作用。各有关部门要密切合作,积极研究出台汽车后市场发展政策,构建完善标准规范体系,提出我国汽车后市场发展评价指数,推动汽车消费规范、健康发展。

24. 发挥行业中介组织自律作用

要充分发挥行业协会、商会等中介组织的桥梁纽带、行业自律、服务行业、服务社会的功能和作用。各级行业协会要深入开展调查研究,及时掌握行业和企业的动态,积极回应企业和消费者的诉求。要配合行业主管部门,在行业基础研究、诚信体系建设、服务质量提升、人才队伍建设、技术装备推广、行业文明建设、加强行业自律、履行社会责任以及增强行业凝聚力、弘扬行业正能量等方面发挥积极作用。要在服务行业上下游产业、延伸行业价值链条、促进汽车后市场创新、融合发展等方面积极开拓,有所作为。

第二节 标准规范

一、标准规范基础知识

(一)标准的概述

1. 标准的定义与意义

标准是对重复性事物和概念所做的统一规定,它是以科学技术和实践的综合成果为基础,经主管机关依法批准,并以特定方式发布的共同遵守的准则和依据。

《中华人民共和国标准化法》(以下简称《标准化法》)规定:工业产品的品种、规格、质量、等级或者安全、卫生要求;工业产品的设计、生产、检验、包装、储存、运输、使用的方法或者生产、储存、运输过程中的安全、卫生要求;有关环境保护的各项技术要求和检验方法;建设工程的设计、施工方法和安全要求;有关工业生产、工程建设和环境保护的技术术语、符号、代号和制图方法;重要农产品和其他需要制定标准的项目,由国务院规定。

标准是发展社会主义商品经济,促进技术进步,改进产品质量,提高社会经济效益,维护国家和人民利益的必要手段。标准化是一个国家制定、发布和实施的标准,对标准的实施进行监督的制度总和。标准化程度的衡量尺度之一就是标准化立法的完善与否,标准化工作是国民经济和社会发展计划中的重要内容。

2. 标准的分类

根据《标准化法》的规定,我国现行标准体系分为国家标准、行业标准、地方标准和企业标准4级。国家标准和行业标准分为推荐性标准和强制性标准两种类型。强制性标准必须执行,推荐性标准国家鼓励企业自愿采用。已有国家标准或者行业标准的,国家鼓励企业制定严于国家标准或者行业标准的企业标准在企业内部执行。

(1)国家标准:是由国务院标准化行政主管部门制定,一般是指需要在全国范围内统一的技术要求事项,应当制定国家标准。

(2)行业标准:是对没有国家标准而又需要在全国某个行业范围内统一的技术要求,可以制定的行业内实施的标准。行业标准由国务院有关行政主管部门制定,并报国务院标准化行政主管部门备案,在公布成为国家标准之后,该项行业标准即行废止。

(3)地方标准:是对没有国家标准和行业标准而又需要在省、自治区、直辖市范围内统一的工业产品的安全、卫生要求,可以制定在当地实施的地方标准。地方标准由省、自治区、直辖市标准化行政主管部门制定,并报国务院标准化行政主管部门和国务院有关行政主管部门备案,在公布国家标准或者行业标准之后,该项地方标准即行废止。

(4)企业标准:是指企业生产的产品没有国家标准和行业标准的,应当制定的企业标准,作为组织生产的依据。企业的产品标准须报当地政府标准化行政主管部门和有关行政主管部门备案。已有国家标准或者行业标准的,国家鼓励企业制定严于国家标准或者行业标准的企业标准,在企业内部适用。

(二)标准化的主要法律制度

1. 制定标准的原则

制定标准的原则包括以下几个方面:

(1)应当有利于保障安全和人民的身体健康,保护消费者的利益,保护环境。

(2)应当有利于合理利用国家资源,推广科学技术成果,提高经济效益,并符合使用要求,有利于产品的通用互换,做到技术上先进,经济上合理。

(3)应当做到有关标准的协调配套。

(4)应当有利于促进对外经济技术合作和对外贸易。

(5)应当发挥行业协会、科学研究机构和学术团体的作用。制定标准的部门应当组织由专家组成的标准化技术委员会,负责标准的草拟,参加标准草案的审查工作。

2. 标准的修订与废止

标准实施后,制定标准的部门应当根据科学技术的发展和经济建设的需要适时进行复审,以确认现行标准继续有效或者予以修订、废止。

3. 标准的实施

(1)企业已有国家标准或者行业标准的产品,可以向国务院标准化行政主管部门或者国务院标准化行政主管部门授权的部门申请产品质量认证。认证合格的,由认证部门授予认证证书,准许在产品或者其包装上使用规定的认证标志。已经取得认证证书的产品不符合国家标准或者行业标准的,以及产品未经认证或者认证不合格的,不得使用认证标志出厂销售。

(2)企业研制新产品,改进产品,进行技术改造,应当符合标准化要求。

(3)县级以上政府标准化行政主管部门负责对标准的实施进行监督检查。

(4)县级以上政府标准化行政主管部门,可以根据需要设置检验机构,或者授权其他单位的检验机构,对产品是否符合标准进行检验。法律、行政法规对检验机构另有规定的,依照法律、行政法规的规定执行。

4.《标准化法》的法律责任

《标准化法》规定了经营者的刑事和行政法律责任。

(1)生产、销售、进口不符合强制性标准的产品的,由法律、行政法规规定的行政主管部门依法处理,法律、行政法规未作规定的,由工商行政管理部门没收产品和违法所得,并处罚款;造成严重后果构成犯罪的,对直接责任人员依法追究刑事责任。

(2)已经授予认证证书的产品不符合国家标准或者行业标准而使用认证标志出厂销售的,由标准化行政主管部门责令停止销售,并处罚款;情节严重的,由认证部门撤销其认证证书。

（3）产品未经认证或者认证不合格而擅自使用认证标志出厂销售的,由标准化行政主管部门责令停止销售,并处罚款。

（4）当事人对没收产品、没收违法所得和罚款的处罚不服的,可以在接到处罚通知之日起十五日内,向作出处罚决定的机关的上一级机关申请复议;对复议决定不服的,可以在接到复议决定之日起十五日内,向人民法院起诉。当事人也可以在接到处罚通知之日起十五日内,直接向人民法院起诉。当事人逾期不申请复议或者不向人民法院起诉又不履行处罚决定的,由作出处罚决定的机关申请人民法院强制执行。

（5）标准化工作的监督、检验、管理人员违法失职、徇私舞弊的,给予行政处分;构成犯罪的,依法追究刑事责任。

二、机动车检测维修的标准体系

我国机动车维修检测的标准体系分为国家标准和行业标准两类。

（一）机动车检测维修的国家标准

1.《汽车维修业开业条件 第1部分:汽车整车维修企业》(GB/T 16739.1—2014)

该标准适用于汽车整车维修企业（一类、二类）,是道路运输管理机构对汽车整车维修企业实施行政许可和管理的依据。GB/T 16739—2014 的本部分规定了汽车整车维修企业应具备的人员、组织管理、安全生产、环境保护、设施和设备等条件。

1）人员条件

人员条件是指汽车整车维修业企业管理负责人、技术负责人及关键岗位需要具备的资格、应知应会的知识。包括:

（1）应具有维修企业负责人、维修技术负责人、维修质量检验员、维修业务员、维修价格结算员、机修人员、电器维修人员、钣金（车身修复）人员和涂漆（车身涂装）人员。从业人员资格条件应符合《机动车维修从业人员从业资格条件》(GB/T 21338—2008)的规定,并取得行业主管部门及相关部门颁发的从业资格证书,持证上岗。

（2）维修质量检验员数量应与其经营规模相适应,至少应配备2名维修质量检验员。

（3）机修人员、电器维修人员、钣金人员和涂装人员,一类企业至少应各配备2人;二类企业至少应各配备1人。

（4）其他岗位从业人员,一类企业至少应各配备1人,不能兼职。二类企业允许一人二岗,可兼任一职。

（5）从事燃气汽车维修的企业,至少应配备1名熟悉燃料供给系统专业技术的专职作业、检验人员,并经培训合格,持证上岗。

2）组织管理条件

组织管理条件是指汽车整车维修业企业经营管理和质量管理应具备的条件,包括:

（1）经营管理。

①应具有与汽车维修有关的法规等文件资料。

②应具有规范的业务工作流程,并明示业务受理程序、服务承诺、用户抱怨受理制度等。

③应具有健全的经营管理体系,设置技术负责、业务受理、质量检验、文件资料管理、材料管理、仪器设备管理、价格结算等岗位并落实责任人。

④维修过程、配件管理、费用结算、维修档案等应实现电子化管理。
(2)质量管理。
①应具有汽车维修的国家标准和行业标准以及相关技术标准。
②应具有所维修车型的维修技术资料及工艺文件,确保完整有效并及时更新。
③应具有汽车维修质量承诺、进出厂登记、检验、竣工出厂合格证管理、技术档案管理、标准和计量管理、设备管理及维护、人员技术培训等制度。
④应建立汽车维修档案和进出厂登记台账。汽车维修档案应包括维修合同,进厂、过程、竣工检验记录,出厂合格证副页,结算凭证和工时、材料清单等。

3)安全生产条件
安全生产条件是指汽车整车维修业应当具备的安全管理制度和安全保护措施条件,包括:
(1)企业应具有与其维修作业内容相适应的安全管理制度和安全保护措施,建立并实施安全生产责任制。安全保护设施、消防设施等应符合有关规定。
(2)企业应有各工种、各类机电设备的安全操作规程,并将安全操作规程明示在相应的工位或设备处。
(3)使用、存储有毒、易燃、易爆物品,腐蚀剂,压力容器等均应有相应的安全防护措施和设施。
(4)生产厂房和停车场应符合安全、环保和消防等各项要求。
(5)应具有安全生产事故的应急预案。

4)环境保护条件
环境保护条件是指汽车整车维修业应当具备的执行环境保护能力的要求,包括:
(1)企业应具有废油、废液、废气、废蓄电池、废轮胎及垃圾等有害物质集中收集、有效处理和保持环境整洁的环境保护管理制度。有害物质存储区域应界定清楚,必要时应有隔离、控制措施。
(2)作业环境以及按生产工艺配置的处理"三废"(废油、废液、废气)、通风、吸尘、净化、消声等设施,均应符合有关规定。
(3)涂漆车间应设有专用的废水排放及处理设施,采用干打磨工艺的,应有粉尘收集装置和除尘设备,应设有通风设备。
(4)调试车间或调试工位应设置汽车尾气收集净化装置。

5)设施条件
设施条件是指汽车整车维修业应当具备的停车场、生产厂房及办公条件,包括:
(1)接待室(含客户休息室):企业应设有接待室,一类企业的面积不少于80m^2,二类企业的面积不少于20m^2。接待室应整洁明亮,明示各类证、照、主修车型、作业项目、工时定额及单价等,并应有客户休息的设施。
(2)停车场:企业应有与承修车型、经营规模相适应的合法停车场地,一类企业的面积不少于200m^2,二类企业的面积不少于150m^2;企业租赁的停车场地,应具有合法的书面合同书,租赁期限不得小于1年;停车场地面平整坚实,区域界定标志明显。
(3)生产厂房:生产厂房地面应平整坚实,面积应能满足所列维修设备的工位布置、生产工艺和正常作业,一类企业的面积不少于800m²,二类企业的面积不少于200m²;生产厂房内应设有总成维修间,一类企业总成维修间面积不小于30m²,二类企业总成维修间面积不小于20m²;租赁的生产厂房应具有合法的书面合同书,租赁期限不得小于1年;从事燃气汽车维修的企业,应有专用维修厂房,厂房应为永久性建筑,不得使用易燃建筑材料,面积应与生产规模相适应,厂房内通风良好,不得堆放可能危及安全的物品,厂房周围5m内不得有任何可能危及安全的设施。

6)设备条件

设备条件是指汽车整车维修业应当具备的生产设备,包括:

(1)企业应配备与其所承修车型相适应的量具、机工具及手工具。量具应定期进行检定。

(2)企业配备的通用维修检测设备、专用设备及检测设备,其规格和数量应与其生产纲领和生产工艺相适应。

(3)各种设备应符合相应的产品技术条件等国家标准和行业标准的要求。

(4)各种设备应能满足加工、检测精度的要求和使用要求。检测设备应通过型式认定,并按规定经有资质的计量检定机构检定合格。

(5)允许外协的设备,应具有合法的合同书,并能证明其技术状况符合要求。

2.《汽车维修业开业条件　第2部分:汽车综合小修及专项维修业户》(GB/T 16739.2—2014)

该标准适用于汽车汽车综合小修及专项维修业户(三类),是道路运输管理机构实施行政许可和管理的依据。GB/T 16739—2014的本部分规定了汽车汽车综合小修及专项维修业户应具备的通用条件及其经营范围、人员、设施、设备等条件。

1)通用条件

通用条件是指从事汽车发动机维修、车身维修、电气系统维修、自动变速器维修、轮胎动平衡及修补、四轮定位检测调整、汽车润滑与养护、喷油泵和喷油器维修、曲轴修磨、汽缸镗磨、散热器维修、空调维修、汽车美容装潢、汽车玻璃安装及修复等专项维修作业的业户(三类)都必须具备的条件,包括:

(1)从事综合小修或专项维修关键岗位的从业人员数量应能满足生产的需要,从业人员资格条件应符合GB/T 21338—2008的规定,并取得行业主管及相关部门颁发的从业资格证书,持证上岗。

(2)应具有相关的法规、标准、规章等文件以及相关的维修技术资料和工艺文件等,并确保完整有效、及时更新。

(3)应具有规范的业务工作流程,公开业务受理程序、服务承诺、用户抱怨受理程序等,并明示各类证、照、作业项目及计费工时定额等。

(4)停车场面积应不小于30m²。停车场地界定标志明显,不得占用道路和公共场所进行作业和停车,地面应平整坚实。

(5)生产厂房的面积、结构及设施应满足综合小修或专项维修作业设备的工位布置、生产工艺和正常作业要求。

(6)租赁的生产厂房、停车场地应具有合法的书面合同书,并应符合安全生产、消防等各项要求。租赁期限不得少于1年。

(7)设备配置应与其生产作业规模及生产工艺相适应,其技术状况应完好,符合相应的产品技术条件等国家标准或行业标准的要求,并能满足加工、检测精度的要求和使用要求。检测设备及计量器具应按规定检定合格。

(8)应设配备安全生产管理人员,熟知国家安全生产法律法规,并具有汽车维修安全生产作业知识和安全生产管理能力。应有所需工种和所配机电设备的安全操作规程,并将安全操作规程明示在相应的工位或设备处。

(9)使用与存储有毒、易燃、易爆物品和粉尘、腐蚀剂、污染物、压力容器等均应具备相应的安全防护措施和设施。作业环境以及按生产工艺配置的处理"四废"及采光、通风、吸尘、净化、消声等设施,均应符合环境保护的有关规定。

2)专项维修条件

专项维修条件是指根据不同的经营范围在人员、设施、设备方面各自必须具备的条件,分别是:

(1)汽车综合小修。

①人员条件:应有维修企业负责人、维修技术负责人、维修质量检验员、维修业务员、维修价格结算员、机修人员和电器维修人员;维修质量检验员应不少于1名;主修人员应不少于2名。

②组织管理条件:应具有健全的经营管理体系,设置技术负责、业务受理、质量检验、文件资料管理、材料管理、仪器设备管理、价格结算、安全生产等岗位并落实责任人;应具有汽车维修质量承诺、进出厂登记、检验记录及技术档案管理、标准和计量管理、设备管理、人员技术培训等制度并严格实施;维修过程、配件管理、费用结算、维修档案等应实现电子化管理。

③设施条件:应设有接待室,其面积应不小于$10m^2$,整洁明亮,并有供客户休息的设施;生产厂房面积应不小于$100m^2$。

④主要设备条件:应具有压床;空气压缩机;发动机解体清洗设备;发动机等总成吊装设备;发动机试验设备;废油收集机;数字式万用表;汽缸压力表;量缸表;正时仪;汽油喷油器清洗及流量测量仪;燃油压力表;喷油泵试验设备;喷油器试验设备;连杆校正器;排气分析仪;烟度计;无损探伤设备;立式精镗床;立式珩磨机;曲轴磨床;曲轴校正设备;凸轮轴磨床;激光淬火设备;曲轴、飞轮与离合器总成动平衡机。

(2)发动机修理的条件。

①人员条件:企业管理负责人、技术负责人及检验人员等均应经过有关培训,并取得行业主管部门颁发的从业资格证书,持证上岗;企业管理负责人应熟悉汽车维修业务,具备企业经营、管理能力,并了解发动机维修及相关行业的法规及标准;技术负责人应具有汽车维修或相关专业的大专以上文化程度,或具有汽车维修或相关专业的中级以上专业技术职称,应熟悉汽车维修业务,并掌握汽车维修相关行业的法规及标准;检验人员应不少于2名;发动机主修人员应不少于2名。

②组织管理条件:应具有健全的经营管理体系,设置技术负责、业务受理、质量检验、文件资料管理、材料管理、仪器设备管理、价格结算等岗位并落实责任人;应具有汽车维修质量

承诺、进出厂登记、检验记录及技术档案管理、标准和计量管理、设备管理及维护、人员技术培训等制度并严格实施。

③设施条件:应设有接待室,其面积应不少于20m^2,接待室应整洁明亮,明示各类证、照、作业项目及计费、工时定额等,并应有客户休息的设施;停车场面积应不少于30m^2;生产厂房应不少于200m^2。

④主要设备条件:应具有压床;空气压缩机;发动机解体清洗设备;发动机等总成吊装设备;发动机试验设备;废油收集机;数字式万用表;汽缸压力表;量缸表;正时仪;汽油喷油器清洗及流量测量仪;燃油压力表;喷油泵试验设备;喷油器试验设备;连杆校正器;排气分析仪;烟度计;无损探伤设备;立式精镗床;立式珩磨机;曲轴磨床;曲轴校正设备;凸轮轴磨床;激光淬火设备;曲轴、飞轮与离合器总成动平衡机。

(3)车身维修的条件。

①人员条件:企业管理负责人、技术负责人及检验人员应符合要求;检验人员应不少于1名;车身主修及维修涂漆人员均不少于2名。

②组织管理条件:应具有健全的经营管理体系,设置技术负责、业务受理、质量检验、文件资料管理、材料管理、仪器设备管理、价格结算等岗位并落实责任人;应具有汽车维修质量承诺、进出厂登记、检验记录及技术档案管理、标准和计量管理、设备管理及维护、人员技术培训等制度并严格实施。

③设施条件:应设有接待室,其面积应不少于20m^2。接待室应整洁明亮并应有客户休息的设施;生产厂房应不少于120m^2。

④主要设备条件:电焊及气体保护焊设备;切割设备;压床;空气压缩机;汽车外部清洗设备;打磨抛光设备;除尘除垢设备;型材切割机;车身整形设备;车身校正设备;车架校正设备;车身尺寸测量设备;喷烤漆房及设备;调漆设备;砂轮机和角磨机;举升设备;除锈设备;吸尘、采光、通风设备;洗枪设备或溶剂收集设备。

(4)电气系统维修条件。

①人员条件:企业管理负责人、技术负责人及检验人员应符合要求;检验人员应不少于1名;电子电器主修人员应不少于2名。

②组织管理条件:应具有健全的经营管理体系,设置技术负责、业务受理、质量检验、文件资料管理、材料管理、仪器设备管理、价格结算等岗位并落实责任人;应具有汽车维修质量承诺、进出厂登记、检验记录及技术档案管理、标准和计量管理、设备管理及维护、人员技术培训等制度并严格实施。

③设施条件:应设有接待室,其面积应不少于20m^2,接待室应整洁明亮并应有客户休息的设施;生产厂房应不少于120m^2。

④主要设备条件:应具有空气压缩机;故障诊断设备;数字式万用表;充电机;电解液密度计;高频放叉;汽车前照灯检测设备;电路检测设备;蓄电池检测、充电设备。

(5)自动变速器修理的条件。

①人员条件:企业管理负责人、技术负责人及检验人员应符合要求;检验人员应不少于1名;自动变速器专业主修人员应不少于2名。

②组织管理条件:应具有健全的经营管理体系,设置技术负责、业务受理、质量检验、文

件资料管理、材料管理、仪器设备管理、价格结算等岗位并落实责任人;应具有汽车维修质量承诺、进出厂登记、检验记录及技术档案管理、标准和计量管理、设备管理及维护、人员技术培训等制度并严格实施。

③设施条件:应设有接待室,其面积应不少于20m²。接待室应整洁明亮并应有客户休息的设施;生产厂房应不少于200m²。

④主要设备条件:应具有自动变速器翻转设备;自动变速器拆解设备;变矩器维修设备;变矩器切割设备;变矩器焊接设备;变矩器检测(漏)设备;零件高压清洗设备;电控变速器测试仪;油路总成测试机;液压油压力表;自动变速器总成测试机;自动变速器专用测量器具;空气压缩机;万用表;废油收集设备。

(6)轮胎动平衡及修补的条件。

①人员条件:要求至少有1名经过专业培训的轮胎维修人员。

②设施条件:要求生产厂房面积不少于15m²。

③主要设备条件:应具有空气压缩机;漏气试验设备;轮胎气压表;千斤顶;轮胎螺母拆装机或专用拆装工具;轮胎轮辋拆装、除锈设备或专用工具;轮胎修补设备;车轮动平衡机。

(7)四轮定位检测调整的条件。

①人员条件:要求至少有1名经过专业培训的汽车维修人员。

②设施条件:要求生产厂房面积不少于40m²。

③主要设备条件:应具有举升设备;四轮定位仪;空气压缩机;轮胎气压表。

(8)汽车润滑与养护的条件。

①人员条件:至少有1名经过专业培训的汽车维修人员。

②设施条件:要求生产厂房面积不少于40m²。

③主要设备条件:应具不解体油路清洗设备;废油收集设备;齿轮油加注设备;液压油加注设备;制动液更换加注器;脂类加注器;举升设备或地沟;空气压缩机。

(9)喷油泵、喷油器维修的条件。

①人员条件:要求至少有一名经过专业培训的汽车高压油泵维修人员。

②设施条件:要求生产厂房面积不少于30m²,停车场面积不少于30m²。

③主要设备条件:应具有喷油泵、喷油器清洗和试验设备;喷油泵-喷油器密封性试验设备(从事喷油泵、喷油器维修的业户);弹簧试验仪;千分尺;厚薄规。从事电控喷油泵、喷油器维修还需配备:电控喷油泵、喷油器检测台;电控喷油泵、喷油器专用拆装工具;电控柴油机故障诊断仪;超声波清洗仪;专用工作台。

(10)曲轴修磨的条件。

①人员条件:要求至少有1名经过专业培训的曲轴修磨人员。

②设施条件:要求生产厂房面积不少于60m²。

③主要设备条件:应具有曲轴磨床;曲轴校正设备;曲轴动平衡设备;平板;V形块;百分表及磁力表座;外径千分尺;无损探伤设备;吊装设备。

(11)汽缸镗磨的条件。

①人员条件:要求至少有1名经过专业培训的汽缸镗磨人员。

②设施条件:要求生产厂房面积不少于60m²。

③主要设备条件:应具有立式精镗床;立式珩磨机;压力机;吊装起重设备;汽缸体水压试验设备;量缸表;外径千分尺;厚薄规;激光淬火设备(从事激光淬火必备);平板。

(12)散热器维修的条件。

①人员条件:要求至少有1名经过专业培训的专业维修人员。

②设施条件:要求生产厂房面积不少于30m^2。

③主要设备条件:应具有清洗及管道疏通设备;气焊设备;钎焊设备;空气压缩机;喷漆设备;散热器密封试验设备。

(13)空调维修的条件。

①人员条件:要求至少有1名经过专业培训的汽车空调维修人员。

②设施条件:要求生产厂房面积不少于40m^2。

③主要设备条件:应具有汽车空调制冷剂加注回收设备;空调电器检测设备;空调专用检测设备;万用表;制冷剂鉴别设备;空调检漏设备;数字式温度计;汽车故障电脑诊断仪。

(14)汽车美容装潢的条件。

①人员条件:至少有经过专业培训的1名维修人员和2名车身清洁人员。

②设施条件:要求生产厂房面积不少于40m^2。

③主要设备条件:应具有汽车外部清洗设备;吸尘设备;除尘、除垢设备;打蜡设备;抛光设备;贴膜专业工具。

(15)汽车玻璃安装的条件。

①人员条件:要求至少有1名经过专业培训的维修人员。

②设施条件:要求生产厂房面积不少于30m^2。

③主要设备条件:应具有工作台;玻璃切割工具;注胶工具;玻璃固定工具;直尺、弯尺;玻璃拆装工具;吸尘器。

3.《汽车综合性能检测站能力的通用要求》(GB/T 17993—2005)

该标准适用于汽车综合性能检测站建设、运行管理以及对汽车综合性能检测站能力认定、委托检测和监督管理。标准规定了汽车综合性能检测站开展汽车综合性能检测工作应具备的服务功能、管理、技术能力以及场地和设施的要求。

1)服务功能

服务功能是指综合性能检测站开展汽车综合性能检测工作应具备的服务项目。包括四项功能:

(1)依法对道路运输车辆的技术状况进行检测。

(2)依法对车辆维修竣工质量进行检测。

(3)接受委托,对车辆改装(造)、延长报废期及其相关新技术、科研鉴定等项目进行检测。

(4)接受交通、公安、环保、商检、计量、保险和司法机关等部门、机构的委托,为其进行规定项目的检测。

2)管理要求

管理要求是对综检站各项管理制度要求的标准。

(1)组织。组织要求是对综检站主体资格及岗位和管理要求的标准,包括:

①综检站应具有明确的法律地位,应为独立承担法律责任的社会化法人机构(非独立法人的需经所属独立法人授权)。

②综检站从事检测工作应符合国家标准的要求。

③综检站的组织管理应覆盖检测工作的各个方面。

④综检站应设置管理、检测操作、质量审核监督等基本岗位,各岗位人员的数量、素质应与其工作相适应,需规定对检测质量有影响的主要岗位人员的职责、权力和相互关系,并通过明示的方法被客户所了解。

(2)质量体系。质量体系要求是对综检站质量管理要求的标准,包括:

①综检站应按《检验和校准实验室能力的通用要求》(GB/T 27025—2008)建立、健全质量体系,应将其政策、制度、计划、管理程序、检测规范等制定成文件,构成质量体系文件,应符合计量认证的相关规定。

②质量体系文件,包括内部制定文件和外来文件。内部制定文件包括:质量手册、支持性程序文件、主要仪器设备操作规程、检测作业指导书、委托检测受理程序、外部抱怨处理程序、生产安全保障制度、检验人员守则、服务公约等。外来文件包括:所有开展检测工作依据标准、委托检测机构有关管理政策、法规等文件。

③综检站的质量体系应覆盖检测工作的各个方面。

④综检站应实施并保持与其承担检测工作相适应的质量体系。

(3)文件控制。文件控制要求是对综检站质量文件管理要求的标准,包括:

①质量体系文件应由综检站最高管理者或其授权人员审查并批准后使用,并通过适当的标识,确保其现行有效。

②质量体系文件应传达至有关人员,并被其获取、理解和执行。

③应定期核查质量体系文件的适用性和时效性,确保其现行有效。

④质量体系文件的修改、变更应经过最高管理者或其授权人员审查并批准,并确保所有发放使用的受控文件被替换。

⑤全部质量体系文件原件应存档,应建立适用的档案管理制度,并规定不同文件的保存周期。

⑥应有保护客户机密信息和所有权的措施,包括电子存储和结果数据传输等。

(4)服务。服务是指综检站面向客户的服务要求的标准,包括:

①综检站应通过适当的方式,保证各类检测的具体项目、收费价格、检测工作的具体流程、检测适用标准、被检参数的限值和依据,方便客户了解,并依据相关标准的要求、程序和规范,开展检测服务。

②检测报告应采用规范的格式或委托方要求的格式提供给客户。

③应制定程序并采用适当手段,在不影响检测工作和保护其他客户机密的条件下,允许客户监督对其委托业务进行的检测工作。

(5)抱怨处理。抱怨处理是指综检站与客户纠纷处理要求的标准,包括:

①应有程序文件处理来自客户的抱怨,并有效实施。抱怨包括:对检测工作质量、检测数据结果有异议的申诉和损害客户利益的投诉以及改进检测工作的意见和建议等。

②抱怨处理程序应包括责任部门、处理程序、受理范围、受理期限、经济责任等,并以适当的方式明示,被客户了解。

(6)事故、差错控制。事故、差错控制是指综检站检测发生事故、差错控制要求的标准,包括:

①应有程序文件处理检测过程中出现的事故和差错,并有效实施。

②程序文件应包括责任部门和责任人、处理程序、纠正和预防措施的实施、不良后果的挽回和客户损失的补偿以及处理结果的跟踪。

(7)记录、报告的控制。记录、报告的控制是指综检站检测记录、报告文件管理要求的标准,包括:

①应建立记录、报告控制文件,包括质量记录、技术记录、结果报告等。质量记录应包括来自内部质量管理的过程记录等。技术记录、结果报告包括检测过程记录、检测报告、检测结果统计、分析报告等。

②记录、报告格式应符合一定的规范要求,包含的信息齐全,并有授权签字人确认。

③记录、报告应以便于存取的方式保存在安全的环境中,并符合相关法规、政策、制度、标准的规定,记录、报告的保存期限不少于两年。

④应制定计算机自动生成、存档记录、报告控制程序,防止未经授权的侵入或修改以及数据的丢失。

(8)质量审核和评审。质量审核和评审是指综检站对检测的质量审核和评审制度的标准,包括:

①应制订程序文件,定期对检测工作、质量体系运行的各要素进行审核和评审,能保证检测工作、质量保证体系合理、有效运行,并持续改进。

②质量审核、评审应涉及质量体系的全部要素,包括与检测业务相关的管理工作和检测工作。

③应定期对检测工作进行质量审核(每年不少于两次)、评审(每年应至少一次)。

3)技术能力要求

技术能力要求是指对综检站人员技术能力和技术装备要求的标准。

(1)人员。人员要求是指对综检站人员技术能力要求的标准,包括基本要求和各个岗位的特殊要求。

①基本要求。包括以下三个方面:

a.综检站应设站长(或其他称谓)、技术负责人、质量负责人、计算机控制网络系统管理员、检测员、引车员,以及仪器、设备(维护)管理员、文件资料档案管理员等主要岗位(主要岗位人员不是岗位设置要求,允许1人多岗,但均须达到本标准规定的从业岗位的要求,质量负责人不宜兼职)。

b.应制定人员培训制度,并有效实施,保证检测有关人员能按新的检测标准开展检测工作。

c.对持证上岗从业人员,应通过专门培训,取得岗位从业资格证书后,方可上岗。

②对站长的要求。包括以下两个方面:

a.熟悉国家、行业、地方关于汽车检测方面的政策、法令、法规、规定、相关标准。

b.熟悉汽车检测业务,具有大专(含)以上学历、中级(含)以上职称,具备企业经营、管理能力。

③对技术负责人的要求。包括以下四个方面:

a.应具有汽车运用工程或相近专业大专(含)以上学历和中级(含)以上工程技术职称。

b.掌握汽车理论和汽车构造知识,有三年以上的汽车维修或检测工作经历。

c.熟悉国家、行业、地方有关汽车维修检测方面的政策、法规、规定及相关标准。

d.掌握检测设备的性能,具有使用检测设备的知识和分析测量误差的能力,能组织检测仪器、设备校准和计量检定工作。

④对质量负责人的要求。包括以下两个方面:

a.应具有汽车运用工程或相近专业大专(含)以上学历和中级(含)以上工程技术职称。

b.熟悉检测技术标准和检测仪器、设备检定规程,熟知计量认证和质量控制要素,胜任检测站全面质量管理工作。

⑤对计算机控制网络系统管理员的要求。包括以下两个方面:

a.应具有计算机相关专业大专(含)以上学历,具备计算机网络管理知识。

b.掌握检测技术标准,熟悉检测仪器、设备的控制原理、计算机控制系统的构架、各业务节点的操作和设置、数据库的结构和维护管理等。

⑥对检测员的要求。包括以下四个方面:

a.应具有高中(含)以上学历,了解汽车各系统的工作原理、构造和有关使用、安全性能知识及维修经验。

b.熟悉所在工位检测仪器、设备的性能,具备使用检测仪器、设备的知识,熟练掌握检测操作规程。

c.掌握检测项目的技术标准,能独立进行一般数据处理工作。

d.了解综检站计算机控制网络的构成和业务节点,熟知汽车综合性能检测工艺流程及相关标准,具有计算机操作和计算机网络系统的基本知识。

⑦对引车员的要求。包括以下两个方面:

a.应具备规定的检测员资格条件。

b.应持有与驾驶车型相对应的机动车驾驶证,从事汽车驾驶三年以上的工作经历,并取得汽车驾驶中级及其以上等级证书。

⑧对仪器设备管理员的要求。包括以下三个方面:

a.应具有中专或相当于中专(含)以上学历和技术员(含)以上技术职称。

b.掌握汽车构造和原理的一般知识。

c.掌握检测仪器设备的性能和使用,具备检测设备管理知识,能对检测仪器设备进行维护、校准。

⑨对文件资料档案管理员的要求。包括以下三个方面:

a.应具有中专(含)或相当于中专以上学历,熟悉国家档案管理、保密法规和综检站管理工作程序。

b.了解综检站使用的检测标准、方法,能为检测人员提供受控标准和更新。

c.胜任综检站质量体系文件及其运行、验证等资料的管理工作。

(2)检测项目与参数要求。检测项目与参数要求是指综检站对检测项目与参数应具备的能力。包括以下四个方面的要求：

①综检站应具备规定的检测项目或参数的能力。

②应依据相关标准或根据客户委托制定的检测方法开展检测工作。

③按 GB 18565—2016、GB 7258—2017、JT/T 198—2016、GB/T 18344—2016、GB/T 15746—2011、GB 1589—2016、GB 21861—2014 规定的要求开展检测工作，应采用计算机控制联网方式进行检测。

④应制订开展新的检测工作的程序，保证所开展检测工作能满足预定用途或应用领域的要求。

(3)检测仪器设备要求。检测仪器设备要求是指对综检站检测仪器设备装备要求的标准。包括以下五个方面的要求：

①应配备与检测项目或参数相应的检测仪器设备。仪器设备主要技术要求应符合有关规定。

②配备的检测仪器设备应通过产品型式认定，并有产品检验合格证和制造计量器具许可证标志。进口检测设备参照执行。

③配备的检测仪器设备应符合相应检测仪器设备计量检定规程和检测用标准要求的测量范围、分辨力、准确度等级或允许误差，满足相应仪器设备国家、行业产品标准的要求，使用的计量检测仪器设备应按规定周期经过检定合格。

④配备的检测仪器设备应与被检测车辆的主要技术参数相适应。

⑤主要检测仪器设备应能进行计算机联网，实现自动检测，应具备计算机联网受控检测功能的仪器设备在该标准有附录。

(4)计算机控制检测系统要求。计算机控制检测系统要求是指对综检站计算机控制检测系统装备要求的标准。包括以下七个方面的要求：

①控制系统应具有车辆信息的登录、规定项目与参数的受控自动检测、检测数据的自动传输与存档、检测报告与统计报表的自动生成、指定信息的查询等功能，所有记录（包括报告和报表）格式及内容均应符合有关规定。

②控制系统配置的计算机等硬件和操作系统等软件应符合相关标准的要求。

③控制系统应建立适用检测车型数据库和适用检测标准项目、参数限值数据库，并符合相关委托检测行业管理的要求。

④控制系统不应改变联网检测仪器设备的测试原理、分辨力、测量结果数据有效位数和检测结果数据，检测参数的采集、计算、判定应符合有关标准。

⑤应具有人工检验项目和未能联网的检测仪器设备检测结果的人工录入功能（IC 卡或其他方式）。

⑥应设置检测标准、系统参数等数据修改的访问权限及操作日志。

⑦计算机控制系统其他要求应符合《汽车检验机构计算机控制系统技术规范》（JT/T 478—2017）的有关规定。

4) 场地和设施要求

场地和设施要求是指对综检站基本建设要求的标准，包括基本要求和各个专向要求。

(1) 基本要求。

①应有科学的总体规划设计和工艺布局,合理设置汽车检测线、检测间、检测工位、计算机控制系统、停车场、试车道路、业务厅等设施。

②设计和使用须有消防通道、消防设施等,并严格执行国家、行业、地方有关消防条例、法规的规定。

③应有必要的绿化面积和卫生设施,符合《工业企业设计卫生标准》(GBZ1—2010)有关规定。

④供电设施应符合《通用用电设备配电设计规范》(GB 50055—2011)的有关规定。

⑤建筑物防雷措施、防雷装置均应符合《建筑物防雷设计规范》(GB 50057—2010)的有关规定。

(2) 检测线的要求。

①应布置在检测间内,应按规定的检测项目配置检测工位。

②检测工艺流程应布置合理,各检测工位应有足够的检测面积,检测时各工位应互不干涉。

③检测线出入口应设引车道和必要的交通标志,应有醒目的工位标志、检测流程指示信号,应有避免非检测人员误入检测工作区的安全防护装置等。

(3) 检测间的要求。

①检测间的长度、宽度、高度应满足检测车型检测工作的需要,并符合建筑标准的要求。

②检测间应通风、防雨,并设置排(换)气、排水装置,检测间内空气质量应符合《工业企业设计卫生标准》(GBZ 1—2010)的有关规定。

③检测间通道地面的纵向、横向坡度在全长和任意 10m 长范围内应不大于 1.0%,平整度应不大于 3.0‰,在汽车制动检验台前后相应距离内,地面附着系数应不低于 0.7。

④检测间内采光和照明应符合《建筑采光设计标准》(GB 50033—2013)和《建设照明设计标准》(GB 50034—2013)的有关规定。

(4) 停车场和试车道路的要求。

①停车场的面积应与检测能力相适应,不允许与检测场地、试车道路和行车道路等设施共用。

②试车道路的承载能力应满足受检汽车的轴荷需要,试车道路应符合《汽车通路试验方法通则》(GB/T 12534—1990)、《机动车运行安全技术条件》(GB 7258—2017)的相关要求。

4.《汽车维护、检测、诊断技术规范》(GB/T 18344—2016)

为规范在用汽车维护、检测、诊断作业,使汽车保持良好的技术状况,减少汽车故障,保证行车安全,延长车辆使用寿命,有效地控制汽车排放污染物,特制定本标准。本标准规定了汽车日常维护、一级维护、二级维护的周期、作业内容和技术规范。本标准适用于所有在用汽车。

1) 日常维护

(1) 日常维护定义和实施主体:日常维护以清洁、补给和安全检视为作业中心内容。由驾驶员负责执行的车辆维护作业。

(2)日常维护的周期:出车前,行车中,收车后。
(3)日常维护内容:日常维护作业内容见表1-2-1。

日常维护作业项目及技术要求　　　　　　　　　　　表1-2-1

序号	作业项目	作业内容	技术要求	维护周期
1	车辆外观及附属设施	检查、清洁车身	车身外观及客车车厢内部整洁,车窗玻璃齐全、完好	出车前或收车后
		检查后视镜,调整后视镜角度	后视镜完好、无损数,视野良好	出车前
		检查灭火器、客车安全锤	灭火器配备数量及放置位置符合规定,且在有效期内。客车安全锤配备数量及放置位置符合规定	出车前或收车后
		检查安全带	安全带固定可靠、功能有效	出车前或收车后
		检查风窗玻璃刮水器	刮水器各挡位工作正常	出车前
2	发动机	检查发动机润滑油、冷却液面高度,视情补给	油(液)面高度符合规定	出车前
3	制动	制动系统自检	自检正常,无制动报警灯闪亮	出车前
		检查制动液液面高度,视情补给	液面高度符合规定	出车前
		检查行车制动、驻车制动	行车制动、驻车制动功能正常	出车前
4	车轮及轮胎	检查轮胎外观、气压	轮胎表面无破裂、凸起、异物刺入及异常磨损,轮胎气压符合规定	出车前、行车中
		检查车轮螺栓、螺母	齐全完好,无松动	
5	照明、信号指示装置及仪表	检查前照灯	前照灯完好、有效,表面清洁,远近光变换正常	出车前
		检查信号指示装置	转向灯、制动灯、示廓灯、危险报警灯、雾灯、喇叭、标志灯及反射器等信号指示装置完好有效,表面清洁	出车前
		检查仪表	工作正常	出车前、行车中

注:"符合规定"指符合车辆维修资料等有关技术文件的规定,以下同。

2)一级维护

(1)一级维护的定义和实施主体:除日常维护作业外,以清洁、润滑、紧固为作业中心内容,并检查有关制动、操纵等安全部件。由维修企业负责执行的车辆维护作业。

(2)一级维护周期:汽车一级维护周期的确定应以汽车行驶里程间隔为基本依据。行驶里程间隔执行车辆维修资料等有关技术文件的规定。对于不便用行驶里程间隔统计、考核的汽车,可用行驶时间间隔确定其维护周期。道路运输车辆一级维护、二级维护的周期可参照表1-2-2确定。

道路运输车辆一级维护、二级维护推荐周期　　　　　　　　　　　　表1-2-2

适用车型		维护周期	
		一级维护行驶里程间隔上限值或行驶时间间隔上限值	二级维护行驶里程间隔上限值或行驶时间间隔上限值
客车	小型客车（含乘用车）（车长≤6m）	10000km 或 30 日	40000km 或 120 日
	中型及以上客车（车长>6m）	15000km 或 30 日	50000km 或 120 日
货车	轻型货车（最大设计总质量≤3500kg）	1000km 或 30 日	40000km 或 120 日
	轻型以上货车（最大设计总质量>3500kg）	1500km 或 30 日	50000km 或 120 日
挂车		15000km 或 30 日	50000km 或 120 日

注：对于以山区、沙滩、炎热、寒冷等特殊运行环境为主的道路运输车辆，可适当缩短维护周期。

（3）一级维护内容：一级维护作业内容见表1-2-3。

一级维护作业内容及技术要求　　　　　　　　　　　　表1-2-3

序号	作业项目		作业内容	技术要求
1	发动机	空气滤清器、机油滤清器和燃油滤清器	清洁或更换	按规定的里程或时间清洁或更换滤清器。滤清器应清洁，衬垫无残缺，滤芯无破损。滤清器安装牢固，密封良好
2		发动机润滑油及冷却液	检查油（液）面高度，视情更换	按规定的里程或时间更换润滑油、冷却液，油（液）面高度符合规定
3	转向系	部件连接	检查、校紧万向节、横直拉杆、球头销和转向节等部位连接螺栓、螺母	各部件连接可靠
4		转向器润滑油及转向助力油	检查油面高度，视情更换	按规定的里程或时间更换转向器润滑油及转向助力油，油面高度符合规定
5	制动系	制动管路、制动阀及接头	检查制动管路、制动阀及接头，校紧接头	制动管路、制动阀固定可靠，接头紧固，无漏气（油）现象
6		缓速器	检查、校紧缓速器连接螺栓、螺母，检查定子与转子间隙，清洁缓速器	缓速器连接紧固，定子与转子间隙符合规定，缓速器外表、定子与转子清洁，各插接件与接头连接可靠
7		储气筒	检查储气筒	无积水及油污
8		制动液	检查液面高度，视情更换	按规定的里程或时间更换制动液，液面高度符合规定
9	传动系	各连接部位	检查、校紧变速器、传动轴、驱动桥壳、传动轴支撑等部位连接螺栓、螺母	各部位连接可靠，密封良好
10		变速器、主减速器和差速器	清洁通气孔	通气孔通畅

续上表

序号	作业项目		作业内容	技术要求
11	车轮	车轮及半轴的螺栓、螺母	校紧车轮及半轴的螺栓、螺母	拧紧力矩符合规定
12		轮辋及压条挡圈	检查轮辋及压条挡圈	轮圈内及压条挡圈无裂损及变形
13	其他	蓄电池	检查蓄电池	液面高度符合规定,通气孔畅通,电桩、夹头清洁、牢固,免维护蓄电池电量状况指示正常
14		防护装置	检查侧防护装置及后防护装置,校紧螺栓、螺母	完好有效,安装牢固
15		全车润滑	检查、润滑各润滑点	润滑嘴齐全有效,润滑良好,各润滑点防尘罩齐全完好。集中润滑装置工作正常,密封良好
16		整车密封	检查泄漏情况	全车不漏油、不漏液、不漏气

3）二级维护

（1）二级维护的基本要求和实施主体：二级维护作业项目包括基本作业项目和附加作业项目，二级维护作业时一并进行，由维修企业负责执行的车辆维护作业，维护过程中使用的设备和量具应符合相关国家标准和行业标准。

（2）二级维护周期：汽车二级维护周期的确定方式与一级维护相同，也可参照表1-2-2确定。

（3）二级维护作业流程：汽车二级维护首先要进行进厂检测，汽车进厂后，按规定的检测项目（表1-2-4）和驾驶员反映的车辆使用技术状况（包括汽车动力性、异响、转向、制动及燃、润料消耗等）确定所需检测项目，依据检测结果及车辆实技术状况进行故障诊断，从而确定附加作业。附加作业项目确定后与基本作业项目一并进行二级维护作业。二级维护过程中要进行过程检验，过程检验项目的技术要求应满足有关的技术标准或规范；二级维护作业完成后，应经维护企业进行竣工检验，竣工检验合格的车辆，由维护企业填写《汽车维护竣工出厂合格证》后方可出厂。二级维护作业流程如图1-2-1所示。

进厂检测规定项目　　　　　　　　　　　　　　　　　　　表1-2-4

序号	检测项目	检测内容	技术要求
1	故障诊断	车载诊断系统（OBD）的故障信息	装有车载诊断系统（OBD）的车辆,不应有故障信息
2	行车制动性能	检查行车制动性能	采用台架检验或路试检验,应符合GB 7258—2017相关规定
3	排放	排气污染物	汽油车采用双怠速法,应符合GB 18285—2005相关规定。柴油车采用自由加速法,应符合GB 3847—2005相关规定

（4）汽车二级维护检测与诊断：对汽车二级维护检测项目进行检测时，应使用该检测项目的专用检测仪器，仪器精度须满足有关规定。汽车二级维护检测项目的技术要求应参照国家有关的技术标准或原厂要求。

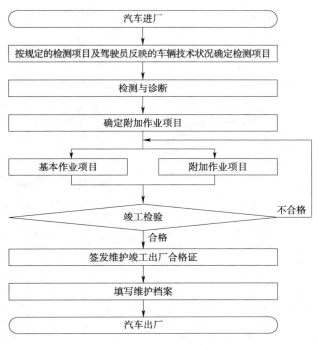

图 1-2-1 二级维护作业流程

(5)汽车二级维护附加作业项目的确定:根据检测结果进行汽车故障诊断,确定以消除汽车故障为目的的二级维护附加作业项目和作业内容,恢复汽车的正常技术状况。附加作业项目确定后与基本作业项目一并进行二级维护作业。

(6)二级维护过程检验:二级维护过程中,要始终贯穿过程检验,并做检验记录。过程检验中各维护项目的技术要求,需满足相应的有关技术标准或出厂说明书的有关规定。

(7)二级维护基本作业项目:二级维护作业内容包含日常维护作业内容和一级维护作业内容。二级维护基本作业项目见表1-2-5。

二级维护作业内容及技术要求　　　　　　　　　　　　　　　　　表 1-2-5

序号	作业项目		作业内容	技术要求
1	发动机	发动机工作状况	发动机起动性能和柴油发动机停机装置	起动性能良好,停机装置功能有效
			检查发动机运转情况	低、中、高速运转稳定,无异响
2		发动机排放机外净化装置	检查发动机排放机外净化装置	外观无损坏、安装牢固
3		燃油蒸发控制装置	检查外观,检查装置是否畅通,视情更换	炭罐及管路外观无损坏、密封良好、连接可靠,装置畅通无堵塞
4		曲轴箱通风装置	检查外观,检查装置是否畅通,视情更换	管路及阀体外观无损坏、密封良好、连接可靠,装置畅通无堵塞
5		增压器、中冷器	检查、清洁中冷器和增压器	中冷器散热片清洁,管路无老化,连接可靠,密封良好,增压器运转正常,无异响,无渗漏

续上表

序号	作业项目		作业内容	技术要求
6	发动机	发电机、起动机	检查、清洁发电机和起动机	发电机和起动机外表清洁,导线接头无松动,运转无异响,工作正常
7		发动机传动带(链)	检查空压机、水泵、发电机、空调机组和正时传动带(链)磨损及老化程度,视情调整传动带(链)松紧度	按规定里程或时间更换传动带(链),传动带(链)无裂痕和过量磨损,表面无油污,松紧度符合规定
8		冷却装置	检查散热器、水箱及管路密封	散热器、水箱及管路固定可靠,无变形、堵塞、破损及渗漏。箱盖接合表面良好,胶垫不老化
			检查水泵和节温器工作状况	水泵不漏水、无异响,节温器工作正常
9		火花塞、高压线	检查火花塞间隙、积炭和烧蚀情况,按规定里程或时间更换火花塞	无积炭,无严重烧蚀现象,电极间隙符合规定
			检查高压线外观及连接情况,按规定里程或时间更换高压线	高压线外观无破损、连接可靠
10		进、排气歧管,消声器、排气管	检查进、排气歧管,消声器、排气管	外观无破损、无裂痕,消声器功能良好
11		发动机总成	清洁发动机外部,检查隔热层	无油污、无灰尘,隔热层密封良好
			检查、校紧连接螺栓、螺母	油底壳、发动机支撑、水泵、空压机、涡轮增压器、进排气歧管、消声器、排气管、输油泵和喷油泵等部位连接可靠
12	制动系	储气筒、干燥器	检查、紧固储气筒,检查干燥器功能,按规定里程或时间更换干燥剂	储气筒安装牢固,密封良好。干燥器功能正常,排气阀通畅
13		制动踏板	检查、调整制动踏板自由行程	制动踏板自由行程符合规定
14		驻车制动	检查驻车制动性能,调整操纵机构	功能正常,操纵机构齐全完好、灵活有效
15		防抱死制动装置	检查连接线路,清洁轮速传感器	各连接线及插接件无松动,轮速传感器清洁
16		鼓式制动器	检查制动间隙调整装置	功能正常
			拆卸制动鼓、轮毂、制动蹄、清洁轴承位、轴承、支承销和制动底板等零件	清洁,无油污,轮毂通气孔畅通
			检查制动底板、制动凸轮轴	制动底板安装牢固、无变形、无裂损。凸轮轴转动灵活,无卡滞和松旷现象
			检查轮毂内外轴承	滚柱保持架无断裂,滚柱无缺损、脱落,轴承内外圈无破损和烧蚀
			检查制动摩擦片、制动蹄及支承销	摩擦片表面无油污、裂损,厚度符合规定。制动蹄无裂纹及明显变形,铆接可靠,铆钉沉入深度符合规定。支承销无过量磨损,与制动蹄轴承孔衬套配合无明显松旷

续上表

序号	作业项目		作业内容	技术要求
16	制动系	鼓式制动器	检查制动蹄复位弹簧	复位弹簧不得有扭曲、钩环损坏、弹性损失和自由长度改变等现象
			检查轮毂、制动鼓	轮毂无裂损,制动鼓无裂痕、沟槽、油污及明显变形
			装复制动鼓、轮毂、制动蹄,调整轴承松紧度、调整制动间隙	润滑轴承,轴承位涂抹润滑脂后再装轴承。装复制动蹄时,轴承孔均应涂抹润滑脂,开口销或卡簧固定可靠。制动摩擦片与制动鼓摩擦面应清洁,无油污。制动摩擦片与制动鼓配合间隙符合规定。轮毂转动灵活且无轴向间隙。锁紧螺母、半轴螺母及车轮螺母齐全,拧紧力矩符合规定
17		盘式制动器	检查制动摩擦片和制动盘磨损量	制动摩擦片和制动盘磨损量应在标志规定或制造商要求的范围内,其摩擦工作面不得有油污、裂纹、失圆和沟槽等损伤
			检查制动摩擦片与制动盘间的间隙	制动摩擦片与制动盘之间的转动间隙符合规定
			检查密封件	密封件无裂纹或损坏
			检查制动钳	制动钳安装牢固、无油液泄漏。制动钳导向销无裂纹或损坏
18	转向系	转向器和转向传动机构	检查转向器和转向传动机构	转向轻便、灵活,转向无卡滞现象,锁止、限位功能正常
			检查部件技术状况	转向节臂、转向器摇臂及横直拉杆无变形、裂纹和拼焊现象、球销无裂纹、不松旷,转向器无磨损、无漏洞现象
19		转向盘最大自由制动量	检查、调整转向盘最大自由转动量	最高设计车速不小于 100km/h 的车辆,其转向盘的最大自由转动量不大于15°,其他车辆不大于25°
20	行驶系	车轮及轮胎	检查轮胎规格型号	轮胎规格型号符合规定,同轴轮胎的规格和花纹应相同,公路客车(客运班车)、旅游客车、校车和危险货物运输车的所有车轮及其他车辆的转向轮不得装用翻新的轮胎
			检查轮胎外观	轮胎的胎冠、胎壁不得有长度超过 25mm 或深度足以暴露出帘布层的破裂和割伤以及凸起、异物刺入等影响使用的缺陷,具有磨损标志的轮胎,胎冠的磨损不得触及磨损标志;无磨损标志或标志不清的轮胎,乘用车和挂车胎冠花纹深度应不小于 1.6mm;其他车辆的转向轮的胎冠花纹深度应不小于 3.2mm,其余轮胎胎冠花纹深度应不小于 1.6mm
			轮胎换位	根据轮胎磨损情况或相关规定,视情进行轮胎换位
			检查、调整车轮前束	车轮前束值符合规定

续上表

序号	作业项目		作业内容	技术要求
21	行驶系	悬架	检查悬架弹性元件,校紧连接螺栓、螺母	空气弹簧无泄漏、外观无损伤。钢板弹簧无断片、缺片、移位和变形,各部件连接可靠,U形螺栓螺母扭紧力矩符合规定
			减振器	减振器稳固有效,无漏油现象,橡胶垫无松动、变形及分层
22		车桥	检查车桥、车桥与悬架之间的拉杆和导杆	车桥无变形、表面无裂痕、油脂无泄漏,车桥与悬架之间的拉杆和导杆无松旷、移位和变形
23	传动系	离合器	检查离合器工作状况	离合器接合平稳,分离彻底,操作轻便,无异响、打滑、抖动及沉重等现象
			检查、调整离合器踏板自由行程	离合器踏板自由行程符合规定
24		变速器、主减速器、差速器	检查、调整变速器	变速器操纵轻便、挡位准确、无异响、打滑及乱挡等异常现象,主减速器、差速器工作无异响
			检查变速器、主减速器、差速器润滑油液面高度,视情更换	按规定的里程或时间更换润滑油,液面高度符合规定
25		传动轴	检查防尘罩	防尘罩无裂痕、损坏,卡箍连接可靠,支架无松动
			检查传动轴及万向节	传动轴无弯曲,运转无异响,传动轴及万向节无裂损、不松旷
			检查传动轴承及支架	轴承无松旷,支架无缺损和变形
26	灯光导线	前照灯	检查远光灯发光强度,检查、调整前照灯光束照射位置	符合 GB 7258—2017 规定
27		线束及导线	检查发动机舱及其他可视的线束及导线	插接件无松动、接触良好。导线布置整齐、固定牢靠,绝缘层无老化、破损,导线无外露,导线与蓄电池桩头连接牢固,并有绝缘套
28	车架车身	车架和车身	检查车架和车身	车架和车身无变形、断裂及开焊现象,连接可靠,车身周正,发动机罩锁扣锁紧有效,车厢铰链完好,锁扣锁紧可靠,固定集装箱箱体、货物的锁止机构工作正常
			检查车门、车窗启闭和锁止	车门和车窗应启闭正常,锁止可靠。客车动力启闭车门的车内应急开关及安全顶窗机件齐全、完好有效
29		支撑装置	检查、润滑支撑装置,校紧连接螺栓、螺母	完好有效,润滑良好,安装牢固
30		牵引车与挂车连接装置	检查牵引锁及其连接装置	牵引销安装牢固,无损伤、裂纹等缺陷,牵引销颈部磨损量符合规定
			检查、润滑牵引座及牵引销锁止、释放机构,校紧连接螺栓、螺母	牵引座表面油脂均匀,安装牢固,牵引销锁止、释放机构工作可靠
			检查转盘与转盘架	转盘与转盘架贴合面无松旷、偏歪。转盘与牵引连接部件连接牢靠,转盘连接螺栓应紧固,定位销无松旷、无磨损,转盘润滑
			检查牵引钩	牵引钩无裂纹及损伤,锁止、释放机构工作可靠

(8)二级维护竣工检验:汽车在维修企业进行二级维护后,必须进行竣工检验;各项目参数符合国家或行业及地方标准;竣工检验合格的车辆填写维护竣工出厂合格证后方可出厂。检验不合格的车辆应进行进一步的检验、诊断和维护,直到达到维护竣工技术要求为止。二级维护竣工技术要求见表1-2-6。

二级维护竣工技术要求　　　　　　　　　　　　　　　　表1-2-6

序号	检验部位	检验项目	技术要求	检验方法
1	整车	清洁	全车外部、车厢内部及各总成外部清洁	检视
2		紧固	各总成外部螺栓、螺母紧固,锁销齐全有效	检查
3		润滑	全车各个润滑部位的润滑装置齐全,润滑良好	检视
4		密封	全车密封良好,无漏油、无漏液和无漏气现象	检视
5		故障诊断	装有车载诊断系统(OBD)的车辆,无故障信息	检测
6		附属设施	后视镜、灭火器、客车安全锤、安全带、刮水器等齐全完好,功能正常	检视
7	发动机及其附件	发动机工作状况	在正常工作温度状态下,发动机起动三次,成功起动次数不少于两次,柴油机三次停机均应有效,发动机低、中、高速运转稳定,无异响	路试或检视
8		发动机装备	齐全有效	检视
9	制动系	行车制动性能	符合GB 7258—2017规定,道路运输车辆符合GB 18565—2016规定	路试或检测
10		驻车制动性能	符合GB 7258—2017规定	路试或检测
11	转向系	转向机构	转向机构各部件连接可靠、锁止、限位功能正常,转向时无运动干涉,转向轻便、灵活,转向无卡滞现象	检视
			转向节臂、转向器摇臂及横直拉杆无变形、裂纹和拼接现象,球销无裂纹、不松旷,转向器无裂损、无漏油现象	
12		转向盘最大自由转动量	最高设计车速不小于100km/h的车辆,其转向盘的最大自由转动量不大于15°,其他车辆不大于25°	检测
13	行驶系	轮胎	同轴轮胎应为相同的规格和花纹,公路客车(客运班车)、旅游客车、校车和危险品运输车的所有车轮及其他机动车的转向轮不得装用翻新的轮胎,轮胎花纹深度及气压符合规定,轮胎的胎冠、胎壁不得有长度超过25mm或深度足以暴露出帘布层的破裂和割伤以及凸起、异物刺入等影响使用的缺陷	检查、检测
14		转向轮横向侧滑量	符合GB 7258—2017规定,道路运输车辆符合GB 18565—2016规定	检测
15		悬架	空气弹簧无泄漏、外观无损伤,钢板弹簧无断片、缺片、移位和变形,各部件连接可靠,U形螺栓螺母拧紧力矩符合规定	检查
16		减振器	减振器稳固有效,无漏油现象,橡胶垫无松动、变形及分层	检查
17		车桥	无变形、表面无裂痕,密封良好	检视

续上表

序号	检验部位	检验项目	技术要求	检验方法
18	传动系	离合器	离合器接合平稳,分离彻底,操作轻便,无异响、打滑、抖动和沉重等现象	路试
19	传动系	变速器、传动轴、主减速器	变速器操纵轻便、挡位准确,无异响、打滑及乱挡等异常现象,传动轴、主减速器工作无异响	路试
20	牵引连接装置	牵引连接装置和锁止机构	汽车与挂车牵引连接装置连接可靠,锁止、释放机构工作可靠	检查
21	照明、信号指示装置和仪表	前照灯	完好有效,工作正常,性能符合 GB 7258—2017 规定	检视、检测
22	照明、信号指示装置和仪表	信号指示装置	转向灯、制动灯、示廓灯、危险报警灯、雾灯、喇叭、标志灯及反射器等信号指示装置完好有效	检视
23	照明、信号指示装置和仪表	仪表	各类仪表工作正常	检视
24	排放	排气污染物	汽油车采用双怠速法,应符合 GB 18285—2005 规定,柴油车采用自由加速法,应符合 GB 3847—2005 规定	检测

(9)质量保证。

汽车维护质量保证期,自维护竣工出厂之日起计算,一级维护质量保证期为车辆行驶不少于2000km或者10日,二级维护质量保证期为车辆行驶不少于5000km或者30日,以先达到者为准。

5.《汽车制动传动装置修理技术条件》(GB/T 18275—2000)

该标准是汽车制动传动装置修理后应达到的技术要求规范,达到该规范标准就能使修理后制动能量能够顺利有效地提供给制动器,确保制动安全可靠。该标准也是汽车修理行业技术管理的依据。该标准分成《汽车制动传动装置修理技术条件 气压制动》和《汽车制动传动装置修理技术条件 液压制动》两个分标准。

1)《汽车制动传动装置修理技术条件 气压制动》(GB/T 18275.1—2000)

该标准规定了汽车气压传动装置修理的基本技术要求、试验方法和检验规则,适用于汽车气压传动装置的修理。标准未规定的技术要求,应符合原设计规定。汽车气压传动装置修理的基本技术要求,分别包括空气压缩机、整车制动系统密封性等9个方面的技术要求。

(1)空气压缩机的技术要求。

①空气压缩机汽缸体的形位公差应符合原产品的规定。汽缸磨损超过分级修理尺寸时应予镶套。

②空气压缩机汽缸搪磨后的圆度及圆柱度公差应为 0.01mm,表面粗糙度不大于 $Ra0.8\mu m$,汽缸盖、汽缸体结合平面的平面度公差均应为 0.05mm。

③活塞与汽缸、活塞销与活塞销孔及连杆衬套的配合均应符合 JT/T 3101 的有关规定。空气压缩机活塞环开口间隙、侧隙、背隙应符合原产品的规定。

④滚动轴承与曲轴轴颈、连杆轴承与连杆轴颈、滚动轴承与壳体轴承孔的配合均应符合 JT/T 3101 的有关规定。连杆轴颈的圆度公差应为 0.005mm,圆柱度公差应为 0.0075mm。

⑤曲轴装合后的端隙应不大于 0.35mm,与连杆两端配合的端隙不大于 0.25mm,连杆活

塞销承孔与连杆轴承衬套承孔的轴线应在同一平面内,其平行度公差应为0.04mm,在与此平面垂直方向的平行度公差应为0.06mm。

⑥修理后的空气压缩机应按磨合规范进行磨合,磨合后应按原产品规定的技术要求进行检查。当压力为700kPa时,空气压缩机停止运转后,在3min内储气筒的压力下降不应超10kPa。

(2)压力控制器的技术要求。应密封良好,工作可靠,所有弹簧自由长度应不低于规定值,不应有断裂或变形。压力控制器的控制压力,进气、排气压力应符合原产品规定。止回阀不得有回气现象。

(3)油水分离器的技术要求。进气口与各出气口压力应相等。安全阀气压应按原产品规定调整,并作用良好。滤芯必须清洗干净,作用良好,工作可靠;所有阀门及密封垫不得有裂纹、老化现象。

(4)储气筒的技术要求。内部应清洁,无漏气现象,用1300~1500kPa压力作水压试验,不得有变形和渗漏现象。

(5)制动阀的技术要求。

①制动阀零件:膜片及阀门橡胶件不应有变形、裂纹或老化现象,否则,应予以更换;进、排气阀门、阀座如有刮伤、凹痕或磨损过度,应予以更换;如有轻微磨损,应予以研磨修复;制动阀的各弹簧弹力应符合其技术条件,否则,应予以更换;制动阀壳体及阀盖不得有裂纹、变形和缺损,否则,应予以更换。

②制动阀的装配与调整:平衡弹簧的预紧力应符合使用说明书的规定,平衡弹簧装配后,平衡弹簧的两端面应与其中心轴线相垂直,允许误差不超过2°;进气阀装配之前,检查进气阀座与阀杆端部之间的距离,应符合原产品技术要求;排气阀阀壳端面至阀杆端部之间的距离应在4~5mm,阀杆实际工作行程应为1.2~1.7mm;制动阀拉臂的自由行程应调整到1~3mm,制动踏板的最大行程应能保证制动气室的稳定工作气压。

③制动阀密封性能:密封性指数的定义按QC/T 35—2015中的规定;按QC/T 35—2015规定的试验方法试验,制动阀处于解除制动状态,在额定气压下,密封性指数应不大于10kPa;按规定的试验方法试验,制动阀处于全制动状态,在额定气压下,密封性指数应不大于20kPa。

④静特性:静特性应符合设计要求,在特性范围内应能保持随动平衡。其试验方法按QC/T 35—2015的规定;最初平衡气压不得大于50kPa。

(6)制动气室的技术要求。

①制动气室的膜片或活塞密封圈不得有裂纹、变形、油污或老化现象,否则,应予以更换。

②同轴上安装的制动气室弹簧弹力应一致,弹簧自由长度应不低于规定值,弹簧不得有断裂、变形或严重锈蚀等缺陷,否则,应予以更换。

③制动气室的壳与盖,不得有裂纹、凹陷及推杆孔磨损过大现象;固定盖和膜片凸缘接触面平面度公差应为0.2mm。

④活塞式制动气室缸筒内表面应光滑,不允许有刮伤及凹凸不平等缺陷。

⑤当压缩空气(气压表表压力不小于500kPa)充入气室,推杆的行程应达到规定的最大

行程,且左右制动气室动作应同步一致。

⑥制动气室的密封性按 QC/T 35—2015 规定的试验方法,在额定工作压力作用下,保压 5min,膜片式制动气室不得漏气;活塞式制动气室和储能弹簧室的气压下降不大于 10kPa。

(7)制动连接件及制动管路的技术要求。制动连接件不得有裂纹或损伤,制动管路应完好无损,制动软管无裂纹、老化等现象,管路内应清洁。管接头应密封,接头连接螺母及螺纹应完好。管路安装应牢固可靠。

(8)制动踏板的技术要求。制动踏板活动自由,踏板轴不松旷,踏板的衬套和踏板轴的间隙应不大于 0.3mm。制动踏板总成在正常装配和使用条件下,应保证制动灵活、轻便,不得发生阻碍或卡死现象。制动踏板的自由行程应符合原车使用说明书的规定。

(9)整车制动系统密封性的技术要求。

①当气压升至 600kPa,且不使用制动的情况下,停止空气压缩机 3min 后,其气压降低应不大于 10kPa。在气压为 600kPa 的情况下,将制动踏板踩到底,待气压稳定后观察 3min,单车气压降低值不得超过 20kPa;列车气压降低值不得超过 30kPa。

②汽车气压传动装置修理的检验方法是:制动阀密封性试验方法按 QC/T 35—2015 中的规定进行;制动阀静特性试验方法按 QC/T 35—2015 中的规定进行;制动气室密封性试验:向被试制动气室充入额定工作气压,关闭截止阀并开始计时,测量 5min 内的气压下降量。

③检验规则:要求各零部件须经检验合格后,方能出厂或交付使用;修理的空气压缩机应进行磨合试验,达到原厂规定的技术要求后,方能出厂和投入使用;制动阀应逐件进行密封性试验,符合技术要求,方能出厂和投入使用。

④修竣的各部件,经防锈处理后,应存放在通风、干燥、清洁之处。

2)《汽车制动传动装置修理技术条件 液压制动》(GB/T 18275.2—2000)

该标准规定了汽车液压传动装置修理的基本技术要求、试验方法和检验规则,适用于汽车液压传动装置的修理。标准未规定的技术要求,应符合原设计规定。

汽车液压传动装置修理的基本技术要求,分别包括液压制动主缸、轮缸、制动踏板等 9 个方面的技术要求。

(1)液压制动主缸、轮缸的技术要求。

①液压制动主缸活塞与缸筒的配合间隙应符合原产品的规定,在一般情况下超过 0.12mm,应进行修复或更新换件。

②主缸、轮缸的缸筒在活塞行程内的表面粗糙度和活塞外圆柱面表面粗糙度应不大于 $Ra0.8\mu m$。

③主缸、轮缸缸筒和活塞外径公差应符合 GB/T 1801—2009 的规定,轮缸缸筒内孔尺寸公差应按表 1-2-7 选取。

轮缸缸筒内孔尺寸公差　　　　　表 1-2-7

轮缸内孔直径 $D \leqslant 29mm$	H9
轮缸内孔直径 $D > 29mm$	H8

④主缸、轮缸皮碗、皮圈应满足 HG/T 2865—1997 的规定。如果出现磨损或老化现象,应更换。

⑤主缸、轮缸的复位弹簧安装位置应正确,其弹性应符合该弹簧的技术条件。

⑥零件在装配前应清洗干净,总成内部不允许有杂物存在,主缸补偿孔和加油盖的通气孔必须畅通。

⑦主缸、轮缸总成密封性能:当制动液加至储液室最高位置时,在制动过程中主缸总成不得发生渗油、溅油和溢油等现象。按规定的试验方法,在制动回路中建立起最高工作压力,稳定后30s各制动腔压力降不大于0.3MPa。

⑧主缸、轮缸总成耐压性能:按规定的试验方法进行试验,各部位无任何泄漏及异常现象。

(2)真空增压器的技术要求。

①加力缸:加力缸缸壁不应有刮伤、锈蚀及不正常的磨损现象;活塞皮碗或膜片,如有磨损、裂纹、老化等现象应更换;盖端油封、皮碗发胀变形和损坏,应更换新件;推杆不应有磨损、弯曲和锈蚀等现象,如有锈蚀应更换。推杆直线度误差超过0.2mm,应修理或更换。推杆在盖端中心孔内要松紧适度,保持滑动自如;复位弹簧不得有变形或折断,其弹性应符合该弹簧的技术条件。

②增压缸:活塞与缸筒间隙超过0.15mm,应更换新活塞;液压皮圈变形或损坏应更换;活塞顶端球阀密封应良好,不得有斑痕和剥落现象;叉形顶杆若损坏,应更换新件。

③控制阀:活塞皮碗不得有发胀变形,活塞不得有锈蚀,如有损伤,应更换新件;量孔应保持畅通;橡胶膜片和弹簧应完好无损,若有损坏应更换新件,弹簧的技术特性应符合规定;真空阀、空气阀及其阀座,若有损伤应修理或更换新件。

④真空止回阀:应密封良好,各连接部位和橡胶软管不得有漏气现象。

⑤工作特性:真空增压器输入压力值和输出压力值应符合该装置规定的工作特性。

⑥真空密封性:真空增压器真空度达到66.7kPa后,切断真空源,15s内真空度的下降量不得大于3.3kPa;当主缸输出压力为9000kPa时,切断真空源,15s内真空室真空度从66.7kPa处的下降量不应大于3.3kPa。

⑦液压密封性:使增压缸压力值达到9000kPa,踏下踏板后,在15s内压力值下降量应不大于10%,总成各部位不得有渗漏油现象。

⑧按规定的试验方法,15s内真空度下降量应不大于2.7kPa。

(3)真空助力器的技术要求。

①解体后应彻底清洗零件并干燥,检查膜片支承板、柱塞阀、弹簧、控制阀总成、密封圈、橡胶膜片、推杆和阀杆、前后壳体及螺栓等零件,如有损伤或变形,应进行修理或更换。

②真空密封性:非制动状态下按规定的试验方法,15s内真空度下降值不得超过3.3kPa;制动状态下按规定的试验方法,15s内真空度下降值不得超过3.3kPa。

(4)气压增压器的技术要求。

①所有缸筒的表面不应有磨损、刮伤和锈蚀。

②推杆不应有磨损、弯曲、锈蚀等现象。推杆在增压器体中心孔内要松紧适度,保持滑动自如,推杆油封应无损坏。

③所有弹簧不应有永久变形或折断,否则应更换。出油阀应保持密封,损坏应更换。

④增压缸活塞顶端球阀与阀座不应刮伤、磨损;进气阀及座不得有损坏或凸凹不平现象。

⑤空气滤清器应畅通,滤网清洁,如损坏应更换。
⑥气压增压器修理后,其输入液压—压缩空气压力—输出液压特性应符合原产品规定。
⑦气密性检查:检查加力气室皮碗、各阀门、连接头、管路不得有漏气现象。
⑧油密性检查:检查推杆油封、增压缸皮碗和控制液压缸皮碗不得有漏油现象。

(5)气压加力器的技术要求。
①主缸壳体不应有任何损坏或裂纹。
②主缸浮动支承体的密封圈不得损坏。
③主缸卡簧不得损坏,并和其槽配合正确,保证有效锁止活塞。
④主缸浮动支承体和气压加力器活塞的弹簧如软弱或折断,应予以更换。弹簧的特性应符合原产品规定。
⑤加力器活塞密封圈、壳体和管接头不得损坏,否则,应更换。
⑥缸体内表面不应有刮伤、锈蚀和不正常磨损现象。
⑦气密性检查:检查加力气室、各阀门、连接头、管路不得有漏气现象。
⑧油密性检查:检查液压系统的密封性,不得有漏油现象。

(6)添加制动液的技术要求。应符合原车要求的品牌,制动液应清洁,防止混入杂质和水分。

(7)液压制动传动装置装车后的技术要求。应排除液压系统中的空气,各连接管路和接头不得有泄漏现象。

(8)制动踏板的自由行程的技术要求。应符合原车使用说明书的规定。

(9)制动踏板的技术要求。活动自由,踏板轴不松旷,踏板的衬套和踏板轴的间隙应不大于0.3mm。制动踏板总成在正常装配和使用条件下,应保证制动灵活、轻便,不得发生阻碍或卡死现象。

(10)液压传动装置修理检验要求。
①汽车液压传动装置修理的检验方法是:主缸、轮缸密封性试验,要将主缸的排液孔与轮缸连接,按规定向主缸、轮缸、储液室内注满制动液,排净系统中的空气,推动活塞,在制动腔中建立起最高工作压力,稳定后保持推杆位置不变,30s后记录压力降;主缸、轮缸耐压性能试验要用前述的试验装置,缓慢地推进活塞,经过15s±5s在制动腔内建立起最高工作压力的130%,保持推杆位置不变,5s后记录压力降;真空增压器止回阀密封性试验:要在止回阀通向真空增压器的一侧,接一个大于250cm³的密封容器,另一端与真空源相通。当容器真空度达到66.7kPa后,切断真空来源,记录15s内真空度下降值;真空助力器真空密封性试验:在非制动状态下真空密封性试验要起动发动机,当真空表读数达到66.7kPa时,使发动机熄火,记录15s内真空度的下降值;在制动状态下真空密封性试验要在发动机运转情况下,踏下制动踏板,当真空表读数达到66.7kPa时,发动机熄火,记录15s内真空度的下降值。

②汽车液压传动装置修理的检验规则是:各零部件须经检验合格后,方能出厂或交付使用;修理后的主缸、轮缸总成应按规定方法进行密封性试验,达到规定的技术要求,同时,应按规定的方法进行耐压试验,达到规定的技术要求,方能出厂和投入使用;修理后的真空增压器达到规定的技术性能要求,其止回阀应按规定的方法试验,达到规定的技术要求,方能

出厂和投入使用;修理后的真空助力器总成应按规定的方法进行真空密封性试验,达到规定的技术要求,方能出厂和投入使用;修理后的气压增压器应达到规定的技术要求,方能出厂和投入使用;修理后的气压加力器应达到规定的技术要求,方能出厂和投入使用。

③修复后的各部件,经防锈处理后,应存放在通风、干燥、清洁之处。

6.《汽车大修竣工出厂技术条件》(GB/T 3798—2005)

该标准适用于大修竣工出厂的载客和载货汽车,分两部分,第一部分适用于载客汽车,第二部分适用于载货汽车,规定了汽车大修竣工出厂的技术要求及质量保证要求。

1)《汽车大修竣工出厂技术条件第 1 部分:载客汽车》(GB/T 3798.1—2005)

载客汽车是指在设计和技术特性上用于载运乘客及其随身行李的,包括驾驶员座位在内座位数超过 9 座的汽车。标准按技术要求和质量保证两个方面,规定了其大修竣工的技术条件。

(1)汽车大修竣工出厂的技术要求。该要求又分为基本要求和各总成机构要求。基本要求含从外观到结构共 14 个方面的要求,分别是:

①整车外观应整洁、完好、周正,附属设施及装备应齐全、有效。

②主要结构参数应符合原设计规定,由修理改变的整备质量,不得超过新车出厂额定值的 3%。

③左右轴距差不得大于原设计轴距的 1/1000。

④各部运行温度正常,各处无漏油、漏水、漏电、漏气现象。

⑤各仪表运行正常,指示正确。

⑥发动机、底盘等各总成均应按原设计规定喷(涂)漆。

⑦润滑及其他工作介质的使用要求:各滑脂(油)嘴应装配齐全、功能有效,各总成应按原设计规定加足润滑剂,动力转向装置、变速器、分动器、主减速器、液力传动装置、发动机冷却系统、气压制动装置、防冻装置、液压制动装置、空调制冷剂、风窗清洗装置等均应按原设计要求,加注规定品质与数量的介质。

⑧各总成与车架连接部位的支撑座、垫应齐全,稳定可靠。

⑨全车所有螺栓、螺母应装备齐全,锁止可靠。关键部位螺栓、螺母的拧紧顺序和力矩应符合原制造厂维修技术要求。

⑩一般紧固件应牢固可靠,不得有松动、缺损现象。一次性锁止螺栓不得重复使用。

⑪各铆接件的结合面应贴合紧密,铆钉应充满钉孔、无松动,铆钉头不应有裂纹、缺损或残缺现象,不得用螺栓连接代替铆钉。

⑫各焊接部位应按规律焊接,焊缝应平稳、光滑,不应有夹渣、裂纹等焊接缺陷。

⑬影响汽车行驶安全的转向系、制动系和行驶系的关键零部件,不得使用修复件。

⑭对有关悬架减振系统的大修作业,不应改变其原车的平稳性能指标。

各总成机构要求含发动机、转向操纵机构、传动机构、行走机构、制动机构、车身和车架、照明和信号装置及其他电气设备、主要性能指标要求八个方面。

①发动机:发动机应符合 GB/T 3799.1—2005 和 GB/T 3799.2—2005 的规定。

②转向操纵机构:转向盘应转动灵活、操纵轻便,无异响,无偏重或卡滞现象。转向机构各部件在汽车转向过程中不得与其他部件相干涉;转向盘应能自动回正,具有稳定的直线行

驶能力。在平坦的道路上行驶不得有摆振或其他异常现象,曲线行驶时不得出现过度转向;转向盘的最大自由转动量,应符合 GB 7258—2017 中有关条款的要求;汽车转向轮的横向侧滑量,应符合 GB 7258—2017 中有关条款要求;车轮定位、最大转向角应符合原设计规定;转向节及臂,转向横、直拉杆及球销应无裂纹和损伤,并且球销不得松旷,横、直拉杆不得拼焊。

③传动机构:离合器接合平稳、分离彻底、操作轻便、工作可靠,不得有异响、打滑或发抖现象;踏板力不大于 300N;离合器踏板的自由行程、有效行程应符合原设计规定,动作时不应与其他非相关件发生干涉,放松踏板能迅速回位;衬套与轴的配合应符合原制造厂维修技术要求;手动变速器及分动器应换挡轻便、准确可靠,互锁和自锁装置有效,不得有乱挡和自行跳挡现象,运行中无异响,正常情况下不过热;自动变速器的操纵装置除位于 P、N 外的任何挡位,发动机均应不能起动;当位于 P 挡时,应有驻车锁止功能;车辆行驶中能按规定的换挡点进行升、降挡;换挡平顺、不打滑,无冲击、无异响,正常情况下不过热;传动轴及中间轴承应正常工作,无松旷、抖动、异响及过热现象;装备有缓速器的车辆,缓速器应作用正常有效,缓速率应符合原设计要求;主减速器、差速器和轮边转速器应正常工作,无异响,正常工况下不过热。

④行走机构:车轮总成的横向摆动量和径向跳动量应符合 GB 7258—2017 中有关条款的要求;最大设计车速不小于 100km/h 的汽车,车轮应进行动平衡试验,其动不平衡质量应不大于 10g;汽车装用的轮胎应与其最大设计车速相适应,轮胎胎冠和胎侧不得有足以暴露出轮胎帘布层的破裂和割伤,轮胎胎冠上的花纹深度应符合 GB 7258—2017 中有关条款的要求,同轴上装用的轮胎型号、品种、花纹应一致;汽车转向轮不得装用翻新轮胎,轮胎气压应符合原设计规定;用滚型工艺制作的轮辋损坏后必须换装相同的轮辋;转向节与衬套的配合及轮毂轴承预紧度应符合原制造厂维修技术要求;非独立悬架式车辆,转向节与衬套的配合,轴颈与轴承的配合,轴承预紧度调整符合原制造厂维修技术要求,无异响,正常工况下不发热;减振器、钢板弹簧,作用良好、有效,无异响,各部连接杆件不松旷;独立悬架式车辆,转向节上下球销不松旷;轴承与轴颈的配合,轴承预紧度调整符合原制造厂维修技术要求,无异响,正常工况下不发热;减振弹簧、扭杆弹簧、气囊弹簧、减振器,作用正常有效,无异响;各部连接杆件衬套、球销、垫片,齐全不松旷。

⑤制动机构:汽车在行驶中无自行制动现象;采用气压制动的汽车,制动系统的装备及其性能应符合 GB 7258—2017 中有关条款的规定,制动系装备的比例阀、限压阀、感载阀、惯性阀或制动防抱死装置,应工作正常有效;装有排气制动的柴油车,当排气制动装置关闭 3/4 行程时,联动机构应使喷油泵完全停止供油;而当排气制动装置开启时,又能正常供油;制动踏板的自由行程、有效行程应符合原设计规定,动作时不应与其他非相关件发生干涉,放松踏板能迅速回位;衬套与轴的配合应符合原制造厂维修技术要求;采用液压制动的汽车踏板行程应符合 GB 7258—2017 中有关条款的规定;驻车制动操纵杆的有效行程应符合原设计规定,动作时不应与其他非相关件发生干涉,衬套与轴的配合应符合原制造厂维修技术要求。

⑥车身、车架:车身应符合 GB/T 5336—2005 的规定;车身、保险杠及翼子板左右对称,各对称部位离地面高度差不大于 10mm。

⑦照明和信号装置及其他电气设备:全车电气线路应布置合理、连接正确;线束包扎良

好、牢固可靠,线束通过孔洞处应有防护设施,且距离排气管不小于300mm;导线规格及线色符合规定,接头牢固、良好;熔断丝、熔断线及继电器的使用应符合原设计规定;裸露的电气接头及电气开关应距燃油箱的加油口和通气口200mm以上;灯光、信号、电气设备等及其控制装置应齐全有效,各元器件性能良好,工作正常,符合原设计要求;前照灯光束的照射位置和发光强度应符合GB 18565—2016中有关条款的规定;装备有空调系统的载客汽车空调性能应符合原设计要求,装备有其他与制动、行车安全有关的电子控制系统的元器件,应按原设计装备齐全,监控有效、正常,电子控制装置(ECU)应无故障码显示;蓄电池外观应整洁、安装牢固、桩头完好、正负极标志分明,桩卡头及搭铁线连接牢实;电解液密度、液面高度及电压差应符合规定。

⑧主要性能指标要求:主要性能是指动力性、经济性等指标要求。

a. 动力性要求:台架测试汽车额定转矩转速下的驱动轮输出功率应符合GB/T 18276—2017的规定。环境温度在288~303K(15~30℃)范围内,海拔变化后,驱动轮输出功率可按式(1-2-1)进行修正:

$$P_{修正} = \frac{P_{输出}}{k} \tag{1-2-1}$$

式中:$P_{修正}$——修正功率,kW;

$P_{输出}$——驱动轮输出功率,kW;

k——不同海拔输出功率修正系数,见表1-2-8。

不同海拔的输出功率修正系数　　　　　　　　　表1-2-8

海拔(m)	1000	2000	3000	4000	5000
汽油机修正系数 k	0.87	0.77	0.67	0.57	0.47
柴油机修正系数 k	0.93	0.85	0.77	0.69	0.61

b. 经济性要求:汽车大修走合期满后,每百公里燃料消耗量不得大于该车型原设计规定的相应车速等速百公里燃料消耗量的105%。

c. 排放性能要求:各种排放控制装置应齐全、有效,汽车的排放指标应符合国家标准的要求。

d. 制动性能要求:试验台或道路检验制动性能,应符合GB 18565—2016中有关条款的规定;制动系装有比例阀、限压阀、感载阀、惯性阀或制动防抱死装置的,在试验台上达不到规定制动力的车辆,应以满载路试的检验结果为准。装用ABS的汽车的制动性能应符合国家标准的规定。

e. 滑行性能要求:滑行性能应符合GB 18565—2016中有关条款的规定。

f. 转向轻便性要求:转向轻便性应符合GB 18565—2016中有关条款的规定。

g. 汽车噪声要求:车内噪声应符合GB 7258—2017的有关规定。车外噪声应符合GB 1495—2002的有关规定。

h. 喇叭声级要求:应符合GB 7258—2017的有关规定。

(2)质量保证技术要求。

①大修竣工出厂的汽车,经检验合格,应签发"汽车大修出厂合格证"及有关技术文件。

②承修单位对大修竣工的汽车应给予质量保证,质量保证期自出厂之日起,不少于半年

或行驶里程不少20000km(以先到者为准)。

2)《汽车大修竣工出厂技术条件 第2部分:载货汽车》(GB/T 3798.2—2005)

载货汽车是指在设计和技术特性上主要用于运送货物的汽车。标准按技术要求和质量保证两个方面,规定了其大修竣工的技术条件。从外观到结构共13个方面的要求,分别是:

(1)整车外观应整洁、完好、周正,附属设施及装备应齐全、有效。

(2)主要结构参数应符合原设计规定,由修理改变的整备质量,不得超过新车出厂额定值的3%。

(3)左右轴距差不得大于原设计轴距的1/1000。

(4)各部分运行温度正常,各处无漏油、漏水、漏电、漏气现象。

(5)各仪表运行正常,指示正确。

(6)发动机、底盘等各总成均应按原设计规定喷(涂)漆。

(7)润滑及其他工作介质的使用要求:各滑脂(油)嘴应装配齐全、功能有效,各总成应按原设计规定加足润滑剂;动力转向装置、变速器、分动器、主减速器、液力传动装置、发动机冷却系统、气压制动防冻装置、液压制动装置、空调制冷剂、风窗清洗装置等均应按原设计要求,加注规定品质与数量的介质。

(8)各总成与车架连接部位的支撑座、垫应齐全,固定可靠。

(9)全车所有螺栓、螺母应装配齐全,锁止可靠,关键部位螺栓、螺母的拧紧顺序和力矩应符合原制造厂维修技术要求。

(10)一般紧固件应牢固可靠,不得有松动、缺损现象。一次性锁止螺栓不得重复使用。

(11)各铆接件的结合面应贴合紧密,铆钉应充满钉孔、无松动,铆钉头不能有裂纹、缺损或残缺现象,不得用螺栓连接代替铆接。

(12)各焊接部位应按规定焊接,焊缝应平整、光滑,不应有夹渣、裂纹等焊接缺陷。

(13)影响汽车行驶安全的转向系、制动系和行驶系的关键零部件,不得使用修复件。

7.《商用汽车发动机大修竣工出厂技术条件》(GB/T 3799—2005)

该标准共分两部分,第一部分适用于汽油发动机,第二部分适用于柴油发动机。该标准规定了商用汽车汽油和柴油发动机(往复活塞式)大修竣工出厂的技术要求、质量保证和包装要求。

1)适用于汽油发动机的技术条件

标准从技术要求、质量保证和包装三个方面规定了技术条件。

(1)技术要求。

发动机外观:发动机的外观应整洁、无油污,发动机外表应按规定喷漆,漆层应牢固,不得有起泡、剥落和漏喷现象;发动机点火、燃料供给、润滑、冷却和进排气等系统的附件应齐全,安装正确、牢固;发动机各部分应密封良好,不得有漏油、漏水、漏气现象;电器部分应安装正确、绝缘良好。

发动机装备:外购的零部件和附件均应符合其制造或修理技术要求;修复的零部件装配前应经检验,其性能达到规定的技术要求。主要零部件汽缸体和汽缸盖、曲轴、凸轮轴等如进行修理,应满足原制造厂维修技术要求或JT/T 104、JT/T 105和JT/T 106的要求;发动机应按装配工艺要求装配齐全;装配过程中应按要求进行过程检验,过程检验合格后再进行下一步装配;装配后的发动机应按原设计规定加注润滑油、润滑脂、冷却液;带有增压或中冷增压的发动机,增压装置应按原厂规定进行装配和检验,增压器工作应正常,转速应达到原设计规定;具有增压器旁通管道控制的发动机,旁通管道的开启与关闭应灵活可靠,开启及关闭的转速应符合原设计规定;对原设计规定需加装限速装置的发动机,维修人员应对限速装置作相应调整并加铅封。限速装置宜在发动机走合期满进行首次维护后拆除;电子控制燃油喷射系统装置应齐全有效;装配后的发动机如需进行冷磨、热试,应按工艺要求和技术条件进行冷磨、热试、清洗,并更换润滑油、机油滤清器或滤芯。原设计有特殊规定的按相应规定进行。

对发动机性能方面的要求共 11 个。

①发动机运转状况及检查要求:发动机在各种工况下运转应稳定,不得有过热现象;不应有异常响声;突然改变工况时,应过渡圆滑,不得有突爆、回火、放炮等异常现象。

②起动性能要求:按《汽车发动机性能试验方法》(GB/T 18297—2001)中的检验方法进行检验。发动机在正常环境温度和低温 255K(−18℃)时,都能顺利起动。允许起动 3 次。

③怠速运转性能要求:在正常工作温度下,发动机怠速运转稳定,其怠速转速应符合原设计规定,并能保证向其他工况圆滑过渡。

④进气歧管真空度在正常工作温度和标准状态下要求:发动机怠速运转时,进气歧管真空度符合原设计规定,其波动范围:6 缸汽油发动机一般不超过 3kPa;4 缸汽油发动机一般不超过 5kPa。

⑤增压发动机的增压压力及温度要求:增压发动机的增压压力及温度应符合原设计规定。

⑥机油压力要求:在规定转速下,发动机润滑系统工作正常,机油压力和机油温度应符合原制造厂维修技术要求,警示装置可靠有效。

⑦额定功率和最大转矩要求:按 GB/T 18297—2001 中的检验方法进行检验。在标准状态下,发动机额定功率和最大转矩不得低于原设计标定值的 90%。环境温度在 288～303K(15～30℃)范围内,海拔变化后,发动机额定功率可按式(1-2-2)进行修正。

$$P_{修正} = \frac{P_{实测}}{k} \qquad (1\text{-}2\text{-}2)$$

式中:$P_{修正}$——修正功率,kW;

$P_{实测}$——实测功率,kW;

k——不同海拔额定功率、最大转矩修正系数,见表 1-2-9。

不同海拔额定功率、最大转矩修正系数　　　　表 1-2-9

海拔(m)	1000	2000	3000	4000	5000
修正系数 k	0.87	0.77	0.67	0.57	0.47

最大转矩的修正方法、修正系数与额定功率的修正方法、修正系数相同。

⑧最低燃料消耗率和机油消耗量要求:按 GB/T 18297—2001 中的检验方法进行检验。最低燃料消耗率不得大于原设计标定值的 105%;机油消耗量符合原设计规定。

⑨排放性能要求:发动机排放装置应齐全有效,排放污染物限值应符合国家有关标准的规定。

⑩噪声要求:发动机的噪声应符合国家有关标准的规定。

⑪电子控制燃油喷射系统要求:电子控制燃油喷射系统技术参数与性能应符合原制造厂维修技术要求。

(2)质量保证要求。

①承修单位应按要求对修竣发动机额定功率、最大转矩、燃料经济性进行检验,并达到本部分相应条款规定的要求。

②发动机在装配过程中,要根据工艺要求进行过程检验并保持记录,过程检验合格的发动机进行下一步装配,装配完成后进行竣工检验,经竣工检验合格的发动机应签发合格证,并提供必要的技术文件。

③发动机维修技术资料应归档管理,包括发动机型号、编号、送修单位及送修人、维修过程中的更换件、维修部位、工时、人员、检验结果、判定依据和维修日期等。

④承修单位对大修竣工出厂的发动机应给予质量保证,质量保证期自竣工之日起,不少于半年或行驶里程为20000km(以先到者为准)。送修方应按技术文件要求进行使用和维护。

(3)包装要求。

如送修方提出包装要求,承修单位应对发动机进行包装并填写装箱单;发动机包装前应放掉润滑油和冷却液,并堵封好外露通孔;包装应牢固,有防潮防锈措施;外包装上注明有关名称、型号、送修和承修单位、日期、注意事项等信息。

2)适用于柴油发动机的技术条件

标准从技术要求、质量保证和包装三个方面规定了技术条件。

(1)技术要求。

发动机外观要求:发动机的外观应整洁,无油污,发动机外表应按规定喷漆,漆层应牢固,不得有起泡、剥落和漏喷现象;发动机辅助起动、燃料供给、润滑、冷却和进排气系统的附件应齐全,安装正确、牢固;发动机各部位应密封良好,不得有漏油、漏水、漏气现象;电器部分应安装正确、绝缘良好。

发动机装备要求:外购的零部件和附件均应符合其制造或修理技术要求;修复的零部件装配前应经检验,其性能应达到规定的技术要求,主要零部件汽缸体和汽缸盖、曲轴、凸轮轴等如进行修理,应满足原制造厂维修技术要求或JT/T 104、JT/T 105和JT/T 106的要求;发动机应按装配工艺要求装配齐全;装配过程中应按要求进行过程检验,过程检验合格后再进行下一步装配;装配后的发动机应按原设计规定加注润滑油、润滑脂、冷却液;发动机装置的排气制动装置应可靠有效;喷油泵、喷油器、调速器均应进行调试、检测,其性能指标符合原制造厂维修技术要求;带有增压或中冷增压的发动机,增压装置应按原厂规定进行装配和检验,增压器工作应正常,转速应达到原设计规定;具有增压器旁通管道控制的发动机,旁通管道的开启与关闭应灵活可靠,开启及关闭的转速应符合原设计规定;对原设计规定需加装限速装置的发动机,维修人员应对限速装置作相应调整并加铅封。限速装置宜在发动机走合期满进行首次维护后拆除;电子控制燃油喷射系统装置应齐全有效;装配后的发动机如需进行冷磨、热试,应按工艺要求和技术条件进行冷磨、热试、清洗,并更换润滑油、机油滤清器或滤芯,原设计有特殊规定的按相应规定进行。

对发动机性能方面的要求共11个。

①发动机运转状况及检查要求:发动机在各种工况下运转应稳定,不得有过热和异常燃烧、爆震等现象,不应有异常响声;改变工况时应过渡平稳;当发动机转速超过额定转速时,断油控制装置正常有效,紧急停机装置在发动机整个运转过程中可靠有效,不得出现失控现象。

②起动性能要求:按 GB/T 18297—2001 中的检验方法进行检验;发动机在正常环境温度和低温 263K(-10℃)时,都能顺利起动。允许起动 3 次。

③怠速运转性能要求:在正常环境温度条件下,发动机怠速运转稳定,怠速转速应符合原设计规定,并能保证向其他工况圆滑过渡。

④增压发动机的增压压力及温度要求:增压发动机的增压压力及温度应符合原设计规定。

⑤调速率要求:按 GB/T 18297—2001 中的检验方法进行检验;柴油发动机稳定调速率应符合原设计规定。

⑥机油压力要求:在规定转速下,发动机润滑系统工作正常,机油压力和机油温度应符合原制造厂维修技术要求,警示装置可靠有效。

⑦额定功率和最大转矩要求:按 GB/T 18297—2001 中的检验方法进行检验。在标准状态下,发动机额定功率和最大转矩不得低于原设计标定值的 90%。环境温度在 288~303K(15~30℃)范围内,海拔变化后,发动机额定功率可按式(1-2-3)进行修正。

$$P_{修正} = \frac{P_{实测}}{k} \quad (1-2-3)$$

式中:$P_{修正}$——修正功率,kW;

$P_{实测}$——实测功率,kW;

k——不同海拔额定功率、最大转矩修正系数,见表 1-2-10。

不同海拔额定功率、最大转矩修正系数　　　　表 1-2-10

海拔(m)	1000	2000	3000	4000	5000
修正系数 k	0.93	0.85	0.77	0.69	0.61

最大转矩的修正方法、修正系数与额定功率的修正方法、修正系数相同。

⑧最低燃料消耗率和机油消耗量要求:按 GB/T 18297—2001 中的检验方法进行检验;最低燃料消耗率不得大于原设计标定值的 105%;机油消耗量符合原设计规定。

⑨排放性能要求:发动机排放装置齐全有效,排放污染物限值应符合国家有关标准的要求。

⑩噪声要求:发动机的噪声应符合国家有关标准的要求。

⑪电子控制燃油喷射系统要求:电子控制燃油喷射系统技术参数与性能应符合原制造厂维修技术要求。

(2)质量保证的要求。

①承修单位应按要求对修竣发动机额定功率、最大转矩、燃料经济性进行检验,并达到本部分相应条款规定的要求。

②发动机在装配过程中,要根据工艺要求进行过程检验并保持记录,过程检验合格的发动机进行下一步装配,装配完成后进行竣工检验,经竣工检验合格的发动机应签发合格证,

并提供必要的技术文件。

③发动机维修技术资料应归档管理，包括发动机型号、编号、送修单位及送修人、维修过程中的更换件、维修部位、工时、人员、检验结果、判定依据和维修日期等。发动机维修、检验记录文件按规定办理。

④承修单位对大修竣工出厂的发动机应给予质量保证，质量保证期自竣工出厂之日起，不少于半年或行驶里程为20000km（以先到者为准）。送修方应按技术文件要求进行使用和维护。

（3）包装的要求。如送修方提出包装要求，承修单位应对发动机进行包装并填写装箱单。发动机包装前应放掉润滑油和冷却液，并堵封好外露通孔；包装应牢固，有防潮防锈措施；外包装上注明有关名称、型号、送修和承修单位、日期、注意事项等信息。

8.《大客车车身修理技术条件》(GB/T 5336—2005)

该标准适用于国产大客车车身的修理。标准从修理技术要求、竣工检验和保证期三项要求，规定了对国产大客车车身的修理技术条件。

1）修理技术要求

按骨架、内外蒙皮等7个方面划分。

（1）骨架要求：骨架各构件局部损伤、断裂或严重锈蚀时，允许加固修复或更换新件，更新件应符合原设计要求；立柱下端锈蚀面积与其总面积之比达1/3以上者必须局部截换，除上述损坏外并有断裂者，应整件更新；前后风窗框整形后用样板检验，止口弧度，其面轮廓度公差值为4mm；止口高度符合原设计要求；无骨架的风窗框，允许分段挖补；乘客门框对角线长度差，不大于6mm；驾驶员门框用样板检查，其线轮廓度公差值为4mm；顶横梁弧度分三段用样板检查，其面轮廓度公差值为4mm。检查用样板的重叠长度必须超过检查部位长度的100mm以上，以保证三段接合圆顺；底架上平面的平面度公差不大于被测平面总长度的1.5%；半承载式车身底架的修理，参照《汽车车架修理技术条件》(GB 3800—1983)中有关规定执行；各装置支架应无脱焊、裂损，装置牢固；骨架整形后，外形平整、曲面衔接变化均匀，侧窗下沿及地板围衬处用样板检查，其面轮廓度公差值为4mm；立柱间距公差及相邻两侧框架间距累积公差均应符合原设计要求；侧窗框对角线长度差不大于3mm；车身横断面框架（龙门框架）对角线长度差不大于8mm。

（2）内外蒙皮要求：外蒙皮外表平整，外形曲面过渡均匀，无裂损。所有铆钉或螺钉应平贴紧固，排列整齐，间距均匀；内顶板、内侧板应平整，曲面过渡均匀，无凸凹变形、裂损、皱叠、刮痕，压条与各板之间应密合牢固，其面轮廓度公差值为1.5mm；内围板应无锈蚀、裂损、翘曲。

（3）车身内外附件要求：地板应密合，不进灰尘，表面平整，排列均匀，木质地板应予干燥、防腐处理；驾驶区地板无裂损、安装严密、平伏，与各操作件不碰擦，各种操作机构与地板穿孔处应安装防尘罩或防尘垫；座椅架无裂损、变形及严重锈蚀，安装牢固，排列整齐，间距符合原车设计规定；驾驶员座椅能调节，机构灵活有效，锁止牢靠，坐垫、靠背缝制均匀牢固，色调一致；散热器防护罩应恢复原状，安装牢固；发动机罩无裂损、凹瘪变形，安装严密，边盖板应平整，附件齐全有效；行李架、尾梯应无裂损、扭曲，安装牢固；前、后风窗、侧窗、角窗及顶风窗无翘曲变形和渗水现象，启闭轻便，灵活可靠，关闭严密，窗玻璃完整，前风窗玻璃不炫目；铰接车车身铰接装置、连接机构牢固、灵活，十字轴、铰接机构球头销应探伤检查，各配合件应符合原车技术要求；铰接机构的安全装置必须符合原设计要求；半圆板无翘曲、锈蚀及严重磨损,铰链完好,半圆板与月形板之间最大间隙不大于6mm;篷骨无锈蚀、断裂、扭曲,折篷应换新,安装平伏牢固,防尘装置应齐全、完好,吊架控距弹簧安装适中、可靠,有防锈、防尘措施;门泵托板牢固,罩盖无翘曲,铰链灵活,锁止后不振响。门泵连动机构动作正常、柔和,在气压400~500kPa(4~5kgf/cm²)情况下,能正常开关;售票台及踏脚板应无裂损、锈蚀、凹瘪变形等缺陷,装置牢固;刮水器工作可靠,有效刮面达到原设计要求;遮阳板无翘曲、裂损,板面清洁,支架松紧适宜,作用良好;后视镜成像清晰,调节灵活,支架无断损及严重锈蚀,装置牢固;摇窗机升降灵活,锁止可靠,行程符合要求;扶手杆及托座(包括三通)无锈蚀、弯曲、松动,表面光洁;散热器百叶窗及调节机构,操作灵活,关闭严密,开启达90°;仪表板无裂损、凹瘪、松动,仪表齐全,各开关、指示灯完好,刻度清晰,标志分明,灭火器完好可靠,装置牢固;燃油箱安装牢固,支架、夹箍与油箱之间应装衬垫,不允许有摩擦或碰撞现象。出油管不松动,放油螺塞无渗油现象;保险杆左右对称,不歪斜,安装牢固;车身玻璃钢制件局部损裂允许用玻璃钢材料修复;无轨电车控制器箱盖、斩波器箱盖、断电器罩及高压线罩壳等应无破损、凹瘪变形等缺陷,附件应齐全,作用有效,装置牢固;无轨电车集电座角钢架、垫架及垫架罩与车顶安装牢固,次级绝缘完整;无轨电车乘客门扶手绝缘套及踏脚板绝缘垫应完好;无轨电车乘客门应接"Y"形接地链条,开启后不少于二节接地,关闭后不接地;驾驶员门和乘客门开闭灵活,锁止可靠,密封胶条齐全有效。

(4)铆接与焊接要求:铆接应坚实牢固,所有铆钉应无歪斜、压伤、头部残缺等现象;蒙皮铆钉排列平直整齐,间隔均匀,位置度公差值为$\phi 4mm$;焊接车身骨架应采用气体保护焊接;采用手工电弧焊时,焊前应清除需焊表面的油污、铁锈,有关焊条选择应符合现行国家标准的规定;焊缝表面平整,高低一致,宽度均匀,焊波细密;焊缝表面不准有咬边、弧坑、烧穿、未焊透、夹渣、裂纹、焊瘤等缺陷。

(5)油漆要求:车身骨架、底架及蒙皮内表面应进行除锈及防锈防腐处理;对可利用的旧外蒙皮、零部件,涂漆前应清除旧漆皮、腻子、底漆及铁锈;对换用的新板料,零部件,应彻底清除油污及铁锈;腻子打磨后,要求平整光滑,无磨痕及划痕;面漆应无变色、流痕、污点,色泽光亮,异色边界应分明整齐,表面漆膜应结合牢固,无脱层、龟裂、起泡、皱纹;对油漆涂层的质量要求应符合《汽车油漆涂层》(QC/T 484—1999)的有关规定;不需涂漆的零部件部位,不应有漆痕。

(6)内外装饰件要求:车身内外装饰件,外观应平顺贴合,无凹陷、隆起或弯曲,拐弯处圆顺服贴,表面不得有划痕、锤击印等。紧固件排列整齐,装置牢固;外装饰带与蒙皮贴合良好,平直圆顺,分段接口处平齐,接口间隙不大于0.50mm,并与窗下沿平行,其平行度公差在全长上不大于5mm;车身电镀装饰件应光亮,无锈斑、脱层、划痕;车身铝质装饰件应进行表面抛光、氧化或电化学处理;

(7)电器要求:车身电气设备及线路安装,应符合原设计要求,不允许有短路、断路现象,安装牢固,工作正常;各仪表、车内外照明灯、信号装置、各调节控制装置和电气设备齐全完好,工作有效;车身外部照明位置和光色符合《汽车及挂车的外部照明和信号装置的数量、位置和光色》(GB 4785—2007)的规定;低压线外表绝缘层无老化、破损,车身穿线孔处必须装有护线圈、塑料套管带,包扎紧密,固定牢靠;无轨电车低压接线板、接线箱及配电箱应清洁完好,工作有效;无轨电车控制屏、主令控制器、空气断路器、气压控制开关等设备的次级绝缘,如有破损、变质及装置不符合要求应予更换。

2)竣工检验要求

(1)车身外观整洁,装备齐全,表面无污垢、漏漆及机械损伤。

(2)外形尺寸符合原设计规定。

(3)整备质量及各轴负荷分配的最大值所增加的质量不得超过原设计质量的3%。

(4)各操纵机构的安装应符合原设计规定,各部连接牢固,密封良好,操纵灵活有效,无相互干扰碰撞现象。

(5)车厢不漏水,顶风窗开启到位,关闭严密,行车时不自行落下。

(6)车辆行驶时蒙皮不允许有抖动声。

(7)车窗玻璃清洁、完整、不松动,可开窗应启闭灵活,锁止可靠。

(8)电气设备及各种仪表运行工作正常。

(9)车厢应具有良好的防尘性能,当车外空气含尘量不低于200mg/m³时,车内的空气最大含尘量不大于车外空气含尘量的25%。

(10)电车总绝缘要求,在确保乘客安全前提下,各地应根据具体情况自行规定,报上级主管部门批准执行。

3)保证期要求

在正常使用情况下,按《汽车大修竣工出厂技术条件 第1部分:载客汽车》(GB/T 3798.1—2005)和《汽车大修竣工出厂技术条件 第2部分:载货汽车》(GB/T 3798.2—2005)规定执行。

9.《道路运输车辆综合性能要求和检验方法》(GB 18565—2016)

本标准规定了申请从事道路运输车辆和在用道路运输车辆的技术要求,以及在用道路运输车辆的检验方法。本标准适用于申请从事道路运输经营的车辆和正在从事道路运输经营的车辆,从事驾驶员教学等道路运输相关业务的车辆可参照执行。

1)申请从事道路运输车辆的技术要求

(1)结构要求。

①申请从事道路运输的车辆应符合 GB 1589—2016 的规定。

②客车的上部结构强度应符合 GB 17578—2013 的规定。

③货车驾驶室的强度和安装强度应满足 GB 26512—2011 的要求。

④货车均应在驾驶室(区)两侧喷涂总质量(半挂牵引车为最大允许牵引质量)。其中,栏板货车和自卸车还应在驾驶室两侧喷涂栏板高度,栏板挂车应在车厢两侧喷涂栏板高度。罐式汽车和罐式挂车还应在罐体上喷涂罐体容积和允许装运货物的种类。

⑤客车座椅及其车辆固定件的强度应符合 GB 13057—2014 的规定。

⑥客车的所有应急出口应在车内用清晰的符号或文字标明,每个应急控制器处或附近应有标志并注明操作方法。封闭式客车的每个应急窗邻近处应设置玻璃破碎装置。若为应急锤,取下时应能通过声响信号实现报警,玻璃破碎装置的配置应符合相关规定。

⑦牵引车与挂车连接装置的结构应能确保相互牢固的连接,应装有防止车辆在行驶中因振动和撞击导致连接脱开的安全装置。

⑧牵引车与其挂车之间的气动连接,对气压制动系统,连接挂车的气动接头应是双管路

或多管路。

⑨汽车列车应装有挂车与牵引车意外脱离时的挂车自行制动装置。挂车与牵引车意外脱离后,挂车应能自行制动,且牵引车的制动仍然有效。

⑩用于道路甩挂运输的车辆,其结构应符合 JT/T 789—2010 的要求。

⑪危险货物运输车辆的结构应符合 GB 21668—2008 的要求。

⑫危险货物运输车辆的标志应符合 GB 13392—2005 的要求。运输爆炸品和剧毒化学品车辆以及运输液体危险货物罐式车辆的标志和标识应符合 GB 20300—2006、GB 18564.1—2006 和 GB 18564.2—2008 的相关要求。

(2)配置要求。

①M_2、M_3 类客车、N_2 和不超过四轴的 N_3 类货车、危险货物运输车、O_3 和 O_4 类挂车以及乘用车应安装符合 GB/T 13594—2003 规定的防抱制动装置,并配备防抱制动装置失效时用于报警的信号装置。

②车长大于 9m 的客车(按名义尺寸,以下同)和危险货物运输车,其前轮应装有盘式制动器。

③车长大于 9m 的客车、N_3 类货车(含危险货物运输车)应装有缓速器或其他辅助制动装置。

④M_2、M_3 类客车、N_2 和 N_3 类货车、O_3 和 O_4 类半挂车、乘用车以及危险货物运输车,其所有的行车制动器应装有制动间隙自动调整装置。

⑤采用气压制动的车辆应装有气压显示装置、限压装置,并可实现报警功能。气压制动系应安装保持压缩空气干燥或油水分离的装置。

⑥车长大于 9m 的客车和危险货物运输车应装用子午线轮胎,卧铺客车应装用无内胎子午线轮胎。

⑦客车、货车及乘用车的所有座椅均应装备符合 GB 14166—2013 要求的安全带,其固定点应符合 GB 14167—2013 的要求。

⑧客车和危险货物运输车应具有限速功能,否则应配备符合 GB/T 24545—2009 要求的限速装置。三轴及三轴以上的货车应具有超速报警功能(具有限速功能和限速装置且符合规定的除外),能通过视觉或声觉信号报警。限速功能、限速装置和超速报警调定的最大速度应符合有关规定。

⑨旅游客车、包车客车、三类及以上班线客车、危险货物运输车辆、N_3 类载货汽车和半挂牵引车应装有具有行驶记录功能并符合 GB/T 19056—2012 和 JT/T 794—2011 规定的卫星定位系统车载终端。

⑩客车在设计和制造上应保证发动机或采暖装置的排气不会进入客舱,封闭式客车应有通风换气装置。

⑪客车应设置车厢灯和门灯。车厢灯和门灯不应影响本车驾驶员的视线和其他机动车的正常行驶。

⑫转向轴最大设计轴质量大于 4000kg 时,应装有转向助力装置。

(3)防火要求。

①客车和货车的驾驶室和乘员舱所用的内饰材料应采用符合 GB 8410—2006 规定的阻燃材料。其中,客车内饰材料的燃烧速度应小于或等于 70mm/min。

②发动机后置的客车,其发动机舱内应装备发动机舱自动灭火装置(电动汽车除外)。

灭火装置启动时应能通过声觉信号向驾驶员报警。

③装备电涡流缓速器的客车和货车(含危险货物运输车),缓速器的安装部位上方应装有隔热板或具阻燃性的隔热材料。

④客车发动机舱内和其他热源附近的线束应采用耐温不低于125℃的阻燃电线,其他部位的线束应采用耐温不低于100℃的阻燃电线,波纹管阻燃等级应达到GB/T 2408—2008规定的V-0级。线束穿孔洞时应装设阻燃耐磨绝缘套管。

⑤客车和货车车载电气设备的供电导线应符合QC/T 414—2016的要求,低压电线束应符合QC/T 29106—2014的要求。

⑥客车乘员舱和货车驾驶室应配置手提式灭火器,客车灭火装置的配置应符合相关标准要求。除驾驶室内应配备1具干粉灭火器外,道路运输爆炸品、剧毒化学品车辆以及其他危险货物运输车辆还应配备与装运介质性能相适应的灭火器或有效的灭火装置,灭火器的规格、放置位置及固定应符合GB 20300—2006等相关规定。

(4)性能要求。

①动力性:客车的动力性以比功率评价,应符合JT/T 325—2013的相关要求。货车满载条件下的最高设计车速应不小于70km/h,满载最高车速试验方法执行GB/T 12544—2012的规定。汽车列车的动力性以比功率评价,应符合表1-2-11的要求。

汽车列车比功率限值　　　　　　　　　表1-2-11

最大总质量 $G(t)$	$G < 18$	$18 \leq G < 43$	$43 \leq G < 49$
比功率(kW/t)	≥6.88	≥4.30 + 46.00/G	≥5.40

②燃料经济性:燃用柴油或汽油且最大总质量超过3500kg的客车,其燃料消耗量应符合JT 711—2016的要求,试验方法执行JT 711—2016的规定。燃用柴油或汽油且最大总质量超过3500kg的货车,其燃料消耗量应符合JT 719—2016的要求,试验方法执行JT 719—2016的规定。轻型商用车辆和乘用车的燃料消耗量应符合GB 20997—2015和GB 19578—2014的要求,试验方法执行该两项标准的有关规定。

③制动性。

a.冷态制动效能。乘用车的行车制动系冷态制动效能应符合GB 21670—2014的要求,M_2、M_3类客车和N类货车的行车制动系冷态制动效能应符合GB 12676—2014的要求,试验方法执行GB 21670—2014和GB 12676—2014的相关规定。O_3、O_4类挂车行车制动时,作用于被制动车轮周缘上的制动力之和与各车轮静载荷总和之比应不小于:——全挂车,空载和满载时为50%;——半挂车,空载和满载时为45%。试验方法执行GB 12676的相关规定。

b.热态制动效能。乘用车的行车制动系热态制动效能应符合GB 21670—2014的要求,M_2、M_3类客车和N类货车的行车制动系热态制动效能应符合GB 12676—2014的要求,试验方法执行GB 21670—2014和GB 12676—2014的相关规定。O_3、O_4类挂车的行车制动系热态制动效能应符合GB 12676—2014的要求,试验方法执行GB 12676的相关规定。

c.汽车列车的制动性能。汽车列车的制动时序应满足:挂车各轴的制动动作应不滞后于牵引车各轴的制动动作,汽车列车的制动协调时间不大于0.80s。制动力分配满载条件下,汽车列车制动力的分配应满足:仅使用牵引车(挂车)制动器时产生的制动减速度与使用牵引车和挂车全部制动器时产生的制动减速度的比值不应小于牵引车(挂车)质量与汽车列车质量比值的95%。

d. 连续制动能力。储气筒的容量应保证在调压阀调定的最高气压下,且在不继续充气的情况下,机动车在连续5次踩到底的全行程制动后,气压不低于起步气压。采用气压制动的挂车应有一个或多个由牵引车供气的储气筒,并能满足在切断储气筒供气管路情况下,牵引车的行车制动装置做8次全行程制动后,挂车储气筒供给工作部件的压力不低于首次制动时压力的50%。

④排放性。客、货道路运输车辆排气污染物排放限值应符合国家相关标准的规定。

⑤行驶稳定性。客车在满载条件下沿特定曲线匀速行驶,当车辆质心处的最大向心加速度达到$0.4g$的稳定状态时,车辆不发生侧翻或侧滑。按JT/T 884—2014规定的方法进行试验。N_2、N_3类货车满载条件下沿特定曲线匀速行驶,车辆质心处的向心加速度达到$0.35g$时,车辆不发生侧翻或侧滑,危险货物运输专用车辆以及罐式车辆应达到$0.4g$。按JT/T 884—2014规定的方法进行试验。半挂牵引车在空载、水平静止条件下,向左侧和右侧的最大侧倾稳定角不应小于35°。最大侧倾稳定角的测量方法按GB/T 14172—2009规定的汽车静侧翻稳定性台架试验方法进行。O_3、O_4类挂车满载时同一车轴轮胎接地点外侧间距与质心高度的比值应不小于0.9。

2) 在用道路运输车辆的技术要求

(1) 基本要求。

①唯一性认定。在用道路运输车辆的号牌号码、类型、品牌型号、燃料类别、车身颜色、发动机号、底盘号或VIN号、挂车架号、重中型货车及挂车的外廓尺寸、车箱栏板高度应与行驶证、机动车登记证、道路运输证记载的内容及其他相关资料相符。其中,外廓尺寸的允许误差为±2%或±100mm,车箱栏板高度的允许误差为±2%或±50mm。汽车列车的外廓尺寸不得超过GB 1589—2016规定的最大限值。客车的座(铺)位数应与道路运输证核定的数量一致。

②电子控制系统。装有车载诊断系统(OBD)的车辆不应有与发动机排放控制系统、防抱死制动装置(ABS)和电动助力转向系统(EPS)及其他与行车安全相关的故障信息。

③发动机。发动机起动性能良好。在正常工作温度状态下,发动机起动3次,成功起动次数不少于2次。柴油发动机停机装置功能有效。在正常工作温度状态下,发动机连续起动/停机3次,3次停机均应有效发动机低、中、高速运转稳定、无异响。发动机缸体、油底壳、冷却水道边盖、放水阀、散热器(水箱)等不得有油、液滴漏现象。助力转向传动带和空气压缩机传动带无裂痕、油污和过量磨损,运转良好。空气压缩机传动带的松紧度符合规定。对于采用齿轮传动的空气压缩机,其齿轮箱无异响和漏油现象。燃料管路不得有泄漏现象,与其他部件无碰擦,软管无老化现象。燃料箱及燃料管路应稳固牢靠。燃料箱盖应齐全,并能有效地防止燃料泄漏。不得随意改动或加装燃料箱。

④制动系。制动管路稳固,转向及行驶时,金属管路及软管不应与车身或底盘产生运动干涉。制动缸及气(油)路应符合以下要求:

a. 制动主缸、轮缸、各类阀门及制动管路无漏气、漏油现象。

b. 制动金属管及软管无弯折、磨损、凸起和扁平等现象,接头处的连接可靠。

c. 液压制动助力系统的真空软管不应有磨损、折痕和破裂,接头处的连接可靠。

气压制动系统的低气压报警装置工作正常,制动系故障报警装置无报警信号输出。

缓速器连接可靠,电涡流缓速器外表、定子与转子间应清洁、无油污,液压缓速器不应有漏油现象。弹簧储能装置装有弹簧储能制动器的气压制动车辆,弹簧气室气压低时,弹簧储能制动器自锁装置应有效。储气筒储气筒安装稳固,不应有锈蚀、变形等损伤,储气筒排污(水)阀畅通。制动踏板无破裂或损坏,防滑面无磨光现象。驻车制动装置机件齐全完好,操纵灵活有效,拉杆无过度摇晃现象。

⑤转向系。转向机构各部件应连接紧固,各连杆无松旷,锁止、限位正常,转向时无卡阻和运动干涉。转向节、臂、横直拉杆、平衡杆、转向器摇臂和球销总成应无变形、裂纹及拼焊,转向器摇臂、球销总成及各连杆的连接部位不松旷,转向器壳体和侧盖无裂损、渗油、漏油现象。转向助力装置工作正常,不应有传动带打滑和漏油现象。

⑥行驶系。

a. 承载式结构的车身以及非全承载式结构的车架纵梁、横梁不应有开裂和变形等损伤,铆钉、螺栓齐全有效。

b. 车桥的桥壳无可视的裂纹及变形,车桥密封良好,无漏油现象,车桥与悬架之间的拉杆和导杆无松旷、移位及可视的变形和裂纹。

c. 车轮及螺栓、螺母各车轮的轮辋应无裂纹,车轮及半轴的螺栓、螺母应齐全、完好,连接可靠,车轮安装的装饰罩和装饰帽不得有碍于检查螺栓、螺母技术状况。

d. 轮胎的胎冠、胎壁不得有长度超过25mm或深度足以暴露出帘布层的破裂和割伤以及凸起、异物刺入等影响使用的缺陷,并装轮胎间应无异物嵌入。

e. 具有磨损标志的轮胎,胎冠的磨损不得触及磨损标志;无磨损标志或标志不清的轮胎,乘用车和挂车的胎冠花纹深度应不小于1.6mm;其他车型的转向轮的胎冠花纹深度应不小于3.2mm,其余轮胎胎纹深度应不小于1.6mm。

f. 同轴轮胎的规格和花纹应相同,规格符合整车制造厂的规定。

g. 装用轮胎的速度级别应不低于车辆最高设计车速的要求。轮胎的充气压力应符合规定值。

h. 客车和危险货物运输车的所有车轮不得装用翻新的轮胎,随车配备备用轮胎并固定牢固。

i. 悬架的弹性元件应安装牢固,不应有裂纹、缺片、加片、断裂、塑性变形和功能失效等现象,空气弹簧不应有泄漏现象,减振器稳固有效,无漏油观象。

⑦传动系。离合器接合平稳、分离彻底、操作轻便,工作时无异响、打滑、抖动和沉重等现象。变速器操纵轻便、挡位准确,无异响和滴漏油现象。运转时,传动轴、主减速器和差速器不应有异响。万向节、中间轴承无松旷、无裂损。

⑧照明、信号装置和标识:前照灯、转向灯、示廓灯、危险报警闪光灯和雾灯等信号装置应齐全、完好、有效。前照灯的远、近光光束变换功能正常。反射器与侧标志灯车辆的后反射器、侧反射器和侧标志灯应齐全,无损毁。货车、挂车侧面及后部的车身反光标识和尾部标志板的适用车型要求、性能、尺寸、位置应符合GB 7258—2017的相关要求,且完好、无污损。

⑨电气线路及仪表。发动机舱内线束以及其他部位线束的导线绝缘层无老化、皲裂和破损,导体无外露,线束固定可靠;电缆线及连接蓄电池的接头应牢固,并有绝缘套;线束穿过金属孔时应设绝缘护套。车速、里程、冷却液温度、机油压力、电流或电压或充电、燃油、气压等信号指示装置应工作正常。装有卫星定位系统车载终端的车辆,终端应工作正常。

⑩车身。

a. 采用动力启闭车门的客车,车门应急控制器机件齐全完好,应急控制器标志及操作说明无损毁。

b. 采用安全手锤时,应在规定的位置放置。

c. 所有门、窗的玻璃应齐全,不得有长度超过25mm且易导致破碎的裂纹和穿孔,密封良好。

d. 客车车厢灯和门灯工作正常。

e. 车身与驾驶室基本完好,客车车身和货车驾驶室不得有超过3处的轻微开裂、锈蚀和明显变形,缺陷部位不影响安全性和密封性。

f. 车身应周正,货车、客车及挂车车轴上方的车身两侧对称部位的高度差不大于40mm。

g. 车身外部和内部不应有任何可能使人致伤的尖锐凸起物。

h. 客车车身和货车驾驶室的表面涂装无明显的缺损(允许有轻微划伤),补漆颜色与原色基本一致。

i. 货车货箱、车门、栏板和底板应无变形和破损,栏板锁止机构作用可靠。

j. 驾驶室车窗玻璃不应张贴妨碍驾驶员视野的附加物及镜面反光遮阳膜。

⑪附属设备。

a. 车辆的左、右后视镜、内后视镜、下视镜应完好、无损毁,并能有效保持其位置。

b. N_2、N_3类货车的内后视镜不做要求。

c. 前风窗玻璃刮水器、洗涤器应能正常工作,刮水器关闭时刮水片应能自动返回初始位置。

d. 驾驶室内的防止阳光直射而使驾驶员产生炫目的装置完整有效。

e. 前风窗玻璃的除雾、除霜装置工作正常。排气管、消声器应完好有效,稳固可靠。

⑫安全防护:

a. 客车的所有座椅、货车驾驶员座椅和前排乘员座椅应配备安全带,且配件齐全有效,无破损。

b. N_2、N_3类货车(半挂牵引车除外)、O_3、O_4类挂车两侧以及牵引车与挂车之间两侧装备的侧面防护装置应完好、稳固、有效。(注:车辆自身结构已能防止行人和骑车人等卷入的汽车和挂车除外)。

c. 除牵引车和长货挂车以外的N_2、N_3类货车和O_3、O_4类挂车的后下部防护应完好、稳固、有效。

d. 乘用车、车长小于6m的客车的前、后保险杠,货车的前保险杠应无损毁并稳固。

e. 牵引装置和安全锁止机构应工作可靠、无损坏。

f. 货车车箱前部安装的安全架、驾驶员和货物同在车厢内的厢式车隔离装置应完好、稳固。

g. 随车配备与车辆类型相适应的灭火器,灭火器应在有效期内,并安装牢靠和便于取用。对于客车,仅有一个灭火器时,应设置在驾驶员附近。当有多个灭火器时,应在客厢内按前、后或前、中、后分布,其中一个应靠近驾驶员座椅。随车配备三角警告牌,并妥善放置。随车配备停车楔,数量不少于两只,并妥善放置。

h. 运送易燃易爆货物的车辆应符合相应特殊要求。

i.装运危险货物的罐(槽)式车辆,其罐体应具备由符合资质的有关机构出具的有效检验合格证明或报告,并在有效期内。装运大型气瓶、可移动罐(槽)等的车辆,应设置有效的紧固装置,不得松动。

(2)性能要求。

①动力性。车辆动力性以 GB/T 18276—2017 中规定的驱动轮轮边稳定车速进行评价。额定功率工况下,驱动轮轮边稳定车速应不小于额定功率车速。额定转矩工况下,驱动轮轮边稳定车速应不小于额定转矩车速。

②燃料经济性。燃用柴油或汽油、总质量大于 3500kg 的在用车辆,其燃料消耗量限值及评价方法应符合 GB/T 18566—2011 的规定。

③制动性。

a.采用气压制动的车辆,当气压升至 600kPa 时,空气压缩机停止运转 3min,其气压降低值应不大于 10kPa。在气压 600kPa 的情况下,空气压缩机停止运转,将制动踏板踩到底,待气压值稳定后观察 3min,单车气压降低值应不大于 20kPa;汽车列车气压降低值不得超过 30kPa。

b.采用液压制动的车辆,发动机在怠速运转状态下,将制动踏板踩下,保持 550N 的踏板力并持续 1min,踏板不应有向地板移动的现象;采用真空辅助的系统,当残留的真空耗尽且在制动踏板上持续施加 220N(乘用车为 110N)的力,在发动机起动时制动踏板应轻微地下降。

c.采用气压制动的车辆,发动机在 75% 的额定转速下,车载气压表的指示气压从零升至起步气压的时间,汽车列车不大于 6min,其他车辆不大于 4min,未标起步气压,按 400kPa 计。

d.整车制动率、轴制动率和制动不平衡率应符合表 1-2-12 的要求。

表 1-2-12 台架检验制动性能要求

车辆类型		整车制动率(%)		轴制动率(%)		制动不平衡率(%)
		空载	满载	前轴①	后轴①	
M_1 类乘用车		≥60	≥50	≥60②	≥20②	前轴≤24 后轴≤30 或 10④
M_2、M_3 类客车		≥60	≥50	≥60②	≥50③	
N_1 类货车		≥60	≥50	≥60②	≥50②	
N_2、N_3 类货车		≥60	≥50	≥60②	≥50③	
牵引车		≥60	≥50	≥60	≥50	
O_3、O_4 类挂车	全挂车	—	—	≥55⑤	≥55⑤	
	半挂车	—	—	—	≥55⑤	

注:①前轴是指位于机动车(单车)纵向中心线中心位置以前的轴,除前轴之外的其他轴均为后轴;第二转向桥视为前轴;挂车的所有车轴均视为后轴。

②空载和满载状态下测试时均应满足此要求。

③满载测试时不做要求,空载用平板制动检验台检验时应大于或等于 35%;总质量大于 3500kg 的客车,空载用滚筒反力式制动检验台检验时应大于或等于 40%,用平板制动检验台检验在大于或等于 30%。

④对于后轴,当轴制动率大于或等于该轴轴荷 60% 时,不平衡率不大于 30%;当轴制动率小于该轴轴荷 60% 时,不平衡率不大于该轴轴荷的 10%。

⑤满载状态下测试时应大于或等于 45%。

e. 汽车列车制动力的分配应满足:牵引车(挂车)整车制动力与汽车列车整车制动力的比值不应小于牵引车(挂车)质量与汽车列车质量比值的90%,即牵引车(挂车)的整车制动率不应小于汽车列车整车制动率的90%。

f. 路试检验行车制动性能。当对台架检验结果有质疑或被检车辆无法进行台架检验时,可采用路试检验并以路试检验结果进行评价(汽车列车制动时序和制动力分配除外)。路试检验制动距离和制动稳定性应符合表1-2-13的要求。

路试检验制动距离和制动稳定性　　　　　表1-2-13

车辆类型	制动初速度 (km/h)	空载制动距离 (m)	满载制动距离 (m)	试验通道宽度① (m)
M_1类乘用车	50	≤19.0	≤20.0	2.5
N_1类货车	50	≤21.0	≤22.0	2.5
M_2、M_3类客车,N_2、N_3类货车 (含半挂牵引车)	30	≤9.5	≤10.0	3.0
汽车列车	30	≤9.5	≤10.5	3.0

注:①制动过程中车辆的任何部位(不计入车宽的部位除外)不超出规定宽度的试验通道的边缘线。

路试检验充分发出的平均减速度(MFDD)和制动稳定性应符合表1-2-14的要求,汽车列车制动协调时间应符合要求。

路试检验充分发出的平均减速度(MFDD)和制动稳定性　　　　　表1-2-14

车辆类型	制动初速度 (km/h)	空载平均减速度 (m/s^2)	满载平均减速度 (m/s^2)	试验通道宽度① (m)
M_1类乘用车	50	≥6.2	≥5.9	2.5
N_1类货车	50	≥5.8	≥5.4	2.5
M_2、M_3类客车,N_2、N_3类货车 (含半挂牵引车)	30	≥5.4	≥5.0	3.0
汽车列车	30	≥5.0	≥4.5	3.0

注:①制动过程中车辆的任何部位(不计入车宽的部位除外)不超出规定宽度的试验通道的边缘线。

g. 驻车制动。驻车制动应能使车辆在任何装载条件和没有驾驶员的情况下保持原位。驾驶员应在座位上就可实现驻车制动。若挂车与牵引车脱离,3500kg以上的挂车应能产生驻车制动,挂车的驻车制动装置应能由站在地面上的人实施操纵。如符合下列要求之一即为合格。

台架检验时,在空载状态下,乘坐一名驾驶员,驻车制动力的总和不应小于测取的整车质量的20%,总质量为整备质量1.2倍以下的车辆应不小于15%,对于由牵引车和挂车组成的汽车列车也应符合此要求。

路试检验时,在空载状态下,驻车制动装置应能保证车辆在坡度为20%(对总质量为整备质量的1.2倍以下的车辆为15%)的坡道上行和下行两个方向保持静止不动,时间不应少于5min。

④排放性。点燃式发动机采用双怠速法检测的排气污染物应符合GB 18285—2005的要求或采用简易工况法检测的排气污染物应符合各行政区域的限值要求。压燃式发动机采

用自由加速法检测的排气烟度应符合 GB 3847—2005 要求或采用加载减速法检测的排气可见污染物应符合各行政区域的限值要求。

⑤转向操纵性。转向轮横向侧滑量转向桥采用非独立悬架的车辆,其转向轮(含双转向桥的转向轮)的横向侧滑量应在 ±5m/km 范围内。转向盘最大自由转动量最高设计车速不小于 100km/h 的道路运输车辆,其转向盘的最大自由转动量不大于 15°,其他道路运输车辆不大于 25°。

⑥悬架特性。设计车速不小于 100km/h,轴质量不大于 1500kg 的载客汽车,其轮胎在激励振动条件下测得的悬架吸收率应不小于 40%,同轴左、右轮悬架吸收率之差不得大于 15%。

(3) 其他要求。

①前照灯远光发光强度、远光光束和近光光束照射位置。前照灯远光光束发光强度的最小限值见表 1-2-15。前照灯照射在距离 10m 的屏幕上时的位置应符合表 1-2-16 的要求。

前照灯远光光束发光强度最小限值　　　　表 1-2-15

道路运输车辆	二灯制(cd)	四灯制[①](cd)
最大设计车速 ≥70km/h 的车辆	≥1500	≥12000

注:①四灯制是指前照灯具有 4 个远光光束。采用四灯制的车辆其中两只对称灯达到两灯制的要求时视为合格。

前照灯光束照射位置　　　　表 1-2-16

车辆类型	近光光束		远光光束[①]	
	明暗截止线转角或中点高度	水平方向位置(mm)	光束中心离地高度	水平方向位置(mm)
M_1 类乘用车	$0.7H \sim 0.9H$	左偏≤170	$0.85H \sim 0.95H$[②]	左灯左偏≤170 左灯右偏≤350
其他车辆	$0.6H \sim 0.8H$	右偏≤350	$0.8H \sim 0.95H$	右灯左偏≤350 右灯右偏≤350

H——前照灯基准中心高度,单位为毫米(mm)。

注:①能单独调整远光光束且不影响近光光束照射角度的前照灯。
②不得低于前照灯近光光束明暗截止线转角或中点的高度。

②车速表示值误差。车速表指示车速与实际车速间按式(1-2-4)计算。

$$0 \leq V_1 - V_2 \leq \frac{V_2}{10} + 4 \tag{1-2-4}$$

式中:V_1——车速表指示车速,km/h;
　　　V_2——实际车速,km/h。

③车轮阻滞率。各车轮的阻滞力不大于静态轴荷的 3.5%。

④喇叭。喇叭应能发出连续、均匀的声响,声压级应为 90~115dB(A)。

3) 在用道路运输车辆检验结果的判定与处理

(1) 检验结果判定。在用道路运输车辆综合性能检验分为"人工检验"和"性能检验"。检验项目又为关键项和一般项。"关键项"的检验结果为合格且"一般项"的不合格项数不超过 6 项时,检验结果判定为合格。当有任一"关键项"的检验结果为不合格,或"一般项"的不合格项数多于 6 项时,检验结果判定为不合格。

(2)检验结果处理。检验结果为合格但存在一般项不合格时,委托人应在"检验报告单"上签字确认并及时调修。检验结果为不合格时,委托人应在规定的时间内调修并进行复检。具备条件时,对于能立即排除的故障和缺陷可在场调修。对以下不合格项进行复检时,应进行关联检验:

①对于装用压燃式发动机车辆,动力性不合格时,调修后复检动力性、燃料经济性和排放性;燃料经济性不合格时,调修后复检燃料经济性和动力性;排放性不合格时,调修后复检排放性和动力性。

②轴制动率不合格时,调修后复检轴制动率、制动不平衡率和同轴车轮阻滞率,并重新计算整车制动率。

③驻车制动率不合格时,调修后复检驻车制动率。

④同轴车轮阻滞率不合格时,调修后复检该轴的车轮阻滞率、轴制动率、制动不平衡率,并重新计算整车制动率。

10.《机动车运行安全技术条件》(GB 7258—2017)

该标准是我国机动车安全技术管理的最基本的技术性法规,是公安机关交通管理部门新车注册登记和在用车定期检验、事故车检验等安全技术检验的主要技术依据,同时,也是我国机动车新车定型强制性检验、新车出厂检验及进口机动车检验的重要技术依据之一。该标准适用于在我国道路上行驶的机动车的整车及主要总成、安全防护装置等有关运行安全的基本技术要求及检验方法,还规定了机动车的环保要求及消防车、救护车、工程救险车和警车的附加要求。标准规定了11个方面的机动车运行安全条件。

1)整车条件

机动车在车身前部外表面的易见部位上应至少装置一个能永久保持的与车辆品牌相适应的商标或厂标。机动车应至少装置一个能永久保持的产品标牌,该标牌的固定、位置及形式应符合 GB/T 18411—2001 的规定;产品标牌如采用标签标示,则标签应符合 GB/T 25978—2010 规定的标签一般性能、防篡改性能及防伪性能要求。汽车、摩托车及轻便摩托车、半挂车必须具有车辆识别代号,其内容和构成应符合 GB 16735—2004 的规定;应至少有一个车辆识别代号打刻在车架(无车架的机动车为车身主要承载且不能拆卸的部件)能防止锈蚀、磨损的部位上。道路运输危险货物车辆的标志应符合 GB 13392—2005 的规定;汽车及汽车列车、挂车的外廓尺寸应符合 GB 1589—2016 的规定,客车及封闭式车厢(或罐体)的机动车后悬轴荷和质量参数,整备质量和总质量应在各轴之间合理分配,轴荷应在左右车轮之间均衡分配、核载质量参数核定等 14 项条件。

2)发动机条件

发动机应能起动,怠速稳定,机油压力和温度正常;发动机功率应大于等于标牌(或产品使用说明书)标明的发动机功率的75%。柴油机停机装置应有效。发动机起动、燃料供给、润滑、冷却和进排气等系统的机件应齐全。

3)转向系条件

汽车(三轮汽车除外)的转向盘必须设置于左侧,其他机动车的转向盘不允许设置于右侧;专用作业车按需要可设置左右两个转向盘;机动车的转向盘(或转向把)应转动灵活,无阻滞现象;机动车应设置转向限位装置,转向系统在任何操作位置上,不应与其他部件有干涉现象;机动车(两轮和三轮的机动车、手扶拖拉机运输机组除外)正常行驶时,转向轮转向后应有一定能力的回正能力(允许有残余角),以使机动车具有稳定的直线行驶能力等20项条件。

4)制动系条件

机动车应设置足以使其减速、停车和驻车的制动系统或装置;行车制动应保证驾驶员在行车过程中能控制机动车安全、有效地减速和停车;行车制动应是可控制的,且应保证驾驶员在其座位上双手无须离开转向盘(或转向把)就能实现制动等要求。

5)照明、信号装置和其他电气设备条件

机动车的灯具应安装牢靠、完好有效,不得因机动车振动而松脱、损坏、失去作用或改变光照方向;所有灯光的开关应安装牢固、开关自如,不得因机动车振动而自行开关;开关的位置应便于驾驶员操纵;除转向信号灯、危险警告信号紧急制动信号、校车标志灯及消防车、救护车、工程救险车和警车安装使用的标志灯具外,其他外部灯具不允许闪烁等30多项要求。

6)行驶系条件

车轮总成的横向摆动量和径向跳动量,总质量不大于3500kg的汽车长度应小于等于5mm,摩托车应小于等于3mm,其他机动车应小于等于8mm等10多项要求。

7)传动系条件

机动车的离合器应接合平稳,分离彻底,工作时不允许有异响、抖动或不正常打滑等现象等多项要求。

8)车身条件

车身的技术状况应能保证驾驶员有正常的工作条件和客货安全;车身和驾驶室应坚固耐用,覆盖件无开裂和锈蚀;车身和驾驶室在车架上的安装应牢固,不会因机动车振动而引起松动;车身外部和内部乘员可能触及的任何部位、构件都不应有任何可能使人致伤的尖锐凸起物(如尖角、锐边等)等多项要求。

9)安全防护装置条件

乘用车、旅居车、未设置乘客站立区的客车、货车(三轮汽车除外)、专项作业车的所有座椅,设有乘客站立区的客车的驾驶员座椅和前排乘员座椅应装备汽车安全带等多项要求。

10)消防车、救护车、工程救险车和警车的附加要求

消防车的车身颜色应符合相关标准的规定;救护车的车身颜色应为白色,左、右侧及车后正中应喷符合规定的图案;工程救险车的车身颜色应为符合GB/T 3181—2008规定的Y07中黄色,其车身两侧应喷工程救险字样;警车的外观制式应分别符合GA 524—2004、GA 923—2011、GA 525—2004的规定;消防车、救护车、工程救险车和警车应装备与其功能相适应的装置,各装置应布局合理、固定可靠、便于使用;消防车、救护车、工程救险车和警车安装使用的警报器应符合GB 8108—2014的规定,安装使用的标志灯具应符合GB 13954—2009的规定,警报器和标志灯具应固定可靠。

11)残疾人专用汽车的附加要求

应根据驾驶员的残疾类型,在采用自动变速器的乘用车上,加装相应类型的符合相关规定的驾驶辅助装置驾驶辅助装置加装后不应改变原车结构的完整性和安全性及影响原车操纵件的电器功能、机械性能,且不应使驾驶员驾驶时受到视野内产品部件的反光炫目。

11.《点燃式发动机汽车排气污染物排放限值及测量方法》(GB 18285—2005)

该标准由国家环境保护总局和国家质量监督检验检疫总局发布,规定了点燃式发动机

汽车怠速和高怠速工况下排气污染物排放限值及测量方法;规定了点燃式发动机轻型汽车稳态工况法、瞬态工况法和简易瞬态工况法三种简易工况测量方法。该标准适用于装用点燃式发动机的新生产和在用汽车。

1)点燃式发动机汽车怠速和高怠速工况下排气污染物排放限值

标准对点燃式发动机汽车怠速和高怠速工况下排气污染物排放限值,按新生产和在用汽车两类规定了不同的排放限值。所谓新生产汽车指制造厂合格入库或出厂的汽车,在用汽车是指已经登记注册并取得号牌的汽车。

(1)新生产汽车排气污染物排放限值。新生产汽车排气污染物排放限值按2005年7月1日起新生产的第一类轻型汽车、第二类轻型汽车、重型汽车,规定了不同的标准。上述定义中重型汽车是指最大总质量超过3500kg的车辆;第一类轻型汽车是指设计乘员数不超过6人(包括驾驶员);且最大总质量小于或等于2500kg的M1类车,第二类轻型汽车是指除第一类车以外的其他所有轻型汽车。

(2)在用汽车排气污染物排放限值按1995年7月1日前生产的轻型汽车和1995年7月1日起生产的轻型汽车规定了不同的标准;按1995年7月1日前生产的重型汽车和1995年7月1日起生产的重型汽车规定了不同的标准;对2000年7月1日起生产的第一类轻型汽车,对2001年10月1日起生产的第二类轻型汽车,对2004年9月1日起生产的重型汽车分别规定了不同的标准。

上述定义中轻型汽车包括至少有四个车轮,或有三个车轮且厂定最大总质量超过1000kg,除驾驶员座位外,乘客座位不超过8个的载客车辆;至少有四个车轮,或有三个车轮且厂定最大总质量超过1000kg,除驾驶员座位外,乘客座位超过8个,且厂定最大总质量不超过5000kg的载客车辆;至少有四个车轮,或有三个车轮且厂定最大总质量超过1000kg,厂定最大总质量不超过3500kg的载货车辆。

2)点燃式发动机汽车怠速和高怠速工况下排气污染物排放限值测量方法

标准对点燃式发动机汽车怠速和高怠速工况下排气污染物排放限值测量方法中的测量仪器、程序、测量结果判定,在用汽车的排放监控及单一燃料车和两用燃料车的测量方法作了规定。

3)双怠速法排放气体测试仪器技术条件

标准对双怠速法排放气体测试仪器技术条件基本技术要求、结构要求和测量程序、检测报告格式作了规定。标准还规定了点燃式发动机轻型汽车稳态工况法、瞬态工况法和简易瞬态工况法三种简易工况测量方法。

12.《车用压燃式发动机和压燃式发动机汽车排气烟度排放限值及测量方法》(GB 3847—2005)

该标准适用于压燃式发动机排气烟度的排放,包括发动机型式核准和生产一致性检查;适用于压燃式发动机汽车排气烟度的排放,包括新车型式核准和生产一致性检查、新生产汽车和在用汽车的检测。

(1)标准规定了装用发动机型式核准已批准的压燃式发动机汽车的排气烟度排放控制要求。标准规定了在排气烟度的排放方面汽车型式核准试验、车型;试验分类、生产一致性检查试验;汽车型式核准的总则、关于冷起动装置的技术要求、安装、关于排气烟度排放的技术要求、试验燃料、允许使用等效测量仪器、型式核准申请;车型更改和核准扩展;生产一致性检查;新生产汽车检测;在用汽车检测。

(2)标准规定了装用未单独进行发动机型式核准的压燃式发动机汽车排气烟度排放控制要求。

(3)标准规定了在用汽车的排气烟度排放控制要求。

13.《汽车发动机电子控制系统修理技术要求》(GB/T 19910—2005)

该标准规定了汽车发动机电子控制系统维修前检查、视情维修和维修后的检验的技术要求。本标准适用于装有汽车发动机电子控制系统的点燃式汽油发动机的车辆。

(1)维修前检查。对装有汽车燃油电子喷射系统的车辆,在实施维修前,应按原厂的规定,对电子燃油喷射系统进行检查和诊断,一般性检查利用系统自诊断功能来读取故障码,或使用专用的仪器来检查和诊断。在条件不允许时,也可使用通用仪器或其他人工方法按维修手册规定进行。对检查出的系统部件故障,要认真记录,记录中要有系统部件名称、正常参数值的范围和检查到的参数值,并应注明故障分析原因以及维修方案。

(2)视情维修。检查到的非正常工作的系统部件,需更换的元器件应予以更换,按故障分析及维修方案中的提示进行维修,使之恢复正常的工作状态并记录。维修有故障的电控单元时,应使用专用仪器,由受过专业维修培训的人员检查维修。故障排除后,对系统故障信息要用专用仪器进行清除,并重新设定。

(3)维修后检验。在视情修理后,应对有故障的系统部件用专用或通用的检测仪逐项进行检查,其测量参数、信号应在正常范围内或处于正常状态。

14.《机动车安全技术检验项目和方法》(GB 2186—2014)

本标准规定了机动车安全技术检验的检验项目、检验方法、检验要求和检验结果处置。适用于机动车安全技术检验机构对机动车进行安全技术检验,也适用于出入境检验检疫机构对入境机动车进行安全技术检验。经批准进行实际道路试验的机动车和临时入境的机动车,可参照本标准进行安全技术检验。本标准不适用于拖拉机运输机组等上道路行驶的拖拉机的安全技术检验。本标准中第4章、第6章、第7章为强制性的,其余为推荐性的。

机动车安全技术检验流程如图1-2-2所示,机动车安全技术检验机构可根据实际情况适当调整检验流程。

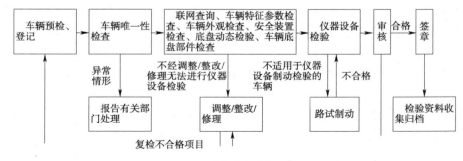

图1-2-2 机动车安全技术检验流程

1.检验项目

机动车安全技术检验项目见表1-2-17。

机动车安全技术检验项目表 表1-2-17

序号	检验项目		非营运小型、微型载客汽车	其他类型载客汽车	载货汽车(三轮汽车除外)、专项作业车	挂车	三轮汽车	摩托车
			载客汽车					
1	车辆唯一性检查	号牌号码/车辆类型	●	●	●	●	●	●
		车辆品牌/型号	●	●	●	●	●	●
		车辆识别代号(或整车出厂编号)	●	●	●	●	●	●
		发动机号码(或电动机号码)	●	●	●		●	●
		车辆颜色和外形	●	●	●	●	●	●
2	联网查询		●	●	●	●	●	●
3	车辆特征参数检查	外廓尺寸		◯	◯	◯	◯	◯
		轴距			●	●		
		整备质量			●		●	◯
		核定载人数	●					◯
		栏板高度			◯	◯		
		后轴钢板弹簧片数			●	●		
		客车应急出口		◯				
		客车乘客通道和引道		◯				
		货厢			◯	◯	●	
4	车辆外观检查	车身外观	●	●	●	●	●	●
		外观标识、标注和标牌	●	●	●	●	●	
		外部照明和信号装置	●	●	●	●	●	●
		轮胎	●	●	●	●	●	●
		号牌及号牌安装	●	●	●	●	●	●
		加装/改装灯具	●	●	●		●	
5	安全装置检查	汽车安全带	●	●				
		机动车用三角警告牌	●	●	●		◯	
		灭火器		◯	◯			
		行驶记录装置		◯	◯			
		车身反光标识			●	●		
		车辆尾部标志板			◯	◯		
		侧后防护装置			◯	◯		
		应急锤		◯				
		急救箱		◯				
		限速功能或限速装置		◯	◯			

续上表

序号	检验项目		适用车辆类型					
			载客汽车		载货汽车(三轮汽车除外)、专项作业车	挂车	三轮汽车	摩托车
			非营运小型、微型载客汽车	其他类型载客汽车				
5	安全装置检查	防抱死制动装置		◎	◎	◎		
		辅助制动装置		◎	◎			
		盘式制动器		◎				
		紧急切断装置			◎	◎		
		发动机舱自动灭火装置		◎				
		手动机械断电开关		◎				
		副制动踏板		◎	◎			
		校车标志灯和校车停车指示标志牌		◎				
		危险货物运输车标志			◎	◎		
		肢体残疾人操纵辅助装置	◎					
6	底盘动态检验	转向系	◎	●	●		●	●
		传动系	◎	●	●		●	●
		制动系	◎	●	●		●	●
		仪表和指示器	◎	●	●		●	●
7	车辆底盘部件检查	转向系部件	◎	●	●	●		
		传动系部件	◎	●	●			
		行驶系部件	◎	●	●	●		
		制动系部件	◎	●	●	●		
		其他部件	◎	●	●	●		
8	仪器设备检验	行车制动① 空载制动率	●	●	●	●	●	●
		行车制动① 空载制动不平衡率	●	●	●	●		
		行车制动① 加载轴制动率			◎	◎		
		行车制动① 加载轴制动不平衡率			◎	◎		
		驻车制动	◎	●	●	●	●	
		前照灯 远光发光强度	●	●	●		●	●
		前照灯 远近光束垂直偏移		●	●			
		车速表指示误差		●	●			
		转向轮横向侧滑量		◎				

注:1. 车辆唯一性检查、联网查询、车辆特征参数检查、车辆外观检查、安全装置检查、底盘动态检验、车辆底盘部件检查等检验项目属于人工检验项目。
2. "●"表示该检验项目适用于该类车的全部车型,"◎"表示该检验项目适用于该类车的部分车型。
3. 对于适用车辆类型为"非营运小型、微型载客汽车"的,"◎"对应的检验项目适用于面包车、7座及7座以上车辆,以及使用年限超过10年的车辆。
4. 对于适用车辆类型为"摩托车"的,"◎"对应的该检验项目适用于带驾驶室的正三轮摩托车。
5. 适用车辆类型为其他情形的,"◎"对应的检验项目所适用的具体车型见 GB 21861—2014 第 6 章。
6. 对于因更换发动机、车身或者车架申请变更登记的机动车检验时,参照在用机动车检验项目;对于因质量问题更换整车申请变更登记的机动车检验时,参照注册登记检验项目。
① 三轴及三轴以上的载货汽车、采用并装双轴及并装三轴的挂车,对部分轴还测试加载轴制动率和加载轴制动不平衡率。

2. 检验结果处置

1）检验结果的评判

授权签字人应逐项确认检验结果并签注整车检验结论。检验结论分为合格、不合格。送检机动车所有检验项目的检验结果均合格的，判定为合格；否则判定为不合格。

2）检验合格处置

机动车安全技术检验机构应出具《机动车安全技术检验报告》，报告一式三份，一份交机动车所有人（或者由送检人转交机动车所有人），一份提交车辆管理所作为机动车安全技术检验合格证明，一份留存检验机构。报告保存周期最短不得少于2年。

3）检验不合格处置

机动车安全技术检验机构应出具《机动车安全技术检验报告》，并注明所有不合格项目。机动车安全技术检验机构应通过拍照、摄像或保存数据等方式对不合格项取证留存备查。机动车安全技术检验机构应按GB/T 26765—2011、GA 1186—2014的要求传递数据及图像。

4）异常情形处置

发现送检机动车有拼装、非法改装、被盗抢、走私嫌疑时，机动车安全技术检验机构及其检验员应详细登记该送检机动车的相关信息，拍照、录像固定证据，通过机动车安全技术检验监管系统上报，并告知送检人到当地公安机关交通管理部门处理。

注册登记检验时，发现送检机动车的车辆特征参数、安全装置不符合GB 1589—2016、GB 7258—2017等机动车国家安全技术标准、机动车产品公告、机动车出厂合格证时，应拍照、录像固定证据，详细登记送检机动车的车辆类型、品牌/型号、车辆识别代号（或整车型号和出厂编号）、发动机号码、整车生产厂家、生产日期等信息，通过机动车安全技术检验监管系统上报。

（二）机动车检测维修的行业标准

1.《汽车维修行业计算机管理信息系统技术规范》（JT/T 640—2005）

该标准规定了汽车维修行业计算机管理信息系统技术规范，适用于汽车维修行业和汽车维修企业计算机信息系统管理。该标准由系统构成和数据信息、系统功能、系统配置、系统数据接口、系统性能、系统安装和维护组成。

1）系统构成和数据信息

系统由汽车维修行业管理信息系统和汽车维修企业管理信息系统两部分组成。

(1)汽车维修行业管理信息系统主要数据信息，包括：

①业户信息：业户基本信息、业户证照、业户异动、业户人数、业户质量信誉信息、维修业户维修量、维修业户维修设备、汽车检测站基本信息、检测量、业户违规等相关信息。

②车辆信息：车辆基本信息、检测维护、营运状况、车辆技术等级评定、车辆技术等级等相关信息。

③人员信息：人员基本信息、证件、培训、人员异动等相关信息。

④单证信息：单证入库、单证领用、单证返回、单证结存、领用单位、单证结存、单证作废等相关信息。

(2)汽车维修企业管理信息系统主要数据信息，包括：

①基本信息：单位基本信息、配件、供应商、人员、客户、车辆、设备和工具等相关信息。

②车辆维修业务管理信息:维修工作单、维修项目、组合维修项目、维修项目明细、维修用料明细、维修费用明细、维修派工明细、投诉管理等相关信息。

2)系统功能

(1)汽车维修行业管理信息系统功能:对业户、车辆、从业人员等管理应具有相应的增加、删除、修改等权限控制机制。

①业务办理:应按业务流程实现维修业户的申请、审核与审批;业务流程的流转环节、流转条件、办理时限可由用户自行设计定义,待办业务应按业务办理人或时效自动提示和提醒;应按类别统计出不同时期内的业务办理情况,按业务办理人考核业务办理效率。

②业户管理:应对业户信息进行管理。

③车辆信息管理:应对车辆信息进行日常管理;应接受汽车维修业户或汽车检测站传送的维修、维护和检测记录,能实现二级维护和竣工检测数据的自动备案,应能查询并打印汽车综合性检测报告单。

④从业人员管理:从业人员管理是指对汽车维修企业从业人员和汽车检测站从业人员管理;应对人员对信息进行日常管理;从业人员基础信息应从企业管理信息系统中提取。

⑤单据管理:应对单、证信息进行日常管理。

⑥查询统计:应按不同条件业户信息所包含相关信息进行查询统计;应按不同条件对车辆信息所包含的相关信息进行查询统计;应统计出车辆二级维护信息,以及车辆二级维护执行率;应按不同条件对人员信息所包含的相关信息进行查询统计;对单据的各种状态进行统计,统计结果应打印;业户、车辆统计结果应支持数据表格、图形等表示方式;统计条件应支持用户自行设计定义。

(2)汽车维修企业管理信息系统功能:对业务接待、采购进货、配件销售、工具、人员等管理应具有相应的删除、修改、查询等权限控制机制。

①车辆维修:业务接待应记录车辆维修接待信息并能打印相关的信息;接待信息中应至少包括客户信息、维修车辆信息和维修项目信息等基本内容;生产调度应录入、修改维修派工、维修领料、维修退料等信息,并打印出相应的单据;检验应录入维修车辆的在厂检验的各项数据,并打印出机动车维修竣工出厂合格证;车辆维修技术档案应通过车辆的原始数据以及车辆的维修数据建立车辆维修技术档案;维修结算应对未结算的维修工作单进行结算操作并打印出结算单,结算单中应包含车辆的基本信息、工时费、材料费、应收金额、实收金额、税金、挂账金额以及相应的配件明细和维修明细等内容;查询统计应按不同的条件统计维修业务接待记录;应按不同的条件统计维修车辆的检验信息;应按不同的条件查询维修派工、领料、退料等车辆维修信息;统计维修工时,统计条件应至少包含按人员统计和按维修项目统计等方式;统计车辆的返修信息;应查询车辆二级维护情况,了解该车辆的下次二级维护时间,以提醒车主到期进行二级维护作业;应按不同的条件对已结算或已出厂的维修业务进行统计;统计条件应支持用户自行设计定义。

②采购进货:应记录配件订货、入库、采购退回等信息,并打印出订货单、入库单、配件采购单等相应单据;配件销售应记录配件的报价、销售、销售退回等信息,并打印出报价单、销售单、配件销售单等相应单据;库存管理应对库存中的配件进行盘点,并可打印出相应的盘点单,配件库存根据盘点操作应实时产生相应的变化;应实现配件的调拨并打印出相应的调

拨单,配件的库存根据调拨操作应实时产生相应的变化;账务管理应对相应的客户、供应商进行收款操作,并生成相应的实收、实付记录,应能增加应收账款、应付账款的发生记录,并可根据不同的条件进行查询操作;工具设备管理应录入、修改工具入库信息及借出、归还、报废等相关信息,并打印出相应的单据;人员管理应录入、修改、打印和查询人员基础档案,数据应报送到汽车维修行业管理信息系统;基本信息管理应录入本单位的基本信息,并可根据不同的情况选择成本结算方式、销售依据和入库单价核算方式;应记录供应商、客户、维修车辆、维修项目、组合维修项目以及设施、设备、工具的档案信息;应设置维修工时费率、优惠标准以及其他费用;查询统计应按不同条件查询统计配件订货、配件入库、配件退回等信息;应按不同条件查询统计配件报价、配件销售、配件销售退回等信息;应按不同条件查询统计出当前配件的库存情况;查询出配件的进出库明细;应不同条件查询库存盘点记录、调拨记录;应不同条件查询实收账款的总账及明细账、实付账款的总账及明细账;应按各种组合条件统计出工具、设备的各项信息;应按各种组合条件统计人员基础档案;应统计基本信息管理;查询统计结果应能打印;统计条件应支持用户自行设计定义。

3)系统配置

应对系统运行的各种基础参数进行设置,如单位编号、单位名称、机构设置等参数;应对系统所使用的各种辅助代码进行增加、修改、删除等操作;应对操作者进行权限分配和控制,控制级别应至少到菜单级;对特殊要求应能够控制到界面的功能按钮;应能详细记录用户的使用操作日志;应提供对系统所使用的各类单证套打位置参数更改的功能;应提供数据库备份和恢复功能,并有严格的使用权限限制;应支持用户自定义菜单;应提供各种数据查询统计的自定义功能,统计图形分析功能,并能挂接在系统中,对要求上报的数据应上报;能提供报表的自定义功能,并使自定义的报表挂接在系统中,对要求上报的数据应上报。

4)系统数据接口

系统数据接口有良好的可扩展性和开放性;应实现上下级管理部门之间相关数据的传递和报送;应实现汽车维修企业和汽车维修行业管理部门之间的数据的传递和报送;应有完善的数据报送和接受机制,对报送出的数据应进行压缩和加密处理;数据上报与传输方式至少支持磁盘、电话拨号、直接联网等远程数据报送方式;应能查询数据接收日志。

5)系统性能

(1)安全性。系统应具有安全控制机制,防止他人非法操作,造成数据修改、丢失等情况,确保数据的真实性。

(2)可靠性。系统应具有可靠性和容错能力,在用户误操作时能保证系统的正常运行及数据的安全,系统能保证数据的完整性和有效性。

(3)扩展性。系统应具有相对的灵活性,应根据管理工作的变化进行相应的功能扩展,系统功能扩展易于维护。

(4)时效性。系统应快速完成对数据的传送、处理、统计、查询,以满足信息处理对时间的要求,具有较高的工作效率。

6)系统的安装和维护

应具备系统软件的安装软件包,使用户能自主安装、恢复工作程序;系统应具备相应的用户文档(例如手册指南等),用户文档应指明成功运行该系统所需要的数据、控制命令以及运行条件等;应指明所有的出错信息、含义及其修改方法。应描述将用户发现的错误或问题通知系统承办单位(或软件开发商)的方法;软件升级时应能够继承原有数据。

2.《道路运输车辆技术等级划分及技术评定要求》(JT/T 198—2016)

该标准规定了道路运输车辆的技术等级划分、评定项目、评定要求以及评定规则。该标准适用于申请从事道路运输经营的车辆和正在从事道路运输经营的车辆。从事驾驶员培训等道路运输相关业务的车辆可参照使用。

1) 技术等级划分

道路运输车辆技术等级划分为一级和二级。

2) 评定项目和要求

道路运输车辆技术等级评定项目包括"核查评定项目"(表1-2-18)和"技术评定项目"(表1-2-19)。其中"技术评定项目"分为"关键项""一般项"和"分级项"。申请从事道路运输经营的车辆按"核查评定项目"和"技术评定项目"进行评定。在用道路运输经营的车辆按"技术评定项目"进行评定。道路运输车辆技术等级评定的检验方法和不合格项的复检要求执行 GB 18565—2016 规定。

核查评定项目和要求　　　　表1-2-18

序号	评定项目	客车评定要求 (GB 18565 相关条款)		货车及挂车评定要求 (GB 18565 相关条款)	
		一级	二级	一级	二级
1	防抱死制动装置	4.2.1		4.2.1	
2	盘式制动器	4.2.2		//	
3	缓速器或其他辅助制动装置	4.2.3		4.2.3	
4	制动间隙自动调整装置	4.2.4		4.2.4	
5	压缩空气干燥或油水分离装置	4.2.5		4.2.5	
6	子午线轮胎	4.2.6		4.2.6	//
7	安全带	4.2.7		4.2.7	
8	限速功能或限速装置、超速报警功能	4.2.8		4.2.8	//
9	卫星定位系统车载终端	4.2.9		4.2.9	4.2.9
10	发动机舱自动灭火装置	4.3.2		//	//

注:标记"//"的项目为不参与评级项。

技术评定项目和要求　　　　表1-2-19

序号	评定项目	评定内容	项目属性	评定要求 (GB 18565 相关条款)	
				一级	二级
1	唯一性认定	号牌号码、车辆类型、品牌型号、车身颜色、发动机号、底盘号、VIN号、挂车架号、中重型货车及挂车外廓尺寸、货车及挂车车厢栏板高度、客车的座(轴)位数	★	5.1.1	

续上表

序号	评定项目	评定内容		项目属性	评定要求（GB 18565 相关条款）	
					一级	二级
2	电子控制系统	与发动机排放控制系统、防抱死制动装置和电动助力转向系统及其他与行业安全相关的故障信息		★	5.1.2	
3	发动机	工作性能	起动性能	■	5.1.3.1.1	
			柴油发动机停机装置	★	5.1.3.1.2	
			发动机运转	■	5.1.3.1.3	
		密封性	发动机缸体、油底壳、冷却水道边盖、放水阀、散热器	■	5.1.3.2	
		传动带	助力转向传动带	★	5.1.3.3	
			空气压缩机传动带/齿轮箱	★		
		燃料供给	输料管、燃料箱及燃料管路、燃料箱盖、燃料箱改动或加装	★	5.1.3.4	
4	制动系	行车制动	制动管路、制动缸及气（油）路、制动报警装置、缓速器、储气筒、制动踏板	★	5.1.4.1.1～5.1.4.1.4, 5.1.4.1.6, 5.1.4.1.7	
			气压制动弹簧储能装置	■	5.1.4.1.5	
		驻车制动		★	5.1.4.2	
5	转向系	部件连接、部件技术状况、转向助力装置		★	5.1.5.1～5.1.5.3	
		转向盘最大自由转动量		●	最高设计车速大于或等于100km/h的车辆不大于10°，其他车辆不大于20°	5.2.5.2
6	行驶系	车架		★	5.1.6.1	
		车桥	裂纹及变形	★	5.1.6.2.1	
			车桥密封性	■	5.1.6.2.2，允许有轻微渗油，不得滴漏	
		拉杆和导杆、车轮及螺栓、螺母		★	5.1.6.3, 5.1.6.4	
		轮胎	轮胎外观、同轴轮胎的规格和花纹、轮胎的速度级别、充气压力、翻新轮胎、轮胎类型、备用轮胎	★	5.1.6.5.1, 5.1.6.5.3～5.1.6.5.8	
			胎冠花纹深度	●	乘用车和挂车不小于2.5mm，其他车辆转向轮不小于3.8mm，其余轮胎不小于2.5mm	5.1.6.5.2
		悬架	弹性元件、部件连接	★	5.1.6.6.1, 5.1.6.6.2	
			减振器	■	5.1.6.6.3	

续上表

序号	评定项目	评定内容	项目属性	评定要求（GB 18565 相关条款）	
				一级	二级
7	传动系	离合器	■	5.1.7.1	
		变速器	■	5.1.7.2	
		传动件异响	■	5.1.7.3	
		万向节与轴承	★	5.1.7.4	
8	照明、信号装置和标识	外部照明和信号装置、前照灯远/近光光束变换功能、反射器与侧标志灯、货车车身反光标识和尾部标志板	★	5.1.8.1~5.1.8.4	
9	电气线路及仪表	导线	导线绝缘层/线束固定、导线及连接蓄电池接头/绝缘套、金属孔绝缘护套	★	5.1.9.1	
		仪表与指示器、卫星定位系统车载终端	★	5.1.9.2,5.1.9.3	
10	车身	门窗及照明	车门应急控制器、应急门和安全顶窗、应急窗和玻璃破碎装置	★	5.1.10.1.1~5.1.10.1.3	
			门、窗玻璃	●	玻璃齐全完好	5.1.10.1.4
			客车车厢灯和门灯	■	5.1.10.1.5	
		车身外观	车身与驾驶室	●	车身、驾驶室完好	5.1.10.2.1
			车身两侧对称部位的高度差	●	车身两侧对称部位的高度差不大于20mm	5.1.10.2.2
			车身外部和内部的尖锐凸起物	★	5.1.10.2.3	
			车身表面涂装	●	客车车身和货车驾驶室涂装无缺损,补漆颜色与原色基本一致	5.1.10.2.4
			货车车厢、车门、栏板、底板、栏板锁止机构	★	5.1.10.2.5	
			驾驶室车窗玻璃附加物及镜面反光遮阳膜	★	5.1.10.2.6	
11	附属设备	后视镜和下视镜、风窗刮水器	★	5.1.11.1,5.1.11.2	
		风窗洗涤器	■	5.1.11.2	
		防炫目装置、除雾/除霜装置	★	5.1.11.3,5.1.11.4	
		排气管和消声器	■	5.1.11.5	

续上表

序号	评定项目	评定内容		项目属性	评定要求（GB 18565 相关条款）	
					一级	二级
12	安全防护	安全带、侧面防护装置、后部防护装置		★	5.1.12.1～5.1.12.3	
		保险杠		■	5.1.12.4	
		牵引装置和安全锁止机构	汽车列车牵引装置的连接和安全锁止机构	★	5.1.12.5.1	
			集装箱运输车固定集装箱箱体的锁止机构		5.1.12.5.2	
		安全架与隔离装置		★	5.1.12.6	
		灭火器材、警示牌和停车楔		★	5.1.12.7	
		危险货物运输车辆安全装置与标识		★	5.1.12.8.1、5.1.12.8.2、5.1.12.8.4	
		装运危险货物的罐（槽）式车辆罐体的检验合格证明或报告		★	5.1.12.8.3	
13	动力性①	驱动轮轮边稳定车速		●	$\eta = 0.82$ 时：$V_w \geq V_e$ 或 $V_w \geq V_e$	5.2.1
14	燃料经济性②	燃料消耗量		★	5.2.2	
15	制动性	整车制动率、轴制动率		★	5.2.3.3.1	
		制动不平衡率		●	前轴制动不平衡率≤20%，后轴制动不平衡率≤24%（当后轴制动力小于后轴轴荷的60%时，制动不平衡率≤后轴轴荷的8%）	5.2.3.3.1
		汽车列车抽动时序、制动协调时间、牵引车与挂车制动力分配		//	5.2.3.3.2、5.2.3.3.3	
		驻车制动		★	5.2.3.5	
16	排放性③	排气污染物		★	5.2.4	
17	转向操纵性	转向轮横向侧滑量		★	5.2.5.1	
18	悬架特性	悬架吸收率		★	5.2.6	
19	前照灯	远光发光强度		★	5.3.1.1	
		光束垂直偏移		■	5.3.1.2	
20	车速表	示值误差		■	5.3.2	
21	车轮阻滞率	各车轮的阻滞力		★	5.3.3	
22	喇叭	喇叭声级		★	5.3.4	

注：项目属性栏标记为"★"为关键项，标记为"■"为一般项，标记为"●"为分级项，标记为"//"的暂不做评定。
① 注册日期在三个月以内的车辆（按机动车行驶证的注册日期核定，以下同），动力性视为一级；纯电动汽车不做评定。
② 注册日期在三个月以内的车辆，燃料经济性视为合格；以汽油或者柴油为单一燃料且最大设计总质量超过3500kg 的在用道路运输车辆应进行燃料经济性评定，其他车辆不做评定。
③ 注册日期在三个月以内的车辆，排放性视为合格。

3）评定规则

（1）符合以下要求的车辆评为一级车：

①表1-2-18中的"核查评定项目"达到一级。

②表1-2-19中的"关键项"均为合格。

③表1-2-19中的"一般项"的不合格数不超过3项。

④表1-2-19中的"分级项"达到一级。

（2）符合以下要求的车辆评为二级车：

①表1-2-18中的"核查评定项目"至少达到二级。

②表1-2-19中的"关键项"均为合格。

③表1-2-19中的"一般项"的不合格数不超过6项。

④表1-2-19中的"分级项"达到二级。

（3）不符合以上(1)、(2)要求的车辆评为不合格车辆。

3.《事故汽车修复技术规范》(JT/T 795—2011)

该规范为事故汽车维修项目、维修工艺、维修工时、维修质量等控制提供了科学依据。事故汽车修复技术规范在有效指导事故汽车维修企业确定合理、科学的汽车修复方案的同时，对保险理赔也起到重要指导作用。

1）事故汽车修复流程与规范要求

（1）事故汽车损伤等级评定。对于事故汽车修复来说，进厂检验是汽车修复最关键、最重要的步骤。在事故汽车修理开始之前，承修单位需要全面检测、分析车辆系统损伤情况以及车辆零部件损伤细节，科学确定车辆损伤部件、划定损伤等级，并及时提出作业项目。划定损伤等级是确定事故损伤程度的重要指标。在损伤等级的具体指导下，相关承修单位可确定作业项目、事故维修方案，并结合损伤情况合理确定质保期限。

损伤等级评定主要以八大系统（车身系统、发动机系统、变速器系统、驱动桥系统、非驱动桥系统、车架系统、制动系统、转向系统）损伤情况为界定标准，综合考虑交通事故带来的汽车总成功能削减与车辆部件损伤情况，合理划分事故汽车损伤等级。

对于可修复车辆来说，结合车辆损伤情况、维修工作量、维修难度，可将损伤等级划分为三类：

①Ⅰ级损伤。Ⅰ级损伤包括两种情况：指车架或发动机总系统损坏；非承载式车身系统、变速器系统、驱动桥系统、非驱动桥系统、制动系统、转向系统中三个或以上系统损坏。

②Ⅱ级损伤。非承载式车身系统、变速器系统、驱动桥系统、非驱动桥系统、制动系统、转向系统中一个或以上损坏。

③Ⅲ级损伤。没有构成系统损坏。

（2）事故汽车修复过程的监督与检查。事故汽车修复，尤其是针对Ⅰ级损伤车辆来说，整个修复过程相当于二次生产，因此，事故汽车修复对于修复质量有着严格标准。新形势下，强化事故汽车修复过程监督与检查，对于全面提高汽车修复质量具有重要作用。与其他技术标准相比，对于关键工艺过程的选择、关键安全部件检修更侧重于汽车的安全性能修复。对于车辆电子控制系统、安全气囊、制动系统等部件的标准要求相当高，必须将其作为洗车修复的主要参考依据。在具体的过程检查中，需要结合车辆具体结构，对车辆发动机系统、转向系统、制动系统、车身系统、行走系统等进行重点检查,全面保障装配工艺的合理性与汽车系统功能的有效性。

(3)事故汽车出厂检查及注意事项。事故汽车出厂检查包括以下两个方面:

①竣工检查。站在综合评定角度上,分析事故汽车性能恢复情况。评价车辆性能主要从行车安全性、行车可靠性、经济性、动力性、密封性、噪声与排放等多个角度出发。结合承修单位的实际情况选择具体检验方法,如果承修单位不具备检验能力,需要委托检测机构进行检测。几何尺寸是评价车身修复质量、车架质量的重要标准,如果尺寸超限,将会严重影响汽车操纵稳定性与行驶能力。因此,需要严格限制车辆的基本参数、轴距情况、离地高差、整备质量等指标,多方面共同入手,保障车辆外形、外观恢复优良。

②路试检查。对于路试1.5h或50km后的事故车辆,需要进行整车静态检查。对于车辆的液压元器件、线路泄漏、紧固件、摩擦等情况进行全面检查。要求变速器润滑油温度以及其他齿轮油温正常,连接部件无漏油、漏水情况,各部件支承轴承温度不能过热。最后对各部件连接螺栓、轮胎螺母等进行仔细检查,使得各螺栓拧紧力矩与原车设计标准相吻合。

2)维修配件标准与规范要求

维修配件品质直接决定着事故汽车修复质量,为了更好地发挥汽车整体性能,事故汽车修复技术规范明确提出,总结了系统损坏后必须更换的关键部件,而且,所有更换的零部件均须与原车设计标准相吻合。若事故送修人自配零部件,必须经过本人签字。对于安全气囊、电子元件、车身结构件等影响汽车安全运行的重要维修配件更换,需要严格按照以下标准进行:

(1)及时更换有特殊更换要求的零部件。

(2)及时修理变形车身结构,对损坏零部件及时更换。

(3)若车身板件出现严重撕裂或变形,及时更换。

(4)超高强度车身板件损坏,若无法在冷态下校正,需及时更换。

(5)及时更换损坏的车身紧固件。

(6)及时更换功能丧失或损坏的电子元件。

(7)及时更换损坏的线束总成。

(8)及时更换发生作用的安全气囊,对于没有发生作用的安全气囊,必须进行质量检验,确保质量标准。

(9)及时更换发生作用的安全带,对于没有发生作用的安全带,必须进行质量检验,确保质量达标。

3)维修质量保障规范

事故汽车维修企业必须严格按照质量保证期与三检制度,仔细、严谨地做好事故汽车诊断检查、过程维修以及竣工检验工作,及时填写各项检查数据,并签发合格证。细分标准要求如下所示:

(1)对于Ⅰ级、Ⅱ级损伤车辆,修复竣工后,需签发竣工合格证。

(2)综合考虑车辆损伤情况与修复作业复杂性,结合车辆损伤等级合理确定质量保证期。质量保证期从车辆检验出厂日起算,对于Ⅰ级、Ⅱ级、漆面损伤的Ⅲ级事故车辆,以行驶100日或行驶20000km为准。对于Ⅲ级事故车辆，以行驶10日或行驶2000km为准。

（3）在质保期内，因维修质量导致车辆无法正常运行，维修企业必须及时无偿返修。

（4）在质保期内，若同一维修项目经两次维修后仍无法正常运行，维修企业必须及时联系其他企业维修，并承担维修费用。

4.《机动车维修服务规范》(JT/T 816—2011)

本标准规定了机动车维修服务的总要求、维修服务流程、服务质量管理及服务质量控制等内容。本标准适用于汽车整车维修企业和发动机、车身、电气系统、自动变速器专项维修业户，其他的机动车维修企业可参照执行。

1）维修服务总要求

（1）经营者应按照GB/T 16739.1—2014和GB/T 16739.2—2014的规定，根据维修车型种类、服务能力和经营项目，具备相应的人员、组织管理、安全生产、环境保护、设施、设备等条件，并取得机动车维修经营许可等相关证件。

（2）经营者应依法经营、诚实守信、公平竞争、优质服务，在经营场所的醒目位置悬挂全国统一式样的机动车维修标志牌。

（3）经营者应将主要维修项目收费价格、维修工时定额、工时单价报所在地道路运输管理机构备案。发生变动时，应在变动实施前重新报备。

（4）经营者应在业务接待室等场所醒目位置公示以下信息：

①机动车维修经营许可证、工商营业执照、税务登记证明。

②业务受理程序。

③服务质量承诺。

④客户抱怨受理程序和受理电话。

⑤所在地道路运输管理机构监督投诉电话。

⑥经过备案的主要维修项目收费价格、维修工时定额、工时单价，常用配件现行价格。

⑦维修质量保证期。

⑧企业负责人、技术负责人及业务接待员、质量检验员、维修工（机修、电器、钣金、涂漆）、价格结算员照片、工号以及从业资格信息等。

⑨提供汽车紧急维修救援服务的，应公示服务时间、电话、收费标准。

（5）汽车整车维修企业应建立维修服务信息化管理系统，对客户信息、维修流程、配件采购与使用、费用结算等进行管理。

（6）经营者对原厂配件、副厂配件和修复配件应明码标价，并提供常用配件的产地、生产厂家、质量保证期、联系电话等相关信息资料，供客户查询。有条件的经营者可配备计算机、触摸屏等自助电子信息查询设备。

2）维修服务流程

（1）建立服务流程。机动车维修服务流程如图1-2-3所示。经营者可依据自身规模、作业特点建立适用本企业的维修服务流程。

（2）客户维修接待。客户接待主要包括进厂维修接待、预约维修接待、紧急维修救援接待。业务接待员应遵守礼仪规范，主动热情，真诚友好，仪表端庄，语言文明，自报工号，认真听取客户关于车况和维修要求的陈述，并做好记录，及时为客户提供咨询服务。车辆进厂时,业务接待员应查验车辆相关证件,与客户一起进行环车检查,并办理交接手续。检查时,对于可能造成污损的车身部位,应铺装防护用品。客户寄存随车物品,应在车辆交接单上详细记录,并妥善保管。车辆交接单经客户签字确认。

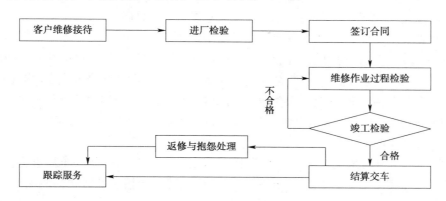

图 1-2-3　机动车维修服务流程

（3）进厂检验。质量检验员应根据车辆技术档案和客户陈述进行技术诊断。进厂检验应在专用的工位或区域,按照相关技术标准或规范对车辆进行检验,并做好进厂检验记录。需要解体检查或者路试的,应征得客户同意。进厂检验后,应告知客户车辆技术状况、拟订的维修方案、建议维修项目和需要更换的配件。

（4）签订合同。业务接待员应根据车辆进厂检验结果和客户需求,本着自愿、合法、适用的原则,与客户协商签订汽车维修合同。维修合同应包含以下主要内容：

①经营者、客户的名称。

②签约日期。

③车辆基本信息。

④维修项目。

⑤收费标准、预计维修费用及费用超出的解决方式。

⑥交车日期、地点、方式。

⑦质量保证期。

经营者对机动车进行二级维护、总成修理、整车修理的,宜使用当地主管部门推荐的汽车维修合同示范文本。维修过程应严格按照合同约定进行。确需增加维修项目的,经营者应及时与客户沟通,征得同意后,按规定签订补充合同。

5.《混合动力电动汽车维护技术规范》(JT∕T 1029—2016)

本标准适用于总质量不小于 3500kg 的混合动力电动汽车,规定了混合动力电动汽车维护的作业安全和技术要求。

1）作业安全

（1）进行高压电路维护时,工作区域应用隔离栏隔离,并悬挂警示牌。

（2）进行高压电路维护的人员应经专业培训合格。

（3）进行高压电路维护时,应佩戴符合技术要求的绝缘手套、绝缘鞋,使用绝缘工具。

（4）进行高压电路维护时,应断开高压电路,直到整车维护作业完成后才能接通。

(5) 进行动力蓄电池组(超级电容组)维护时,应先断开低压电源。

(6) 禁止同时接触动力蓄电池组(超级电容组)的正负极。

(7) 禁止用水直接清洗电气系统部件。

(8) 进行高压系统绝缘检测时,应断开高压电路和重要总成。

2) 技术要求

(1) 一般要求。混合动力电动汽车维护的分级和周期应符合 GB/T 18344—2016 的要求。混合动力电动汽车维护作业时,依次进行电动系统专用装置维护作业、天然气专用装置维护作业和常规车辆维护作业。天然气专用装置维护作业按 GB/T 27876—2011 或 JT/T 1009—2015 的规定进行,常规车辆维护作业按 GB/T 18344—2016 的规定进行

(2) 电动系统专用装置维护。

① 日常维护。电动系统专用装置日常维护应在出车前、行车中和收车后进行。出车前、行车中和收车后,均应检查仪表显示屏主界面,发现故障报警信息及时报修。出车前和收车后,插电式混合动力电动汽车还应检查动力蓄电池组(超级电容组)剩余电量不足时应及时充电。收车后,还应检查设备舱门锁是否完好、有效。

② 一级维护。电动系统专用装置一级维护技术要求见表 1-2-20。

电动系统专用装置一级维护技术要求　　　　　　　　表 1-2-20

序号	作业项目		作业内容	作业要求
1	仪表		检查仪表工作状态	(1) 仪表工作正常,字迹清晰或指示准确; (2) 信号装置报警功能正常
2	驱动电动机离合器		(1) 检查离合器工作状况; (2) 检查离合器电控系统	(1) 离合器应分离彻底,不发抖、不打滑; (2) 离合器电控系统表面清洁,线路插件应连接良好
3	动力蓄电池组或超级电容组	壳体	(1) 检查外观; (2) 检查紧固情况	(1) 壳体应清洁,干燥,完好,无损坏; (2) 壳体固定支架应牢固,无松动
		散热系统	(1) 检查风扇工作状况; (2) 检查进风软管状况及固定情况; (3) 清洁防尘网	(1) 风扇应工作正常,无老化、损坏; (2) 壳体进风软管应无破裂、凸痕,卡箍应牢靠; (3) 防尘网应清洁,无杂物
		管理系统	(1) 检查模块插件固定情况; (2) 检查系统工作状况	(1) 模块插件应插接牢固、无腐蚀; (2) 管理系统数据显示应正常
4	低压电气控制系统	低压电气控制器	(1) 检查工作状况; (2) 检查固定情况; (3) 用风枪或毛刷进行清洁	(1) 控制器应工作正常; (2) 控制器应连接规范,安装牢固; (3) 散热器、电线插头等应清洁、干燥
		冷却风扇	(1) 检查线路连接情况; (2) 检查固定情况; (3) 清洁外观	(1) 线路插件应连接良好; (2) 风扇机体应牢固; (3) 风扇表面应保持清洁

续上表

序号	作业项目		作业内容	作业要求
5	高压电气控制系统	驱动电动机	(1)清洁外观； (2)检查线路连接情况； (3)检查固定情况； (4)检查工作状况； (5)检查冷却系统	(1)电动机表面应清洁、干燥； (2)线路插件应连接良好； (3)电动机安装支架及减振垫应完好牢固； (4)电动机运行时，应无异常振动和噪声； (5)电动机冷却系统应工作正常，无泄漏，冷却液充足
		发电机	(1)清洁外观； (2)检查线路连接情况； (3)检查固定情况； (4)检查工作状况； (5)检查冷却系统； (6)检查皮带工作状况	(1)电动机表面应清洁、干燥； (2)线路插件应连接良好； (3)电动机安装支架及减振垫应完好牢固； (4)电动机运行时，应无异常振动和噪声； (5)发电机冷却系工作正常，无异常温度变化； (6)发电机皮带应无松弛、老化现象
		高压电器控制器	(1)检查工作状况； (2)检查固定情况并紧固； (3)用风枪或毛刷进行清洁	(1)控制器应工作正常； (2)控制器应连接规范，安装牢固，接地良好，插头紧固； (3)散热器、电线插头应清洁、干燥，控制器舱进、出风道应保持通畅
		主开关	检查工作状况	主开关功能正常，通、断状态良好
		断路器	(1)检查断路器规格； (2)检查固定情况	(1)断路器规格应符合要求； (2)断路器应接线牢固，无松动
		变频器	(1)检查固定情况； (2)清洁外观	(1)变频器应接线牢固； (2)变频器应保持清洁、干燥
6	线束及充电插孔		(1)检查工作状况； (2)检查固定情况； (3)清洁充电插孔	(1)电线、电缆应无松散、破损、老化现象，且绝缘性能良好； (2)线束捆扎合理，安装牢固； (3)充电插孔应清洁，并接插牢固
7	车辆标志		检查外观	车辆标志应符合 GB/T 19751

③二级维护。电动系统专用装置的二级维护除按表1-2-20完成一级维护作业项目外，还应按表1-2-21完成增加的作业项目。

电动系统专用装置二级维护增加项目的技术要求　　　　　　表1-2-21

序号	作业项目		作业内容	作业要求
1	驱动电动机离合器		调整离合器自由行程	离合器间隙应符合使用要求
2	动力蓄电池组或超级电容组	电压特性	(1)检查电池模块或电容的电压； (2)视情况更换电池组或电容	电压特性应符合产品说明书要求
		绝缘特性	测量壳体绝缘电阻	壳体绝缘特性应符合 GB/T 18384

续上表

序号	作业项目		作业内容	作业要求
3	高压电气控制系统	驱动电动机	(1) 清洗水垢; (2) 补充润滑脂; (3) 检查轴承径向间隙,视情况更换; (4) 测量绝缘电阻	(1) 电动机冷却系统内部应无水垢; (2) 电动机润滑脂应充足; (3) 轴承径向间隙应符合产品说明书要求; (4) 电动机绝缘特性应符合 GB/T 18384
		发电机	(1) 测量绝缘电阻; (2) 修复绝缘电阻故障	发电机绝缘特性应符合 GB/T 18384
		驱动电动机控制器	(1) 测量绝缘电阻; (2) 修复绝缘故障	驱动电动机控制器绝缘特性应符合 GB/T 18384
4	整车绝缘特性		(1) 测量绝缘电阻; (2) 修复绝缘故障	整车绝缘特性应符合 GB/T 18384

(3) 混合动力电动汽车二级维护竣工检验。混合动力电动汽车常规车辆和天然气专用装置的二级维护竣工检验按 GB/T 18344—2016、GB/T 27876—2011 和 JT/T 1009—2015 进行。混合动力电动汽车电动系统专用装置二级维护竣工检验应符合紧固程度、绝缘性能、安全标志和路试等检验要求。

①紧固检验。动力蓄电池组(超级电容组)、驱动电动机、电动机冷却系统、电气控制系统、电路及其他专用装置等主要部件的安装,应符合整车厂相关维护技术要求,卡箍应位置合理、固定牢固。

②绝缘特性检验。动力蓄电池组(超级电容组)、驱动电动机、动力发电机、电动机控制器输入/输出端、风扇电动机绝缘特性以及整车绝缘特性,应符合整车厂相关维护技术要求。

③车辆标志检验。混合动力电动汽车车辆标志应符合 GB/T 19751—2005。

④路试检验。车辆通电后,检查仪表显示屏主界面,应无故障报警信息。动力蓄电池组(超级电容组)剩余电量应符合要求。起动车辆,在车辆行驶过程中应满足:

a. 车辆起动平稳,电气系统工作正常。

b. 加速平稳,无明显冲击感。

c. 能量回收过程中制动、滑行均匀、平稳。

d. 行驶过程中,仪表显示屏工作正常。

第三章

机动车构造原理

学习目标

熟悉机动车的构造原理在检测维修中的应用。

第一节 汽车概述

一、汽车的分类及车辆识别代号

1. 汽车分类

汽车是指由动力驱动,具有4个或4个以上车轮的非轨道承载的车辆,主要用于载运人员或货物、牵引载运人员或货物的车辆以及特殊用途的车辆。

汽车按用途分为乘用车和商用车。

乘用车是指在其设计和技术特性上主要用于载运乘客及其随身行李和/或临时物品的汽车,包括驾驶员座位在内最多不超过9个座位。它也可以牵引一辆挂车。

商用车是指在设计和技术特性上用于运送人员和货物的汽车,并且可以牵引挂车(乘用车不包括在内)。

乘用车和商用车的详细分类如图1-3-1所示。

2. 车辆识别代号(VIN)的含义

车辆识别代号(VIN),也称17位编码,是国际上通行的标识机动车辆的代码,是制造厂给每一辆车指定的一组字码,一车一码,具有在世界范围内对一辆车的唯一识别性。

《道路车辆 车辆识别代号(VIN)》(GB 16735—2004)规定了车辆识别代号由世界制造厂识别代号(WMI)、车辆说明部分(VDS)、车辆指示部分(VIS)三部分组成,共17位字码,如图1-3-2所示。

(1)世界制造厂识别代号(WMI)。世界制造厂识别代号(WMI)是车辆识别代号(VIN)的第一部分,用以标识车辆的制造厂。当此代号被指定给某个车辆制造厂时,就能作为该厂的识别标志,世界制造厂识别代号在与VIN代号的其余部分一起使用时,足以保证30年之内在世界范围内制造的所有车辆的 VIN 代号具有唯一性。

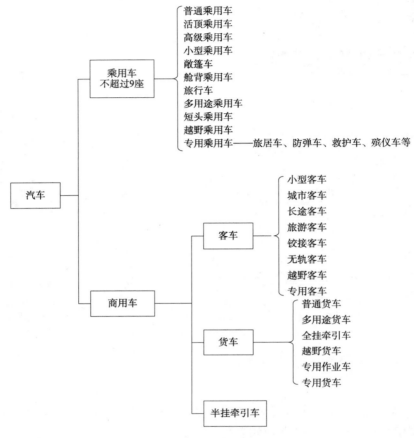

图 1-3-1　汽车类型

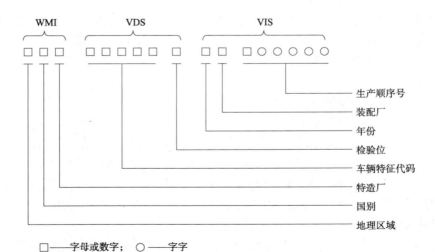

图 1-3-2　车辆识别代号（VIN）示意图

WMI 代号的第一位字码是由国际代理机构分配的、用以标明一个地理区域的一个字母或数字字码,国际代理机构已经根据预期的需要为某一个地理区域分配了几个字码。例如:1～5 是北美;S～Z 是欧洲;J～R 是亚洲等。

WMI 代号的第二位字码是由国际代理机构分配的、用以标明一个特定地区内的一个国家的一个字母或数字字码,国际代理机构已经根据预期的需要为某一个国家分配了几个字码。WMI 代号应通过第一位和第二位字码的组合保证国家识别标志的唯一性。

WMI 代号和第三位字码是由国家机构指定的、用以标明某个特定的制造厂的一个字母或数字字码,WMI 代号应通过第一位、第二位、第三位字码的组合保证制造厂识别标志的唯一性。

如:LFV——一汽-大众汽车有限公司、LSG——上海通用汽车有限公司、JHM——日本本田技研工业股份有限公司、WDB——德国戴姆勒-奔驰公司、WBA——德国宝马汽车公司、KMH——韩国现代汽车公司等。

(2)车辆说明部分(VDS)。车辆说明部分(VDS)是车辆识别代号(VIN)的第二部分,由 6 位字码组成,用于识别车辆的一般特性,其代码及顺序由车辆制造厂决定。

(3)车辆指示部分(VIS)。车辆指示部分(VIS)是车辆识别代号(VIN)的第三部分,由 8 位字码组成,其最后 4 位字码应是数字。车辆指示部分第 1 位字码一般指示车车辆生产年份,用阿拉伯数字 1～9 和大写的罗马字母 A～Z(不包括字母 I、O、Q、U、Z)表示,30 年循环一次。2014 年代码为 E,2015 年代码为 F……以此类推。

VIS 的第二位字码应代表装配厂,若无装配厂,制造厂可规定其他内容。VIS 的第 3～8 位字码用来表示生产顺序号。

二、汽车总体构造和行驶原理

1. 汽车的总体构造

汽车通常由发动机、底盘、车身、电气设备组成,汽车总体构造如图 1-3-3 所示。

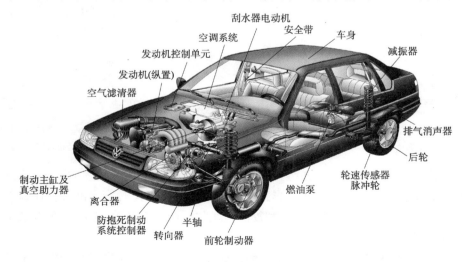

图 1-3-3 乘用车整车透视图

(1) 发动机。发动机是汽车的动力源，其功用是使供入其中的燃料燃烧而发出动力。现代汽车发动机主要采用的是往复活塞式内燃机，它一般由曲柄连杆机构、配气机构、燃料供给系统、冷却系统、润滑系统、点火系统（汽油发动机采用，柴油机没有）和起动系统等组成。

(2) 底盘。底盘的功用是支承、安装汽车发动机及其各部件、总成，形成汽车的整体造型，并接受发动机的动力，使汽车产生运动，保证正常行驶。底盘由传动系统、行驶系统、转向系统和制动系统组成。

(3) 电气设备。电气设备包括发动机电气设备（蓄电池、充电系统、起动系统和发动机点火系统）、照明与信号系统、组合仪表与报警装置、刮水器和洗涤器系统、空调系统以及音响、安全气囊等。在现代汽车上，汽车电子化、智能化的程度也越来越高。现代汽车电子控制已从单一项目的控制，发展到多项内容复合的集中控制，逐渐形成一个整车电子控制。

(4) 车身。车身是驾驶员工作的场所，也是装载乘客和货物的场所。汽车车身不仅要为驾驶员提供方便的操作条件、为乘客提供舒适安全的环境或保证货物完好无损，还要求其外形精致，给人以美的享受。

2. 汽车的总体布置及驱动类型

为满足不同的使用要求，汽车的总体布置可有不同的形式。现代汽车按发动机相对于各总成的位置，有下列几种布置形式。

(1) 发动机前置后轮驱动(FR)。发动机前置后轮驱动布置形式如图 1-3-4 所示，这是传统的布置形式，大多数货车、部分乘用车和部分客车都采用这种形式。

(2) 发动机前置前轮驱动(FF)。发动机前置前轮驱动布置形式如图 1-3-5 所示，这是现代大多数乘用车采用的布置形式，具有结构紧凑、整车质量小、底板低、高速时操纵稳定性好等优点。

(3) 发动机后置后轮驱动(RR)。发动机后置后轮驱动布置形式如图 1-3-6 所示，这是目前大、中型客车采用的布置形式，具有室内噪声小、空间利用率高等优点。少数乘用车也采用这种布置形式。

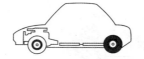 图 1-3-4 发动机前置后轮驱动布置示意图

 图 1-3-5 发动机前置前轮驱动布置示意图

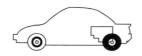 图 1-3-6 发动机后置后轮驱动布置示意图

(4) 发动机中置后轮驱动(MR)。发动机中置后轮驱动布置形式如图 1-3-7 所示，这是方程式赛车和大多数跑车采用的布置形式。将功率和尺寸很大的发动机布置在驾驶员座椅与后轴之间，有利于获得最佳轴荷分配和提高汽车的性能。少数大、中型客车也采用这种布置形式，把卧式发动机安装在底板下面。

(5) 四轮驱动(4WD)。四轮驱动布置形式如图 1-3-8 所示，四轮驱动是指汽车 4 个车轮都是驱动轮，这是越野汽车特有的布置形式。通常发动机前置，在变速器之后的分动器将动

力分别输送给全部驱动轮。

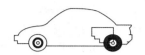

图1-3-7 发动机中置后轮驱动布置示意图

图1-3-8 四轮驱动布置示意图

3. 汽车行驶原理

(1)汽车行驶阻力。要使汽车行驶,必须对汽车施加一个驱动力以克服各种阻力。汽车行驶阻力包括滚动阻力、空气阻力、上坡阻力和加速阻力。

①滚动阻力(F_f)。车轮滚动时,轮胎与地面的接触区域会产生轮胎与支撑路面的变形(当弹性轮胎在硬路面上滚动时,轮胎的变形是主要的),由此而引起的地面对轮胎的阻力,就是滚动阻力。滚动阻力等于滚动阻力系数与车轮负荷的乘积。

②空气阻力(F_w)。汽车直线行驶时受到的空气作用在行驶方向上的分力称为空气阻力F_w。空气阻力与汽车的形状、汽车正面投影面积有关,特别是空气阻力的大小与汽车和空气的相对速度的平方成正比,当汽车高速行驶时,空气阻力的数值将显著增加。

③上坡阻力(F_i)。当汽车上坡时,汽车重力沿坡道的分力表现为汽车上坡阻力。

④加速阻力(F_j)。汽车加速行驶时,需要克服其质量加速运动的惯性力,也就是加速阻力。

(2)汽车的驱动力。为克服上述阻力,汽车必须有足够的驱动力。汽车驱动力的产生原理如图1-3-9所示。发动机经由传动系在驱动轮上施加一个驱动力矩M_t,力图使驱动轮旋转。在M_t作用下,在驱动轮和路面接触处对路面施加一个圆周力F_0,其方向与汽车行驶方向相反,大小为:

$$F_0 = \frac{M_t}{R}$$

式中:F_0——驱动轮对路面施加的圆周力,N;

M_t——驱动力矩,N·m;

R——驱动车轮的滚动半径,m。

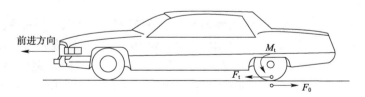

图1-3-9 汽车驱动力的产生原理

由于车轮与路面的附着作用,在车轮向路面施加力F_0的同时,路面会对车轮施加一个大小相等、方向相反的反作用力F_t,F_t就是汽车行驶的驱动力(也称为汽车牵引力)。

(3)驱动力与行驶阻力的关系。当驱动力逐渐增大到足以克服汽车所受到的阻力时,汽车便开始起步行驶。汽车起步后,其行驶情况取决于驱动力和行驶阻力之间的关系。当驱动力等于行驶阻力时,汽车将匀速行驶;当驱动力大于行驶阻力时,汽车将加速行驶;当驱动力小于行驶阻力时,汽车将减速行驶或静止不动。

但是汽车并不是在任何情况下都能产生足够的驱动力。驱动力的最大值固然取决于发动机的最大转矩和传动系统的传动比,但实际发出的驱动力还要受到轮胎与路面附着作用的限制。由附着作用所决定的阻碍车轮打滑的路面反力的最大值称为附着力,用 F_φ 表示。附着力与驱动轮所承受垂直于地面的法向力 G 成正比,即

$$F_\varphi = G\varphi$$

式中:φ——附着系数,其数值与轮胎的类型及地面的性质有关;

G——是汽车总重力 G_0 分配到驱动车轮上的那部分重力。

由此可见,附着力限制了驱动力的发挥,即

$$F_t \leq F_\varphi = G\varphi$$

在冰雪、泥泞等不良路面上行驶时,因 φ 值很小,附着力很小,汽车的驱动力受到附着力的限制而不能克服较大的行驶阻力,导致汽车减速甚至不能前进。此时,即使加大节气门开度或换入低速挡,车轮也只会滑转而驱动力仍不能增大。因此,普通载货汽车在冰雪路面上行驶时,往往在驱动轮上绕装防滑链,以增大附着系数和附着力。全轮驱动的越野汽车为了提高附着系数,采用特殊花纹轮胎、镶钉轮胎等。另外,普通载货汽车的附着力只是分配到驱动轮上的那部分汽车重力;而全轮驱动的越野汽车,其附着力则是全车的总重力,因而其附着力比普通载货汽车显著增大。

第二节 汽车发动机基本构造

一、发动机的基本工作原理

(一)发动机概念

发动机是将某一种形式的能量转换为机械能的机器,它是汽车的心脏,是汽车的动力源。汽车发动机一般是将液体燃料或气体燃料和空气混合后直接输入机器内部燃烧产生热能,热能再转变为机械能,因此又称内燃机。现代汽车用发动机应用最广、数量最多的是水冷式四冲程往复活塞式内燃机。常见的车用发动机有汽油发动机和柴油发动机两种。

(二)单缸发动机结构及常用术语

单缸四冲程汽油机的基本结构如图 1-3-10 所示。汽缸体内圆柱形腔体称为汽缸,内装有活塞,活塞通过活塞销、连杆与曲轴相连接。活塞在汽缸内做往复直线运动,通过连杆推动曲轴做旋转运动。在汽缸盖上装有进、排气门,通过凸轮轴控制进、排气门开启和关闭,实现向汽缸内充入新鲜可燃混合气并将燃烧后的废气排出汽缸。

发动机基本术语如图 1-3-11 所示,基本术语含义见表 1-3-1。

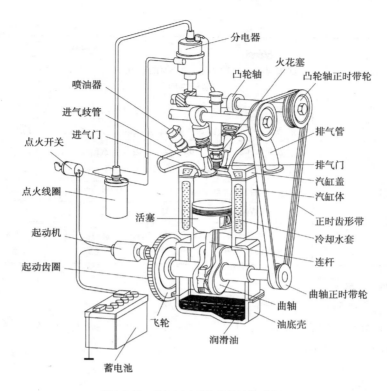

图 1-3-10　单缸四冲程汽油机结构示意图

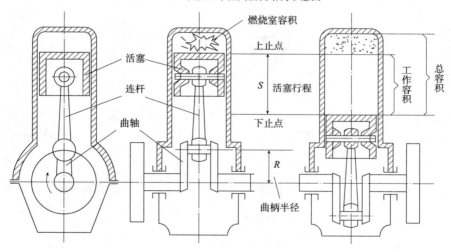

图 1-3-11　发动机基本术语

基本术语含义　　　　　　　　　　　　　　　　　　　　　　　　　　表 1-3-1

基本术语	含　义
上止点	上止点是指活塞离曲轴回转中心最远处，即活塞的最高位置
下止点	下止点是指活塞离曲轴回转中心最近处，即活塞的最低位置
活塞行程 S	上止点与下止点之间的距离称为活塞行程

续上表

基本术语	含　　义
曲柄半径 R	曲轴与连杆下端的连接中心至曲轴中心的距离(即曲轴的回转半径)称为曲柄半径。活塞行程为曲柄半径的两倍,即 $S=2R$
汽缸工作容积 $V_h(L)$	活塞从一个止点运动到另一个止点所扫过的容积称为汽缸工作容积或汽缸排量
燃烧室容积 $V_c(L)$	活塞在上止点时,活塞顶与汽缸盖之间的容积称为燃烧室容积
汽缸总容积 $V_a(L)$	活塞在下止点时,活塞顶上方的容积称为汽缸总容积。显然,汽缸总容积是汽缸工作容积与燃烧室容积之和
发动机排量 $V_L(L)$	多缸发动机各汽缸工作容积的总和称为发动机排量
压缩比 ε	汽缸总容积与燃烧室容积之比称为压缩比
工作循环	在汽缸内进行的每一次将燃料燃烧的热能转变成机械能的一系列连续过程(进气、压缩、做功、排气)称为发动机的一个工作循环

(三)发动机的基本工作原理

1. 四冲程汽油机的工作原理

四冲程汽油机每一个工作循环包括 4 个活塞行程,即进气行程、压缩行程、做功行程和排气行程,如图 1-3-12 所示。

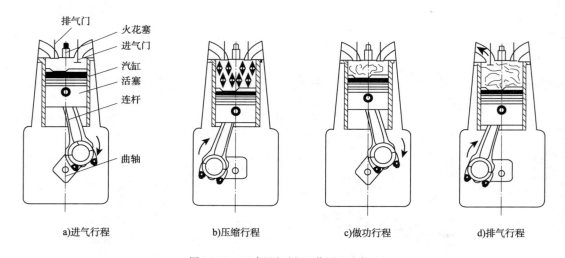

a)进气行程　　b)压缩行程　　c)做功行程　　d)排气行程

图 1-3-12　四冲程汽油机工作原理示意图

(1)进气行程。在进气行程中,活塞在曲轴和连杆的带动下由上止点向下止点运行,这时进气门开启,排气门关闭。在活塞由上止点向下止点运动过程中,由于活塞上方汽缸容积逐渐增大,形成一定的真空度。这样,可燃混合气通过进气门被吸入汽缸,直到活塞到达下止点时,进气行程结束。

(2)压缩行程。活塞在曲轴和连杆的带动下由下止点向上止点运动,此时进排气门处于关闭状态。由于活塞上方汽缸容积逐渐减小,进入汽缸内的可燃混合气被压缩,温度和压力不断升高,直到活塞到达上止点时,压缩行程结束。

(3)做功行程。当活塞运动到接近压缩行程上止点附近时,火花塞跳火点燃汽缸内的可燃混合气。这时由于进气门和排气门均处于关闭状态,使缸内气体温度和压力同时升高,高温高压的气体膨胀,推动活塞由上止点向下止点运动,并通过连杆带动曲轴旋转输出机械能,直到活塞到达下止点时,做功行程结束。

(4)排气行程。在做功行程结束后,汽缸内的可燃混合气通过燃烧转变为废气。此时排气门开启,进气门处于关闭状态,活塞在曲轴和连杆的带动下由下止点向上止点运动,汽缸内的废气经排气门排出,直到活塞到达上止点时,排气行程结束。

排气行程结束后,进气门再次开启,又开始下一个工作循环。如此周而复始,发动机就能连续运转了。

2. 四冲程柴油机的工作原理

四冲程柴油机工作原理如图1-3-13所示。与四冲程汽油机一样,四冲程柴油机每个工作循环也是由进气、压缩、做功和排气4个活塞行程组成。但由于柴油和汽油使用性能的不同,柴油机在可燃混合气的形成方式、着火方式等方面与汽油机有着较大的区别。这里主要介绍四冲程柴油机与四冲程汽油机工作原理的不同之处。

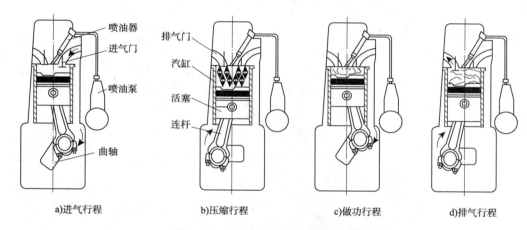

图1-3-13 四冲程柴油机工作原理示意图

(1)进气行程。柴油机在进气行程中进入汽缸的是纯空气,而不是可燃混合气。

(2)压缩行程。柴油机在压缩行程中压缩的是进气行程进入汽缸内的纯空气。由于柴油机压缩比高,压缩终了时缸内气体的温度和压力均高于汽油机。

(3)做功行程。柴油机做功行程与汽油机做功行程有很大区别。在压缩行程接近上止点时,喷油泵泵出的高压柴油经喷油器呈雾状喷入汽缸内的高温空气中,柴油迅速吸热、蒸发、扩散与空气混合形成可燃混合气。由于此时汽缸内的温度远高于柴油的自燃温度(500K左右),形成的可燃混合气自行着火燃烧,随后的一段时间内边喷油边混合边燃烧,汽缸内的温度和压力迅速升高,推动活塞下行做功。

(4)排气行程。与汽油机的排气行程基本相同。

(四)发动机总体构造和主要性能指标

1. 发动机的总体构造

汽油发动机通常由两大机构、五大系统组成,而柴油机由两大机构、四大系统组成。两大机构是指曲柄连杆机构和配气机构,五大系统系是指燃料供给系统、冷却系统、润滑系统、点火系统(柴油机无此系统)和起动系统。汽油发动机剖视图,如图 1-3-14 和图 1-3-15 所示。

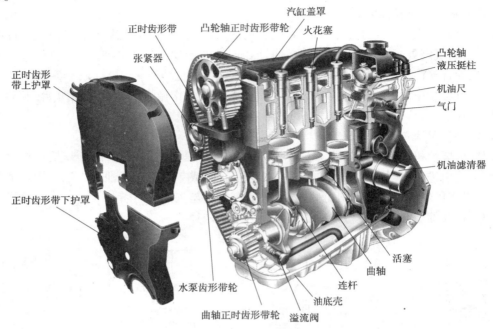

图 1-3-14 汽油发动机纵剖图

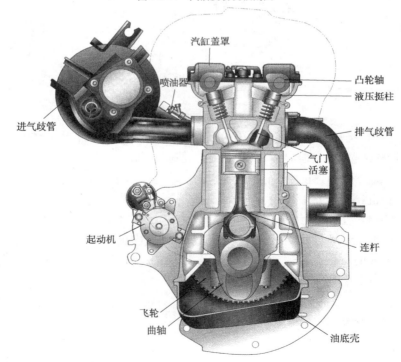

图 1-3-15 汽油发动机横剖图

（1）曲柄连杆机构。曲柄连杆机构是发动机借以产生动力，并将活塞的往复直线运动转变为曲轴的旋转运动而输出动力的机构。

曲柄连杆机构主要由汽缸体、汽缸盖、活塞、连杆、曲轴和飞轮等组成。

（2）配气机构。配气机构的功用是根据发动机的工作需要，适时地打开进气门或排气门，使可燃混合气及时地充入汽缸，或使废气及时地从汽缸内排出；而在发动机不需要进气或排气时，则利用气门将进气通道或排气通道关闭，以保持汽缸密封。

配气机构主要由气门、气门弹簧、液压挺柱、凸轮轴、正时齿形带轮等组成。

（3）燃料供给系统。汽油机燃料供给系统的功用是向汽缸内供给已配好的可燃混合气（缸内喷射式发动机为空气），并控制进入汽缸内的可燃混合气的数量，以调节发动机的输出功率和转速，最后将燃烧后的废气排出汽缸。

汽油机的燃料供给系由燃油箱、燃油滤清器、燃油泵、节气门体、喷油器、空气滤清器、进排气歧管和排气消声器等组成。

（4）点火系统。汽油机点火系统的功用是按一定时刻向汽缸内提供电火花，及时地点燃汽缸中被压缩的可燃混合气。

点火系统通常由电源（蓄电池和发电机）、点火开关、点火线圈、火花塞等组成。

（5）冷却系统。冷却系统的功用是利用冷却介质冷却高温零件，并通过散热器将热量散发到大气中去，以保证发动机正常工作。

水冷式冷却系统通常由水泵、散热器、风扇、节温器、水套等组成。

（6）润滑系统。润滑系统的功用是将清洁的润滑油分送至各个摩擦表面，以减小摩擦和磨损，并清洗、冷却摩擦表面，从而延长发动机的使用寿命。

润滑系一般由机油泵、机油滤清器、集滤器、限压阀、润滑油道、油底壳等组成。

（7）起动系统。起动系统的功用是带动飞轮旋转以获得必要的动能和起动转速，使静止的发动机起动并转入自行运转状态。

起动系统包括起动机及其附属装置。

2. 发动机的主要性能指标与特性

（1）发动机的主要性能指标。发动机的主要性能指标有动力性指标（有效转矩、有效功率、转速等）和经济性指标（燃油消耗率）。

①有效转矩。发动机通过飞轮对外输出的转矩称为有效转矩，以 T_e 表示。有效转矩与外界施加于发动机曲轴上的阻力矩相平衡。

②有效功率。发动机通过飞轮对外输出的功率称为发动机的有效功率，用 P_e 表示，它等于有效转矩与曲轴角速度的乘积，即

$$P_e = T_e \cdot \frac{n}{9550} \quad (\text{kW})$$

式中：T_e——有效转矩，N·m；
　　　n——曲轴转速，r/min。

③燃油消耗率。发动机每发出 1kW 有效功率，在 1h 内所消耗的燃油质量（以 g 为单位），称为燃油消耗率，用 g_e 表示。很明显，燃油消耗率越低，经济性越好。

（2）发动机特性。发动机的性能是随着许多因素而变化的，其变化规律称为发动机特性。

①发动机转速特性。发动机转速特性系指发动机的功率 P_e、转矩 T_e 和燃油消耗率 g_e 三者随曲轴转速 n 变化的规律。当节气门开到最大时,所得到的是总功率特性也称为发动机外特性(图 1-3-16),它代表了发动机所具有的最高动力性能。而把在节气门其他开度情况下得到的特性称为部分特性。

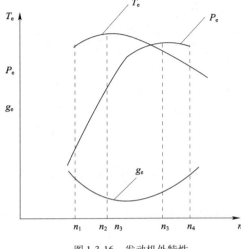

图 1-3-16 发动机外特性

由图 1-3-16 中可以看出,当曲轴转速为 n_2 时,发动机发出最大转矩 T_e。当转速达到 n_3 时,有效功率 P_e 达最大值。发动机最小燃油消耗率 g_e 的相应转速为 n_5,它的数值一般是介于最大转矩时转速和最大功率时转速之间。

要根据汽车实际工作情况来选择合适的发动机转速 n。如超车时一般选择发动机有效功率 P_e 最大值所对应的发动机转速,爬陡坡时选择发动机最大转矩 T_e 所对应的发动机转速,而一般情况下尽量选择最小燃油消耗率 g_e 所对应的发动机转速,以提高燃油经济性。

②发动机工作状况。发动机工作状况(简称发动机工况)一般是用它的功率与曲轴转速来表征,有时也可用负荷与曲轴转速来表征。

发动机在某一转速之下的负荷就是当时发动机发出的功率与同一转速下所可能发出的最大功率之比,以百分数表示。在同一转速下,节气门开度越大表示负荷越大。

二、曲柄连杆机构

(一)曲柄连杆机构的功用和组成

曲柄连杆机构是往复活塞式内燃机将热能转变为机械能的主要机构,其功用是把燃气作用在活塞顶面上的压力转变为曲轴的转矩,向外输出动力。曲柄连杆机构由机体组、活塞连杆组和曲轴飞轮组等组成。

(二)曲柄连杆机构的部件

1. 机体组

发动机的机体组(图 1-3-17)主要由汽缸体、曲轴箱、汽缸盖、汽缸盖罩、汽缸垫、油底壳等组成。机体组是发动机的骨架,是发动机各机构和系统的装配基体。

(1)汽缸体。水冷发动机的汽缸体和曲轴箱常制成一体,而且多缸发动机的各个汽缸也合铸成一个整体,称为汽缸体—曲轴箱,简称汽缸体。汽缸体上半部有若干个为活塞在其中运动导向的圆柱形空腔,称为汽缸。下半部为支撑曲轴的曲轴箱,其内腔为曲轴旋转的空间。汽车发动机多采用水冷的方式,利用水套中的冷却液流过高温零件的周围而带走多余的热量。

(2)汽缸盖。汽缸盖用来封闭汽缸的上部,并与活塞顶、汽缸壁共同构成燃烧室。汽缸盖内有与汽缸体相通的冷却水套、燃烧室、火花塞座孔(汽油机)或喷油器座孔(柴油机)、进气道和排气道等。上置凸轮轴式发动机的汽缸盖上还有用以安装凸轮轴的轴承座。

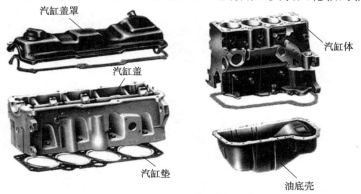

图1-3-17 机体组

（3）汽缸垫。汽缸体与汽缸盖间装有汽缸垫,用来保证汽缸体与汽缸盖结合面间的密封,防止气体、冷却液和润滑油等的泄漏。汽缸垫有金属—石棉汽缸垫和纯金属等结构形式。

（4）汽缸盖罩。汽缸盖罩位于汽缸盖上部,起封闭及防尘作用,一般由薄钢板冲压而成,其上设有注油口。

（5）油底壳。油底壳的功用是储存机油并封闭曲轴箱。一般由薄钢板冲压而成。在有的发动机上,为达到良好的散热效果,采用了铝合金铸造的油底壳,在壳的底部还铸有散热片。为保证发动机纵向倾斜时机油泵仍能吸到机油,油底壳中部或后部制作得较深。有时在油底壳中还设有挡油板,以减轻油面波动。底部装有磁性的放油螺塞,以吸附润滑油中的铁屑,减少发动机的磨损。

2.活塞连杆组

活塞连杆组(图1-3-18)主要由活塞、活塞环、活塞销和连杆等部件组成,各部件功用见表1-3-2。

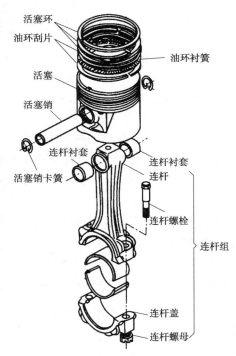

图1-3-18 活塞连杆组

活塞连杆组各部件功用 表1-3-2

部件	功　用
活塞	承受汽缸中的燃烧压力,并将此力通过活塞销和连杆传给曲轴。此外,活塞还与汽缸盖、汽缸壁共同组成燃烧室
气环	保证活塞与汽缸壁间的密封,防止汽缸中的高温、高压燃气大量漏入曲轴箱,同时它还将活塞头的热量传导给汽缸壁
油环	刮除汽缸壁上多余的润滑油,并在汽缸壁上布油
活塞销	连接活塞和连杆小头,将活塞所承受的气体压力传给连杆
连杆	将活塞承受的力传给曲轴,推动曲轴转动,将活塞的往复运动转变为曲轴的旋转运动

3. 曲轴飞轮组

曲轴飞轮组(图 1-3-19)主要由曲轴、飞轮、正时齿轮或正时链轮、V 形带轮及曲轴扭转减振器等组成。曲轴的功用是将活塞连杆组传来的气体压力转变为转矩,然后通过飞轮输出。飞轮的功用是储存做功行程的一部分能量,以克服各辅助行程的阻力,使曲轴均匀旋转,使发动机具有克服短时超载的能力。

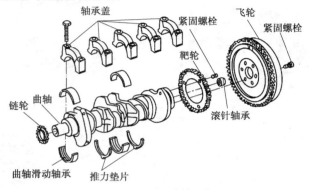

图 1-3-19 发动机曲轴飞轮组

三、配气机构

(一)配气机构的功用和组成

配气机构的功用是按照发动机每一汽缸内所进行的工作循环或发火次序的要求,定时开启和关闭各汽缸的进、排气门,使新鲜可燃混合气(汽油机)或空气(柴油机)得以及时进入汽缸,废气得以及时从汽缸中排出。进入汽缸内的可燃混合气或空气对发动机性能的影响很大。进气量越多,发动机的转矩越大、功率越高。

配气机构如图 1-3-20 所示。配气机构由气门组和气门传动组组成。气门组包括气门、气门座、气门导管和气门弹簧等部件。气门传动组主要包括凸轮轴、凸轮轴正时带轮、正时齿形带、张紧轮、液压挺柱等部件。

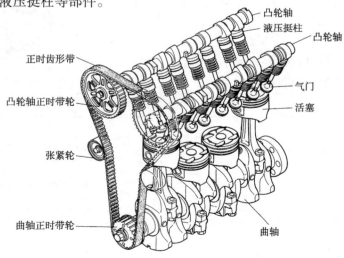

图 1-3-20 配气机构

发动机工作时,曲轴通过曲轴正时带轮、正时齿形带、凸轮轴正时带轮驱动凸轮轴旋转,当凸轮轴转到凸轮的凸起部分顶到液压挺柱时,通过液压挺柱,压缩气门弹簧,使气门离座,即气门开启。当凸轮凸起部分离开液压挺柱时,气门便在气门弹簧力的作用下上升而落座,气门关闭。

由于四冲程发动机每完成一个工作循环,曲轴旋转 2 周,而各缸进、排气门各开启 1 次,完成一次进气和排气,此时凸轮轴只旋转 1 周,因此,曲轴与凸轮轴的转速比为 2:1,即凸轮轴正时带轮的齿数是曲轴正时带轮齿数的 2 倍。

(二)配气机构的部件

1. 气门组

气门及其相关零件称之为气门组,气门组的功用是实现汽缸的密封。配置一个气门弹簧的标准型的气门组如图 1-3-21 所示。气门组各部件的功用见表 1-3-3。

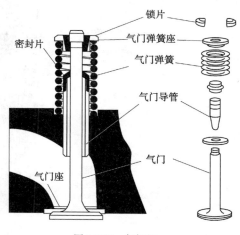

图 1-3-21 气门组

气门组各部件的功用 表 1-3-3

部件	功　用
气门	与气门座相配合,对汽缸进行密封,气门头部用来封闭汽缸的进、排气道,气门杆部用来为气门的运动起导向作用。
气门座	气门座不仅有密封作用,还起到了冷却气门的作用
气门导管	为气门的运动导向,保证气门作直线往复运动,使气门与气门座能正确贴合
气门弹簧	保证气门及时落座并与气门座或气门座圈紧密贴合,同时也可防止气门在发动机振动时因跳动而破坏密封

2. 气门传动组

气门传动组(图 1-3-22)的功用是使气门按发动机配气相位规定的时刻及时开、闭,并保证规定的开启时间和开启高度。由于配气机构的布置形式多样,气门传动组的差别也很大。气门传动组各部件功用见表 1-3-4。

气门传动组各部件功用 表 1-3-4

部件	功　用
凸轮轴	凸轮轴主要由各缸进气凸轮、排气凸轮、凸轮轴轴颈等组成。进、排气凸轮用于使气门按一定的工作次序和配气相位及时开闭,并保证气门有足够的升程
挺柱	将凸轮的推力传递给推杆或气门杆,并承受凸轮轴旋转时所施加的侧向力。挺柱可分为普通挺柱和液压挺柱两种
推杆	在凸轮轴下置式或中置式的配气机构中,凸轮轴经挺柱传来的运动和作用力要通过推杆传递给摇臂
摇臂	将凸轮轴(或推杆)传来的力作用到气门杆尾部,推开气门

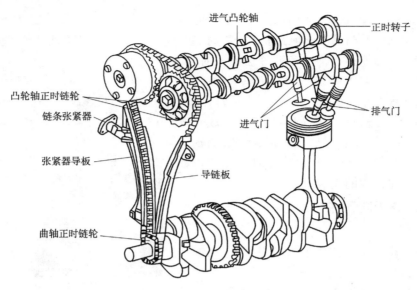

图 1-3-22 气门传动组

(三)配气相位

用曲轴转角表示的进、排气门实际开闭时刻和开启持续时间,称为配气相位。通常用相对于上、下止点曲拐位置的曲轴转角的环形图来表示,这种图形称为配气相位图,如图 1-3-23 所示。

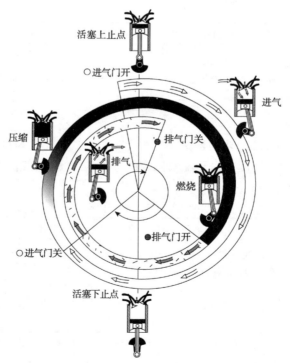

图 1-3-23 配气相位图

理论上,当曲拐处在上止点时,进气门开启,下止点时关闭;排气门则当曲拐在下止点时开启,上止点时关闭。进气时间和排气时间各占180°曲轴转角。但实际上发动机转速很高,活塞每一行程历时相当短,短的时间势必会造成进气不足和排气不净,从而使发动机功率下降。因此,现代发动机都采取延长进、排气时间的方法。

1. 进气门早开和晚关

在排气行程接近终了,活塞到达上止点之前,进气门便开始开启,直到活塞越过了下止点以后,进气门才关闭。进气门提前开启的目的是:为了保证进气行程开始时进气门已开大,减小了进气阻力,新鲜气体能顺利地充入汽缸;进气门迟后关闭目的是:由于活塞到达下止点时,汽缸内压力仍低于大气压力,且气流还有相当大的惯性,可以利用气流惯性和压力差继续进气。

2. 排气门早开和晚关

在做功行程接近终了,活塞到达下止点之前,排气门便开始开启。直到活塞越过上止点后,排气门才关闭。排气门提前开启的目的是:当做功行程活塞接近下止点时,汽缸内的气体压力对做功的作用已经不大,但仍比大气压力高,可利用此压力使汽缸内的废气迅速地自由排出;排气门迟后关闭的目的是:由于活塞到达上止点时,汽缸内的残余废气压力高于大气压力,加之排气时气流有一定的惯性,仍可以利用气流惯性和压力差把废气排放得更干净。

3. 气门叠开

由于进气门在上止点前即开启,而排气门在上止点后才关闭,这就出现了在一段时间内,进、排气门同时开启的现象,这种现象称为气门叠开。由于新鲜气流和废气流的流动惯性都比较大,在短时间内是不会改变流向的,因此只要气门叠开角选择适当,就不会有废气倒流入进气管和新鲜气体随同废气排出的可能性。

四、汽油机燃料供给系统

(一)汽油机燃料供给系统的功用和组成

汽油机燃油供给系统的功用是根据发动机各工况的不同要求,配制一定数量和浓度的可燃混合气并将其供入汽缸,使之在压缩终了时点火、燃烧而膨胀做功,最后将燃烧后的废气排入大气中。目前,绝大多数汽车的汽油机燃料供给系统采用电子控制燃油喷射式燃料供给系统(一般称为"电控燃油喷射系统")。

电控燃油喷射系统如图1-3-24所示。

驾驶员通过踩踏加速踏板来控制节气门开度,从而控制发动机汽缸的进气量,空气经空气滤清器、空气流量计、节气门进入进气总管,再分配到各缸进气歧管,然后进入各汽缸。空气流量计检测进入汽缸的空气量,节气门位置传感器检测节气门开度,这两个信号作为燃油喷射的主要信息输入控制单元(ECU),由 ECU 计算出主喷油量,再根据冷却液温度传感器、进气温度传感器、氧传感器、爆震传感器等输入的信息,ECU 对主喷油量进行必要的修正,确定出实际喷油量。

燃油从燃油箱中被电动燃油泵吸出,先由燃油滤清器将杂质滤除后再通过输油管、燃油分配管等输送到各个喷油器。喷油器则根据 ECU 发出的指令,将计量后的燃油喷入各进气歧管中与流入发动机内的空气进行混合,形成可燃混合气,供入汽缸燃烧做功,最后将废气通过排气管、排气消声器等排入大气中。

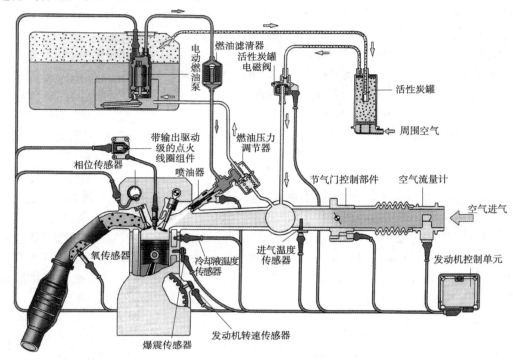

图 1-3-24　电控燃油喷射系统示意图

(二)电控燃油喷射系统部件的结构

电控燃油喷射系统根据其功用不同可分为空气供给系统、排气系统、燃油供给系统和电子控制系统。

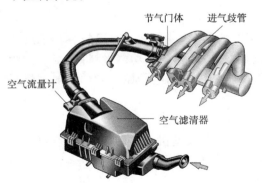

图 1-3-25　空气供给系统

1. 空气供给系统

空气供给系统的功用是为发动机可燃混合气的形成提供必要的空气,并计量和控制燃油燃烧时所需要的空气量。空气供给系统如图 1-3-25 所示,空气经空气滤清器、空气流量计、节气门体进入进气总管,再分配到各缸进气歧管。在进气歧管内(或进气门处),空气与喷油器喷出的燃油混合后被吸入汽缸内燃烧。

2. 排气系统

排气系统(图 1-3-26)主要由排气歧管、排气消声器等组成,电控燃油喷射系统汽油机的排气系统多带有三元催化转换器。

3. 燃油供给系统

燃油供给系统的功用是供给发动机燃烧过程所需的燃油。燃油供给系统结构如图 1-3-27 所示,主要由燃油泵、燃油滤清器、油压脉动阻尼器、燃油压力调节器和喷油器等组成。

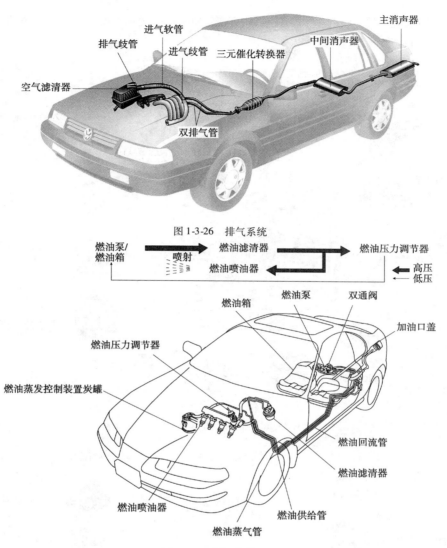

图 1-3-26 排气系统

图 1-3-27 燃油供给系统

燃油从燃油箱中被燃油泵吸出，先由燃油滤清器将杂质滤除后再通过输油管送到各个喷油器。喷油器则根据 ECU 发出的指令，将计量后的燃油喷入各进气歧管并与流入发动机内的空气进行混合，形成可燃混合气。发动机在正常工况喷油量只取决于各喷油器通电时间的长短。

此外，利用燃油压力调节器可将喷油压力控制在一定的范围内，而将多余的燃油从燃油压力调节器经回油管送回燃油箱。为了消除燃油泵泵油时或喷油器喷油时引起管路中油压波动而产生的微小扰动，在有些发动机的燃油供给系统中还装有油压脉动阻尼器，用于吸收管路中油压波动时的能量，以便抑制管路中油压的脉动，提高系统的喷油精度。

4. 电子控制系统

电子控制系统的功用是根据发动机运转状况和车辆运行状况确定汽油最佳喷射量和最佳点火提前角。此外，还可进行怠速控制、排放控制和故障自诊断等。电子控制系统由传感器、电子控制单元(ECU)和执行器组成,电控燃油喷射系统各部件安装位置如图1-3-28所示,其控制图如图1-3-29所示。

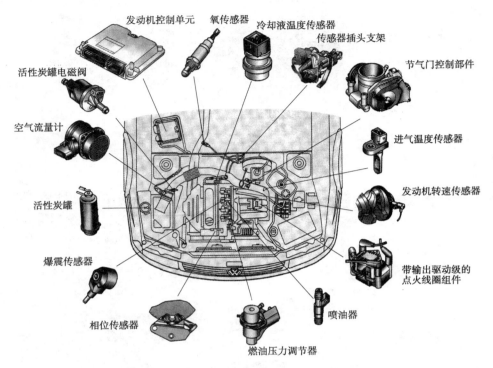

图1-3-28 电控燃油喷射系统各组件的安装布置图

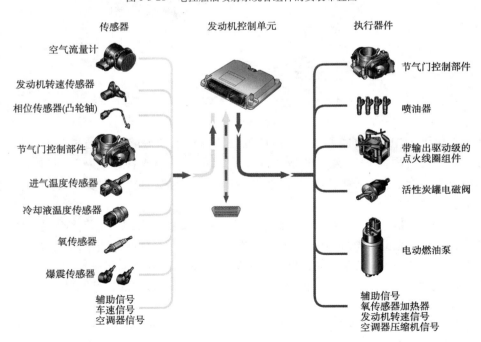

图1-3-29 电控燃油喷射系统控制图

传感器是用来测量或检测反映发动机运行状态下的各种物理量、电量和化学量等,并将它们转换成计算机能接收的电信号后再送给 ECU。常用的传感器主要有空气流量计、进气歧管绝对压力传感器、发动机转速与曲轴位置传感器、温度传感器、节气门位置传感器、氧传感器、爆震传感器等。另外,还有各类开关、继电器等。

电子控制系统的核心是 ECU,ECU 根据发动机中各种传感器送来的信号控制喷油时间、点火正时等。传感器监测发动机的实际工况,计量各种信号并传输给 ECU,ECU 输出的各种控制指令由执行器执行。

五、柴油机燃料供给系统

柴油机燃料供给系统的功用是根据柴油机不同工况,定时、定压、定量地把柴油按一定规律喷入汽缸,与吸入汽缸的清洁空气迅速地混合燃烧,并将燃烧后生成的废气排到大气中。

柴油机燃料供给系统一般由燃油供给装置(包括柴油箱、柴油粗滤器、输油泵、柴油细滤器、喷油泵、调速器、喷油器及油管等)、空气供给装置(包括空气滤清器、进气管和进气道等)、混合气形成装置(即为燃烧室)和废气排出装置(包括排气道、排气管和排气消声器等)组成。

图 1-3-30 所示是装有柱塞式喷油泵的燃油供给装置示意图。发动机工作时,输油泵经吸油管将柴油自柴油箱内吸出,并将柴油压力提高到 0.15~0.30MPa,再经柴油滤清器滤去杂质后送至喷油泵,喷油泵将柴油压力进一步提高至 10MPa 以上,通过出油阀、高压油管泵入喷油器,喷油器再将柴油以雾状喷入燃烧室并与空气混合后自行着火燃烧。输油泵供给的多余柴油以及喷油器顶部回油孔流出的少量柴油,都经回油管流回柴油箱。

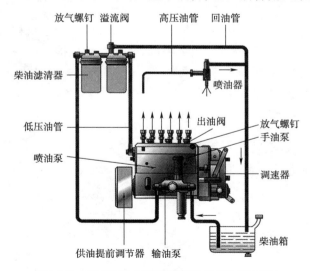

图 1-3-30 装有柱塞式喷油泵的燃油供给装置示意图

图 1-3-31 所示为装有转子分配式喷油泵的柴油机燃油供给装置示意图,它是由凸轮驱动的一级输油泵将燃油从燃油箱内吸出后产生一定的压力,通过燃油滤清器滤清后输送到二级输油泵,再由二级输油泵将压力提高到 40~50kPa 后输送到分配泵,由分配泵将压力进

一步提高到 50MPa 以上,并按发动机工作顺序将高压燃油送到各个汽缸的喷油器喷入燃烧室,多余的燃油流回燃油箱。

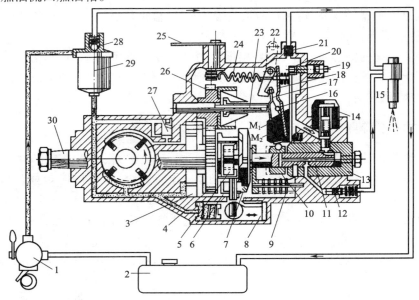

图 1-3-31　装有转子分配式喷油泵的柴油机燃油供给装置示意图

1—一级输油泵;2-燃油箱;3-二级输油泵;4-调速器驱动齿轮;5-联轴器;6-滚轮及滚轮圈;7-端面凸轮;8-供油提前调节器;9-分配柱塞复位弹簧;10-油量控制滑套;11-分配柱塞;12-出油阀;13-分配套筒;14-电磁式断油阀;15-喷油器;16-张紧杠杆限位销钉;17-起动杠杆;18-张紧杠杆;19-全负荷供油量调节螺钉;20-校准杆;21-溢油节流孔;22-停机手柄;23-调速套筒;24-调速弹簧;25-调速控制杆;26-飞块总成;27-调压阀;28-溢流阀;29-燃油细滤器;30-分配泵驱动轴

图 1-3-32 所示为电子控制泵喷嘴燃油系统。泵喷嘴是将泵油柱塞和喷油器合成一体,安装在缸盖上。电子控制泵喷嘴压力目前可达 200MPa,它的驱动机构必须采用顶置式凸轮驱动机构。电子控制泵喷嘴系统主要由泵喷嘴、驱动摇臂机构、电子控制单元(ECU)、各种传感器等组成。电子控制泵喷嘴系统的最大特点是:燃油压力升高仍然是机械式的,喷油始点和终点由电磁阀控制,即喷油量和喷油时间是由电磁阀控制的。

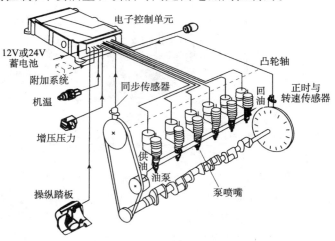

图 1-3-32　电子控制泵喷嘴燃油系统

大容量齿轮式供油泵将燃油从燃油箱吸出,燃油被加压后经高效滤清器滤除杂质后,供入汽缸盖上的主供油管内;主供油管和汽缸盖上的各个喷油器之间由支管连接。溢出燃油通过连接各喷油器的溢油管经调压阀排出到汽缸盖外部。

ECU 直接安装在发动机机体上,它根据安装在飞轮以及凸轮相关部位的两个转速传感器检测到的发动机转速和曲轴转角、加速踏板位置传感器信号及其他的传感器信号进行最佳燃油喷射控制。ECU 打开或关闭泵喷嘴的电磁阀,控制喷油量和喷油时间。

六、冷却系统

发动机冷却系统的功用是使工作中的发动机得到适度的冷却,从而保持发动机在最适宜的温度范围内工作。另外,冷却系统还为空调暖风系统提供热源。

现代汽车多采用封闭式强制循环水冷却系统,即用水泵强制地使冷却液在冷却系统中进行循环流动,使发动机中高温零件的热量先传给冷却液,然后散发到大气中。

水冷却系统一般由水泵、散热器、节温器、冷却风扇、风扇控制机构、水套、膨胀水箱、温度指示器及报警灯等组成,如图 1-3-33 所示。

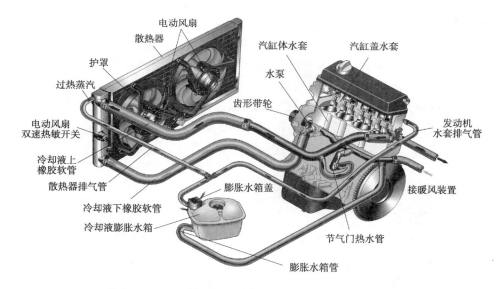

图 1-3-33　冷却系统布置图

发动机工作时,水泵将冷却液压入发动机汽缸体水套,然后流入汽缸盖水套吸收机体的热量。此后冷却液分两路循环(图 1-3-34),一路为大循环,即冷却液流经散热器冷却后,进入装在机体水泵进口处的节温器,流向水泵进水口;另一路为小循环,即冷却液直接进入节温器后的水泵进水口,不经散热器冷却。当冷却液的温度低于 85℃时,进行小循环;当冷却液高于 85℃时,部分冷却液进行大循环;当冷却液温度达到(102±3)℃时,流经散热器的冷却液全都参加大循环,而小循环是常开的,这样可使冷却系统的温度提高到一个较高的水平,改善发动机的热效率,同时可以确保冷却系统始终有冷却液在循环,保持发动机在最佳温度下工作。

为了提高燃油雾化程度,利用冷却液的热量对进入进气歧管内的混合气进行预热,车上的空调暖风装置利用冷却液带出的热量来达到取暖目的。当需要取暖时,打开空调暖气控制阀,从汽缸体水套流出的部分冷却液可流入空调暖风热交换器供暖,随后流回水泵。

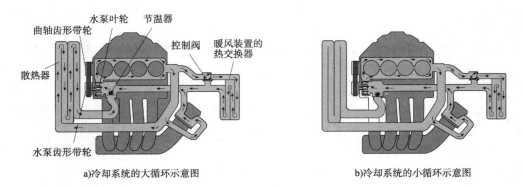

图 1-3-34　冷却系统的循环示意图

七、润滑系统

当发动机工作时,各运动部件都必须用发动机润滑油(也称为机油)来润滑。润滑系统的功用就是将机油输送到发动机各个需要润滑的部位,以达到提高发动机工作可靠性和耐久性的目的。

如图 1-3-35 所示,润滑系统主要由机油泵、机油滤清器、集滤器、油道等组成,另外包括机油压力开关、机油指示灯(在仪表板上)、机油冷却器等。

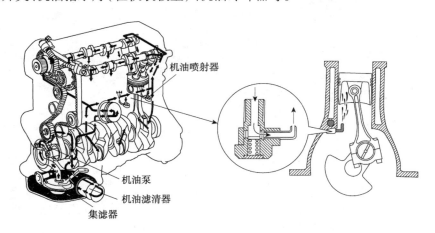

图 1-3-35　润滑系统的组成

润滑系统示意图如图 1-3-36 所示。机油泵由发动机驱动,将油底壳内的机油经集滤器、机油冷却器、机油滤清器输送到各润滑部位,润滑结束后的机油流回到油底壳中。经过汽缸体、汽缸盖上的油道,输送到曲轴轴颈、连杆轴颈、凸轮轴轴颈的机油,使轴浮在轴承(轴瓦)上旋转。旋转的曲轴曲柄飞溅起来的机油,在汽缸壁等金属表面形成油膜,使摩擦减小。

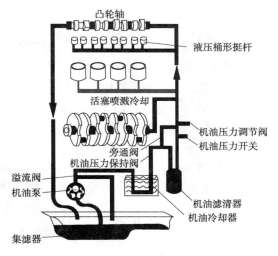

图 1-3-36　润滑系统示意图

第三节　汽车底盘基本构造

一、传动系统

（一）传动系统概述

传动系统的基本功用是将发动机的转矩传递给驱动车轮,同时还必须适应行驶条件的需要,改变转矩的大小。

普通的机械式传动系统如图 1-3-37 所示,发动机发出的动力依次经过离合器、变速器和由万向节与传动轴组成的万向传动装置,以及安装在驱动桥中的主减速器、差速器和半轴,最后传到驱动车轮。现在乘用车中采用自动变速器的越来越多,其传动系统包括自动变速器、万向传动装置、驱动桥等,即用自动变速器取代了离合器和手动变速器。

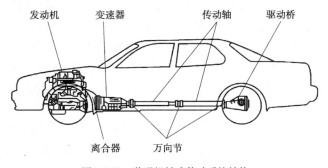

图 1-3-37　普通机械式传动系统结构

(二)离合器

1. 离合器的功用

离合器安装在发动机与变速器之间,其功用是:

(1)使发动机与传动系统逐渐接合,保证汽车平稳起步。

(2)暂时切断发动机的动力传动,保证变速器换挡平顺。

(3)限制所传递的转矩,防止传动系统过载。

2. 离合器的基本结构

离合器的基本结构如图1-3-38所示,离合器可分为主动部分、从动部分、压紧装置和操纵机构。压紧装置(膜片弹簧或螺旋弹簧)将从动盘压紧在飞轮端面上,发动机转矩靠飞轮与从动盘接触面之间的摩擦作用而传递到从动盘上,再经过从动轴等传给变速器。

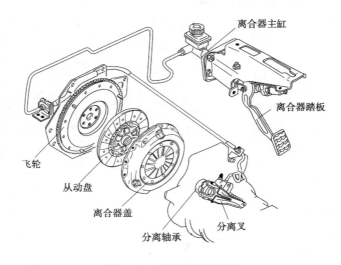

图1-3-38 离合器的基本结构

3. 离合器的工作原理

离合器的工作原理如图1-3-39所示。从动盘通过花键和变速器主动轴相连,可以前后运动。在压紧弹簧作用下,离合器处于接合状态。

当驾驶员踩下离合器踏板,分离套筒和分离轴承在分离叉的推动下,推动从动盘克服压紧弹簧的力而后移,使离合器处于分离状态,中断动力传动。

逐渐抬起离合器踏板,压盘在压紧弹簧的作用下前移逐渐压紧从动盘,此时从动盘与压盘、飞轮的接触面之间产生摩擦力矩并逐渐增大,动力由飞轮、压盘传给从动盘经输出轴输出。在这一过程中,从动盘及输出轴转速逐渐提高,直至与主动部分转速相同,主、从动部分完全接合。

在离合器的接合过程中,飞轮、压盘和从动盘之间接合还不紧密时,所能传递的摩擦力矩较小,其主、从动部分未达到同步,处于相对打滑的状态称为半联动状态,这种状态在汽车起动时是必要的。

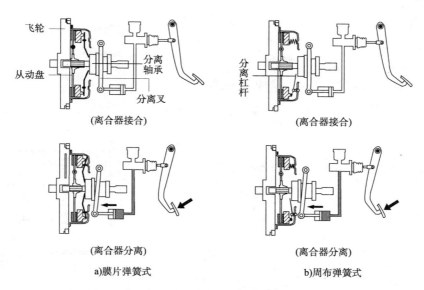

图 1-3-39 离合器工作原理

(三)手动变速器

1. 变速器的功用

(1)实现变速、变矩。改变传动比,扩大驱动轮转速和转矩的变化范围,以适应汽车不同工况下所需的牵引力和合适的行驶速度,并使发动机尽量在最佳的工况下工作。变速器是通过不同的挡位来实现这一功用的。

(2)实现倒车。发动机的旋转方向从前往后看为顺时针方向,且是不能改变,为了实现汽车的倒向行驶,变速器中设置了倒挡。

(3)实现中断动力传动。在发动机起动和急速运转、变速器换挡、汽车滑行和暂时停车等情况下,都需要中断发动机的动力传动,因此变速器中设有空挡。

2. 齿轮传动的基本原理

齿轮传动的基本原理如图 1-3-40 所示,一对齿数不同的齿轮啮合传动时可以实现变速,而且两齿轮的转速比与其齿数成反比。主动齿轮(即输入轴)转速与从动齿轮(即输出轴)转速之比值称为传动比。当小齿轮为主动齿轮,带动大齿轮转动时,输出转速降低,为减速传动,此时传动比大于1;当大齿轮驱动小齿轮时,输出转速升高,为增速传动,此时传动比小于1。

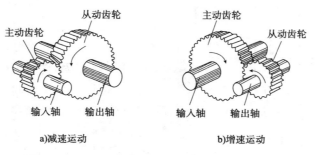

图 1-3-40 齿轮传动的基本原理

3. 变速器的结构和工作原理

变速器包括变速传动机构和操纵机构两大部分。

1) 变速器的变速传动机构

二轴式变速器用于发动机前置前轮驱动的汽车,一般与驱动桥(前桥)合称为手动变速驱动桥。前置发动机有纵向布置和横向布置两种形式,与其配用的二轴式变速器也有两种不同的结构形式。发动机纵置时,主减速器为一对锥齿轮;发动机横置时,主减速器采用一对圆柱齿轮。图1-3-41和图1-3-42所示分别为二轴式5挡手动变速器传动机构的结构图和示意图。各挡动力传递路线见表1-3-5。

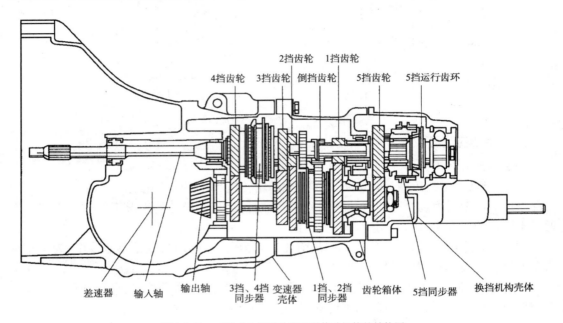

图1-3-41 二轴式5挡手动变速器传动机构的结构图

该变速器的变速传动机构有输入轴和输出轴,两轴平行布置,输入轴也是离合器的从动轴,输出轴也是主减速器的主动锥齿轮轴。该变速器具有五个前进挡和一个倒挡,全部采用锁环式惯性同步器换挡。输入轴上有1~5挡主动齿轮,其中1挡、2挡主动齿轮与轴制成一体,3挡、4挡、5挡主动齿轮通过滚针轴承空套在轴上。输入轴上还有倒挡主动齿轮,它与轴制成一体。3挡、4挡同步器和5挡同步器也装在输入轴上。输出轴上有1~5挡从动齿轮,其中1挡、2挡从动齿轮通过滚针轴承空套在轴上,3挡、4挡、5挡齿轮通过花键套装在轴上。1挡、2挡同步器也装在输出轴上。在变速器壳体的右端还装有倒挡轴,上面通过滚针轴承套装有倒挡中间齿轮。

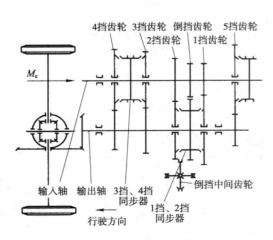

图1-3-42 二轴式5挡手动变速器传动机构的示意图

5 挡手动变速器动力传递路线 　　　　　　　表 1-3-5

挡位	动 力 传 递 路 线
1	变速器操纵杆从空挡向左、向前移动,实现:动力→输入轴→输入轴1挡齿轮→输出轴1挡齿轮→输出轴上1挡、2挡同步器→输出轴→动力输出
2	变速器操纵杆从空挡向左、向后移动,实现:动力→输入轴→输入轴2挡齿轮→输出轴2挡齿轮→输出轴1挡、2挡同步器→输出轴→动力输出
3	变速器操纵杆从空挡向前移动,实现:动力→输入轴→输入轴3挡、4挡同步器→输入轴3挡齿轮→输出轴3挡齿轮→输出轴→动力输出
4	变速器操纵杆从空挡向后移动,实现:动力→输入轴→输入轴3挡、4挡同步器→输入轴4挡齿轮→输出轴上4挡齿轮→输出轴→动力输出
5	变速器操纵杆从空挡向右、向前移动,实现:动力→输入轴→输入轴上5挡同步器→输入轴上5挡齿轮→输出轴5挡齿轮→输出轴→动力输出
倒	变速器操纵杆从空挡向右、向后移动,实现:动力→输入轴→输入轴倒挡齿轮→倒挡轴上倒挡中间齿轮→输出轴倒挡齿轮(1挡、2挡同步器上的齿轮)→输出轴→动力反向输出

2)变速器的操纵机构

变速器操纵机构按照变速器操纵杆(变速杆)位置的不同,可分为直接操纵式和远距离操纵式两种类型。

直接操纵式的变速器布置在驾驶员座椅附近,变速杆由驾驶室底板伸出,驾驶员可以直接操纵,多用于发动机前置后轮驱动的车辆。

在有些汽车上,由于变速器离驾驶员座位较远,则需要在变速杆与拨叉之间加装一些辅助杠杆或一套传动机构,构成远距离操纵机构。这种操纵机构多用于发动机前置前轮驱动的乘用车,如别克凯越乘用车的五挡手动变速器,由于其变速器安装在前驱动桥处,远离驾驶员座椅,需要采用这种操纵方式(图1-3-43)。

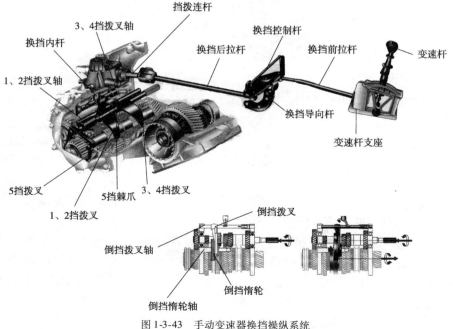

图 1-3-43　手动变速器换挡操纵系统

为了保证变速器在任何情况下都能准确、安全、可靠地工作,变速器操纵机构一般都具有换挡锁装置,包括自锁装置、互锁装置和倒挡锁装置。自锁装置用于防止变速器自动脱挡或挂挡,并保证轮齿以全齿宽啮合;互锁装置用于防止同时挂上两个挡位;倒挡锁装置用于防止误挂倒挡。

(四)自动变速器

自动变速器是指汽车驾驶中离合器的操纵和变速器的操纵都实现了自动化,简称 AT(Automatic Transmission)。目前自动变速器的自动换挡等过程都是由自动变速器的电子控制单元(ECU)控制的,因此自动变速器又可简称为 EAT、ECAT、ECT 等。

1. 自动变速器的基本组成及工作原理

1)基本组成

自动变速器主要由液力变矩器、齿轮变速机构、换挡执行元件、液压控制系统、电子控制系统等组成,如图 1-3-44 所示。

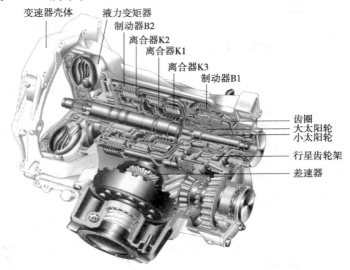

图 1-3-44　自动变速器的结构

(1)液力变矩器。液力变矩器位于自动变速器的最前端,安装在发动机的飞轮上,它是一个通过自动变速器油(ATF)传递动力的装置,可以实现动力的柔和传递。

(2)齿轮变速机构。齿轮变速机构可形成不同的传动比,组合成电控自动变速器不同的挡位。目前绝大多数电控自动变速器采用行星齿轮变速机构进行变速,有的车型采用定轴式齿轮变速机构(如本田车系)进行变速。

(3)换挡执行元件。电控自动变速器换挡执行元件主要包括离合器、制动器和单向离合器,其中离合器和制动器由液压控制系统控制其工作。

(4)液压控制系统。液压控制系统是由油泵、各种控制阀及与之相连通的液压换挡执行元件,如离合器油缸、制动器油缸等组成液压控制回路。汽车行驶中根据驾驶员的要求和行驶条件的需要,控制离合器和制动器的工作状况的改变来实现齿轮变速机构的自动换挡。

(5)电子控制系统。电子控制系统主要包括各类传感器及开关、电子控制单元、执行器等。电子控制系统中的传感器及各种控制开关将发动机工况、车速等信号传递给电子控制单元(ECU),经 ECU 处理后发出控制指令给执行器,执行器和液压系统按一定规律控制换挡执行元件工作,实现自动变速器自动换挡。

2)基本原理

图 1-3-45 所示为电控自动变速器的组成和原理图。电控自动变速器是通过各种传感器,将发动机的转速、节气门开度、车速、发动机冷却液温度、自动变速器油(ATF)温度等参数信号输入 ECU,ECU 根据这些信号,按照设定的换挡规律,向换挡电磁阀、油压电磁阀等发出动作控制信号,换挡电磁阀和油压电磁阀再将 ECU 的动作控制信号转变为液压控制信号,阀板中的各控制阀根据这些液压控制信号,控制换挡执行元件的动作,从而实现自动换挡过程。

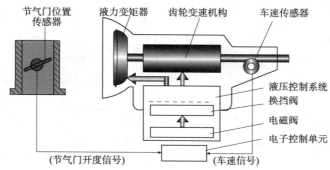

图 1-3-45　电控自动变速器的组成和原理图

2. 辛普森式行星齿轮自动变速器

辛普森(Simpson)式行星齿轮自动变速器是由美国福特公司的工程师 H·W·辛普森发明的。图 1-3-46 所示为丰田 A340E 四挡辛普森行星齿轮自动变速器的结构简图。

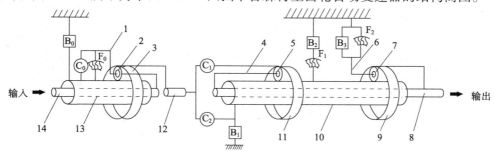

图 1-3-46　四挡辛普森行星齿轮自动变速器的结构简图

1-超速(OD)行星排行星架;2-超速(OD)行星排行星齿轮;3-超速(OD)行星排齿圈;4-前行星排行星架;5-前行星排齿轮;6-后行星排行星架;7-后行星排行星齿轮;8-输出轴;9-后行星排齿圈;10-前后行星排太阳轮;11-前行星排齿圈;12-中间轴;13-超速(OD)行星排太阳轮;14-输入轴;C0-超速挡(OD)离合器;C_1-前进挡离合器;C_2-直接挡、倒挡离合器;B_0-超速挡(OD)制动器;B_1-2 挡滑行制动器;B_2-2 挡制动器;B_3-低、倒挡制动器;F_0-超速挡(OD)单向离合器;F_1-2 挡(一号)单向离合器;F_2-低挡(二号)单向离合器

四挡辛普森行星齿轮机构由三排行星齿轮机构组成,前面一排为超速行星排,中间一排为前行星排,后面一排为后行星排。输入轴与超速行星排的行星架相连,超速行星排的齿圈与中间轴相连,中间轴通过前进挡离合器或直接挡、倒挡离合器与前、后行星排相连。前、后行星排的结构特点是,共用一个太阳轮,前行星排的行星架与后行星排的齿圈相连并与输出

轴相连。

换挡执行元件包括 3 个离合器、4 个制动器和 3 个单向离合器,具体的功能见表 1-3-6。

换挡执行元件的功能　　　　　　　　　　表 1-3-6

换挡执行元件		功　能
C_0	超速挡(OD)离合器	连接超速行星排太阳轮与超速行星排行星架
C_1	前进挡离合器	连接中间轴与前行星排齿圈
C_2	直接挡、倒挡离合器	连接中间轴与前后行星排太阳轮
B_0	超速挡(OD)制动器	制动超速行星排太阳轮
B_1	2 挡滑行制动器	制动前后行星排太阳轮
B_2	2 挡制动器	制动 F_1 外座圈,当 F_1 也起作用时,可以防止前后行星排太阳轮逆时针转动
B_3	低、倒挡制动器	制动后行星排行星架
F_0	超速挡(OD)单向离合器	连接超速行星排太阳轮与超速行星排行星架
F_1	2 挡(一号)单向离合器	当 B_2 工作时,防止前后行星排太阳轮逆时针转动
F_2	低挡(二号)单向离合器	防止后行星排行星架逆时针转动

在变速器各挡位时,换挡执行元件的动作情况见表 1-3-7。

各挡位时换挡执行元件的动作情况表　　　　　　　　　　表 1-3-7

变速杆位置	挡位	换挡执行元件										发动机制动
		C_0	C_1	C_2	B_0	B_1	B_2	B_3	F_0	F_1	F_2	
P	驻车挡	○										
R	倒挡	○		○				○	○			
N	空挡	○										
D	1 挡	○	○						○		○	
	2 挡	○	○			○			○	○		
	3 挡	○	○	○					○			
	4 挡(OD 挡)		○	○	○							
2	1 挡	○	○						○		○	
	2 挡	○	○			○	○		○	○		○
	3 挡*	○	○	○					○			
L	1 挡	○	○					○	○		○	○
	2 挡*	○	○			○	○		○	○		○

注:* 只能降挡不能升挡。

○换挡元件工作或有发动机制动。

3.拉威挪式行星齿轮变速器

拉威挪式行星齿轮自动变速器的结构如图 1-3-47 所示,包括拉威挪式行星齿轮机构、离合器、制动器和单向离合器。

拉维挪式行星齿轮变速器的结构如图 1-3-48 所示。行星齿轮系由大、小太阳轮各一个,长、短行星齿轮各 3 个,行星架和齿圈组成。短行星齿轮与长行星齿轮及小太阳轮啮合;长行星齿轮同时与大太阳轮、短行星齿轮及齿圈啮合,动力通过齿圈输出。离合器 K1 用于驱动小太阳轮,离合器 K2 用于驱动大太阳轮,离合器 K3 用于驱动行星架,制动器 B1 用于制动行星架,制动器 B2 用于制动大太阳轮,单向离合器 F 防止行星架逆时针转动。

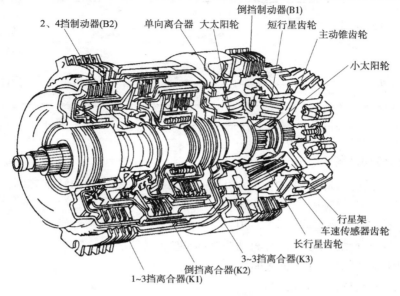

图 1-3-47 拉威挪式行星齿轮变速器

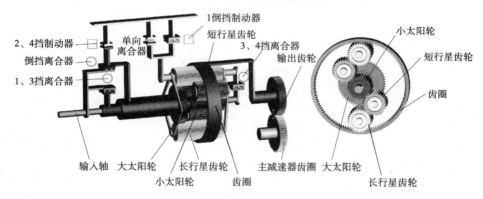

图 1-3-48 拉威挪式行星齿轮变速器的结构

拉威挪式行星齿轮变速器的简图如图 1-3-49 所示,其中锁止离合器(LC)可将变矩器的泵轮和涡轮刚性连在一起。

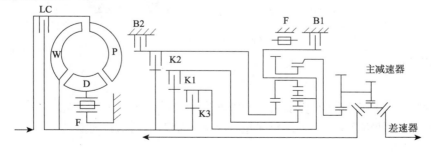

图 1-3-49 拉威挪式行星齿轮变速器的简图

各挡位换挡元件的工作情况见表 1-3-8。

各挡位换挡元件的工作情况 表 1-3-8

挡位	B_1	B_2	K_1	K_2	K_3	F
R	○			○		○
1 挡			○			○
2 挡		○	○			
3 挡			○		○	
4 挡		○			○	

注：○表示离合器、制动器或单向离合器工作。

(五) 万向传动装置

万向传动装置功用是在轴线相交且相互位置经常发生变化的两转轴之间传递动力。万向传动装置在汽车上的应用主要有以下 5 个方面：

(1) 变速器与驱动桥之间 (图 1-3-50)。
(2) 变速器与分动器、分动器与驱动桥之间 (越野汽车)。
(3) 转向驱动桥的内、外半轴之间。
(4) 断开式驱动桥的半轴之间。
(5) 转向机构的转向轴和转向器之间等。

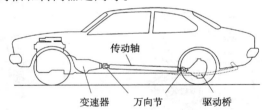

图 1-3-50 变速器与驱动桥之间的万向传动装置

万向传动装置主要包括万向节和传动轴,对于传动距离较远的分段式传动轴,为了提高传动轴的刚度,还设置有中间支承,如图 1-3-51 所示。

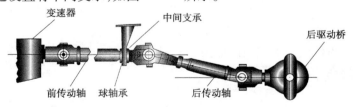

图 1-3-51 万向传动装置的组成

(六) 驱动桥

1. 驱动桥的功用

驱动桥的功用是将由万向传动装置传来的发动机转矩传给驱动车轮,并经降速增矩、改变动力传动方向,使汽车行驶,而且允许左右驱动车轮以不同的转速旋转。

2. 驱动桥的组成

驱动桥是传动系统的最后一个总成,一般由主减速器、差速器、半轴和桥壳等组成,如图

1-3-52 所示。驱动桥的主要零部件都安装在驱动桥的桥壳中。

3. 驱动桥主要部件的结构

1) 主减速器

主减速器的功用是将发动机转矩传给差速器；在动力的传递过程中要将转矩增大并相应降低转速；对于纵置发动机，还要将转矩的旋转方向改变 90°。

主减速器和差速器如图 1-3-53 所示，由于发动机纵向前置前轮驱动，整个传动系统都集中布置在汽车前部，因此其主减速器装于变速器壳体内，没有专门的主减速器壳体。由于省去了变速器到主减速器之间的万向传动装置，所以变速器输出轴即为主减速器主动轴。

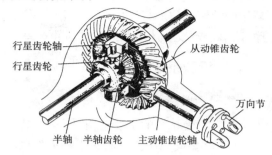

图 1-3-52　驱动桥的组成

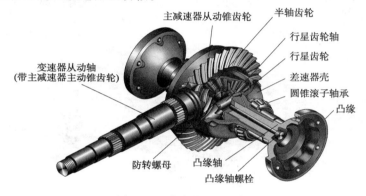

图 1-3-53　主减速器和差速器

2) 差速器

差速器的功用是将主减速器传来的动力传给左、右两半轴，并在必要时允许左、右半轴以不同转速旋转，使左、右驱动车轮相对地面纯滚动而不是滑动。

应用最广泛的普通齿轮差速器为锥齿轮差速器，如图 1-3-54 所示，它由差速器壳、行星

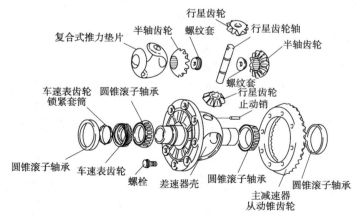

图 1-3-54　差速器

齿轮轴、2个行星齿轮、2个半轴齿轮、球面垫片和垫圈等组成。行星齿轮轴装入差速器壳体后用弹簧销定位。行星齿轮和半轴齿轮的背面制成球面,与球面垫片和垫圈相配合,以减摩、耐磨。螺纹套用于紧固半轴齿轮。差速器通过一对圆锥滚子轴承支承在变速器壳体中。

二、行驶系统

(一)行驶系统概述

汽车行驶系统的主要功用是:

(1)将传动系统传来的转矩转化为汽车行驶的驱动力。
(2)支承汽车的总质量。
(3)承受并传递路面作用于车轮上的力和力矩。
(4)减少振动,缓和冲击,保证汽车的平稳行驶。

汽车行驶系统一般由车桥、车架(或车身)、悬架和车轮总成等组成,如图1-3-55所示。

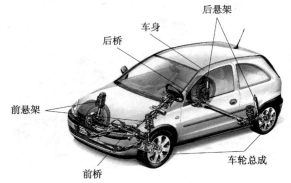

图1-3-55 汽车行驶系统的组成

(二)车桥

车桥位于悬架与车轮总成之间,其两端安装车轮总成,通过悬架与车架(或车身)相连,其功用是传递车架(或车身)与车轮总成之间各种载荷的作用。

按车桥上车轮的功用不同,车桥分为转向桥、驱动桥、转向驱动桥和支持桥,其中转向桥和支持桥都属于从动桥。只起支承作用的车桥称为支持桥。支持桥除不能转向外,其他功能和结构与转向桥相同。

1. 转向桥

转向桥通常位于汽车前部,故也称为前桥。转向桥的功用是支承部分质量,安装前轮及前轮制动器,连接车架,承受车架与车轮总成之间的作用力及其产生的弯矩和转矩,同时还要使前轮偏转以实现转向。转向桥基本结构由前轴(前梁)、转向节、主销、轮毂等组成,如图1-3-56所示。

2. 转向驱动桥

转向驱动桥如图1-3-57所示,它同一般驱动桥一样,由主减速器、差速器、半轴和桥壳组成。但由于转向时转向车轮需要绕主销偏转一个角度,故与转向轮相连的半轴必须分成内外两段(内半轴和外半轴),其间用万向节(一般多用等角速万向节)连接,同时主销也因此而分制成两段(或用球头销代替)。转向节轴颈部分做成中空的,以便外半轴穿过其中。

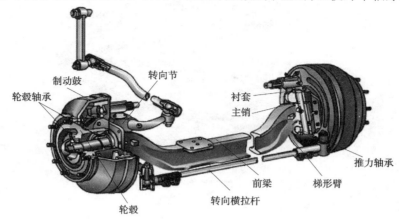

图 1-3-56　汽车整体式转向桥结构

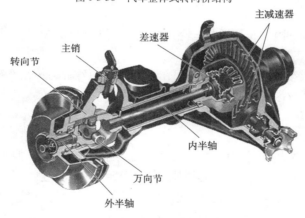

图 1-3-57　转向驱动桥示意图

(三)车架(或车身)

车架俗称"大梁",它是跨接在前后车轮上的桥梁式结构,是构成整个汽车的骨架,是整个汽车的装配基体,汽车绝大多数的零部件、总成(如发动机、变速器、传动机构、操纵机构、车桥、车身等)都要安装在车架上。

汽车上采用的车架有 4 种类型:边梁式车架、中梁式车架、综合式车架和无梁式车架。目前汽车上多采用边梁式车架和无梁式车架。

部分乘用车和客车为减轻自身质量,以车身代替车架,这种车身又称为承载式车身或无梁式车架,图 1-3-58 所示为桑塔纳 2000 型乘用车的车身组成件。采用承载式车身的特点是没有车架(大梁),车身就作为发动机和底盘各总成的安装基础,各种载荷全部由车身承受。

乘用车车身总成结构主要包括:车身壳体、车门、车窗、车前后钣金件、车身内外装饰件、车身附件、座椅以及通风装置等。车身壳体是一切车身部件和零件的安装基础,由纵、横梁支柱等主要承力元件,以及与它们相连接的钣金件经焊接而共同组成的刚性空间结构。车前后钣金件,包括散热器框架前后围板、发动机罩、前后翼子板、挡泥板等。这些钣金件形成了容纳发动机、车轮等部件的空间。

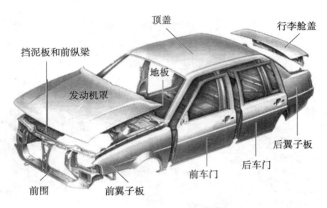

图 1-3-58 桑塔纳 2000 型乘用车车身组成件

(四)悬架

1. 悬架的功用和分类

1)悬架的功用

悬架是车架(或车身)与车桥(或车轮)之间一切传力连接装置的总称。悬架具有如下的功用:

(1)连接车架(或车身)和车轮,把路面作用到车轮的各种力传给车架(或车身)。

(2)缓和冲击、衰减振动,使乘坐舒适,具有良好的平顺性。

(3)保证汽车具有良好的操纵稳定性。

2)悬架的分类

汽车悬架可分为两大类:非独立悬架和独立悬架(图 1-3-59)。非独立悬架的特点是左右车轮安装在一根整体式车桥两端,车桥则通过悬架与车架相连。当一侧车轮发生位置变化后会导致另一侧车轮的位置也发生变化。独立悬架的结构特点是车桥做成断开的,每一侧车轮单独通过悬架与车架(或车身)连接,两侧车轮可以单独运动而互不影响,这样在不平道路上可减少车架和车身的振动,而且有助于消除转向轮不断偏摆的不良现象。

a)非独立悬架

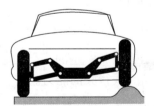
b)独立悬架

图 1-3-59 非独立悬架与独立悬架的示意图

2. 悬架的结构

现代汽车的悬架虽有不同的结构形式,但一般都由弹性元件、减振器、导向机构等组成,乘用车一般还有横向稳定器。悬架的组成如图 1-3-60 所示。

弹性元件使车架(或车身)与车桥(或车轮)之间做弹性连接,可以缓和由于不平路面带来的冲击,并承受和传递垂直载荷。减振器可以衰减由于路面冲击产生的振动,使振动的振幅迅速减小。导向机构包括纵向推力杆和横向推力杆,用于传递纵向载荷和横向载荷,并保证车轮相对于车架(或车身)的运动关系。横向稳定器可以防止车身在转向等情况下发生过大的横向倾斜。

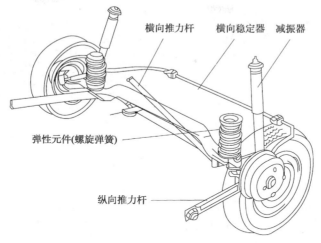

图 1-3-60　悬架的组成

(五)车轮总成

1. 概述

汽车车轮总成如图 1-3-61 所示,车轮总成由车轮和轮胎两大部分组成,是汽车行驶系统中及其重要的部件之一,它处于车轴和地面之间,具有如下基本功用:

(1)支承整车质量,包括在汽车质量上下运动时产生的惯性动载荷。

(2)缓和由路面传递来的冲击载荷。

(3)通过轮胎和路面之间的附着作用,产生驱动和阻止汽车运动的外力,即为汽车提供驱动力和制动力。

(4)产生平衡汽车转向离心力的侧向力,以便顺利转向,并通过轮胎产生的自动回正力矩,使车轮具有保持直线行驶的能力。

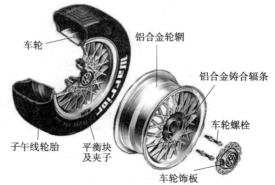

图 1-3-61　车轮总成

(5)承担跨越障碍的作用,保证汽车的通过性。

2. 车轮

车轮是介于轮胎和车桥之间承受负荷的旋转组件,其功用是安装轮胎,承受轮胎与车桥之间的各种载荷的作用。车轮一般是由轮毂、轮辋和轮辐组成,如图 1-3-62 所示。轮毂通过圆锥滚子轴承装在车桥或转向节轴颈上,用于连接车轮与车桥。轮辋用于安装和固定轮胎。轮辐用于将轮毂和轮辋连接起来,并通过螺栓与轮毂连接起来。

3. 轮胎

现代汽车都采用充气式轮胎,轮胎安装在轮辋上,直接与路面接触,它的功用是:

(1)支承汽车的质量,承受路面传来的各种载荷的作用。

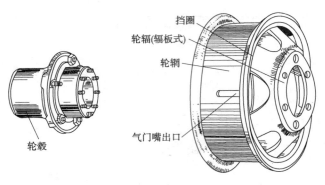

图 1-3-62 车轮的组成

（2）和汽车悬架共同来缓和汽车行驶中所受到的冲击，并衰减由此而产生的振动，以保证汽车有良好的乘坐舒适性和行驶平顺性。

（3）保证车轮和路面有良好的附着性，以提高汽车的动力性、制动性和通过性。

充气轮胎按结构不同，可分为有内胎轮胎和无内胎轮胎两种，如图 1-3-63 所示。

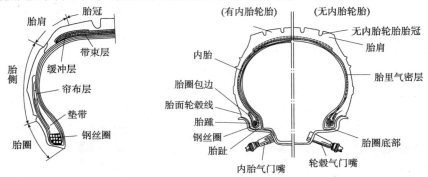

图 1-3-63 轮胎的结构

有内胎轮胎由外胎、内胎和垫带等组成，使用时安装在汽车车轮的轮辋上。无内胎轮胎俗称真空胎，在外观上与普通轮胎相似，但是没有内胎及垫带。它的气门嘴用橡胶垫圈和螺母直接固定在轮辋上，空气直接充入外胎中，其密封性由外胎和轮辋来保证。

外胎是轮胎的主要组成部分，它是用耐磨橡胶以及帘线制成的强度较高而又有弹性的外壳，直接与地面接触来保护内胎，使其不受损伤，主要由胎面、胎圈和胎体等组成。

目前乘用车上应用的轮胎主要是低压（超低压）、无内胎的子午线轮胎。

三、转向系统

（一）概述

1. 转向系统的功用

转向系统是指由驾驶员操纵，能实现转向轮偏转和回位的一套机构。转向系统的功用是按照驾驶员的意愿改变汽车的行驶方向和保持汽车稳定的直线行驶。

2. 转向系统的分类及基本组成

汽车转向系统按转向动力源的不同分为机械转向系统和动力转向系统两大类。

机械转向系统以驾驶员的体力作转向动力源，系统的所有传动件都是机械的，如

图 1-3-64 所示。

图 1-3-64 机械转向系统的组成

动力转向系统是兼用驾驶员体力和发动机的动力作为转向能源的转向系统。动力转向系统是在机械转向系统的基础上加设一套转向加力装置而形成的,如图 1-3-65 所示。

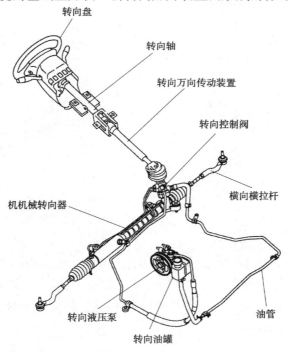

图 1-3-65 动力转向系统的组成

(二)机械转向系统

汽车机械转向系统由转向操纵机构、机械转向器和转向传动机构组成。转向器是转向系统中的降速增矩的装置,其功用是增大由转向盘传到转向节的力,并改变力的传动方向。

常见的转向器有齿轮齿条式和循环球式等。

1. 齿轮齿条式转向器

齿轮齿条式转向器分两端输出式和中间(或单端)输出式两种结构形式,如图 1-3-66 所示。齿轮齿条式转向器采用一级传动副,主动件是齿轮,从动件是齿条。

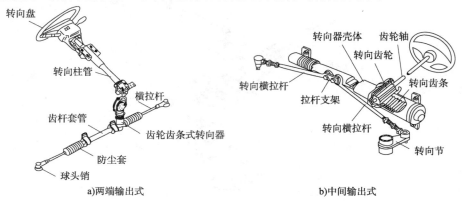

图 1-3-66　齿轮齿条式转向器结构形式

齿轮齿条式转向器是利用齿轮顺时针或逆时针方向的转动带动齿条左右移动,再通过横拉杆推动转向节,达到转向的目的,如图 1-3-67 所示。

2. 循环球式转向器

循环球式转向器由侧盖、底盖、壳体、钢球、带齿扇的摇臂轴、圆锥轴承、制有齿形的螺母、转向螺杆等组成,如图 1-3-68 所示。

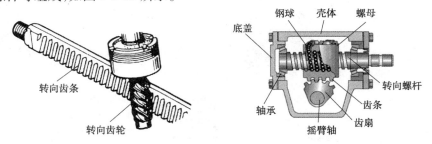

图 1-3-67　齿轮齿条传动原理　　图 1-3-68　循环球式转向器

循环球式转向器采有两级传动副,第一级是转向螺杆与螺母,第二级是齿条与齿扇。循环球式转向器工作时,转向螺杆转动,在摩擦力的作用下,所有钢球在螺母与转向螺杆之间形成"球流",并推动齿形螺母沿转向螺杆轴线前后移动,然后通过齿条带动齿扇摆动,并使摇臂轴旋转,带动摇臂摆动,最后由传动机构传至转向轮,使转向轮偏转以实现转向。

(三)液压动力转向系统

液压动力转向装置由机械转向器、转向控制阀(转阀式)、转向动力缸以及将发动机输出的部分机械能转换为压力能的转向油泵、转向油罐等组成,如图 1-3-69 所示。转向油泵安装在发动机上,由曲轴通过 V 形带驱动运转向外输出油压,转向油罐有进、出油管接头,通过油管分别和转向油泵和转向控制阀连接。动力转向器为整体式动力转向器,其转向控制阀用以改变油路。

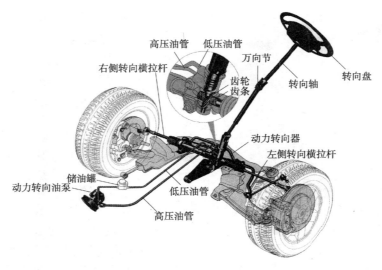

图 1-3-69 液压动力转向系统

(四)电动式电子控制动力转向系统

电动式电子控制动力转向系统的基本组成如图 1-3-70 所示,主要由转矩传感器、转角传感器、车速传感器、电动机、电磁离合器、减速机构、电子控制单元等组成。

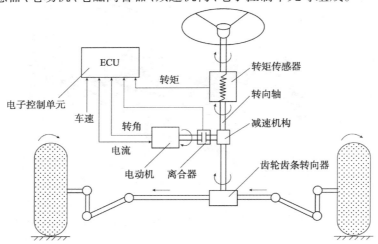

图 1-3-70 电动动力转向系统的组成

电动动力转向系统的基本原理是根据汽车行驶速度(车速传感器输出信号)、转矩及转向角信号,由 ECU 控制电动机及减速机构产生助力转矩,使汽车在低、中和高速下都能获得最佳的转向效果。

电动机连同离合器和减速齿轮一起,通过一个橡胶底座安装在左车架上。电动机的输出转矩由减速齿轮增大,并通过万向节、转向器中的助力小齿轮把输出转矩送至齿条,向转向轮提供转矩。ECU 根据各传感器的信号确定助力转矩的幅值和方向,并且直接控制驱动电路去驱动电动机。转矩传感器、转角传感器和汽车速度传感器等为助力转矩的信号源。

四、制动系统

(一)概述

1. 制动系统的功用

汽车制动系统的功用是:

(1)按照需要使汽车减速或在最短离内停车。

(2)下坡行驶时保持车速稳定。

(3)使停驶的汽车可靠驻停。

2. 制动系统的基本组成

汽车制动系统包括行车制动和驻车制动两大部分,如图1-3-71所示。行车制动系统用于使行驶中的车辆减速或停车,通常由驾驶员用脚操纵,一般包含制动踏板、制动主缸、制动轮缸、制动管路、车轮制动器等;驻车制动系统用于使停驶的汽车驻留原地,通常由驾驶员用手操纵,一般包含制动手柄、拉索(或拉杆)、制动器。另外,较为完善的制动系统还包括制动力调节装置以及报警装置、压力保护装置等。

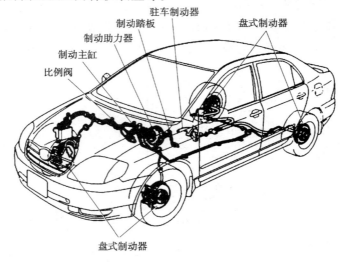

图1-3-71 制动系统的基本组成

3. 制动系统的工作原理

行车制动系统的基本结构如图1-3-72所示,其工作原理是将汽车的动能通过摩擦转换成热能,并释放到大气中。制动时,踩下制动踏板,制动主缸向各制动轮缸供油,活塞在油压的作用下把摩擦材料压向制动盘实现制动。

(二)车轮制动器

车轮制动器由旋转元件和固定元件两大部分组成。旋转元件与车轮相连接,固定元件与车桥相连接。利用旋转元件和固定元件之间的摩擦,产生制动器制动力。

图1-3-73所示为常用的盘式和鼓式制动器制动原理示意图。当制动摩擦块或制动蹄摩擦片压紧旋转的制动盘或制动鼓时,两者接触面之间产生摩擦,通过摩擦将汽车的动能转变为热能,并将热量散发到空气中,最终使车辆减速以至停车。

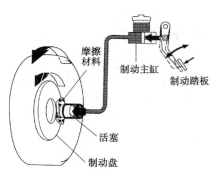
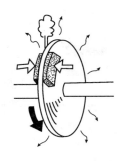
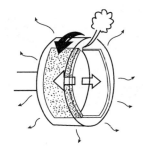

图 1-3-72　制动系统的基本结构及工作原理

a)盘式车轮制动器　　b)鼓式车轮制动器

图 1-3-73　制动器原理示意图

1. 盘式车轮制动器

盘式制动器根据其固定元件的结构形式可分为钳盘式制动器和全盘式制动器。钳盘式制动器广泛应用在乘用车或轻型商用车上，近年来前后轮都采用钳盘式制动器的车辆日渐增多。

钳盘式制动器按制动钳固定在支架上的结构形式可分为：定钳盘式和浮钳盘式，如图 1-3-74 所示。

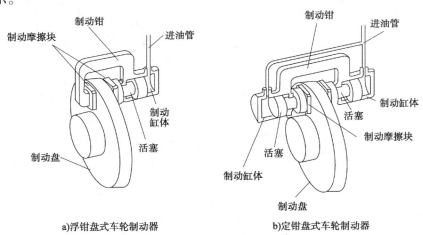

a)浮钳盘式车轮制动器　　b)定钳盘式车轮制动器

图 1-3-74　盘式制动器的类型

2. 鼓式车轮制动器

简单的鼓式车轮制动器由旋转部分、固定部分、促动装置和间隙调整装置组成，如图 1-3-75 所示。旋转部分为制动鼓；固定部分是制动底板和制动蹄，制动底板固装在车桥的凸缘盘上，通过支承销与制动蹄相连；促动装置的功用是对制动蹄施加力使其向外张开，常用的促动装置有凸轮或制动轮缸；间隙调整装置的功用是保持和调整制动蹄和制动鼓间正确的相对位置。

3. 驻车制动器

驻车制动器的功用是：车辆停驶后防止滑

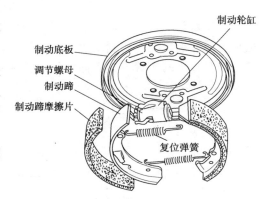

图 1-3-75　鼓式制动器结构

图 1-3-76 驻车制动系统

溜;使车辆在坡道上能顺利起步;行车制动系统失效后临时使用或配合行车制动器进行紧急制动。

驻车制动装置主要由驻车制动杆、制动拉索及后轮制动器中的驻车制动器等组成,如图 1-3-76 所示,它作用于后轮,主要是在坡路或平路上停车时使用或在紧迫情况下作紧急制动。

(三)液压制动传动装置

如图 1-3-77 所示,液压制动传动装置由制动踏板、制动主缸、储液罐、制动轮缸、油管等组成。现代汽车上采用了各种制动力调节装置,用以调节前后车轮制动管路的工作压力,常用的调节装置有限压阀、比例阀、感载比例阀和惯性阀等。

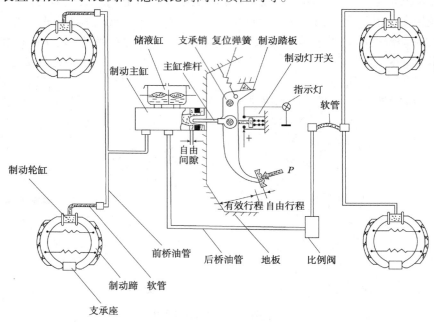

图 1-3-77 液压制动传动装置的组成

现代汽车的行车制动系统须采用双管路液压制动传动装置,双管路液压制动传动装置是利用彼此独立的双腔制动主缸,通过两套独立管路,分别控制两桥或三桥的车轮制动器。常见的双管路的布置方案有前后独立式和交叉式两种形式,如图 1-3-78 所示。

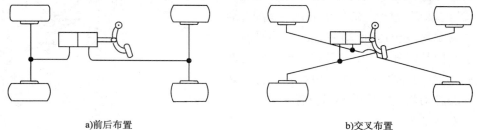

a)前后布置　　　　　　　　b)交叉布置

图 1-3-78 制动管路的布置

(四)电控制动系统

1.汽车防抱死制动系统(ABS)

汽车防抱死制动系统(Anti-locked Braking System,ABS)是一种安全控制制动系统,ABS既有普通制动系统的制动功能,又能防止车轮制动抱死。

紧急制动时,制动力过大使轮胎抱死后滑动,制动距离变长且汽车不受控制。防抱死制动系统可使汽车在制动过程中车轮滑移率保持在20%左右范围内,此时轮胎处于边滚边滑状态,制动力最大,保证了汽车的方向稳定性,防止产生侧滑和跑偏。

ABS的基本组成如图1-3-79所示,ABS通常由轮速传感器、制动压力调节器、电子控制单元(ECU)和ABS警示装置等组成。

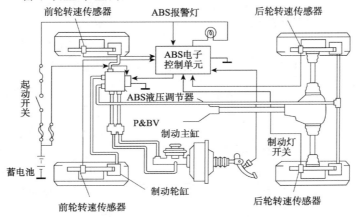

图1-3-79 ABS的基本组成

汽车制动时,轮速传感器将各车轮的转速信号输入ECU;ECU根据每个车轮轮速传感器输入的信号对车轮的运动状态进行监测和判定,并形成响应的控制指令,再适时发出控制指令给制动压力调节器;制动压力调节器对各制动轮缸的制动压力进行调节,防止制动车轮抱死。图1-3-80所示为ABS部件在车上的位置。

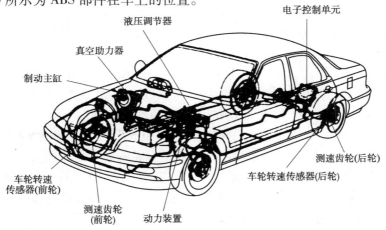

图1-3-80 ABS部件在车上的位置

2.汽车驱动防滑控制系统(ASR)

驱动防滑控制系统英文简称ASR,是Acceleration Slip Regulation的缩写,有的车辆称为牵引力控制系统,英文简称 TCS 或 TRC,是 Traction Control System 的缩写。

驱动防滑控制系统的功用是防止汽车在加速过程中打滑,特别是防止汽车在非对称路面或在转向时驱动轮滑转,以保持汽车行驶方向的稳定性、操纵性和维持汽车的最佳驱动力以及提高汽车的平顺性。

典型 ABS/ASR 系统组成如图 1-3-81 所示,主要由轮速传感器、ABS/ASR ECU、制动压力调节器、主副节气门开度传感器、副节气门控制步进电动机等组成。

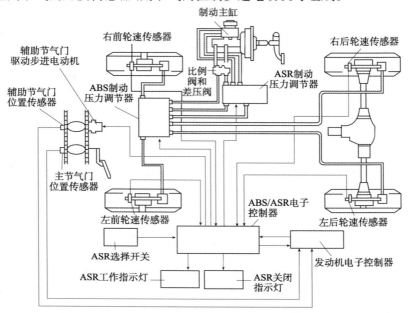

图 1-3-81　典型 ABS/ASR 组成示意图

ABS/ASR ECU 根据驱动车轮转速传感器输送的速度信号计算判断出车轮与路面间的滑转状态,并适时地向其执行机构发出指令,以降低发动机的输出转矩和车轮的转速,从而实现防止驱动轮滑转的目的。

ASR 的传感器主要是轮速传感器和节气门位置传感器。轮速传感器与 ABS 共用,而节气门位置传感器则与发动机控制系统共用。

ASR 专用的信号输入装置是 ASR 选择开关,关闭 ASR 选择开关,可停止 ASR 的作用。如在汽车维修中需要将汽车驱动车轮悬空转动时,ASR 可能对驱动车轮施以制动,影响故障的检查。这时关闭 ASR 开关,停止 ASR 作用,可避免这种影响。

ASR 的电子控制单元(ECU)发出的控制指令有如下几种:控制滑转车轮的制动力;控制发动机输出功率;同时控制发动机输出功率和驱动车轮的制动力。在实际应用的 ASR 中,绝大多数都是采用调节发动机输出转矩的方式来控制汽车驱动力矩。而调节发动机的输出转矩,通常是利用发动机电子控制装置,通过控制节气门开度和点火提前角的方式来实现。

3. 汽车电子稳定程序控制系统(ESP)

汽车电子稳定程序控制系统(Electronic Stability Program,ESP)是改善汽车行驶性能的一种控制系统,是 ABS 和 ASR 在功能上的延伸。利用与 ABS 一起的综合控制可防止汽车在制动时车轮抱死;利用 ASR 可阻止汽车在起步时驱动轮滑转(空转)。ESP 可以通过有选择性地控制各车轮上的制动力,防止车辆滑移,因此,ESP是一个主动安全系统。

ESP在不同的车型中有不同的名称,如奔驰、奥迪称为ESP,宝马称其为DSC(Dynamic Stability Control,即动态稳定性控制),丰田、雷克萨斯称其为VSC(Vehicle Stability Control,即汽车稳定性控制系统),三菱称其为ASC/AYC(Active Stability Control/Active Yaw Control,即主动稳定控制/主动横摆控制系统),本田称其为VSA(Vehicle Stability Assist,即车身稳定性辅助系统),而VOLVO汽车称其为DSTC(Dynamic Stability and Traction Control,即动态循迹防滑控制系统)。

如图1-3-82所示,ESP由传统制动系统、传感器、液压调节器、汽车稳定性控制电子控制单元和辅助系统组成,在电脑实时监控汽车运行状态的前提下,对发动机及控制系统进行干预和调控。

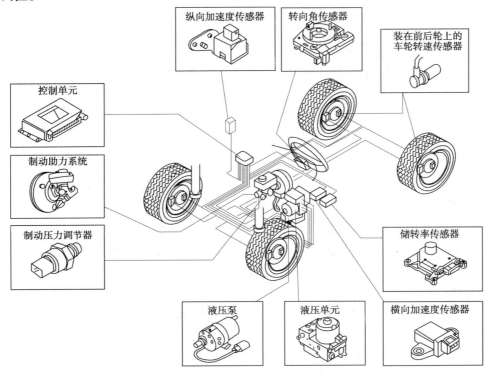

图1-3-82　ESP的组成

在汽车行驶过程中,转向盘转角传感器监测驾驶员转弯方向和角度,车速传感器监测车速、节气门开度,制动主缸压力传感器监测制动力,而侧向加速度传感器和横摆角速度传感器则监测汽车的横摆和侧倾速度。ECU根据这些信息,通过计算后判断汽车要正常安全行驶和驾驶员操纵汽车意图的差距,然后由ECU发出指令,调整发动机的转速和车轮上的制动力,修正汽车的过度转向或不足转向,以避免汽车打滑、转向过度、转向不足和抱死,从而保证汽车的行驶安全。

当ESP判定为出现不足转向时,将制动内侧后轮,使车辆进一步沿驾驶员转弯方向偏转,从而稳定车辆(图1-3-83);当ESP判定为出现过度转向时,ESP将制动外侧前轮,防止出现甩尾,并减弱过度转向趋势,稳定车辆(图1-3-84)。上述过程中如果单独制动某个车轮不足以稳定车辆，ESP 将通过降低发动机转矩输出的方式或制动其他车轮来满足需求。

无ESP

有ESP

图 1-3-83　不足转向

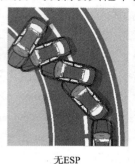
无ESP

有ESP

图 1-3-84　过度转向

第四节　汽车电气设备基本构造

一、发动机电气设备

发动机电气设备由蓄电池、充电系统、起动系统和发动机点火系统等组成。

（一）蓄电池

汽车蓄电池是一种储能装置，是低压直流电源，它并不是直接储存电能，而是将电能转变成化学能储存起来，当蓄电池连接外部电路时，化学能才变成电能，从蓄电池的正极流出经导线到负荷，再经导线流回蓄电池负极完成回路放电。

当发动机运转时，使用小部分动力驱动发电机以产生电能，再充入蓄电池，把电能变成化学能储存。现代汽车一般使用 12V 的蓄电池，大型柴油车则常用两个 12V 蓄电池串联而成 24V 系统。

汽车蓄电池的功用如下：

（1）起动发动机时供给起动机摇转发动机所需的大量电流。

（2）当发电机发出的电压低于蓄电池电压时或发电机不工作时，供给全车电器所需的电流。

（3）当汽车上电器的用电量超过发电机的输出量时，帮助发电机提供电器所需的电流。

（4）平衡汽车电气系统的电压，不使电压过高或过低。

蓄电池的结构如图 1-3-85 所示，由壳体、盖板、极板组、隔板与极柱等组成。蓄电池中的电解液为稀硫酸（$H_2SO_4 + H_2O$）。

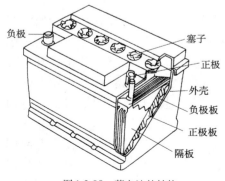

图 1-3-85　蓄电池的结构

(二)充电系统

1. 充电系统的功用和组成

起动发动机时需利用蓄电池供应起动机及点火系统等各种电器所需的电流,发动机起动后,必须由充电系统来提供点火系统及其他电器的用电,并补充蓄电池在起动发动机时所消耗的电能,这样发动机才能维持运转,熄火后才能再起动。

充电系统就是将发动机一部分机械能转变为电能的装置。充电系统最重要的部件是产生电能的发电机,其次为控制发电机最高输出的调节器,另外还需有指示充电系统工作是否正常的指示灯或电流表,以及连接各电器间的导线等,如图 1-3-86 所示。

交流发电机的功能:

(1)在车辆行驶时,供应点火系统、空调、音响及其他电器用电。

(2)补充蓄电池在起动时损耗的电能(即对蓄电池充电)。

2. 交流发电机的结构

交流发电机如图 1-3-87 所示,由定子、转子、整流器、前端盖、电刷、后端盖和风扇等组成。图 1-3-87 所示的交流发电机采用集成式电压调节器(IC)调节器。

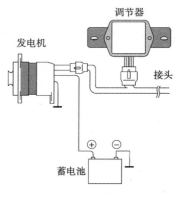

图 1-3-86 充电系统的组成

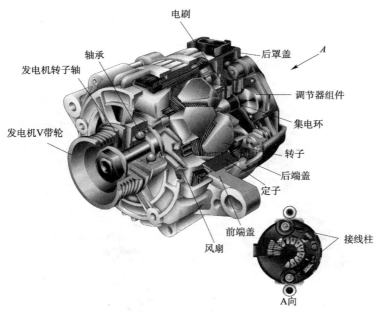

图 1-3-87 交流发电机的结构

(三)起动系统

1. 起动系统的功用和组成

汽油发动机或柴油发动机正常工作都必须经"进气→压缩→做功→排气"四个行程,因此开始起动发动机完成进气行程和压缩行程必须先靠外力摇转曲轴,常用的外力有人力和电力两种,人力起动简单,但不方便,劳动强度大,目前只有在部分汽车上作为后备方式而保留着。电力起动操作方便,起动迅速可靠,重复能力强,所以在现代汽车上被广泛应用。

汽车的起动系统由蓄电池、点火开关、电磁开关、起动机和导线等元件组成。图 1-3-88 所示为起动系统的示意图,实线部分为起动机电路,虚线部分为起动开关控制线路。

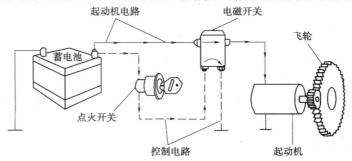

图 1-3-88　起动系统示意图

蓄电池供应起动机所需的大电流(50～300A),一般使用点火开关以较小的电流(3～5A)经电磁开关中线圈产生的磁力来控制起动机驱动齿轮与飞轮的接合与分离,即接通和断开起动电路。

2.起动机

起动机的功能:利用起动机小齿轮与发动机飞轮啮合,以摇转发动机使其能起动;发动机起动后,小齿轮与飞轮必须立刻分离,以免起动机受损。

起动机是起动系统中的主要组成部分,起动机由直流串励式电动机、离合机构和控制装置组成,如图 1-3-89 所示。

图 1-3-89　起动机的结构

（四）点火系统

现代汽车电控燃油喷射式发动机均已采用微型计算机控制点火系统(ESA),计算机控制点火系统的组成示意图如图 1-3-90 所示,ECU 接收曲轴位置传感器、空气流量计、冷却液温度传感器等的信号,以进行点火时间的控制与修正。计算机控制点火系统各部件的功用见表 1-3-9。

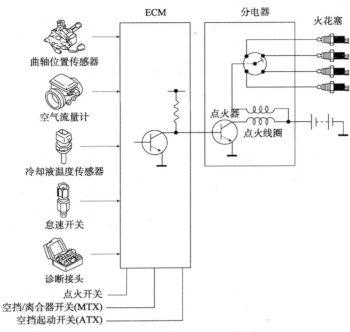

图 1-3-90　计算机控制点火系统的组成示意图

计算机控制点火系统的组成及功用　　　　　　　　表 1-3-9

部件		功用
传感器	空气流量计	检测进气量(负荷)信号输入 ECU,点火系统的主控制信号
	进气歧管绝对压力传感器	
	曲轴位置传感器	检测曲轴转角(转速)信号输入 ECU,点火系统的主控制信号
	凸轮轴位置传感器	检测凸轮轴转角信号输入 ECU,点火系统的主控制信号
	节气门位置传感器	检测节气门开度信号输入 ECU,点火提前角的修正信号
	冷却液温度传感器	检测冷却液温度信号输入 ECU,点火提前角的修正信号
	起动开关	向 ECU 输入发动机正在起动中的信号,点火提前角的修正信号
	空调开关(A/C)	向 ECU 输入空调的工作信号,点火提前角的修正信号
	进气温度传感器	检测进气温度信号输入 ECU,点火提前角的修正信号
	挡起动开关	检测自动变速器 P 挡或 N 挡信号输入 ECU,点火系统的修正信号
	爆震传感器	检测发动机的爆震信号输入 ECU,点火提前角的修正信号
	发动机负荷信号	检测发动机的负荷信号输入 ECU,点火提前角的修正信号
执行器	点火控制器	根据 ECU 输出的点火控制信号控制点火线圈初级电路的通断,产生次级高压,同时,向 ECU 反馈点火确认信号
	ECU	根据各传感器输入的信号,计算出最佳的点火提前角,并将点火控制信号输送给点火控制器

二、照明与信号系统

(一)照明系统

为了保证汽车行驶安全,现代汽车上都装备照明与信号系统(图1-3-91)。照明系统用于提供车辆夜间安全行驶必要的照明,包括车外照明和车内照明等,信号系统用于提供安全行车所必需的灯光信号。

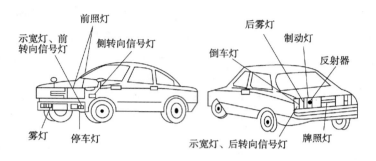

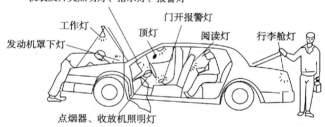

图1-3-91　照明与信号系统的布置

1. 前照灯

前照灯也称前大灯或头灯,装于汽车头部两侧,用于夜间行车时的道路照明,灯光为白色,功率一般为30~60W。前照灯包括远光灯和近光灯两种(图1-3-92),远光灯用于保证车前有明亮而均匀的照明,使驾驶员能辨明100m以内道路上的任何障碍物;近光灯在会车和市区内使用,用于保证夜间车前50m内的路面照明,以及避免两车交会时造成驾驶员炫目而发生事故。

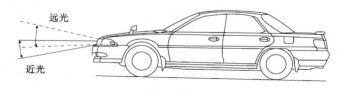

图1-3-92　远光和近光

前照灯的结构和安装位置如图1-3-93所示,主要由灯泡、反射镜和配光镜组成。前照灯灯泡有充气灯泡、卤素灯、氙气灯泡和新型高压(20kV)放电氮灯等几种类型。前照灯反射镜的功用是将灯泡的光线聚合并导向远方。配光镜的功用是将反射镜反射出的平行光束折射,使车前路面和路缘均有很好的照明效果。前照灯由灯光总开关控制,变光开关控制远近光变换。有的车还可以由超车灯开关控制远近光变换。

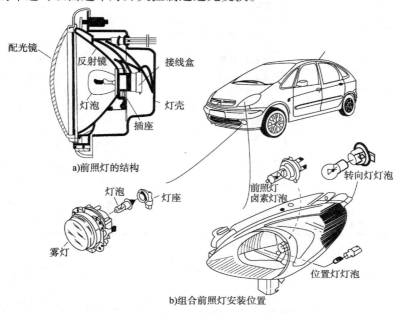

图1-3-93 前照灯的结构和安装位置

2. 其他照明灯

其他照明灯的功用见表1-3-10。

其他照明灯的功用　　　　表1-3-10

照明灯名称	功　用
雾灯	用于雨、雪、雾或尘埃弥漫天气时的行车照明并具有信号作用
牌照灯	装于汽车尾部的牌照上方,用于夜间照亮汽车牌照
仪表灯	装于汽车仪表板上,用于仪表照明
车顶灯(又称车内灯或室内灯)	装于驾驶室或车厢顶部,主要用于车内照明
工作灯	对排除汽车故障或检修提供照明
阅读灯(又称地图灯、个人灯、内小灯等)	安装在前座椅上方,为了便于乘客阅读
点火开关照明灯	所有车门关闭后,点火开关照明灯会持续点亮10～15s才熄灭,以方便驾驶员插入钥匙
车门灯又称探照灯	装在4个车门下方,当车门打开时灯亮,照亮地面,以方便进出车辆的驾驶员及乘客
行李舱灯	装于行李舱顶部,用于夜间行李舱门打开时照亮行李舱
发动机罩灯	装于发动机罩内侧,用于夜间发动机舱打开时照亮发动机舱

(二)信号系统

1. 信号灯

信号灯的功用见表1-3-11。

信号灯的功用　　　　　　　　　　　　　　表 1-3-11

信号系统	功用
转向信号灯（简称转向灯）	在汽车起步、超车、转弯和停车时，左侧或右侧的转向信号灯会发出明暗交替的闪光信号，以示汽车改变行驶方向
危险警报灯（又称危险报警灯）	它与转向信号灯共用同一套灯具。当车辆在路面上遇到紧急情况需要处理时，按下危险警报开关，全部转向灯同时闪烁，提醒后方车辆避让
示宽灯（又称小灯、驻车灯或停车灯）	装在车辆前面两侧对称位置，用于标识汽车夜间行驶或停车时的宽度轮廓
尾灯	尾灯一般为红色，用于在夜间行驶时向后面的车辆或行人提供位置信息
制动灯	装于汽车后面，用于当汽车制动或减速停车时，向车后发出灯光信号，以警示随后车辆及行人
倒车灯	装于汽车尾部，左右各一只。倒车灯一般为白色。用于照亮车后路面，并警示车后的车辆和行人，表示该车正在倒车，提高倒车时的安全性

2. 喇叭

汽车喇叭是用来警告路上车辆或行人的警报装置。喇叭的种类主要有电磁式、电子式和压缩空气式 3 类。

电磁式喇叭（图 1-3-94）一般包括高音喇叭、低音喇叭、喇叭继电器、喇叭按钮、电源、熔断丝等。因喇叭耗电量大，故使用继电器，以避免按钮处产生过大的火花，以延长使用寿命。常见的电磁式喇叭为螺旋形喇叭和盆形喇叭。

电子式喇叭的结构如图 1-3-95 所示，其发音体采用压电元件，以产生悦耳的和音，电子式喇叭具有省电、低噪声等优点。

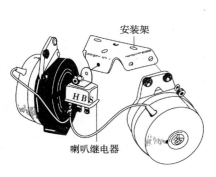

图 1-3-94　电磁式喇叭的结构

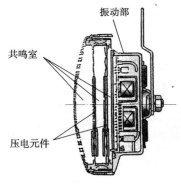

图 1-3-95　电子式喇叭的结构

三、刮水器和洗涤器系统

（一）刮水器和洗涤器系统功用和组成

刮水器的功用是用来清除风窗玻璃上的雨水、雪或尘土，以确保驾驶员有良好的视野。在行驶中，由于泥土的飞溅或其他原因污染风窗玻璃，所以刮水器还设有洗涤装置，有些乘用车还装备有前照灯冲洗装置。刮水器和洗涤器系统在车上的布置如图 1-3-96 所示。

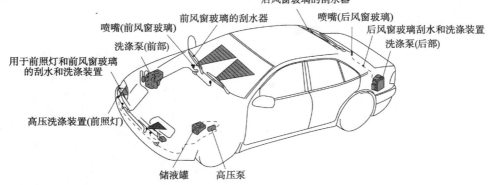

图 1-3-96　刮水器和洗涤器系统在车上的布置

（二）刮水器的结构

现代汽车均使用电动机驱动刮水器,这样可以保持一定速度摆动,不受发动机转速与负荷变动的影响,且可以随驾驶员需要,视雨势大小调整动作速度。电动刮水器更可以做每秒一次至 30s 一次间歇动作的无级变速调整。

如图 1-3-97 所示,刮水器由直流电动机、涡轮箱、曲柄、连杆、摆杆、摇臂和刮水片等组成。

（三）洗涤器的结构

目前汽车使用的洗涤器均为电动式,其结构包括储水箱、水管及喷嘴等,电动机（永久磁铁式）及水泵（离心式）装在储水箱上,如图 1-3-98 所示。

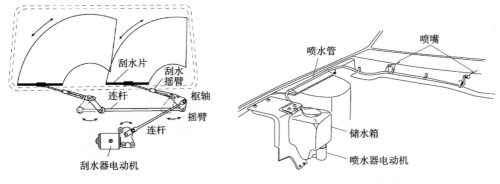

图 1-3-97　刮水器的结构　　　　　　图 1-3-98　风窗玻璃洗涤器系统

四、组合仪表与报警装置

（一）组合仪表

汽车组合仪表分为传统组合仪表和电子组合仪表。传统组合仪表是机械式或电气机械式,它们都是通过指针和刻度来实现模拟显示的。随着电子及计算机技术在汽车上的广泛应用,以及新型传感器和电子显示器的出现,电子组合仪表已被越来越多的汽车所采用。

1. 传统组合仪表

传统组合仪表主要包括机油压力表、冷却液温度表、发动机转速表、燃油表、电流表、机油压力报警灯、充电指示灯等,这些仪表通常都组装在仪表板上,如图 1-3-99 所示。传统组合仪表的功用见表 1-3-12。

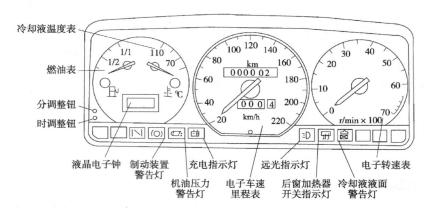

图 1-3-99　传统组合仪表的组成

传统组合仪表的功用　　　　　　　　　　　　　　　表 1-3-12

仪　表	功　用
车速里程表	指示汽车行驶速度和记录汽车已行驶过距离
车速报警装置	为保证行车安全而在车速表内设置的速度音响报警系统
机油压力表	发动机工作时,指示发动机润滑系统主油道中机油压力的大小,以便了解发动机润滑系统工作是否正常
机油低压报警装置	当发动机润滑系统主油道中的油压低于正常值时,对驾驶员发出报警信号
燃油表	指示汽车燃油箱内所储存的燃油量
燃油液面报警装置（即燃油液位报警灯）	当燃油箱内的燃油量少于某一规定值时立即发出报警,以引起驾驶员的注意
冷却液的工作温度表	指示发动机汽缸盖水套内冷却液的工作温度
冷却液报警灯	在冷却液温度升高到接近沸点时发亮,以引起驾驶员的注意
电流表	指示蓄电池充电或放电的电流值(目前很少采用传统的电流表,而普遍采用充电指示灯。灯亮表示不充电,灯不亮则表示充电),供驾驶员判断电源系统工作是否正常
充电指示灯	在发电机不对蓄电池充电时发亮
发动机转速表	用来指示发动机运转速度

2. 电子组合仪表

电子组合仪表是以数字显示、字母数字混合显示、曲线图或柱状图表等形式向驾驶员显示汽车各种工作状态的信号和报警信号,具有高精度和高可靠性,可为驾驶员提供高精度的数据信息,具有一"表"多用的功能。

电子组合仪表的结构如图 1-3-100 所示,主要有电子式燃油表、发动机电子转速表、车速表、里程表和冷却液温度表等。

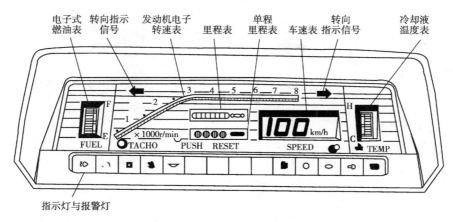

图 1-3-100　乘用车电子组合仪表的结构

（二）报警装置

现代汽车为保证行车安全和提高车辆的可靠性，安装了许多报警装置。报警装置一般由传感器、报警灯（或蜂鸣器）等组成。报警指示灯如图 1-3-101 所示。

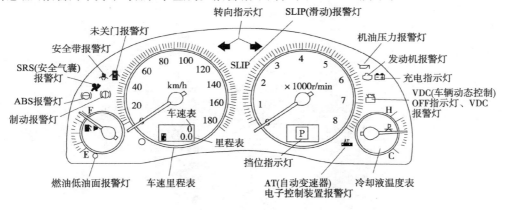

图 1-3-101　组合仪表报警装置

现代汽车的电气设备越来越多，为了便于识别、控制它们，在汽车驾驶室的仪表板、操纵杆、开关、按钮等处标有各种醒目的形象化的符号，常用的标识符号如图 1-3-102 所示。

五、空调系统

（一）概述

1. 空调系统的功用

汽车空调系统即车内空气调节装置，是指对车内空气的温度、湿度及清洁度进行调节控制的装置。汽车空调系统功用是在各种气候和行驶条件下，为乘员提供舒适的车内环境，并能预防或除去附在风窗玻璃上的雾、霜或冰雪，以确保驾驶员的视野清晰与行车安全。

2. 空调系统的组成

汽车空调系统在车上布置如图 1-3-103 所示，它主要由制冷系统、采暖系统、通风装置、加湿装置、空气净化装置和控制装置等组成。

燃油	(水)温度	机油压力	充电指示	转向指示灯	远光
近光	雾灯	驻车制动	制动失效	安全带	油温
示廓(宽)灯	真空度	驱动指示	发动机舱	行李舱	停车灯
危急报警	风窗除霜	风机	刮水/喷水器	刮水器	喷水器
车灯开关	阻风门	扬声器	点烟器	后刮水器	后喷水器

图 1-3-102 常见的标识符号

图 1-3-103 空调系统在车上布置图

（二）制冷系统的组成与工作原理

1. 汽车空调制冷系统的组成

汽车空调制冷系统主要由压缩机、冷凝器、储液干燥器、膨胀阀、蒸发器、导管与软管、压力开关等组成，如图 1-3-104 所示。

2. 空调制冷系统的工作原理

汽车空调制冷系统的工作原理如图 1-3-105 所示，分为压缩过程、放热过程、节流过程和吸热过程。

（1）压缩过程。汽车空调压缩机吸入蒸发器出口处的低温低压制冷剂气体，把它压缩成高温高压气体排出压缩机，经管道进入冷凝器。

（2）放热过程。高温高压的过热制冷剂气体进入冷凝器后，由于温度的降低，达到制冷剂的饱和蒸汽温度,制冷剂气体冷凝成液体,并放出大量的液化气热。

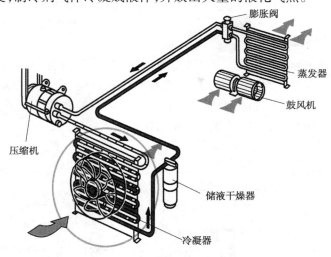

图 1-3-104 空调制冷系统的组成

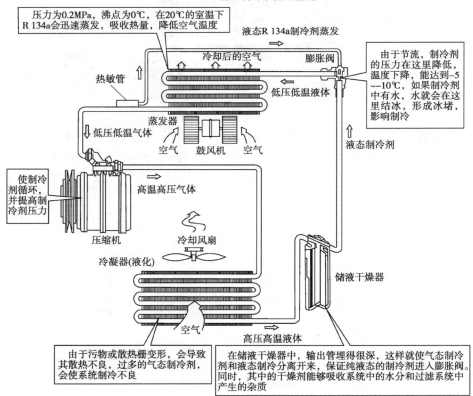

图 1-3-105 汽车空调制冷系统的工作原理

(3)节流过程。温度和压力较高的液态制冷剂通过膨胀装置后体积变大,压力和温度急剧下降,以雾状排出膨胀装置。

(4)吸热过程。雾状制冷剂液体进入蒸发器,由于压力急剧下降,达到饱和蒸气压力,液态制冷剂蒸发成气体。蒸发过程中吸收大量的蒸发器表面热量,变成低温低压气体后,再次循环进入压缩机。

(三)空调系统的采暖与通风

水暖式采暖系统实际上是发动机冷却系统的一部分,大致可分为两大部分,即热水循环回路和配气装置。热水循环回路与发动机的冷却系统相连通,借助于发动机的水泵实现热水循环。来自发动机冷却系统的热水从进水管流经加热器控制阀进入散热器,然后经由出水管回到发动机的冷却系统,实现回路的循环,如图1-3-106所示。

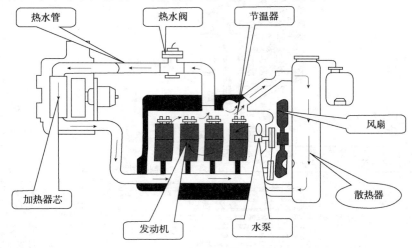

图 1-3-106　热水循环回路

在通风装置中,由电动鼓风机强制使空气循环运动。空气经由进风口被吸入,流经加热器时将被加热,并由出风口导出,进入车厢内实现取暖或为风窗玻璃除霜,如图1-3-107所示。

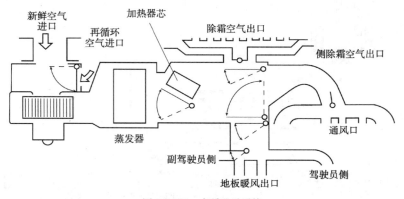

图 1-3-107　水暖通风系统

六、安全气囊系统

安全气囊系统的全称为汽车安全辅助气囊系统,又称 SRS（Supplement Restraint System）。汽车安全气囊在汽车发生碰撞时,可以迅速在乘员和汽车内部结构之间打开一个充满气体的袋子,使乘员撞在气袋上,避免或减缓碰撞,从而到达保护乘员的目的。

(一)组成

安全气囊系统主要由碰撞传感器、安全气囊控制单元、安全气囊组件和安全气囊警告灯等组成,如图 1-3-108 所示。

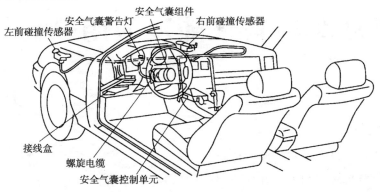

图 1-3-108 安全气囊在车上的布置

(1)传感器。传感器是安全气囊系统主要的控制信号输入装置,用来检测、判断汽车发生事故时的碰撞强度信号,以便决定是否需要启动安全气囊,并确定安全气囊启动的时间。

(2)安全气囊控制单元。作为安全气囊系统的核心,安全气囊控制单元用来控制安全气囊点火、进行本系统故障诊断及判定要保护的乘员座位是否有乘员。

(3)安全气囊组件。该组件主要由气体发生器、点火器和安全气囊等组成。其中驾驶员侧安全气囊组件位于转向盘中心处,前排乘员侧安全气囊组件位于仪表板右侧、杂物箱的上方。侧面安全气囊组件位于前排座椅的靠背里。

(二)工作原理

当前方或斜前方发生碰撞时,前部碰撞传感器输出信号给安全气囊控制单元,当碰撞冲量超过预先设定的值时,安全气囊点火,其工作原理如图 1-3-109 所示。从碰撞→点火剂着火→产生气体→安全气囊充气→安全气囊泄气,整个过程时间仅 0.1s 即完成,为瞬间动作的高度安全装置。安全气囊的保护作用在系安全带时比不系安全带时的效果更好。

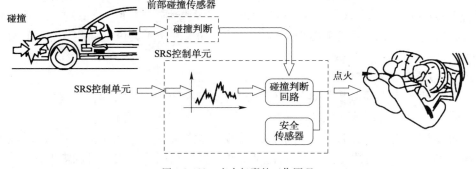

图 1-3-109 安全气囊的工作原理

第四章
常用机动车材料性能及应用

学习目标
1. 了解常用机动车材料的使用性能。
2. 正确选择运行材料的型号和类别。

第一节 车用燃料

燃料通常指能够将自身存储的化学能通过化学反应（燃烧）转变为热能的物质，其来源大部分为石油。目前，机动车多以汽油、柴油为主要燃料，点燃式内燃机用汽油，压燃式内燃机用柴油。由于石油是一种不可再生能源，世界石油资源已逐渐枯竭，世界各国也纷纷开发清洁汽车代用燃料。

一、车用汽油

汽油为油品的一大类，是含有 4~12 个碳原子的复杂烃类混合物，很难溶解于水，易燃，馏程为 30~205℃，空气中含量为 74~123g/m³ 时遇火爆炸。汽油的热值约为 $4.4 \times 10^7 J/kg$（燃料的热值是指 1kg 燃料完全燃烧后所产生的热量）。汽油类包括航空汽油、车用汽油和溶剂汽油。

1. 汽油的使用性能

(1) 蒸发性。指汽油蒸发的难易程度。对发动机的起动、暖机、加速、气阻、燃料耗量等有重要影响。汽油的蒸发性由馏程、蒸气压、气液比 3 个指标综合评定。

(2) 抗爆性。指汽油在各种使用条件下抗爆震燃烧的能力。车用汽油的抗爆性用辛烷值表示。辛烷值高，抗爆性好。高辛烷值汽油可以满足高压缩比汽油机的需要。

(3) 安定性。指汽油在自然条件下，长时间放置的稳定性。用胶质和诱导期及碘价表征。胶质越低越好，诱导期越长越好，碘价表示烯烃的含量。

(4) 汽油的腐蚀性。若汽油中含有硫及硫化物、有机酸及水溶性酸碱及水分，就有了腐蚀性。

(5)汽油的清洁性。指汽油在生产、运输、储存和使用过程中不应混入炼制工艺以外的杂质,以保持汽油清洁。

2.汽油的牌号、规格和选用

(1)汽油的牌号和规格。以前国家标准将车用无铅汽油按研究法辛烷值分为90号、93号和95号三个牌号;现行国Ⅴ标准汽油又分为92号和95号两个牌号,个别地区还有可能根据当地的实际情况制定了相应的地方燃油牌号。

(2)汽油的选用。选用汽油主要依据压缩比。高压缩比的发动机应选用牌号较高的汽油,低压缩比的发动机可选用牌号较低的汽油。若选用不当,压缩比高的发动机选用低牌号汽油,则易引起发动机爆震,导致功率下降;反之,压缩比低的发动机选用高牌号汽油,会造成浪费,使运输成本增加。

(3)汽油的储存、运输。汽油储存时,尽可能使用油罐而不要使用油桶。罐装汽油比桶装蒸发少,变质慢。

3.甲醇汽油

甲醇汽油是一种低碳能源,它可以替代普通汽油,是专门用于汽油内燃机使用的车用燃料。它是将国标汽油、甲醇、添加剂按一定的体积(质量)比经过严格的流程调配而成的一种新型环保燃料甲醇与汽油的混合物。甲醇掺入量一般为5%~30%。以掺入15%者为最多,称M15甲醇汽油。

甲醇汽油的抗爆性能好,研究法辛烷值(RON)随甲醇掺入量的增加而增高,马达法辛烷值(MON)则不受影响。但一般的甲醇汽油对汽油发动机的腐蚀性和对橡胶材料的溶胀率都较大,且易于分层,低温运转性能和冷起动性能不及纯汽油,可用作车用汽油代用品。许多国家做了大量使用试验,有的也在产业化使用。

甲醇汽油中的甲醇既是一种能源,又是汽油品质的改良剂和绿色增氧剂。由于甲醇含氧原子,使汽油充分燃烧,能有效降低汽车尾气排放有害气体总量的50%以上,有利于保护大气环境。所以甲醇汽油环保、成本低,节省资源造福人类,市场竞争力强,具有极好的发展前景。

二、车用轻柴油

柴油的主要成分是含9~18个碳原子的链烷、环烷或芳烃。它的化学和物理特性位于汽油和重油之间,沸点在170~390℃,热值约为4.1×10^7J/kg。柴油类包括轻柴油、重柴油和军用柴油。轻柴油是柴油汽车、拖拉机等柴油发动机燃料。

1.柴油的使用性能

(1)柴油的低温流动性。柴油低温流动性以凝点表示。

(2)柴油的燃烧性。是指柴油喷入汽缸后立即着火燃烧的性能。燃烧性好的柴油着火延迟期(滞燃期)短,工作平稳。柴油的燃烧性以十六烷值表示。

(3)柴油的蒸发性。是指柴油从液态转化为气态的性能,通常用馏程和闪点评价。

(4)柴油的黏度。黏度用以表示柴油的稀稠程度,它随温度而变。柴油的黏度与流动性、雾化性、燃烧性和润滑性都有很大关系。

(5)柴油的腐蚀性。是指硫分、酸分、水溶性酸或碱对金属材料的破坏作用,其中以柴油中的硫分影响最大。

(6)柴油的清洁性。包括柴油中灰分、水分、机械杂质的含量。灰分是指不能燃烧的矿物质;水分在柴油中含量较多时,冬季会因结冰而使燃料系统堵塞,燃烧时还会降低热量,促使硫化物生成腐蚀机件的酸类物质;机械杂质会加速喷油泵的柱塞和柱塞套、喷油器的针阀和阀座等精密偶件的磨损,严重时还会造成这一类偶件卡死。

2.柴油的牌号、规格与选用

(1)柴油的牌号、规格。目前国内应用的轻柴油按凝固点分为6个牌号:10号柴油、0号柴油、-10号柴油、-20号柴油、-35号柴油和-50号柴油。例如:10号表示该种柴油的凝点不低于10℃。

(2)柴油的选用。柴油应根据不同地区和季节选用。气温较高的地区,选用凝点较高的柴油;反之,选用凝点较低的柴油。低凝点柴油生产工艺复杂,产量比高凝点柴油少,价格也高。所以,在气温允许的情况下,尽量延长高凝点柴油使用期。一般选用凝点较最低气温低2~3℃的柴油,以保证在最低气温时不凝固。如何选用可参看表1-4-1。

轻柴油的选用　　　　　　　　　　　　　　　　　　　　表1-4-1

柴油牌号	适 用 区 域
0	4~9月份适用于全国,长江以南地区冬季也可以使用
-10	适用于长城以南地区冬季、长江以南地区严冬季节
-20	适用于长城以北地区和西北地区冬季、长城以南黄河以北地区严冬季节
-35	适用于东北、西北地区严冬季节
-50	适用于东北、西北、华北地区严寒季节

三、其他燃料

现阶段开发和具有应用价值的代用燃料有液化石油气、天然气、生物柴油、醇类、二甲醚、氢气等。

1.液化石油气

以液化石油气(LPG)为燃料的汽车早已问世,目前全世界已有超过54个国家采用了LPG汽车,总数接近1500万辆。液化石油气是石油开采和炼制过程中的伴随产物,受石油危机的影响不可能成为汽油、柴油的稳定代替燃料。

2.天然气

汽车用天然气的主要成分是甲烷,其余为乙烷、丙烷、丁烷及少量其他物质。天然气汽车使用的天然气种类有压缩天然气(CNG)和液化天然气(LNG)两种。两者相比较,在汽车上更具推广价值的是压缩天然气(CNG)。

3.生物柴油

生物柴油是清洁的可再生能源,它以大豆和油菜籽等油料作物、油棕和黄连木等油料林木果实、工程微藻等油料水生植物以及动物油脂、废餐饮油等为原料制成的液体燃料,是优质的石油柴油代用品。

4.醇类

醇类燃料是指甲醇和乙醇,都属于含氧燃料。与汽油相比,醇类燃料具有较高的热输出效率,能耗折合油耗量较低,由于燃烧充分,有害气体排放较少,属于清洁能源。甲醇俗称"木醇"或"木精"。用甲醇代替石油燃料在国外已经应用多年,20世纪80年代,我国开始了甲醇燃料的开发。燃料乙醇是由有机食物(粮食、植物纤维)制成的液态燃料。

5. 二甲醚

二甲醚又称甲醚,简称DME,能从煤、煤气层、天然气、生物质等多种资源中提取。以二甲醚为原料的二甲醚汽车的进一步发展将有效地解决原油危机和能源安全问题。

6. 氢气

氢气汽车指用氢气直接作为燃料的汽车,它是传统汽车最理想的替代方案。氢气的来源主要是电解水、碳氢化合物的裂解和工业废氢。

第二节 车用润滑料

车用润滑料是指用于汽车中做相对运动摩擦副间的润滑介质,一般由不同的石油馏分或合成油液掺和各种添加剂制成。其主要功能是在摩擦副间形成油膜,使两个摩擦面尽可能不直接接触,从而减少零件的磨损。车用润滑料主要有三类:发动机润滑油(俗称机油)、齿轮油(俗称黑油)和润滑脂(俗称黄油)。

一、发动机润滑油

1. 发动机润滑油的作用

(1)润滑。活塞和汽缸之间,主轴和轴瓦之间均存在着快速的相对滑动,要防止零件过快的磨损,则需要在两个滑动表面间建立油膜。有足够厚度的油膜将相对滑动的零件表面隔开,从而达到减少磨损的目的。

(2)辅助冷却降温。发动机润滑油因比热值较低,且在发动机内部,本身并不具有冷却作用。

(3)清洗清洁。好的发动机润滑油能够将发动机零件上的碳化物、油泥、磨损金属颗粒通过循环带回机油箱,通过润滑油的流动,冲洗了零件工作面上产生的污物。

(4)密封防漏。发动机润滑油可以在活塞环与活塞之间形成一个密封圈,减少气体的泄漏和防止外界的污染物进入。

(5)防锈防蚀。发动机润滑油能吸附在零件表面,防止水、空气、酸性物质及有害气体与零件的接触。

(6)减振缓冲。当发动机汽缸内压力急剧上升,突然加剧活塞、活塞屑、连杆和曲轴轴承上的负荷很大,这个负荷经过轴承的传递润滑,使承受的冲击负荷起到缓冲的作用。

(7)抗磨。摩擦面加入润滑剂,能使摩擦系数降低,从而减少了摩擦阻力,节约了能源消耗,减少磨损;润滑剂在摩擦面间可以减少磨粒磨损、表面疲劳、粘着磨损等所造成的磨损。

2. 发动机润滑油的使用性能

(1)发动机润滑油的黏度。黏度是指液体受外力作用移动时,液体分子间产生的内摩擦力。黏度是发动机润滑油一项最主要的指标,它既是分类依据,也是选用依据。

(2)发动机润滑油的油性。是指发动机润滑油在零件表面形成油膜的能力。发动机润滑油被燃料稀释或者变质都会使油性变差,也就是在金属表面形成油膜的能力变差。

(3)发动机润滑油的凝点。凝点是指发动机润滑油在一定试验条件下开始失去流动性的最高温度。凝点的高低直接影响发动机低温起动性能的好坏。

(4)发动机润滑油的抗氧化安定性。是指发动机润滑油在一定使用条件下,抵抗氧化并阻止产生胶质的能力。发动机润滑油的氧化安定性差,使用时会很快生成漆状物,它黏附在活塞环上,使其失去弹性,增大摩擦,增加功率消耗,还影响热传导,使机件过热以致烧结,造成汽缸和活塞环密封不良,使大量发动机润滑油窜入燃烧室,增加发动机润滑油消耗,使燃烧积炭。

(5)发动机润滑油的闪点。闪点是将油料在试验条件下加热,其蒸气与周围空气形成混合气,接近火焰时,开始发出闪火的温度。闪点表示发动机润滑油蒸发强度及馏分组成。发动机润滑油内易蒸发的轻馏分越多,闪点就越低。发动机润滑油经常处于高温条件下工作,要求有较高的闪点。

3. 发动机润滑油的分类

目前多数国家采用美国分类法:第一种是黏度分类法,由美国汽车工程师学会(SAE)制定;第二种是质量分级法,由美国石油学会(API)制定。

(1)黏度分类。SAE 按发动机润滑油黏度,将发动机润滑油分为 5W、10W、15W、20W、25W、20、30、40、50 等。W 表示冬天用润滑油。

按 SAE 黏度分类的发动机润滑油,有单黏度级和多黏度级之分。如只能满足一组黏度特性要求的为单黏度级油,如 5W、30 等;如能满足两组黏度特性要求的则为多黏度级油,如 5W/40、10W/20 等。5W/40 的含义是:这种油在低温使用时黏度符合 SAE5W,在 100℃时黏度符合 SAE 40。

(2)质量级别分类法。API 根据发动机润滑油在台架实验中所得到的润滑性、抗氧化性和抗腐蚀性等确定其等级。

PI 等级代表发动机润滑油质量的等级。它采用简单的代码来描述发动机润滑油的工作能力。API 发动机润滑油分为两类:"S"开头系列代表汽油发动机用油,规格有:API SA、SB、SC、SD、SE、SF、SG、SH、SJ、SL、SM、SN。"C"开头系列代表柴油发动机用油,规格有:API CA、CB、CC、CD、CE、CF、CF-2、CF-4、CG-4、CH-4、CI-4。当"S"和"C"两个字母同时存在,则表示此机油为汽柴通用型。在 S 或 C 后面的字母表示的意义是:从"SA"一直到"SM",每递增一个字母,发动机润滑油的性能都会优于前一种,发动机润滑油中会有更多用来保护发动机的添加剂。字母越靠后,质量等级越高,国际品牌中发动机润滑油级别多是 SF 级别以上的。API 实用性能分类法是一种开端分类法,随着发动机和发动机润滑油生产技术的发展,将不断增加发动机润滑油的新的级别。

4. 发动机润滑油的选择

(1)使用性能级别的选择。主要根据发动机的性能、结构、工作条件和燃料品质选择。具体选择时一般需考虑以下因素:

①发动机的压缩比、排量、最大功率和最大转矩。

②发动机润滑油负荷,即发动机的功率(kW)与曲轴箱油容量(L)之比。
③曲轴箱强制通风、废气再循环等排气净化装置的采用对发动机润滑油的影响。
④城市公交车时开时停等运行工况对生成沉积物和润滑油氧化的影响等。

柴油机润滑油使用性能级别的选择主要根据发动机的平均有效压力、活塞平均速度、发动机负荷、使用条件和轻柴油的含硫量。

(2)黏度级别的选择。润滑油黏度主要根据气温、工况、发动机技术状况选择。

润滑油黏度要保证发动机低温易起动,运转时又能维持足够的黏度,保证正常润滑。重载低速和高速下应选择黏度较大的润滑油;轻载高速应选择黏度较小的润滑油。新发动机选择黏度较小的润滑油;磨损程度较重的发动机则选择黏度较大的润滑油。润滑油黏度等级选择见表1-4-2。

SAE 润滑油黏度及适用气温　　　　表1-4-2

SAE 黏度级别	适用气温(℃)	SAE 黏度级别	适用气温(℃)
5W/30	−30~30	20/20W	−15~20
10W/30	−25~30	30	−10~30
15W/30	−20~30	40	−5~40
15W/40	−20~40		

(3)质量等级选择。由于欧洲在发动机设计、车辆行驶条件及政府对节能和环境保护等政策方面,与美国有显著差别,因此这种差别也反映在欧洲汽车制造商对发动机润滑油性能的关注重点及程度也不相同。欧洲汽车工业十分注意节能,把汽车燃料经济性放在首位,兼顾动力性和排放性能。

发动机润滑油质量等级又称为使用性能等级,是正确选用润滑油的重要依据。

①柴油发动机润滑油。柴油发动机润滑油质量等级的选择有两个主要依据。一是根据汽车发动机的机械负荷和热负荷的总和,以强化系数来表示;再就是根据发动机工况苛刻程度。

为适应发动机技术改进和排放法规的要求,高速四冲程轻负荷柴油发动机应使用 CH-4 以上级别的柴油机油,CH-4 级别可以替代 CF-4、CD。高速四冲程自然吸气和涡轮增压重负荷柴油发动机,因为有废气再循环装置的存在和配方法规的要求及尾气后处理技术的要求,应使用 CI-4 以上级别的柴油机油,可替代 CH-4、CF-4 和 CD。

②汽油发动机润滑油。根据发动机工况的苛刻程度和进口汽车进排气系统中的附加装置及生产年代来选用相应使用性能等级(质量等级)的汽油发动机润滑油。一般地讲,高质量等级可代替低质量等级的油,但绝不能用低质量级别的油去代替高质量级别的油,否则会导致发动机故障甚至损坏。

二、齿轮油

齿轮油多用于变速器、转向器和减速器等总成的润滑。齿轮油的工作条件与润滑油的工作条件相比,工作温度虽不很高,但油膜所承受的单位压力却很大。

1. 齿轮油的使用性能

(1)齿轮油的油性。是指润滑剂介于运动件表面间,使之降低摩擦作用的性能。齿轮油油性的好坏,主要决定于化学组成中有无和金属具有良好亲和力的极压物质存在。

(2)齿轮油的黏温特性。是指黏度随温度变化的关系和程度。汽车传动机构温度变化大,但黏度却不能大幅度变化,如减速器冬季起动时可能在0℃以下,而工作温度却在80~100℃(最高可达150~170℃),因此要求齿轮油的黏度不能随温度变化而大幅度变化。

(3)齿轮油的极压抗磨性。是指在摩擦面接触压力非常高的条件下,油膜抵抗破裂的性能。

(4)齿轮油的低温流动性。齿轮油要求在低温时也能保持一定的流动性,否则低温起动阻力增大,将使燃料消耗增多。

(5)齿轮油的热氧化安定性。是指油料在高温条件下,在空气、水和金属的催化作用下,抵抗氧化的能力。

(6)齿轮油的防锈、防腐蚀性。防锈性是指保护齿轮不受锈蚀的性能。空气中的湿气会凝结于齿轮油中,对齿轮有锈蚀作用,可在齿轮油中加入磺酸盐或脂肪酸盐等防锈添加剂。

2. 齿轮油的品种与牌号

根据传动齿轮承受的负荷大小,齿轮油可分为普通车辆齿轮油和双曲线齿轮油两种。按照生产工艺不同,齿轮油可分为馏分型齿轮油和渣油型齿轮油、馏分型双曲线齿轮油和渣油型双曲线齿轮油等。

为满足日益增多的汽车品种对润滑的需要,齿轮油的牌号和质量指标也在不断地改进和提高。国外汽车齿轮油大都按 SAE 黏度分类和 API 使用性能分类。

SAE 黏度分类:有 70W、75W、80W、85W、90、140、250 七种牌号。

API 性能分类:有 GL-1~6 六种质量等级。GL-3 相当于普通车辆齿轮油,GL-4 相当于中负荷车辆齿轮油,GL-5 相当于重负荷车辆齿轮油。

3. 齿轮油的选用

首先根据传动齿轮的类型和使用时的负荷、速度选出齿轮油种类,即普通齿轮油还是双曲线齿轮油。然后再按照使用地区季节的最低气温选出黏度,即可得知选用齿轮油的牌号。普通齿轮传动可选用普通齿轮油,双曲线齿轮传动必须选用双曲线齿轮油,有些汽车虽然不是双曲线齿轮传动,但对于在山区或满载拖挂行驶的汽车,因齿面经常处于高温和高负荷工作状态,也要求选用双曲线齿轮油。齿轮油的选用可参考表1-4-3。

齿轮油牌号和使用范围　　　　　　表1-4-3

用　途	种　类	牌　号	使用范围
解放、跃进、黄河等型汽车以及其他渐开线齿轮传动的汽车	普通齿轮油	90	-5℃以上地区全年使用
		85W-90	-12℃以上地区全年使用
		80W-90	-26℃以上地区全年使用
越野、自卸、重型等汽车	双曲线齿轮油	140	-12℃以上地区全年使用
		90	-30℃以上地区全年使用

三、润滑脂

润滑脂具有良好的黏附性,不易从摩擦表面流失,可在不密封和受压较大的摩擦零部件上使用,并有防水、防尘、密封作用。润滑脂由基础油、稠化剂、添加剂三部分组成。一般基础油含量占 70% ~90%,稠化剂含量占 10% ~20%,添加剂含量在 5% 以下。

1. 润滑脂的使用性能

（1）滴点。滴点是指润滑脂从不流动状态转变为流动状态,在一定试验条件下滴出第一滴润滑脂的温度,是表示润滑脂耐热的指标。

根据滴点可以大致判断润滑脂能够使用的温度范围：滴点越高,耐热性越好,润滑脂的使用温度一般要比滴点低 20~30℃,甚至低 40~60℃。

（2）针入度。针入度是指标准尺寸、形状和质量的金属圆锥体,在一定温度下沉入润滑脂内 5s 深度的 10 倍值。针入度是表示润滑脂稠度的指标,也是表示润滑脂硬度的数值,针入度越小,润滑脂越硬。润滑脂的软硬取决于稠化剂含量,稠化剂含量越多,润滑脂越硬。润滑脂太硬会增大运动阻力,太软则会在高速时被甩掉。负荷较大、速度较低的摩擦机件,应选用针入度较小的润滑脂；负荷较小的摩擦机件,应选用针入度较大的润滑脂。国产润滑脂是根据针入度大小来编号的,规格见表 1-4-4。

润滑脂的编号　　　　　　表 1-4-4

润滑脂编号	0	1	2	3	4	5
针入度 25℃（1/10mm）	355~385	310~340	265~295	220~250	175~205	130~160

（3）胶体安定性（分油性）。是指润滑脂抵抗温度和压力的影响而保持其胶体结构的能力。润滑脂分油程度与温度和压力有关,当温度和压力升高时,分油现象增加。

（4）水分。水分是指润滑脂含水量的质量百分比。它以两种形式存在：一种是游离的水,这是不希望存在的,它的存在会降低润滑脂的机械安定性和化学安定性,降低润滑脂的防护性,甚至会引起腐蚀,要严格控制；另一种是结合的水,它是润滑脂的结构胶溶剂,对某些润滑脂是必不可少的,起稳定作用。

（5）腐蚀性。润滑脂能保护金属表面不受外界腐蚀,但润滑脂本身由于原料、制造及使用过程中的产物里含有对金属起化学作用的物质,在一定温度下会引起金属表面不同程度的腐蚀。

2. 润滑脂的品种与牌号

（1）钙基润滑脂。是用动物油、植物油和石灰制成的钙皂稠化润滑油,并以水作为胶体稳定剂,按针入度分为 ZG-1、ZG-2、ZG-3、ZG-4、ZG-5 五个牌号。

钙基润滑脂的特点是：具有良好的抗水性、润滑性和防护性,但其耐热性较差（使用温度不得超过 70℃）,使用寿命短。

钙基润滑脂可用来润滑 3000r/min 以下的各种轴承,如汽车底盘的摩擦部位以及分电器凸轮等处的轴承,属于应用最广泛的润滑脂。

（2）复合钙基润滑脂。是用醋酸钙作复合剂制成的钙皂稠化润滑脂。按针入度分为 ZPG-1、ZPG-2、ZPG-3、ZPG-4 四个牌号。

它以醋酸钙作为组分,不以水作稳定剂,从而避免了钙基润滑脂耐热性差的缺点。其特点是：耐热性好,且具有良好的抗水性和良好的低温性能（可在 -40℃ 的低温下使用）。

复合钙基润滑脂适于润滑高温、高湿条件下工作的摩擦副,如轮毂轴承、水泵轴承等。

（3）石墨钙基润滑脂。石墨既是一种固体润滑剂,又是一种填充剂,具有良好的耐压抗磨性和抗水性。石墨钙基润滑脂主要用于高负荷、低转速的简单机械和易与水接触的工作部位。如汽车的钢板弹簧、吊车和起重机的齿轮盘、绞车齿轮等。由于它的主要成分是钙基润滑脂,因而耐热性差,其最高使用温度不应超60℃。

（4）钠基润滑脂。由脂肪酸钠皂稠化中等黏度润滑油制成,由于原料和制造工艺不同,可以制成光滑状结构、海绵状结构、纤维状结构、颗粒状结构。按针入度分为 ZN-2、ZN-3、ZN-4 三个牌号。

钠基润滑脂属于高滴点润滑脂,耐热性强,可在120℃以下温度较长时间工作,完全熔化时也不会降低润滑性,已熔化的钠基润滑脂,在冷却后能重新凝成胶状,搅拌均匀后仍可使用。最大弱点是耐水性差,由于脂肪酸钠皂的亲水性很强,遇水即会被溶解而失去稠化能力,使润滑脂乳化而流失。因此,钠基润滑脂不能用于直接与水接触和有潮湿空气的环境。

（5）钙钠基润滑脂。由脂肪酸钙、钠皂稠化等黏度的润滑油制成,按针入度分为 ZGN-1、ZGN-2 两个牌号。性能介于钙基润滑脂和钠基润滑脂之间,耐热性优于钙基润滑脂,但又不如钠基润滑脂;抗水性优于钠基润滑胎,但又不如钙基润滑脂。钙钠基润滑脂适用于 100 ℃以下,而又易与水接触的环境,水泵轴承、轮毂轴承、传动轴中间轴承和离合器轴承等。

（6）锂基润滑脂。由脂肪酸锂皂固化润滑油制成,是具有代表性的高级通用润滑脂,外观呈发亮的奶油状,按针入度分为 ZL-1、ZL-2、ZL-3、ZL-4 四个牌号。

锂基润滑脂滴点较高,适用温度范围较广,并有良好的低温性能、抗水性能和使用周期长的特点,特别适用于高速轴承,可代替其他润滑脂,广泛使用于汽车轴承及摩擦副中。

3. 润滑脂的选用

选用润滑脂时主要考虑以下因素：

（1）工作温度。温度越高,选用滴点也越高;反之,就选用滴点较低的润滑脂。

（2）运动速度。速度越大,选用的黏度就应越低;反之,应选高黏度的。

（3）承载负荷。承载负荷大的,应选针入度小的,以免润滑脂被挤出来;反之,应选针入度较大的润滑脂。

第三节　车用其他工作液

一、汽车制动液

制动液是液压制动系统中传递制动压力的液态介质,是制动系统制动不可缺少的部分,而在制动系统之中,它是作为一个力传递的介质,因为液体是不能被压缩的,所以从制动主缸输出的压力会通过制动液直接传递至轮缸之中。

1. 制动液的品种与规格

（1）制动液品种。目前使用的制动液,按原料、工艺和使用要求的不同,分为醇型、矿油型、合成型三种。

①醇型制动液。以精制蓖麻油和醇类配制而成,使用的醇包括:乙醇、甲醇、异丙醇、正丁醇等。特点是凝点较低,润滑性好,橡胶皮碗膨胀率小;易产生气阻,导致制动失效。

②矿油型制动液。以精制的轻柴油馏分,经深度脱蜡后,加添稠化剂、抗氧化剂制成。特点是有良好的润滑性,对天然橡胶有溶胀。

③合成型制动液。在醚、醇、酯等物质中加入添加剂(抗氧剂、防锈剂、润滑剂、抗橡胶溶胀剂)调和而成。特点是性能优良,高温下使用不会产生气阻,低温下使用能顺利供油,保证制动系统工作可靠,对橡胶也不产生侵蚀溶胀。

(2)机动车制动液规格。为保证汽车行驶安全,各国不断制定、修订制动液标准。

①国外汽车制动液标准。美国联邦政府运输安全部(DOT)制定的联邦汽车辆安全标准准,具体是 DOT3、DOT4、DOT5,这是公认的汽车制动液通用标准。

②我国制动液标准。《机动车辆制动液》GB 12981—2012 中规定机动车辆安全使用 HZY3、HZY4、HZY5、HZY6 四种产品,其中 H、Z、Y 分别为合成、制动和液体第一个汉字的汉语拼音首字母,阿拉伯数字作为区别本系列的标记。HZY3、HZY4、HZY5 分别对应国际通用产品 DOT3、DOT4、DOT5.1。

(3)汽车制动液的技术性能要求。对汽车制动液的技术性能要求,主要有三条:

①橡胶密封件膨胀率。制动系统中装置着许多橡胶密封零件,由于这些橡胶密封件经常与制动液接触,其强度逐渐降低,体积和质量发生变化,可能失去应有的密封作用,会导致制动失灵。为此,要求制动液对橡胶密封件的膨胀率要小。

②腐蚀性。在液压制动系统中,传动装置一般由铸铁、铜、铝及其他合金制成,长期与制动液接触,若产生腐蚀,会使制动失灵。为使制动液对金属不产生腐蚀作用,一般用酸值和腐蚀试验进行控制。

③沸点。高速行驶时若频繁使用制动,将产生大量摩擦热。若使用沸点较低的制动液,将使制动液沸腾产生气阻,导致制动性能降低甚至失效。矿油型和合成型制动液沸点较高。

此外,还要求制动液要有适宜的黏度和良好的低温流动性,以保证在各种气温条件下的制动性能。

2. 制动液的选用及使用注意事项

(1)选用制动液。一般说来,按照使用说明书选择制动液是最合理可靠的。汽车生产厂家在推荐制动液时,都是经过充分论证的,说明书除给出标准品牌及规格型号外,一般还提供了可供代用的品牌及规格型号。

(2)汽车制动液使用注意事项:

①使用前必须检查是否有白色沉淀。若出现白色沉淀物,应过滤后再用。

②不得混用有制动液。个别用户在买不到与原车要求相同的制动液时,经常混用同品牌不同型号甚至不同品牌的制动液,这种做法非常危险。由于不同种类的产品所使用的原料、添加剂和制造工艺各不相同,混合后会出现浑浊或沉淀现象(如不注意观察很难发现)。这不仅会大大降低原制动液的性能,而且沉淀颗粒还会堵塞管路造成制动失灵。因此,在更换制动液品牌时一定要用新加入的产品清洗管路。

③定期更换制动液。制动液使用一定时间后会因吸湿、化学变化等原因使性能下降,从而影响行车安全。因此,使用中的制动液应定期更换,一般是在车检时需要更换主缸和轮缸

的活塞皮碗时,一同更换制动液。建议每隔 2 万~4 万 km 或 1 年时间更换一次。

④安全存放及添加。制动液多为有机溶剂制成,易挥发、易燃,要远离火源,注意防火防潮,尤其注意防止雨淋日晒、吸水变质。

二、汽车液力传动油

液力传动油又称自动变速器油(ATF)或自动传动油,用于由液力变矩器、液力耦合器和机械变速器构成的车辆自动变速器中作为工作介质,借助液体的动能起传递能量的作用。

1. 液力传动油的性能要求

(1)黏度:以典型的液力传动油来看,使用温度范围为 -25~170℃,要求油品具有高的黏度指数和低的凝固点,一般规格规定黏度指数在 170 以上,倾点为 -40℃,合成油为 190℃ 与 -50℃。

(2)热氧化安定性:汽车在行驶中液力传动油温度随汽车行驶条件的不同而不同。油温升高氧化而生成的油泥、漆膜等会使液压系统的工作不正常,润滑性能恶化,金属发生腐蚀。

(3)剪切安定性:液力传动油在液力变矩器中传递动力时,会受到强烈的剪切力,使油中黏度指数改进剂之类的高分子化合物断裂,使油的黏度降低,油压下降,最后导致离合器打滑。

(4)抗泡性能:在液力传动油中有泡沫混入后,会引起油压降低,导致离合器打滑、烧结等事故发生。

(5)摩擦特性:自动传动液要求有相匹配的静摩擦系数和动摩擦系数,以适应离合器换挡时对摩擦系数的不同要求。

2. 液力传动油的类型与选用

目前,我国仅有两种企业规格,按 100℃ 运动黏度分为 6 号和 8 号两种。其中 6 号液力传动油主要用于内燃机车、重负荷货车、履带车、越野车等大型车辆液力变矩器和液力耦合器,还可用于工程机械的液力传动系统。8 号液力传动油主要用于各种小轿车、轻型货车的液力自动传动系统。

另外在选用液力传动油时还要注意以下事项:

(1)不同厂家同级别的液力传动油品不可以混用,具体应用事宜须与油品应用专业工程师联系。

(2)储存期限不得超过一年,常温下密封保存。若储存条件发生变化,须经油品专业人员检验,确认合格后方能使用。

(3)厂家仅提供油品技术参考数据,每批次油品具体理化技术参数,以厂家或经销商提供的实际数据及用户检测数据为准。

三、发动机冷却液

冷却液的主要功能为保护发动机正常良好运行,在发动机散热器内循环,起到防冻、防沸、防锈、防腐蚀等效果,大多冷却液的颜色为红色或绿色,以观察是否泄漏或与发动机其他液体相区别。

1. 冷却液的类型

汽车发动机冷却系统采用的冷却介质有两种:一种是清洁水;另一种是由醇类、甘油与水按一定比例混合而成的冷却液(防冻液)。汽车冷却液用来冷却水冷式发动机,一般取用天然水。当气温低于0℃时,为防止冷却水结冰而损坏机体或散热器,可采用防冻液。

(1)冷却水。水能够溶解酸、碱、盐等,所以天然水并非纯水。发动机冷却水,溶解的盐类中最有害的盐是钙、镁盐。钙、镁盐的含量常以"硬度"表示。硬度又分为暂时硬度和永久硬度,暂时硬度与永久硬度合称为总硬度。发动机冷却液选用软水。泉水或井水是硬水,需要用石灰苏打法、人造沸石过滤法和阳离子树脂交换处理等多种方法进行软化处理。

(2)防冻液。防冻液是一种含添加剂的冷却液。

①防冻液的性能要求:降低水冰点的幅度大;不降低传递性能;不腐蚀金属;不侵蚀冷却系密封及软管等橡胶制品;低温黏度增大不多;化学稳定性高,能长期使用;发泡倾向低;蒸发损失少。

②防冻液分类:乙醇、乙二醇和甘油(丙三醇)都可用作防冻液。乙醇沸点低,蒸发损失大;甘油低温黏度太高;乙二醇是较好满足以上性能要求的防冻液基本材料。现在的商品防冻液几乎都是用乙二醇配制的。

2. 防冻液的选用

应根据当地冬季最低气温选用适当冰点牌号的防冻液,冰点至少应低于最低气温5℃。如为浓缩液,应按产品说明书规定的比例加清洁水稀释;如已是制成一定冰点的成品,则可直接加入发动机的冷却系。乙二醇水溶液的膨胀系数较大,发动机的冷却系注入冷却液的量要比其容积少5%~6%,以免发动机温度升高后冷却液外溢,造成浪费。发动机冷却系液体可能因渗漏或喷溅而损耗,遇此情况需要补充防冻液,只补充水会使防冻液冰点升高。

四、车用空调制冷剂

在制冷设备中完成制冷循环的工作介质,称为制冷剂。

1. 车用空调制冷剂的性能要求

制冷剂的性能要求:蒸发潜热大,且易于液化;化学安定性好,不易变质;工作温度和压力适中;对金属物件无腐蚀;不燃烧、不爆炸;无毒性、无污染;可与润滑油(冷冻机油)按照任何比例互溶。

2. 车用空调制冷剂的品种与选用

汽车空调用制冷剂最早广泛使用Rl2(二氟二氯甲烷),后使用环保型产品R134a(四氟乙烷)。Rl2制冷剂具有制冷能力强、化学性质稳定、安全性好等优点。但是研究证明,Rl2释放在大气中后,会消耗大气层中的臭氧,从而破坏了大气对地球的保护作用(臭氧层可防止太阳光中紫外线直接射向地球),对人类和生物带来危害。

R134a对大气层不起破坏作用,R134a与Rl2比较,制冷能力较小,但传热性能优越。R134a与Rl2制冷剂的系统是有区别的,使用时切不可用错制冷剂。否则,会引起制冷系统故障。

第四节 汽车轮胎

一、汽车轮胎的作用和类型

1. 轮胎作用

轮胎与路面接触,和汽车悬架共同来缓和汽车行时所受到的冲击,保证汽车有良好的乘坐舒适性和行驶平顺性;保证车轮和路面有良好的附着性,提高汽车的牵引性、制动性和通过性;承受着汽车的质量。

2. 轮胎分类

轮胎结构、用途不同,其分类也有差别。

按用途,汽车轮胎可分为载货汽车轮胎和轿车轮胎,而载货汽车轮胎又根据适用车型不同可分为重型载货汽车轮胎、中型载货汽车轮胎、轻型载货汽车轮胎等。

按胎体结构,汽车轮胎可分为实心轮胎和充气轮胎,而充气轮胎又可依据充气气压的高低,分为高压轮胎(0.5~0.7MPa)、低压轮胎(0.15~0.45MPa)、超低压轮胎(充气压力低于0.15MPa)、调压轮胎等四种。

按胎面花纹,可分为普通花纹轮胎、越野花纹轮胎和混合花纹轮胎三种。

按轮胎组成结构,可分为有内胎轮胎和无内胎轮胎两种。

按轮胎胎体帘线排列方向,可分为普通斜交轮胎和子午线轮胎两种。

按轮胎胎体帘线材料,可分为棉帘线轮胎、人造丝轮胎、尼龙轮胎和钢丝轮胎等。

二、轮胎的规格

我国现执行的轮胎标准为《轿车轮胎》(GB 9743—2015)、《轿车轮胎规格、尺寸、气压与负荷》(GB/T 2978—2014)、《载重汽车轮胎》(GB 9744—2015)及《载重汽车轮胎规格、尺寸、气压与负荷》(GB/T 2977—2016)等,标准规定了我国汽车轮胎的规格表示方法,其中速度级别见表1-4-5,负荷指数见表1-4-6,具体如下:

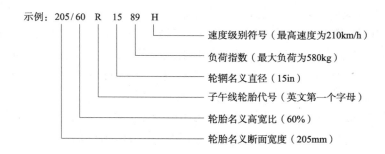

常见速度级别/最高车速对应关系 表1-4-5

速度级别	最高速度（km/h）	速度级别	最高速度（km/h）
E	70	Q	160
F	80	R	170
G	90	S	180
J	100	T	190
K	110	U	200
L	120	H	210
M	130	V	240
N	140	W	270
P	150	Y	300

常见负荷指数/最大负荷对应关系 表1-4-6

负荷指数	最大负荷（kg）	负荷指数	最大负荷（kg）
76	400	91	615
77	412	92	630
78	425	93	650
79	437	94	670
80	450	95	690
81	462	96	710
82	475	97	730
83	487	98	750
84	500	99	775
85	515	100	800
86	530	101	825
87	545	102	850
88	560	103	875
89	580	104	900
90	600	105	925

三、汽车轮胎的合理使用

轮胎使用合理与否，直接影响汽车的行驶安全性和经济性。据统计，轮胎费用一般占运输成本的5%～10%，轮胎技术状况变差，可使油耗额外增加1%～15%。汽车对轮胎的要求是多方面的，选择时不能取决于单一因素，应针对具体汽车的性能要求和使用特点综合考虑，可重点参考以下几方面：

（1）轮胎类别。轮胎类别主要有乘用轮胎、商用轮胎、非公路用轮胎、特种轮胎等。乘用轮胎主要适于轿车及各类轻型客、货车；商用轮胎主要适于货车、大客车等；非公路用轮胎主要适于松软路面上行驶的越野车等；特种轮胎仅用于特种车辆或特殊环境。

（2）胎面花纹。轮胎胎面花纹对轮胎的滚动阻力、附着能力、耐磨能力及行驶噪声等有显著影响，可根据轮胎类型和车辆长期使用路况决定，并根据季节、天气适时调整或换用。

（3）胎体结构。子午线结构比普通斜交结构具有较多的优良特性，受到普遍推荐。但斜交结构由于技术成熟、造价低廉，在商用车轮胎中仍为主要形式。

（4）轮胎材质。轮胎材质包括橡胶材质和帘线材料。橡胶材质的构成因生产厂家的设备、技术、原材料不同而有所差异，这也使得轮胎品质有所差别。帘线材料中钢丝帘线强度大，但生产技术难度大，成本高，尼龙、人造丝等材料来源充足、使用广泛，选用较多。

（5）规格气压。在满足轴荷要求的前提下，轮胎规格应小型化、轻量化；在满足承载要求的情况下，轮胎气压宜低不宜高，以免增加使用成本。

（6）速度特性。子午线轮胎、无内胎轮胎、扁平化轮胎由于发热少、散热快，在速度特性方面有优势，是理想的选择对象，但高速度级别的轮胎价格昂贵。

（7）均匀特性。均匀性不好的轮胎，装车后操纵稳定性差，影响高速稳定性。

第五节　汽车制造材料

汽车常用制造材料包括金属材料和非金属材料两大类，其种类和应用如图1-4-1所示。

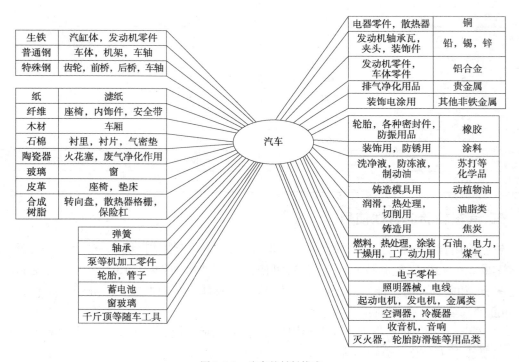

图1-4-1　汽车的材料构成

一、金属材料

金属材料实际上是以一种金属元素为基体,加入其他金属元素或非金属元素而形成的具有金属特性的材料。大部分汽车零件是由金属材料制造的,因此,汽车的性能很大程度上取决于金属材料的性能。

1. 金属的力学性能

金属的力学性能是指金属材料受到各种不同性质的载荷(或称为外力、负荷,分为拉力、压力、转矩等)作用时,所表现出的性能。它包括强度、塑性、硬度、韧性和抗疲劳强度等性能指标。

1)强度

汽车零件在使用时将受到各种外力的作用。例如汽车吊车的钢丝绳,其承受拉力并非是无限大,应低于某一数值,在这一数值范围内钢丝绳应有抵抗外力而不被破坏的能力。这种金属在载荷(外力)作用下,抵抗变形和不受损坏的能力称为强度。

按载荷的不同强度分为抗拉、抗压、抗剪、抗扭、抗弯曲等五种。其金属内部原子阻止变形的抗力称为内力,其数值大小和外力相等、方向相反。材料单位面积上的内力大小称为应力。载荷类型不同,金属强度指标也不同。实际中应用最广泛的是抗拉强度指标。这是因为,其他强度指标与抗拉强度指标有一定的关系,知道抗拉强度就可以近似地预测其他强度指标。

2)硬度

硬度是指金属表面上局部体积内抵抗塑性变形和破坏的能力。它是材料的一个重要力学性能。虽然硬度与强度间没有严格的对应关系,但可以通过大量试验数据找出粗略的换算关系。而硬度试验设备简单,操作容易,性能测试时又不损坏金属零部件。所以,可通过硬度试验检验工具和零件的质量。广泛应用的硬度试验有布氏硬度和洛氏硬度试验两种。

3)塑性

塑性是指材料在载荷作用下,产生塑性变形而不被破坏、不断裂的能力。材料的良好塑性,有利于金属的冷冲压成形加工。如汽车驾驶室外壳、车厢板、油箱等,在其成形过程中,若金属材料塑性不好,则在成形时容易开裂。衡量材料塑性好坏的指标是伸长率和断面收缩率。

4)韧性

在汽车运行时,汽车的许多零件要受到一些突然施加的外力作用。如发动机曲轴、弹簧钢板、大梁、前工字梁等在汽车起动、制动及速度突然改变时,都会受到突然施加的力作用。这种突然作用的力称为冲击载荷。受冲击载荷作用的零件不仅要有较高的强度和一定的硬度,还要有足够的韧性,以防止零件受冲击载荷作用而破坏。

5)疲劳

许多汽车零件,如齿轮、钢板弹簧、曲轴等在工作时承受的载荷所产生的应力的大小和方向呈周期性变化,此应力称为交变应力。在这种应力作用下的零件,在其交变应力远低于该材料的强度极限,有时甚至低于屈服极限时就发生断裂,这种现象称为金属的疲劳或疲劳断裂。

2. 金属的其他性能

1）物理性能

金属材料的物理性能主要包括相对密度、熔点、导热性、热膨胀性和磁性等。不同用途的零件对物理性能的要求不同，如散热器（水箱）要选用导热性好的材料，发动机活塞应选用质量密度小的铝合金。

2）化学性能

金属的化学性能是指在室温或高温条件下抵抗各种化学作用的能力，主要指金属抵抗活泼介质的化学侵蚀的能力，包括抗氧化性和抗腐蚀性。工作于恶劣环境下的零件选择材料时应注意其化学性能。

3）工艺性能

工艺性能是指金属材料接受加工成形的能力，包括铸造性能、压力加工性能、焊接性能、切削加工性能及热处理性能等。在设计及制造零件时，要综合考虑材料的选择及加工方法，这时必须考虑金属材料的工艺性能。如灰铸铁铸造性能好，但其压力加工及焊接性能较差，故广泛应用于铸造形状复杂、尺寸较大的零件。

3. 金属材料的种类及应用

1）黑金属材料

车身大部分为钢板，底盘为钢板和棒材，悬架弹簧用线材等，发动机本体和动力传递系统使用棒材、线材和铸件的比例高，排气系统采用不锈钢、合金钢比例较高。

汽车面板部件要求板材具有良好的成形性、强度、碰撞能量吸收能力、疲劳耐久度、耐腐蚀性、焊接性；行走部件要具有良好的成形性、刚性、疲劳耐久度、耐腐蚀性。

从生产工艺特点划分为热轧钢板、冷轧钢板和涂镀层钢板。

从强度角度可分为：普通钢板、低合金高强度钢板、普通高强度钢板和先进高强度钢板等。

2）铝镁及其合金

铝及其合金除了具有质量轻、导热性好等特点外，还具优良的塑造性，铸造方法多，生产效率高。目前用于汽车上的铝合金可分为铸造铝合金和变形铝合金。铸造铝合金在汽车上的使用量最多，主要应用于发动机和底盘，见表1-4-7；变形铝合金包括锻造铝合金和铝合金板材等，主要应用于车身和冷却系统部件，见表1-4-8。

汽车用铸造合金的主要部件系统　　　　表1-4-7

部件系统	零件名称
发动机	发动机缸体、缸盖、活塞、进气管、水泵壳、发电机壳、起动机壳、摇臂、摇臂盖、滤清器底座、发动机托架、正时链轮盖、发动机支架、分电器座等
底盘	变速器壳、离合器壳、连接过渡板、换挡拨叉等 横梁、上臂、下臂、转向器壳、制动轮缸壳、制动钳、车轮、操纵叉等
其他附件	离合器踏板、制动踏板、转向盘、转向节、发动机框架等

汽车用变形铝合金的主要部件系统　　　　　表1-4-8

部件系统	零件名称
车身系统部件	发动机罩、车顶篷、车门、翼子板、行李舱盖、地板、车身骨架及覆盖件等
冷却系统	发动机散热器、机油散热器、空调冷凝器和蒸发器等
其他附件	冲压车轮、座椅、保险杠、车厢底板及装饰件等

镁的优点是刚性好，质量轻；低的融化黏滞性和良好的填住成型；可回收利用；可大规模生产；储量丰富。适用于离合器外壳、引擎阀罩壳、变速器外壳、变速器上盖、发动机罩、转向盘、座椅支架等。

3）钛及其合金

钛合金属于新型结构材料，它具有优异的综合性能，密度小，比强度高。钛的密度为 $4.5112g/cm^3$，介于铝（$2.7123g/cm^3$）和铁（$7.6123g/cm^3$）之间。钛合金的比强度高于铝合金和钢，韧性也与钢铁相当。钛及钛合金抗蚀性能好，优于不锈钢，特别是在海洋大气环境中抵抗氯离子的侵蚀和微氧化气氛下耐蚀性好，钛合金的工作温度较宽，低温钛合金在-253℃还能保持良好的塑性，而耐热钛合金的工作温度可达550℃左右，其耐热性明显高于铝合金和镁合金，同时具有良好的加工性、焊接性能。

尽管钛及钛合金早在20世纪50年代就进入了汽车制造领域，但发展比较缓慢，其原因主要是价格因素，为了满足汽车行业用钛，钛工业在熔炼、加工、制造等方面进行了大量的工作，以满足汽车业的需求。钛金属熔点高，化学性质十分活泼，与O、H、N、C等元素有极强的化学亲和力，致使纯钛提取困难。工业上普遍使用的Kroll镁还原法生产海绵钛。Kroll镁还原法生产海绵钛工艺复杂，能耗高，周期长，并且不能连续生产，同时需用大量的金属镁作还原剂，生产成本较高。

二、非金属材料

1. 橡胶

橡胶是高弹性的高分子化合物。分为天然橡胶和合成橡胶两种。主要应用于轮胎、密封胶条、管路、传动、减振等。质量优异的橡胶表面光洁美观、无接痕，具有良好的弹性和抗压缩变形性，耐老化性能优异。阻燃性能优异，低烟、低毒。产品挤出稳定，尺寸精度高。

橡胶占汽车用材料总质量的5%，每辆车上多达400~500个橡胶件。随着环保和汽车多样化，橡胶的再生利用、耐热性以及进一步降低成本已成为汽车橡胶发展的主要课题。新型弹性体材料，如热塑性弹性体、高饱和丁腈橡胶在汽车上取得了长足的发展，其在汽车上用量已占汽车橡胶总消耗量的20%~50%（除轮胎）。汽车上大量使用氟胶、硅胶、丙烯酸酯橡胶等高档胶和耐热弹性体仍是汽车橡胶发展的主流方向。

2. 工程塑料

工程塑料是一种高分子材料，主要应用于前照灯、保险杠、发动机罩、行李舱盖、顶盖一些车身骨架构件，如图1-4-2所示。塑料有众多优点——质量轻、成型容易、缓冲能力强、耐腐蚀性强、改变内外饰。汽车工业的发展离不开汽车塑料化的进程，2016年，我国工程塑料自给率不足35%，处于较低水平，还需要大量进口。汽车行业是聚丙烯（PP）最大用户。聚丙烯用于汽车工业具有较强竞争力，但因其模量和耐热性较低，冲击强度较差，因此不能直接用作汽车配件材料,轿车中使用的均为改性聚丙烯产品,其耐热性可由80℃提高到145~150℃,并能承受一定时间的持续高温。

图1-4-2 常见的塑料件

常用工程塑料包括热塑性工程塑料(PE、PP、PVC、ABS、PS、PA、POM、PC等)、热固性工程塑料(酚醛树脂PF、氨基树脂UF、环氧树脂EP等),主要工程塑料的性能与应用见表1-4-9。

主要工程塑料的性能与应用表　　　　表1-4-9

材料名称	特 征		应用情况
	优 点	缺 点	
聚丙烯塑料(PP)	(1)刚硬有韧性。抗弯强度高,抗疲劳、抗应力开裂; (2)质轻; (3)在高温下仍保持其力学性能	(1)在0℃以下易变脆; (2)耐候性差	主要用于通风采暖系,发动机的某些配件以及外装件,汽车转向盘,仪表板,前、后保险杠,加速踏板,蓄电池壳,空气过滤器,冷却风扇,风扇护罩,散热器隔栅,转向机套管,分电器盖,灯壳,电线覆皮等
聚氨酯(PU)	耐化学性好、抗拉强度和撕裂强度高、压缩变形小、回弹性好	由于添加增塑剂之类非反应性助剂,产品经过一定的使用时间之后,随着助剂的挥发,其性能有所变化	用于制造汽车坐垫、仪表板、扶手、头枕等缓冲材料,保险杠、挡泥板、前端部、发动机罩等大型部件
聚氯乙烯塑料(PVC)	耐化学性,难燃自熄,耐磨,消声减震,强度较高,价廉	热稳定性差,变形后不能完全复原,低温下变硬	用于汽车坐垫、车门内板及其他装饰覆盖件上
聚乙烯(PE)	(1)密度小; (2)耐酸碱及有机溶剂; (3)介电性能很好; (4)成本低、成型加工方便	(1)胶结和印刷困难; (2)自熄性差	用于制造汽车油箱、挡泥板、转向盘、各种液体储罐、车厢内饰件以及衬板等

续上表

材料名称	特征		应用情况
	优 点	缺 点	
ABS 树脂（ABS）	（1）力学性能和热性能均好，硬度高，表面易镀金属；（2）耐疲劳和抗应力开裂、冲击强度高；（3）耐酸碱等化学腐蚀；（4）价格较低；（5）加工成型、修饰容易	（1）耐候性差；（2）耐热性不够理想	散热器护栅、驾驶室仪表板、控制箱、装饰类、灯壳、嵌条类
丙烯酸树脂（PMMA）	光学性极好，耐候性好，能耐紫外线和耐日光老化	比无机玻璃易划伤，不耐有机溶剂	灯玻璃类
聚酰胺（PA）	高强度和良好的冲击强度；耐蠕变性好和疲劳强度高；耐石油、润滑油和许多化学溶剂与试剂；耐磨性好	吸水性大，在干燥环境下冲击强度降低	用于制造燃烧油过滤器、空气过滤器、机油过滤器、水泵壳、水泵叶轮、风扇、制动液罐、动力转向液罐、百叶窗等
聚甲醛（POM）	抗拉强度较一般尼龙高，耐疲劳，耐蠕变；尺寸稳定性好，吸水性比尼龙小；介电性好；可在120℃正常使用；摩擦系数小；弹性极好	没有自熄性；成型收缩率大	各种阀门（排水阀门、空调器阀门等）、各种叶轮（水泵叶轮、暖风器叶轮、油泵轮等）、各种电器开关及电器仪表上的小齿轮、各种手柄及门销等
聚碳酸酯（PC）	抗冲击强度高，抗蠕变性能好；耐热性好，脆化温度低，能抵制日光、雨淋和气温变化的影响；化学性能好，透明度高；介电性能好；尺寸稳定性好	耐溶剂性差；有应力开裂现象；疲劳强度差	保险杠、刻度板、加热器底板等

3．玻璃材料

汽车玻璃是汽车本身附件必不可少的，主要起防护作用。目前汽车玻璃以夹层钢化玻璃和夹层区域钢化玻璃为主，能承受较强的冲击力。夹层玻璃是由两层或两层以上的玻璃用一层或数层透明的黏结材料黏合而成的玻璃制品。高抗冲击强度，受冲击后，脆性的玻璃破碎，但由于它和有弹性的聚乙烯醇缩丁醛（简称 PVB）相结合，使夹层玻璃具有高的抗穿透能力，仍能保持能见度。黏结力高，玻璃与 PVB 黏结力高，当玻璃破碎后，玻璃碎片仍然粘在 PVB 上不剥落，不伤人，具有较高安全性。

4．其他非金属材料

（1）陶瓷材料。陶瓷是以黏土为主要原料以及各种天然矿物质经过粉碎混炼、成型和煅烧制的。陶瓷材料具有耐高温、耐腐蚀以及在导电与介电方面的特殊性能。利用陶瓷材料制作某些汽车部件，可改善汽车部件的运行特征达到汽车轻量化的效果，因而得到了一定程度的应用。我国已成功研制钛酸铝陶瓷-铝合金复合排气管、氮化硅陶瓷柴油机涡轮增压转子和球轴承等汽车部件。

（2）高强度纤维复合材料。复合材料是一种多相材料，由有机高分子、无机非金属和金属等原材料复合而成。目前玻璃纤维增强树脂复合材料和碳纤维增强树脂复合材料在汽车上已经获得成功应用。玻璃纤维增强树脂复合材料耐腐蚀、绝缘性好，特别是有良好的可塑性，对模具要求较低，加工工艺较简易，生产周期短，成本较低。在轿车、货车和客车上，采用玻璃纤维增强树脂复合材料可以制造轿车车身覆盖件、客车前后围覆盖件和货车驾驶室等零部件。高强度纤维复合材料，特别是碳纤维复合材料（CFRP），因其质量小，而且具有高强度、高刚性，有良好的耐蠕变与耐腐蚀性，因而是很有前途的汽车用轻量化材料。

第五章

常用测量器具

> **学习目标**
>
> 熟悉常用测量器具的分类及应用。

第一节　计量基础知识

一、计量体系

计量是指实现单位统一和量值准确可靠的活动。从定义中可以看出，它属于测量，源于测量，而又严于一般测量，它涉及整个测量领域，并按法律规定，对测量起着指导、监督、保证的作用。计量与其他测量一样，是人们理论联系实际，认识自然、改造自然的方法和手段，它是科技、经济和社会发展中必不可少的一项重要的技术基础。计量与测试是含义完全不同的两个概念。测试是具有试验性质的测量，也可理解为测量和试验的综合，它具有探索、分析、研究和试验的特征。

我国的计量法规体系由三部分组成：

（1）由全国人大颁布的《中华人民共和国计量法》。

（2）国务院制定（或批准）的计量行政法规和省、直辖市、自治区人大常委会制定的地方计量法规。

（3）国务院计量行政部门制定的计量管理办法和技术规范，国务院有关部门制定的部门计量管理办法，县级以上人民政府计量行政部门制定的地方计量管理办法。

1977年5月，我国正式加入国际米制公约组织，开展国际计量技术交流与合作，参加国家计量基准的国际比对。

1985年9月6日发布《中华人民共和国计量法》，将计量事业推向新的发展阶段。

二、相关计量单位

计量单位是为定量表示同种量的大小而约定定义和采用的特定量。

1948 年召开的第九届国际计量大会作出了决定,要求国际计量委员会创立一种简单而科学的、供所有米制公约组织成员国均能使用的实用单位制。1954 年第十届国际计量大会决定采用米(m)、千克(kg)、秒(s)、安培(A)、开尔文(K)和坎德拉(cd)作为基本单位。1960 年第十一届国际计量大会决定将以这六个单位为基本单位的实用计量单位制命名为"国际单位制",并规定其符号为"SI"。以后 1974 年的第十四届国际计量大会又决定增加将物质的量的单位摩尔(mol)作为基本单位。因此,目前国际单位制共有七个基本单位,见表 1-5-1。

国际单位制(SI)的基本单位　　　　　　　　　　　　　　　表 1-5-1

量 的 名 称	单 位 名 称	单 位 符 号
长度	米	m
质量	千克,(公斤)	kg
时间	秒	s
电流	安[培]	A
热力学温度	开[尔文]	K
物质的量	摩[尔]	mol
发光强度	坎[德拉]	cd

注:1.[ ]内的字,是在不致混淆的情况下,可以省略的字,下同。
　　2.( )内的字为前者的同义语,下同。
　　3.人民生活和贸易中,质量习惯称为重量。

我国法定计量单位包括以下几种:
(1)国际单位制的基本单位(表 1-5-1)。
(2)国际单位制的辅助单位(表 1-5-2)。
(3)国际单位制中具有专门名称的导出单位(表 1-5-3)。由基本量根据有关公式推导出来的其他量,称为导出量。导出量的单位称为导出单位。
(4)国家选定的非国际单位制单位(表 1-5-4)。
(5)由以上单位构成的组合形式的单位。
(6)由词头和以上单位构成的十进倍数和分数单位,词头见表 1-5-5。

国际单位制的辅助单位　　　　　　　　　　　　　　　　表 1-5-2

量 的 名 称	单 位 名 称	单 位 符 号
平面角	弧度	rad
立体角	球面度	sr

国际单位制中具有专门名称的导出单位　　　　　　　　　　表 1-5-3

量 的 名 称	单 位 名 称	单 位 符 号	其他表示示例
频率	赫[兹]	Hz	s^{-1}
力;重力	牛[顿]	N	$kg \cdot m/s^2$
压力,压强;应力	帕[斯卡]	Pa	N/m^2
能量;功;热量	焦[耳]	J	$N \cdot m$
功率;辐射通量	瓦[特]	W	J/s

续上表

量的名称	单位名称	单位符号	其他表示示例
电荷量	库[仑]	C	A·s
电位;电压;电动势	伏[特]	V	W/A
电容	法[拉]	F	C/V
电阻	欧[姆]	Ω	V/A
电导	西[门子]	S	A/V
磁通量	韦[伯]	Wb	V·s
磁通量密度,磁感应强度	特[斯拉]	T	Wb/m²
电感	亨[利]	H	Wb/A
摄氏温度	摄氏度	℃	
光通量	流[明]	lm	cd·sr
光照度	勒[克斯]	lx	lm/m²
放射性活度	贝可[勒尔]	Bq	s⁻¹
吸收剂量	戈[瑞]	Gy	J/kg
剂量当量	希[沃特]	Sv	J/kg

国家选定的非国际单位制单位　　　　　　　　　　　　　　　表1-5-4

量的名称	单位名称	单位符号	换算关系和说明
时间	分 [小]时 天,(日)	min h d	1min = 60s 1h = 60min = 3600s 1d = 24h = 8640s
平面角	[角]秒 [角]分 度	(″) (′) (°)	1″ = (π/648000)rad(π 为圆周率) 1′ = 60″ = (π/10800)rda 1° = 60′ = (π/180)rad
旋转速度	转每分	r/min	1r/min = (1/60)s⁻¹
长度	海里	n mile	1n mile = 1852m(只用于航程)
速度	节	kn	1kn = 1n mile/h = (1852/3600)m/s（只用于航行）
质量	吨 原子质量单位	t u	1t = 10³kg 1u ≈ 1.6605655 × 10⁻²⁷kg
体积	升	L,(l)	1L = 1dm³ = 10⁻³m³
能	电子伏	eV	1eV ≈ 1.6021892 × 10⁻¹⁹J
级差	分贝	dB	
线密度	特[克斯]	tex	1tex = 1g/km

注:1. 周、月、年(年的符号为a)为一般常用时间单位。

2. 角度单位度、分、秒的符号不处于数字后时加圆括号。

3. 升的符号中,小写字母 l 为备用符号。

4. r 为"转"的符合。

用于构成十进倍数和分数单位的词头　　　　　　表 1-5-5

所表示的因数	词头名称	词头符号
10^{18}	艾[可萨]	E
10^{15}	拍[它]	P
10^{12}	太[拉]	T
10^{9}	吉[咖]	G
10^{6}	兆	M
10^{3}	千	k
10^{2}	百	h
10^{1}	十	da
10^{-1}	分	d
10^{-2}	厘	c
10^{-3}	毫	m
10^{-6}	微	μ
10^{-9}	纳[诺]	n
10^{-12}	皮[可]	p
10^{-15}	飞[母托]	f
10^{-18}	阿[托]	a

注：10^4 称为万，10^8 称为亿，10^{12} 称为万亿，这类数词的使用不受词头名称的影响，但不应与词头混淆。

第二节　汽车维修常用测量器具的使用

在从事测量作业当中，应尽可能采用精密的测量仪器，但不论何种测量仪器，在测量过程中总是会存在测量误差。而误差包括测量仪器的误差（制造和磨损产生的误差）以及测量者本身的误差（因测量者习惯以及视觉因素产生的误差）。因此，测量时应该注意以下事项，方能保持测量仪器的精度。

(1)进行测量时，应使测量仪器温度和握持的方法保持在一定的状态。
(2)保持固定的测量动作。
(3)使用后应注意仪器的清理和维护，并存放在不受灰尘和气体污染的场所。
(4)要定期地检查仪器精度。

一、游标卡尺

1. 概述

游标卡尺又称四用游标卡尺，简称卡尺，是由刻度尺和卡尺制造而成的精密测量仪器，如图 1-5-1 所示，能够正确且简单地从事长度、外径、内径及深度的测量。在汽车维修工作中,0.02mm 精度的游标卡尺使用最多。

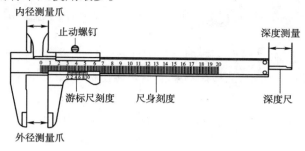

图 1-5-1　游标卡尺的结构

游标卡尺根据最小刻度的不同,分为 0.05mm 和 0.02mm 两种。若游标卡尺上有 50 个刻度,每刻度表示 0.02mm;若游标卡尺上有 20 个刻度,每刻度表示 0.05mm。

有些游标卡尺使用电子读数显示小数部分,这种标尺的测量精度可达到 0.005mm 或 0.001mm。

常用的游标卡尺的测量范围是 0～150mm,应根据所测零部件的精度要求选用合适规格的游标卡尺。

游标尺刻度是将 49mm 平均分为 50 等份。主刻度尺是以毫米来划分刻度的,将 1cm 平均分为 10 个刻度,在厘米刻度线上标有数字 1、2、3 等,表示为 1cm、2cm、3cm 等。

2. 游标卡尺的读数

如图 1-5-2 所示,读数时,首先读出游标零线左边与主刻度尺身相邻的第一条刻线的整毫米数,即测得尺寸的整数值,主刻度尺上的读数为 45.00mm。再读出游标尺上与主刻度尺刻度线对齐的那一条刻度线所表示的数值,即为测量值的小数,游标尺上的读数为 0.25mm。

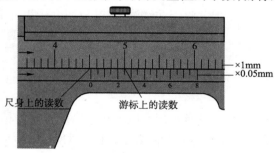

图 1-5-2　游标卡尺的读数

把从尺身上读得的整毫米数和从游标尺上读得的毫米小数加起来即为测得的实际尺寸,即 45 + 0.25 = 45.25(mm)。

3. 游标卡尺的使用

1) 使用前的检查

使用游标卡尺时先应依照下列事项逐一检查:

(1) 测量爪的密合状态:主刻度尺、游标尺的测量爪必须完全密合。内径测量爪在密合状态下,能够看到少许光线表示密合良好;反之,如果穿透光线很多,则表示测量爪密合不佳。

(2)零点校正:当测量爪密切结合后,主刻度尺和游标尺零点必须相互一致才是正确的。

(3)游标尺的移动状况:游标尺必须能够在主刻度尺上轻轻地移动而不会发出声音。

2)测量操作

在从事测量作业之前,必须事先清理测量零件及游标尺。在测量外径时,需要将零件深夹在测量爪中,如图 1-5-3 所示,然后用右手拇指轻压游标卡尺,同时使测定工件和游标卡尺保持垂直状态。

内径尺寸的测量如图 1-5-4 所示,首先是用拇指轻轻拉开游标尺,并使尺身测量爪与测定零件保持正确的接触,上下晃动,由指示的最大尺寸读取读数。

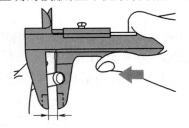
图 1-5-3　零件外径测量方法

图 1-5-4　零件内径测量方法

此外,用游标卡尺还可以测量汽车零部件的深度。

4. 游标卡尺的维护注意事项

游标卡尺是一种精密的测量工具,应小心轻放和妥善保存。

测量前,应将游标卡尺清理干净,并将两测量爪合并,检查游标卡尺的精度情况。在使用之后,应清除灰尘和杂物。读数时,要正对游标刻度,看准对齐的刻线,目光不能斜视,以减小读数误差。

游标卡尺用完后,应清除污垢并涂上防锈油,将其放回盒子里并放在不受冲击及不易掉落的地方保存。

二、外径千分尺

1. 概述

外径千分尺又称螺旋测微器,它是利用螺纹节距来测量长度的精密测量仪器,是一种用于测量加工精度要求较高的零部件,汽车维修工作中一般使用可以测至 1/100mm 的外径千分尺,其测量精度可达到 0.01mm。

外径千分尺是用于外径宽度测量的千分尺,测量范围一般为 0~25mm。根据所测零部件外径大小的不同,可选用测量范围为 0~25mm、50~75mm、75~100mm 等多种规格的外径千分尺,如图 1-5-5 所示。

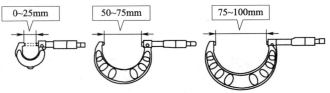
图 1-5-5　大小不同测量范围的外径千分尺

外径千分尺的结构如图1-5-6所示,主要由测砧、测微螺杆、尺架、固定套筒、微分筒、棘轮旋钮及锁紧装置等部件组成。

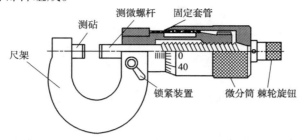

图1-5-6　外径千分尺的结构和组成

固定套管上刻有刻度,测微螺杆每转动一周即可沿轴线方向前进或后退0.5mm。微分筒的外圆锥面上刻有50等份的刻度,在读数时每等份为0.01mm。

棘轮旋钮的作用是保证测微螺杆的测定压力,当测定压力达到一定值时,棘轮旋钮即会空转。如果测定压力不固定则无法测得正确尺寸。

2. 外径千分尺的读数

固定套管刻度可以精确到0.5mm(可以读至0.5mm),由此以下的刻度则要根据固定套管基准线和微分筒刻度的对齐线来读取读数。

如图1-5-7所示,固定套管上"A"的读数为55.50mm,微分筒"B"上的0.45mm的刻度线对齐基准线,因此读数是:55.50mm + 0.45mm = 55.95mm。

为便于读取固定套管上的读数,基准线的上下两方各刻有刻度。

外径千分尺属于精密的测量仪器,在测量时应注意以下事项:

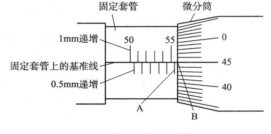

图1-5-7　外径千分尺的读数

(1)使用前确保零点校正,若有误差需用调整扳手调整或用测量值减去误差。

(2)被测部位及外径千分尺必须保持清洁,若有油污或灰尘须立即擦拭干净。

(3)测量时需将被测面轻轻顶住测砧,转动棘轮使测微螺杆前进。不可直接转动微分筒。

(4)测量时尽可能握住外径千分尺的尺架部分,同时要注意不可碰及测砧。

(5)旋转后端棘轮旋钮,使测砧端和测微螺杆端夹住被测部件,然后再旋转棘轮旋钮一圈左右,当听到发出两三响"咔咔"声后,就会产生适当的测定压力。

(6)为防止因视差而产生误读,最好让眼睛视线与基准线呈直角后再读取读数。

(7)当测量活塞、曲轴轴颈之类的圆周直径时,必须保证测轴轴线与最大轴颈保持一致(即测试处为轴颈最大处)。若从横向来看,测轴应与检测部件中心线垂直,只有这样才能保证测试数据正确无误。

3. 外径千分尺的使用及维护注意事项

(1)使用时应避免掉落地面或遭受撞击,如果不小心落地,应立刻检查并作适当处理。

(2)严禁放置在污垢或灰尘很多的地点,并且要在使用后将测砧和测微螺杆的测量面分离后再放置。

(3)为防止生锈,使用后须立即擦拭并涂上一层防锈油。保存时应先放置于储存盒内,再置于湿度低、无振动的地方保存。

三、百分表

百分表利用指针和刻度将心轴移动量放大来表示测量尺寸,主要用于测量工件的尺寸误差以及配合间隙。

汽车修理厂大多采用最小刻度为 1/100mm 的百分表。同时百分表可以和夹具配合使用。

1. 测量头的种类

百分表的测量头包括4种类型(图1-5-8),分别为:长型,适合在有限空间中使用;滚子型,用于轮胎的凸面/凹面测量;杠杆型,用于测量不能直接接触的部件;平板型,用于测量活塞突出部分等。

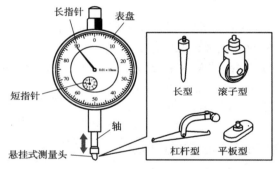

图 1-5-8 百分表的外形和测量头的类型

2. 百分表的结构

百分表主要由尺条和小齿轮装配而成,其工作原理是:利用尺条和小齿轮将心轴的移动量放大,再由指针的转动来读取测定数值,图1-5-9所示为百分表的内部结构及原理示意图。

测量头和心轴的移动量带动第一小齿轮转动,再利用同轴上的作动齿轮传递给第二小齿轮转动,于是装置在第二小齿轮上的指针即能放大心轴的移动量显示在刻度盘上。而由于长针每一个回转相当于1mm的移动量,将刻度盘分刻100等份,所以测量的移动量可精确到1/100mm。

3. 百分表的读数

百分表表盘刻度分为100格,当量头每移动0.01mm时,大指针偏转1格;当测量头每移动1.0mm时,大指针偏转1周。小指针偏转1

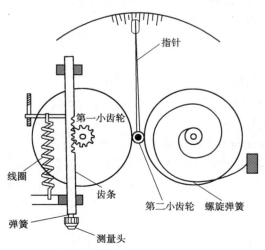

图 1-5-9 百分表的内部结构

格相当于1mm。

注意：百分表的表盘是可以转动的。

4. 百分表的使用

百分表要装设在支座上才能使用,在支座内部设有磁铁,旋转支座上的旋钮使表座吸附在工具台上,因而又称磁性表座,如图 1-5-10 所示。此外,百分表还可以和夹具、V 形槽、检测平板和顶心台合并使用,从事弯曲、振动及平面状态的测定或检查。

5. 百分表的使用维护注意事项

使用百分表时要注意以下两点：

（1）百分表内部构造和钟表相类似,应避免摔落或遭受强烈撞击。

（2）心轴上不可涂抹机油或油脂。如果心轴上沾有油污或灰尘而导致心轴无法平滑移动时,请使百分表保持垂直状态,再将套筒浸泡在品质极佳的汽油内浸至中央部位,来回移动数次后再用干净的抹布擦拭,即能恢复至原来平滑的情况。

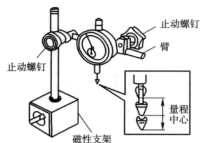

图 1-5-10　百分表的使用方法

6. 百分表的保存

（1）为防止生锈,使用后立即擦拭并涂上一层防锈油。

（2）定期检查百分表的精密度。

（3）收藏时先将百分表放在工具盒内,再放置在湿度低、无振动的库房内。

四、量缸表

量缸表又称内径百分表,是利用百分表制成的测量仪器,也是用于测量孔径的比较常用的测量工具。在汽车维修中,量缸表通常用于测量汽缸的磨耗量及内径。

1. 量缸表的结构

量缸表主要包括百分表、表杆、替换杆件和替换杆件紧固螺钉等。

2. 量缸表的使用

（1）使用游标卡尺测量缸径后获得公称尺寸,如图 1-5-11 所示,利用这些长度作为选择合适杆件的参考。

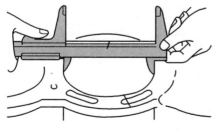

图 1-5-11　使用卡尺获得缸径公称尺寸

（2）量缸表需要经过装配才能使用。首先根据所测缸径的公称尺寸选用合适的替换杆件和调整垫圈,使量杆长度比缸径大 0.5～1.0mm。替换杆件和垫圈都标有尺寸,根据缸径尺寸可任意组合。量缸表的杆件除垫片调整式,还有螺旋杆调整式。无论哪种类型,只要将杆件的总长度调整至比所测缸径大 0.5～1.0mm 即可。

（3）将百分表插入表杆上部,预先压紧 0.5～1.0mm 后固定。

（4）为了便于读数,百分表表盘方向应与接杆方向平行或垂直。

（5）将外径千分尺调至所测缸径尺寸,并将千分尺固定在专用固定夹上,对量缸表进行校零,当大表针逆时针转动到最大值时,旋转百分表表盘使表盘上的零刻度线与其对齐,如图 1-5-12 所示。

3．缸径测量

(1)慢慢地将导向板端(活动端)倾斜,使其先进入汽缸内,而后再使替换杆件端进入。导向板的两个支脚要和汽缸壁紧密配合,如图 1-5-13 所示。

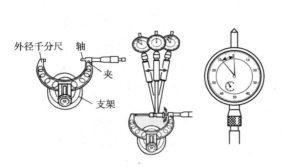

图 1-5-12 量缸表的调教

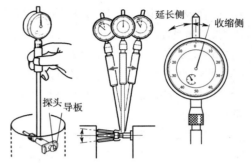

图 1-5-13 缸径的测量

(2)在测定位置维持导向板不动,而使替换杆件的前端做上下移动并观测指针的移动量,当量缸表的读数最小且量缸表和汽缸成真正直角时,再读取数据。

(3)读数最小即表针顺时针转至最大,在测量位置方面需参考维修手册。

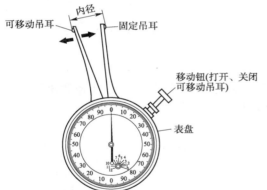

图 1-5-14 卡规的结构

五、卡规

在测量内径很小的配件时,如气门导管等部位,就需要另一种类似于量缸表的量具——卡规,如图 1-5-14 所示。

在使用卡规时,将测量端压缩放入被测物体内,读数与缸径表相同,当移动吊耳移动 2mm 时,则长指针转动一圈测量精度:0.01mm。

六、厚薄规

厚薄规又称塞尺或间隙片,如图 1-5-15 所示。是一组淬硬的钢条或刀片,这些淬硬钢条或刀片被研磨或滚压成为精确的厚度,它们通常都是成套供应。

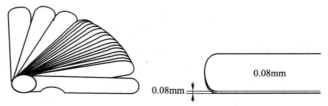

图 1-5-15 厚薄规及其规格

每条钢片标出了厚度(单位为 mm),它们可以单独使用,也可以将两片或多片组合在一起使用,以便获得所要求的厚度,最薄的一片可以达到 0.02mm。常用厚薄规长度有 50mm、

100mm、200mm。

在汽车维修工作中主要用于测量气门间隙、触点间隙和一些接触面的平直度等,如图1-5-16所示。

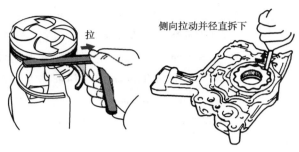

图1-5-16　厚薄规的应用

使用厚薄规测量时,应根据间隙的大小,先用较薄片试插,逐步加厚,可以一片或数片重叠在一起插入间隙内,插入深度应在20mm左右。例如,用0.2mm的厚薄规片刚好能插入两工件的缝隙中,而0.3mm的厚薄规片插不进,则说明两工件的结合间隙为0.2mm。

测量时,必须平整插入,松紧适度,所插入的钢片厚度即为间隙尺寸。严禁将钢片用大力强硬插入缝隙测量。插入时应特别注意前端,不要用力过猛,否则容易折损或弯曲厚薄规。

注意:使用前必须将钢片擦净,还应尽量减少重叠使用的片数,因为片数重叠过多会增加误差。

当厚薄规同一把直尺一起使用时,厚薄规可用来检查零件的平直度,如汽缸盖的平直度。由于厚薄规很薄,容易弯曲或折断,测量时不能用力太大,如图1-5-17所示。

测量时应接合面的全长上多处检查,取其最大值,即为两接合面的最大间隙量。测量后及时将测量片合到夹板中去,以免损伤各金属薄片。

厚薄规上不得有污垢、锈蚀及杂物;厚薄规使用完毕后要将测量面擦拭干净,并涂油,如图1-5-18所示。已发现有折损或标示刻度已经模糊不清的厚薄规应该立即予以更新。

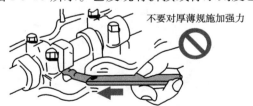

图1-5-17　厚薄规使用的注意事项

图1-5-18　厚薄规的存放方法

七、塑料线间隙规

1. 概述

塑料线间隙规如图1-5-19所示,它是汽车维修用来测量汽车裂损破坏程度的一种工具,可以为固定表面的间隙测量提供非常简单、精确、有效的测量方法,在汽车维修方面是必不可少的工具。

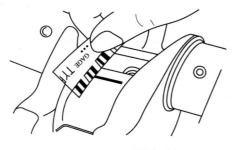

图1-5-19 塑料线间隙规

2. 塑料线间隙规的使用

下面以测量曲轴滑动轴承间隙为例说明塑料线间隙规的使用方法。

(1)使用时,应当拆下发动机油底壳,露出曲轴轴承大端和固定螺栓,释放掉剩余的机油,并且拧开曲轴轴承大端固定螺栓和拆下曲轴轴承大端,然后擦干净裸露的曲轴轴颈和轴承大端,给曲轴轴颈涂上一些润滑脂,在曲轴轴承大端上挤少量的有机硅脱模剂。

(2)修剪合适大小的塑料线间隙规,穿过曲轴轴颈,利用润滑脂固定在合适的地方。参考制造商建议的力矩值拧紧曲轴轴承大端固定螺栓,重新装上曲轴轴承大端,同时保证曲轴轴颈不产生旋转运动。

(3)再次拧开曲轴轴承大端固定螺栓,拆下曲轴轴承大端,露出已经附在整个轴承表面、像一条带子一样的塑料线间隙规。把带子状的塑料线间隙规和所提供的规卡相对比,匹配相应的宽度,读出曲轴轴承间隙值。

第六章
机动车检测维修安全常识

> **学习目标**
> 熟悉机动车检测维修安全生产要求及操作规程。

第一节 汽车维修个人安全防护

个人安全就是保护好自己免受伤害,包括使用防护装置、穿戴安全、职业行为和正确的使用工具和设备。

一、眼睛的防护

维修车间在很多情况下会使维修人员的眼睛发生感染或永久损伤。有些作业(如磨削)会释放出高速运动的细小金属颗粒和尘埃。这些金属颗粒和尘埃很容易进入维修人员的眼睛中,将眼球擦伤或割伤。从有裂纹的管子或管接头中泄漏出的压力气体和液体可以喷射很远距离,这些化学品进入眼睛会导致失明。在汽车底下进行作业时,从腐蚀的金属上脱落下来碎屑很容易落入眼睛中。

当工作环境存在损伤眼睛的风险时,就要戴上安全眼镜,对眼睛进行保护。可供使用的护目器材有多种,如图1-6-1所示,为了对眼睛进行足够的保护,安全眼镜的镜片要用安全玻璃制成,还要对眼部侧面进行防护。普通眼镜不能对眼睛提供足够的防护,因此,普通眼镜不能作为安全眼镜使用。在车间里带普通眼镜时,应该配上侧面护罩。

图1-6-1 常见的眼睛防护用品

一直戴着安全眼镜工作是个良好习惯,为了养成这样的习惯,应该选择佩戴舒适的安全眼镜。

进行某些作业时,应该佩戴其他的护眼器材,而不是安全眼镜。例如维修汽车制冷系统时,就应当戴着防溅护目镜,用压力喷射清理零部件时就要戴上防护面罩,防护面罩不仅能对眼部进行保护,还能对面部进行保护。

在蓄电池电解液、燃油、溶剂等化学品不慎进入眼睛时,要用清水长时间冲洗眼睛,还要及时让医生进行药物处理。

许多维修车间都设有洗眼池和安全淋浴,当有化学品溅入眼睛时,可以用它进行清洗。

二、耳朵的防护

在噪声级很高的环境里时间过长,会导致听力下降甚至丧失。气动扳手、发动机带负荷运转、汽车在封闭空间里运转,都会产生令人烦躁并有害的噪声。在经常有噪声的环境里,应该带上耳罩或耳塞。常见耳朵防护装置,如图1-6-2所示。

a)带架耳机　　　　　　b)耳罩　　　　　　c)耳塞

图1-6-2　常见的耳朵防护装置

三、呼吸系统的防护

a)可重复使用的全面罩　　b)一次性的半面罩

图1-6-3　呼吸面罩

汽车维修工经常在有毒化学气体环境中工作,不论是暴露在有毒气体中还是过量尘埃中,都要带上呼吸器或呼吸面罩,如图1-6-3所示。用清洗剂清洗零件、部件和喷漆是最常见的需要带上呼吸面罩进行的作业。处理吸附了灰尘的部件或有害物质时,也一定要带高效呼吸面罩。

四、其他防护装备及要求

1. 服装

工作时穿着的服装不但要合体舒适,还要结实。图1-6-4所示为汽车维修工工作着装的对比图。宽松的服装很容易被运动的零部件和机器挂住。

2. 鞋

维修汽车时会拿放很多重物,这些重物意外掉落有可能会砸到脚面或脚趾上,所以,一定要穿用皮革或类似材料做成的并具有防滑底的鞋或靴子。如图1-6-5所示,铁头安全鞋可以增强对脚部的保护。运动鞋、休闲鞋和凉拖鞋都不适合在车间穿。

3. 手套

维修人员常常忽视对手的保护。戴上手套可以保护手,避免手受伤。防止通过手染上疾病,也能使手保持干净。有多种不同的手套可供选戴。进行磨削、焊接作业或拿高温物件时,应该戴上厚手套。在处理强腐蚀性或危险性化学品时,应该戴上聚亚安酯或维尼龙手套(图1-6-6),以免皮肤被这些化学品烧伤。戴上乳胶手套和橡胶手套可以防止油污沾到指甲上,以预防疾病。乳胶手套戴起来很舒服,但在接触汽油、机油和溶剂时很容易损坏。戴橡胶手套不如戴乳胶手套舒服,但可以防止汽油、机油和溶剂腐蚀。在进行不同的作业时,要选戴不同类型的手套,对手进行保护。

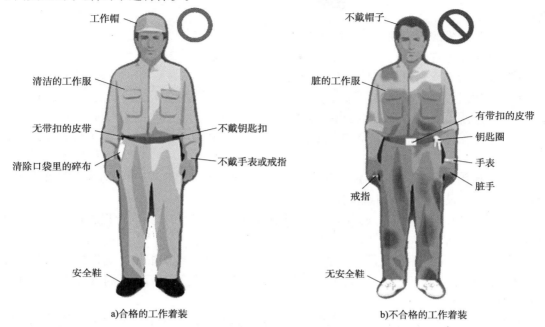

图 1-6-4　维修工工作着装比较

a)合格的工作着装　　b)不合格的工作着装

图 1-6-5　防护鞋的类型

图 1-6-6　维尼龙手套

4. 其他防护要求

和宽松的衣服一样,蓬松的长发和悬挂的饰物也很容易引发事故,在靠近运动零部件和机器时头发很可能被挂住。如果头发很长,工作时就应将其扎在脑后,或者塞到帽子里。不要戴戒指、手表、手镯和项链,这些都很容易被运动的零部件挂住,造成严重损伤。

第二节　汽车维修工具、维修设备的使用安全

一、手工工具的使用安全

(1)选择大小和类型都合适的手工工具来做一项工作,而且只用指定用来做该项工作的

手工工具。

(2) 保持手工工具处于良好状态,不用时应存放在安全处。保持切削工具有合适的磨锋。

(3) 切勿把尖的或削尖的工具放在衣袋里。

(4) 加工小零件时,应把它们夹在台虎钳或夹紧装置上。

(5) 手柄活动或断裂的工具应修理或更换。

(6) 选用凿刀刀口至少要同待加工的凿口一样大。不要用凿子或冲子去冲坚硬部件,如固定销。切勿用錾子、冲子或刮刀当撬棍。过大的力会损坏或折断工具。

(7) 多次敲击后,锐边可能折断或形成圆形头,应对其修整,保持全部冲子和凿刀的头部打磨平滑。

(8) 当使用切削工具时,一定要使金属屑飞离身体,使双手以及手指处在刀口的后面。手柄应清洁、干燥及确保牢固地握住。

(9) 切勿用锤子敲击锉刀或把锉刀当作撬棍用。使用锉刀时,锉削行程总是朝向远离自己的方向并用锉刷刷净锉刀。

(10) 一字或十字螺丝刀只能用来拧螺钉,切勿当作冲子或撬棍用。确保螺丝刀的刀刃完全固定到螺钉槽中。不正确的配合可能损坏螺钉槽和螺丝刀刀刃。保持螺丝刀刀刃垂直于螺钉槽,使滑移量减至最少。

(11) 使用敲击工具时,最好要佩戴合适的眼睛保护装置。对坚硬表面应用软锤。切勿用一手锤敲打另一手锤,否则手锤将会损坏或被敲碎,且飞出碎片易引起伤人。

(12) 作业中应使用大小合适的扳手。打滑的扳手会损坏螺栓头和螺母,且易引起人身伤害。使用扳手时,应对扳手施加垂直的、均匀的拉力。若必须推扳手,则用手掌跟部,不要用手指抓住扳手,扳手不得翘起来,否则会使接触点受力增加,导致扳手损坏。

(13) 不要用管子来加长扳手(图1-6-7),在过大的作用力下,扳手或螺栓会打滑或断裂。也不要把扳手当锤子用,除非该扳手有此特定用途。

图1-6-7 工具的错误使用

(14) 更换有裂纹或已磨损的扳手,不要试图把弯曲的扳手矫直,这样只会进一步降低它的强度。

(15) 鲤鱼钳有固定、夹紧、挤压和剪切作用,但不能用于转动。不要用鲤鱼钳代替扳手,因鲤鱼钳会打滑而损坏螺栓头和螺母。

(16) 动力、手动或冲击工具的套筒不应互换使用,否则会导致损坏或伤害。

(17) 扭力扳手只用于拧紧螺栓或螺母,不应把它当一般扳手来使用。

二、动力工具的使用安全

以电力和压缩空气为动力的工具称为动力工具。使用时需要注意以下事项:

(1) 对动力工具的操作不了解或未经正确使用培训,切勿操作动力工具。

(2)开动动力工具前,应确保没有别的物件会碰到动力工具的运转部件。

(3)全部电动工具,除非是双绝缘式的,否则都必须搭铁连接。不要使用两脚插头插入三脚插座(第三脚是动力工具搭铁线)。切勿使用卸下第三搭铁线插头的动力工具。

(4)动力工具正在运转或接通电源时,切勿试图调整、上油或清洁等。将全部防护装置按照顺序保存在适当位置。

(5)确保气动工具和管路正确连接。

(6)当不用动力工具时,关闭电源和拔出全部插头,并把所有动力工具返回到适当位置。

(7)操作某些动力工具时,应按规定戴安全眼镜、手套、面罩等保护用品。如在砂轮机修磨机件时须戴安全眼镜,如图1-6-8所示。

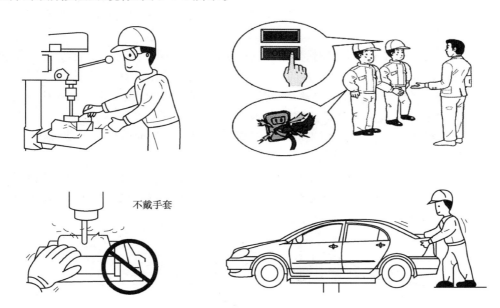

图1-6-8 使用电动工具时的安全规范

(8)在没有得到正确操作程序说明书时,不要开动任何动力工具。开动动力工具前应阅读使用说明书,学会正确使用动力工具和了解它的局限性。确保全部保护装置就位。

(9)操作动力工具要全神贯注,不要环顾其他与别人交谈。工作场所应清洁、明亮,切勿在潮湿的地方工作。

(10)如图1-6-9所示,不要从插座上猛拉电线或将动力工具压在电线上。

(11)使用前,检查动力工具是否有故障。接通动力工具之前应做好所有调整工作。每当去掉安全设施进行调整、更换刀具或进行修理时,都要关掉设备电源,拔出插头。在检查期间,应锁上主开关和加上警示标记,或使断开的动力线随时看得见。

(12)操作时要等待动力工具全速稳定运转

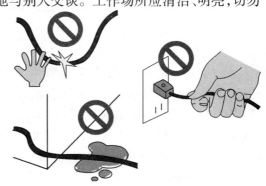

图1-6-9 电器电线的错误操作

后才能开始工作。

(13) 在动力工具完全停转后方可离开现场。手与任何刀具或运转零件之间要保持安全距离。手不要伸得太长,要保持身体平衡。

三、举升机的使用安全

举升机可以举升车辆,这样技师就可以在汽车下工作,举升臂必须安置在汽车生产商推荐的举升部位。还应注意以下安全事项:

(1) 举升机提升后一定要确保保险锁锁止。松开保险锁后,缓慢操作控制手柄降低车辆。决不能用举升机或千斤顶去支承超过其承载能力的物体,使用前检查它们的额定承载能力。如果千斤顶的额定载荷为2t,不要尝试用它去支承大于2t的载荷,因为这对修理工和车辆都是很危险的。

(2) 引导别人把车开上举升机时,要站在驾驶员的侧面而不是车前方。然后用清楚明白的手势或/和口令向驾驶员指示行车方向。如果汽车有意外动作,确保自己有一个明确逃离方向。把车开到举升机上要先检查车底的间隙,这非常重要。如果悬架系统或发动机排气系统的位置较低也许会碰到举升机使它们损坏。

(3) 把车开到举升机上之前,应安放好举升臂并确保没有任何阻碍。不要撞击、开车碾过举升臂、连接器、支撑轴,这样会破坏举升机、汽车或轮胎。

(4) 放好举升臂接触垫,使之位于车辆支承点位置。升起举升机使接触垫接触到汽车。然后,检查接触垫确保它们和汽车完全接触,如图 1-6-10 所示。最后将车辆举升到所需高度。

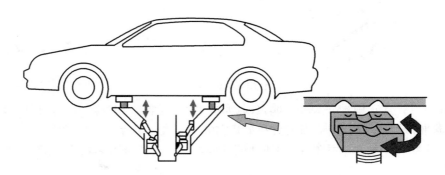

图 1-6-10　确保接触垫与车辆可靠接触

(5) 举升车辆前,车门、发动机罩和行李舱盖一定要完全关闭,车内有人时绝不能将车辆升起,如图 1-6-11 所示。在车底工作前,确保举升机的保险锁装置是正常。

(6) 当车辆升到所需高度后,将车辆降低至其机械保险装置。有些车上,组件的拆卸(或安装)会造成车辆重心的改变,这可能导致车辆在举升机上不稳。要参看车辆维修手册推荐的程序以避免这种情况发生。

(7) 车辆下面一定不要有工具箱、案台或其他设备。降下举升机前要按照操作程序打开保险锁装置。

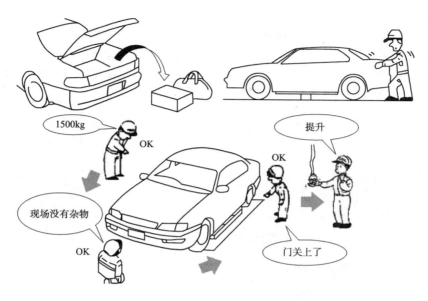

图 1-6-11　举升前的注意事项

第三节　汽车维修环境安全

一、工作场地的安全

工作场地要保持干净和安全,地面和工作台面要保持清洁、干燥和有序。地面有了机油、冷却液或润滑脂后会变得很滑,滑倒会造成严重损伤,如图 1-6-12 所示,可以用吸油剂清除油污。要保持地面干燥无水,地面有水后也会变得很滑,而且很容易导电。走廊和过道应该保持通畅和干净,并留出足够的宽度,能够方便地通过。机器周围的作业区域要足够大,保证能够安全地操作机器。

所有水渠都要用盖板盖好,敞开的水渠和不平的盖板很容易造成脚趾、脚踝和腿部受伤。

在电话附近要张贴最新的包括医生、医院、消防部门和警察部门在内的紧急电话号码,工作场所还要备有急救箱(图 1-6-13),以便对一些轻伤进行处理,还要有眼睛冲洗包随时备用,并明确这些应急用品的存放地点。

图 1-6-12　湿滑的地面会造成伤害

二、汽油及易燃液体的安全

汽油是一种易燃的挥发性液体,易燃品遇火后很容易燃烧,挥发性液体可以很快蒸发,易燃的挥发性液体就是潜在的燃烧弹。一定要将汽油和柴油装在安全油箱中,如图1-6-14所示,不要用汽油擦洗手和工具。

图1-6-13 典型的急救箱

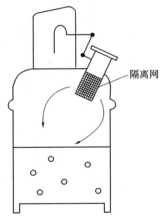

图1-6-14 安全储存汽油的容器

要小心地处理各种溶剂(或液体),以防泄漏。除了在倒出溶剂之外,所有盛装溶剂的容器都应保持密封,保持使用溶剂和化学品的区域适当通风非常重要。溶剂和其他易燃物品必须存放在符合安全要求的专用存储柜中或房间中。

从大容器中倒出易燃物品时要格外小心,静电产生的火花能够引起爆炸。用过的溶剂容器要及时丢弃或清理,容器底部残余的溶剂非常易燃。不要在易燃溶剂和化学品(包括蓄电池电解液)附近点火或吸烟。

沾油抹布也要存放在符合标准的金属容器中,如果将沾有机油、润滑脂或油漆的抹布随意丢弃或存放不当,很容易产生自燃。自燃是一种由物品自身状态而不是由其他火源点燃引起的着火现象。

三、蓄电池的安全

维修汽车电气系统或进行焊接作业之前,要断开汽车蓄电池负极接线柱,以防由电气系统引起的着火和伤害。断开汽车蓄电池就是将负极电缆从蓄电池上拆下,并将其放置在远离蓄电池的地方。如图1-6-15所示。

四、防火安全

1. 车间防火

车身修理车间中有各种易燃物品。在操作中也经常会产生明火,有可能会造成火灾。在车间修理操作时应该注意以下防火事项。

(1)车身修理车间禁止吸烟。车间内大量的易燃物都可能引发火灾。

(2)在车间内不要随身携带火柴或打火机。

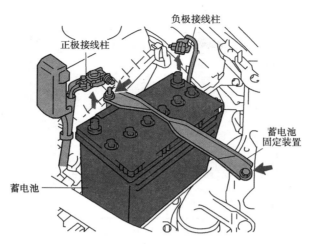

图 1-6-15　蓄电池安装连接情况

（3）易燃材料应远离热源。不要在调漆间附近使用割炬或焊接设备。车身隔声材料易燃，在对车身板件进行焊接或用割炬、等离子弧切割时必须先将隔声材料拆下。

（4）进行焊接或切割时，高热量的火星能够运动很长一段距离。不要在油漆、稀释剂或其他可燃液体或材料周围进行焊接或切割；不要在蓄电池周围进行焊接或研磨。

（5）燃油箱应当排空后拆下。当在燃油箱加油管周围进行作业时，应将其拧紧并盖上湿抹布。

（6）在车辆内饰旁边进行焊接和切割时，应拆下座椅或地板垫，或用一块浸水的布或焊接毯盖上，最好在旁边备一桶水或一个灭火器。

（7）工作中不要使车辆上的导线短路。过大的电流会使导线过热、熔化并燃烧，造成电气火灾。为防止电气火灾，在进行电气作业或在车身作业时，一定要断开蓄电池。

（8）一旦不慎发生了火灾，千万不要慌张，要谨慎处理，及时打火警电话，人要贴近地面，避免吸入烟气，如果过热或烟气过大，要及时离开。

2. 灭火器的选择及使用

要了解车间里所有灭火器的放置地点及其适用的火险类别（表 1-6-1），在灭火器标签上都清楚地标明了灭火器的类型及其适用的火险类别。灭火时，一定要使用适合火险类别的灭火器，通用干粉灭火剂适用于扑灭一般易燃物、易燃液体和电气着火。汽油着火时，切不可向火中浇水，水会使火焰进一步蔓延，适当类型的灭火器能够使火焰窒息。

灭 火 器 选 择 列 表　　　　表 1-6-1

火情类别	火险类别	典型燃料	灭火器类型
A 类火情 （绿色）	一般易燃物 降低温度或覆盖可以灭火	木头、纸、布、橡胶、塑料、垃圾、装潢材料等	水灭火器 泡沫灭火器 通用干粉灭火器
B 类火情 （红色）	易燃液体 可用毯子将整个着火液体表面盖住，通过隔离灭火	汽油、机油、润滑油、油漆、轻油等	泡沫灭火器 二氧化碳灭火器 卤化物灭火器 干粉灭火器 紫色 K 干粉灭火器 通用干粉灭火器

续上表

火情类别	火险类别	典型燃料	灭火器类型
C类火情（蓝色）	电气设备 应尽快切断电源，一定要使用不导电的灭火器，以免受到电击	电动机、用电设备、电线、熔断丝盒、开关板等	二氧化碳灭火器 卤化物灭火器 干粉灭火器 紫色K干粉灭火器 通用干粉灭火器
D类火情（黄色）	可燃金属 金属片、车削或刨削形成的火险要用专用灭火剂通过窒息或覆盖灭火	铝、锰、钾、纳、锆等	只能用干粉灭火器

灭火时，要站在距离火焰2～3m以外，将灭火器牢牢地拿住，对准火焰根部来回摆动喷嘴，扫过整个火焰区，低下身子以免吸入烟气，如果温度太高或烟气太大，就要撤离。记住，无论如何不要返回着火的建筑物内。

汽车维修常用灭火器有手提泡沫灭火筒、鸭嘴或开关灭火器、干粉灭火器、手提式1211灭火器等，使用方法如下：

(1) 使用手提泡沫灭火筒救火时，应用一只手握着灭火筒上端的提环，另一只手握着灭火筒的底边，把灭火筒倒转过来并摇动几下，灭火泡沫就会从喷嘴喷出。

(2) 鸭嘴式开关灭火器使用时，先将灭火器提到着火处，将喷嘴对准火焰，拔出开关的保险销，握紧喇叭柄，将上面的鸭嘴向下压，二氧化碳气体即从喷嘴喷出。

(3) 干粉灭火器使用时，先将干粉灭火器送到火场，需要上下颠倒几次，在离着火点3～4m远处撕去灭火器上的封记，拔出保险销，一手握紧喷嘴对准火源，另一只手的大拇指将压把按下，干粉即可喷出。迅速摇摆喷嘴使粉雾横扫整个火区，由近而远向前推移可很快灭火。

五、用电安全

安全用电是企业经营管理的基本原则之一，为了防止触电事故的发生，应采用以下安全措施：

(1) 电气设备的保护搭铁。保护搭铁就是将电气设备的金属外壳与搭铁体可靠连接，图1-6-16所示为电动机保护搭铁电路。电动机采用保护搭铁后，当某相电线因绝缘损坏而碰外壳时，这时若有人触及带电的外壳，人体相当于搭铁电阻的一条并联支路。由于人体电阻远远大于搭铁电阻，所以通过人体的电流很小，从而保证了人体安全。反之，若外壳不搭铁，当人体触及带电外壳时，就会有电流通过人体，造成触电事故。

(2) 电气设备的保护接零。保护接零就是将电气设备的金属外壳与零线可靠连接。采用保护接零后，若电动机内部一相绝缘损坏而碰外壳，则该相短路，其短路电流很大，将使电路中的保护电器动作或使熔断丝烧断而切断电源，从而消除了触电危险。可见，保护接零的防护比保护搭铁更为完善，如图1-6-17所示。

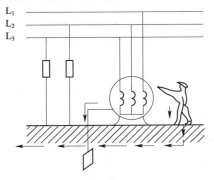

图1-6-16 电动机保护搭铁

实际工作中常用的单相用电设备，如抛光机、甩干桶、热风枪等,用三脚扁插头和三眼扁插座。正确的接法应把用电器的外壳用导线接在中间长的插脚上,并通过插座与保护零线相连。绝不允许用电器的零线直接与设备的外壳相连,必须由电源单独接一零线到设备的外壳上。否则,可能会引起触电事故。

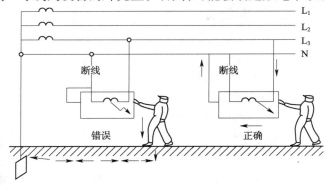

图 1-6-17　保护接零

（3）电气设备的绝缘要求。电气设备的金属外壳和导电线圈之间的绝缘好坏通常用绝缘电阻来衡量。根据电气设备的绝缘要求规定,固定电气设备的绝缘电阻不能低于 $0.5M\Omega$;可移动的电气设备,如手提式电钻、台式风扇的绝缘电阻不能低于 $1M\Omega$;潮湿地方使用的电气设备,如洗衣机等电器的绝缘电阻还应更高些,以保证安全。电气设备的绝缘性能是随着使用年限的增长、温度升高和湿度增大而下降的,所以要定期用绝缘电阻表(又称兆欧表)测量电气设备的绝缘电阻。对绝缘电阻不符合要求的电气设备不能继续使用,必须进行维护和修理。

对于长期搁置的电气设备,在使用前都必须用绝缘电阻表测量其绝缘电阻,不可贸然使用,以免发生事故。

（4）其他要求。

①维修电动设备和工具前应先断开电源,否则会有电击危险,严重的可能造成死亡。

②保持地面无水,水能导电,如果带电导线落入站有人的水坑中会带来电击危险。在使用电动工具时必须保持地面的干燥。

六、危险废弃物的处理

维修企业所维修的汽车是产生危险废弃物的机器。新机油不是有害废弃物,废机油才是。一旦将机油从发动机里放出来,便产生了一种废弃物。这时,一定要有责任心地合理处置这种危险废弃物。还有很多从车上卸下来的其他废弃物需要进行正确的处理,如蓄电池、制动液和自动变速器油等。

所有从车上排放出来的液体都不允许倒入下水道。可以将冷却液回收并再利用或进行正确处理。

汽车上的各种油液滤清器(自动变速器油、燃油和机油滤清器)也需要按照既定的方法进行处理。旧滤清器应当将液体排空并压碎或用特殊的转运桶盛放。多数国家规定要求机油滤清器在处理或压碎之前至少要排油 24h。

（1）汽车维修产生的废弃物主要有以下几种:

①喷漆和车身修理产生的废弃物。

②清洗零件和设备的溶剂。

③蓄电池和蓄电池酸性溶液。

④用于清洗金属和预备喷涂表面的弱酸。

⑤废机油、发动机冷却液和防冻液。

⑥空调制冷剂。

⑦机油和滤清器。

（2）任何情况下，都不要使用下列方法来处理危险废弃：

①将危险废弃物倒到杂草上来除掉杂草。

②将危险废弃物倒在铺满沙砾的街道上以防止灰尘。

③将危险废弃物扔到垃圾桶里。

④在许可的处理厂以外的地方处理危险废弃物。

⑤将危险废弃物倒入下水道、洗手间、水池或地面排水管里。

⑥将危险废弃物埋入地下。

（3）废弃物和带有污物的废油应遵守以下原则：

①避免产生废弃物。

②回收利用废弃物。

③在无法避免产生废弃物和循环利用废弃物的情况下，对废弃物进行分离、分类和废弃处理，如图 1-6-18 所示。

图 1-6-18　分类回收废弃物

回收利用的意义在于，将诸如已知来源的废油、有色金属废料、纸张等有价值物质作为原料再次投入到经济循环中。除回收利用外，也可以通过回收循环转化为能量。转化为能量时在不污染环境的情况下燃烧这些废弃物并利用其产生的热能。

一些废弃物无法回收利用，其中包括来自沉积物收集装置的物质、带有污物的废油、清洗零件后的油水混合物，这些废弃物必须按环保要求清除。

第四节　汽车维修常见专业技术人员操作规程

一、汽车维修安全生产通则

（1）汽车维修工应参加安全教育培训，掌握必要的消防知识，会使用消防器材，会扑救初起火，会报警。

(2)汽车维修工应自觉遵守劳动纪律,按作业性质穿戴防护用品,上岗作业时,不穿拖鞋、不穿背心、不穿短裤和裙子、不干私活、不打瞌睡、不喝酒。

(3)汽车维修工应熟悉其操作设备的性能、使用要求和操作规程。

(4)汽车维修工应合理选用、正确操作、经常维护、定期检修设备和仪器。工作前,应确认所使用的设备、仪器安全技术状况完好。正在运转的设备、仪器,必须有人看管。严禁超负荷使用和带病运行设备和仪器。设备运行过程中,发现操作失灵、异响、电器开关断路及其他故障时,应立即停机,查明原因或请专业维修人员维修。不符合安全要求的陈旧设备,应有计划地更新和改造。

(5)正确选择和使用工具。作业时,工具必须摆放整齐,不得随地乱放。工作后,应将工具清点检查并擦干净,按要求放入工具车或工具箱内。

(6)计量器具应经检定合格。

(7)作业时,应注意保护汽车车身涂层、车内装饰、乘员座椅以及地毯,并随时保持修理车辆的整洁。

(8)按规定的工艺、标准规范或制造厂汽车维修说明书的程序维修车辆。

(9)拆装零部件时,应使用合适工具或专用工具,不可大力蛮干,不得用硬质手锤直接敲击零件,谨防飞屑伤人。所有零件拆卸后应按顺序摆放整齐,不可随地堆放。

(10)仅可使用允许的清洗剂和清洗设备清洗零部件,而不使用易燃、易爆性溶剂,如汽油、煤油、二甲苯等。清洗剂洒落应及时清除。

(11)在发动机旁作业时,应切断风扇电源,手和工具应离开风扇等可以旋转的部件。维修中,所有人员要避开旋转物体的切线方向。

(12)工作灯应采用特低压安全灯,工作灯不得冒雨或拖地使用,并应经常检查工作灯导线、插座是否良好,手湿时,不得扳动电力开关或插座。电源线路、熔断丝应按规定安装,不得用铜线、铁线代替。

(13)不用压缩空气吹自己身上的灰尘,不用压缩空气吹含毒粉尘,不用压缩空气吹其他人。

(14)升降机等设备应向特种设备安全监督管理部门登记,进行经常性日常维护,定期自行检查,按照安全技术规范的定期检验要求进行检验,并由具有资质的人员操作。

(15)不在楼梯口、消防、运输通道、消防设备、易燃易爆仓库旁等处进行汽车维修作业。

(16)在易燃、易爆、有毒环境作业时,应使用通风换气装置和防护设施。易燃、易爆、具有腐蚀性、有毒的剩余物品,应及时归仓储存,不允许个人留存。

(17)不在发动机运转的情况下给汽车加油。不在作业区内进行未经许可的明火作业和加热作业。

(18)非指定人员不得动用在修车辆。汽车在厂内行驶车速不得超过5km/h,不准在厂内路试制动。

(19)不在作业区吸烟、玩耍、跑步、做游戏等。

(20)身体不适作业时,不勉强作业。

(21)下班时,必须切断电源、气源、熄灭火种、清理场地、关好门窗。

(22)汽车维修产生的废弃物应集中回收,分类存放,分别情况予以处置。

二、机动车机电维修专业技术人员安全操作规程

(1)检修电喷汽油机的供油系统时,应先对系统进行泄压处理。

(2)在车上作业时,要先拉紧驻车制动器,将变速器操纵杆置于空挡位置;在发动机正在运转或驻车制动失效的车上作业时,车轮的前后安放三角木。

(3)用千斤顶进行底盘作业时,必须选择平坦、坚实场地,并用三角木将前后轮塞稳,然后用安全凳按车型规定支撑点将车辆支撑稳固,不得使用软性物体作为支撑。严禁单独用千斤顶顶起车辆在车底作业。

(4)维修过程中,应认真检查原件或更换件是否符合技术要求,并严格按修理技术规范精心进行作业和检查调试。

(5)螺丝刀及尖锐的工具、零部件不可放在衣袋内。

(6)发动机过热时,不得打开散热器盖,谨防烫伤。

(7)进行拆卸、调整、加注作业时,遇有可能的汽油、机油、制动液等冒溢、滴漏、散落,应事先备好盛接容器加以收集。

(8)双手、工具、设备和地面的油污应及时清洗,以免工具滑落或人员滑倒。

(9)修竣发动机起动前,应先检查各部件装配是否正确,是否按规定加足润滑油、冷却液,将变速器操纵杆置于空挡。严禁车底有人时,起动车辆。

(10)地面指挥车辆行驶、移位时,不得站在车辆正前方与后方,并注意周围障碍物。

(11)废弃的油、液应分类收集,统一存放,不得随地倒流或倒入排水沟内,防止废油污染。

(12)在装有微机(电脑)控制系统的汽车上进行电工作业时,如无必要,不应触动电子控制部分的各个接头,以防意外损坏电子元件。

(13)取下蓄电池时,应先将电源关闭,以免损坏充电机及蓄电池。

(14)更换安全气囊时,必须先断开汽车电源线;换好安全气囊后,连接蓄电池搭铁线时,驾驶室内不能留人,以防止安全气囊出现故障,发生危险。

(15)蓄电池充电时,应打开蓄电池盖,保持室内通风良好,电解液温度不得超过45℃。新蓄电池充电时,必须遵守两次充足的技术规程。

(16)维修汽车电路时,不可乱拉电线,不可随意换用大容量熔断器。

(17)回收、净化、加注制冷剂时,要戴护目镜,谨防制冷剂溅入眼内或溅到皮肤。进行空调系统作业时,应在通风良好处。回收制冷剂时,应缓慢,防止冷冻机油一起冲出,同时不能与明火及炙热金属接触。

(18)搬运制冷剂钢瓶时,严防振动、撞击,储存时,应储存在通风干燥的库房中,避免日光暴晒。

三、机动车整形专业(钣金方向)技术人员安全操作规程

(1)焊接操作人员应持特种作业操作资格证书,并穿戴必要的防护用品。

(2)电焊机不要放置在潮湿、有酸、碱液体或易燃气体存在的环境中,也不能与氧—乙炔焊接的气瓶靠得太近。操作前,应确认电焊机线路、插座及焊钳、搭铁线完好;检查气体保护

焊机压力表、回火装置是否正常,减压阀及各管路接头、皮管有无漏气现象,然后按启动程序开动使用。严禁将易燃易爆管道作焊接回路使用。焊机安装电源时,应同时安装漏电保护器,对焊机壳体和二次绕组引出线的端头应采取良好的保护搭铁或接零措施。检修、移动电焊机时,必须先切断电源。

(3)所有氧焊工具不得粘上油污、油漆,并定期检查焊枪、气瓶、表头、气管是否漏气,氧气瓶与乙炔气瓶距离7m以上,乙炔气瓶、氧气瓶周围10m范围内,禁止烟火。氧气瓶与乙炔气瓶使用后,应分别保持0.05MPa和0.1MPa残余压力。

(4)焊接作业场地10m以内不得有可燃物、易燃物,必须有良好的通风环境,通道宽度应大于1m。工作前,要清理干净工作场地可燃物。作业时,应有人监护,没有安全防范措施不能进行作业。焊接处高空作业更应注意火花的迸溅方向。

(5)焊条要干燥、防潮,施焊时,应根据工作大小选择适当的电流及焊条。电焊作业时,操作者要戴面罩及劳动保护用品。清除焊渣时,应戴防护镜,并应对眼部进行遮挡保护。严禁裸眼施焊。

(6)进行气焊点火前,先开乙炔气,后开氧气,熄火时先关乙炔气阀,发生回火现象时应迅速卡紧胶管,先关乙炔气阀,再关氧气阀。

(7)氧气瓶、乙炔气瓶应立式存放,相距12m以上,分别储存于阴凉、通风的库房,远离火种、热源。库房应采用防爆型照明、通风设施,库温不宜超过30℃,并备有泄漏应急处理设备。乙炔气瓶应与氧化剂、酸类、卤素分开存放。搬运时,必须使用专门搬运小车,轻装轻卸,不得撞击,禁止使用易产生火花的机械设备和工具。

(8)在重点部位进行焊割作业,必须履行审批程序。

(9)在燃油箱周边5m内,进行焊接作业时,必须用阻燃物将燃油箱盖严实,周边10m内有易燃易爆物品时,禁止动火、施焊作业。

(10)燃油箱、油罐、高压容器、储存过化学有毒、有害物品的设施设备,未经专业清洁,无专业资质的焊接工禁止对其施焊作业。

(11)进行校正作业或使用车身校正台时,应正确夹持、固定、牵制,并使用适合的顶杆、拉具及站立位置,谨防物件弹跳伤人。

(12)作业完毕后,必须对动火区域进行彻底的安全检查,确认安全后方可离开。

(13)对车身进行电焊作业时,应关闭汽车电源,以防损坏车用电脑或电线。

四、机动车整形专业(喷漆方向)技术人员安全操作规程

(1)喷漆作业时,要穿防止静电产生的化学纤维质料的防护服。

(2)在喷漆车辆进入烤漆房前,应先将各部泥土、灰尘擦拭干净,严禁在喷漆房内清除灰尘。

(3)进入烤漆房作业时,必须备齐所需涂料、溶剂及所需器具。

(4)使用砂轮片前,应检查砂轮片有无损坏,安全防护装置是否完好,并核对砂轮片是否与主轴直径相适应,不准使用裂纹或缺损的砂轮。安装砂轮片时,应采用专用扳手进行紧固,使得砂轮转动时不产生滑动。砂轮装好后,应空转5s,不应有明显振动。使用手持电动砂轮机打磨时,必须有牢固的防护罩和加设保护接零线或配用漏电保护,调整砂轮防护罩

时,必须在砂轮停转后进行。发现电源线缠卷打结时,要耐心解开,不得手提电线或砂轮强行拉动。禁止用端面进行打磨。以防砂轮片破裂伤人。正在转动的砂轮机,不准随意放在地上和工作台上,应待砂轮停稳后,放在指定的地方。不用时,必须关闭电门,切断电源,砂轮机要存放在干燥处,避免潮湿。

(5)打磨时,应先起动吸尘装置,夹紧工件,用力不得过猛,严禁有人站在砂轮片正面,以防砂轮破裂伤人。

(6)严禁在喷漆间内点火吸烟。

(7)在喷漆间内作业时,不得打开喷漆间门。

(8)进行保温烘干作业时,不得将温度调节器设定在80℃以上。

(9)经常清洁喷烤漆房进气滤网,以防止阻塞。

五、机动车检测评估专业技术人员操作规程

1. 用途

用于指导测试人员正确操作整车检测线设备,以保证对整车性能作出真实有效的判定。

2. 测试前准备

(1)合上电源总闸(AC380V、220V),并打开主机房稳压电源。

(2)接通压缩空气气源,并检查压力是否在0.6~0.8MPa。

(3)依次打开制动台控制柜电源及四轮定位仪电源,等待预热10min。在预热过程中应保证所有台体为空载状态。

(4)打开主控计算机和打印机电源。

(5)主控机启动成功后,打开登录机电源,全线进行自检。

(6)若全线自检成功,即可进行正常检测;否则应及时查找原因,排除故障后方可检测。

(7)指挥车辆等候在上线检测区内,根据提示将车开到检测线入口处,等待检测。

3. 测试

(1)根据点阵屏的提示将车辆缓慢开至车速台上,对汽车车速表进行测量。

(2)根据第二工位点阵屏的提示将汽车前轮缓慢开到轴重台的台板上,进行汽车前轴重的测量。

(3)将汽车前轮驶入制动台两滚筒间,并根据点阵屏提示进行操作,对汽车前轮制动进行测量。

(4)根据点阵屏提示将汽车后轮缓慢开到轴重台台板上,进行汽车后轴重的测量。

(5)将汽车后轮驶入制动台两滚筒间,并根据点阵屏提示进行操作,对汽车后轮制动及驻车制动进行测量。

(6)根据第三工位点阵屏的提示将汽车缓慢开至四轮定位仪的两个转角盘上面,对汽车的四轮定位参数及底盘进行检验。

(7)根据点阵屏的提示将汽车缓慢开至前照灯测试仪停止线处,进行前照灯的测量。

(8)根据点阵屏的提示将汽车以3~5km/h的速度缓慢驶过侧滑台,进行汽车侧滑的测量。

(9)将车辆驶离汽车检测线,进入喷淋房进行淋雨试验。

(10)检测线检测结束,车辆归位,并出具检测报告。

4. 测试结果

(1)将各计算机的应用程序全部退出,然后打到关机状态,将电源关闭。

(2)关闭前照灯测试仪、制动台控制柜及四轮定位仪电源。

(3)关闭主机房稳压电源。

(4)关闭压缩气气源。

(5)关闭总闸。

5. 注意事项

(1)为保证检测线顺利检测,不发生漏检、错检,引导员必须看到点阵屏提示后再移动车辆,否则应就地等候。

(2)车辆在检测线内应低速行驶,一般要求车速不高于4km/h。

(3)复检车辆应在线外等候,等点阵屏出现提示后再进入检测线,不能随意进入检测线在各工位处等候。

(4)为避免在线内发生撞车事故和检测数据错误,应尽量不在检测线内倒车,严禁在线内高速行驶。

(5)速度表测量时应观察车上的速度表,稳定车速在40km/h,然后按下遥控开关,平时不得随意按遥控开关,以免影响检测。检测完毕后,应缓慢停车。

(6)制动检测时,待点阵屏提示踩制动踏板时,应迅踏下制动踏板,稳定2s,然后松开。

(7)车辆驶过侧滑台时不可转动转向盘,也不可在台上制动或停车,以免影响测量的准确性或损坏设备。

(8)随时核对本车号与点阵屏显示车号是否相符。

第七章

新能源汽车

> **学习目标**
>
> 了解机动车新技术的应用。

汽车用的燃料是汽油和柴油等,它们都是从石油中提炼出来的。然而,石油这种矿物燃料是不能再生的,用一点就少一点,总有一天要用完。据科学家们预计,目前世界上已探明的石油储量将于21世纪中叶被采尽。因此,汽车将会出现挨受"饥饿"的危险,人类将面临能源枯竭的挑战。从另一方面来说,石油本身就是一种宝贵的化工原料,可以用来制造塑料、合成橡胶和合成纤维等。把石油作为燃料烧掉了,不但十分可惜,而且还污染了人类赖以生存的环境。解决这个难题的唯一可行办法,就是加紧开发新能源。

新能源汽车是指采用非常规的车用燃料(或同时使用常规车用燃料和新型车载动力装置)作为动力来源,综合车辆的动力控制和驱动方面的先进技术,形成技术原理先进、具有新技术、新结构的汽车。

现在应用及研究中的新能源汽车主要包括电动汽车(包括纯电动汽车、混合动力电动汽车、燃料电池电动汽车等)、气体燃料汽车(包括压缩天然气汽车、液化天然气汽车、液化石油气汽车等)、生物燃料汽车(包括醇类汽车、生物柴油汽车、二甲醚汽车等)、氢气汽车、太阳能汽车等。

一、电动汽车

电动汽车包括以下常见的三种结构形式:

(1)纯电动汽车:完全由蓄电池提供电能,经过电动机和驱动系统,驱动汽车行驶。

(2)混合动力电动汽车:同时采用电动机和发动机作为动力驱动系统。

(3)燃料电池电动汽车:采用燃料电池作为电源。

1.纯电动汽车

纯电动汽车(图1-7-1),又称为蓄电池电动汽车。它是指以车载电源为动力,用电动机驱动车轮行驶,符合道路交通、安全法规各项要求的车辆,一般采用高效率充电电池为动力源。

电动汽车车拥有悠久的历史,1881年,在巴黎举行的国际电器展览会上,法国人古斯塔夫·特鲁夫展出一辆能实际操纵的电动三轮汽车。这是世界上第一辆真正意义的电动汽车，比卡尔·本茨发明的第一辆内燃机汽车早 5 年。虽然在之后的 100 多年中未能经历如内燃机汽车的迅猛发展，但比起传统燃油驱动，电能驱动始终蕴藏着无限的潜在优势：摆脱了对原材料石油储量的依赖；能量运用更为高效，降低了使用成本；对环境完全无污染。

图 1-7-1　雷诺 Fluence 纯电动汽车外观图

电动汽车本身不排放污染大气的有害气体，即使按所耗电量换算为发电厂的排放，除硫和微粒外，其他污染物也显著减少；电厂大多建于远离人口密集的城市，对人类伤害较少，而且电厂是固定不动的，集中的排放，清除各种有害排放物较容易，也已有了相关成熟技术；电力可以从多种一次能源获得，如煤、核能、水力等，解除人们对石油资源日见枯竭的担心。电动汽车还可以充分利用晚间用电低谷时富余的电力充电，使发电设备日夜都能充分利用，大大提高其经济效益。有些研究表明，同样的原油经过粗炼，送至电厂发电，经充入电池，再由电池驱动汽车，其能量利用效率比经过精炼变为汽油，再经汽油机驱动汽车要高，因此有利于节约能源和减少 CO_2 的排量。

纯电动汽车由电力驱动控制系统、驱动力传动等机械系统、完成既定任务的工作装置等组成，如图 1-7-2 所示。纯电动汽车主要由电动机驱动，所以没有发动机，替代发动机的是电力驱动控制系统，它是纯电动汽车的核心，主要由电力驱动主模块、车载电源模块和辅助模块三大部分组成，它也是区别于内燃机汽车的最大不同点。纯电动汽车的其他装置与内燃机汽车基本相同。

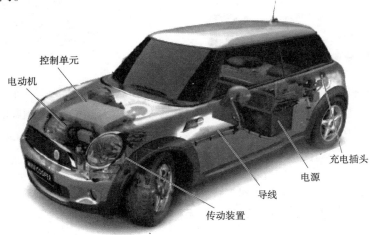

图 1-7-2　电动汽车的主要结构

1）电力驱动主模块

电力驱动主模块主要包括中央控制器、驱动控制器、电动机（图1-7-3）、机械传动装置和车轮等。它的主要功用是将蓄电池的电能转化为车轮的动能，为车辆提供可靠的驱动力。装有能量回收装置的车辆还可以将车辆减速制动时车轮的动能转变为电能储存在蓄电池内。电动汽车装有和传统汽车类似的加速踏板，只不过电动汽车的加速踏板是控制电流大小的，而不是控制节气门开启或者燃油量的。

中央控制器根据加速踏板传来的电流信号，向驱动控制器发出指令，对电动机进行控制，如加速、减速等。

驱动控制器是按照中央控制器的要求指令、电动机的速度和电流反馈信号，对电动机的速度、旋转方向等进行控制。电动汽车倒挡功能的实现是通过驱动电机的反转实现的。

2）车载电源模块

车载电源模块主要包括可充电蓄电池、充电控制器和能量管理系统等。

蓄电池是电动汽车的动力来源，制约电动汽车发展的最大瓶颈就是蓄电池。蓄电池占到电动汽车制造成本的1/3左右。电动汽车使用的蓄电池主要有铅酸蓄电池、镍氢蓄电池、镍镉蓄电池、锂离子电池、锌镍电池等。

铅酸蓄电池（图1-7-4）是1859年发明的，至今已有150多年的历史。现代内燃机的起动电源仍采用铅酸蓄电池。铅酸电池的电极主要由铅及其氧化物二氧化铅制成，电解液是硫酸溶液。铅酸蓄电池的优点是价格低廉，高倍率放电性能良好，电能效率高，温度适应范围广等。其缺点是质量和体积都比较大，续航里程短，比能量低，寿命短，充电时间长。电极材料铅是重金属，污染环境。

图1-7-3 电动机

图1-7-4 铅酸蓄电池

镍氢电池（图1-7-5）是20世纪90年代发展起来的新型电池。镍氢电池是由氢离子和金属镍合成的。它的正极活性物质是氢氧化镍，负极活性物质是储氢合金，是一种碱性蓄电池。镍氢电池作为近年来迅速发展起来的一种高能绿色充电电池，具有能量密度高、可快速充放电、循环寿命长、使用温度范围宽以及无污染等优点。在笔记本计算机、便携式摄像机、数码照相机及电动自行车等领域得到了广泛应用。但是在电动汽车领域，镍氢电池还没能完全推广，还有高温性能、储存性能等很多技术瓶颈没有突破。

镍镉蓄电池（图1-7-6）是指采用金属镉作负极活性物质，氢氧化镍作正极活性物质的碱性电池。它的电解液是氢氧化钾水溶液或者氢氧化钠水溶液。镍镉电池可重复500次以上的充放电，经济耐用。其内阻很小，可快速充电，又可为负载提供大电流，而且放电时电压变化很小，是一种非常理想的直流供电电池。镍镉电池最致命的缺点是，在充放电过程中如果处理不当，会出现严重的"记忆效应"，使得寿命大大缩短。

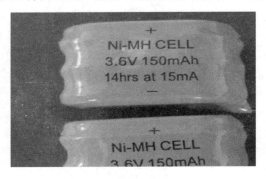

图 1-7-5 镍氢电池

图 1-7-6 镍镉蓄电池图

锂离子电池（图 1-7-7）是最新一代的充电电池。1991 年索尼公司发布首个商用锂离子电池。锂离子电池至今仍是便携电子器件的主要电源。按照正极材料不同可分为锰酸锂离子电池、磷酸铁锂离子电池、镍钴锂离子电池和镍钴锰锂离子电池。锂离子电池必须有防止过充的特殊保护电路。锂离子电池的工作电压高，使用寿命长，比能量高，对环境无污染，但是由于锂离子电池的正极材料价格高，导致整个电池的使用成本偏高。

图 1-7-7 锂离子电池

3）辅助模块

电动汽车的辅助模块主要是一些提高汽车舒适性、安全性和操控性的装置。比如，声光信号、空调、电子助力、音响设备等。这些装置在燃油汽车上早已应用。但在电动汽车上有的模块运用很少，这主要是考虑到电池的续航里程和制造成本等问题。

目前限制电动汽车发展的最大困难是汽车蓄电池技术，现有技术水平制造的蓄电池体积大、质量大、造价高、使用寿命有限，而纯电动汽车一次充电行驶里程也很有限，这些都限制了纯电动汽车的普及使用。要使纯电动汽车大规模应用，必须依靠蓄电池技术的发展。

2. 混合动力汽车

混合动力汽车（图 1-7-8）是指同时装备两种动力来源——热动力源（由传统的汽油发动机或者柴油发动机产生）与电动力源（电池与电动机）的汽车。通过在混合动力汽车上使用电机，使得动力系统可以按照整车的实际运行工况要求灵活调控，而发动机保持在综合性能最佳的区域内工作，从而降低油耗与排放。按照使用燃料的不同可分为汽油混合动力和柴油混合动力。

图 1-7-8 雪铁龙公司的混合动力汽车

日本丰田公司生产的普锐斯混合动力汽车是世界上首款量产的混合动力汽车。目前多家汽车厂商都在进行混合动力汽车的研发与生产,中国混合动力汽车的知名企业主要有比亚迪汽车有限公司、上海汽车集团股份有限公司、中国第一汽车集团公司、重庆长安汽车股份有限公司、东风电动车辆股份有限公司、郑州宇通客车股份有限公司、北汽福田汽车股份有限公司等。

混合动力汽车借助内燃机的动力系统提供的动力可以带动空调装置、助力装置等,提高了驾驶时的操控性和乘坐的舒适性。在道路拥堵时可以切换至电动模式,实现零排放。但是混合动力汽车制造工艺复杂,维护成本较高,使许多普通消费者望而却步。

1)串联式混合动力电动汽车

串联式混合动力电动汽车(图1-7-9和图1-7-10)主要由发动机、发电机、驱动电机和蓄电池组等部件组成。发动机仅仅用于发电,发电机所发出的电能供给电动机,电动机驱动汽车行驶。发电机发出的部分电能向电池充电,来延长混合动力电动汽车的行驶里程。另外电池还可以单独向电动机提供电能来驱动电动汽车,使混合动力电动汽车在零污染状态下行驶。

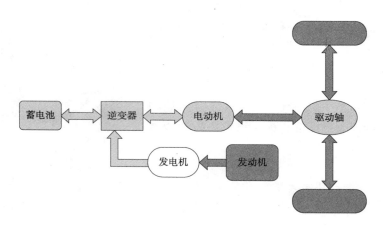

图1-7-9 串联式混合动力电动汽车原理框图

图1-7-10 串联式混合动力电动汽车示意图

2）并联式混合动力电动汽车

并联式混合动力电动汽车（图1-7-11和图1-7-12）主要由发动机、发电/电动机和蓄电池组等部件组成。并联式驱动系统可以单独使用发动机或电动机作为动力源，也可以同时使用电动机和发动机作为动力源来驱动汽车。

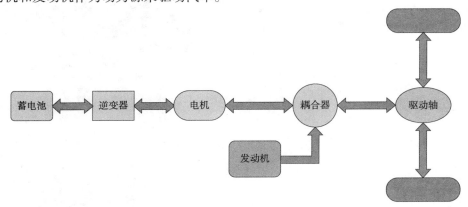

图1-7-11　并联式混合动力电动汽车原理框图

图1-7-12　并联式混合动力电动汽车示意图

3）混联式混合动力电动汽车

混联式混合动力电动汽车（图1-7-13和图1-7-14）主要由发动机、发电机、电动机、行星齿轮机构和蓄电池组等部件组成。丰田普锐斯所采用的混合驱动方式，它将发动机、发电机和电动机通过一个行星齿轮装置连接起来。动力从发动机输出到与其相连的行星架，行星架将一部分转矩传送到发电机，另一部分传送到电动机并输出到驱动轴。此时车辆并不是串联式或者并联式，而是介于串联和并联之间，充分利用两种驱动方式的优点。

3. 燃料电池汽车

燃料电池汽车（图1-7-15）是指以氢气、甲醇等为燃料，通过化学反应产生电流，依靠电动机驱动的汽车。其电池的能量是通过氢气和氧气的化学作用，而不是经过燃烧，直接变成电能或动能的。

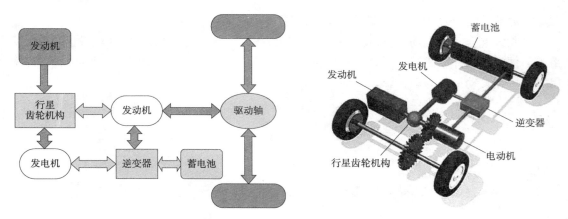

图 1-7-13　混联式混合动力电动汽车原理框图　　图 1-7-14　混联式混合动力电动汽车示意图

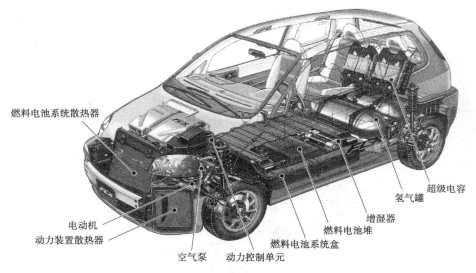

图 1-7-15　本田 FCX 透视图

　　燃料电池电动汽车主要由燃料电池组、控制系统、驱动系统、辅助动力系统和蓄电池组等部分构成,如图 1-7-16 所示。燃料箱供给燃料,燃料电池把燃料氧化的化学能转换为电能,产生的直流电经过控制器变为交流电后供入驱动电动机,经传动系统驱动车轮。

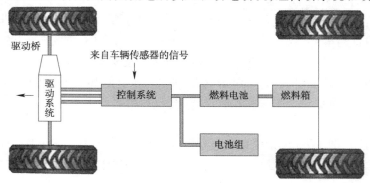

图 1-7-16　燃料电池电动汽车的基本组成

燃料电池(图1-7-17)的化学反应过程不会产生有害物质,因此,燃料电池车辆是无污染汽车,燃料电池的能量转换效率比内燃机要高2~3倍。从能源的利用和环境保护方面而论,燃料电池汽车是一种理想的车辆。

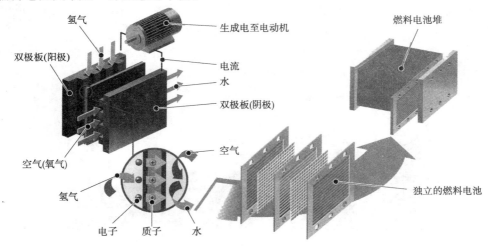

图1-7-17　燃料电池系统部件分解图

单个的燃料电池必须结合成燃料电池组,以便获得必需的动力,满足车辆使用的要求。

燃料电池汽车的优点:零排放或近似零排放、减少了机油泄漏带来的水污染、降低了温室气体的排放、提高了燃油经济性和发动机燃烧效率并且运行平稳、无噪声。

二、气体燃料汽车

常见的气体燃料汽车包括压缩天然气汽车(CNG)、液化天然气汽车(LNG)、液化石油气汽车(LPG)等。

1. 压缩天然气汽车(CNG)

天然气是在油田、气田、煤田和沼泽地带产生的天然气体,主要成分是甲烷,纯天然气甲烷含量一般占90%以上。天然气用作汽车燃料主要方式是压缩天然气和液化天然气。

天然气是一种清洁环境负荷能源,作为车用燃料,与石油提取物燃料车相比,尾气中的一氧化碳排放量可减少80%以上,碳氢及氮氧化合物排放也大大减少,温室气体的CO_2也有显著降低,且基本无颗粒及硫化物排放,有效延长了发动机和润滑油的使用寿命;另外,天然气还拥有经济性高、运行噪声低、低温起动性较好等特点,因此天然气是一种优质车用燃料。

天然气密度低,不如汽油和柴油容易储存,天然气用于汽车燃料时,需要专用的燃料储运和供给系统。为提供充足的燃料,天然气必须压缩至20.7~24.8MPa,然后进入高压气瓶内。常见的CNG汽车就是用压缩天然气(Compressed Natural Gas)作为燃料的汽车,图1-7-18为新爱丽舍CNG汽车。

图1-7-18　新爱丽舍CNG汽车

2. 液化天然气汽车(LNG)

LNG 就是液化天然气(Liquefied Natural Gas)的简称,将气田生产的天然气净化处理,再经超低温(-161℃)处理后,气体天然气就变成了液体天然气,即液化天然气。液化天然气无色、无味、无毒且无腐蚀性,体积约为同量气态天然气体积的 1/610,质量仅为同体积水的 45% 左右。另外,液化天然气燃烧后几乎不产生污染。

LNG 汽车(图 1-7-19)在全球范围内都还在起步阶段,由于配套设置不完善及其他原因制约,LNG 目前更多的是用在商用车领域(图 1-7-20),乘用车方面非常少。

图 1-7-19　LNG 汽车

图 1-7-20　LNG 目前更多的是运用于商用车

3. 液化石油气汽车(LPG)

LPG 是液化石油气(Liquefied Petroleum Gas)的简称,是指常温下加压(1MPa 左右)而液化的石油气。液化石油气来自炼厂气、湿性天然气或油田伴生气。

由于液化石油气几乎不含有不可燃烧成分,发热量高、燃烧充分、无粉尘灰渣,所以,液化石油气是一种清洁能源。使用液化石油气能减少空气污染,保护环境。液化石油气燃烧时释放的热量是常用燃气中最高的,因此非常适合当作车用燃料。

以液化石油气(LPG)为燃料的液化石油气汽车(图 1-7-21)早已问世,目前全世界已有超过 50 个国家采用了 LPG 汽车,总数接近 1500 万辆。在国内,LPG 在车辆方面的运用也仅仅是有政府扶持的公交车。

三、生物燃料汽车

生物燃料(bio-fuel)就是由生物原料生产的燃料,这些生物原料包括农林产品或其副产品、工业废弃物、生活垃圾等。农业和林业生产的碳水化合物是目前的主要生物原料,目前人们所说的生物燃料一般是指生物液体燃料。

生物燃料的优点很多,首先,它是一种可再生的燃料。依靠生物原料的再生性,这种燃料可以说是用之不竭,取之不尽的;其次是生产的范围广。无论全球哪个地方,也无论那个地方的气候状况如何,都可以获得生产生物燃料所需的原材料。再次,生物燃料的推广方便。不像燃气燃料,需要新建补给设备或专用的运输设备,生物燃料完全可以利用现有的加油站进行燃料补给。生物燃料是非常环保的,它不会有过多的有害物质排放,不会造成环境污染。

常见的生物燃料汽车包括醇类汽车、生物柴油汽车、二甲醚汽车等。

图 1-7-21　大众 Golf Plus Bifuel 液化石油气汽车

1. 醇类汽车

醇类燃料是指甲醇和乙醇,都属于含氧燃料。与汽油相比,醇类燃料具有较高的热输出效率,能耗折合油耗量较低,由于燃烧充分,有害气体排放较少,属于清洁能源。

甲醇俗称"木醇"或"木精"。用甲醇代替石油燃料在国外已经应用多年,20 世纪 80 年代,我国开始了甲醇燃料的开发。目前,包括我国在内世界上已有 70 多个国家,不同程度地应用甲醇汽车(图 1-7-22)。

乙醇俗称酒精,它以玉米、小麦、薯类、糖或植物等为原料,经发酵、蒸馏而制成。将乙醇进一步脱水再经过不同形式的变性处理后成为燃料乙醇。燃料乙醇也就是用粮食或植物生产的可加入汽油中的品质改善剂。它不是一般的酒精,而是它的深加工产品。

图 1-7-22　甲醇公交车

燃料乙醇一般不会直接用来当汽车燃料,而是按一定的比例与汽油混合在一起使用,这有利于增加燃料的辛烷值。按照我国的国家标准,乙醇汽油是用 90% 的普通汽油与 10% 的燃料乙醇调和而成。它可以有效改善油品的性能和质量,降低一氧化碳、碳氢化合物等主要污染物排放。它不会影响汽车的行驶性能,还能减少有害气体的排放量。燃料乙醇作为一种新型清洁燃料,是目前世界上可再生能源的发展重点。国内从 2003 年起陆续在黑龙江、吉林、辽宁、河南、安徽等省及河北、山东、江苏、湖北等的 27 个城市全面停用普通无铅汽油,改用添加 10% 燃料乙醇的 E10 燃料。当在汽油中掺兑少于 10% 时,对车用汽车发动机无须进行大的改动,即可直接使用乙醇汽油。

乙醇汽油是燃料乙醇和普通汽油按一定比例混配形成的新型替代能源。从 20 世纪 90 年代末开始,乙醇汽油汽车(图 1-7-23)成为各国新能源规划项目之一,逐步步入人们视野。

图 1-7-23　乙醇汽油汽车——莲花 Exige265E

2. 生物柴油汽车

生物柴油（Biodiesel）是指以油料作物、野生油料植物和工程微藻等水生植物油脂以及动物油脂、餐饮垃圾油等为原料油通过酯交换工艺制成的可替代石化柴油的再生性柴油燃料。生物柴油公交车如图 1-7-24 所示。

图 1-7-24　生物柴油公交车

1983 年，美国科学家 Graham Quick 首先将菜籽油的甲酯用于发动机，并将可再生的脂肪酸单酯定义为生物柴油。1984 年美国和德国等国的科学家研究了采用脂肪酸甲酯或乙酯代替柴油做燃料，即采用来自动物或植物的脂肪酸单酯来代替柴油燃烧。

作为一种可替代化石燃料的可再生燃料，生物柴油具有以下多个特点：首先它是以可再生的动物及植物脂肪酸单酯为原料，可以降低对石化燃料的依赖，包括自产和进口；其次，生物柴油非常环保，使用生物柴油的汽车所排放出来的有害物质仅为传统柴油汽车的 10%，颗粒物为普通柴油汽车的 20%；另外，生物柴油可以运用于现在普通的柴油发动机，可按任意比例与普通柴油掺和使用，在普通的加油站就可以获得。

美国是研究和推广生物柴油最早的国家，采用的是 20% 生物柴油，掺和 80% 普通柴油的 B20 柴油，而现在还能提供 B99 几乎纯生物柴油供应。B20 可将汽车的尾气污染物降低 50%，获得美国能源署及环保署的清洁燃料殊荣，对生物柴油的税率为 0。

欧盟是生物柴油推广和发展最快的地区，生物柴油是欧盟最重要的生物燃料，约占生物燃料总产量的 80%。欧盟约 80% 的生物柴油由油菜籽生产，剩余的主要由葵花油和豆油生产。生物柴油市场份额庞大的主要原因是欧盟相当一大部分的汽车由柴油驱动，以及柴油供应短缺。欧盟最大的生物柴油生产国是德国、法国和意大利，2008 年产量分别为 280 万 t、180 万 t、59.5 万 t。而根据每个国家的具体运用不同，生物柴油与普通柴油的掺和比例也不同，有 B5、B30~B40、B100 等。

我国对于生物柴油的研发和推广较晚，但发展迅速。截至 2008 年，我国生物柴油的产能达 300 万 t，但产量仅为 30 万 t。产量与产能之所以有较大的差距是因为生物柴油的原料供应限制以及相关的政策引导、产业化发展程度不足造成。不过可以预见的是，生物柴油作为一种可再生的清洁能源，在我国将有着广泛的发展空间。

3. 二甲醚汽车

二甲醚又称甲醚，简称 DME，能从煤、煤气层、天然气、生物质等多种资源中提取。以二甲醚为原料的二甲醚汽车（图 1-7-25）的进一步发展将有效地解决原油危机和能源安全问题。

四、氢气汽车

氢气在常温常压下为无色、无味、无毒的气体。氢是宇宙中最丰富的物质，也是地球上储量最丰富的资源，自然界的氢绝大部分以化合态的形式存在，最常见的便是水和有机物。

由于氢气燃烧时放出热量是相同条件下汽油的三倍，而且燃烧产物是对环境无害的水，是

图 1-7-25 二甲醚城市公交

一种绿色高能的燃料。由于其具有热值高、无污染、储量丰富等优势，因此，氢动力汽车是传统汽车最理想的替代方案之一。

1807 年 Isaac de Rivas 制造了首辆氢内燃车；1990 年，日本武藏工业大学展出使用液氢储罐的燃氢轿车；1996 年，宝马汽车公司推出了新式氢能源汽车，被称为"汽车发展史上的一个里程碑"。2008 年，中国长安汽车在北京车展上展出了自主研发的中国首款内燃氢动力概念跑车"氢程"（图 1-7-26）。

目前氢气作为动力汽车主要有两种方式：一种是以氢作为燃料电池的燃料与氧发生化学反应，从而产生出电能起动电动机并驱动汽车，但氢气储存和携带限制了它的发展，这种汽车要真正投产还需要一定的时间；另一种是以氢气直接

图 1-7-26 "氢程"氢能源汽车

作为燃料燃烧产生动力。

五、太阳能汽车

太阳能汽车（图 1-7-27）是将太阳能转化为电能，并利用该电能驱动车辆行驶的汽车。太阳能发电在汽车上的应用，将能够有效降低全球环境污染，创造洁净的生活环境，随着全球经济和科学技术的飞速发展，太阳能汽车作为一个产业已经不是一个神话。燃烧汽油的汽车是城市中一个重要的污染源头，汽车排放的废气包括二氧化硫和氮氧化物都会引致空气污染，影响人们的健康。现在各国的科学家正致力开发产生较少污染的电动汽车，希望可以取代燃烧汽油的汽车。但由于现在各大城市的主要电力都是来自燃烧化石燃料的，使用电动汽车会增加用电的需求，即间接增加发电厂释放的污染物。有鉴于此，一些环保人士就提倡发展太阳能汽车，太阳能汽车使用太阳能电池把光能转化成电能，电能会在蓄电池中存起备用，用来推动汽车的电动机。由于太阳能车不用燃烧化石燃料，所以不会放出有害物。据估计，如果由太阳能汽车取代燃气车辆，每辆汽车的 CO_2 排放量可减少 43% ~ 54%。相比传统热机驱动的汽车，太阳能汽车是真正的零排放。正因为其环保的特点，太阳能汽车正在

越来越多的国家重视和提倡。

图1-7-27 太阳能电动汽车

到目前为止,太阳能在汽车上的应用技术主要有两个方面:一是作为驱动力,二是用作汽车辅助设备的能源。

太阳能汽车主要由太阳能电池组、自动阳光跟踪系统、驱动系统、控制器、机械系统等组成。太阳能电池依据所用半导体材料的不同,通常分为硅电池、硫化镉电池、砷化镓电池等,其中最常用的是硅太阳能电池(图1-7-28)。

通常,硅太阳能电池能把10%~15%的太阳能转变成电能,它既使用方便,经久耐用,又很干净,不污染环境,是比较理想的一种电源。只是光电转换率小了一些。近年来,美国已研制成光电转换率达35%的高性能太阳能电池;澳大利亚用激光技术制成的太阳能电池,其光电转换率达24.2%,这些都为光电池在汽车上的应用开辟了广阔的前景。

a)太阳能电池板

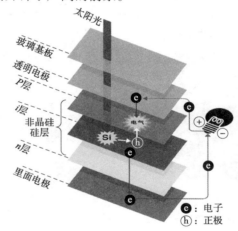

b)太阳能电池的发电原理

图1-7-28 硅太阳能电池及发电原理

将光电池装在汽车上,用它将太阳光不断地变成电能作为驱动汽车运动的动力,这种汽车就是新兴起的太阳能汽车。太阳能汽车利用太阳能的一般方法:在阳光下,太阳能光伏电池板采集阳光,并产生人们通用的电流。这种能量被蓄电池储存并为以后旅行提供动力,或者直接提供给发动机也可以边开边蓄电。能量通过发动机控制器带动车轮运动,推动太阳能汽车前进。

虽然现在世界各国的太阳能汽车已经有很大的发展,但与燃油车和一般电动汽车相比,水平还相差很远,太阳能电池还远远达不到要求。特别是在阴雨天,太阳能汽车就无法使用。太阳能的吸收与存储受到地形及气候的制约、太阳能电池板的制造成本也较高、体积较大等都是太阳能汽车发展所面临的现实问题。

第八章
机动车专业英语

学习目标
1. 了解机动车专业英语文体的特点。
2. 掌握国家标准《汽车维修术语》中的常用英文术语。
3. 掌握机电维修中的英文常用词缩写。
4. 具有一定的专业英语阅读能力。

第一节 专业英语的翻译方法概述

一、科技文体的特点

科技文体崇尚严谨周密、概念准确、逻辑性强、行文简练、重点突出、句式严整、少有变化,常用前置性陈述,即在句中将主要信息尽量前置,通过主语传递主要信息。现分述如下。

1. 大量使用名词化结构

《当代英语语法》(A Grammar of Contemporary)在论述科技英语时提出,大量使用名词化结构(Nominalization)是科技英语的特点之一。因为科技文体要求行文简洁、表达客观、内容确切、信息量大、强调存在的事实。而非某一行为。

The rotation of the earth on its own axis causes the change from day to night.

地球绕轴自转,引起昼夜的变化。

名词化结构 the rotation of the earth on its own axis 使复合句简化成简单句,而且使表达的概念更加确切严密。

If you use firebricks round the walls of the boiler, the heat loss, can be considerably reduced.

炉壁采用耐火砖可大大降低热耗。

科技英语所表述的是客观规律,因之要尽量避免使用第一、二人称;此外,要使主要的信息置于句首。

Television is the transmission and reception of images of moving objects by radio waves.

电视通过无线电波发射和接收活动物体的图像。

2. 广泛使用被动语句

根据英国利兹大学 John Swales 的统计,科技英语中的谓语至少三分之一是被动语态。这是因为科技文章侧重叙事推理,强调客观准确,第一、二人称使用过多,会造成主观臆断的印象。因此尽量使用第三人称叙述,采用被动语态,例如:Attention must be paid to the working temperature of the machine. 应当注意机器的工作温度。而很少说:You must pay attention to the working temperature of the machine . 你们必须注意机器的工作温度。此外,如前所述,科技文章将主要信息前置,放在主语部分。这也是广泛使用被动态的主要原因。试观察并比较下列两段短文的主语。

We can store electrical energy in two metal plates separated by an insulating medium. We call such a device a capacitor, or a condenser, and its ability to store electrical energy capacitance. It is measured in farads.

电能可储存在由一绝缘介质隔开的两块金属极板内。这样的装置称之为电容器,其储存电能的能力称为电容。电容的测量单位是法拉。

这一段短文中各句的主语分别为:

Electrical energy、Such a device、Its ability to store electrical energy、It (Capacitance)。它们都包含了较多的信息,并且处于句首的位置,非常醒目。四个主语完全不同,避免了单调重复,前后连贯,自然流畅。可见被动结构可有简洁客观的效果。

3. 非限定动词

科技文章要求行文简练、结构紧凑,因此往往使用分词短语代替定语从句或状语从句;使用分词独立结构代替状语从句或并列分句;使用不定式短语代替各种从句;介词+动名词短语代替定语从句或状语从句。这样可缩短句子,又比较醒目。试比较下列各组句子。

A direct current is a current flowing always in the same direction.

直流电是一种总是沿同一方向流动的电流。

Radiating from the earth, heat causes air currents to rise.

热量由地球辐射出来时,使得气流上升。

4. 后置定语

大量使用后置定语也是科技文章的特点之一。常见的结构有以下五种。

(1)介词短语。

The forces due to friction are called frictional forces.

由于摩擦而产生的力称之为摩擦力。

(2)形容词及形容词短语。

In radiation, thermal energy is transformed into radiant energy, similar in nature to light.

热能在辐射时,转换成性质与光相似的辐射能。

(3)副词。

The air outside pressed the side in.

外面的空气将桶壁压得凹进去了。

(4)单个分词,但仍保持较强的动词意义。

The heat produced is equal to the electrical energy wasted.

产生的热量等于浪费了的电能。

(5)定语从句。

The molecules exert forces upon each other, which depend upon the distance between them.

分子相互间都存在着力的作用,该力的大小取决于它们之间的距离。

5. 特定句型

科技文章中经常使用若干特定的句型,从而形成科技文体区别于其他文体的标志。例如 It is…that 结构句型;被动语态结构句型;结构句型,分词短语结构句型,省略句结构句型等。举例如下:

(1) It is evident that a well lubricated bearing turns more easily than a dry one.

显然,润滑好的轴承,比不润滑的轴承容易转动。

(2) Computers may be classified as analog and digital.

计算机可分为模拟计算机和数字计算机两种。

(3) This steel alloy is believed to be the best available here.

人们认为这种合金钢是这里能提供的最好的合金钢。

(4) Microcomputers are very small in size, as is shown in Fig. 5.

如图 5 所示,微型计算机体积很小。

(5) Ice keeps the same temperature while melting.

冰在溶化时,其温度保持不变。

(6) All substances, whether gaseous, liquid or solid, are made of atoms.

一切物质,不论是气态、液态,还是固态,都由原子组成。

6. 长句较多

为了表述一个复杂概念,使之逻辑严密、结构紧凑,科技文章中往往出现许多长句。有的长句多达七八个词,以下即是一例。

The efforts that have been made to explain optical phenomena by means of the hypothesis of a medium having the same physical character as an elastic solid body led, in the first instance, to the understanding of a concrete example of a medium which can transmit transverse vibrations, and at a later stage to the definite conclusion that there is no luminiferous medium having the physical character assumed in the hypothesis.

为了解释光学现象,人们曾试图假定有一种具有与弹性固体相同的物理性质的介质。这种尝试的结果,最初曾使人们了解到一种能传输横向振动的具有上述假定所认为的那种物理性质的发光介质。

7. 大量使用复合词与缩略词

大量使用复合词与缩略词是科技文章的特点之一,复合词从过去的双词组合发展到多词组合;缩略词趋向于任意构词,例如某一篇论文的作者可以就仅在该文中使用的术语组成缩略词,这给翻译工作带来一定的困难。例如:

full-enclosed 全封闭的(双词合成形容词)

feed-back 反馈(双词合成名词)

work-harden 加工硬化(双词合成词)

criss-cross 交叉着（双词合成副词）

on-and-off-the-road 道路越野两用的（多词合成形容词）

anti-armoured-fighting-vehicle-missile 反装甲车导弹（多词合成名词）

radiophotography 无线电传真（无连字符复合词）

colorimeter 色度计（无连字符复合词）

maths（mathematics）数学（裁减式缩略词）

lab（laboratory）实验室

ft（foot/feet）英尺

cpd（compound）化合物

FM（frequency modulation）调频（用首字母组成的缩略词）

P.S.I.（pounds per square inch）磅/英寸

SCR（silicon controlled rectifier）可控硅整流器

TELESAT（telecommunications satellite）通信卫星（混成法构成的缩略词）

二、专业英语翻译的一般规律

根据上述的科技文章的特点，在翻译过程中就要注意各种不同的翻译技巧与方法。例如被动态的译法、长句的处理方法、倍数的译法等。

1. 被动语态的译法

被动语态在普通英语中是最基本的语法，简单易学。科技英语中大量使用被动语态，不是为了追求文章语言的艺术美，而是为了讲求叙述文章的客观，语言简洁，结构严谨，和普通英语文章有着显著不同，加深读者对所叙述事物的深刻印象，摒弃不必要的东西。

例：The proportion of the various ingredients which go into concrete, the way it is mixed, and even the water which is used are very important to the finished material.

制作混凝土所用的各种配料的比例，搅拌的方法，乃至所用的水，对成品材料来说都是十分重要的。

此句有两处是被动语态。

2. 翻译遵循简洁准确、避免误译的原则

英语是一种极富表现力的语言，汉语不仅有其发展的悠久历史，也是蕴含信息量非常丰富的语言，同样非常有利于思维。汉语具有概括性强，内涵丰富的特点，在科技文章中尤其体现得明显。翻译的时候要使译文精练，可以把原文中一些功能词或重复词译成较短的单词，更符合汉语习惯。

例：The Role and Function of Bituminous 中的 The Role and Function 只需译成"作用"即可。这点说明为什么大多数英汉对照本书籍必须把英文字体印得很小才能做到和汉语同步。

3. 在翻译时应注意词义引申

翻译时，有时会碰到某些词在词典上找不到适当的词义，如任意硬套或逐词死译，译文则会生硬晦涩，难以确切表达愿意，甚至造成误解。所以，应根据上下文和逻辑关系，从其基本含义出发，进一步加以引申，选择适当的词来表达。

例:The choice of material in construction of bridges is basically between steel or concrete, and main trouble with concrete is that its tensile strength is very small.

桥梁建筑材料基本上仍在钢材和混凝土之间选择,而混凝土的主要缺点是抗拉强度低。

4. 在翻译时采用增词法和重复法

增词法就是在翻译时根据句法上、意义上或修辞上的需要增加一些词,以便能更加忠实通顺地表达原文的思想内容。当然,增词不是随意的,而是基于英汉两种语言表达方式的差异,增加原文中虽无其词但内含其意的一些词,以使译文忠信流畅,这种情况在技术文献翻译时比较常见。

(1)根据句法上的需要。由于英汉两种语言表达方式存在差别,在英语中需要省略的成分在汉语中需要补出才能符合汉语的习惯。

(2)根据意义上的需要。

①英语复数名词的增译:复数名词前后增译"许多""一些"等,使其复数意义更明确;

②英语中表示动作名词的增译:翻译时可根据上下文语境,补充一些表示动作意义的名词:"作用""现象""方案"等;

③在英语名词或动名词前后增译汉语动词;

④增译解说性词:英语中常因惯用法或上下文关系,省去了不影响理解全句意义的词句,为了使译文清晰起见,翻译时必须增译一些词。

(3)根据修辞上的需要。英译汉时,有时需要在译文中增加一些起连贯作用的词,主要是连词、副词和代词,以达到使句子连贯、行文流畅的修辞目的。

重复法实际上也是一种增词法,只不过所增添的词是上文出现过的词。重复法是指译文中重复原文中重要的或关键的词,以期达到两个目的:一是清楚,二是强调。从而使译文生动有力,清晰流畅。

第二节　机动车检测维修中的常用英文术语

一、常见汽车品牌的中英文对照

ACURA 讴歌
ALFA-ROMEO 阿尔法 – 罗密欧
ASTON-MARTIN 阿斯顿马丁
AUDI 奥迪
BENTLEY 宾利
BENZ 奔驰
BMW 宝马
BUICK 别克

CADILLAC 凯迪拉克
CHEVROLET 雪佛兰
CHRYSLER 克莱斯勒
CITRON 雪铁龙
DAEWOO 大宇
DAIHATSU 大发
DODGE 道奇
FERRARI 法拉利

FIAT 菲亚特
FORD 福特
GM 通用
HONDA 本田
HYUNDAI 现代
INFINITI 英菲尼迪
ISUZU 五十铃
IVECO 依维柯
JAGUAR 捷豹
JEEP 吉普
KIA 起亚
LAND ROVER 路虎
LAMBORGHINI 兰搏基尼
LANCIA 蓝旗亚
LEXUS 雷克萨斯
LINCOLN 林肯
LOTUS 莲花
MASERATI 玛莎拉蒂
MAZDA 马自达
MERCURY 水星

MITSUBISHI 三菱
MUSTANG 野马
NISSAN 日产
OPEL 欧宝
PEUGEOT 标致
PLYMOUTH 普利茅斯
PONTIAC 庞蒂克
PORSCHE 保时捷
RENAULT 雷诺
ROLLS-ROYCE 劳斯莱斯
SAAB 萨博
SATURN 土星
SEAT 西亚特
SKODA 斯柯达
SSANGYONG 双龙
SUBARU 斯巴鲁
SUZUKI 铃木
TOYOTA 丰田
VOLKSWAGEN 大众
VOLVO 沃尔沃

二、汽车维修专业术语的中英文对照

汽车维修管理 Administration of Vehicle Maintenance

汽车维护方法 Method of vehicle maintenance

汽车维护流水作业法 Flow method of vehicle maintenance

汽车维护定位作业法 Method of vehicle maintenance on universal post

汽车修理方法 Method of vehicle repair

汽车修理流水作业法 Flow method of vehicle repair

汽车修理定位作业法 Method of vehicle repair on universal post

总成互换修理法 Unit exchange repairing method

周转总成 Reversible unit

混装修理法 Depersonalized repair method

就车修理法 Personalized repair method

汽车维修指标 Indices of vehicle maintenance and repair

汽车维护生产纲领 Production program of vehicle maintenance

汽车修理生产纲要 Production program of vehicle repair

汽车维修周期 Period of vehicle maintenance

汽车诊断周期 Period of vehicle diagnosis

汽车维修竣工辆次 Number of vehicle being received from maintenance or repair

汽车大修平均在厂车日 Average days in

plant during major of vehicles

汽车大修平均在修车日 Average days during major repair of vehicles

汽车大修平均工时 Average man-hours of vehicle maintenance and repair

汽车维修平均费用 Average costs of vehicle maintenance and repair

汽车大修返修率 Returning rate of major repair of vehicle

汽车小修频率 Frequency of current repair of vehicles

汽车大修间隔里程 Average interval mileage of major repair of vehicles

汽车修理工人实物劳动生产率 Labour productivity of repair-man

汽车维护企业 Enterprise of vehicle maintenance and repair

汽车维护场（站）Maintenance depot (station) of vehicles

汽车停车场（库）Park

汽车修理厂 Vehicle repair plant

汽车总成修理厂 Unit repair plant for vehicle

汽车诊断站 Vehicle diagnosis station

汽车检测站 Detecting test station of vehicle

汽车维修网点 Network of vehicle maintenance and repair

汽车维修工具和设备 Instrument and Device for Vehicle Maintenance and Repair

螺丝刀 Screwdriver

花扳手 Ring spanner

锉刀 File

双头扳手 Double-ended spanner

鲤鱼钳 Combination pilers

轮胎螺栓扳手 Wheel wrench

厚度规 Feeler gauge

杆式汽缸量规 Bar-type cylinder gauge

汽缸压力表 Cylinder compressor gauge

活塞台钳 Piston vice

活塞加热器 Piston heater

活塞环工具 Piston ring tool

活塞环钳（活塞环拆装钳）Piston ring pliers (piston ring tongs)

压环器 Piston ring compressor

活塞环锉 Piston ring file

活塞销拉器 Piston-pin extractor

连杆校正器 Connecting rod alignment fixture

气门座刀具 Valve seat cutter

气门弹簧压缩器 Valve spring compressor

气门研磨工具 Valve grinding tool (valve lapper)

调整气门间隙扳手 Tappet wrench

浮子室液面仪 Float level gauge

歧管压力表 Manifold pressure gauge set

点火正时灯（正时观测灯）Ignition timing light (stroboscope)

燃烧分析仪 Combustion tester

断电器触点闭合角 Dwell meter

火花塞间隙量规 Plug gap gauge

火花塞套筒扳手 Spark plug box (socket) spanner

蓄电池液体比重计 Battery hydrometer

汽车架 Car stand (jack stand)

轮轴架 Axle stand

前束量尺 Toe-in gauge

外倾测量器 Camber gauge

制动踏板压下器 Brake depressor

制动器放气软管 Hose for brake bleeding

车架量规 Frame gauge

轮毂拆卸器 Hub puller

车轮拆卸器 Wheel wrench

拆装轮胎用撬杠 Tire-lever

打气筒 Tire pump

螺旋千斤顶 Screw jack

轮胎压力计 Pressure gauge
油壶 Oil can
手油泵 Manual fuel pump
黄油枪 Grease gun
起动摇把 Starting crank
工具袋 Tool bag
车身修整工具 Body bumping tool
发动机测功机 Engine dynamometer
发动机综合试验机 Engine analyzer
发动机示波器 Engine scope (oscillograph)
电子诊断式发动机试验仪 Electronic-diagnostic engine tester
滚筒式测功试验台 Roller type dynamometer (test bed)
发动机加速测功仪 Free acceleration engine tester
容积式油耗计 Volumetric fuel meter
红外线废气分析仪 Infrared rays exhaust gas analyzer
异响诊断仪 Abnormal engine noise diagnosis equipment
汽缸漏气率检验仪 Cylinder leak tester
发动机分析仪 Engine analysis apparatus
进气歧管真空度表 Intake manifold vacuum meter
汽缸压力表 Cylinder pressure gauge
调整用的试验检测仪 Tune-up tester
底盘测功机 Chassis dynamometer
底盘润滑机 Chassis lubricator
曲轴箱窜气量测定仪 Blow-by meter
反作用力制动试验台 Reaction type brake tester
惯性式制动试验台 Inertia type brake tester
转向盘间隙测量仪 Steering wheel free-play gauge
测滑试验台 Side-slip checking stand

前照灯检验仪 Head light checking equipment
汽缸孔垂直检验仪 Cylinder perpendicularity gauge
主轴承座孔同轴度检验仪 Main bearing aligning gauge
移动式车轮平衡机 Portable wheel balancer
固定式车轮平衡机 Wheel balancer
车轮动平衡机 Dynamic wheel balancer
镗缸机 Cylinder boring machine
汽缸珩磨机 Cylinder honing machine
直线镗削机 Line borer
气门修整机 Valve reseater
(活塞)销孔珩磨机 Pinhole honer
曲轴磨床 Crankshaft grinding machine
气门研磨机 Valve grinding machine
气门面磨光机 Valve refacer
气门座磨光机 Valve seat grinder
气门座偏心磨光机 Eccentric valve seat grinder
研磨机 Lapping machine
电子点火试验器 Electronic ignition tester
点火线圈试验器 Ignition coil tester
氖管火花试验器 Neon spark tester
电容器试验器 Condenser tester
电枢试验器 Armature tester
制动盘专用车床 Disc lathe
制动蹄片磨削装置 Brake shoe grinder
制动鼓车床 Brake drum lathe
制动液自动更换装置 Brake flusher
(液压)制动系空气排除器 Brake bleeder
汽车维护 Vehicle maintenance
汽车修理 Vehicle repair
汽车维修制度 System of vehicle maintenance and repair
汽车维修性 Maintainability of vehicle
汽车技术状况 Technical Condition of Vehicle

汽车完好技术状况 Good condition of vehicle
汽车不良状况 Bad condition of vehicle
汽车工作能力 Working ability of vehicle
汽车技术状况参数 Parameters for technical condition of vehicle
汽车极限技术状况 Limiting condition of vehicle
汽车技术状况变化规律 Regularity for change of technical condition of vehicle
运行缺陷 Operational defect
制造缺陷 Manufacturing defect
设计缺陷 Design defect
事故性缺陷 Accidental defect
汽车耗损 Vehicle wear-out

汽车零件磨损 Wear of vehicle part
磨损过程 Wear process
正常磨损 Normal wear
极限磨损 Limiting wear
允许磨损 Permissible wear
磨损率 Wear rate
机械磨损 Mechanical wear
化学损耗 Chemical wear
热磨损 Thermic wear
疲劳磨损 Fatigue wear
腐蚀性磨损 Corrosion wear
故障磨损 Failure wear
故障 Malfunctioning
断裂 Breakdown
损坏 Damage

三、汽车检测维修常用英语缩略语

2WD 2 轮驱动
2WS 2 轮转向
4WABS 4 轮 ABS
4WALB 4 轮 ALB
4WAS 4 轮防抱死制动装置
4WD 4 轮驱动
4WS 4 轮转向
A-ABS 主动控制形式的 ABS
ABS 防抱死制动系统
ABSR 防抱死制动系统继电器
ABSS 防抱死制动系统停止
A/C 空气调节器
ACC 自适应巡航控制
AC-C 空调压缩机离合器
ADS 自动驾驶系统
A/F 空燃比
AFC 空气流量控制
AI 空气喷射
AICS 谐波增压进气控制系统
AIGN 防抱死制动系统工作电压

AIRC 空气控制
ALB 防抱死制动装置
ALT 海拔高度开关
APS 汽车定位系统
ASB 防抱死制动装置
ASC 自动稳定控制
ASD 防滑差速器
A-SUS 主动悬架
ASM 加载模拟工况
ASR 加速防滑系统
ASV 先进安全车
A-SW 空气开关
A/T 自动变速器
ATDC 上止点之后
ATEM 大气温度
ATF 自动变速器用油
AUDL 自动门锁
AWD 全轮驱动
AWL 防锁制动系统警示灯
B1 第一挡滑行制动器

B2 第二制动器
B3 第三制动器
BANB 大气压力
BARV 大气压力信号电压
BATT 蓄电池电压
BCM 车身控制模块
BDC 下止点
BI 击穿式点火系统
BO 超速挡制动器
BELT 安全带显示器
BFL 制动液
BKS 防抱死制动系统制动开关
BKSW 制动开关
B0 超速挡制动器
BTDC 上止点前
BTV 蓄电池电压
BULA 倒车灯
C0 超速直接离合器
C1 前离合器
C2 后离合器
C3I 计算机控制点火
C4 计算机控制媒触转换器
CAMP 凸轮轴信号
CAN 控制器局域网
CB 断路器
C/C 定速控制电脑
CC-P 炭罐净化
CCS 巡航控制系统
CCCM 目前中央控制电脑码
CCMD 定速控制模式
CID 判缸传感器
CIS 连续喷射系统
CKP 曲轴位置
CLC 闭环控制
CLRF 清除溢油
CLSW 离合器开关
CMFI 中央多点燃油喷射
CMOD 定速模式

CMP 凸轮轴位置传感器
CRNK 曲轴
CRPM 曲轴每分钟转速
CRT 阴极射线管
CSS 定速器设定速度
CTCS 当前故障码
CTS 发动机水温传感器
CTS 陆地轮胎系统
DFI 数字燃油喷射
DGPS 差分式全球定位系统
DIAG 自诊状态
DIMM 调光器钮
DIS 直接点火系统
DLI 无分电器点火装置
DLOC 门锁
DLOK 电动门锁
DOOR 门状态
DP 减速缓冲器
DRD 二极管分电的点火装置
DSWI 门开关
DTC 诊断故障码
EAT 电控自动变速器
EATX 电控自动变速器
EBCM 电控制动控制模块
ECM 发动机控制模块
EBS 防抱死制动装置
EBTCM 电控制动/牵引力控制模块
ECAT 电控自动变速器
CCS 发动机集中控制
ECD 电子控制式柴油机系统
ECD 能量转换装置
ECGI 电子控制汽油喷射
ECI 电子控制喷射
ECON 经济/省油开关
ECPS 电控动力转向
ECS 电子控制悬架
ECT 电子控制变速器
ECU 电子控制装置

ECI 电控喷射
EEC 电子发动机控制
EFI 电子控制燃油喷射
EGI 电子汽油喷射
EGR 废气再循环
EGR% 废气再循环工作周期
EGRP 废气再循环阀位置
EGRS 废气再循环电磁阀
EGRV 废气再循环电压
ELD 边缘发光显示器
EMT 电控机械有级自动变速器
ERPM 发动机每分钟转速
ESA 电子点火提前装置
ESC 防抱死制动装置
ESC 电子防滑控制
ESP 电子稳定系统
EST 电子点火正时
ESV 实验安全车
ETRQ 发动机扭力
EVAP 燃油蒸发污染控制系统
EX 排气
F0 超速挡单向离合器
F1 1 号单向离合器
F2 2 号单向离合器
FAN 风扇
FANH 风扇高速
FANL 风扇低速
FL 熔断丝
FLEV 存油量
FR 前部
FPMP 燃料泵
FTA 故障树分析法
GND 搭铁
GPS 全球导向定位系统
GRAT 齿轮传动比
HA 整体式点火装置
HBEM 远光灯
HEI 高能电子点火

HIBE 远光开关
HO2 加热型氧传感器
IAC 怠速空气控制
IGN 点火
IN 进气
INJT 喷射正时
IPC 组合式仪表板
IPW 喷油器脉冲宽度
IRPM 怠速转速
ISC 怠速控制
ISCA 怠速控制执行器
I-TEC 五十铃总电控系统
ITEM 车内温度
ITS 智能交通系统
KAM 自适应存储器
KNKV 爆震电压
KOEO 静态检测
KOER 动态检测
KS 爆震传感器
KSEN 爆震传感器
KSES 爆震传感器
LBEM 近光灯
LCD 液晶显示器
LED 发光二极管
LEV 低排放汽车
LHD 左座驾驶
LSD 防止滑动差速器
LSPV 负荷传感比例阀
MAF 空气流量计
MAP 歧管绝对压力
MAX 最大
MBT 最大转矩的点火时刻
MFI 多点燃油喷射
MIL 故障指示灯
MP 多用途
MPFI 多点燃油喷射
MPI 多点喷射
M/T 手动变速器

MOSW 模式选择开关
NPS 空挡位置开关
O2 含氧传感器电压
O2-L 左氧传感器电压
O2-R 右氧传感器电压
OD 超速传动
OILL 机油量
OILT 机油温度
OLC 开环控制
OLE 机油量
OLIF 换油周期
ONOF 开关
O/S 加大修理尺寸
OTEM 外部温度
PARK 停车开关
PCM 动力控制模块
PCV 曲轴箱强制通风装置
PDP 等离子体显示板
PGM-FI 可编程燃油喷射
P/N 停车—空挡位置
POS 加速踏板位置
PRNDL 停车/倒车/空挡/驾驶/低速开关
PPS 渐进式动力转向机构
PS 动力转向
PSWI 电源开关
PUMP 泵
PWRS 电源开关
RABS 后轮防抱死制动系统
RALB 后轮防抱死制动装置
RATE 比油耗
RDOR 右门
RDS 无线电数据系统
REAR 后门
RHD 右座驾驶
RHOR 喇叭继电器
RIDE 悬架控制
RPMA 发动机每分钟转速

SAIS 二次空气喷射电磁阀
SAP 提前点火程序
SCS 机械式制动控制台系统
SCS 速度控制系统
SEL 选择开关
SETC 定速控制设定/滑行开关
SETR 定速控制恢复/加速开关
SETS 定速控制设定速度
SFI 顺序燃油喷射
SHSA 换挡电磁阀 A
SHSB 换挡电磁阀 B
SIGN 点火电压
SRPM 每分钟转速
SPI 单点喷射
SPRE 点火延迟
SRS 辅助乘员保护系统工程
SSM 专用维修材料
SST 专用维修工具
STD 标准
S/W 开关
T 扭紧力矩
TAIL 尾灯
TBI 节气门体单点喷射
TCA 故障码
TCCS 丰田发动机微机集中控制系统
TCL 牵引力控制系统
TCM 变速器控制模块
TCOD 故障码
TCS 牵引力控制系统
TCTL 牵引力控制
TDC 上止点
TEMS 丰田电控悬架
THRA 节气门开启角度
THRO 节气门开关
TI 晶体管式点火系统
TIGN 点火电压
T/M 变速器
TMAP 歧管绝对压力电压

TMSW 变速器模式开关
TORQ 发动机转矩
TP 节气门位置传感器
TPS 节气门位置传感器
TRAC 驱动防滑装置
TRAT 变速比
TRC 牵引力控制
TSHL 变速器操纵杆
TSW 节气门开关
TTOR 变速器转矩
TTSW 变速器模式开关
TWC 三元催化转换器
TWCC 三元催化转化器

VAC 真空开关
VACP 真空压力
VACU 真空
VAF 体积空气流量
VFD 真空荧光显示
VREF 车辆参考速度
VSC 车辆稳定性控制
VSO1 真空转换阀 1
VSS 车辆速度传感器
VSV 真空转换阀
W/ 带（有）
W/O 不带
WOT 节气门全开

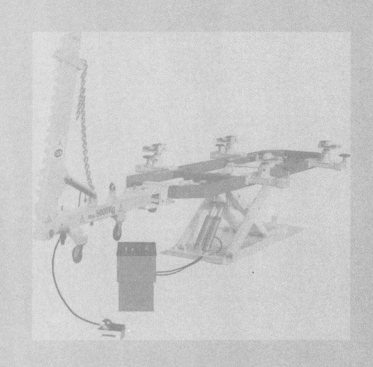

第二篇 专业技术篇

第一部分
机动车钣金维修基础知识

学习目标

完成知识点学习应达到的目标,包括应掌握的理论知识和技术要求。
1. 掌握车身钣金维修安全操作与个人防护。
2. 掌握车身的类型和结构,车身板件的连接方式,以及车身使用材料和发展趋势。
3. 掌握货车和客车的车身结构。
4. 掌握车身尺寸数据图的识读方法。
5. 掌握车身点对点尺寸测量,机械法和电子法车身三维尺寸的测量,以及中心量规测量车身变形情况。
6. 掌握被碰撞损坏的车身可拆卸覆盖件、内饰件、座椅、汽车玻璃、塑料件等的更换和维修方法。

理论要求

完成知识点学习应掌握的原理、结构及其在维修中的应用。
1. 熟悉车身钣金维修危害操作人员的因素有哪些。
2. 掌握钣金的安全操作和个人安全防护装备的使用。
3. 熟悉轿车车身的类型有哪些,由哪些结构组成。
4. 熟悉车身板件通过哪些方式连接而成。
5. 熟悉车身钢板的维修要求,了解车身材料的发展方向。
6. 了解货车和客车的车身结构组成。
7. 熟悉车身尺寸数据图的识图方法。
8. 掌握使用点对点法、中心量规法车身尺寸的对比测量方法。
9. 掌握机械法和电子法测量车身三维尺寸工艺。
10. 掌握损坏的汽车前保险杠、前翼子板、发动机罩、车门和行李舱盖等可拆卸覆盖件的更换。
11. 掌握汽车玻璃的更换方法。
12. 掌握汽车内饰零件和汽车座椅的更换方法。

13. 掌握损坏的汽车塑料件维修方法。

技术要求

完成知识点学习应掌握的技术要求及其在维修中的应用。
1. 能够在钣金维修时安全操作并进行规范的个人安全防护。
2. 能够熟练认识车身零件及其连接方式。
3. 能够正确判断车身板件使用材料的类型。
4. 能够正确识读不同类型的车身尺寸数据图。
5. 能够使用测量工具进行车身上点对点测量操作。
6. 能够使用中心量规测量车身变形情况。
7. 能够运用机械或电子测量系统测量车身三维尺寸。
8. 能够运用测量系统测量车身三维尺寸。
9. 能够拆装并调整汽车前翼子板、保险杠、发动机罩和行李舱盖。
10. 能够拆装车门总成,并分解车门总成。
11. 能够拆装不同类型的汽车玻璃。
12. 能够拆装杂物箱、遮阳板、立柱盖板、车顶饰板、车门饰板等内饰件。
13. 能够拆装汽车座椅,并分解座椅总成。
14. 能够维修损伤的汽车塑料件。

第一章
车身钣金维修操作安全与防护

汽车车身维修人员的工作环境中接触噪声、粉尘、弧光辐射等污染的机会较多,同时在实际工作过程中还要用到拉伸、锤击等动力设备,操作人员受到伤害的概率很高。所以在提高自身防范意识的同时,各种必要的安全防护设施也是必不可少的,正确的使用和维护各种安全防护设施也是钣金操作人员必须掌握的。

第一节 危害车身钣金维修人员的因素

一、焊接的危害

焊接作业中危害健康的因素有弧光辐射、金属烟尘和有害气体三种。

1. 弧光辐射

焊接弧光包含红外光、紫外光和强可见光,会危害施工人员的眼睛、皮肤等。

2. 金属烟尘

焊接操作中的金属烟尘是焊条和母材金属熔融时所产生的金属蒸气在空气中迅速冷凝及氧化所形成非常微小的颗粒物。长期吸入高浓度的焊接烟尘,会使呼吸系统、神经系统等发生多种严重的器质性变化。

3. 有害气体

在焊接电弧的高温和强烈紫外光作用下,焊接电弧周围形成许多有毒气体,主要有氮氧化物、氟化物、臭氧等。

二、噪声

声音的量度单位是分贝(dB)。60dB 以下为无害区,60~110dB 为过渡区,110dB 以上是有害区。人们长期生活在 85~90dB 的噪声环境中,就会得"噪声病"。当声音达到 120dB 时,人耳便感到疼痛。分贝值每上升 10,表示音量增加 10 倍,即从 1dB 到 20dB 表示音量增加了 100 倍。

噪声是一类引起人烦躁或音量过强而危害人体健康的声音。车身维修噪声主要来源于对板件进行整形时的敲打和锤击,一般都在 100dB 以上。噪声给人带来生理上和心理上的危害。

三、机械损伤

车身维修人员受到的机械损伤有很多,受损板件的边缘会变得十分锋利,一不小心就会划伤。在实际工作中要经常操作举升机、电动切割机、车身拉伸等,如果不注意安全操作,很容易会对操作者的身体造成伤害。

所以为了自己和他人的安全一定要使用安全防护用品,严格按照设备的使用说明去操作。

第二节 从业者的安全防护

正确使用劳动防护用品,可以保证从业人员避免生产过程中的直接危害。要根据工作性质的不同,合理佩戴劳动保护用品,如图 2-1-1 所示。

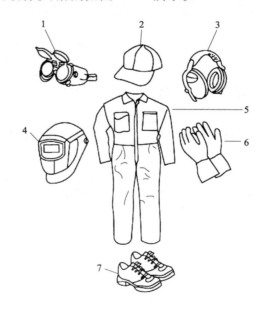

图 2-1-1 钣金作业个人防护用品
1-护目镜;2-工作帽;3-耳罩;4-焊接面罩;5-工作服;6-手套;7-工作鞋

一、身体防护

1. 工作服

在车间内应穿着合格的连体工作服,不能穿着宽松的衣服、未系扣的衬衫袖子、松垂的领带以及披着的衬衫。衣物应远离发动机等运动部件,宽松、下垂的衣物都可能被绞入运动部件,造成严重的身体伤害,在工作前应摘除佩戴的饰物。

在焊接时,裤长要能盖住鞋头,防止炽热的火花或熔化的金属窜入鞋子。下身通常可穿上皮质的裤子、绑腿、护脚来防止熔化的金属烧穿衣物,上身的保护包括焊工夹克或皮围裙,如图 2-1-2 所示。

2. 工作帽

车身维修人员在进行维修操作时要戴上工作帽,防止灰尘或油污的污染,保持头发的清洁。在车下作业或者进行拉伸校正操作时要戴硬质安全帽,防止碰伤头部。头发不要过长,工作时要把头发放入安全帽中。

二、面部防护

在大部分维修操作时,都要求佩戴防护眼镜、风镜、面罩、头盔等眼睛和面部的保护装置。用于防止辐射、烟雾、化学物质、金属火花、飞屑和尘粒等伤害眼、面、颈等身体部位,并且能观察外界,如图 2-1-3 所示。

图 2-1-2 焊接工作服

图 2-1-3 眼部、面部防护

1. 防护眼镜

如图 2-1-4 所示。在进行锤击、钻孔、磨削和切削等操作时,防护眼镜能防止飞屑、尘粒、化学物质等伤害眼部。防护眼镜的材质要采用抗冲击的材料,否则眼镜受到冲击损坏,会对眼睛造成更为严重的二次伤害。同时根据实际工作的需要,眼镜还要具有防紫外线等功能。

2. 防护面罩

在进行可能会造成严重面部伤害的操作时,佩戴防护眼镜无法提供足够的保护,应佩戴全尺寸防护面罩来保护面部,防止辐射、火花等对面部和颈部的伤害。在进行保护焊、等离子切割或氧乙炔焊操作时应佩戴有深色镜片的头盔,头盔能保护面部免受高温、紫外线或熔融金属伤害,变色镜片保护眼睛免受过亮光线或电弧紫外线的伤害。图 2-1-5 所示为自动变光焊接面罩,采用先进的液晶体作为遮光镜片,以镜片上的探测器探测电焊时的弧光产生与消失,以电力驱动液晶体遮光变色等级达到防护有害光的目的。佩戴安全舒适,解放双手,极大地提高了工作效率。有多种型号变光屏选择,适合各种焊接作业。

如果工作环境空气污染严重,需要佩戴有送风功能的防护面罩,如图 2-1-6 所示。通过无刷电动机工作,把过滤的空气通过空气管传到面罩,这样既保护了面部,同时还防护了呼吸系统。

图 2-1-4　防护眼镜　　　　图 2-1-5　自动变光焊接面罩　　　　图 2-1-6　带送风系统的防护面罩

在焊帽和外部保护片上，标有防高速颗粒物冲击分类标识，S 代表牢固度的基础要求，F 代表低速冲击防护(45m/s)，B 代表中速冲击防护(120m/s)，如果产品符合极端温度(-5 ~ $+55$℃)的要求，则会标有 T。

三、手、足部的防护

在车身维修车间工作时最好穿鞋头有金属片、防滑的安全鞋，如图 2-1-7 所示。钢片可以保护脚趾不会被重物砸伤。安全鞋的性能有防滑、绝缘、防砸、防刺穿、防静电、耐溶剂、防水、抗高压等。根据工作环境的不同，安全鞋只具备其中的某几种功能，选择安全鞋时要根据实际工作的情况仔细辨认。

焊接时，应戴上皮质手套，以防止被熔化的金属烧伤，如图 2-1-8 所示。但须注意，使用台钻、卷扬机等设备工作时，是严禁戴手套操作的。

四、耳部防护

在高分贝工作时需要佩戴耳塞或耳罩等耳朵保护装置，例如使用气动錾、气动锯等切割工具、板件击打、打磨等操作产生的高分贝噪声都会对耳朵产生伤害。在进行焊接时，耳塞或耳罩还可以避免熔化的金属进入内耳。

(1) 先把耳朵向外和向上拉起，插入耳塞，直到耳道感觉耳塞已佩戴密合好。然后再调整耳塞佩戴到最佳降噪状态，如图 2-1-9 所示。取出耳塞时，先慢慢地旋松，然后逐步取出。快速地取出耳塞可能会伤害到耳膜。

  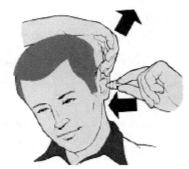

图 2-1-7　安全鞋　　　　图 2-1-8　焊接用皮手套　　　　图 2-1-9　佩戴耳塞

(2)耳塞佩戴的密合性检查。可以在稳态噪声现场进行耳塞的密合性检查,用双手手掌交替地盖住和放开双耳,听外面的噪声,如果前后听到的噪声水平没有区别,说明耳塞佩戴密合良好。

(3)维护和保存。应该定期用温水或中性肥皂水清洗耳塞。定期检查耳塞三层裙边下是否有撕裂或破损。如有破损,请更换耳塞。

五、呼吸系统的防护

呼吸系统的防护设备是防护口罩,它有防尘口罩和防毒面具之分。图2-1-10所示为焊接用防护口罩,特殊滤棉配以阻燃外层,适合焊接及金属切割环境下颗粒物防护。

呼吸器面罩要与颗粒物滤棉配套使用,使用时,要预先作好适合性检验,选择正确的号型,这样才能达到最佳的防护效果。

1. 使用前的检查

每次使用前必须检查呼吸器,以确保其处于良好的运行状态。使用前必须更换损坏或有缺陷的部件。呼吸器的组成如图2-1-11所示,检查时按照如下步骤操作。

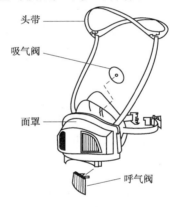

图2-1-10 焊接用颗粒物防护口罩　　　图2-1-11 呼吸器的组成

(1)检查面罩是否有开裂、破损或脏污现象。确保面罩,尤其是与面部密合部位的材料没有变形,材料必须柔软,不应僵硬。

(2)检查吸气阀是否有扭曲变形、开裂或破损迹象。掀起阀片,检查阀座是否脏污或开裂。用同样的方法检查呼气阀,必要时,更换阀片。如果阀座损坏,请更换面罩。

(3)检查头带是否完好并有良好弹性,必要时,更换头带。

(4)检查颗粒物滤棉和滤棉盒使其处于良好状态。

2. 颗粒物滤棉的更换

(1)清洁双手,掰开滤棉盒两侧的锁扣,如图2-1-12所示。注意不要过分用力,以免损坏盒罩。

(2)打开滤棉盒,将旧的滤棉取下,并妥善处理。用酒精棉仔细清理滤棉盒内部,放置一会待酒精蒸发后,再安装新的过滤棉。

(3)将颗粒物滤棉放入滤棉盒盖,有印刷的一面向上(朝

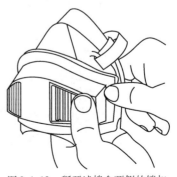

图2-1-12 掰开滤棉盒两侧的锁扣

向面具)。确保滤棉平整且边角稳固的置于滤棉盒盖中,如图 2-1-13 所示。

(4)合上盖子,扣上锁扣。检查滤棉盒边,确保滤棉置于与滤盒边符合的位置,如图 2-1-14 所示。如果位置不符合要求一定要调整到适当的位置以后再佩戴。

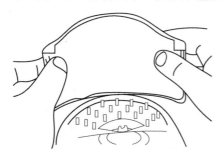

图 2-1-13　滤棉放入滤棉盒

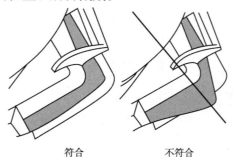

图 2-1-14　确保滤棉置于符合的位置

3. 佩戴方法与气密性检查

(1)将头带架戴在头后部。将头带搭扣向后拉,使面罩盖在口、鼻上,如图 2-1-15 所示。

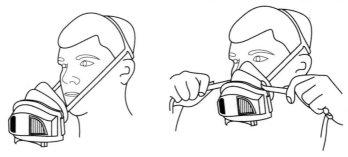

图 2-1-15　戴好头带架

(2)将头带搭扣拉至脖颈后方,扣上搭扣。拉头带端头,调整其松紧度,如图 2-1-16 所示。

(3)调整面罩在脸上的位置使其佩戴舒适,如图 2-1-17 所示。

(4)做负压佩戴气密性检查。用手掌盖住滤棉盒前端的空气入口,轻轻吸气。如果面罩轻微塌陷,并且在面罩与脸部的结合处没有空气泄漏,说明面罩佩戴后的密封性良好,如图 2-1-18 所示。每次佩戴后都必须进行此佩戴气密性检查。如果感觉有空气泄漏,重新调整面罩位置,重新调整头带松紧度,或检查呼吸器是否损坏。如果无法通过佩戴气密性检查,请不要进入污染区域。

图 2-1-16　扣上搭扣　　　图 2-1-17　调整面罩　　　图 2-1-18　做气密性检查

如果呼吸器损坏,请立即离开污染区域,必要时维修或更换呼吸器。如果吸气阻力明显增大,请更换颗粒物滤棉。

4. 清洁

(1) 卸下颗粒物滤棉。如果需要,吸气阀、呼气阀以及头带都可以拆卸。不要清洗颗粒物滤棉。

(2) 将面罩浸泡在肥皂水中,用软毛刷进行清洁。不要使用含油的清洁剂。水温不要超过49℃,不要机洗,不要使用溶剂清洗。

(3) 如需消毒,使用季铵盐消毒溶液、次氯酸钠溶液或其他消毒剂浸泡消毒。

(4) 用清水洗净面罩,并在无污染的阴凉处晾干。

5. 维护

(1) 头带更换。摘除旧头带上的塑料卡扣,将旧头带从面罩上摘下。将新头带从面罩侧面的头带孔中穿过,如图2-1-19所示。将头带穿进塑料头带卡扣。

(2) 更换呼气阀。抓住面罩的下部并按下,以看到呼气阀。抓住旧阀片上角靠近一侧固定点的根部向上拉出,如图2-1-20所示。卸下呼气阀,检查面罩上的阀座密封面是否有损坏,如有损坏,应更换面罩。将新呼气阀片的两个固定柱按在面罩的呼气阀固定孔上,翻转面罩,从另一面拉出呼气阀固定柱,使呼气阀固定可靠。

(3) 更换吸气阀。抓住吸气阀边缘向外拉,卸下吸气阀。检查面罩上的吸气阀座的密封面是否损坏。若损坏,更换面罩。在吸气阀的位置上安装新的吸气阀,并确保吸气阀固定可靠,如图2-1-21所示。

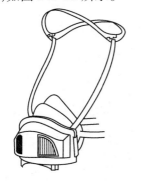
图2-1-19 安装新头带

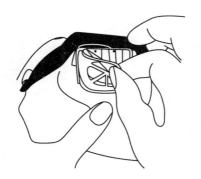
图2-1-20 更换呼气阀

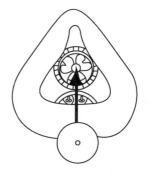
图2-1-21 更换吸气阀

6. 储存

将面罩与颗粒物滤棉储存在远离颗粒物、化学品、日光、极端高温和高湿的地点。储存面罩时应避免损坏和变形。

7. 使用注意事项

(1) 使用中,若未遵守所有使用说明或限制条件,或在暴露中未一直佩戴呼吸器,都可能降低呼吸器的功效,并可能导致疾病或死亡。

(2) 确保在使用中选择适合的呼吸器。呼吸器必须能够与面部适当密合,在污染物暴露期间一直佩戴,并在必要时更换。

(3) 对人体健康有害的空气污染物包括那些肉眼无法看见的微小物质。

(4)使用中,若闻到污染物的味道,或是感觉头晕或其他任何不适时,请立即离开污染区域。

(5)呼吸器不会产生氧气。请不要在氧气浓度低于19.5%的环境中使用。

(6)不允许滥用、错误使用或更改呼吸器面罩或颗粒物滤棉。

(7)使用前请检查呼吸器的所有部件,确保其处于良好运行状态。

(8)不正确的抛弃使用过的含有有害成分的颗粒物滤棉或面罩,会危害环境。必须依据当地的法律法规,对使用过的颗粒物滤棉或面罩进行处理、运输和废弃。

第二章

车身结构与材料

第一节 车身结构

一、车身类型

1. 按用途不同车身分类

汽车车身按用途不同可分为轿车车身、客车车身和货车车身,维修人员认识其结构的本质,尽可能按照大同小异的原则划分出了一些类型,了解其结构特点,可以使修复的工艺更加合理,涂层的质量要求更符合车身的功能要求,起到事半功倍的效果。

1)轿车车身

轿车车身如图 2-2-1 所示。分为四门车身、双门车身、双座车身、活顶车身、客货两用车身

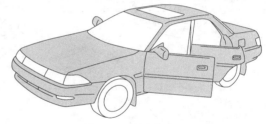

图 2-2-1 轿车车身

等多种。根据顶盖的结构又可分为移动式顶盖、折叠式顶盖、可拆式顶盖等。按照轿车车身尺寸可分为紧凑型轿车,又称经济型轿车,车身属于最小级别;中高级轿车,具有中等的质量和外形尺寸;豪华轿车,是轿车中尺寸最大的。

2)客车车身

客车车身如图 2-2-2 所示,客车车身分为城市公共汽车车身、长途客车车身、旅游客车车身等。

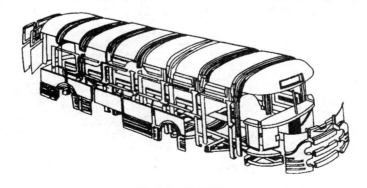

图 2-2-2 客车车身

3）货车车身

货车车身如图 2-2-3 所示。货车车身通常包括驾驶室和货厢两部分。而货厢往往可以分为传统式货厢、封闭式货厢、自卸式货厢、专用车货厢以及特种车货厢等多种。

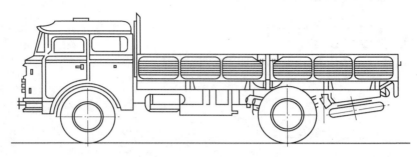

图 2-2-3　货车车身

2. 按受力情况不同车身分类

按受力情况不同,汽车车身可分为非承载式车身、半承载式车身和承载式车身。货车、客车和越野车多采用非承载式车身,现代轿车则大多采用承载式车身。半承载式车身应用很少。

1）非承载式车身

具有完整的骨架(或构架),车身蒙皮固定在已装配好的骨架上。车身通过弹性元件与车架相连,车身不承受汽车载荷,因此又称车架式车身,如图 2-2-4 所示。

2）半承载式车身

只有部分骨架(如单独的立柱、拱形梁、加固件等),它们彼此直接相连或者借蒙皮板相连。车身与车架系刚性连接,车身承受汽车的一部分载荷,又称半架式车身。

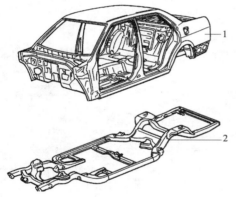

图 2-2-4　非承载式车身
1—车身；2—车架

3）承载式车身

它是利用各种蒙皮板连接时所形成的加强筋来代替骨架。全部载荷均由车身承受,底盘各部件可以直接与车身相连,所以就取消了车架,故又称整体式车身,如图 2-2-5 所示。承载式车身具有更轻的质量、更大的刚度和更低的高度。

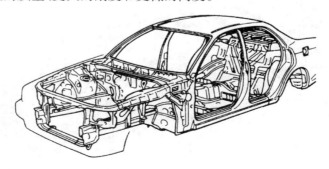

图 2-2-5　承载式车身

整个车身是由冲压成不同形状的薄钢板件用电阻点焊连接成一个整体,其特点有:

(1)整体式车身的主要部件是焊接在一起的,车身易于形成紧密的结构,有助于在碰撞时保护车内乘员。

(2)由于没有独立车架,车身紧挨地面,质心低,行驶稳定性较好。

(3)整体式车身内部的空间更大,汽车可以小型化。

(4)结构紧凑,质量轻。

(5)整体式车身刚性较大,有助于向整个车身传递和分散冲击能量,使远离冲击点的一些部位也会有变形。

(6)当碰撞程度相同时,整体式车身的损坏要比车架式车身的损坏更为复杂,修复前要做彻底的损坏分析。

(7)车身一旦损坏变形,则需要采用特殊的(不会导致进一步损坏)程序来恢复原来的形状。

3. 按被分隔的空间单元数量不同的车身分类

按被分隔的空间单元数量,车身分为三厢车、两厢车和单厢车。

1)单厢车身

单厢车身是指整个车身只有一个单元空间,比如客车只有乘客车厢,就是单厢车身,如图2-2-6所示。

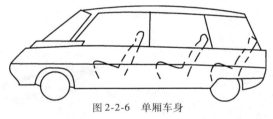

图2-2-6 单厢车身

2)两厢车身

两厢车身是指整个车身有两个单元空间,比如旅行轿车、越野车等。这种车身结构中有独立的发动机舱和乘客室,如图2-2-7所示。

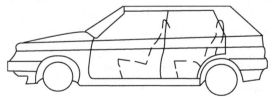

图2-2-7 两厢车身

3)三厢车身

三厢车身是指整个车身有三个单元空间,绝大多数的轿车都是三厢车身的,它们有独立的发动机舱、乘客室和行李舱,如图2-2-8所示。

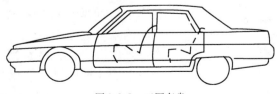

图2-2-8 三厢车身

二、车身结构

为了便于在汽车车身修理工作中交流,通常将一个汽车车身分成"前部""中部""后部"三个术语,如图 2-2-9 所示。应该懂得,这些部分是如何构成的,以便能够正确修复它们。

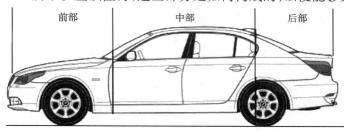

图 2-2-9 车身三个部分

1. 车架式车身

车架式车身由主车身和车架组成。车架是一个独立的部件,没有与车身外壳任何主要部件焊接在一起。车架是汽车的基础,车身和主要部件都固定在车架上,因此要求车架有足够的坚固度,在发生碰撞时能保持汽车其他部件的正常位置。

车身通常用螺栓固定在车架上,为了减少乘客室内的噪声和振动,车身与车架之间除放置特制橡胶垫块外,还安装了减振器,将振动减至最小,如图 2-2-10 所示。

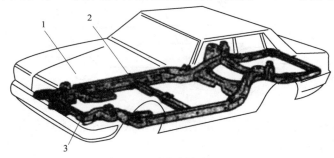

图 2-2-10 车架与车身的连接
1-车身;2-车架;3-橡胶垫块

1) 车架的类型

车架式车身的车架有梯形车架、X 形车架和框式车架三种类型,前两种在轿车车身上已不使用,目前所使用的大多数车架都是框式车架。

框式车架的纵梁在其最大宽度处支撑着车身,在车身受到侧向冲击时可为乘客提供保护。在前车轮后面和后车轮前面的区域分段形成扭力箱结构。在正面碰撞中,分段区域可吸收大部分的能量。在侧向碰撞中,由于中心横梁靠近前面地板边侧构件,使乘坐室受到保护。同时因乘坐室地板低,从而质心降低、空间加大。在后尾碰撞中,由后横梁和上弯车架吸收冲击振动。由于关键区域有横梁加强,避免了车架过大的扭曲和弯曲,如图 2-2-11 所示。

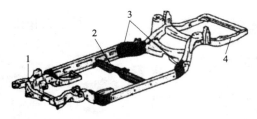

图 2-2-11 具有扭力箱的框式车架
1-前车架梁;2-中心车架梁;3-扭力箱;4-后车架梁

2）车架式车身组成

（1）车架式的前车身。由发动机罩、散热器支架、前翼子板和前挡泥板组成。发动机罩用螺栓安装,易于拆卸。散热器支架由上支架、下支架和左右支架焊接成一个单体。车架式车身的前翼子板不同于整体式车身的前翼子板,其上边内部和后端是点焊的,不仅增加了翼子板的强度和刚性,并且与前挡泥板一起降低了传到乘坐室的振动和噪声,也有利于减小悬架及发动机在侧向冲击时受到的损伤。

（2）车架式主车身。乘坐室和行李舱焊接在一起构成主车身,它们由围板、地板、顶板等组成。围板由左右前车身立柱、内板、外板和盖板的侧板构成。传动轴凹槽纵贯地板中心。横梁与地板前部焊接在一起,并安装到车架上。当乘坐室受到侧向冲击碰撞时,可使乘坐室顶边梁、门和车身得到保护。地板的前后和左右边侧用压花工艺做成皱折,增加地板的刚度,减少了振动。

2. 整体式车身

1）整体式车身类型

常见的整体式车身结构有三种基本类型：前置发动机后轮驱动（简称前置后驱,用 FR 表示）、前置发动机前轮驱动（简称前置前驱,用 FF 表示）和中置发动机后轮驱动（简称中置后驱,用 MR 表示）。对于轿车车身前置前驱和前置后驱的结构最普遍。

（1）前置后驱车身结构特点。车身被分成前车身、乘坐室（中车身）和后车身三个主要部分。发动机、传动装置、前悬架和操纵系统装在前车身,差速器和后悬架装在后车身。中车身的地板上焊接有纵梁和横梁,有很高的强度和刚性,可以保证汽车运行的需要,如图 2-2-12 所示。前置后驱车身的特点：

①发动机、传动装置和差速器均匀分布在前、后轮之间,减轻了操纵系统的操纵力。

②发动机纵向放置在前车身的副车架或支撑横梁上。

③发动机可单独地拆卸和安装,便于车身修理操作。

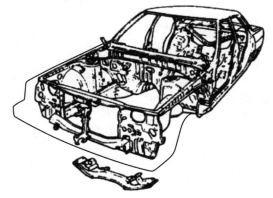

图 2-2-12　前置后驱汽车车身结构

④传动轴安装在地板下的通道内,减少了乘坐室的内部空间。

⑤由于发动机传动系及后轮由前到后布置,因而汽车的振动和噪声源也分布到车身的前部和后部。

（2）前置前驱车身结构特点。发动机安装在车身的前面并由前轮驱动,由于没有传动轴,乘坐室的空间可以加大。同时发动机、传动轴、前悬架装置和操纵装置都设置在车身前部,车身前部部件承受载荷比较大,所以前置前驱的车身前部强度与前置后驱的有很大不同。前置前驱车身的特点：

①变速器和差速器结合成一体,没有传动轴,车身质量显著减小。

②因噪声和振动源多在车身的前部,汽车的总体噪声和振动减小。

③前悬架和前轮的负荷增加。

④车身的内部空间增大。

⑤油箱可设在车中心底部，使行李舱的面积增大，其内部也变得更加平整。

⑥由于发动机装在前面，碰撞时有向前惯性力，所以发动机的安装组件要相应加强。

(3) 前置前驱与前置后驱车身结构的不同。前置后驱（FR）车身因为变速器纵向放置，并且有传动轴传递动力至后方，所以需要有较大的车底拱起空间。因此，只能提供较小的腿部活动空间。前置后驱车型一般适用于大中型具有较大车身的轿车上。地板的中心有传动轴通道，加强了地板的强度，它能阻止地板扭曲。此外，地板主纵梁和横梁位于前排座下面和后排座前面，从而强化了左侧和右侧的刚性，在侧面碰撞中可防止地板折曲，如图 2-2-13 所示。

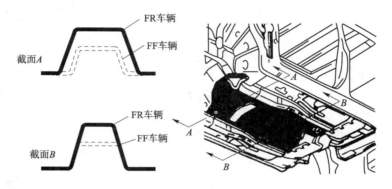

图 2-2-13　底部车身的隆起部位对比

2）结构件与覆盖件

现代轿车基本上都采用整体式车身结构，车身结构可分成若干个称为组件的小单元，它们本身又可分成更小的单元，称为部件或零件。车身组件按功能不同可分为结构件和覆盖件两大类。

(1) 结构件。结构件主要用来承载质量、吸收或传递车身受到的外力或内力，所用材料以钢板为主，使用的钢板较厚，多为车身上的梁、柱等零件，如前纵梁、地板梁、车顶梁等，如图 2-2-14 所示。

图 2-2-14　车身结构件

(2) 覆盖件。覆盖件顾名思义是指覆盖在车身表面的组件，单个组件的面积较大，所用材料较多，使用的钢板较薄，多为车身外部的蒙皮、罩板等，如发动机罩、保险杠蒙皮、风窗玻璃等,如图 2-2-15 所示。

图 2-2-15　车身覆盖件

3）整体式车身组成零件

（1）前车身的结构件。前车身结构件由前纵梁、前横梁、前围板、减振器支撑、散热器支架、前罩板等构成,如图 2-2-16 所示。

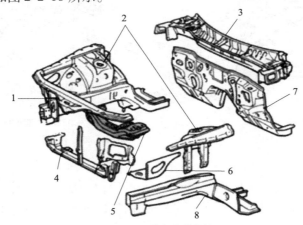

图 2-2-16　前车身结构件

1-散热器支架;2-减振器支撑;3-前罩板;4-前横梁;5-前悬架横梁;6-前围板侧板;7-前围板;8-前纵梁

①车身纵梁。在车身前部底下延伸的箱形截面梁,通常是承载车身上最坚固的部件。

②前横梁。连接左右前纵梁前部,作为散热器的下支撑。

③前围板。是围绕着车轮和轮胎的内板,防止路面的瓦砾进入乘坐室。常用螺栓连接或焊接在前纵梁和前罩板上。

④减振器支撑。是装配在被加强的车身部分,用以支承悬架系统的上部分,螺旋弹簧、减振器安装在支撑内,它们通常构成了前围板内部的一部分。

⑤散热器支架。安装在前纵梁和前围板侧上,用以支承冷却系统的散热器以及相关部分。

⑥前罩板。是车身前段后部的车身部件,在前风窗的正前方,它包括顶罩板和侧罩板。

（2）前车身的覆盖件。车身前部覆盖件有发动机罩、前翼子板、保险杠总成等。是用螺栓、螺母和铰链固定,其他的部件都焊接在一起,以减轻车身质量,增加车身强度。

①发动机罩包括外板、内板和加强梁。内板和外板的四周以褶边连接取代焊接。为了确保发动机罩铰链和发动机罩锁支架的刚性和强度，将加强梁点焊于内板上，将密封胶涂抹于内板和外板的某些间隙中，以确保外板有足够的张力，如图2-2-17所示。发动机罩的铰链用螺栓连接在发动机罩和前罩板上，使发动机罩可以打开。

②前翼子板。从前车门一直延伸至前保险杠，它盖住了前悬架部分和内围板。通常是用螺栓固定在车身上面的。

③保险杠总成。由塑料蒙皮、保险杠横梁、吸能器等零件组成。用螺栓连接到前纵梁上，吸收小的撞击。

（3）车身中部的结构件。中部车身结构件包括中部地板、支柱、车顶纵梁和车顶横梁等。

①中部地板。中部地板主要由地板、地板下加强梁、地板横梁和地板纵梁等构成，如图2-2-18所示。

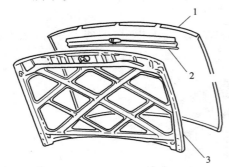

图2-2-17　发动机罩
1-外板；2-加强梁；3-内板

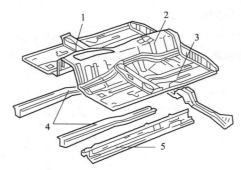

图2-2-18　底部车身中段零件
1-地板横梁；2-地板拱起；3-地板；4-地板下加强梁；
5-地板纵梁

②支柱。支柱是汽车车身上用以支承车顶板的梁，并为打开车门提供方便，它们必须非常坚固，以便在万一发生严重碰撞或翻车事故时保护乘客的安全，如图2-2-19所示。

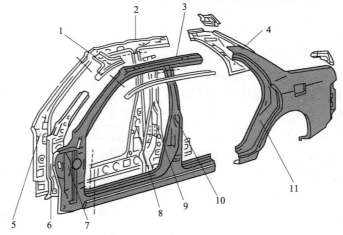

图2-2-19　中部车身立柱结构
1-前柱上加强梁；2-车顶纵梁内板；3-车顶纵梁外板；4-车顶板内板；5-前柱内板；6-前柱加强梁；7-前柱外板；8-中柱内板；
9-中柱加强梁；10-中柱外板；11-后柱外板

前柱向上延伸到风窗的末端,必须足够坚固以保护乘客。它又称 A 支柱,是从车顶向下延伸到车身主干上的箱形钢梁。

中柱是车顶的支承件,在四门汽车上位于前门和后门之间,又称 B 支柱。它增强了车顶的强度,并且为后门铰链提供了安装位置。

后柱从后侧围板向上延伸用以支承车顶的后部和后窗玻璃,又称 C 支柱,它的形状随车身的型式而变化。

(4)车身中部的覆盖件。中部车身覆盖件包括车顶、车门、车窗玻璃以及相关部分。

①车顶。是安装到乘坐室上面的多块板件,通常是焊接在支柱上。同时靠车顶横梁支承。

②车门包括外板、内板、加强梁、侧防撞钢梁和门框。其中内板、加强梁和侧防撞钢梁以点焊结合在一起,而内板和外板通常是以摺边连接。车门的形式大致分为窗框车门、冲压成型车门和无窗框车门三种,如图 2-2-20 所示。

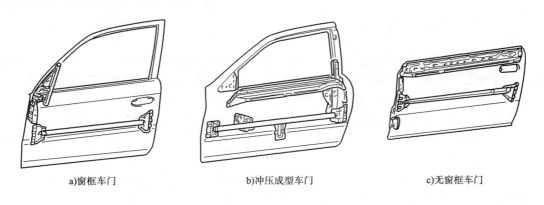

a)窗框车门　　　　b)冲压成型车门　　　　c)无窗框车门

图 2-2-20　不同类型的车门

(5)车身后部的结构件。车身后部的结构件有后围板、后地板和后纵梁等。后围板是一个大的侧面车身部分,它从侧门向后一直延伸到后保险杠。焊接在上面并形成后部车身结构的重要部分。后翼子板不同于前翼子板,它与后柱外板、车顶纵梁外板和后部的下围板制成一体,后翼子板属于后围板的一部分。

后围板内侧临近后柱部位的是后减振器支撑,它与后轮弧内外、板和车身后地板连接,如图 2-2-21 所示。

后纵梁从后排座下边延伸到接近后桥,并上弯延伸到后桥。当燃油箱固定于地板下面时(悬浮式),后地板纵梁后半部具有强韧而不易弯曲的特性,通过在弯角区域(向上弯曲)折损变形,吸收后端碰撞时的能量,并可保护燃油箱,如图 2-2-22 所示。另外后地板纵梁后段和后地板纵梁是分开的,以方便维修车身时更换作业。

图 2-2-21　后减振器支撑
1-后减振器支撑连接板;2-后减振器支撑;3-后翼子板轮弧内板;4-后翼子板轮弧外板

(6)车身后部的覆盖件。后部车身的覆盖件由行李舱盖、后保险杠以及相关部件组成。它常常需要从汽车上拆下来以便修理尾部的碰撞损伤,如图 2-2-23 所示。

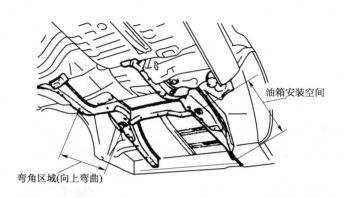

图 2-2-22 安装燃油箱的车身后部结构

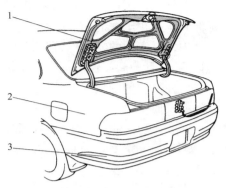

图 2-2-23 后部覆盖件
1-行李舱盖；2-后翼子板；3-后保险杠蒙皮

三、车身板件的连接

汽车车身是由若干零件制成组件，各个组件再组成完整的车身结构。车身上的零件之间以及组件之间连接在一起的方法有两大类：可拆卸连接方法和不可拆卸连接方法。

1. 车身可拆卸连接方法

可拆卸连接方式有螺纹连接、卡扣连接、铰链连接等几种，可拆卸连接方式多用于车身覆盖件的连接上。

1) 螺纹连接

车身部件的螺纹连接方式主要用于覆盖件与车身的连接，比如前翼子板、前后保险杠蒙皮、轮罩等。各种不同的螺纹连接方式如图 2-2-24 所示。

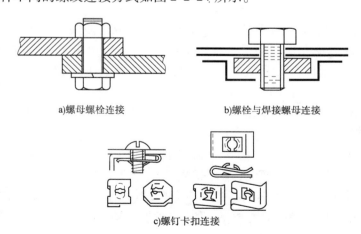

图 2-2-24 螺纹连接方式

2) 卡扣连接

卡扣连接用来安装室内装饰件、装饰条，外部装饰件、线路等，各种不同类型的卡扣如图 2-2-25 所示。

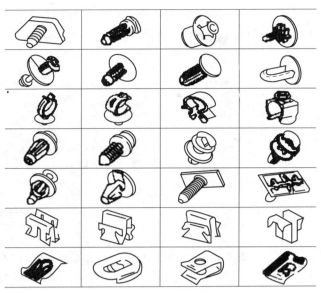

图 2-2-25 卡扣连接

3）铰链连接

铰链连接用来连接车门、发动机罩、行李舱盖等需要经常开关的部件。图 2-2-26 所示为宝马轿车车门铰链。

2. 不可拆卸连接方式

不可拆卸连接包括折边连接、铆钉连接、黏结连接、焊接连接等方式。不可拆卸连接方式多用于车身结构件上，或者覆盖件单个组件的零件之间的连接。

1）折边连接

折边连接用来连接车门内外板、发动机罩内外板、行李舱盖内外板等，如图 2-2-27 所示。

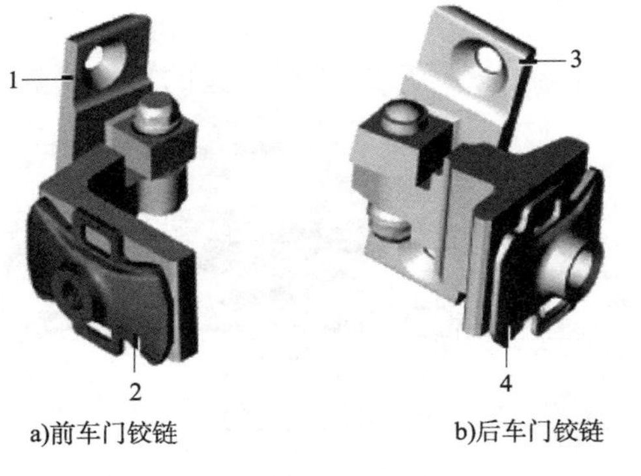

a) 前车门铰链　　b) 后车门铰链

图 2-2-26 车门铰链
1-固定前立柱托架；2-前车门托架；3-固定中间立柱托架；4-后车门托架

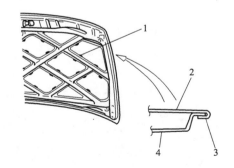

图 2-2-27 折边连接
1-发动机罩；2-外板；3-折边部位；4-内板

2）铆钉连接

如图 2-2-28 所示，铆钉连接用来连接车身上不同材料（当使用其他方式不能有效连接时），或者用来连接铝、镁或塑料车身等。同时，当车身组件从铝合金件到钢件过渡时，此处的连接也需要通过铆钉连接的方式实现。铆钉连接的加工过程如图2-2-29所示,为了增加板件连接的强度,多数情况下铆钉连接需要跟黏结连接配合使用。

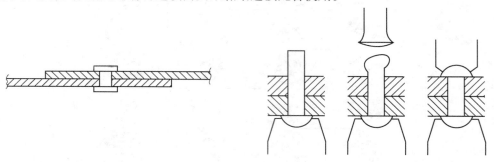

图2-2-28　铆钉连接　　　　　　　　图2-2-29　铆钉连接的加工过程

3) 黏结连接

黏结连接主要用于车身需要密封的板件,一些车身大面积面板、铝车身板件、塑料车身件等。黏结连接一般不单独使用,而是配合螺栓、铆接、电阻点焊、折边连接等方式一起进行,如图2-2-30所示。

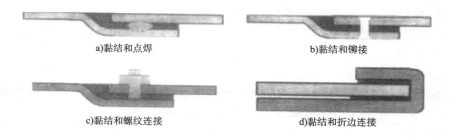

a) 黏结和点焊　　　　　　　　　b) 黏结和铆接

c) 黏结和螺纹连接　　　　　　　d) 黏结和折边连接

图2-2-30　不同方式的黏结连接

4) 焊接连接

焊接是对需要连接的金属板件加热,使它们共同熔化,最后结合在一起的方式。焊接可以分为压焊、熔焊、钎焊。

第二节　客车与货车车身结构

一、客车车身结构

1. 客车车身结构类型

1) 按车身用途分类

不同用途客车的车身差别,主要体现在外观和车室布置上。当然,由于其用途不同,车身的结构也会相应地存在一些差异。

(1)城市客车车身。如图 2-2-31 所示,城市客车由于站距短,乘客上下车频繁,所以地板离地高度一般较小,乘客门较多或尺寸较大。为了增大过道宽度和站立面积,座位多采用单双排座的布置形式。车内高度相对较大,为保证站立乘客的视野,车顶的凸度一般较小。

图 2-2-31　城市客车

(2)长途客车车身。如图 2-2-32 所示,由于旅客乘坐时间长,客流量比较稳定,所以一般只有一扇乘客门。为保证座椅的乘坐舒适性,要求每人都有座位,所以座椅布置较密集,且一般采用高靠背。为了使地板下有较大的行李存放空间,地板高度一般在 1m 以上。

(3)旅游客车车身。如图 2-2-33 所示,旅游客车与长途客车没有本质上的差别,但其外观、舒适性等,往往更豪华和讲究。为观光方便,旅游客车的视野也较开阔。

图 2-2-32　长途客车　　　　　　图 2-2-33　旅游客车

2)按车身承载形式分类

按承载形式大客车身可分为非承载式、半承载式和承载式。

(1)非承载式车身。目前国产客车大多采用这种结构,如图 2-2-34 所示。

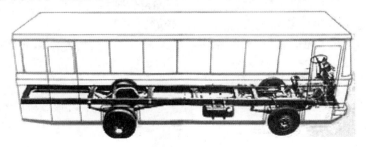

图 2-2-34　非承载式大客车车身

(2) 半承载式车身。半承载式车身是一种过渡性结构,其车身下部保留有强度和刚度均较车架低的底架,车身骨架(立柱)的下端与底架纵梁两侧悬伸的横梁(俗称牛腿)刚性相连,车身下部与底架组成一整体,因此车身也能分担一部分弯曲和扭曲载荷,所以称为半承载式。其优点可以降低整车质量。

(3) 承载式车身。为了进一步减轻客车的自身质量并使车身结构更趋合理,在多数大客车上采用无车架的承载式结构。根据大客车车身上下受载程度的不同,又分为基础承载式和整体承载式两种,如图2-2-35所示。

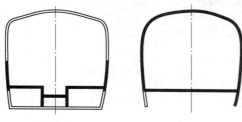

图 2-2-35 大客车承载式车身示意图

① 基础承载式。这种结构的原理如图2-2-36所示,它是将车身侧围腰线以下部分,包括窗台梁以下到地板的侧壁骨架和底部结构,设计为车身的主要承载件,而其顶盖和窗柱均为非承载件。这种结构的底部纵向和横向构件一般可采用薄壁钢或薄板来制造,其高度可达0.5m左右,故可充分利用车身底板下面的空间来作为行李舱。但因底部结构的断面高度较大,导致车身地板离地距离较高,因此这种结构的车身,一般只用于长途客车或旅游客车上。

图 2-2-36 基础承载式客车车身结构

② 整体承载式。这种结构的原理如图2-2-37所示,车身的上下部结构形成一个统一的整体,整个车身均参与承载。当车身承受载荷时,各构件以强济弱,可使整个身壳体达到稳定平衡状态。整体承载式结构采用空间框架结构,其特点是采用凹形地板(通道平面离地高度约为1.2m,乘客座椅下的平台比通道平面高出150mm左右),因此当前后和两侧遭到撞击时,乘客均处于遭受冲击部位的上方,安全性较好。

除了以上分类方法和形式外,大客车车身也有按车身材料、发动机布置形式、豪华程度等分类方法。

2. 客车车身结构组成

无论车身的具体结构与用途如何,均可划分为基础性构件和非基础性构件两类。基础性构件是客车车身的主体。

1) 基础性构件

承载式客车车身的基础性构件主要包括底架、骨架、车顶及蒙皮等。

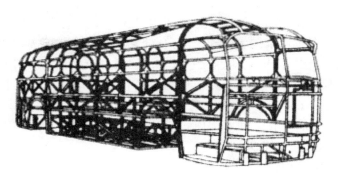

图 2-2-37　整体承载式客车车身结构图

(1) 底架与车架。无车架承载式客车车身没有独立的车架,取而代之的底架则需要有足够的强度和刚度,因为发动机和底盘的主要总成都直接装配在底架上。

底架或车架多用高强度钢板冲压成形后组焊而成,采用封闭型截面梁时,应注意端口的封闭与通风。表面锐边应修磨平整。与其他构件铆接或用螺栓连接时,应夹垫1mm以上厚度的减摩垫片。修补或矫正时应避免用火焰法加热。选择焊条时也应根据钢材的特性而定。

(2) 骨架。骨架的寿命,在一定程度上决定着骨架式车身的耐久性。用抗扭性很高的异形钢管构成的骨架,寿命长、工艺性好,但成本高。一般用高强度钢板冲压成形,再加之车身外蒙皮将断面的开口封闭,可以获得较好的强度和质量。

为提高骨架的耐腐蚀能力,除了在结构上解决内腔的通风外,还留有便于涂装作业的喷漆工艺孔。车身维修作业过程中,应注意有针对性地加以利用。个别客车的骨架内腔还注有聚氨基甲脂酸溶液加发泡剂的防腐材料,焊接作业前应注意做好检查。

(3) 车顶。车顶是车身上重要的基础构件,其载荷主要来自于行李架、扶手座。承载式车身的车顶还与车身的其他构件一起,共同承受车身整体的变形应力。采用具有一定深度拱形顶盖,可使车顶的承载能力得到提高,沿顶盖的周边是箱形断面的圈梁,它与窗柱的刚性连接提高了车身的整体性。

车顶上部不宜开设天窗,以防止削弱车顶的强度和影响密封,否则应避开顶盖的拱形梁和顶盖纵梁,并采取相应行之有效的防锈与密封措施。

(4) 蒙皮。骨架式车身的外蒙皮随车身形状的变化覆盖在骨架上,并以此构成了不同曲面的客车外形。非承载式车身的蒙皮可以认为是不承载的。对于承载式车身,蒙皮还要与骨架一起承受车身整体变形时产生的剪切力。而在无骨架或半骨架车身中,外蒙皮是承受载荷的构件。

2) 非基础性构件

客车车身的非基础性构件包括车门、车窗、座椅、车身内部装饰件、车身附件等。外部装饰件主要包括装饰条、车轮罩、商标、保险杠、灯具、散热器前面罩、彩色图案以及后视镜等附件,即具有明显装饰性的外部构件。车身内饰件包括仪表板、内顶、内墙板、遮阳板、压条、地毯和窗帘及其他附件。车身附件包括门锁、门铰链、玻璃升降器、各种密封件、后视镜、扶手等。

3. 车身骨架

客车车身以组焊成的独立骨架为基础,装配车门、风窗、车窗、顶盖和底板等,结构应力主要由底板、顶盖和侧围骨架承受。骨架主要由以下几个部分组成。

(1) 前围部分。前围由前围骨架和前围内、外蒙皮等组成。前围骨架的主要零件有前围立柱、风窗框上下横梁、风窗立柱、前围下横梁、前围上横梁等。前围上部由规定成形的小制件，通过节点板、角撑板加强组焊而成为一体的骨架结构，再与外蒙皮相连构成组合件。

(2) 后围部分。由后围骨架和后围内、外蒙皮等组成。后围骨架的主要零件有后围立柱、后窗框上下横梁、后窗立柱、后围下横梁、后围上横梁等。

(3) 左右侧围部分。由左右侧围骨架和内、外蒙皮等组成。侧围骨架的主要零件有侧围立柱、侧窗立柱、门立柱、上边梁、腰梁、侧围搁梁、侧围裙边梁、轮罩、斜撑梁等。

(4) 顶盖。由顶盖骨架和内、外蒙皮等组成。顶盖骨架的主要零件有顶盖纵梁和顶盖横梁等。

(5) 底架与地板。由底架、横纵底梁和地板护面等组成。对于发动机前置的客车，车身底架在驾驶区和乘客区的结合部形成明显台阶。车内底板用木板、多层板、塑料插接件等装修平整，即在底板上铺设地板。地板上通常还要覆盖橡胶、塑料等装饰材料，以解决车底密封的问题。

图2-2-38所示为半承载式客车车身骨架结构；图2-2-39所示为承载式客车车身骨架结构。

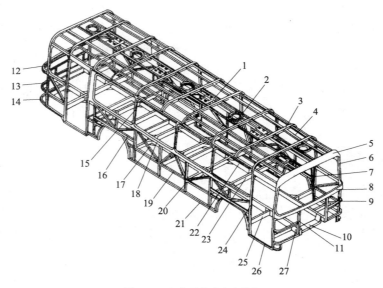

图2-2-38　半承载式车身骨架

1-顶灯底板；2-换气扇框；3-顶盖横梁；4-顶盖纵梁；5-前风窗框上横梁；6-前风窗立柱；7-前风窗中立柱；8-前风窗框下横梁；9-前围搁梁；10-车架前横梁；11-前围立柱；12-后风窗框下横梁；13-后围搁梁；14-后围裙边梁；15-侧围窗立柱；16-车轮拱；17-斜撑；18-腰梁；19-侧围搁梁；20-侧围立柱；21-侧围裙边梁；22-上边梁；23-车架横梁；24-门立柱；25-车架悬臂梁；26-门槛；27-车架纵梁

4. 车身外蒙皮

车身外蒙皮通常采用0.8~1.0mm厚的冷轧薄钢板或1.5mm厚的铝板。外蒙皮与骨架的连接方式主要有铆接和焊接两种。

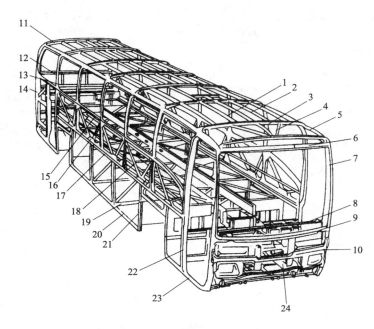

图 2-2-39　承载式车身骨架

1-侧窗立柱；2-顶盖纵梁；3-顶盖横梁；4-顶盖斜撑；5-上边梁；6-前风窗框上横梁；7-前风窗立柱；8-仪表板横梁；9-前风窗框下横梁；10-前围搁梁；11-后风窗框下横梁；12-后风窗框下横梁；13-后围加强横梁；14-后围立柱；15-腰梁；16-角板；17-侧围搁梁；18-斜撑；19-底架横格栅；20-侧围裙边梁；21-裙立柱；22-门立柱；23-门槛；24-底架纵格栅

(1) 铆接一般采用直径为 5mm 的铝质铆钉。断面是门形的冲压骨架，采用实心铝铆钉；矩形钢管骨架采用空芯铝铆钉进行拉铆。空芯铆钉的强度较实心铆钉低，容易松动，故有时采用双排铆钉予以加固。

(2) 外蒙皮与骨架的焊接最好采用二氧化碳气体保护焊。如采用单面点焊，点焊部位不能涂普通防锈底漆，因为这类底漆是不导电的，必须涂导电底漆。

二、货车车身结构

1. 货车车身结构类型

对比轿车和客车，货车车身（驾驶室、货厢、车架）的结构形式要简单许多，有以下分类方法。

1) 按驾驶室与发动机的相对位置分类

货车上的发动机一般都是前置的，发动机中置和后置的货车一般是由其他车型变形而来，而且也极少见。就发动机前置货车而言，按发动机与驾驶室的相对位置可分为如下几种形式。

(1) 长头式。长头式货车发动机布置在驾驶室之前，单独有凸出的发动机罩，如图 2-2-40 所示，这种形式车身的发动机维修方便，操纵机构也较简单，汽车在路况较差情况下通过性较好。其缺点是轴距和总长相对较大，视野较差。所以在轻型货车上很少采用，但在早期的中型和重型货车上采用的较多。

(2) 短头式。短头式货车是将发动机的一小部分伸入到驾驶室内，如图 2-2-41 所示。

汽车的轴距略为缩短,驾驶室内部较拥挤,发动机维修不如长头式方便,但总的特点与长头式没有太大的差异。

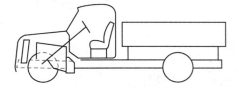

图 2-2-40　长头式货车

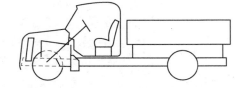

图 2-2-41　短头式货车

(3)平头式。平头式货车的驾驶室布置在发动机之上,如图 2-2-42 所示。汽车的轴距和总长较短,机动性好,视野良好,面积利用系数高(汽车载货面积与总面积之比)。为了减少发动机的热量向驾驶室过多的传递,驾驶室须加强隔热、通风、隔振和密封等措施。目前由于结构的改进使平头式的优点比较显著,因而是目前货车的主流形式。

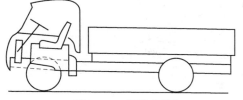

图 2-2-42　平头式货车

2)按驾驶室与货厢的连接关系分类

货车车身几乎都属非承载式的。所以驾驶室和货厢的结构主要从各自的功能和造型考虑,而不需过多考虑其对来自不平路面冲击和振动的承受能力。它们与车架一般也都是采用弹性连接,通常按驾驶室与货厢的连接关系分以下两种形式。

(1)分体式。这是绝大多数货车车身的形式,驾驶室、货厢和车架各成一体,如图 2-2-43 所示。驾驶室常以三点支承在车架上,为减少驾驶室振动和车架歪扭变形对驾驶室的影响,其中两点往往采用弹簧或橡胶衬垫的浮式连接。货厢大多为前栏板固定、侧栏板和后栏板可翻的栏板式货台,栏板通常为钢板冲压件采用点焊连接组合而成的整体式钢结构。

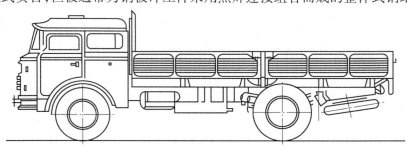

图 2-2-43　驾驶室与货厢的分体式连接

(2)连体式。连体式货车的驾驶室与货厢连为一体,是微型和轻型货车中的一种结构形式。这类车往往由轿车和小型客车变型而来,其车身一般也是由原型演变而来的薄壳式结构。另有一类由轿车和小型客车变型而来的货车,车身虽为分体式,但驾驶室和货厢在造型上还是追求一体化的效果,而且驾驶室和货厢也都是薄壳式结构。

2. 货车车身结构组成

货车车身包括驾驶室和车厢两大部分。

1)驾驶室

驾驶室由前围、地板总成、侧围、后围、顶盖、车门等组成,如图 2-2-44 所示。驾驶室所用的材料,除装饰件外,大多是钢板、FRP(玻璃纤维增强塑料)和铝合金等。

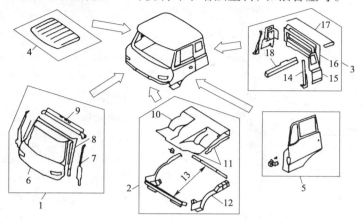

图 2-2-44 驾驶室结构

1-前围;2-地板总成;3-侧围和后围;4-顶盖;5-车门;6-前围外板;7-前支柱;8-前风窗框外板;9-仪表板横梁;10-地板;11-侧梁;12-纵梁;13-横梁;14-后支柱;15-侧围板;16-后围板;17-顶盖后梁;18-上梁

(1)前围。前围分内板式前围和外板式前围两种。内板式前围用于发动机安装在前围之前的长头货车,如图 2-2-45 所示。前围板为发动机挡板,发动机舱凸出于驾驶室形成独立结构,如图 2-2-46 所示。在此种前围板上,因为安装有空调装置、刮水器装置,还固定有电气总成、洗涤罐、制动液罐等,并有许多导线束、油管从此通过。所以,对此板要求有足够的刚度与强度,还要求零件形状尺寸准确,密封性好,板料厚度一般为 1.2~1.5mm。

外板式前围,即发动机安装在前围之后,多属于平头载货汽车前围,如图 2-2-47 所示。这种外板式前围又分为单层式与双层式两种。双层式前围多用于中、重型载货汽车。单层式前围多用于轻型载货汽车。

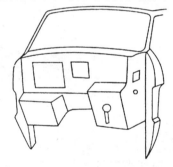

图 2-2-45 内板式前围

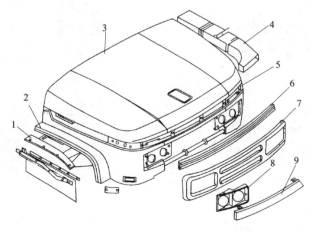

图 2-2-46 长头货车前围的外部钣金件

1-挡泥板;2-轮罩;3-发动机罩;4-通风管;5-前围构件;6-导流栅;7-面罩;8-灯罩;9-保险杠支架

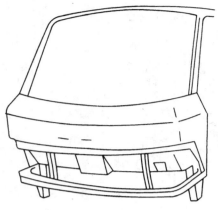

图 2-2-47　外板式前围

(2) 地板总成。驾驶室地板由地板和地板梁组成,地板是薄板冲压的大面积钣金件,地板梁是主要支承和受力件,多由厚为 2mm 左右的钢板冲压而成。它是驾驶室的基础,车身的上部件焊在其上面,其通过悬置与车架连接。

图 2-2-48 是典型的中、重型平头式货车地板结构。地板上面要焊接安装座椅及安全带等的加强板,为加大刚性,布置有效加强筋。限于材料尺寸、冲床面积及冲压深度的限制,一般将地板分为三块,然后焊接在一起。长头式货车和轻型货车地板较小,可以不必分块。

地板梁多为纵、横梁组成的框架结构。平头车以两根纵梁为主要构件,前、后有横梁,两侧有门槛,组成地板梁框架。对于可翻转式驾驶室,用供翻转的圆管连接两根纵梁,如图 2-2-49 所示。地板梁多为槽形断面,与地板覆盖件用点焊焊接。

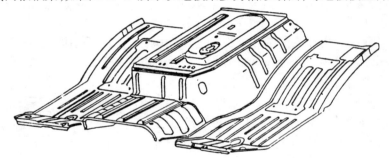

图 2-2-48　平头车地板

(3) 侧围、后围及顶盖。货车的侧围、后围及顶盖均为薄板冲压件。顶盖为单层结构,为增加刚性内设 1~2 根横梁。侧围与后围有单层板的,也有带内板的双层板结构。后围有后围窗,侧围面积较大时,也设围窗,侧围窗可以是封闭的,也可以是开启的,如图 2-2-50 所示。

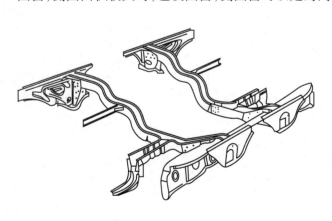

图 2-2-49　平头车地板梁

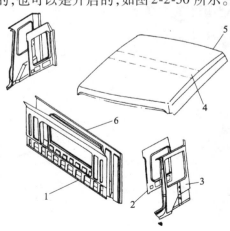

图 2-2-50　平头车侧围、后围与顶盖
1-后围内板;2-侧围内板;3-侧围外板;4-顶盖梁;5-顶盖;6-后围外板

(4)车门。中、重型货车的车门多为门窗框与车门内、外板一体冲压成形的整体式车门,轻型车过去多用门窗框为滚压成形件与车门内、外板焊接或螺钉连接的形式,现在也向整体式车门发展。

货车驾驶室的车门结构和附件与轿车大致相同,图2-2-51所示为典型的货车车门结构。因货车(尤其是中、重型货车)驾驶室离地面较高,在布置车门外手柄时要注意满足人机工程学的要求。

图2-2-51 货车车门

1-前风窗玻璃;2-前风窗玻璃密封条;3-车门密封条;4-三角通风窗;5-侧窗玻璃;6-门铰链;7-玻璃升降手柄;8-门锁外手柄;9-门锁;10-扶手;11-门锁内手柄;12-门外板;13-门内板;14-门内饰板;15-下部密封条;16-后窗密封条;17-后窗

2)货车车箱

货车车箱因装载的货物不同有栏板式、封闭式和平板式三种,如图2-2-52所示。

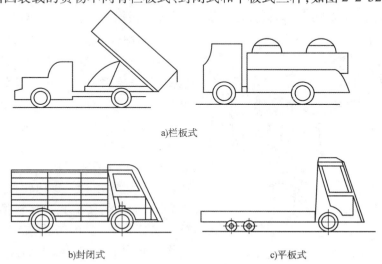

图2-2-52 货车车箱形式

(1)栏板式货箱一般具有底板总成和四块高度为300~500mm的栏板总成构成,如图2-2-53所示。货箱底板总成由若干纵向压制的槽形钢板和木板拼成,通过六根钢横梁支于两根钢纵梁上。纵梁下面有垫木,通过六个U形螺栓夹紧在车架纵梁上,前部还用上支座和螺栓连接在车架的下支座上,并起定位作用。栏板由轧成瓦楞状的钢板焊在钢梁边框上制成,并用若干立柱加固。左、右边板总成和后板总成可打开(三面开货箱),通过若干销钉铰接在底板总成的边缘,并且可在货箱四个角上借助栓杆和栓钩相互扣紧。货箱前板总成上部有货架(安全架),其作用是供运载少量超长货物并减轻翻车事故的后果。在横梁的左右两端还焊有若干绳钩。

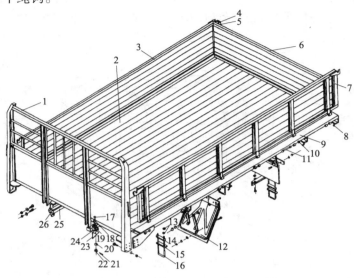

图 2-2-53 货车的栏板式货箱

1-前板总成;2-底板总成;3-右边板总成;4、13-螺母;5-栓杆;6-后板总成;7-左边板总成;8-绳钩;9-开口销;10、18、20-垫圈;11-销钉;12-挡泥板;14-压板;15-垫板;16-U形螺栓;17-螺栓;19-弹簧;21-开口销;22-槽顶螺母;23-下支座(在车架上);24-上支座;25-纵梁垫木;26-货箱纵梁

(2)封闭式货箱通常用来运输日用百货、食品等易污损物品。运输液体的汽车通常在其后部有圆筒状容罐。运输油类的容罐车应使发动机排气管远离油罐,并使各金属部件相互接通以及用悬链接地,以防车体积存静电荷。

集装箱运输是一种先进的封闭式货箱,如图 2-2-54 所示。便于铁路、公路、水路和航空联运以及国际联运。集装箱可以连同货物从一种运输工具上迅速转移到另一种运输工具上,而不需要将其内部货物重新装卸,故具有保证货物完好、减少装卸工作量和加速货物周转从而降低运输成本等许多显著的优点。

(3)平板式车箱主要用于承运集装箱,与其他各类货车车箱相比,其区别在于平板四周装有集装箱锁,是专为防止集装箱在运输过程中发生倾翻和位移而设置的。

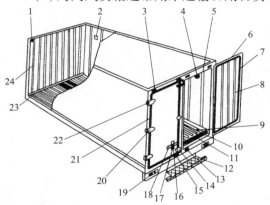

图 2-2-54 集装箱式货箱

1-前示宽灯接线;2-车箱内照明灯;3-示宽灯;4-蜂鸣器开关;5-侧壁导风条;6-右后门外密封条;7-右后门内密封条;8-后门导风条;9-后排水孔;10-门槛;11-地板;12-踏板式后保险杠;13-后门锁扣;14-门锁杆支座;15-门锁杆;16-门把手上固定座;17-门把手下固定座;18-门把手;19-尾灯;20-门铰链;21-左后门外密封条;22-门铰链支座;23-前排水孔;24-前壁导风条

第三节 汽车车身常用材料

随着科技的不断进步,现代轿车车身使用的材料越来越多样化、科技含量越来越高,对车身维修人员的素质要求也越来越高。一般来说,车身使用的材料主要有钢板、铝合金、塑料、碳纤维等,随着车身材料技术的不断发展,新型材料会不断应用到车身上,对维修人员提出了更高的要求。

一、白车身

白车身是指车身骨架及其覆盖件,是未经任何修饰的车身框架。选择白车身材料时,首先要满足刚度、耐碰撞和抗振动方面的功能要求。要提高舒适性和被动安全性通常情况下需要提高车辆质量,但是这一点与行驶动力性所要求的高刚度低质量有矛盾。因此要求所设计的车身具有较高的被动安全性、较好的静态和动态刚度值、较低的重心、均衡的车桥负荷分布和较低的质量。此外还要考虑车身的使用寿命和噪声特性。白车身功能要求见表2-2-1,为实现轻型车身结构而采取的不同措施见表2-2-2。

白车身功能要求　　　　　　　　　　　　　　表2-2-1

被动安全性(碰撞)	使用寿命	噪　　声	刚　　度
正面碰撞	抗振动性能	隔声能力	静态
尾部碰撞(追尾)	腐蚀	车身结构隔声	动态
侧面碰撞		隔绝风噪	抗扭
其他(翻车)		空腔共振	抗弯

为实现轻型车身结构而采取的不同措施　　　　　　表2-2-2

轻型结构设计	轻型结构制造	轻型结构材料
经过优化的套件	特制薄板(轧制、焊接)	高强度钢板
最佳力传输路径	成型加工技术,工艺点焊	铝合金,镁合金复合结构
均匀的结构过渡	点焊黏结	CFK(碳纤维增强塑料)
经过优化的几何形状	激光焊接,冲压铆接,冲压铆接黏结	

二、车身用钢板的类型

1. 热轧钢板与冷轧钢板

车身结构中有热轧钢板和冷轧钢板两种类型的钢板。

(1)热轧钢板是在800℃以上的高温下轧制的,厚度一般为1.6~8mm,用于制造汽车上要求强度高的零部件,例如车身、横梁、车架、车身内部钢板、底盘零件、底盘大梁等。

(2)冷轧钢板是由热轧钢板经过酸洗后冷轧变薄,并经过退火处理得到的,厚度一般为0.4~1.4mm。冷轧钢的表面质量好,具有良好的可压缩性和焊接性能。大多数整体式车身都采用冷轧钢板制成。在悬架周围、车身底部容易腐蚀的地方,采用经过表面处理的冷轧钢板作为防锈钢板。

2. 高强度钢板

高强度钢泛指强度高于低碳钢的各种类型的钢材。整体式车身通常比车架式车身小,车身的前部要求能够承受比过去大得多的载荷,并能够更好地吸收碰撞能量,高强度钢正好可以解决这两方面的问题。由于对白车身越来越多的要求可以通过使用高强度钢板来满足,许多汽车制造厂都采用强度好、质量轻的高强度钢来制造现代车身大部分的板件。其中,外部覆盖件一般采用低碳钢或强度比较低的高强度钢制造,但是车身的结构件都采用高强度钢或超高强度钢来制造,如图2-2-55所示。

图 2-2-55 现代车身高强度钢板的应用

3. 高强度钢板的特性

(1) 有足够的强度。例如挡泥板,它不仅具有挡泥的作用,同时还要能够承受悬架的一部分载荷,并支撑横向安装的发动机、蓄电池、点火装置和减振器。

(2) 质量轻,可以减少燃料消耗。

(3) 有很好的塑性。高强度钢可以设计成抗弯截面,能吸收碰撞能量并减少传递到乘坐室内的损害。

(4) 对高强度钢,加热却受到严格的限制,或者根本就不能加热,否则会造成板件内部结构的损害。

4. 对高强度钢板的维修要求

1) 加热对钢材性能的影响

(1) 对低碳钢进行加热时,随着钢板温度的增高,其强度和刚度随着下降。停止加热,温度下降到常温后,它的强度又恢复到原来的程度。所以对于低碳钢钢板的修理来说,加热操作后不会降低钢板原有的强度。用常规的氧乙炔焊和电弧焊进行焊接,或对低碳钢钢板进行短时间的加热方式的修理,都是允许的。

(2) 对高强度钢进行加热时,随着温度的升高,高强度钢内部的金属晶粒会发生改变,由原来比较小的晶粒互相融合、吸收而变成大晶粒,金属晶粒之间的作用力会随着晶粒的变大而减小,表现出来外观的强度会降低。当加热后的高强度钢恢复到常温时,它内部的晶粒不能够自己恢复到原来小晶粒的状态,所以高强度钢经过过度加热再冷却后,强度会下降。

2)过度加热对车辆产生的损害

(1)超高强度钢不同寻常的高强度是由于在加工过程中产生的特殊细化的晶粒形成的。修理中的重新加热将会破坏这种独特的结构,而使钢的强度降低到一般低碳钢的水平。维修车身时应尽量避免加热(尤其是车架、梁,一定不可以用加热的方式来维修),加热除改变钢板的强度外,还会损坏镀锌层,引起钢板锈蚀,降低钢板的防锈能力。形成氧化膜后钢板厚度降低,这些又会进一步降低钢板的强度,过度加热不小心时还可使车辆燃烧起来。

(2)被加热过的高强度钢部件表面外观及结构形状没有大的变化,这就容易引起修理人员的误会,认为加热并没有损坏板件,其实板件的内部结构被破坏了,这种变化对车身的危害是巨大的,车身的承重板件由于强度下降,一段时间后会产生变形,相关的机械部件如发动机、悬架、转向系统的安装点会变化,导致振动增加、跑偏、轮胎偏磨、转向齿轮齿条过度磨损等问题。特别是在发生事故时,这些板件无法达到设计中的作用,如吸收碰撞能量,从而会发生更大的变形,导致更大的损害。

3)钢材颜色和加热温度的关系

对钢材加热时,其颜色会随着温度上升而发生变化,从表2-2-3可以看出,当加热到600℃时,才可以用肉眼观察到颜色变化,而这时已经超过绝大多数高强度钢板的耐热温度。并不是所有类型的高强度、超高强度钢板都不能加热,只不过它们允许加热的温度都很低,一般不超过200℃。由于不能用常规方式控制加热的温度范围,所以制造厂一般不允许用产生热量过多的方式来修理现代汽车。

钢材的颜色与温度　　　　　　　　　　表2-2-3

温度(℃)	600	700	800	900	1000	1100	1200	1300
颜色变化	暗红	红色	淡红	橘红	黄色	淡黄	白色	亮白

4)车身高强度钢板的维修

(1)在修理中对钢板进行加热的目的是为了消除钢板内部的应力,而不是用过度加热来软化钢板以方便修理。消除应力的加热方式一般不能超过200℃,在加热时要采用热敏材料来控制加热的温度。同时加热时间不可超过3min。

(2)对高强度、低合金钢进行焊接时,要采用气体保护焊或电阻点焊,不允许采用氧乙炔焊和电弧焊焊接。

(3)超高强度钢材非常坚硬,一般修理厂的设备无法在常温下对它们进行校正。因此,受损坏的超高强度钢零部件不可修复,必须更换。

三、铝合金在车身上的应用

1.车身铝合金件的类型

车身中的铝合金,依照它们在车身中功能的要求,可分为铸造件、冲压件、压铸件。车身板件大部分使用压铸件。压铸件用来制造能够承载大载荷的部件,明显减轻质量但同时还具有高的强度。这些板件外型复杂的几何形状,通常是用真空压铸的方式生产,使它具有高强度。它还具有高的延展性,良好的焊接性能,较高的塑性,保证它在碰撞时有很高的安全性。这些压铸件的铝合金类型是铝硅、铝镁系列铝合金,合金中主要合金元素是镁、硅,有的加入铜。

冲压件有非常高的强度,它们能够加强车身的强度和刚性,使车身能够在剧烈的碰撞中保持结构的完整性。

2. 铝合金的优点

(1)经济性。虽然它的强度、刚性不如传统的钢铁车身,但它大大减轻了车身质量,重要的是减少燃油消耗,改善车辆的操纵性。铝的密度大约是钢铁的1/3,在车身制造中铝的应用可以使车辆减小20%~30%质量,可以减少10%的燃油消耗,这意味着每百公里大约节省0.5L燃油。

(2)环保性。铝车身的环保性能优于钢铁车身,不仅是可以减少燃油的消耗,重要是减少在生产制造过程中污染物的排放。因为99%的铝可以被循环利用,在一定程度上补偿了从铝矿石冶炼铝产生的成本和高消耗。

(3)防腐蚀性。铝暴露在空气中很快在表面形成一层致密的氧化物,这层氧化物是三氧化二铝,使金属铝和空气隔绝开来,防止氧气的进一步腐蚀。正是这种可以迅速形成氧化物以抵抗外部氧化腐蚀的性能,使它成为一种优良的防腐性能材料。铝金属外层的氧化铝具有高熔点的特性,这层氧化物的熔点高达2050℃,在焊接操作时需要去除这层氧化物。如果不去除这层氧化物,焊缝会存在气孔和杂质等缺陷。

(4)可加工性。铝有良好的塑性和刚性,一定厚度的板材可以制造整车和部分板件。铝材的一致性要比钢材好,它能够很好地通过冲压或挤压加工成形。

(5)安全性。铝材具有高的能量吸收性能,使它成为一种制造车身变形区的理想材料,以增加车身的被动安全性。

正是由于铝合金所具有的这些优异性能被人们所看中,在车身生产中才被大量应用。

3. 铝合金件的维修要求

(1)维修铝合金件时,要用木制、铝或塑料锤等专用工具,受到钢微粒污染的工具应进行彻底清洁,否则会产生严重的表面腐蚀,如图2-2-56所示。

(2)不得使用有锐边的工具,以避免过度延展和开裂。

(3)砂轮在进行钢加工后务必更换。要用不锈钢刷替换钢刷,否则有腐蚀危险。

(4)降低砂轮机的转速,并用平面砂轮替换粗磨砂轮。

(5)油漆残余和氧化部位只能用专用于铝的砂纸进行处理。

图2-2-56 铝板在存在钢的情况下的锈蚀

4. 铝合金件的储存

(1)铝合金件应干燥储存。

(2)铝合金件原则上应与钢制零部件分开或隔离储存。

(3)不要损坏厂方为防止氧化加在表面上的保护层。

5. 维修铝合金件注意事项

(1)有专用的排风装置排出打磨铝合金件产生的铝粉尘。
(2)在清洁工作场地时不得使用压缩空气。
(3)避免在清洁工作场地时扬起灰尘。
(4)不得在排风装置的吸入区域操作火源。

四、塑料件在车身上的应用

塑料在汽车上的应用发展很快,从最初的内饰件和小机件,发展到可替代金属制造各种机械配件和车身板件,如图 2-2-57 所示。用塑料替代金属,既可获得汽车轻量化的效果,又可改善汽车的某些性能,如耐磨、防腐、避振、减小噪声等。随着汽车工业的发展,塑料的应用越来越受到重视。汽车常用塑料的种类及应用见表 2-2-4。

图 2-2-57　车辆上的塑料零部件

车身用塑料的种类及应用　　　　　　　　　　表 2-2-4

类型	符号	化学成分	主 要 用 途
热①塑性	PE	聚乙烯	翼子板内板、内装饰板、扰流器、溢流箱、散热器护罩、汽油箱
	PC	聚碳酸酯	内部刚性装饰板
	PVC	聚氯乙烯	内装饰件,软垫板
	PS	聚苯乙烯	仪表外壳、汽车灯罩
	TPE	热塑性人造橡胶	保险杠护罩、护板、发动机罩下的部件
	PP	聚丙烯	保险杠护罩、导流板、内部嵌条、散热器护罩、内翼子板、汽油箱
	TPUR	热塑性聚氨基甲酸乙酯	保险杠护罩、软护板、挡泥板、门槛套

续上表

类型	符号	化学成分	主要用途
热[①]塑性	PC + ABS	聚碳酸酯 + 丙烯腈丁二烯苯乙烯	车门面板、仪表板
	UP、EP	不饱和聚酯,环氧树脂(热固)	翼子板外延部分、发动机罩、车顶、行李舱盖、仪表组护罩
	TEEE	醚酯人造橡胶	保险杠面板、门槛套
	PET	聚对苯二甲酸乙二醇酯 + 聚酯	翼子板
	EEBC	醚酯嵌段共聚物	门槛套嵌条、翼子板外延部分、保险杠延长段
	EMA	乙烯,甲基丙烯酸	保险杠护罩
	PUR、RIM、RRIM	热固性聚氨基甲酸乙酯	挠性保险杠护罩(特别是国产车)、护板、门槛套、雪车前围板
	SMC、UP、FRP	玻璃纤维加强塑料	刚性车身面板、翼子板、发动机罩、行李舱盖、扰流器,顶板、后侧围板
热[②]固性	TPO、EPM、TEO	聚丙烯 + 乙烯丙烯橡胶(至少20%) + 聚烯	保险杠护罩、导流板、扰流板、仪表板、格栅
	PA	聚酰胺	散热器箱、前照灯灯圈、侧围板外延部分、外部装饰件
	PC + PBT	聚碳酸酯 + 聚丁烯对二苯二酸酯	保险杠护罩
	PPE + PA (PPO + PA)	聚亚苯基乙醚 + 聚酰胺	翼子板、外部装饰件
	ABS	丙烯腈丁二烯乙烯	仪表组、装饰嵌条、控制台、肘靠、格栅
	PUR	热固性聚氨基甲酸乙酯	保险杠护罩、前后车身面板、护板

注:①热塑性塑料是指受热时软化、冷却后又变硬,可反复多次加热塑制的塑料。热塑性塑料数量很大,约占全部塑料的80%。
②热固定塑料是指经过一次固化后,不再受热软化,只能塑制一次的塑料。

第三章
汽车车身尺寸的测量

按测量数据的不同,车身尺寸测量可以分为点对点测量和三维尺寸测量。点对点测量是指测量车身上两个控制点之间的距离,通过与标准尺寸对比或者对比对称点之间的尺寸变化情况来判断车身变形情况。三维尺寸测量需要使用专业测量仪器来测量车身控制点的长、宽、高三个尺寸,与标准尺寸对比来判断车身变形情况。

按使用的测量工具的不同,车身测量可分为机械测量和电子测量。机械测量是指使用直尺、卷尺等机械设备来测量车身尺寸,该种方法操作简单、成本低,但是测量误差较大。电子测量使用电子车身测量仪器来测量车身尺寸,该种方法成本高,但是测量精度高,能满足车身尺寸标准公差 ±3mm 的要求。

第一节　车身尺寸数据图的识读

一、车身尺寸测量的控制点

车身测量的控制点,用于检测车身损伤及变形的程度。车身设计与制造中设有多个控制点,检测时可以测量车身上各个控制点之间的尺寸,如果测量值超出规定的极限尺寸时,就应对其进行矫正,使之达到技术标准规定范围。

承载式车身的控制点如图 2-3-1 所示。第一个控制点①通常是在前保险杠或前车身散热器支撑部位;第二个控制点②在发动机舱的中部,相当于前横梁或前悬架支承点;第三个控制点③在车身中部,相当于后车门框部位;第四个控制点④在车身后横梁或后悬架支承点。

由于车身设计和制造是以这些控制点作为组焊和加工的定位基准。这些控制点是在生产工艺上留下来的基准孔,同样可以作为车身测量时的定位基准。此外,汽车各主要总成在车身上的装配连接部位,也必须作为控制点来对待。因为,这些装配孔的位置都有严格

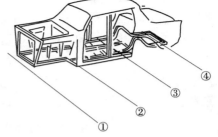

图 2-3-1　车身控制点的基本位置

的尺寸要求,这对汽车各项技术性能的发挥有着十分重要的影响。例如:汽车前悬架支承点的位置正确与否,会直接影响前轮定位角和汽车的轴距尺寸;发动机支承点与车身控制点的相对位置,则会影响发动机和传动系统的正确装配,如有偏差,会造成异响甚至零件损坏。

二、车身尺寸测量的基准

车身修理中对变形的测量,实际上就是对车身及其构件的形状与位置偏差的检测。选择测量基准又是形状与位置偏差检测中十分重要的内容。像使用直尺测量数据一样,要有一个零点作为尺寸的起点。同样,车身三维测量也必须先找到长度、宽度和高度的测量基准。只要找到基准,测量才能顺利进行。

1. 基准面

基准面是一个假想的面,与车身底板平行并与之有固定的距离,如图2-3-2所示。基准面被用来作为车身所有垂直轮廓测量的参照面,汽车高度尺寸数据就是从基准面得到的测量结果。

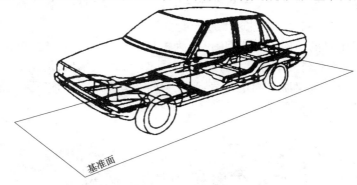

图 2-3-2 三维测量的高度基准面

由于基准面是一个假想平面,基准高度可增加或减小以使测量读数更方便。因此在实际的测量过程中,只要找到一个与基准面平行的平面作为测量的基准面,而读取高度数值时只考虑所有的测量值与标准值的差距变化即可。

使用某些测量系统寻找高度基准时,要在车身中部找到两对对称而且没有变形的测量点,通过测量一对测量点的高度,调整另一对测量点的高度,使两对测量点的实际测量值和标准数值的差相等。比如其中一对测量点的实际测量值与标准数值的差是50mm,然后调整另一对测量点的高度,使它的实际测量值和标准数值的差也是50mm,那么整个车身的测量基准面与标准基准面的差距就是50mm。在测量时只需考虑测量点的实际测量数据与标准测量数据的差值是否在50mm±3mm内就可以,而不用关心基准面在哪里。

由于测量基准面和车辆的基准面不一定相同,为了方便找到测量基准面,一般的做法是用四个高度相同的主夹具,将车身的夹持部位完全落入主夹具钳口内,并且把夹具高度位置锁紧,就以这时的车辆高度作为测量高度基准,而不用找到真正的车辆高度基准。例如奔腾米桥式通用测量系统,在测量时把四个测量基准点的高度都调整到距某一平面176mm,那么这个平面就是测量的基准面和车辆的基准面。在测量数据的高度时,不用再换算,直接的读数与标准值比较,在误差在±3mm内就可以了。

2. 中心面

中心面是三维测量的宽度基准,它将汽车分成左右对等的两部分,如图2-3-3所示。对称的汽车的所有宽度尺寸都是以中心面为基准测得的。大部分汽车都是对称的,对称意味着汽车右侧尺寸与左侧尺寸是完全相同的。

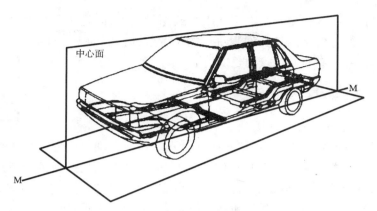

图 2-3-3　三维测量的宽度基准面

如果汽车不对称,这些尺寸就不同了。因此,校正不对称的汽车车身部件时,要使用车身数据图来不断测量和校正。

使用通用测量系统找中心面时,要在车身中部没有变形的部位找到两个没有变形的测量孔,将底部测量头对准要测量的孔,通过尺上的宽度读数可以知道两个孔到中心线的宽度,调整米桥尺(有时可能需要调整车辆的中心面与测量系统中心面对齐),直到两个宽度读数相同并与标准数据一致。再找另外两个测量孔,重复以上操作,通过两对左右对称的测量点就能把车辆的中心面找到。

有些测量系统在找中心时需要调整车辆或测量尺,把测量系统的中心与车辆的中心重合,以后测量得到的读数就是实际数值。有时要求测量系统的中心与车辆的中心平行即可,但要知道两个中心面的距离,测量点的宽度数值也要考虑这两个中心面距离的因素,否则可能读数错误。

3. 零平面

为了正确分析汽车损伤,一般将汽车看作一个矩形结构并将其分成前、中、后三部分,三部分的基准面称作零平面,如图 2-3-4 所示,这三部分在汽车的设计中已形成。不论车架式车身还是整体式车身结构,中部区域是一个具有相当大强度的刚性平面区域,在碰撞时汽车中部受到的影响最小。这一刚性中部区域可用来作为观测车身结构对中情况的基础,所有的测量及对中观测结果都与中心零平面有关。在实际测量中,零平面又称零点,是长度的基准。

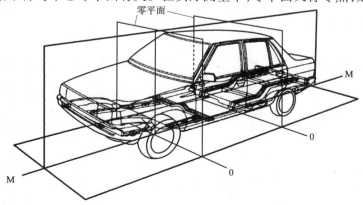

图 2-3-4　三维测量的长度基准面

在实际测量工作中,长度的基准不在平台或测量尺上,而是在车身上,可以找到前或后的零平面作为长度基准,来测量其他测量点的长度数据。因为零平面有两个所以车身尺寸的长度基准也有两个,有时同一点的长度值会不同,就是因为相对的长度基准不同。

三、车身上部点对点数据图

1. 车身上部数据图显示的测量点

车身上部数据图主要显示上部车身的测量点。包括发动机舱部位翼子板安装点、散热器框架安装点、减振器支座安装点和其他一些测量点,还有前后风窗的测量点,前后门测量点,中、后立柱铰链和门锁的测量点,行李舱的测量点等。

上部车身的这些测量点(如发动机舱的测量点)对车身的性能影响很大,其他的测量点数据对车身的外观尺寸调整非常重要。

2. 点对点数据图的识读

有些数据图显示的是车身上部测量点的点对点之间的数据,如图2-3-5所示。数据图包括发动机舱、前后风窗、前后门、前中后立柱和行李舱的尺寸。发动机舱的数据图中显示发动机舱部位的主要部件的安装点数据,可以通过点对点测量的方式测量。可以使用卷尺、轨道式量规等工具进行测量。

1)前风窗的尺寸

前风窗的尺寸通过测量图中A、B、C、D四点的相互尺寸得到,A和B是车顶板的拐角,D和C是发动机罩铰链的后安装孔。

2)后风窗的尺寸

后风窗的尺寸通过测量图中A、B、C、D四点的相互尺寸得到,A和B是车顶板的角,D和C是行李舱点焊裙边上一条搭接缝隙。

3)前门的尺寸

前门的尺寸通过测量图中A、B、C、D四点的相互尺寸得到,A点表示风窗立柱上的搭接焊缝位置,B点表示前柱铰链的上表面,C点表示中柱门锁闩的上表面,D点表示中柱铰链的上表面。

4)后门的尺寸

后门的尺寸通过测量图中A、B两点的尺寸得到,A点表示后柱门锁闩的上表面,B点表示中柱门铰链的上表面。

5)中柱的尺寸

中柱的尺寸可以通过测量图中A、B两点的尺寸得到,A、B点都表示中柱门锁闩的上面固定螺栓的中心。

6)后柱的尺寸

后柱的尺寸可以通过测量图中C、D两点的尺寸得到,C、D点都表示后柱门锁闩的上面固定螺栓的中心。

7)行李舱的尺寸

行李舱的尺寸通过测量图中A、B、C、D、E、F六点的相互尺寸得到,A、B表示行李舱点焊裙边上一条搭接缝隙,E、F表示行李舱后围板的角,D、E表示保险杠上部固定螺钉的中心。

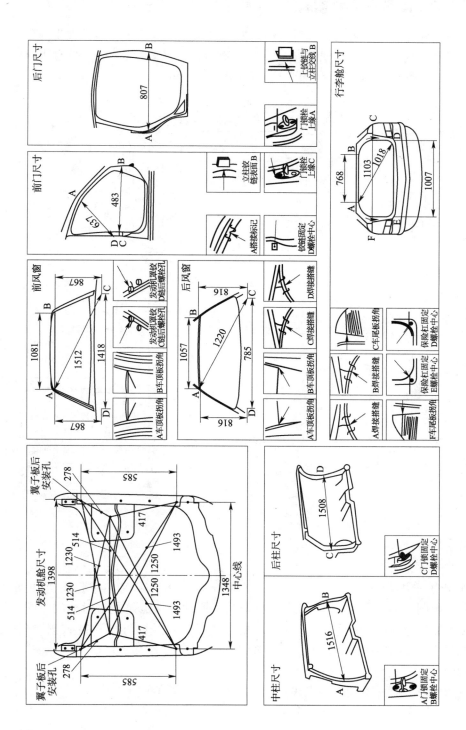

图 2-3-5 车身上部对点点的数据（单位：mm）

四、利用俯视图和侧视图来表达的车身底部数据图

利用俯视图和侧视图来表达的车身底部数据图,如图2-3-6所示。图的上半部分是俯视图,下半部分是侧视图,用一条虚线隔开。图的左侧部分代表车身的前方,右侧部分代表车身的后方。要读取数据,首先要找到图中长、宽、高的三个基准。

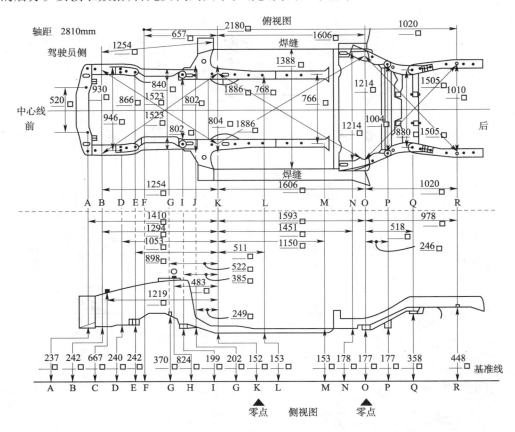

图 2-3-6　利用俯视图和侧视图来表达的车身底部数据图(单位:mm)

1. 数据图的识读

1)宽度数据

在俯视图中间位置有一条贯穿左右的线,这条线就是中心面,又称中心线,它把车身一分为二。在俯视图上的黑点表示车身上的测量点,一般的测量点是左右对称的。两个黑点之间的距离有数据显示,单位是毫米(有些数据图还会在括号内标出英制数据,单位是英寸),每个测量点到中心线的宽度数据是图上标出的数据值的1/2。

2)高度数据

在侧视图的下方有一条较粗的黑线,这条线就是车身高度的基准线(面)。线的下方有从A至R的字母,表示车身测量点的名称,每个字母表示的测量点一般在俯视图上部显示两个左右对称的测量点。俯视图上每个点到高度基准线都有数据表示,这些数据就是测量点的高度值。

3）长度数据

在高度基准线的字母 K 和 O 的下方各有一个小黑三角，表示 K 和 O 是长度方向的零点。从 K 点向上有一条线延伸至俯视图，在虚线的下方位置可以看出汽车前部每个测量点到 K 点的长度数据显示。从 O 点向上有一条线延伸至俯视图，在虚线的下方位置可以看出汽车后部每个测量点到 O 点的长度数据显示。长度基准点有两个，K 点是车身前部测量点的长度基准，O 点是车身后部测量点的长度基准。

2. 测量时的使用

要使用这种数据图配合测量系统进行测量时，首先要把测量系统的宽度的基准调整到与车辆的宽度基准一致或平行，然后调整车辆的高度，让车辆的高度基准与测量系统的高度基准平行，长度基准就在车身下部的基准孔位置。找到基准后，可以使用各种测量头对车身进行三维测量。

例如要找 A 点的长、宽、高的尺寸，首先要在图中找出 A 测量点在俯视图和侧视图上的表示位置，从俯视图中可以找出左右 A 点之间的距离是 520mm，A 点至中心线的宽度值是前述距离的一半，即 260mm。从侧视图的高度基准线可以找出 A 点的高度值为 237mm。从 A 点和 K 点的向上延伸线可以找出长度值为 1410mm。

第二节　车身尺寸的对比测量

一、车身尺寸的基本测量

1. 使用卷尺测量车身尺寸

修理人员常用的基本测量工具有钢直尺和钢卷尺。用钢卷尺测量孔的中心距时，可从孔的边缘起测量，以便于读数，如图 2-3-7a) 所示。

注意：(1) 当两孔的直径相等并且孔本身没有变形时，才能以孔的边缘间距代替中心距，如图 2-3-7b) 所示。

(2) 当两孔的直径不同时，如图 2-3-7c) 所示，中心距应按下式计算：

$$A = B + (R - r)$$

或

$$A = C - (R - r)$$

2. 使用量规测量车身尺寸

如果两个测量点之间有障碍将会使测量不准确，这就需要使用量规。量规主要有轨道式量规、中心量规和麦弗逊撑杆式中心量规等多种，它们既可以单独使用，也可互相配合使用。轨道式量规多用于测量点对点之间的距离，中心量规用来检验部件之间是否发生错位，麦弗逊撑杆式中心量规可以测量麦弗逊悬架支座（减振器支座）是否发生错位。轨道式量规和麦弗逊撑杆式中心量规既可作为一个整体使用，也可作为单独的诊断工具使用。

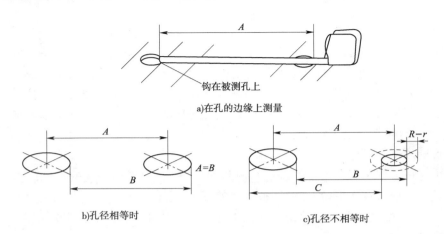

a) 在孔的边缘上测量

b) 孔径相等时

c) 孔径不相等时

图 2-3-7 用钢卷尺测距

用轨道式量规测量的最佳位置为悬架和机械元件上的焊点、测量孔等，它们对于部件的对中具有关键性作用。修理车身时，对关键控制点必须用轨道式量规反复测定并记录，以监测维修进度，防止过度拉伸。车身上部的测量可以大量使用轨道式量规来进行，如图 2-3-8 所示。在一些小的碰撞损伤中，用这种方法既快速又有效。

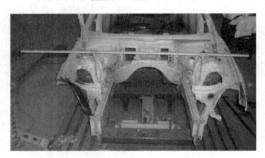

图 2-3-8 轨道式量规测量发动机舱尺寸

1）测量数值作为参数使用

在使用轨道式量规进行测量时，要根据车身的标准尺寸来精确地测量汽车损伤，使车身结构修复至原来的尺寸。如果没有标准尺寸，则可用一辆没有损伤且是同一厂家、同一年份、同一型号的汽车作为校正受损汽车的参照。如果仅仅车身一侧受到损伤而且不严重，那么就可测得未损伤一侧的尺寸并以此作为损伤一侧的对照尺寸。图 2-3-9 给出了典型的前部车身控制点，对照标准数据就可对其进行检验。

2）测量的数值作为对比法使用

在进行对比法测量时，经常要利用车身的左右对称性。运用对角线测量法可检测出车身的翘曲，如图 2-3-10 所示。在发动机舱及下部车身数据遗失、车身尺寸表上没有可提供的数据或汽车在倾翻中受到严重创伤时，都可以使用对角线对比测量方法。

在检测汽车两侧受损或扭转情况时，不能仅仅使用对角线测量法，因为测量不出这两条对角线间的差异。如果汽车左侧和右侧的变形相同，对角线长度相等，此方法就不宜使用了。

在图 2-3-5 中，通过长度 AC、BD 的测定和比较，可对损伤情况作出很好的判断，这一方法适用于左侧和右侧对称的部位，它还应与对角线测量法联合使用。

二、中心量规测量

中心量规最常用的是自定心量规，自定心量规的结构同轨道式量规很相似，但它不是用来测量。自定心中心量规测量的原理是找到车辆的基准面、中心面和零点平面等基准，找出它们的偏移量,在车身维修中只能做一个大体的分析,它不能显示测量的具体数据。具体每一个尺寸的变形量的测量,则需要使用三维测量系统来测量。

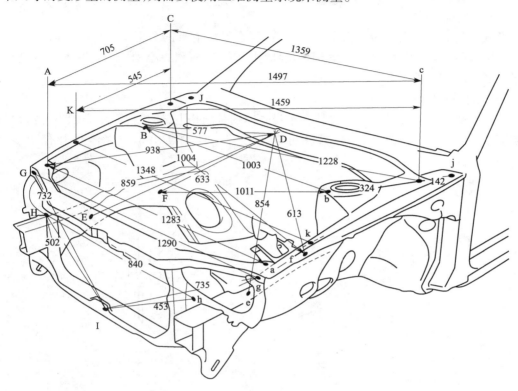

图 2-3-9　发动机舱的尺寸(单位:mm)

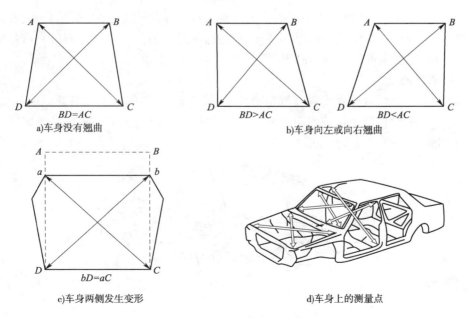

图 2-3-10　对角线测量

1. 中心量规的类型

按安装方式不同,中心量规可分为杆式、链式和麦弗逊式几种。

1)杆式中心量规

杆式自定心量规可安装在汽车的不同位置,在量规上有两个由里向外滑动时总保持平行的横臂,通过挂钩可使量规在汽车不同测量孔上安装,观察中心销的位置情况来判断车身变形,如图 2-3-11 所示。

2)链式中心量规

链式中心量规一般通过挂链悬挂在车身壳体的基准孔上,通过检查中心销、垂链及平行尺是否平行,以及中心销是否对中,就可以十分容易地判断出车身壳体是否有变形,如图 2-3-12 所示。

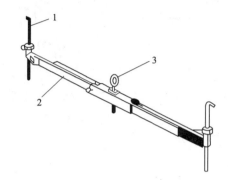

图 2-3-11　杆式中心量规

1-挂钩;2-横臂;3-中心销

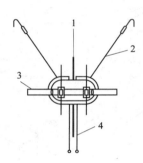

图 2-3-12　链式中心量规

1-中心销;2-挂链;3-平行尺;4-垂链

3)麦弗逊撑杆式中心量规

麦弗逊撑杆式中心量规一般是用来检测减振器拱形座的不对中情况,另外,它还可以用来检测散热器支架、中立柱、车颈部和后侧围板等的不对中情况。它一般安装在减振器的拱形座上,利用减振器拱形座量规就能观察到上部车身的对中情况。

2. 中心量规的使用

(1)将四个中心量规分别安置在汽车最前端、最后端、前轮的后部和后轮的前部。

(2)每一个横臂相对于量规所附着的车身结构都是平行的。用肉眼通过投影就看出车身结构是否准直,如图 2-3-13 所示。

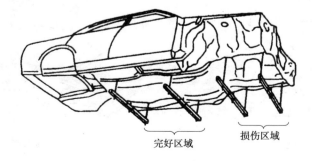

图 2-3-13　杆式中心量规的悬挂方法

(3)通过检查中心销是否处于同一轴线上和量规杆是否互相平行,就可以很容易地判断出车身是否有弯曲、翘曲或扭曲变形。

①如果量规没有任何偏斜的迹象,如图2-3-14a)所示,则可判定车身没有变形损伤。

②当量规杆不平行时,如图2-3-14b)所示,则说明车身产生扭曲变形。

③当中心销发生左右方向的偏离时,如图2-3-14c)所示,可以判断为左右方向上有弯曲。

④当中心销发生上下方向的偏离时,如图2-3-14d)所示,说明车身上下方向有弯曲。

另外,挤缩和菱形变形可以通过对基准点距离和对角线长度的测量来进行判定。

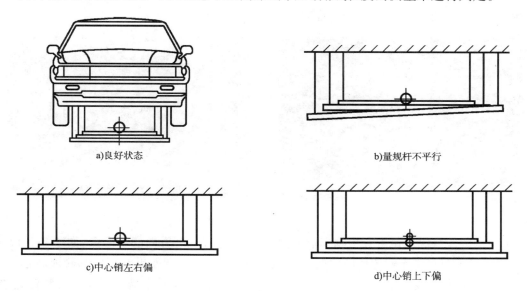

a)良好状态　　　　　　　　　　　　b)量规杆不平行

c)中心销左右偏　　　　　　　　　　d)中心销上下偏

图2-3-14　利用杆式中心量规检查车身变形

定中规法测量变形从理论上讲是精确的,但如果损伤不当却很容易造成判断失误。特别是中心量规挂点的选择,一般以基准孔为挂点的优选对象,并注意检查基准孔有无变形等。当左右基准孔的高度不一致或为非对称结构时,一定要通过调整中心销的位置或挂钩(挂链)的长度加以补偿。

第三节　车身尺寸的三维测量

一、车身三维尺寸的机械测量

机械式通用测量系统有门式通用测量系统、米桥式通用测量系统等。通用测量系统不仅能够同时测量所有基准点,能快速地确定车辆上的每个基准点的位置,而且又能使一部分测量更容易,更精确。

1. 测量前车身的定位

（1）将车身安置在车身校正仪上时，尽量要放置在平台的中部。调整四个主夹具的位置和钳口开合程度，车身底部裙边要完全落入主夹具的钳口中。

（2）把测量横尺放入到车身底部，在长梯上安装固定座和量头（按照图样选择合适的量锥头），选择车身中部四个测量基准点来进行定位测量，如图 2-3-15 所示。

（3）调整车身高度。车身高度按照要求调整到这套测量系统所要求的高度。

（4）调整车身横向位置。测量车身前、后四个基准点的宽度尺寸，调整车身横向位置，使得前边两个基准点的宽度尺寸相等，后两边两个基准点的宽度尺寸也相等。这时说明测量系统的中心线和车辆的中心线是重合的，如图 2-3-16 所示。

图 2-3-15 安装基准点测量标尺

图 2-3-16 通过左右基准找到宽度中心

（5）调整车身纵向位置。根据车辆的损坏情况，选择长度方向的基准点，如图 2-3-17 所示。如果汽车前部碰撞就选择后面的基准点作为长度基准点；如果汽车后部碰撞就选择前面的基准点作为长度基准点；如果汽车中部发生碰撞，就需要对车辆中部先进行整修，直到中部四个基准点有三个尺寸是准确的，然后按照前后损坏的情形选择前面或后面的基准点作为长度基准点。

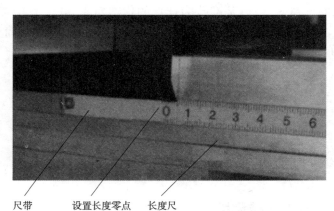

尺带　　设置长度零点　　长度尺

图 2-3-17 设定长度方向的基准点

注意：当利用基准点确定长度基准时，测量值不在测量系统的零点上，一定要记住基准点对应的长度值，其他测量在此基础上进行计算。

2. 车身尺寸测量

根据车辆的损坏情况,确定要测量的点,在车身上找出要测量的点后,在图样上找出相应的标准数据。根据数据图的提示,在机柜内选择正确的量杆和量头,安装在中心线杆(横尺)上,测量头与要测量的测量点配合。在测量车身底部尺寸时,量头的选择正确与否非常重要,选择错误的量头,那么测量的高度数据尺寸将是错误的。

1)车身底部数据测量

测量点的长度尺寸通过移动标尺固定座上的孔,去读取校正台上的长度尺数据,如图 2-3-18 所示。宽度数据从测量横尺上读出,从不同高度的量杆上读出高度数据。那么要测量的点的三维数据就出来了,与标准数据对比就可以知道数据的偏差。

2)车身侧面数据测量

根据图样的要求把立尺放置在底部测量横尺上,设置好立尺的长度基准。在立尺上安装刚性量规的安装座,把刚性量规安装好,把标尺安装在刚性量规上,把标尺筒安装在长标尺上,然后再根据图样要求选择合适的测量探头,对侧面测量点或测量面进行数据测量和对比测量,如图 2-3-19 所示。

图 2-3-18　测量车身底部尺寸

图 2-3-19　侧面数据的测量

3)车身上部尺寸测量

根据图样的要求把立尺放置在底部测量横尺上,设置好立尺的长度基准。调整上横尺高度的基准,把上横尺安装到位在两个立尺上,然后把刚性量规安装在上横尺上。在刚性量规上安装标尺座,选择合适的标尺筒、标尺柱和量头,然后安装在标尺座上就可以对上部发动机舱或行李舱的尺寸进行测量了,如图 2-3-20 所示。

4)拉伸操作中的测量

在拉伸测量时,可以把测量头定在标准的宽度、长度和高度尺寸上拉伸部件,直到要测量的点的尺寸达到标准值。用测量头同时测量几组要拉伸的数据,同时监控拉伸中数据的变化情况,保证修理后数据的准确性。

图 2-3-20　上部尺寸的测量

二、车身三维尺寸的电子测量

车身三维尺寸测量系统包括多个视觉传感器、全局校准、现场控制、测量软件等几部分。每个视觉传感器是一个测量单元，对应车身上的一个被测点，系统组建时，所有的传感器均已统一到基准坐标系下（即系统全局校准），传感器由系统中的计算机控制。测量时，每个传感器测量相应点的三维坐标，并转换到基准坐标系中，全部传感器给出车身上所有被测点的测量结果，完成系统测量任务。

常见的电子测量系统分为半机械半电子测量系统、半自动电子测量系统和全自动电子测量系统，其中全自动电子测量系统有红外线测量系统和超声波测量系统等。半机械半电子测量系统一次只能测量两个测量点之间的高度和长度或高度和宽度，半自动电子测量系统在实际拉伸修复中不能做到多点同步进行测量，由于这些局限而影响了推广使用。

1．红外线测量系统的使用

红外线车身测量系统包括一台计算机、一个红外线发射接收器、反射靶以及其他附件。红外线车身测量系统不但能测量独立车身的尺寸，还能在不拆卸车身零件的情况下对车身尺寸进行测量。

1）测量前的准备

（1）安装车身。将车身安装到矫正平台上，调整好高度，并固定好。为了方便操作，车身最好安装在平台的中部。若在不拆卸零件的情况测量车身尺寸，只要将车身举升到规定高度即可。

（2）安装红外线发射器。在车辆的中部下面放置红外线接收发射器，保证安放牢固，并连接好发射器与计算机之间的连接线，如图2-3-21所示。

（3）进入操作系统。计算机开机，进入车身测量界面。输入车型信息，调出被测车身的车身尺寸数据图。

（4）安装标靶。根据计算机提供测量点的实物参考图，可以方便地找到安装标靶的测量点，如图2-3-22所示。

图2-3-21　连接红外线接收发射器

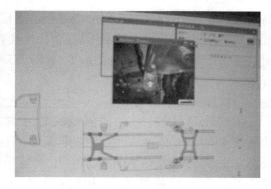
图2-3-22　测量点的实物参考图

根据测量点高低选择合适标杆长度的标靶，保证红外线能照射到标靶的感应区。同时，标靶的背面标有表示靶号的数字,相同长度的标靶是成对的。安装标靶时,将单号标靶安装于车身左侧的测量点上,将双号标靶安装于车身右侧的测量点上,如图 2-3-23 所示。

2)测量点三维数据的测量

(1)基准点的测量。首先测量 4 个基准点的长、宽、高尺寸,或者是测量点的变形尺寸,如图 2-3-24 所示。通过测量图可以得到的信息有:长度是以前部基准点为零点,左后基准点后移了 552mm,右后基准点后移了 531mm;左前基准点降低了 1mm,右前基准点升高了 1mm。左后基准点升高了 26mm,右后基准点升高了 22mm。

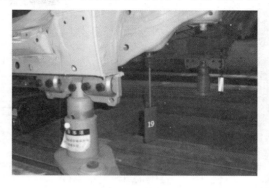

图 2-3-23 安装标靶

左前基准点变宽了 92mm,右前基准点也变宽了 92mm。左后基准点变窄了 90mm,右后基准点也变窄了 90mm。

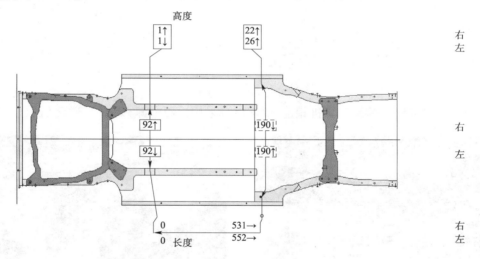

图 2-3-24 基准点的测量

注意:分析测得的数据可以看出车身前部变宽了,后部变窄了,车身拉长了。事实上车身无论发生何种事故也不可能发生这样的变形。出现这种情况是由于在测量时车型选择不对,计算机存储的标准车身尺寸与实际测得的车身尺寸不匹配。

(2)其他点的测量。根据测量点的情况选择合适的探头和标靶,并安装好即可进行测量,如图 2-3-25 所示。

(3)拉伸中的测量。若车身有变形,可根据对应的测量点的变形情况进行相应的拉伸校正,直到测量的尺寸数据到误差准许范围。

2. 超声波测量系统的使用

1)测量前的准备

(1)将车辆举升到一定高度,将测量横梁安放到车身下部,要求车身下部的最低点距离横梁下平面在 30~40cm,如图 2-3-26 所示。并且最好将测量横梁的前方与车辆前方一致,横梁支架要牢固,车辆举升位置稳定。

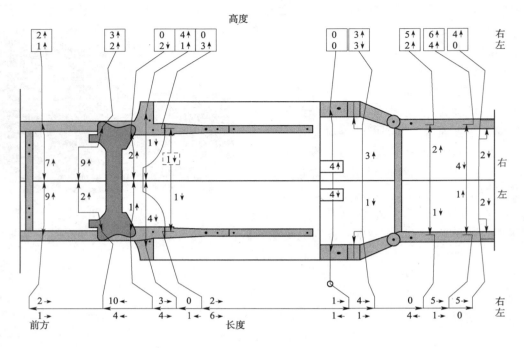

图 2-3-25 车身测量

（2）将测量横梁与控制计算机相连，要求电源采用稳压电源，如图 2-3-27 所示。

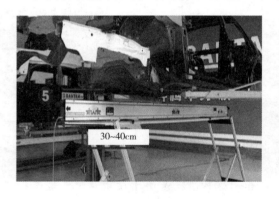

图 2-3-26 安放测量横梁

图 2-3-27 横梁与计算机连接

（3）开机进入系统界面，选择语言的种类。为了方便各国的使用者，系统内安装了包括汉语在内的多种主要语言种类。

（4）选择车辆型号。首先记录用户信息，包括车辆的信息和车主的信息，这些信息可以与后面测量的结果一起存储，方便以后再次查询。再根据事故车的类型选择汽车公司、汽车品牌、生产年代，从数据系统内调出符合的车型数据图，如图 2-3-28 所示。

（5）根据车身的损坏情况选择车身上哪些点需要测量，需要测量的点按照计算机的提示选择合适的安装头，如图 2-3-29 所示。

（6）如果安装位置为孔时，需要使用孔探头，如图 2-3-30 所示。如果安装位置为螺栓时，需要选择螺栓探头，如图 2-3-31 所示。

图 2-3-28　车辆与车主信息界面

（7）将发射器连接到探头上，把发射器的连接线连接到选定的接口上，如图 2-3-32 所示。

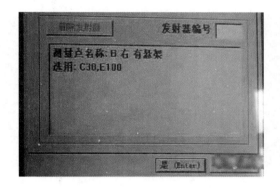

图 2-3-29　选择合适的安装头

图 2-3-30　孔探头

图 2-3-31　螺栓探头

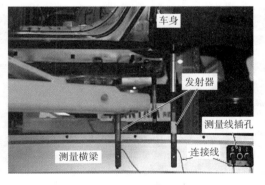

图 2-3-32　发射器安装

2）测量

（1）基准点的测量。计算机根据需要能自动地把基准点的测量数值显示出来，包括测量点的实际数值、标准数值和两者差值，如图 2-3-33 所示。

（2）拉伸校正中的测量。超声波测量系统一次可以测量多个测量点，能同时对几个点测量监控。可以选择持续测量实时监控模式，系统会自动每隔很短时间发射一次超声波进行测量。并把最新的测量结果在显示器上实时刷新。在校正过程中，修理人员可以很直观地注意到车身尺寸地变化情况，如图 2-3-34 所示。

所选点的数据表			
b (右)	长度	宽度	高度
标准数据	0	510	65
测量值	-35	589	69
差值	→ 35	79 ↑	4

另一侧			
b (左)	长度	宽度	高度
标准数据	0	510	65
测量值	35	589	61
差值	← 35	79 ↑	4

图 2-3-33　基准点的测量

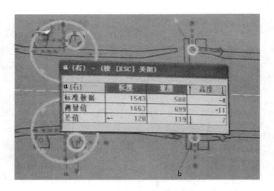

图 2-3-34　拉伸中的测量

机动车车身损坏分析与修复

学习目标

完成知识点学习应达到的目标,包括应掌握的理论知识和技术要求。
1. 掌握车身损伤的类型和评估方法。
2. 掌握车身金属板件的维修工艺。
3. 掌握不可拆卸金属覆盖件的更换方法。
4. 掌握车身结构件的拉伸校正和更换维修。

理论要求

完成知识点学习应掌握的原理、结构及其在维修中的应用。
1. 熟悉车身损伤的形式。
2. 熟悉影响车身碰撞损伤的因素。
3. 了解整体式和车架式车身碰撞变形的特点。
4. 掌握车身碰撞损伤的评估方法。
5. 掌握钣金锤等钣金工具的使用。
6. 掌握车身金属覆盖件损伤的不同维修工艺。
7. 掌握车身不可拆卸覆盖件的切割要求和更换工艺。
8. 熟悉车身钣金校正设备的拉伸操作流程。
9. 掌握车身结构性板件的分割要求和更换工艺。
10. 掌握严重受损车身维修工艺流程。

技术要求

完成知识点学习应掌握的技术要求及其在维修中的应用。
1. 能够确切地诊断出汽车受损的严重程度、范围及受损部件。
2. 能够规范使用钣金工具进行车身维修操作。
3. 能够熟练进行车身板件的敲打、收缩和拉拔维修操作。
4. 能够更换后翼子板等车身不可拆卸覆盖件。
5. 能够拉伸校正变形的车身纵梁、立柱等结构件。
6. 能够维修严重碰撞损伤的轿车车身。

第四章
车身损伤评估

汽车车身损坏原因和形式多种多样,在进行修复前首先要进行准确的评估,并制定合理的维修计划。

第一节　车身的损伤

一、金属板件的腐蚀

车身大部分的零件都是由金属制成的,金属的腐蚀是板件自身损伤的最常见表现形式。它不同于其他的机械性损伤,很多时候无法进行直观的检测,当外部能发现的时候,腐蚀损伤已经很严重了。所以对于车身板件的腐蚀损伤一定要提高警惕,在维修过程中及时发现及时解决,不给腐蚀创造条件。

1. 金属腐蚀的类型

在自然环境条件下铁的热力学稳定状态为氧化形式。因此,铁在自然状态下只以氧化物或碳化物形式存在(采矿),而不是以金属形式存在。因此,铁和钢在大气条件下会重新转化为氧化物形式。人们将这个过程称为腐蚀或锈蚀。由此而引起的腐蚀损坏可表现为外观(表面)损坏以及因材料侵蚀而造成的功能性损坏,例如车身锈穿。腐蚀分为电化学腐蚀和化学腐蚀。

1)电化学腐蚀

(1)电化学腐蚀过程。在电化学腐蚀过程中,腐蚀作用通过导电水层(电解液)逐步在金属表面上扩展。潮气形成的薄水层、缝隙中残留的水以及手出的汗都能形成电解液。在潮湿的房间内或在潮湿的气候条件下金属表面上会产生水膜。在这些条件下,由非合金钢或低合金钢制造的、未经过保护处理的部件几天后就会产生锈蚀痕迹。电化学腐蚀是金属腐蚀的主要原因。

(2)这种腐蚀的过程与原电池中发生的过程相同,如图2-4-1所示。由两个采用不同材料的电极组成,这些电极位于导电液体(电解液)中。采用这种方案时,两种材料中的非贵金属(相对而言)溶解并引起腐蚀。在锌/铜原电池中,锌电极以锌Zn^{2+}离子形式溶解,铜电极上由于水分解而产生氢。两个电极之间产生(较小的)电压,电压大小取决于电极材料。

各电极材料的电压(标准电位)通过相对一个基准电极(H)测量来得到,图2-4-2所示列出了材料的电压系列。在某一电压系列的两种材料中,左侧是非贵金属材料,右侧是贵金属材料。在一个原电池中始终是位于左侧的金属溶解。

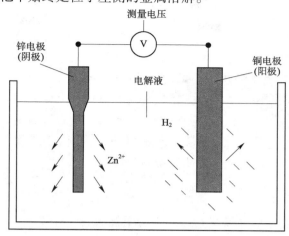

图 2-4-1 原电池原理图

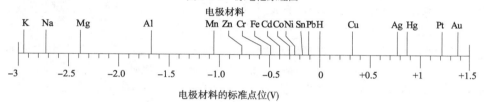

图 2-4-2 电极材料的电压系列

机器和部件的许多部位处都具有原电池存在的条件,将这些区域称为腐蚀元素或要素。为此必须存在两种不同的金属(电极)和一些液体(电解液)。电解腐蚀的典型例子是钢部件金属涂层的损坏区域,或者采用不同材料的两个部件之间的接触区域以及合金中的不同组织成分。所以在维修铝合金车身时,不能使用钢铁工具。

2) 化学腐蚀

在化学腐蚀过程中金属材料直接与腐蚀性物质发生反应而形成腐蚀,破坏部件性能。在正常环境温度下,金属材料仅在个别情况下才与干燥的物质发生反应。只有在温度较高时金属才与干燥的空气发生反应,就是人们所说的高温腐蚀。材料和腐蚀性物质发生反应时具有不同的腐蚀现象。

(1) 表面均匀腐蚀。部件表面受到均匀的腐蚀性侵蚀,如图 2-4-3 所示。无保护措施的钢板位于大气中时以及产生氧化皮时会出现这类腐蚀。

(2) 槽状和点状腐蚀,如图 2-4-4 所示。槽状和点状腐蚀进一步发展的结果是形成表面腐蚀性侵蚀层。

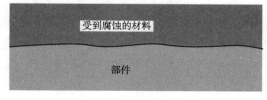

图 2-4-3 表面均匀腐蚀

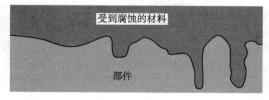

图 2-4-4 槽状和点状腐蚀

(3)缝隙腐蚀。如果因空气被挡住而导致存有电解液的缝隙中氧气浓度不同,则会产生缝隙腐蚀。两个部件的配合间隙(摩擦腐蚀)中、通孔与螺栓之间的间隙中(图2-4-5所示)或在点焊连接的钢板之间可能存在这种情况。

2. 车身钢板防锈

1)钢板防腐方法

改善钢板表面状况的目的是,通过采取合适的措施来防止发生锈蚀。常用的防腐蚀方式有涂料防腐和金属涂层防腐两种。

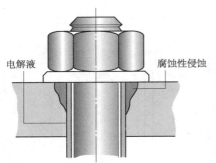

图2-4-5 通孔与螺栓之间的腐蚀

(1)涂料涂层防腐。是在金属表面涂敷隔离层,例如由耐腐蚀金属构成的涂层或防止钢板表面与腐蚀性物质接触的油漆层。当然,这类隔离层仅对未受干扰的表面有效。

(2)金属涂层防腐。金属产品技术结构中通常带有孔、切割边和冲孔等,在这些地方涂料防腐层只能提供有限的防腐保护。在此人们采用了金属涂层,这些金属涂层不仅具有一定的隔离作用,对铁和钢来说还具有所谓的阴极防蚀作用。

阴极防腐蚀是指形成一个所谓的原电池(与电池相似),在原电池中钢板表面为阴极,锌涂层为阳极。存在含水的电解液中,铁阴极上发生氧化还原反应,锌阳极上发生锌溶解反应。在锌层掉落或损伤部位(划痕)、在孔内或边缘处,掉落部位周围的锌层优先以锌离子形式溶解(腐蚀);只要掉落部位周围有足够的锌,就可以保护露出的铁或钢表面。人们将其称为锌为铁而做出的奉献作用。在锌/铁构成的原电池中锌表现为奉献性阳极。

热镀锌层是一种在防止钢部件受大气腐蚀方面性价比很高且很有效的保护措施。总的来说,与其他金属涂层相比,锌涂层具有以下特性而表现出色。

①阴极防腐的作用是:切割边和划痕或石块撞击等损伤处也不会锈蚀。在钢材开始腐蚀前,来自四周的锌首先"奉献"自己(作用范围可达几毫米)。因此即使锌层出现损伤,也能保持薄板的防腐性能。这一点也适用于锌和镍、锌和铝以及锌和铁等构成的合金涂层。

②在空气中形成起被动防腐层作用的碳酸锌面层。因此锌以非常缓慢的速度腐蚀。

③锌熔点较低且溶解性好,因此加工锌层的成本和能耗都较低。

④从功能和经济性角度来看,钢材的主动防腐(阴极)和被动防腐(隔离作用)是改善表面状况的主要目标。

2)车身钢板的防腐

车身用钢板的表面都有一层镀层,镀层的种类有镀锌、镀铝和镀锡,防锈钢板的用途见表2-4-1。镀锌钢板对碱性环境的防腐蚀性能要好于酸性环境,一般用于车身钢板;而镀铝钢板对酸性环境的防腐蚀性能要好于碱性环境,一般用于排气管护板;镀锡钢板则用于燃油箱。

防锈钢板的种类和用途 表2-4-1

防锈钢板种类		用途
镀锌钢板	熔融镀锌	车身钢板
	双层镀锌	车门、发动机等
镀锡钢板		燃油箱
镀铝钢板		排气管护板

车身用的镀锌钢板有单面镀锌和双面镀锌两种,如图2-4-6所示。双面镀锌钢板一般用在车身的下部板件,如车地板、挡泥板、发动机罩等部位,这些部位经常接触腐蚀物质,需要重点防护。单面镀锌钢板一般用在不经常接触腐蚀物质的部件,如车身上部的板件。镀锌钢板上的单面镀锌根据锌镀层的不同,一般有单层镀锌和双层镀锌两种。

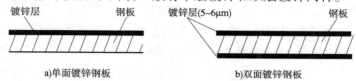

图2-4-6 镀锌钢板

3. 维修高强度钢板后的基本防腐原则

维修时首先在位于内侧的焊接凸缘上涂敷底漆,然后涂敷填充基料。可以用刷子涂敷足够PVC密封剂,以便进一步密封。也可以利用液态形式的PVC密封剂进行喷涂。随后进行的空腔防腐处理是所有防腐措施中最重要的部分。如果没有认真执行后续的空腔防腐措施,即使维修质量再好也完全没有用。表2-4-2列出了几种防腐剂及其用途与用法。

几种防腐剂的用途与用法 表2-4-2

名称	用途与用法
底部防腐剂	蜡基防腐剂,可喷涂
底部防腐喷剂	底部防腐剂,可喷涂
空腔防腐剂	维修车身时对空腔进行后续处理。注入杯形喷嘴后处理材料,可喷涂
空腔防腐喷剂	维修车身时对空腔进行防腐处理,可喷涂
密封剂(灰色)	可喷涂的化合物,也可以用刷子涂敷,通过吸湿硬化为橡胶弹性材料。约20min后可喷漆。可喷涂/涂敷
聚氨酯密封剂(白色)	缝隙密封,永久弹性。车身密封剂,干燥迅速且可喷漆,可涂敷
聚氨酯密封剂(黑色)	用于黏结,可喷涂
黏结和填充基料喷剂(灰色)	用于自己动手的基料填充喷剂,仅用于钢板基材,可喷涂

1)清除和涂敷密封和防腐材料

不得用煤气喷灯或类似的装置燃除PVC材料或将其加热到180℃以上。此时会产生具有强腐蚀性的盐酸,此外还会释放出对健康有害的蒸气。新涂层无法牢固地黏附在燃烧后的PVC上,因此以后可能会产生底层锈蚀。

维修后要进行的防腐措施从按要求清除维修区域内的PVC底部防腐层、隔声材料和缝隙密封开始。用旋转式钢丝刷清除PVC材料,或用电吹风加热到最高180℃,然后用刮刀清除。维修后立即仔细地在原来涂有车身密封剂的所有焊缝处进行密封。更新损坏的隔声材料。新钢板部件或由新钢板部件构成的空腔、焊缝和折叠处必须用防腐剂进行密封。

2）维修镀层钢板注意事项

对防锈钢板的修理要注意尽量保护镀层的完整,在进行打磨、钣金处理或焊接等可能会破坏镀层的修理过程中,要尽量少地破坏镀层并要及时恢复镀层,否则镀层被破坏的钢板会很快被腐蚀。锌涂层的钢板不容易进行涂装,现在修补用的涂料一般都是在防锈钢板上喷漆的,但是在防锈钢板上重新进行涂装的时候,还是需要注意,防止涂装后出现问题。

二、金属板件的变形损伤

1. 金属板件变形过程

金属在外力作用下,产生弹性变形和塑性变形两个发展阶段。

（1）弹性变形。金属在没有外力作用时,金属晶格原子处于平衡状态。在受到外力作用后,引起原子间距离的改变,造成晶格的畸变,使晶格中的原子处于不稳定状态。这样就表现为整个晶格的变形。当外力除去后,晶格中的原子因为内力的作用,又立即恢复到原来平衡位置,晶格畸变和整个晶体的变形也就立即消失,如图2-4-7所示。这就是金属弹性变形的实质,这种变形是很微小的。

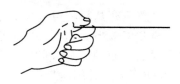
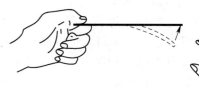

图2-4-7　金属的弹性变形

（2）塑性变形。塑性变形是指在弹性变形的基础上,如果外力继续加大,晶格的一部分相对另一部分产生较大的错动,在新的位置与附近的原子组成新的平衡,产生了一种不可恢复的永久变形。这种变形量比弹性变形量大得多,如图2-4-8所示。

图2-4-8　金属的塑性变形

2. 金属板件的"冷作硬化"现象

金属塑性变形后,在滑移面附近会出现很多被挤乱的晶体碎块,同时晶格被歪扭,这就增加了滑移的阻力,变形越严重滑移面上的晶格紊乱碎块越多,继续滑移的阻力也就越大,这种现象称为"冷作硬化"现象。在钣金成形过程中,往往感到板料越敲越硬,就是这个道理。

3. 金属板件内应力的消除

在拉伸校正中利用拉力作用恢复板件的变形,再用弹簧锤消除应力。弹簧锤通常与修平刀或木块(作垫块用)一起将打击力分散到较大面积上,从而消除应力,让金属板由弹性回到原来的大小和形状。对于主要损坏部位相邻的地方也要用弹簧锤敲击以放松应力。

大多数应力消除是冷作用,不需要很多热量,如果损坏部分需要加热,必须严格遵守汽车生产厂家维修手册上的建议。例如,在整体式车身梁上加热时,应仅在梁的角上加热。

加热后不能用水或压缩空气冷却加热区,必须让它自然冷却。快速冷却会使金属变硬,甚至变脆。监视加热的最好办法是用热蜡笔或热敏涂料。用热蜡笔在冷件上作标志,当达到一定的温度时,热蜡笔记号就会溶解。热蜡笔相当准确,比维修人员用眼观察颜色变化确定温度要精确得多,用热蜡笔的误差为±1%。

三、车身的碰撞试验

在发生碰撞后,碰撞能量更多地被车身前部或后部吸收,而发生较大变形。而驾驶室部分采用高强度钢板,能承受碰撞冲击力,同时能通过不同的路径将碰撞力传导到其他部位,碰撞后驾驶室发生的变形较小,从而保证了车上人员的安全。这样的车身可称为安全车身。

1. 碰撞假人

假人的作用是在碰撞期间模拟真人,如图2-4-9所示,同时收集不可能从真人乘客身上收集到的数据。

将碰撞试验假人放入车辆之前,试验人员先为它们涂上颜料。假人身体在碰撞过程中最有可能受到撞击的各部位涂有不同颜色的颜料。如图2-4-10所示,可以看到撞在安全气囊上的假人的脸部被涂成了蓝色,而撞在转向柱上的左膝被涂成了红色。

图2-4-9　碰撞假人

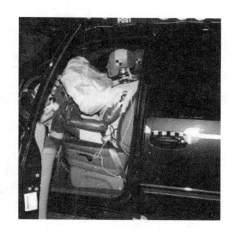

图2-4-10　彩色颜料显示碰撞的身体部位

假人被安装加速度计、负载传感器、运动传感器三种装置。

(1)加速度计。这些设备可以测量特定方向上的加速度,所测数据可用于确定伤害的概率,碰撞试验假人的全身布满加速度计。假人的头内有一个加速度计,可测量所有三个方向(前后、上下和左右)的加速度。在胸部、骨盆、腿部、脚和身体其他部分也都装有加速度计。图2-4-11所示显示了速度在56.3km/h的正面碰撞过程中驾驶员头部的加速度。

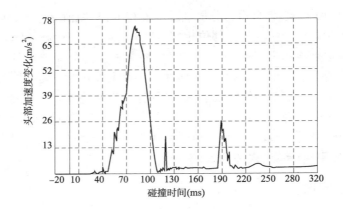

图 2-4-11　碰撞试验过程中的头部加速度

图 2-4-11 以头部撞到硬物或安全气囊时加速度达到的最高值,反映出头部在碰撞期间减速的方式。

(2)负载传感器。假人中的负载传感器用来测量碰撞过程中身体不同部位所承受的力的大小。图 2-4-12 所示显示了在 56km/h 的正面碰撞过程中驾驶员的股骨(大腿骨)所受的力(以牛顿为单位)。骨头所承受的最大负荷可用于确定它折断的概率。

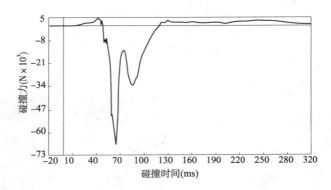

图 2-4-12　驾驶员股骨受力图

(3)运动传感器。这些传感器用在假人的胸部,它们测量碰撞过程中胸部偏斜的程度。图 2-4-13 所示显示了在 56km/h 的正面碰撞过程中的胸部偏斜情况,驾驶员的胸部压缩了大约 46mm。此类损伤会非常疼痛,但可能不会致命。

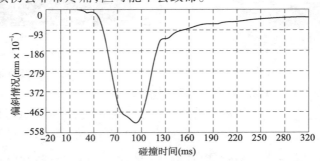

图 2-4-13　正面碰撞过程中的胸部偏斜情况

2. 碰撞试验内容

1）汽车碰撞试验内容

(1) 正面碰撞试验。如图 2-4-14 所示，在汽车上加装各种实验监控设备，并给车辆加载以便碰撞试验车辆的质量（质量的分布）与满负载车辆的质量相同。车上装有并固定了车速传感器，使其在汽车撞击护栏时可以传输数据。有 15 台高速相机拍摄碰撞过程的图片，其中几台位于汽车下方，这些相机每秒拍摄大约 1000 帧的图片。接着，汽车从护栏处后退并准备撞击。汽车以 50km/h 的速度撞向护栏，汽车撞向护栏直至停止大约只需要 0.1s。

图 2-4-14 汽车的正面碰撞试验

车辆碰撞试验前后的对比，如图 2-4-15 所示。测试之后辆车的前部已彻底变形，发动机舱的长度会被压缩 30%~40%，这是正常的，因为汽车必须经过变形和塌陷才能吸收动能并使汽车停止。乘客室的长度被压缩 1%~2%，保证了驾乘人员的安全。

a) 碰撞前　　　　　　　　　　　　b) 碰撞后

图 2-4-15 汽车正面碰撞前后同一辆车的前部

(2) 侧面碰撞试验。如图 2-4-16 所示，该测试模拟了一辆正在穿过十字路口的汽车被另一辆闯红灯的汽车从侧面撞击的情景。撞击的汽车以约 50km/h 的速度行驶对被撞车辆的侧面进行侧面撞击试验。侧面碰撞试验后，检验被撞车辆的侧面变形程度，来判断它的安全性能。

(3) 汽车尾部碰撞试验。如图 2-4-17 所示，汽车后部碰撞时其受损程度取决于碰撞面的面积、碰撞时的车速、碰撞物及汽车的质量等因素。在汽车的后部由于有吸能区,碰撞时一般只在车身后部发生变形,保护中部乘客室的完整和安全。

图 2-4-16　车辆的侧面碰撞试验

(4) 汽车顶部碰撞试验。如图 2-4-18 所示,在汽车发生翻滚时,车的顶部顶盖、立柱、车下部的悬架会严重损伤,悬架固定点的部件也会受到损伤。

图 2-4-17　汽车后部碰撞试验

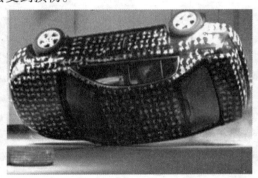

图 2-4-18　汽车翻滚碰撞试验

2) 汽车安全性评价标准

不同车速下的正面碰撞和不同的障碍物重叠率(碰撞接触面积与车辆碰撞面面积的比值)已成为标准。新车评估程序以规定的速度(一般 50km/h 以上)进行正面和侧面碰撞,并根据碰撞过程中乘客(假人)可能受伤的程度对汽车进行分级。每种伤害根据其严重程度归类为一个等级,1 级指轻微的伤口及划伤,3 级指需要立即进行医疗救治并可能危及生命的严重伤害,6 级指致命的伤害。

(1) 在正面撞击时,星级由头部碰伤标准(HIC)、胸部受力减速程度、腿部承受力中分数最低的一条决定。三项标准必须全部低于严重伤害为 10%,才能达到 5 星级指标,见表 2-4-3。

正面撞击测试级别　　　　　　　　　表 2-4-3

星　级	严重伤害概率	星　级	严重伤害概率
5	<10%	2	36%~45%
4	11%~20%	1	>46%
3	21%~35%		

（2）在侧面撞击测试中，星级由胸部损伤指标（TTI）、侧骨盆加速值（LPA）决定，两条标准必须都控制在严重伤害概率低于5%的范围内，才能达到5星级指标，见表2-4-4。

侧面撞击测试级别　　　　　　表2-4-4

星级	严重伤害概率	星级	严重伤害概率
5	<5%	2	21%~25%
4	6%~10%	1	>26%
3	11%~20%		

四、影响车身碰撞损伤的因素

影响车身碰撞损伤的因素有碰撞的位置高低、碰撞物形状的不同、碰撞车辆的行驶方向、不同类型的车辆和碰撞力的方向等。

1. 碰撞的位置高低影响碰撞损伤

当发生碰撞时，驾驶员猛踩制动踏板，则损伤是汽车的前部。当碰撞点在汽车前端较高部位，如图2-4-19所示，就会引起车壳和车顶后移及后部下沉。当碰撞点在汽车前端下方，如图2-4-20所示，因车身惯性使汽车后部向上变形、车顶被迫上移，在车门的前上方与车顶板之间形成一个极大的裂口。

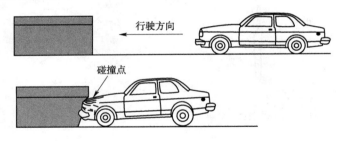

图2-4-19　车身前部高点位置的碰撞

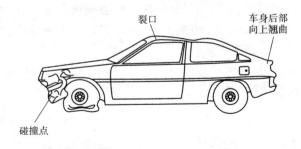

图2-4-20　车身前部低点位置的碰撞

2. 碰撞物形状不同影响碰撞损伤

两辆相同的汽车，以相同的车速碰撞，当撞击对象不同时，撞伤结果差异就很大。如图2-4-21所示，汽车撞上电线杆和撞上一堵墙壁，结果就大不一样。如果撞上墙壁，其碰撞面积较大，损伤程度就较轻。相反，撞上电线杆，因碰撞面积较小，其撞伤程度较严重，汽车保险杠、发动机罩、散热器框架、散热器等部件都严重变形，发动机也被后推，碰撞影响还会扩展到后部的悬架等部位。

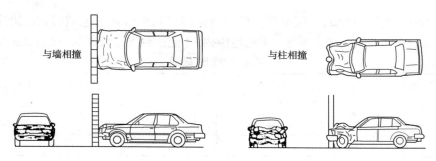

图 2-4-21　碰撞不同物体的碰撞结果

3. 行驶方向影响碰撞损伤

当横向行驶的汽车撞击纵向行驶汽车的侧面时,如图 2-4-22 所示,纵向行驶汽车的中部会产生弯曲变形,而横向行驶汽车除产生压缩变形还会被纵向行驶的汽车向前牵引,导致弯曲变形。

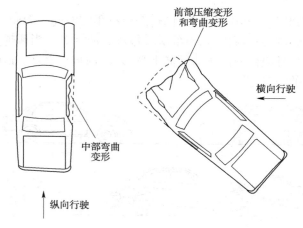

图 2-4-22　车辆侧部碰撞

从此例看出,横向行驶的汽车虽然只有一次碰撞但损伤却发生在两个方向。另一方面,也可能两种碰撞而损伤却发生在一个方向上,在十字路口汽车碰撞中,这种情况常常见到。

4. 车辆的不同影响碰撞损伤

不同类型的车辆碰撞时,产生的变形也不一样。如图 2-4-23 所示,碰撞车辆质量越大,被碰撞车辆的变形和损害也越大。

a) 两辆普通轿车碰撞

b) 一辆普通轿车和一辆SUV车碰撞

图 2-4-23　不同车型碰撞

5. 碰撞力的方向影响碰撞损伤

碰撞力的损坏程度还取决于碰撞力与汽车质心相对应的方向。碰撞力的延长线不通过汽车的质心，一部分冲击力将形成使汽车绕着质心旋转的力矩，该力矩使汽车旋转，从而减少了冲击力对汽车零部件的损坏；碰撞力指向汽车的质心，汽车就不会旋转，大部分能量将被汽车零件所吸收，造成的损坏是非常严重的，如图2-4-24所示。

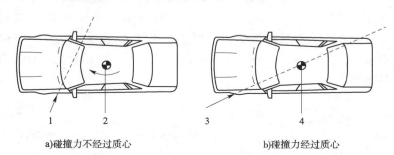

图 2-4-24 碰撞力方向对损伤程度的影响
1- 碰撞力；2- 质心；3- 碰撞力；4- 质心

五、车架式车身的碰撞变形

车架受撞时的变形，大致可分为弯曲变形、断裂变形、菱形变形和扭转变形等几种类型。

1. 弯曲变形

（1）左右弯曲变形。当汽车一侧被碰撞时，应观察被撞一侧钢梁的内侧及另一侧钢梁的外侧是否有皱曲，车门长边上有无裂缝和短边上是否有皱折，或汽车被撞一侧是否有明显的碰撞损伤，车身和车顶盖是否有错位等情况，可确定是否有左右弯曲变形，如图2-4-25所示。

（2）上下弯曲变形。当汽车被撞后，车身外壳表面会比正常位置低，结构上也有后倾现象，这就发生了上下弯曲变形，如图2-4-26所示。

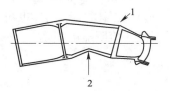 

图 2-4-25 车架左右弯曲变形　　　　图 2-4-26 车架上下弯曲变形
1- 左右弯曲；2- 碰撞力　　　　　　　1- 上下弯曲；2- 碰撞力

直接碰撞汽车的前部或后部，会引起在汽车上一侧或两侧发生上下弯曲。可以从翼子板与门之间的缝隙是否在顶部变窄、在下部变宽，车门在撞击后是否下垂，判别出是否有上下弯曲变形。大多数车辆碰撞损伤中都会有上下弯曲变形，即使在车架上看不出皱折和扭曲。严重的上下弯曲变形也能破坏车架上车身钢板的准直。

2. 断裂变形

汽车发生碰撞后，当观察到发动机罩前移或后车窗后移；车身上的某些部件或车架元件的尺寸小于标准尺寸；车门可能吻合得很好，但挡板、车壳或车架的拐角处皱折或有其他严重的变形;车架在车轮挡板圆顶处向上提升,引起弹性外壳损坏和保险杠会有一个非常微小的垂直位移,这些都表明车身上发生了断裂变形,如图2-4-27所示。

3. 菱形变形

当车辆前部(或后部)的任一侧角或偏心点受到撞击时,车架的一侧向后(或向前)移动,车架或车身歪斜近似平行四边形的形状,这种变形称为菱形变形,如图2-4-28所示。菱形变形是整个车架的变形,可以明显看到发动机罩及行李舱盖发生错位;在接近后车轮罩的相互垂直的钢板上或在垂直钢板接头的顶部可能出现皱折;在乘坐室及行李舱底板上也可能出现皱折和弯曲。此外,菱形变形还会附加有许多断裂及弯曲的组合损伤,但菱形变形很少会发生在整体式车身上。

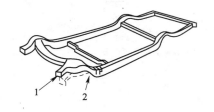

图2-4-27　车架的断裂变形
1-碰撞力;2-断裂

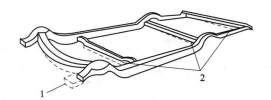

图2-4-28　车架的菱形变形
1-碰撞力;2-菱形变形

4. 扭转变形

当汽车高速撞击到路缘石或路中隔离栏或车身后侧角端发生碰撞时,就可能发生扭转变形,如图2-4-29所示。发生扭转变形后,汽车的一角会比正常情况高,而相反的一角则会比正常情况低;汽车的一角会前移,而邻近的一角很可能被扭转向下。若汽车的一角下垂接近地面,就应对汽车进行扭转损伤检查。要特别注意的是,扭转变形往往隐藏在底层,也可能在钢板表面检查看不出任何明显的损伤。

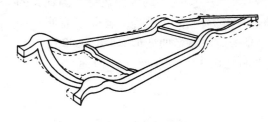

图2-4-29　车架的扭转变形

六、整体式车身的碰撞变形

整体式车身结构的碰撞损伤是按弯曲变形、断裂损伤、增宽变形和扭转变形的顺序进行的。

1. 弯曲变形

如图2-4-30所示。在碰撞的瞬间,由于汽车结构具有弹性,使碰撞振动传递到较远距离的大部分区域,从而引起中央结构上横向及垂直方向的弯曲变形。左右弯曲通常通过测量宽度或对角线、上下弯曲变形通常通过测量车身部件的高度是否超出配合公差来判别。与车架式车身结构的弯曲变形相似,这一变形可能仅发生在汽车的一侧。

2. 断裂变形

如图2-4-31所示,在碰撞过程中,碰撞点会产生显著的挤压,碰撞的能量被结构的折曲变形吸收,以保护乘坐室。而较远距离的部位则可能会皱折、断裂或者松动。测量车身部件长度是否超出配合公差来判别是否为断裂变形。

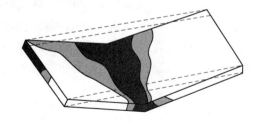 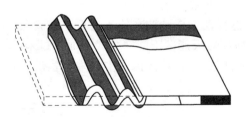

图 2-4-30　整体式车身的弯曲变形示意图　　　　图 2-4-31　整体式车身的断裂变形示意图

3. 增宽变形

如图 2-4-32 所示,增宽变形与车架式车身上的左右弯曲变形相似,可以通过测量车身高度和宽度是否超出配合公差来判别。对于性能良好的整体式车身来说,碰撞力会使侧面结构偏向外侧弯曲,偏离乘客,同时纵梁和车门缝隙也将变形。

4. 扭转变形

如图 2-4-33 所示,整体式车身的扭转变形与车架式车身的相似,可以通过测量其高度和宽度是否超出配合公差进行判别。由于扭转变形是碰撞的最后结果,即使最初的碰撞直接作用在中心点上,但再次的冲击还是能够产生扭转力引起汽车结构的扭转变形。

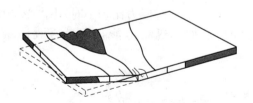 

图 2-4-32　整体式车身的增宽变形示意图　　　　图 2-4-33　整体式车身的扭转变形示意图

除无菱形变形外,整体式车身和车架式车身上的变形类型是极为相近的,但是整体式车身的损伤要复杂得多。整体式车身的修理与车架式车身的修理步骤一样,采用"后进先出"的方法,首先校正最后发生的损伤,这是修复整体式车身的最佳方法。

第二节　整体式车身的碰撞吸能区

由薄钢板连接成的车身壳体,在碰撞中,能吸收大部分振动。其中一部分碰撞能量被碰撞区域的部件通过变形吸收掉,另一部分能量会通过车身的刚性结构传递到远离碰撞的区域,这些被传递的振动波引起的影响称为二次损伤。二次损伤会影响整体式车身的内部结构或与被撞击相反一侧的车身。

为了控制二次损伤变形,汽车在前部和后部设计了吸能区(抗挤压区域),如图2-4-34所示。前保险杠支撑、前纵梁、挡泥板、发动机罩、后保险杠支撑、后纵梁、挡泥板、行李舱盖等部位,都设计为波纹或结构强度上的局部弱。在受到撞击时,它们就会按照预定的形式折曲,这样碰撞振动波在传送过程中就被大大减小直至消散。中部车身有很高的刚性,把前部(或后部)吸能区不能完全吸收而传过来的能量传递到车身的后部(或前部),引起远离碰撞点部件的变形,从而保证中部乘客室的结构完整及安全。这是现代汽车安全性设计的一个重要特点。

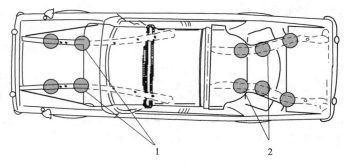

图2-4-34 整体式车身的吸能区
1-前部吸能区;2-后部吸能区

一、车身前部碰撞吸能区

在所有碰撞中,超过70%的碰撞发生在汽车的前部。在碰撞力比较小时,由前部的保险杠、保险杠支撑等变形来吸收能量。碰撞剧烈时,前面的纵梁等能很好地吸收能量,如图2-4-35所示。

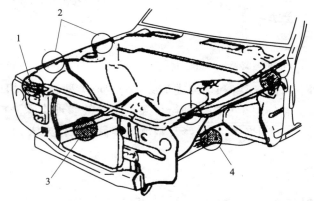

图2-4-35 整体式车身的前部吸能区
1-散热器框架吸能区;2-挡泥板吸能区;3-右前纵梁吸能区;4-左前纵梁吸能区

二、车身碰撞吸能装置

1. 吸能型前纵梁

前纵梁作为前部最坚固的部件,不仅有承载前部其他部件和载荷的能力,在碰撞中它还作为主要吸能元件通过变形吸收碰撞能量。图2-4-36所示为不同吸能型的前纵梁。

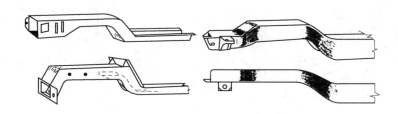

图 2-4-36　不同吸能型的前纵梁

2. 前部吸能器

1) 橡胶吸能装置

橡胶垫装在吸能器和前纵梁之间,如图 2-4-37 所示。当受到碰撞时,吸能器受力后移,橡胶受力压缩,吸收冲击能量。当碰撞冲击力减小时,橡胶垫恢复到原始位置,保险杠恢复到原始位置。

检查时应该检查吸能器的固定轴和固定板是否弯曲,橡胶垫是否撕裂。当固定轴出现弯曲或者橡胶垫脱离安装位置时,吸能器就必须更换。

2) 充气、充液型吸能器

这种类型的吸能器主要由浮动活塞、活塞缸、液压油、计量杯等组成,如图 2-4-38 所示。浮动活塞左腔充满惰性气体,浮动活塞右腔是液压油。当碰撞受到冲击时,浮动活塞向右运动,液压油通过一个小孔流进活塞缸中,这样通过液体的流动吸收冲击能量。当冲击力释放时,液压油从活塞缸中流出,使保险杠恢复到原来的位置。

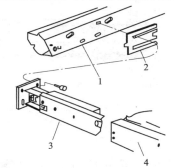

图 2-4-37　橡胶吸能器在车身上的安装
1-保险杠支架;2-垫片;3-吸能器;4-前纵梁

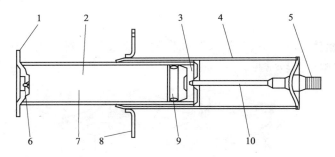

图 2-4-38　充气、充液型吸能器剖面结构
1-保险杠支架;2-活塞缸;3-液压油;4-外缸筒;5-安装螺栓;6-密封钢珠;7-气体;8-纵梁托架;9-浮动活塞;10-计量杯

对吸能器进行检查时,要注意检查是否有开裂、凹陷、弯曲、渗漏等情况,如图 2-4-39 所示。

注意:充气吸能器损坏后不能校正或焊接,必须予以更换。

3) 弹簧吸能器

弹簧吸能器主要由内外缸筒、储液腔和弹簧组成,其结构如图 2-4-40 所示。工作原理是用弹簧吸收碰撞冲击的动能,碰撞力释放后迫使保险杠恢复到原来的位置。

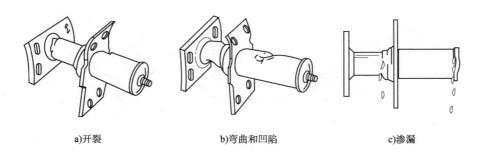

a) 开裂　　　　　　　b) 弯曲和凹陷　　　　　　c) 渗漏

图 2-4-39　充液型吸能器的损坏

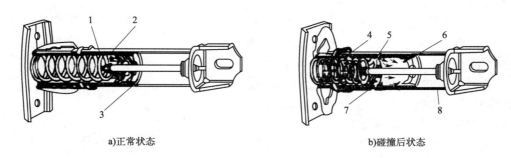

a) 正常状态　　　　　　　　　　　　b) 碰撞后状态

图 2-4-40　弹簧吸能器的结构

1-复位弹簧；2-碰撞后油液返回储液腔路径；3-内缸筒；4-储液腔；5-液孔；6-碰撞过程油液聚集区；7-阀门；8-外缸筒

4) 压溃式吸能器

压溃式吸能器在现代汽车上广泛采用。它的工作原理是在碰撞时通过部件本身的压缩变形吸收能量，受到损伤后必须更换。检查时通过比较两个吸能器的长度，就可以确定是否有变形。

5) 泡沫垫层吸能器

用厚的甲酸酯泡沫垫以夹层的形式装在保险杠支架和塑料蒙皮之间，泡沫垫层吸能器在进口车型和运动型车上较常见。

第三节　车身损伤评估

汽车碰撞时，产生的碰撞力及受损程度取决于事故发生时的状况。通过了解碰撞的过程，能够部分地确定出汽车损伤。

定损评估人员可以从车主得到关于事故状况的信息。询问车主发生碰撞的实际情况，为损伤修复做好准备。实际碰撞中一辆汽车与另一辆汽车相撞后，还可能再次发生碰撞损伤，因此就会产生不同损伤类型的组合，如图 2-4-41 所示。在评估之前，应尽可能多地了解事实真相，确定事故实际发生的过程，结合实际的测量才能制定出修复的具体步骤。这样虽然花费一些时间,但却在整个修复过程中节省更多的时间,而且也会减少一些艰苦的工作。这种损伤评估的方法是极为必要的,它便于估算出修理的费用。因此,车身维修人员还应与定损人员做好交流。

一、碰撞力在整体式车身上的传递

1. 车身正面碰撞时力的传递

正面碰撞时力通过保险杠支架传递到车辆内。固定在保险杠支架上的防撞元件继续将力传递到发动机支架内。前桥架梁与弹簧支座共同作用的结果可有目的地实现变形吸能性能。即使车辆的碰撞接触面很小,碰撞力也能通过保险杠横连杆、侧面防撞梁、前围和前桥架梁分散到车辆左右两侧,如图2-4-42所示。

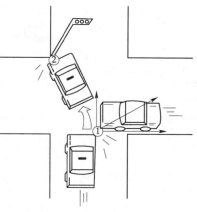

图2-4-41　车身发生多次碰撞

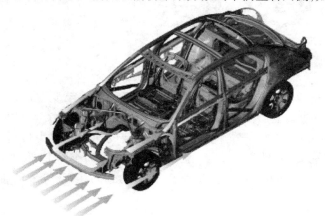

图2-4-42　正面碰撞时力的传递

同时碰撞力通过发动机支架继续分散到底板总成、通过发动机至前隔板加强件传递到变速器传动轴盖板、通过车轮传递到轮罩内车门槛加长件的变形吸能区以及A柱加强区域和侧框架,如图2-4-43所示。碰撞力通过弹簧支座和轮罩上的支架传递到侧框架也很重要。通过弹簧支座后的支架变形吸能区可以限制传递到A柱内的力,同时可以降低A柱附近车厢的负荷。

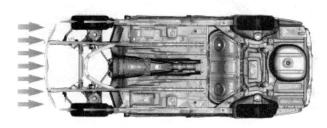

图2-4-43　正面碰撞时底板上力的传递

2. 车身侧面碰撞时的力传递路径

如果侧面碰撞时可移动障碍物撞到车辆上,那么碰撞力首先从侧面防撞保护件和车门锁传递到 A、B 和 C 柱。继续变形时侧面防撞保护件的安全钩会钩在 B 和 C 柱上。此外，车门内板也会支承在车门槛上（通过结构上的重叠实现）。这样整个侧围即可非常牢固地连接在一起。这表示从这个阶段起，碰撞力通过整体式的侧框架结构作用在车厢上，如图 2-4-44 所示。

图 2-4-44　侧面碰撞时力的传递

如果碰撞更严重，车门槛将相应的力通过座椅横梁传递至变速器传动轴盖板的连接支架和变速器支架以及底板的后部横梁，最后传递至车身的另一侧。与此同时，力也会通过车顶传向对侧。在不带活动天窗的车辆上，车顶弓形架的作用是将力传递至车辆另一侧。在带有活动天窗的车辆上，刚性很强的活动天窗框架可将力继续传递到对侧。如果 B 柱变形后挤压座椅，那么坚硬的座椅架会将所出现的力通过变速器传动轴盖板传递到车辆对侧。

3. 车身尾部碰撞时的力传递路径

发生尾部碰撞时，碰撞力通过保险杠支架及变形元件传递到车辆两侧，如图 2-4-45 所示。碰撞速度低于约 15km/h 时，这些元件作为变形吸能区可以用较低的维修费用更换。碰撞速度较高时各纵梁才会出现变形现象。通过后桥架梁和车轮，作用在车辆整个宽度上的负荷由后部底板和整个车门槛承受。在上部区域力主要由后部侧围吸收及传递。侧围将力传递至 C 柱和车顶，同时将一部分力通过车门向前传递。

图 2-4-45　车尾碰撞时侧围内力的传递

车尾碰撞时底板上的力传递路径如图 2-4-46 所示。在侧框架和后桥架梁承受高负荷的区域安装了附加的加强件。其他碰撞力通过传动轴传递到发动机和变速器上，以及废气装置和蓄电池上。此外，传动轴也是特殊的变形吸能区。铝合金传动轴由中间轴承的锥形法兰吸能,钢传动轴由反拉伸管吸能。由于后桥前的燃油箱位置比较有利,所以车尾碰撞时一般不会造成燃油系统损坏。

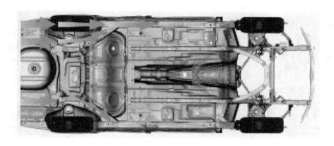

图 2-4-46　车尾碰撞时底板上力的传递

二、整体式车身碰撞变形特点

1. 前部碰撞变形

图 2-4-47 所示是一辆汽车发生前端碰撞时的变形情况。前端碰撞的冲击力取决于汽车的质量、速度、碰撞范围及碰撞物。碰撞程度比较轻时,保险杠会被向后推,前纵梁、保险杠支撑、前翼子板、散热器支座、散热器上支撑和机罩锁紧支撑等也会折曲。

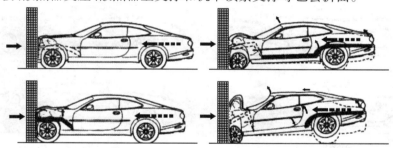

图 2-4-47　汽车前部碰撞变形过程

如果碰撞的程度剧烈,前翼子板就会弯曲而触到前车门,发动机罩铰链会向上弯曲至前围上盖板,前纵梁也会折弯到前悬架横梁上并使其弯曲。如果碰撞力足够大,前挡泥板及前车身立柱(特别是前门铰链上部装置)将会弯曲,并使车门松垮掉下。另外,前纵梁会发生折皱,前悬架构件、前围板和前车门平面也会弯曲。

2. 中部碰撞变形

当发生侧面碰撞时,车门、前部构件、车身中立柱以及地板都会变形。如果中部侧面碰撞比较严重,车门、中柱、车门槛板、顶盖纵梁都会严重弯曲,甚至相反一侧的中柱和顶盖纵梁也朝碰撞相反方向变形。随着碰撞力的增大,车辆前部和后部会产生与碰撞相反方向的变形,整个车辆会变成弯曲的香蕉状,如图 2-4-48 所示。

当前翼子板或后顶盖侧板受到垂直方向较大的碰撞时,振动波会传递到汽车相反一侧。当前翼子板的中心位置受到碰撞时,前轮会被推进去,振动波也会从前悬架横梁传至前纵梁。这样,悬架元件就会损伤,前轮的中心线和基线也都会改变。发生侧向的碰撞时,转向装置的连杆及齿轮齿条的配合也将被损坏。

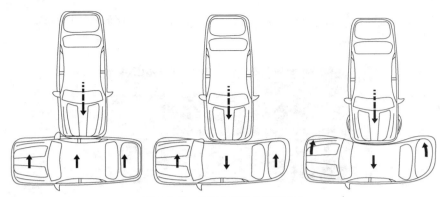

图 2-4-48　汽车中部碰撞变形过程

3. 后部碰撞变形

汽车后部碰撞时其受损程度取决于碰撞面的面积、碰撞时的车速、碰撞物及汽车的质量等因素。

如果碰撞力小,后保险杠、后地板、行李舱盖及行李舱地板可能会变形。如果碰撞力大,相互垂直的钢板会弯曲,后顶盖顶板会塌陷至顶板底面。而对于四门汽车,车身中立柱也可能会弯曲,如图 2-4-49 所示。

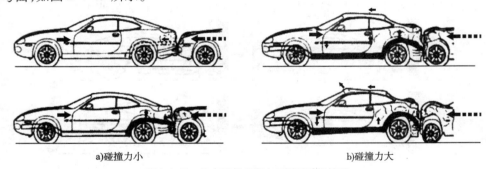

a)碰撞力小　　　　　　　　　　　b)碰撞力大

图 2-4-49　汽车后部碰撞力不同时受损情况

4. 顶部碰撞变形

当坠落物体砸到汽车顶部时,除车顶钢板受损外,车顶纵梁、后顶盖侧板和车窗也可能同时被损伤。在汽车发生翻滚时,车的顶部顶盖、立柱,车下部的悬架会严重损伤,悬架固定点的部件也会受到损伤。

如果车身立柱和车顶钢板弯曲,相反一端的立柱同样也会损坏。由于汽车倾翻的形式不同,车身的前部及后部部件的损伤也不同。就这些情况而言,汽车损伤程度可通过车窗及车门的变形状况来确定,如图 2-4-50 所示。

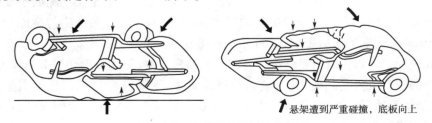

↑悬架遭到严重碰撞,底板向上

图 2-4-50　汽车翻滚碰撞变形过程

三、整体式车身碰撞损伤的评估

1. 碰撞评估原则

整体式车身的碰撞损伤可以用图 2-4-51 所示的圆锥图形法来进行分析。将目测撞击点作为圆锥体的顶点,圆锥体的中心线表示碰撞的方向,其高度和范围表示碰撞力穿过车身壳体扩散的区域。圆锥体顶点通常为主要的受损区域。

从受力点开始,按照碰撞力的传递路线逐一排查,如图 2-4-52 所示。A 点受到一个大小为 F_0 的碰撞力,在 B 点断面形状变化很大的部分先变形,减弱为 F_1,其次由 C 点孔洞处的变形吸收了部分的冲击力,余下 F_2 的力改变传递方向至 D 点,减弱为 F_3,接着是前门柱和车顶板接合处 E 点的变形,使传递力减弱成 F_4,中柱和车顶板接合处 F 点附近的碰撞力逐渐趋于零。

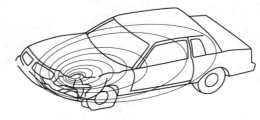

图 2-4-51 用圆锥图形法确定碰撞对整体式车身的影响

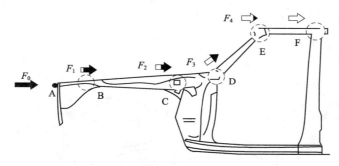

图 2-4-52 车身碰撞冲击力的传递路径

2. 诊断车身损伤的流程

1)目测确定损伤的程度

在大多数情况下,在碰撞部位能够观察出结构损伤的迹象。用肉眼检查后,进行总体估测,从碰撞的位置估计汽车受撞大小及方向,判断碰撞如何扩散并造成损伤。在估测中,先检查汽车上是否有扭转和弯曲变形,再设法确定出损伤的位置及各种损伤是否由同一碰撞引起的。

在碰撞中碰撞力穿过车身刚性大的部件传递,如车身前立柱(A 柱)、车顶纵梁、地板纵梁等箱形截面梁,最终传递深入至车身部件内并损坏薄弱部件。因此,要找出汽车损伤,必须沿着碰撞力扩散的路径,按顺序一处一处的进行检查,确认出变形情况。检查中要特别仔细观察板件连接点有没有错位断裂,加固材料(如加固件、盖板、加强筋、连接板)上有没有裂缝,各板件的连接焊点有没有变形,油漆层、内涂层及保护层有没有裂缝和剥落,以及零件的棱角和边缘有没有异样等。这样,损伤部位就容易识别出来,如图 2-4-53 所示。

加固材料(如加固件、盖板、加强筋、连接板)上的缝隙,各板件的连接焊点等部位在碰撞中容易发生变形。

图 2-4-53　车身上容易识别损伤的部位

2）利用工具检查车身部件的间隙

如图 2-4-54 所示，在车身上的车门、翼子板、发动机罩、行李舱盖、车灯之间的配合间隙都有一定的尺寸要求，通过观察和测量它们之间间隙的变化可以判定发生了哪些变形。

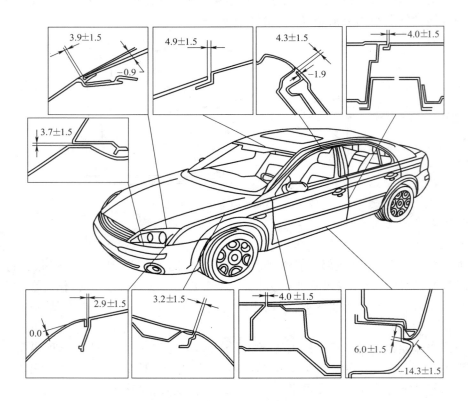

图 2-4-54　车身上的标准配合间隙（单位：mm）

在前部碰撞事故中，了解损伤最重要的是检查后车门与后顶侧板之间的间隙及水平差异，另一个较好的方法是比较汽车发动机罩与翼子板左侧与右侧的间隙。图 2-4-55 所示为对比左右翼子板与发动机罩的间隙情况。车门是以铰链装在车身立柱上的，这就可通过简单地开关车门及观察门的准直来确定车身立柱是否受到损伤，图 2-4-56 所示为通过测量和对比车门间隙来确定车门的损伤变形情况。

图 2-4-55　对比左右翼子板与发动机罩间隙　　　　图 2-4-56　对比车门配合间隙

第五章
车身金属板件的维修

第一节 车身金属覆盖件损伤的维修

覆盖件损伤多为碰撞凹陷损伤和锈蚀损伤,维修时要根据板件的不同特点选择合适的维修工艺。

一、常用钣金维修工具的使用

1. 钣金锤的使用

1) 钣金锤的选择

钣金锤是最基本的钣金手工工具。根据实际工作的需要,采用不同的制作材质(铜、钢、橡胶、木材等),并且做成不同的形状(尖头、球头、鹤嘴等),如图 2-5-1 所示。

(1) 对薄板件和有色金属工件可选用铜锤、木锤或硬质橡胶锤进行锤击。

(2) 对于维修钣金件小凹陷可用铜锤逐个轻微敲击以修平这些微小的凹陷。

(3) 合理选择钣金锤的尺寸和锤顶曲面的隆起高度,如图 2-5-2 所示。

2) 钣金锤的使用方法

用手轻松握住钣金锤手柄的端部(相当于手柄全长的 1/4 位置),锤柄下面的食指和中指应适当放松,小指和无名指则应相对紧一些,使之形成一个支点,拇指用于控制锤柄向下运动的力度,通过依靠手腕的动作来挥动锤子,并利用钣金锤敲击零件时产生的回弹力沿一个圆形的运动轨迹来敲击,这样能更好地控制锤子,如图 2-5-3 所示。

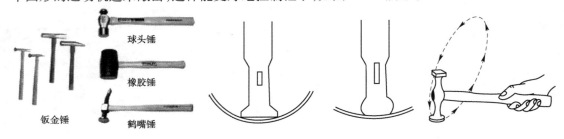

图 2-5-1 钣金锤　　　图 2-5-2 钣金锤的操作要点　　　图 2-5-3 钣金锤的使用

使用钣金锤整形时,以每分钟 100~120 次的频率轻微敲击,遵循"先大后小、先强后弱"的原则。禁止像钉钉子那样让锤子沿直线轨迹运动,也不可用手臂或肩部的力量。

2. 顶铁的使用

顶铁又称垫铁,是钣金基本工具之一,有不同的形状来适应车身板件的外形,如图2-5-4所示。垫铁常与钣金锤配合使用来修复车身板件的碰撞损伤。

选择垫铁时,要保证垫铁的工作表面与所修正的钣金形状基本一致(即半径与要修理的金属板件的曲面一样大或略小一些),如图2-5-5所示。

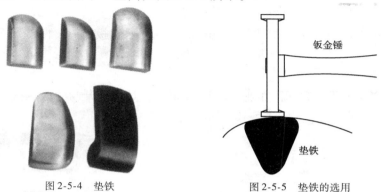

图2-5-4 垫铁　　　　　　图2-5-5 垫铁的选用

3. 钣金锤与顶铁的配合

在维修操作中,应将垫铁放在受损板件的内面,用前臂对其施加压力而使其抵在金属的内表面上。依垫铁与钣金锤的相对作用位置,可以分为钣金锤与垫铁错位敲击(偏托)和钣金锤与垫铁正对敲击(正托)两种操作方法。

1) 偏托法

将垫铁置于金属板背面的最低处,钣金锤则在另一面敲击变形的最高处,锤击时垫铁也作为敲击工具,如图2-5-6所示。

偏托法操作可以避免修复过程中的受力不均。很小的压痕、很浅的起伏、轻微的皱折都可以用这种方式拉伸,而不会损坏漆层。

2) 正托法

将垫铁直接置于金属板背面凸起部位,用钣金锤在另一面直接锤击变形部位。选择端面合适的垫铁紧贴于小凹凸的背面,用平锤轻轻敲击金属表面的凸起或小凹陷的周围,使板类构件表面变得更加光滑、平整,如图2-5-7所示。

4. 凹陷拉拔器

凹陷拉拔器是钣金专用工具的一种,主要用于封闭型车身板或从后面无法接近的皱折,通过拉拔和敲打使凹陷上升,如图2-5-8所示。

图2-5-6 偏托法　　　　图2-5-7 正托法　　　　图2-5-8 用拉拔器拉平凹陷

二、板件分割工具

1. 角磨机

在钣金维修中,角磨机是常用的打磨设备。配套研磨型砂轮使用,可以进行金属、焊点、旧涂膜、锈蚀等的打磨修整。配套切割型砂轮使用,可以进行板件切割等操作。

2. 切割锯

车身维修中常用的是往复式切割锯,用于金属(钢板、铝板)结构件、外部面板的分割,如图 2-5-9 所示。

3. 气动錾子

气动錾子能快速进行粗切割作业,节省大量时间。还能破开咬死的减振器螺母,以及去除焊接溅出物和破碎焊点,如图 2-5-10 所示。

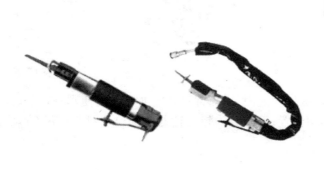

图 2-5-9 气动切割锯

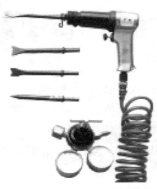

图 2-5-10 气动錾子

4. 焊点转除钻

焊点转除钻可以进行车身电阻点焊焊点的去除分离,如图 2-5-11 所示。有进度限位装置,保证在分离板件的同时不会损伤下层板,如图 2-5-12 所示。

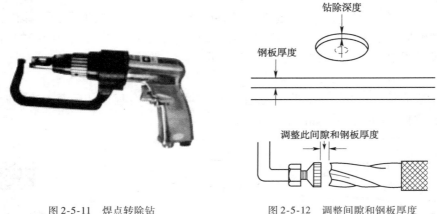

图 2-5-11 焊点转除钻　　　　图 2-5-12 调整间隙和钢板厚度

5. 等离子切割机

在现代车身上,大量应用高强度钢和超高强度钢,这类钢材的硬度、强度非常大,用切割锯切割效率不高,而使用氧乙炔切割会产生大量的热从而破坏金属内部的结构,也不能够在现代的汽中使用。等离子切割机是用等离子弧来切割金属的,能够满足现代车身板件的切割要求。

1)等离子切割机的组成

等离子切割机由主机、等离子切割枪和线缆组成,较复杂的等离子切割设备还包括一个安装在内部的空气压缩机、可调节的输出控制装置,以及机载的冷却剂和其他装置,如图 2-5-13 所示。

切割汽车车身零部件的等离子切割枪是小型,能在零部件比较密集的部位工作。等离子切割枪上的两个关键部件是喷嘴和电极,是等离子切割机中的易损件,如图 2-5-14 所示。现在车身修理中用的电极一般是锆电极。喷嘴和电极的损坏都将影响切割的质量,它们在每次切割中都略有损耗,而且如果压缩空气中有水分或切割过厚的材料,或操作者水平太低都将使它们过早地损坏。

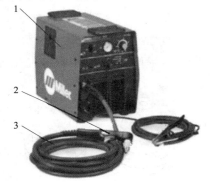

图 2-5-13　等离子切割机
1-主机;2-等离子切割枪;3-线缆

图 2-5-14　等离子切割枪
1-等离子切割枪;2-电极;3-喷嘴;4-护罩

等离子切割机由机内或机外空气压缩机供应压缩空气,也可以采用压缩空气气瓶供气。空气要求干燥、清洁,为了减少污染,在气路上应安装过滤器。空气压力一般应在 0.3 ~ 0.5MPa,气压过高或过低都将降低切割质量、损坏电极或喷嘴,并降低等离子切割机的切割能力。

2)等离子切割机的使用

(1)将等离子切割机连接到一个清洁、干燥的压缩空气源上。

(2)将等离子切割枪和搭铁的电线连接到等离子切割机上。将等离子切割机电源插头插到符合规定的电源,然后将搭铁夹钳连接到汽车的一个清洁表面,连接处应尽量靠近切割部位。

(3)在等离子弧被触发之前,应先将切割喷嘴与工件上一个导电部分相接触。一旦等离子弧被触发以后,等离子切割机将很容易切入涂有油漆的表面。

(4)使切割喷嘴与工件表面垂直,向下推动等离子切割枪,直到电极与工件相接触。这时,等离子弧被触发。然后,立即停止推动等离子切割枪,让切割喷嘴返回到原来的位置。当等离子弧被触发后,不需要切割喷嘴与工件保持接触。不过,两者保持接触会使切割更容易进行。当切割喷嘴与工件保持接触时,施加在等离子切割枪上向下的力非常小,只需要将它轻轻地拉到工件的表面上。

（5）开始在金属板需要切割的部位移动等离子切割枪，切割的速度由金属的厚度决定。如果移动等离子切割枪过快，它将不能切透工件；如果等离子切割枪移动太慢，将会有太多的热量传入工件，而且还可能熄灭等离子弧，如图2-5-15所示。

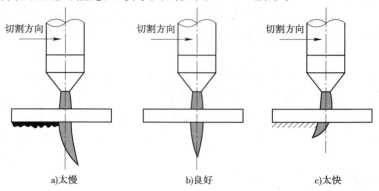

图2-5-15 切割速度与切割火焰

（6）电极的使用极限为1.5mm，如图2-5-16所示。喷嘴的中心孔容易发生变形如图2-5-17所示。电极和喷嘴损坏后，要及时更新。

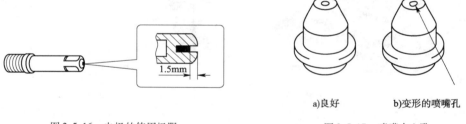

图2-5-16 电极的使用极限　　　　　图2-5-17 喷嘴中心孔

3）使用等离子切割机的注意事项

（1）当切割厚度在3mm以上钢板时，最好使等离子切割枪与工件成45°角。如果在切割较厚的材料时，等离子切割枪与工件保持垂直，火花将被射回到气体喷射器中，会堵塞各气孔并极大地缩短气体喷射器的寿命。

（2）等离子切割枪的冷却对延长电极和喷嘴的寿命非常重要。完成一次切割后，在开始下一次切割前，应关闭等离子切割枪开关，让空气连续几秒流过，以防止喷嘴和电极过热。

（3）在进行长距离的直线切割时，使用一个金属的靠尺会更加方便。只需将靠尺夹到工件上即可。

（4）对于需要切割形状复杂的地方，可用薄木板做一个样板，让喷嘴沿着样板进行切割。

（5）切割厚度6mm以上的材料时，最好先从材料的边缘开始切割。

三、车身点焊焊点的分离

车身结构性板件在制造厂用点焊连接在一起，则拆卸板件主要是把电阻点焊的焊点分离。可以用手电钻钻去焊点，用等离子切割枪切除焊点，用錾子錾去焊点或用高速磨削砂轮磨去焊点。

1. 确定焊点的位置

为了找到电阻点焊焊点的位置,通常要去除底漆、保护层或其他覆盖物。可用粗钢丝砂轮、砂轮机或刷子来磨掉涂料。

在清除油漆以后,焊点的位置仍不能看清的区域,在两块板件之间用錾子錾开。这样可使焊点轮廓线显现,如图2-5-18所示。

2. 分离焊点

(1)钻头分离。确定焊点的位置以后,使用钻头、焊点转除钻等工具来钻掉焊点。不要钻坏下面的板件,并且一定要准确地钻掉焊点,以避免产生过大的孔,如图2-5-19所示。

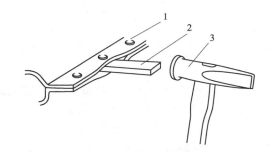

图2-5-18 用錾子确定焊点位置

1-焊点;2-錾子;3-钣金锤

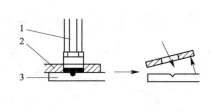

图2-5-19 钻头分离焊点

1-钻头;2-外板件;3-内板件

(2)等离子切割分离。等离子切割枪可以很快地除去焊点,但是不能保证下层板件的完整。

(3)磨削分离。用钻头不能够钻除的焊点,或更换板件的塞焊点太大,钻头不能钻掉时,可以采用高速砂轮磨削掉上层板的焊点,而不破坏下层板。如图2-5-20所示。

(4)钻除、等离子切割枪去除或磨掉焊点以后,在两块板件之间打入錾子可以分离它们,但不要切伤或弄弯未受损伤的板件。

3. 分离连续焊缝

在一些汽车的局部板件连接中,板件是用惰性气体保护焊的连续焊连接的。由于焊缝长,因此要用砂轮切割机来分离板件,如图2-5-21所示。要割透焊缝而不割进或割透板件。握紧角磨机让砂轮以45°角进入搭接焊缝。磨透焊缝以后,用锤子和錾子来分离板件。

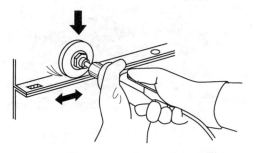

图2-5-20 砂轮磨削焊点

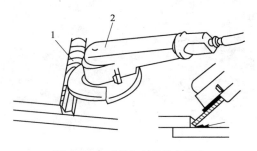

图2-5-21 砂轮切割机分离焊缝

1-连续焊缝;2-角磨机

四、覆盖件损伤的修复

1. 金属板件的维修工艺

车身外覆盖件的损伤主要使用钣金锤与垫铁配合的敲打工艺、热收缩工艺和拉拔工艺来修理，对于板件的断裂、新件的连接等还要配合焊接工艺。

手工敲打修复适合车身上能够方便拆卸的覆盖件，比如发动机罩、行李舱盖和前翼子板等。该种工艺对板件的二次损伤影响最小，能够采用敲打修复工艺的就尽可能不用其他的维修方式。

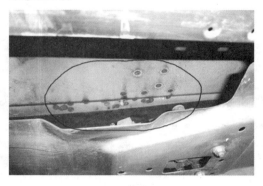

图 2-5-22 焊点背面的锈蚀

热收缩、拉拔和焊接工艺修复时，会对板件的背面防锈涂层损坏，从而造成锈蚀，如图 2-5-22 所示。所以在维修时要注意以下问题：

（1）加热点、拉拔点和焊接点要尽可能少。能用 1 点拉拔修复的就不要采用 2 点，减少焊点的个数，就会减少产生锈蚀的面积。

（2）把握好加热和焊接的程度。焊接垫圈时不要焊接过度，以免对板件背面的防腐涂层造成严重的损伤而很快产生锈蚀。

（3）要注意控制拉拔垫圈的力度。只要能将凹陷拉出即可，不能将板件拉穿，产生孔洞。

2. 板件变形的敲打方法

手工敲打修复对金属板件的损伤最小，需要的工具设备较少，操作难度较低。但是由于敲打时需要在金属的正反两面同时操作，在实际维修中会有一定的局限。有一轿车右前翼子板被撞，产生凹陷，如图 2-5-23 所示。手工敲打校正方法如下：

（1）首先要将其从车身上拆卸下来，放在操作平台上。从板件的背面用橡胶锤将凹陷轻轻敲击，进行粗平作业，如图 2-5-24 所示。粗平作业后，要将凹陷全部敲出，敲击时用力要轻，不要损坏板件和板件上的防腐涂层。

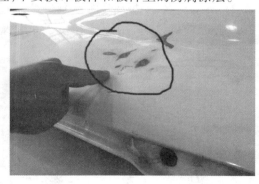

图 2-5-23 叶子板的凹陷损伤

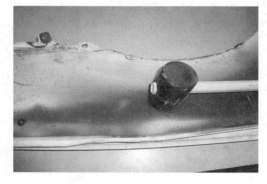

图 2-5-24 用橡胶锤敲出凹陷

（2）粗平之后再进行精细整平。在操作时选择断面合适的垫铁，紧贴于小凹凸的背面。根据板件的形状选择合适外形的手锤，轻轻敲击，修复变形，消除板件变形处的应力，如

图 2-5-25 所示。在进行精平操作时要注意以下三点:第一、敲击力度不可过大,防止将板件敲坏;第二、手腕要灵活、放松;第三、敲击时,垫铁、板件、手锤之间不能完全贴靠,防止将板件敲延展。

(3)精平后维修效果的检查。精平完成后,用钢直尺贴到板件的表面,进行维修效果的检查,如图 2-5-26 所示。当板件维修后变形程度在 2mm 之内,维修完成,可以交给下一道工序。

图 2-5-25　精平操作

图 2-5-26　维修质量检查

3. 钢板收缩工艺

收缩作业种类及原理。收缩作业按照作业温度可分为常温收缩和热收缩。常温收缩分为打褶法和收缩锤收缩。在虚敲作业中,使用垫铁顶住钢板较低的部位,手锤击打较高的部位,介于手锤和垫铁之间的晶粒将被压扁使钢板厚度增加,尺寸缩短,这本身就对钢板起到收缩的作用。热收缩分为火焰收缩、铜极收缩和碳棒收缩,其中铜极收缩和碳棒收缩为电热收缩。在使用整形机焊接、铜极压凸起点的时候,由于热量的影响,也可以起到收缩的作用。

收缩并不是钢板修复时,所必须进行的一项作业内容,特别是整形机作业,由于热量的副作用,很多情况下是不需要收缩的。热收缩时的冷却介质主要是使用蘸水的潮湿海绵或压缩空气,水冷却后的收缩效果相对较好,但由于会对钢板的材料产生一定影响,所以目前主要以压缩空气作为冷却介质。

4. 板件变形的拉拔法维修

1)"单点"拉拔与"多点"拉拔修复工艺

车身损伤的形式有极大的随机性,有时损伤是点状凹陷,有时是条状受力造成的长条形凹陷。对于点状凹陷采用单点拉拔方式修复,即通过单个焊圈来拉出凹陷将损伤修复,如图 2-5-27 所示;对于条形损伤就需要采用多点拉拔来修复损伤,在焊接垫圈时要同时焊接多个,在焊接的垫圈中穿入结实的铁杆,拉拔器的钩子钩在铁杆上,进行一次性的拉拔修复。如图 2-5-28 所示。需要注意的是,焊接垫圈的个数必须是偶数,这样垫圈间的间隙数就是奇数,在拉拔时将拉拔器的钩子挂在中间的空隙上,两侧受力会均匀,保证拉拔的效果。

2)利用整形机拉拔板件凹陷变形

(1)连接车身外形修复机。在损伤板件的边缘处将涂层处理掉一小块,露出金属板材。然后用大力钳将车身外形修复机的负极电缆与板件牢固连接,形成回路,如图 2-5-29 所示。

调整好车身外形修复机的相关参数（如果不能准确地调整参数，可以先在一块与损伤板件材质和厚度相同的废板上进行试焊），准备焊接垫圈。

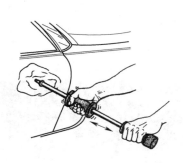

图 2-5-27　单点拉拔修复

图 2-5-28　多点拉拔修复

（2）焊接垫圈。根据损伤部位的情况，确定拉拔的位置和拉拔点的个数。然后将需要拉拔部位的涂层处理掉，露出金属板材，便于焊接垫圈。焊接垫圈时要适当地用力压紧板件，防止垫圈与板件之间产生火花，甚至焊接不牢固，如图 2-5-30 所示。

图 2-5-29　连接负极

图 2-5-30　焊接垫圈

（3）拉拔。焊接好垫圈后，用拉拔器的钩子挂在焊接好的垫圈上，按照与碰撞力相反的方向进行拉拔修复，一定要注意不要拉拔过度而产生凸起的情况，如图 2-5-31 所示。当将凹陷基本上拉拔修复好了以后，用一只手稳定住拉拔器不动，再用钣金锤轻轻敲打凹陷变形的边缘，以消除板件内部集中的内应力，如图 2-5-32 所示。

图 2-5-31　拉拔修复凹陷

图 2-5-32　敲打消除内应力

(4)修整。当损伤被修复完成后,用钳子将焊接好的垫圈取下。在取垫圈时要采用旋转的方式将其取下,防止将板件拉穿,如图2-5-33所示。取下垫圈后留下的焊点,用车身锉将焊点锉平。用钢直尺按照车身流线方向检查修复的效果,保证修复后的尺寸误差在2mm范围内,修复完成,如图2-5-34所示。

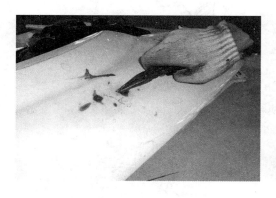

图2-5-33 取下垫圈

图2-5-34 检查修复效果

五、不可拆卸车身覆盖件的更换

车身后翼子板、车顶等覆盖件采用焊接连接,与车身结构件构成一个整体。在更换非结构性的外部板件时,要采用切割的方式拆卸。由于这些零件内部还有加强板和内板,在切割时一定要严格遵照车型的维修技术说明,在指定位置进行切割,如图2-5-35所示。

外部板件更换着重的是在外观上的配合,车身轮廓线必须平齐,板件之间的间距必须均匀,而不用像更换结构性板件那样精确地进行测量。下面以车身后翼子板的拆装来说明更换的操作过程。

1. 焊点的清除

使用焊点转除钻钻除焊点,针对不同的部位选择合适的钻头直径,如图2-5-36所示。

2. C立柱的切割

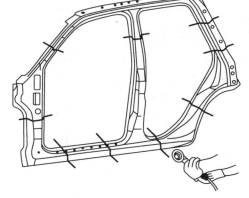

图2-5-35 车身侧板的切割位置

(1)用划规在C立柱外板划出切割线,在切割线上进行切割,如图2-5-37所示。

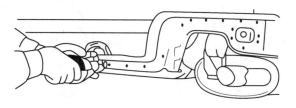

图2-5-36 焊点的清除

(2)对钎焊部位加热,分离钎焊区,如图2-5-38所示。

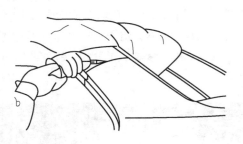
图 2-5-37　切割 C 柱

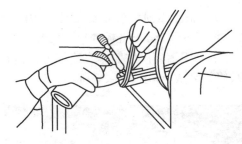
图 2-5-38　钎焊的分离

3. 板件结合部位的整理

(1) 用研磨机磨平焊点部位的多余金属，使金属平整，去除黏着物，如图 2-5-39 所示。

(2) 对焊接面板件进行整修，涂刷点焊防锈底漆，如图 2-5-40 所示。

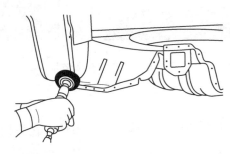
图 2-5-39　清洁焊接部位

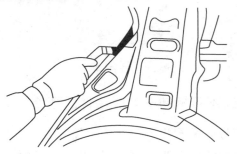
图 2-5-40　涂刷防锈底漆

4. 新板件的准备

更换的新件多为车身侧面的整个外板，按需要的板件尺寸在新件上下料。使用气动锯在切割线上进行切割，防止钢板变形，如图 2-5-41 所示。

5. 预安装新板

(1) 用大力钳夹在若干点将它固定，要保证板件的末端和边缘的匹配。

(2) 仔细调节新板件与周围板件的配合，调节板件以便与车门和车身轮廓彼此匹配，如图 2-5-42 所示。

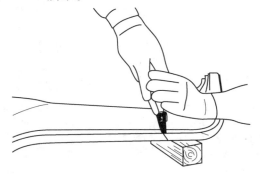
图 2-5-41　切割新板件多余部分

图 2-5-42　新板间隙的调整

(3) 然后将行李舱盖安装在正确位置上，并调节间隙和水平差。要进一步确定后窗孔对角尺寸，若有差别，适当地进行校正，使后窗玻璃与窗孔相吻合。

(4)将板件装配好以后,可以钻些小孔,用自动攻丝螺钉进一步将它固定,如图 2-5-43 所示。调整车身轮廓线和板件的搭接处,使其与后围板及后部窗式框架相匹配。

(5)安装尾部组合灯,并使板件与灯组件配合。当每个部分的间隙、车身轮廓线和水平偏差都已经调整好时,用肉眼检查整体的扭曲和弯曲。

6. 焊接

(1)在新零件上用不同记号来辨别是要进行塞焊还是点焊,先将实施点焊部位的底漆磨除,对塞焊部位根据板厚度选择钻头来钻取塞焊所需要的

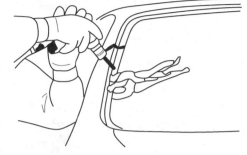

图 2-5-43 临时固定新板件

塞孔。确保新板件与车身的结合面吻合间隙很好,在焊接处涂抹点焊防锈底漆。

(2)一旦新板件的尺寸和位置确定以后,就将它焊接就位。要采用分段焊接防止热变形和应力。对钎焊部位进行钎焊,如图 2-5-44 所示。

(3)对表面的焊缝进行研磨,直到平滑。在没有底漆的部位实施清洁及去脂工作,车身上涂抹车身密封胶和喷涂底层漆。

7. 竣工检查

先调整行李舱盖的前后方向间隙,再调整左右方向间隙,最后调整高度,如图 2-5-45 所示。

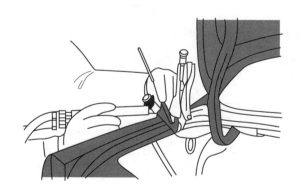

图 2-5-44 新板件的焊接

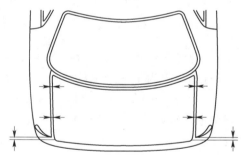

图 2-5-45 调整间隙

第二节 车身金属结构件损伤的校正

车辆受到严重撞击后,车身的外覆盖件和结构件钢板都会发生变形。车身外覆盖件的损伤可以用手锤、垫铁和外形修复机来修理,但车身结构件的损伤修理仅仅使用这些工具是无法完成的。车架式车身的车架和整体式车身的结构件是非常坚固与坚硬的,强度非常高,

对于这些部位的整形,必须通过车身校正仪的巨大液压力才能够进行修复操作。使用车身校正仪可以快速精确地修理这些变形损坏的构件。

一、车身校正设备

1. 车身校正基本原则

校正(拉伸)车身时,有一个基本原则,即按与碰撞力相反的方向,在碰撞区施加拉伸力,如图 2-5-46 所示。当碰撞很小,损伤比较简单时,这种方法很有效。

但是当损伤区域有折皱,或者发生了剧烈碰撞,构件变形就比较复杂,这时仍采用沿着一个方向拉伸就不能使车身恢复原状。这是因为变形复杂的构件,在拉伸恢复过程中,其强度和变形也随着改变,因此拉伸力的大小和方向就需要适时改变,如图 2-5-47 所示。因此,在校正拉伸时,要同时在损坏区域不同的方向上施加拉力。

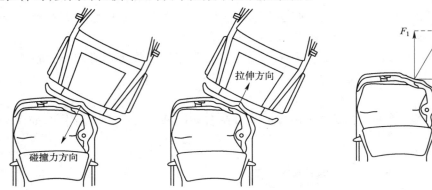

图 2-5-46 拉伸力的方向　　　　图 2-5-47 拉伸力的分解

2. 车身修复对校正设备的基本要求

车身修理中为了达到比较好的修复效果,必须使用有能力完成多种基本修复功能的校正设备。车身校正设备虽然种类繁多,但并不是每个称为车身校正仪的设备都能高效、精确、安全地修复好汽车车身。为了能够完成好车身修复工作,车身校正设备必须具备以下条件:

(1)配备高精度、全功能的校正工具。

(2)配备多功能的固定器和夹具。

(3)配备多功能、全方位的拉伸装置。

(4)配备精确的三维测量系统。

3. 地框式校正系统(地八卦)

地框式校正系统是将框轨埋藏在地下,在框轨上安放自锁式锚固锁,通过三点式拉具,用铁链将车身拉出,如图 2-5-48 所示。地框式校正系统最适合于小型的车身维修车间使用,因为当顶杆、主夹具和其他动力辅助设备被清理后,校正作业区就可以用作其他用途,有利于车间面积的充分利用。

地框式有单框和单框加附加框两种,如图 2-5-49 所示。附加框可以根据实际需要增加。

（1）固定车辆。车辆在地框式校正系统上校正拉伸时要进行固定，其紧固力必须满足在拉力的大小和方向上同时保持平衡的要求。车辆安全地紧固在支座的夹钳上，一般在车身下部的四个位置都要进行这样的固定，确保车辆在拉伸校正中保持稳定。

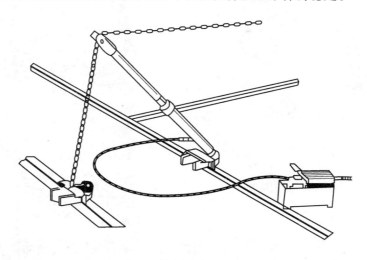

图 2-5-48　三点式拉具

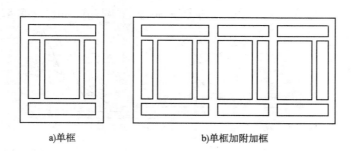

a) 单框　　　　　　　　　b) 单框加附加框

图 2-5-49　地框的形式

（2）拉伸操作。地框式校正系统在拉伸校正操作中配有手动或气动液压泵，并且还应配有一些液压顶杆（液压缸）。用一根链条把顶杆连在汽车和支架上，通过支架把顶杆和链条支承在槽架上。在拉伸时需将液压顶杆装在顶杆座上，以便液压顶杆能够在需要的方向上施力。液压顶杆升到需要的高度，把链条拉紧并锁紧链条，链条钩在支架上。支架、液压顶杆及汽车上的拉伸点必须与牵拉方向成一条直线。将液压泵与液压顶杆连接，并把空气软管连接到气动液压泵上，起动液压泵，使链条拉紧，接下来，就可以进行牵拉校正了，如图 2-5-50 所示。

4. L 型车身校正仪

L 型简易校正仪由车身固定系统、拉伸系统和附件组成，如图 2-5-51 所示。拉伸装置装配有液压系统，在可移动的拉伸柱和车身之间用链和夹钳牵拉被损坏的车身部分。因为容易搬运，这种装置很容易安放在损伤部位的牵引方向。但是这种类型的装置只能在一个方向上拉拔。因此，它只适合一些小的碰撞修复，对于复杂的碰撞变形不能进行精确的修复。

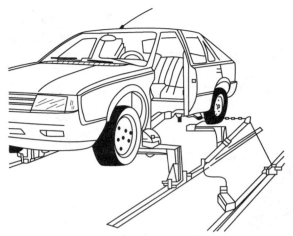

图 2-5-50 用地框式校正系统校正车身

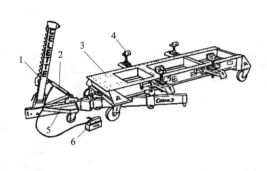

图 2-5-51 L 型简易校正仪
1-拉伸柱;2-液压撑杆;3-平台;4-夹钳;5-牵引小车;6-液压器

L 型车身校正仪可以进行拉、顶、压、拔操作。当车身某个方向被撞凹进去,可用工具夹紧再用牵引小车把它拉出来。如果在某个方向凸出来,也可以顶、压进去。可以视车身的损坏程度,对其进行正面拉、侧面拉,还可以向上拔、向下拉等操作,如图 2-5-52 所示。

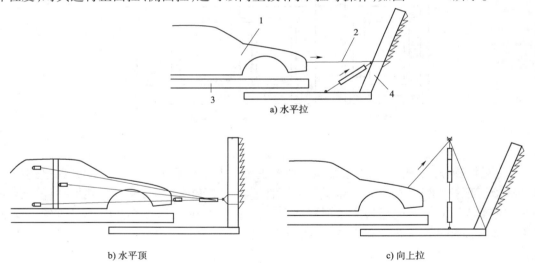

图 2-5-52 L 型车身校正仪的使用
1-车身;2-拉伸链条;3-校正平台;4-拉伸柱

5. 平台式车身校正仪

平台式车身校正仪是一款通用型的车身校正设备,可以对各种类型的车身进行校正。如图 2-5-53 所示。平台式车身校正仪一般配有两个或多个塔柱进行拉伸校正。这种拉伸塔柱为车身修理人员提供了很大的自由度,可在绕车身的任何角度、任何高度和任何方向进行拉伸。其中很多平台式车身校正仪有液压倾斜装置或整体液压升降装置,利用一个手动或电动拉车器,将车身拉或推到校正平台的一定位置上。

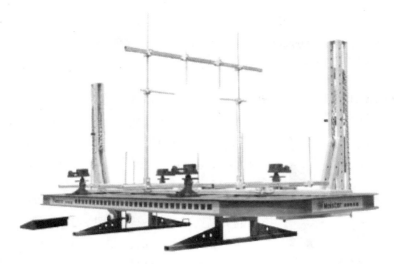

图 2-5-53　平台式车身校正仪

平台式车身校正仪同时也配备有很好的通用测量系统,通过测量系统精确的测量,可指导拉伸校正工作准确、高效的进行。

(1)平台。平台是车身修复的主要工作台,拉伸校正、测量、板件更换等工作都在平台上完成。

(2)上车和平台升降系统。通过上车系统和平台升降系统可以把事故车放置在校正平台上。上车系统包括上车板、拖车器、车轮支架、拉车器(牵引器)等。通过液压升降机构把平台升起到一定的工作高度,如图 2-5-54 所示。平台的工作高度有固定式和可调式的,固定式的一般为倾斜式升降,高度在 500~600mm;可调式的一般为整体式升降,高度一般为 300~1000mm。

(3)车身固定。固定在平台上的主夹具将车辆紧固在平台上,车辆、平台和主夹具成为一个刚性的整体,车辆在拉伸操作时不能移动,如图 2-5-55 所示。为满足不同车身下部固定位置的需要,主夹具结构有多种,双夹头夹具可以夹持比较宽的裙边部位,防止拉伸中损坏夹持部位,单夹头夹具的钳口很宽,能够夹持车架。对于一些特殊车辆的夹持部位有特殊的设计,如有些汽车没有普通汽车的电焊裙边,像奔驰或宝马轿车就需要专门的夹具来夹持。

图 2-5-54　平台升降系统

图 2-5-55　主夹具

(4)拉伸系统。车身拉伸校正工作是通过强大的液压力来把车身上的变形板件拉伸到位。校正仪上的气动液压泵或电动液压泵,通过油管把液压油输送到塔柱内部的油缸中,推动油缸的活塞顶出。气动液压一般是分体控制的,而比较先进的电动液压系统一般是集中控制的,由一个或两个电动泵来控制所有的液压装置,这样效率更高,故障率更低,工作平稳。

损坏板件的拉伸操作是通过塔柱实现的。塔柱内部有油缸,液压油推动油缸活塞,活塞推动塔柱的顶杆,顶杆伸出塔柱的同时拉动链条,在顶杆的后部有链条锁紧窝把链条锁住,通过导向环把拉力的方向改变成需要进行拉伸的方向。导向环通过摩擦力卡在塔柱上。

（5）附件。车身校正系统的附件包括对车身各种部位拉伸的夹持工具、链条等,如图 2-5-56 所示。

在使用夹持工具时必须注意正确的使用方法,否则会损害夹具和车身。在拉伸时必须使拉力方向的延长线通过夹齿的中间,否则夹钳有可能受扭转的力而脱开,还会对钳口夹持的部位造成进一步的损伤,如图 2-5-57 所示。

图 2-5-56 拉伸用的附件

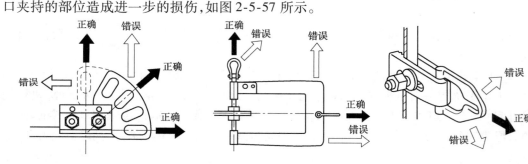

图 2-5-57 拉伸力的方向

在进行牵拉校正作准备时,钣金工具不可能正好夹持在变形区域,如果遇到这种情况,可暂时在需要拉伸的部位焊一小块钢片,修复之后,再去掉钢片,如图 2-5-58 所示。

（6）测量系统。测量系统是整个车身修复过程中不可或缺的。测量系统在车身测量中已介绍过,不再赘述。

二、拉伸校正操作

1. 制订维修工艺

拉伸车身时,保证通过最少量的拉伸校正来修复损坏部件,同时不能造成进一步的车身结构损伤。

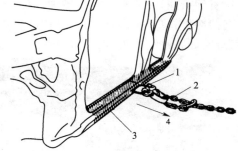

图 2-5-58 拉伸的临时焊片
1-临时焊接钢片;2-链条;3-损伤门槛;4-拉伸方向

首先,从混在一起的众多损伤中,找出修理的先后次序。从确定出的第一个需要修复的板件开始修复,然后修复第二个板件、第三个……直至全部维修完成。整个拉伸校正的程序在车身损坏分析制订修理计划的过程中已经安排好了。在具体的校正修理过程中可能还需要根据具体情况做相应的调整。

1）整车维修顺序

整个车身在修理时,要用"从里到外"的顺序完成修理过程。因为车身尺寸的基准在车身中部,需要先对车身中部进行整修,使中部车身尺寸恢复,以它们为基准再对前部或后部的尺寸进行测量和校正。而不是车身前部损坏就先修理前部部件,后部损坏就先修理后部部件,而是先要对车身的中部(乘客室)进行校正,使车身的中部和底部的尺寸特别是基准点的尺寸恢复到位。

2）车身零件的维修要求

(1)拉伸校正的程度是由损伤部件的尺寸决定的。拉伸前需要知道每个损坏部件变形的方向和变形的大小,这需要准确地测量来决定,通过三维测量数据和车身标准数据对比可以知道变形的大小和方向。

(2)一个部件在受到碰撞后,可能存在三个方向的变形。则维修时按照首先校正长度,然后校正宽度,最后校正高度的顺序拉伸。

(3)每一个板件的修复需要很多次的拉伸操作,每一次拉伸时,只使受损板件产生少量的变形,然后卸力、测量,检查一下板件变形恢复的程度,还有多少尺寸没有恢复,再重复拉伸、测量、检查的工作过程,直到板件的尺寸恢复到标准尺寸的误差范围内。

2. 拉伸校正

1）维修前的准备

(1)车辆固定时要确保主夹具夹钳齿咬合得非常紧固,车辆被牢靠地固定在平台上。

(2)在损伤部位安装夹具,装夹要牢固,检查钳口螺栓是否紧固牢靠,如图 2-5-59 所示。

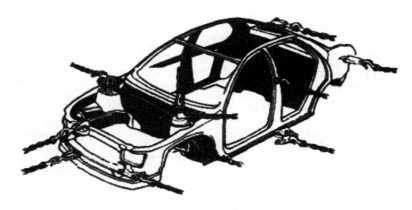

图 2-5-59　安装车身夹具

(3)拉伸链条必须稳固地与钣金夹具连接,为防止在拉伸过程中脱落,用钢丝绳把链条固定在车身的牢固部件上,万一链条断裂,可防止甩出对人员和其他物品产生损伤,如图 2-5-60 所示。

(4)车身辅助固定。向一边拉伸力大时,一定要在相反一侧使用辅助固定,以防将汽车拉离校正台,如图 2-5-61 所示。

注意:拉伸时,严禁操作人员与链条或牵拉夹钳在一条直线上。因为当链条断裂、夹钳滑落、钢板撕断时,特别是在拉伸方向可能会造成直接的伤害事故。

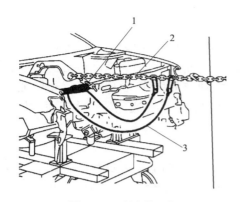

图 2-5-60 链条的固定
1-散热器框架;2-链条;3-钢丝绳

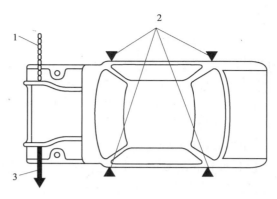

图 2-5-61 辅助固定
1-辅助固定;2-车身在平台上固定;3-拉力方向

（5）确定拉伸形式。在整体式车身损伤较轻的表面可以使用简单的单向牵拉。在牵拉修理结构复杂部件的损伤时,一定要注意防止与其连接的那些未损伤的或已修复的部位受到拉伸,以免造成不应有的损伤,甚至无法修复的结果。为了避免发生这类情况,需要复合牵拉。要求在每次拉伸校正过程中,尽量要找到 2 个或更多的拉伸点和方向,如图 2-5-62 所示。

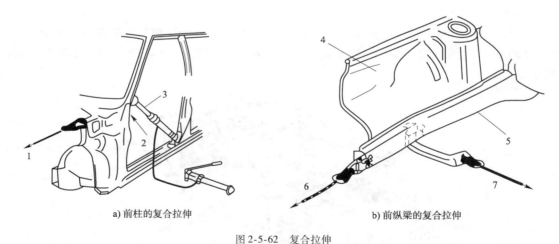

a) 前柱的复合拉伸　　　　　　　　　　b) 前纵梁的复合拉伸

图 2-5-62 复合拉伸
1-向前拉前柱;2-前柱;3-推前柱;4-挡泥板;5-前纵梁;6-纵向拉;7-横向拉

2）拉伸

通过一系列的反复拉伸操作:拉伸—保持平衡（消除应力）—再拉伸—再保持平衡（消除应力）。在这样一个循环往复的操作过程中,车身金属板可以有更多的时间恢复变形,有更多的时间使金属松弛（消除加工硬化的应力）,有更多的时间测量检查和调整拉伸校正的进度。

（1）在拉伸开始时,要慢慢地起动液压系统,仔细观察车身损坏部位的移动,是否在正确的方向上变形。如果不是,要检查原因,调整拉伸角度后再开始。

（2）在拉伸到出现一定变形后要停止并保持拉伸拉力,再用手锤不断锤击损伤区域以消除应力,卸载使之松弛,然后再次拉伸并放松应力。

(3)车身部件的拉伸要从靠近车中心的部分向外进行,当靠近中部部件的控制点尺寸到位以后,可以用一个辅助固定夹来固定,再拉伸下一段没有完全恢复尺寸的部分。如果对已经拉伸校正好的部位不进行辅助固定,再拉伸下一段时可能影响已修复好的部分。

(4)如果损坏部件一些部位折皱、折叠得太紧,内部的加工硬化太严重,在拉伸时板件有被撕裂的危险。如果这些部件在吸能区就不能进行维修了,需要进行更换。在这些部件拉伸时需要对其加热放松应力。加热时要注意,只能在棱角处或两层板连接得较紧的地方加热。如果在车身纵梁或在箱型截面部分加热,只能使其状态进一步恶化。加热只能作为消除金属应力的一种手段,而不能把它作为软化某一部分的方法。现代车身一般不推荐在高强度板件上用焊炬加热,如果采用加热方式释放应力,加热温度控制在200℃以下。

(5)防止过度拉伸。钢板可以被拉长,但不可能通过推压使其缩短。任何损坏的钢板,在拉伸校正之后,超过了极限尺寸,就很难再收缩或被压缩了。过度拉伸唯一的修理方法就是把损坏的板件更换,为防止产生过度拉伸而损坏整体式车身,在每一次的拉伸校正过程中,都要对损伤部位的校正进程进行测量、监控,如图2-5-63所示。

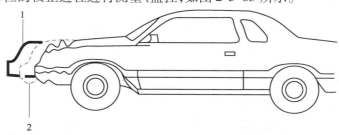

图2-5-63 过度拉伸
1-过度拉伸;2-完好状态

第三节 车身结构件的更换

车身由于碰撞造成变形,并不是所有的变形部件都可以校正后再继续使用的,有些部件特别是高强度和超高强度钢制造的部件,其变形后内部的应力相当大,而且用常规的方法无法完全消除这些应力,所以就不能校正而要更换。还有如果损伤部位在车身碰撞吸能区,对于这些零件也必须更换而不能校正维修。

一、车身结构性板件的分割与连接

1. 结构性板件的更换要求

结构性板件是车身其他零部件和外部板件的安装基础。因此,结构性板件更换后定位的精确性,决定了所有外形的配合和悬架装置的准确性。焊接结构性板件不能草率地用垫片进行调整,结构性板件必须精确地定位后才能进行焊接操作。

修理结构性板件时,当需要切割或分割板件,应完全遵照制造厂的建议。有些制造厂不允许反复分割结构性板件,有些制造厂只有在遵循它们的正确工艺规程时才同意分割。所有制造厂家都强调:不要割断可能降低乘客安全性的吸能区域、降低汽车性能的区域或者影响关键尺寸的地方。

2. 结构件的截面类型

整体式车身结构件的截面有两种基本类型:一种是封闭截面构件,例如车门槛板、立柱和车身梁;另一种是开式的或单层搭接连接的组合部件,例如地板和行李舱地板。封闭截面构件是要求最高的构件,因为它们在整体式车身结构中承载主要的载荷,而且相同截面大小的强度,要比其他部件截面的强度大得多,如图2-5-64所示。

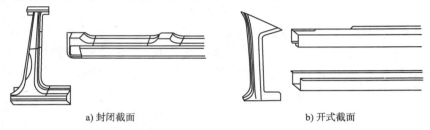

a) 封闭截面　　　　　　　　　　b) 开式截面

图 2-5-64　结构件的截面

3. 结构件的分割

结构性板件的分割和更换主要包括下列部件:车门槛板、后围板组件、地板、前纵梁、后纵梁、行李舱地板、B立柱以及A立柱等,如图2-5-65所示。

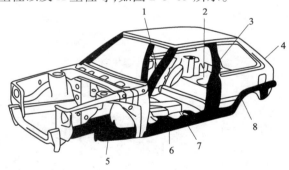

图 2-5-65　车身结构性板件的分割和更换部件

1-A立柱;2-行李舱地板;3-B立柱;4-后围板组件;5-前纵梁;6-车门槛板;7-地板;8-后梁

(1) 分割时有些部位要避开,如要避开构件中一些"孔"。不要切穿任何内部加强件,如金属的双层构件。如果不小心切穿了内部加强件的封闭截面,则不可能使该部位恢复事故发生前的强度。

(2) 应避开支承点,如悬架支承点,座椅安全带在地板中的固定点,以及安全带在B柱上的固定点。例如当切割B立柱时,应避开安全带固定点作偏心切割,以避免影响固定点的加固。

(3) 防撞吸能区的分割。所有的前梁和后梁都有防撞吸能区,通过它们的外观可辨认这些防撞吸能区。有些是以回旋状或波状的表面形式,有些是凹痕或陷窝形式,另外一些是孔或缝的形式。这样做是有意设计的,使梁在碰撞时首先在这些部位变形。

在维修中需要对前纵梁进行切割时,一定要避开前纵梁防撞挤压区,要按照维修手册中指定的位置,进行切割,否则就会改变设计的安全目的,如图2-5-66所示。

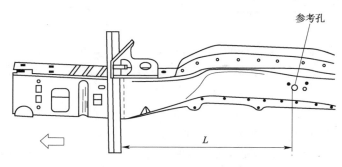

图2-5-66　前纵梁的切割区域

4. 结构件的连接

(1)有插入件的连接方式主要用于封闭截面构件,例如车门槛板、A立柱以及车身梁,如图2-5-67所示。插入件使这些构件容易装配和正确地对中连接,并且使焊接过程比较容易。

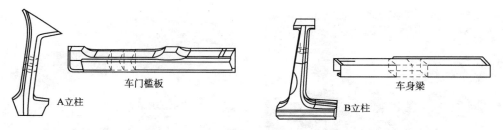

图2-5-67　有插入件的连接方式

(2)没有插入件的对接,通常又称偏置对接。这种类型的焊接连接用于A立柱、B立柱及前梁,如图2-5-68所示。

(3)搭接。搭接用于后梁、地板、行李舱地板及B立柱,如图2-5-69所示。

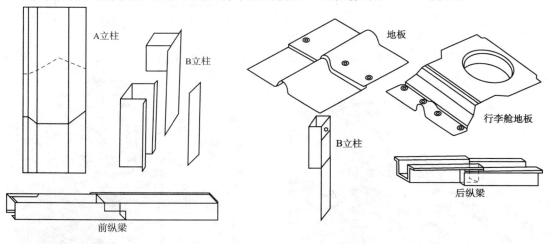

图2-5-68　没有插入件的偏置对接方式　　　　图2-5-69　搭接方式

根据被分割构件的形状和结构,采用组合的连接类型。例如,分割立柱,可能要求在外件上用偏置对接连接,而在内件上用搭接连接。

二、严重受损车身的维修

1. 损坏分析

一辆左前部发生碰撞严重受损的汽车需要维修,如图 2-5-70 所示。首先要根据测量和损坏分析的结果来制定精确的碰撞修理程序(工艺),然后按照已定好的程序完成车身修理操作。

1)评估受损情况

根据碰撞的位置和碰撞力的方向检查车身。

(1)车辆的左前部受到与车身对角线方向平行碰撞力的损伤。它的左前部横梁、前挡泥板及左侧纵梁损坏严重需要进行更换。前保险杠总成、散热器框架、散热器、发动机罩、左前翼子板、前风窗玻璃、左前照灯损坏严重需要更换。

(2)另一侧的前翼子板、前挡泥板和纵梁和左侧车门等可能只是受到左前部严重碰撞的影响,损坏并不严重,需要进行拉伸修复,如图 2-5-71 所示。

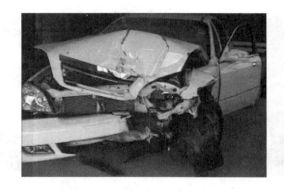

图 2-5-70 左前部严重受损的汽车

图 2-5-71 右部车身损坏情况

(3)对于整体式车身来说,车辆前部受损,碰撞力有可能会传到车身的后部,会造成风窗立柱(图 2-5-72)、车顶框架等车身框架变形。

(4)在驾驶室内部也能看到左侧车门立柱内部内饰件错位的情况(图 2-5-73),说明该处立柱已经变形。

图 2-5-72 A 柱产生褶皱

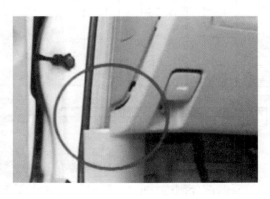

图 2-5-73 仪表台下部错位

2）确定维修程序

（1）通过碰撞位置可以分析出车身的左前方受到碰撞,如图 2-5-74 所示。散热器框架和前纵梁都受到严重损坏,前柱也向后变形,就需要按照与碰撞方向相反的方向对左侧纵梁和前柱进行牵拉,如图 2-5-75 所示。

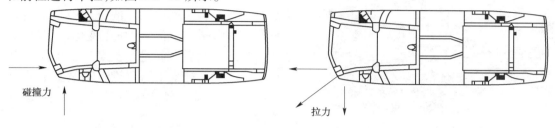

图 2-5-74　确定损坏方向　　　　　　　图 2-5-75　确定拉伸方向

（2）在前柱尺寸恢复后,再把需要更换的左前纵梁拆除。然后,再修理 A 柱、右侧挡泥板和纵梁等。

（3）其他部位的结构件修理完成后,安装左侧纵梁。然后再安装并调整散热器框架、左前翼子板、前保险杠、车灯等。

2. 拆卸损伤零件

1）拆卸妨碍校正零件

在拉伸校正开始之前,应该拆去车上妨碍校正的部件,包括发动机舱的有些机械部件也要拆卸。首先拆卸变形严重的发动机罩和左前翼子板（图 2-5-76）,以及前照灯、保险杠、保险杠支撑,发动机舱左侧妨碍修复操作的机械部件也要拆卸。

由于左侧前纵梁已经后移使车内地板隆起,对于仪表台、转向盘等也要进行拆卸,便于进行校正。减振器支座后移严重,造成左前轮卡死无法转动,需要将其拆卸更换上合适高度的支架（图 2-5-77）,在支架下垫上移动拖车器,方便事故车辆的上平台操作。

图 2-5-76　拆卸损坏严重的发动机罩

图 2-5-77　安装代替车轮的支架

2）事故车在平台上的定位

（1）事故车上平台。在车辆上平台之前要清除平台上以及平台与车辆之间的其他物品,以免影响上车操作。根据校正设备的升降类型,把平台一侧倾斜或整体降到最低高度,用手动或电动拉车器把车辆拉到平台上的合适位置。因为事故车重点是维修前部区域,所以车辆在平台上的位置要稍靠前一些。

(2)确定测量基准。车辆上到平台上后,首先是找好车身与测量系统的基准,其次就是在校正平台上定位,如图 2-5-78 所示。因为测量工作要贯穿整个车身的维修过程,特别是使用机械式测量系统时,车辆在固定前必须要找好测量的三个基准。车辆在拉伸的过程中是不能有位移的,否则,测量基准一旦发生变化,只有在重新找到测量基准后才能进行测量。如果使用全自动电子测量系统就不需要进行测量基准的找正,因为计算机能自动找到测量的基准,如超声波测量系统。

图 2-5-78　找好车身与测量系统的基准

(3)固定车辆。测量的基准找到后,就可以对车辆进行固定。对于整体式车身,必须用多点固定的方式,至少需要 4 个固定点,如图 2-5-79 所示。根据车身结构及拉伸的部位,有时或许还需要另外的固定点。

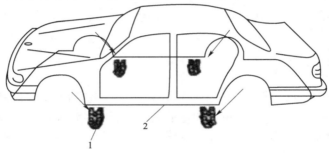

图 2-5-79　车身的固定位置
1-固定夹具;2-车身固定裙边

将主夹具夹持在车身下部点焊裙边的位置,通过调整主夹的高度将车身调整水平,并且与校正台之间留出足够的操作空间。车身位置调好以后,将主夹具紧固,保证车身、主夹具和校正平台之间刚性连接,没有位移,如图 2-5-80 所示。在对车身坚固部件进行拉伸操作时,最好在拉伸方向的相反方向设置一个辅助牵拉装置以抵消拉伸的力,防止夹持部位的部件损坏。

3)继续拆除妨碍测量和拉伸的零件

(1)由于前横梁变形严重致使散热器等零件无法拆卸,需要对散热器框架进行预拉伸,如图 2-5-81 所示。

图 2-5-80　固定车身

图 2-5-81　预拉伸散热器框架

有一定的操作空间后将散热器框架切除,如图 2-5-82 所示。可以用等离子切割枪切除散热器框架和左纵梁前部损坏部位。然后将散热器拆卸下来,在把发动机的相关部件拆除。

(2)右侧散热器框架的拆除可以使用点焊转除钻切割焊点,分离板件,如图 2-5-83 所示。对于左侧纵梁和挡泥板要保留,因为需要通过拉伸这些部位来校正前立柱的变形,当把前立柱的变形拉伸校正好了以后,再将其切割更换新件。

图 2-5-82 切割散热器框架

图 2-5-83 切割右侧散热器框架

3. 事故车的测量

1)初步测量

(1)对碰撞部位附近的车身形状进行简单的测量,比如对左前门框的测量可以知道,前立柱后移造成风窗立柱向上拱曲,门框变窄,所以车门无法关严,如图 2-5-84 所示。

(2)根据初步测量的结果对损坏的部位进行大致拉伸校正。通过拉伸前纵梁使前立柱变形得到一定的恢复,达到车门能关闭的程度就可以了,如图 2-5-85 所示。接下来需要用三维电子车身测量系统对车身进行精确的测量。

图 2-5-84 测量变形的车门框

图 2-5-85 拉伸前纵梁

2)精确测量

按照测量系统的使用方法来对车身进行整车检查,对变形部件进行测量,还需要知道受损板件变形的方向和大小。

(1)将测量系统安装好,选择合适的车型和测量模式。因为车辆的前部受到损伤,所以测量的基准点要选择后部右侧基准点 B,根据提示选择合适的测量探头 C30 和加长杆 E100,如图 2-5-86 所示。然后将探头、加长杆和传感器安装到测量点上,按同样的方法安装其他测量点的传感器。

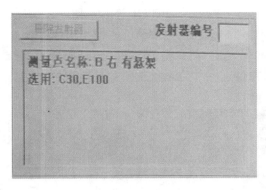

图 2-5-86　选定测量基准点

（2）因为整体式车身结构的前端有碰撞吸能区，在一定的碰撞损伤情况下，这些区域可以将碰撞的动能转化为变形的机械能，保证其他部位的完好。但是如果碰撞超过吸能区的能力范围，碰撞力就会通过地板纵梁、门槛纵梁、上部车身框架向车身后部传递，造成车身后部的变形，如图 2-5-87 所示。所以在测量时，车身后部尺寸也要测量。通过测量知道事故车的变形主要集中在左前部，车身后部变形尺寸小于 3mm，在准许的变形范围内，只要将车身左前部拉伸到规定尺寸就可以了。

图 2-5-87　碰撞力的传递

4. 拉伸校正损伤部位

通过拉伸恢复损伤零件的标准尺寸，在拉伸的过程中要不断地测量。

1）拉伸前柱

（1）如果维修中简单地夹住挡泥板，对纵梁前缘进行拉伸，则不能修理好车身前柱或前围板的主要损坏。需要多点对损坏部位进行拉伸，同时用液压杆从里边推压，并用夹具夹住 A 柱变形部位向下拉伸，如图 2-5-88 所示。

（2）拉伸变形部位到标准尺寸后稳定不动，对变形区域锤击消除应力，使金属的弹性变形减小一些，如图 2-5-89 所示。然后释放拉力，再拉伸并维持拉力不变，锤击变形部位消除应力，再释放，进行测量，直到损伤部位的尺寸恢复到误差准许的范围内为止。

图 2-5-88　多点复合拉伸

图 2-5-89　锤击变形部位消除应力

2)拆卸前纵梁

通过拉伸恢复前柱的尺寸以后就可以将前纵梁和挡泥板拆下。在分离前纵梁和前柱时,首先要将电焊部位的防腐蚀涂层清除掉(注意清除的面积要尽可能小,能清楚地看到点焊的轮廓即可),切除点焊焊点,在切除焊点时注意不要损坏下层金属,如图2-5-90所示。

3)继续拉伸其他损伤部位

(1)通过测量发现前柱车门铰链处的尺寸误差较大,需要校正。用螺栓把拉伸工具固定在立柱铰链部位进行拉伸,如图2-5-91所示。把拉伸工具通过车身底部的孔固定在车身上,对前柱底部和前地板部位进行拉伸,拉伸中要不断地测量监控数据的变化。

图2-5-90 分离纵梁与前立柱

图2-5-91 拉伸铰链部位

(2)随着前立柱和A柱尺寸的恢复,前门的安装尺寸也在变好,但是还需要调整中柱,来达到良好的配合尺寸,如图2-5-92所示。

5.安装更换部件

车身前立柱、前围板、前地板、A柱和中柱校正好以后,就可以安装前纵梁、前挡泥板和散热器框架了。

1)预安装前纵梁

(1)更换的部件可以是新部件,也可以是从其他车身上更换下来的良好部分,如图2-5-93所示。

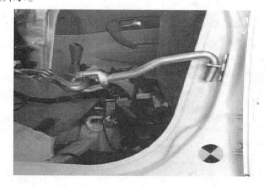

图2-5-92 校正中柱

图2-5-93 更换的前纵梁

(2)将前纵梁的延伸段在前立柱处定位,如图2-5-94所示。再把前纵梁和挡泥板组件与前围板和前立柱按安装痕迹初步定位。

(3)在更换的前纵梁的检测孔内安装测量传感器,测量尺寸误差,并进行适当的调整,调整好后用大力钳和螺栓将前纵梁和挡泥板组件固定。

2)预安装散热器框架

把散热器框架安装到前纵梁上,并对散热器框架进行测量,把尺寸调整到误差范围内,用螺钉固定。

3)预安装翼子板和发动机罩

(1)安装翼子板和发动机罩,要不断调整新安装板件的缝隙,直到缝隙均匀左右对称,如图 2-5-95 所示,并对其进行临时固定。

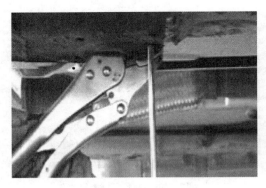

图 2-5-94　定位前纵梁

图 2-5-95　检查发动机罩和翼子板的装配

(2)通过车身结构尺寸的测量,来检验结构件的校正是否到位。

(3)通过装配检验车身覆盖件是否安装到位。

4)焊接结构件

通过测量和外观检测调整好板件以后,焊接更换的结构件。

(1)焊接前要将发动机罩、翼子板、散热器框架拆掉,拆卸前用记号笔做好定位标记。

(2)测量前纵梁与挡泥板组件的尺寸,确定无误后进行焊接操作。

(3)前纵梁的焊接要采用二氧化碳气体保护焊焊接,如图 2-5-96 所示。

(4)散热器框架可以用电阻点焊焊接,也可以用二氧化碳气体保护焊进行塞焊连接。

(5)结构件焊接完成后,安装翼子板、发动机罩、前保险杠总成和前照灯等,如图 2-5-97 所示。

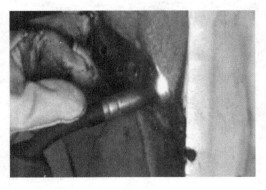

图 2-5-96　焊接前纵梁

图 2-5-97　维修竣工的车身

6. 竣工检查

修理(包括所有校正和焊接操作)完成以后,要对车辆进行最后的检查。在检查时,车身修理人员需要绕着汽车周围观察,看看是否有明显的校正错误。重点检查的部位有:

(1)检查车门与车门槛之间的空隙,应该是一条又直又窄的缝隙。

(2)检查整个车身上部所有部位的平整情况。

(3)开、关车门,掀、关发动机罩和行李舱盖,看开关时是否感觉过紧。

如果检查中发现问题,重新进行拉伸,不要等到更多的修理程序完成之后,又发现损坏,再来修理。

第六章
车身零件总成损坏的更换与维修

第一节　车身可拆卸覆盖件的更换

一、保险杠的更换

保险杠的主要功能是：当轿车前后端与其他物体相撞时，不仅能有效地保护车身，而且还有利于减轻被撞人和物的损伤程度。另外，保险杠作为车身外部装饰与散热器面罩相互配合，起到美化轿车外形的作用。保险杠有前保险杠和后保险杠之分，其结构原理基本相同，故在此一并讲述。

事实上，真正在碰撞事故（正面撞击或后部追尾）中担负主要吸能作用的是前后纵梁，纵梁通过压溃变形和弯曲变形吸收碰撞能量，其中前纵梁几乎要担负前部碰撞总能量的60%左右。后纵梁所需要承担的吸能压力虽然较前纵梁小，但是仍然是在追尾事故中吸收能量的主力。

1. 保险杠类型

1）按在车身上安装情况分类

按保险杠在车身上安装情况，保险杠分为外置式和内置式两种。外置式保险杠安装后，整体保险杠突出于车身表面，如图2-6-1所示；而内置式保险杠装配到车身上后，其外表面与周边表面平齐，如图2-6-2所示。

另外有的车型，特别是越野车，在普通保险杠前加装钢结构防护杠，习惯上也称为保险杠，如图2-6-3所示。

2）按保险杠结构分类

按其结构分为普通型和吸能型两类。普通型保险杠的结构简单、质量轻、广泛用于一般汽车上。而吸能型保险杠的安全保险性能好，且与

图2-6-1　外置式保险杠

车身造型相协调，多用于高级轿车上。

（1）普通钢制保险杠。普通钢制保险杠也称为刚性保险杠，常以2mm钢板冲压成形，表

面做镀铬处理。通过支撑柱安装在车身保险杠支架上,如图 2-6-4 所示。考虑到安全和美观,也有将保险杠的两端埋入车身侧围的,这类型保险杠多用于货车、客车和皮卡车。

图 2-6-2　内置式保险杠

图 2-6-3　加装防护杠的汽车

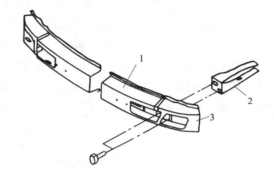

图 2-6-4　普通钢制保险杠安装图
1-钢制保险杠;2-连接支架;3-侧罩

有的轿车在保险杠上贴上橡胶保护带,如图 2-6-5 所示,除橡胶保护带之外,也有在保险杠前端设置防撞块和护板的。普通钢制保险杠的结构简单,但在局部碰撞时会影响到整个车身。

(2)低能量吸收型保险杠。低能量吸收型保险杠是在钢制加强板的外面罩以树脂材料制成的面罩(壳体、外皮),如图 2-6-6 所示。撞击时,由面罩和加强板的变形来吸收能量。面罩材料大多以聚丙烯(PP)为主,还有改性增强尼龙、玻璃钢等。

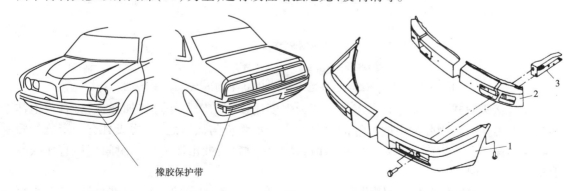

图 2-6-5　在钢制保险杠表面贴上橡胶保护带

图 2-6-6　带树脂面罩的钢支架保险杠
1-面罩;2-加强板;3-连接支架

近年来，由于造型设计的发展，以及行人保护的需要，大多数轿车的前保险杠采用保险杠与散热器面罩（也称为散热器格栅或中网）一体式设计，如图2-6-7所示。相比而言，几十年前老车型的保险杠设计更符合"横杠"的概念。

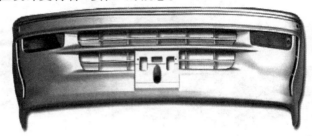

图2-6-7　与中网一体设计的保险杠面罩

（3）吸能型保险杠。为了吸收保险杠在碰撞时的冲击能量，最初的尝试是使支撑杆部位具有吸能功能，形成一种防冲击的隔离带。

①筒状吸能单元。筒状吸能单元有两种形式。一种是利用在活塞及套筒中封入油和空气，利用油的阻尼吸收冲击，以空气弹簧的压缩作为减轻冲击的缓冲器，如图2-6-8a)所示。另一种是使用硅油（硅酮橡胶）作为阻尼器，并利用两段套管的面积差起缓冲复原的作用，如图2-6-8b)所示。

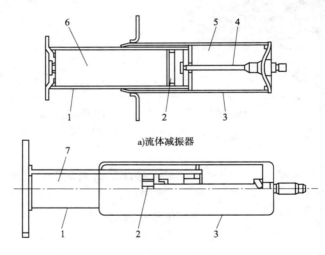

图2-6-8　筒状吸能单元
1-活塞外套；2-活塞；3-气缸外壳；4-调节阀销；5-机油；6-气体；7-硅酮橡胶

②直接吸收式保险杠。在靠车身一侧为强度比较高的钢制保险杠加强板，将合成泡沫塑料或发泡橡胶等吸收冲击能量好的材料填充于加强板与面罩之间，构成具有一定能量吸收功能的保险杠。当汽车受到轻度冲击时，靠填充材料受冲击压迫后的瞬间变形直接吸收能量，如图2-6-9所示。

另外，在树脂型保险杠内侧设置若干纵横向加强筋，在承受冲击时，这些筋肋压缩，也可吸收能量。

加强板又称保险杠加强横梁,可以将任何形式的偏置和正面碰撞产生的能量尽可能均匀地分布到吸能元件上,使能量最大限度均匀地被吸能元件所吸收,并将碰撞力均匀地传递到两个纵梁。当汽车与其他车辆或障碍物发生低速碰撞时,如较为常见的停车场碰撞、市区路况频繁发生的低速追尾等,前保险杠加强横梁对保护翼子板、散热器、发动机罩和灯具等部件起着一定的保护作用。后保险杠加强横梁则可以减少行李舱、尾门、后灯组等部位的损害。保险杠加强横梁材料大多是钢板,也有用铝合金制作的。

图 2-6-9　带泡沫缓冲垫的保险杠装配图
1-加强板;2-发泡塑料缓冲垫;3-保险杠面罩

③蜂窝状树脂式保险杠。其结构与发泡树脂式相似,但采用的不是发泡树脂,而是成型蜂窝状聚氨酯等树脂结构体,如图 2-6-10 所示。

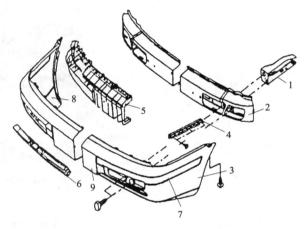

图 2-6-10　带蜂窝状树脂的吸收式保险杠
1-保险杠支架;2-保险杠;3-保险杠面罩;4-保险杠侧导向架;5-横梁;6-进风口格栅;7-装饰条;8-扰流板;9-号牌架

2. 保险杠与车身的装配

保险杠与车身本体的连接是在保险杠面罩、横梁、骨架形成总成后,通过支架实现与车体纵梁的连接。保险杠与周围相关件之间还有些辅助定位点,如侧面与翼子板的卡接、后上端与翼子板的连接、上端与侧导向架的搭接等,这些辅助定位点都是为了保证保险杠的侧面连接,保证保险杠与翼子板之间的间隙。此外还有后面与轮罩护罩的连接。

保险杠与其他部件的连接。扰流板与面罩的连接沿接触处一周搭接为卡扣形式,独立式装饰条与面罩的连接为卡接结构,号牌与面罩通过支架的连接方式。

保险杠与车身的装配有直接安装、借助吸能单元安装和借助压溃元件安装等几种形式。

(1)直接安装形式是将保险杠加强横梁直接通过螺栓(中间可能会有连接件)连接在前纵梁上,图如 2-6-11 所示。

(2)借助吸能单元安装的保险杠。保险杠加强梁通过压溃元件及连接板安装在前(后)纵梁上,如图 2-6-12 所示。碰撞时,保险杠面罩、泡沫缓冲垫、压溃元件共同变形来吸收碰撞能量,使得通过纵梁向后(前)传递的力相对减少。图 2-6-13 所示为采用了压溃元件的保险杠实例。

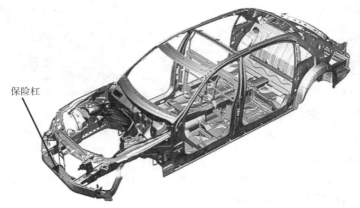

图 2-6-11　保险杠的直接安装

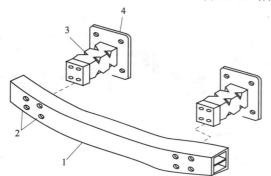

图 2-6-12　借助压溃元件安装的保险杠
1-加强横梁;2-螺栓孔;3-压溃元件;4 连接板

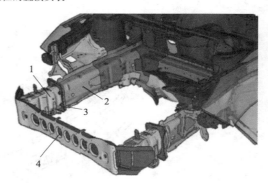

图 2-6-13　带压溃元件的保险杠
1-压溃元件;2-前纵梁;3-连接板;4-加强横梁

3. 前保险杠的更换

1)拆卸

前保险杠的拆卸如图 2-6-14 所示,拆卸步骤如下:

(1)拆前保险杠前,首先打开发动机罩,松开保险杠上部的紧固螺栓。

(2)将左右前轮拆下,松开轮罩。

(3)从翼子板后面卸下保险杠侧面紧固螺栓。

(4)断开雾灯等电源连接线,整体拆下保险杠。

(5)拆下防撞条、导流板等零件。

2)安装

安装按照拆卸的相反顺序进行,注意保险杠安装位置是否还原,不要忘记导线插头的连接。

4. 后保险杠的更换

1)拆卸

后保险杠的拆卸如图 2-6-15 所示,拆卸步骤如下:

(1) 拆后保险杠前,首先打开行李舱盖,松开保险杠上部的紧固螺栓。
(2) 将左右后轮拆下,松开轮罩。
(3) 从翼子板后面卸下保险杠侧面紧固螺栓。
(4) 断开电器零件的电源线插头,整体拆下保险杠。

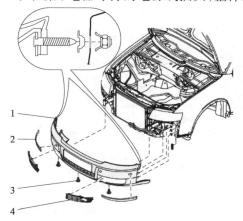
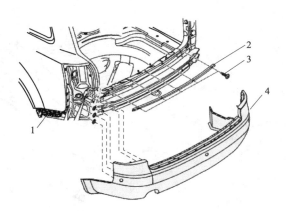

图 2-6-14　前保险杠拆卸
1-前保险杠;2-防撞条;3-连接螺钉;4-导流板

图 2-6-15　后保险杠拆卸
1-导向件;2-装饰条;3-连接螺钉;4-后保险杠

2) 安装

安装按照拆卸的相反顺序进行,注意保险杠要安装到侧面的导向件内,不要忘记导线插头的连接。

二、前翼子板的更换

1. 前翼子板结构

前翼子板是遮盖车轮的车身外板,是车上的大型覆盖件之一。其外形主要根据车身整体外形设计要求及车轮运动空间要求来决定,如图 2-6-16 所示。前翼子板一般由 0.6~0.8mm 高强度钢板拉延成形。前翼子板周围边界形状所受的影响因素是前照灯形式和布置、前门的外形、内侧发动机罩的形状和尺寸及侧缝线等。

在前翼子板与发动机舱挡泥板之间,通常安装有翼子板内衬,如图 2-6-17 所示,其形状复杂多样,材料多为塑料,通过卡扣和螺栓等与挡泥板及翼子板相连接。

图 2-6-16　典型的轿车前翼子板

图 2-6-17　翼子板内衬

在整体式轿车车身上,前翼子板是用螺钉与车身本体连接的,同时配合部分黏结方式,如图 2-6-18 所示。前翼子板的后端通过中间板和前围支柱连接,侧面与发动机罩缝线处的挡泥板相连,前部和散热器固定架延长部分相连。在车架式车身中,以焊接连接的前翼子板也比较普遍。

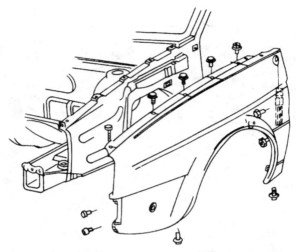

图 2-6-18　捷达轿车前翼子板安装图

2. 前翼子板的拆装

多数轿车的翼子板总成都是用螺栓装在结构座上,所以在拆装时,只要分别拆下和装上紧固螺栓即可,但在安装时,应注意保证翼子板位置正确和螺栓紧固力矩符合标准要求。

有些轿车(大多数的车架式车身的轿车)用点焊和熔焊来连接的翼子板,拆卸时,可先用电钻将焊点钻通,然后再用錾子将尚有连接的焊口錾开,使翼子板与结构座完全分离。安装时将翼子板与原结构座对好位置,按原点焊或熔焊位置,重新焊牢即可。但必须注意防止在焊接过程中翼子板位置发生变动,可先焊两端的点,再焊中间的焊点,左、右交叉进行。

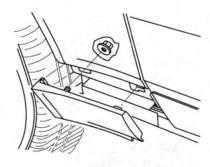

图 2-6-19　拆卸装饰板

1)拆卸

(1)拆下翼子板装饰板(图 2-6-19)和内衬。

(2)打开发动机罩,拆下前保险杠和前轮,漏出固定前翼子板的所有螺栓。

(3)拆下所有翼子板紧固螺栓,如图 2-6-20 所示。

(4)前翼子板上有转向灯的,拔开转向信号灯导线连接器,取下转向信号灯。

(5)清除翼子板下的黏结胶,卸下翼子板。

2)安装与调整

(1)安装按照拆卸的相反顺序进行。

(2)检查前翼子板与前保险杠、前照灯、发动机罩和前车门的缝隙。如果缝隙不合格,则进行调整。

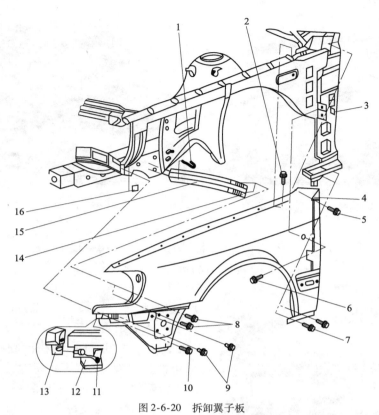

图 2-6-20　拆卸翼子板

1、2、5、6、7、8、9、10、11-组合螺钉；3、14、16-螺母；4、12-翼子板；13-装饰板座；15-拉条

三、发动机罩的更换

1. 发动机机罩结构

发动机罩总成由外板和内板组成，外板为适应整车造型的需要是较为平整（或稍有拱曲）的大覆盖件。有的发动机罩外板表面还纵向布置两条相差不大且通长的加强筋，以增强发动机罩整体纵向刚度。为了增强发动机罩的整体刚度，内板由薄钢板经整体拉延后成形，内板呈网格状，凸筋的布局增加美感、提高刚度。内板上开设的孔口除考虑减轻质量、整体刚度及整体美观的要求外，还要考虑避让诸如铰链、锁机构等零件的需要。图 2-6-21 所示为发动罩局部剖视图。

内外板采用胶黏和折边咬合的形式连接。黏结时，先在外板的黏结面处涂环氧树脂胶，然后将内板总成放在外板上，输送至咬合模中进行咬合。

内外板之间除了用环氧树脂胶沿周边黏结外，在内板筋条翻边处与外板内表面还留有 2～5mm 间隙，在内外板组装在一起时，应用有机填料或将具有弹性的不干胶填入，经烘干固化后，这种有机填料就会变成外表硬、内部软的状态，起到吸振和减少噪声的作用。

有的车型的发动机罩内板上还覆盖一层隔声隔热棉，前部设计有密封条，如图 2-6-22 所示。

2. 发动机罩的开启方式

发动机罩的开启方式可分为向后开启（铰链在后）、向前开启（铰链在前）和侧向开启（铰链在纵向中线处）等种类。

图 2-6-21　发动机罩局部剖视图

图 2-6-22　带有隔板及密封条的发动机罩
1-密封条;2-隔声棉

现代轿车大多数采用铰链在后的向后开启方式,如图 2-6-23 所示。因为向后开启的发动机罩整体刚性好,相对位置稳定,间隙均匀,整个车头流线型好,容易适应造型的需要。在对发动机进行检查、维修时,容易从前部和侧面接近发动机,因而维修方便。但是这种开启方式在发动机罩锁钩磨损后,车辆在行驶中受到风压作用,可能掀开发动机罩,妨碍驾驶员视线。为防止这类事故发生,必须安装备用辅助挂钩系统。

3. 发动机罩的铰链

图 2-6-23　向后开启的发动机罩

铰链是将发动机罩与车头本体相连接的机构,也是发动机罩开闭机构。要求启闭轻便,灵活自如,并有足够的开启角度(一般开度在 40°~50°为宜),在开启过程中不得有运动干涉,并要有足够的刚度和强度,可靠耐久和易于制造。

发动机罩铰链有明铰链与暗铰链。明铰链虽然结构简单,但操作笨重,铰链外露影响外观质量,增大空气阻力,如图 2-6-24 所示。

对于轿车主要采用暗铰链。在暗铰链中有臂式铰链(图 2-6-25)和平衡式铰链(图 2-6-26)应用较多。

图 2-6-24　明铰链

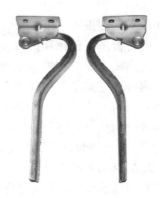

图 2-6-25　发动机罩的臂式铰链

4.发动机罩的支撑

配合铰链的开启,发动机罩上应设置支撑机构。发动机罩的支撑分带支撑杆和不带支撑杆两种。

1)普通铰链与支杆配合的支撑

这种铰链结构简单,使用可靠,一般在普及型轿车或吉普车上采用。依靠铰链使发动机开启一定角度,用一根一定长度的支杆支撑,使发动机罩停留在固定的角度上,如图2-6-27所示。

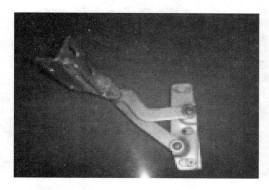

图2-6-26 发动机罩的平衡式(四连杆式)铰链

图2-6-27 普通铰链与支杆配合支撑

2)简单铰链与平衡机构配合的支撑

(1)简单铰链与有平衡弹簧机构配合的支撑。如图2-6-28所示,这种形式结构简单、易于制造、承受的负荷较大,适于发动机罩自身质量较大的车型,但铰链与平衡机构分别装在两处,结构上显得不够紧凑。

(2)简单铰链与气动杆配合的支撑。发动机罩的质量平衡靠左右各设一支空气弹簧支撑杆来平衡,如图2-6-29所示。这种机构工作可靠、柔和、结构紧凑,适于大量生产,目前在轿车上采用得较多。另外,气动杆在发动机罩关闭时,处于压缩状态;打开过程中,杆内气体膨胀,气动杆自动伸长,可起到助力作用。

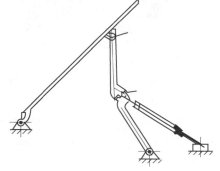

图2-6-28 简单铰链与有平衡弹簧的机构配合支撑

(3)自锁式支撑。自锁式支撑的发动机罩采用平面四连杆铰链,在发动机罩开启时,瞬时旋转中心不断变化,采用不同杆件尺寸,可以实现所要求的运动轨迹和开启角度。可使发动机罩停留在任意开度上。图2-6-30所示为典型的平面四连杆机构式发动机罩铰链。

5.发动机罩开启助力装置

有些汽车的发动机罩设有开启助力装置。用气动杆作为支撑的发动机罩,气动杆即有一定的开启助力作用。有些汽车的发动机罩采用带助力螺旋弹簧的四连杆铰链,如图2-6-31所示,螺旋弹簧在开启时起助力作用。还有应用卷簧助力的多连杆式平衡铰链,如图2-6-32所示,利用卷簧的扭力实现开启助力。上述两种形式的铰链,发动机罩可以停在任意开启角度位置。

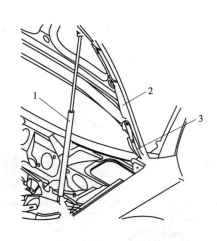

图 2-6-29 铰链与气动配合的支撑
1-支撑杆;2-发动机罩;3-铰链

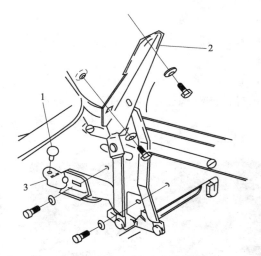

图 2-6-30 四连杆机构式铰链
1-缓冲塞;2-铰链总成;3-限位角板

图 2-6-31 带助力弹簧的四连杆铰链

图 2-6-32 带卷簧助力的平衡铰链

6. 发动机罩锁

发动机罩锁的主要功能是使发动机罩安全锁闭,并保证发动机罩与车身的相对位置,在行车中不得自动开启。发动机罩锁按其锁体结构划分,可分为钩子锁、舌簧锁及卡板锁等形式。无论哪种形式的发动机罩锁都是由锁本体、内开机构和安全锁三部分组成。

1) 锁体

(1) 钩子锁。结构如图 2-6-33 所示,主要由锁钩、支座、锁扣、复位弹簧、支杆等组成。锁钩安装在散热器支架的锁支座上,锁扣安装在发动机罩上。锁止时,锁钩扣住锁扣,发动机罩通过 D 点借支杆通过弹簧弹性支承。开罩时,作用于拉手(钮)的作用力经钢索传至 A 点,使点 A 绕支点 B 反时针转动,从而使锁钩与锁扣脱离,靠弹簧压紧的支杆的作用将罩弹起,再拨开安全锁的第二道锁紧装置使发动机罩打开。

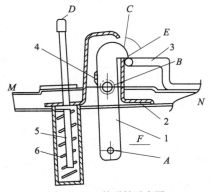

图 2-6-33 钩子锁示意图
1-锁钩;2-支座;3-锁扣;4-复位弹簧;5-支杆;
6-弹簧

由于该种形式锁要求发动机罩装配位置准确性高,锁支座成型较困难,目前轿车上应用较少。

(2)舌簧锁。舌簧锁又称柱销锁,其结构如图 2-6-34 所示,主要由柱销、锁帽、锁扣等组成。柱销安装在发动机罩内板上;锁帽和锁扣安装在散热器支架上。开罩时,在力 F 作用下使锁紧扣克服扭簧的弹力绕点 A(销轴)旋转,并与锁舌锥杆脱离配合,发动机罩在复位弹簧作用下弹离下锁装置,再拨动安全钩即可打开发动机罩。该形式锁由于结构简单、制造方便等优点,在轿车应用较多。但是这种锁容易因振动而自行开启,尽管有安全钩起保护作用,但一旦安全钩不足以钩住发动机罩时,在风力的作用下仍可能使发动机罩突然掀起,使驾驶员视野完全丧失而发生危险事故,为了解决这类问题,采用了两个联动的柱销锁,用一个手柄操纵,即解决了安全问题,又解决了因振动或风力使发动机罩两端上翘的问题,如图 2-6-35 所示。

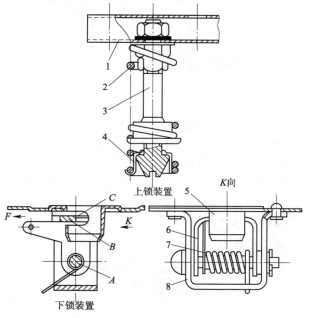

图 2-6-34　舌簧锁的内开机构

1-固定座;2-复位弹簧;3-柱销;4-弹簧座;5-锁帽;6-锁扣;7-锁扣弹簧;8-支座

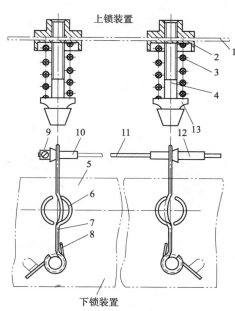

图 2-6-35　组合式柱销锁

1-发动机罩内板;2-冠状螺母;3-复位弹簧;4-锁紧锥杆;5-锁板;6-导套;7-锁紧弹簧;8-扭簧;9-拉索端扣;10-导向限位套;11-拉索;12-护套;13-导向套

(3)卡板锁。结构如图 2-6-36 所示。锁止状态时,卡板伸入锁环(安装与发动机罩上)中,辅助挂钩也卡在发动机罩内板的孔中。解锁时,拉动操纵手柄,拉索使卡板反时针转动而脱离锁环,发动机罩在弹力作用下弹起一定高度;用手扳动辅助挂钩,使其反时针转动而脱离发动机罩内板的锁孔,即可打开发动机罩。

2)内开机构

发动机罩锁的开启大多采用手动拉索式,图 2-6-37 所示为典型的卡板式发动机罩锁的操纵拉索连接图。

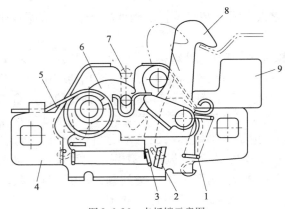

图 2-6-36　卡板锁示意图

1-辅助挂钩弹簧；2-锁紧手柄；3-复位弹簧；4-锁体；5-举升弹簧；6-卡板；7-锁扣；8-辅助挂钩；9-辅助挂钩离合器

7. 发动机罩的拆装

1）拆卸

（1）打开发动机罩，并用防护垫覆盖于车身上，以防损伤漆面。

（2）将前风窗玻璃清洗器喷嘴及软管拆离发动机罩。

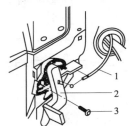

图 2-6-37　发动机罩内开机构

1-拉索；2-操纵杆；3-螺钉

（3）在发动机罩上铰链位置划上记号，以便于以后安装。

（4）如果发动机罩有气动支撑杆，则通常只拆卸支撑杆的上部（即与发动机罩相连接部位），如图2-6-38所示。拆卸时，先用临时支杆撑起发动机罩，拆下锁紧垫圈，拉出销钉即可拆开上部连接。如果需拆卸气动杆下连接，则按图2-6-39所示进行。对于带有塑料球形插座的支撑杆，可用一字螺丝刀把定位夹箍向上挑起大约4mm，即可使球头螺栓与支撑杆分离（图2-6-39a）；对于带有金属球头插座的支撑杆，用钳子将销钉拨出即可（图2-6-39b）。

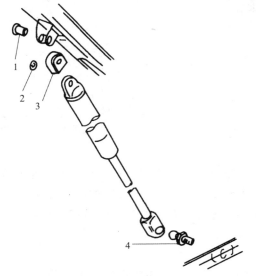

图 2-6-38　气动杆上部的拆卸

1-销钉；2-锁紧垫圈；3-盖；4-球头螺栓

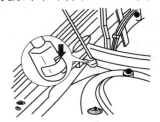

a）塑料球形插座

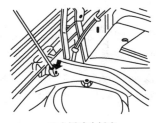

b）金属球头插座

图 2-6-39　气动杆下部球形插座的拆卸

(5) 两人配合,用扳手松开两个铰链上的紧固螺母,卸下发动机罩总成,如图2-6-40所示。

(6) 取下发动机罩,将其放在工作台上。

2) 安装

(1) 安装发动机罩总成上的各零部件。

(2) 将发动机罩总成放在车身原安装位置,拧好铰链紧固螺母,将其与车身连接起来。

3) 发动机罩的调整

(1) 大多数轿车发动机罩前部高度的调整是借助调整发动机罩锁来实现的。发动机罩锁调整之前,须将发动机罩校正妥当。然后松开罩锁固定螺栓,将锁体前后、左右移动,使之与锁座对准,发动机罩的前端也可通过锁体安装螺栓高度而调整。

(2) 调整发动机罩的前后位置。稍微松开固定发动机罩与铰链的螺栓,再扣上发动机罩。

(3) 发动机罩前缘必须与翼子板前缘对齐,同时其后缘与前围之间保留足够的缝隙,以避免开启时相互干扰,如图2-6-41所示。

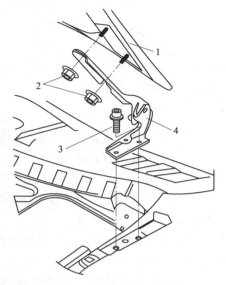

图2-6-40 拆卸发动机罩
1-发动机罩;2-紧固螺母;3-紧固螺栓;4-铰链

(4) 调整高度时首先稍微松开铰链与翼子板及前围边缘处的螺栓,然后轻轻盖上发动机罩,根据情况将它的后缘抬起或压下,当它的后部与相邻的翼子板和前围高度一致时,慢慢掀开,将螺栓拧紧。

(5) 发动机罩前后高度调整合适后,必须再对调整限位缓冲块作一次检查,如图2-6-42所示。有些车上只有两个橡胶块,两个前角处各有一个,而有些车上则四个角都有。橡胶块必须调整到能撑住发动机罩的位置,以免发动机罩产生移动和颤动。前部橡胶块主要用来控制发动机罩前面两个角的高度,应将它调整到发动机罩前部与翼子板高度一致的位置上。调整完毕后一定要将橡胶块上的防松螺母拧紧。

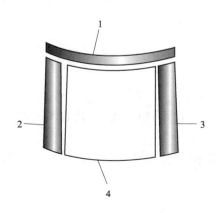

图2-6-41 发动机罩与相邻板件间的缝隙
1-前围板;2-右前翼子板;3-左前翼子板;4-发动机罩

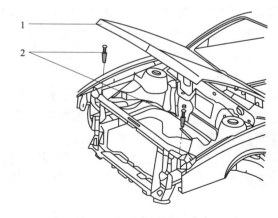

图2-6-42 发动机罩锁止装置
1-发动机罩;2-调整限位缓冲块

(6)对于新换装的发动机罩,容易出现因边缘弯曲造成高度差。需要调整发动机罩的边缘曲线,使其与翼子板边缘高度一致,如图2-6-43所示。

4)检查

(1)扣上发动机罩,检查发动机罩是否完全锁牢,间隙、高度上是否有较大误差。

(2)打开发动机罩,检查锁扣是否能正常打开,罩锁扣钢绳工作是否正常,罩铰链是否留有自由行程,罩支撑柱是否将罩可靠地撑起。

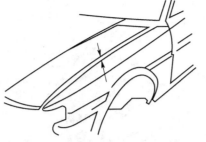

图2-6-43 发动机罩高度的调整

8. 发动机罩锁的拆装

1)拆卸

发动机罩锁及其操纵装置的安装位置,如图2-6-44所示。拆卸流程如下:

(1)在主驾驶位置,通过操作杆打开发动机罩,并固定好。

(2)取下固定夹,将拉索从发动机罩锁底座上松开。

(3)拆卸发动机罩锁底座固定螺栓,取下锁体。

2)安装

(1)安装按拆卸相反的顺序进行。

(2)安装完毕后,检查是否准确安装,确保间隙合适。

四、车门总成的更换

车门是车身的一个独立的车身覆盖件,一般是通过铰链安装在车身上。通常车门由车门壳体、附件和内外装饰件三部分构成,如图2-6-45所示。

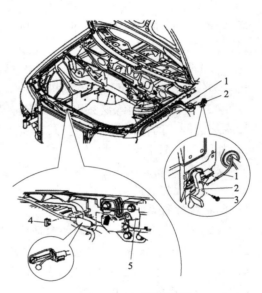

图2-6-44 发动机罩锁的拆装
1-拉索;2-操纵杆;3-螺钉;4-固定夹;5-发动机罩锁

1. 车门的类型

1)按车门数量分类

车门的数量与轿车的用途和形式有密切关系,常见的有二门、四门、五门等多种类型,如图2-6-46所示。二门、四门常用在折背式(三厢式)、直背式、溜背式、短背式等多种类型的车身上,视车身的大小、允许乘员的多少决定车门的数量。

对于二厢式车身或单厢式车身,多数在后部设有车门,使大件物品可以进出。如果将后座椅叠起,那么后部的空间可放大件行李物品,通常将这一类的形式称为"掀背式",又称二门或五门式轿车。

2)按车门的开闭方式分类

有旋转式车门、推拉式车门(滑门)等。

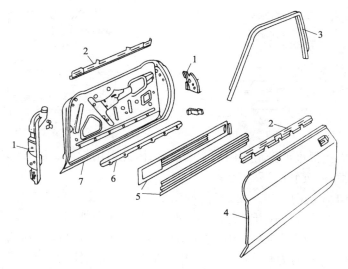

图 2-6-45　框架式车门分解图
1-安装铰链和门锁的加强板；2-玻璃横向夹持板；3-玻璃窗框；4-门外板；5-加强板；6-玻璃升降导板；7-门内板

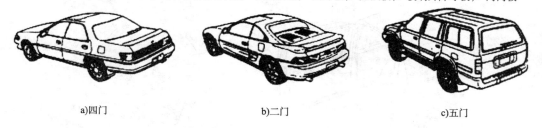

a)四门　　　　　　　　　b)二门　　　　　　　　　c)五门

图 2-6-46　不同的车门数

（1）旋转式车门。旋转式车门指车门开关时绕固定轴线或按一定规律旋转的车门。按车门开启方向有顺开门、对开门、飞翼式车门等几类。顺开门是车门铰链布置在车门的前端，车门开启时顺着车的前进方向旋转，如图 2-6-47 所示。这种车门布置比较安全，如果在车辆行驶中门锁失灵而使车门打开或者乘员误开车门，会因空气流动的压力作用而使车门不易打开，从而减小发生危险的可能性。

对开门的前门为顺开式，后门铰链是紧固在后支柱上的，后车门开启时是向后旋转，这种布置便于三排座轿车的中排座椅和后排座椅的乘员上下车，如图 2-6-48 所示。

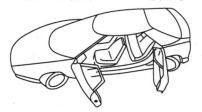

图 2-6-47　顺开门　　　　　　　　图 2-6-48　对开门

飞翼式车门向上方弹起，车门打开后的形态像正在飞翔中的海鸥翅膀，所以称为"飞翼式"。飞翼式车门分为上开式（图 2-6-49）和旋翼式（图 2-6-50）等形式，大多用于运动车。这是一种车身低、流线型好、为了方便上下车而采用的结构形式。

图 2-6-49　上开式车门

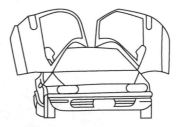
图 2-6-50　旋翼式车门

普通的铰链机构很难承受将车门举起的质量,因此采用封入高压气体的托杆,可利用气体的反弹力辅助举起车门并可靠支承。

(2)推拉式车门(滑门)。推拉式车门的支承与滑动主要依靠安装在车门上、中、下的三个导轨及与之配合的滚柱。在开始打开车门时,车门销先向外移动后,再向车身后方水平滑动,因此,车门打开后占用场地空间小,停车占用场地面积小,还可以相应增大车内空间。

(3)汽车的尾门。通常为旋转式车门,其开启方式有外摆式(图2-6-51)和下摆式(图2-6-52)等方式。对于斜背式车尾的车辆,通常需要一个较大的尾门来封闭。

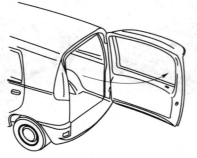
图 2-6-51　外摆式尾门

图 2-6-52　下摆式尾门

3)按车门有无窗框分类

按有无窗框车门可分为有框车门与无框车门。大多数轿车是有框的,如图2-6-53所示。有框车门的刚性和密封性好。无框车门如图2-6-54所示,多用于敞篷车和硬顶车。在一辆轿车上前门没有窗框、后门有窗框的形式也是有的。

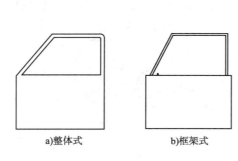

a)整体式　　b)框架式

图 2-6-53　有框车门

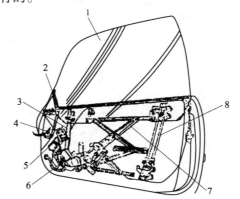

图 2-6-54　无框车门

1-车门玻璃；2-侧面防雾装置；3-前导轨；4-防雾装置通风口；
5-主开关；6-电动机；7-X 型双臂式玻璃升降器；8-后导轨

2. 车门结构

图 2-6-55 所示为典型的前车门组成图,其他位置的车门结构与前门类似。

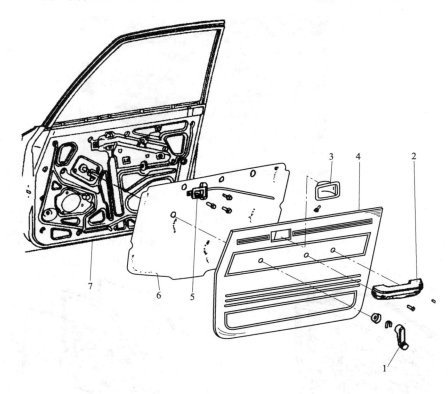

图 2-6-55 典型的前车门组成图
1-车门玻璃升降手柄;2-扶手;3-内手柄安装盒;4-内装饰板;5-内手柄;6-维修孔盖板;7-外板

1)车门壳体

车门壳体的骨架部分包括车门内板、车门外板、窗框和加强板等,如图 2-6-56 所示。

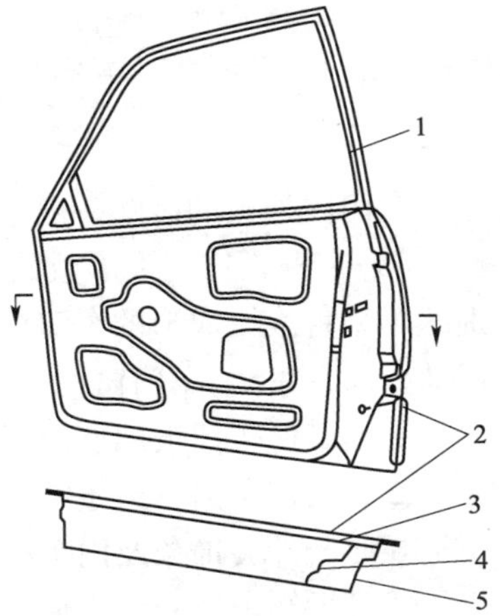

(1)车门外板。车门外板俗称车门皮,其形状基本上是根据车身外形来确定,由厚度为 0.6~0.8mm 的薄钢板冲压而成(多数为高强度钢板,也有使用镀锌板、铝合金板或玻璃钢的),通常在外板上冲制一些孔,用以装配外手柄、锁机构、装饰条等。

(2)车门内板。车门内板是车门主要受力部件,大多数附件装在车门内板上,所以内板的形状复杂,刚度、强度都较高,并且在一些重要位置还需焊上加强板。车门内板通常为薄钢板冲压件,整体为盘形结构,与车门外板组装后,其凹陷的空间内可容纳玻璃、玻璃升降器等机构,如图 2-6-57 所示。

内板有整体冲压的,如图 2-6-58 所示;也有分块冲压后

图 2-6-56 车门壳体
1-窗框;2-车门外板;3-外加强板;4-加强板;5-车门内板

焊接成形的,如图2-6-59所示。整体冲压的内板刚度大,免去焊接的麻烦,尺寸精度高,但需要大型冲压设备,生产成本较高。内板也有用螺栓与外板总成紧固在一起的。

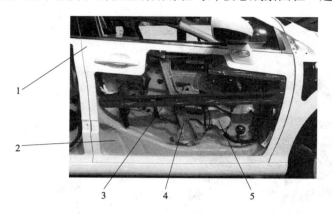

图2-6-57　车门的内部结构
1-外板;2-内板;3-防撞杆;4-玻璃升导杆;5-玻璃升降器

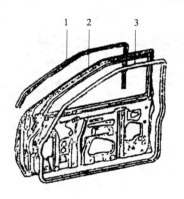

图2-6-58　整体冲压型车门
1-玻璃导槽;2-门板总成;3-密封条

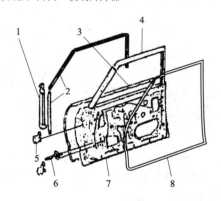

图2-6-59　分块冲压焊接型车门
1-前杆;2-玻璃导槽;3-外板;4-窗框;5-铰链;6-车门限位器;7-内板;8-密封条

车门内外板的装配一般采用点焊、黏结及咬合相结合的方法。

（3）窗框。窗框大多数是用薄钢板冲压、滚压或用其他方法加工后焊接而成,也有极个别的车型将滚压成形的车窗框通过螺栓固定在车门板上。为了实现良好的玻璃定位、玻璃运动导向及密封,车门窗框设计成不同的结构。窗框结构满足如下要求。

①具有使车门玻璃能下运动的导槽。
②有固定车门密封条的结构。
③便于外装饰条及内护板的装配。
④可拆卸窗框的结构形式应具有良好的装配工艺性及足够的连接刚度。
⑤窗框与其相邻的车身骨架应协调,保证车身表面的光滑、车身的密封性及避免产生运动干涉。
⑥要有足够的刚度,以保证玻璃能正常升降以及车门的密封性。

在车的外部,一般均能看到窗框,为了使外观平整美观,有些车型采用了隐蔽式窗框的形式,如图2-6-60所示。

2)车门铰链

车门铰链是决定车门与车身间相对位置、控制开闭运动的装置,它由门铰链和销轴构成。车门铰链有内铰链(又称隐铰链)和外铰链等。现在大部分轿车都使用内铰链,如图2-6-61所示,在某些特殊车身结构中也有外铰链的形式。

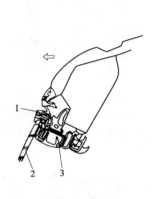

图2-6-60 隐蔽式窗框
1-饰条;2-玻璃;3-窗框

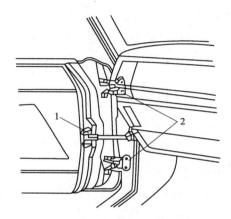

图2-6-61 合页车门铰链的安装
1-限位器;2-上、下铰链

(1)内铰链。车门内铰链通常采用合页式的,图2-6-62为上、下合页式铰链的典型结构,车门通过铰链与车身立柱连接。

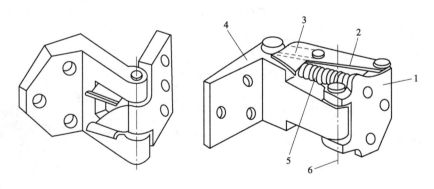

图2-6-62 合页式车门铰链
1-车门合页;2-连杆;3-传力构件;4-门柱合页;5-弹簧;6-铰链轴线

(2)外铰链。外铰链一般也采用合页式结构,如图2-6-63所示,合页的回转侧向外突出,用两个螺栓固定在车门上,铰链支承部位插入车身的支柱,也用两个螺栓固定。外铰链的结构与功能较简单,结构暴露于车门外表,有碍外观,多应用在越野车上。

(3)四连杆型铰链。在车门侧与固定支柱侧的铰链座之间增加两级连接杆,构成四连杆型铰链。这种铰链机构的特点是使车门相对于支柱的运动不是单纯的圆周运动,而是呈绕两个支点的复杂运动,如图2-6-64所示。正由于四连杆型铰链使车门相对支柱的转动是呈两个支点的复杂运动,因而车门在开启过程中呈拱弧形运动,可避让车身上拱形的挡泥板。而且上、下铰链的连接杆长度不相等(上侧长、下侧短),使车门开启呈外倾形态,这使乘员肩胸部位的乘降空间比较宽敞,有利于乘降的舒适性。

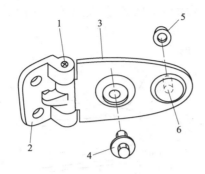

图 2-6-63　外铰链
1-铰链销;2-阴侧;3-阳侧;4-螺栓;5-螺母;6-双头螺柱

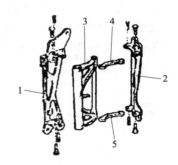

图 2-6-64　四连杆型铰链
1-支柱侧铰链座;2-车门侧铰链座;3、4、5-连杆

3)车门开度限位器

在车门的开启机构中,除了应有将车门与车身进行铰接的铰链外,还应有车门在任意开度的阻尼和车门开度限位装置。图 2-6-65 所示为典型的车门开度限位器的结构。

将车门限位器的拉杆一端用销钉与车身连接,另一端嵌入车门体内,用螺栓将滚轮保持架固定在车门内端板上。打开车门时,滚轮沿楔形拉杆表面移动,由于拉杆的楔形设计,滚轮移动时要压缩弹簧,从而形成开启阻尼,使车门能停在任一开度,但只有当滚轮位于半开或全开凹坑处时,才能可靠锁止。

车门开度限位器除采用滚子及压缩弹簧的形式外,还有靠阻尼橡胶来保持车门位置的,如图 2-6-66 所示,其作用原理与前述相似。

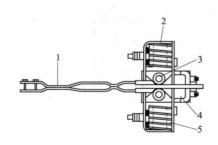

图 2-6-65　车门开度限位器
1-拉杆;2-弹簧;3-滚轮;4-橡胶缓冲限位块;5-滚轮保持架

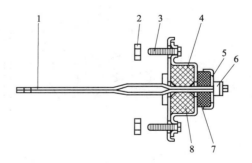

图 2-6-66　橡胶阻尼式车门开度限位器
1-拉杆;2-螺母;3-螺栓;4-外壳;5-挡板;6-调整装置;7-缓冲块;8-阻尼橡胶块

在某些车型上的上下铰链之间同样设有独立的车门限位器,如图 2-6-67 所示。限位器支架焊在门柱上,臂的一端与限位器支架用销钉铆接,铆接后应使臂能自由转动。滚轮与保护罩用销轴双面铆接,铆接后的滚轮应转动轻便自如。螺旋滚轮与保护罩没有固定连接,是靠扭簧的一端作为螺旋滚轮轴。扭簧一端靠弹力紧卡在保护罩的孔上,另一端卡在保护罩

的另一孔槽上。为使受力均匀,扭簧的中部与保护罩之间增加一弹簧支座。保护罩用两弹簧垫圈和内六角螺栓紧固在门端板内侧。

3. 车门的更换

1)拆卸车门总成

(1)打开车门,拆卸内饰零件,断开车门内通到车身的线束插头。

(2)从车门检修孔内拆下车门限位器限位块锁紧螺母,拆下限位器缓冲块护罩及缓冲块,如图 2-6-68 所示。

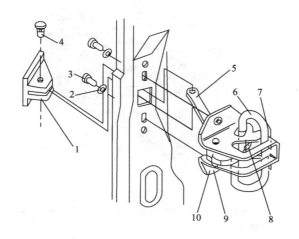

图 2-6-67 车门限位器总成
1-限位器支架;2-垫圈;3-内六角螺钉;4-销钉;5-臂;6-扭簧;7-弹簧支座;8-螺旋滚轮;9-滚轮;10-保护罩

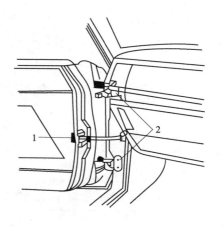

图 2-6-68 拆下车门限位器
1-车门限位器;2-车门铰链

(3)由助手扶住车门,拆下车门铰链安装螺栓,如图 2-6-69 所示,拆下车门总成。

(4)取下车门,将其放在工作台上,拆卸其他附件。

2)拆卸车门

(1)拆下车门内饰板。

(2)把带有电动窗举升器及可调外视镜的线束连接断开。

(3)拆下玻璃升降器电动机。

(4)拆下所有紧固螺栓,并取下车门零件,如图 2-6-70 所示。

3)安装车门

(1)将检修后的车门零件重新组装,紧固相关螺栓。

(2)安装玻璃升降器电动机,并连接相关的线束。

(3)安装车门饰板、车门内拉手等附件。

注意各螺栓(螺钉)的紧固力矩要求,并根据需要更换损坏的固定卡夹。

4)调整车门间隙

车门间隙的调整,通常是从后门开始,因为后翼子板是不可调的,故必须调整后门与这些不可调的部件之间的间隙和配合。后门调好后,再调整前门使之与后门相匹配。车门通过铰链装在车身上,通常可以进行前、后和上、下的调整以及向内和向外的调整,如图2-6-71所示。

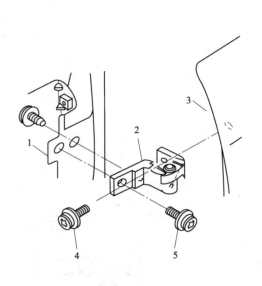

图 2-6-69 拆卸车门

1-车身立柱;2-铰链;3-车门;4-连接铰链与车门螺栓;5-连接铰链与立柱螺栓

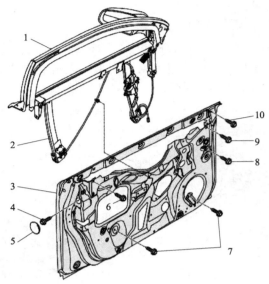

图 2-6-70 拆卸车门

1-车窗框架;2-玻璃升降器;3-车门;4、6、7、8、9、10-螺栓;5-饰盖

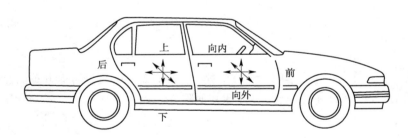

图 2-6-71 车门调整方向

不同车型的车门间隙有相应的调整要求,一般轿车前门与前翼子板的间隙为 $a = 3 \sim 4mm$,前后门间隙为 $b = 4 \sim 5mm$,后门与后叶子板的间隙为 $c = 3 \sim 4mm$,如图 2-6-72 所示。

车门位置调整除了相邻板件的间隙要符合规定值,同时对车门与车身曲线的间隙也有严格要求,如图 2-6-73 所示。

(1)通过铰链调整车门位置。车门是通过铰链螺钉悬置于车身立柱上的,因此铰链和车门之间是可以进行前、后和上、下的调整。如图 2-6-74 所示按箭头 A 所示方向推动车门可实现车门上下位置调整,按箭头 B 所示方向推动车门可实现车门前后位置调整。

图 2-6-72 车门间隙的要求

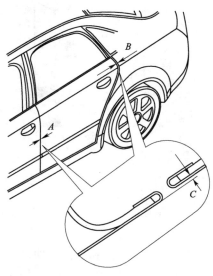

图 2-6-73 后车门间隙调整
A-前后车门间隙(4～5mm)；B-车门与后翼子板间隙(3～4mm)；C-车门与车身曲线间隙(0～1mm)

调整时应将车门铰链上的螺栓松开，可将木块置于车门内板加强框架下部位置，以防止损伤外板。用千斤顶使车门升起或降低，在调整好后，应将每个车门铰链的固定螺栓仔细拧紧，使车门不要改变向内或向外的位置，然后再落下千斤顶并检查车门与车身门框的配合是否符合要求。

一个铰链的前、后位置应一次调好，如果车门铰链的插销已磨损，必须进行更换。有些车型上的铰链在铰链销外还有衬套，当衬套磨损后可以更换，使衬套与铰链的配合恢复正常，也就在一定程度上重新调整了车门位置。采用首先调整上部铰链，然后调整下部铰链的方法来调整前门位置；或通过先调整下部铰链，然后再调整上部铰链的方法使车门调整至理想间隙，也同样可获得理想的效果。

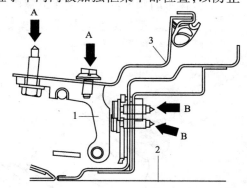

图 2-6-74 铰链调整
1-铰链；2-车门；3-车身立柱

（2）通过锁止楔调整车门位置。车门通过固定在立柱上的锁止楔来实现车门闭合后的锁止，通过锁止楔能够调整车门的内外位置。如图 2-6-75 所示，按箭头 a、c 所示方向调整锁止楔位置，可实现车门水平位置调整，按箭头 b、d 所示调整锁止楔位置，可实现车门内外位置调整。

（3）为了保证乘员上、下车的方便性、行车安全性、良好的侧面视野、密封性及低噪声等方面的性能，对维修后的车门应有如下要求。

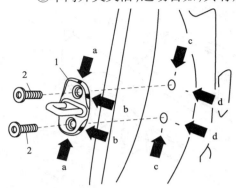

①车门开关灵活,运动自如,具有足够乘员上、下车的开度,车门开关应有轻度的节制,能在最大开度和中间开度的位置上停稳,轿车车门开度一般在60°~70°范围内,并能保证即使在倾斜路面上车门也能够顺利开启并可靠地锁止在开启位置。

②车门锁止时,不得因振动、碰撞而自动开启,在希望开启时,应很容易打开。

③车门应有足够的强度和刚度,不允许因变形、下沉而影响车门开关的可靠性。在关门时不得有敲击声,行驶时不允许产生振动和噪声。

④车门与门洞之间应有良好的密封性,雨、雪不能从车门缝隙中进入车内,并能把灰尘和泥水挡在车外。

图 2-6-75 锁止楔调整
1-锁止楔;2-螺钉

⑤有良好的工艺性和维修方便性。

⑥附件布置合理,相互不干涉,使用方便,性能可靠。

4. 车门锁的拆装

1) 拆卸

车门锁及其操纵装置的安装位置,如图2-6-76所示。拆卸流程如下:

(1) 打开车门,拆下内饰板。

(2) 在车门侧面卸下门锁固定螺栓。

(3) 分离车锁与外车门把手、内操纵杆以及门锁电动机的连接。

(4) 取下锁体和车门把手。

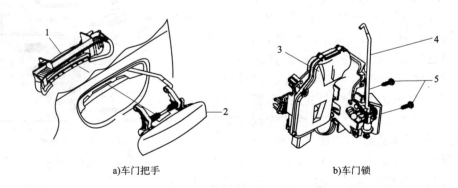

a) 车门把手　　　　　　b) 车门锁

图 2-6-76 行李舱盖锁的拆装
1-车门把手支座;2-车门把手;3-车门锁;4-操纵杆;5-螺栓

2) 安装

(1) 安装按拆卸相反的顺序进行。

(2) 安装完毕后,检查是否准确安装。

五、行李舱盖的更换

轿车行李舱是指乘客室后侧用于装行李、物品的那一部分,通常也称为后车身。三厢式轿车有与乘客室分开的行李舱,如图 2-6-77 所示;而两厢式轿车的行李舱则与乘客室合为一体,成为相通的结构。无论哪一种形式的行李舱,都有一个宽大的行李舱盖或尾门,这是行李舱的薄弱环节,因此在结构对策上都是将开口周围(行李舱框架或尾门框架)制成刚性封闭式断面。

1. 行李舱盖结构

行李舱盖的结构与发动机罩相似,由内板、上外板、下外板三块板制件构成,如图 2-6-78 所示。上、下外板采用焊接连接成一体,也有外板为一体加工成形的形式。内板上焊接用于安装铰链、锁及支撑杆等附件用的加强板,并设计有各种形状的加强筋,以增加强度和刚度,同时在内板上还加工有各种功能的孔,如定位孔、排漆孔、注胶孔、通线孔、减重孔等。

图 2-6-77 三厢式轿车行李舱

内板与外板在形成总成时,通常采用胶黏后翻边咬合的形式,如图 2-6-79 所示,表面涂漆后装上装饰板。内外板通常采用薄钢板制造,为了提高防腐性能,也有用镀锌钢板或铝合金板的。

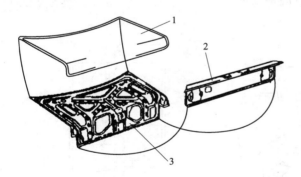

图 2-6-78 行李舱盖的构造
1-上外板;2-下外板;3-内板

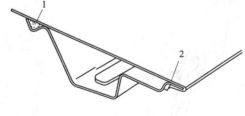

图 2-6-79 行李舱盖内外板的连接
1-PVC 密封胶;2-环氧胶

1) 铰链

为了适应行李出入的大开口,并保证箱盖大的开启角,应设置铰链及平衡支撑杆。行李舱盖铰链常用臂式或四连杆式铰链。支撑杆则用扭力杆式或空气弹簧减振支撑杆。

(1) 臂式铰链。图 2-6-80 所示为臂式铰链和扭杆弹簧机构。铰链装在行李舱盖与车身之间,当箱锁被打开时,行李舱盖便在扭杆弹簧作用下,自动弹开最大极限位置,为取放行李提供方便。

近来,用空气弹簧减振支撑杆的方案日益增多,可减轻开闭时的冲击,如图 2-6-81 所示。

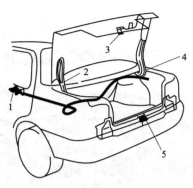
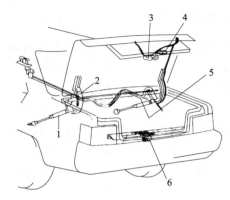

图 2-6-80　使用臂式铰链的行李舱盖
1-行李舱盖开启控制杆；2-铰链；
3-箱盖锁；4-开启拉索；5-锁环

图 2-6-81　采用臂式铰链及空气弹簧减振支撑杆的行李舱盖
1-空气弹簧支撑杆；2-铰链；3-箱盖锁；4-电磁铁；5-开启拉索；
6-锁环

（2）四连杆式铰链。如图 2-6-82 所示，四连杆式铰链可确保行李舱盖大的开度。开启时可用空气弹簧支撑杆助力并支承；关闭时，行李舱盖在挡泥板及密封凸缘之间合拢。

2）行李舱盖锁

对行李舱盖锁的基本要求是操作方便、锁闭可靠，通常采用钩扣式和卡板式两种结构形式。箱盖锁的开启装置有拉索方式，也有电磁式自动锁。

钩扣式锁主要由锁紧钩和钩扣等组成，如图 2-6-83 所示。卡板锁则主要由锁紧杠杆、卡板和锁扣等零件组成，如图 2-6-84 所示。这两种结构都比较简单，其中卡板式门锁的操纵性及可靠性要好一些。

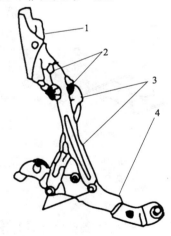
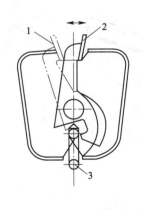
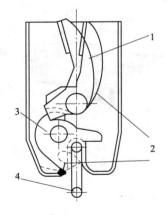

图 2-6-82　四连杆式铰链
1-铰链舱盖侧；2-铰链；3-连杆；4-铰链车身侧

图 2-6-83　钩扣式行李舱锁
1-运动位置；2-锁紧钩；3-锁扣

图 2-6-84　卡板式行李舱锁
1-锁紧杠杆；2-运动位置；3-卡板；
4-锁扣

2. 行李舱盖的拆装

1）拆卸

（1）打开行李舱盖，拆卸内饰零件，断开行李舱盖内通到车身的线束插头。

(2)在行李舱盖的锁座及铰链位置做上标记,以利于安装。
(3)卸下连接铰链与行李舱盖之间的紧固螺栓,如图 2-6-85 所示。
(4)取下行李舱盖,将其放在工作台上,逐一拆掉其他附件。

2)安装与调整

(1)安装按照拆卸的相反顺序进行。
(2)检查行李舱盖与相邻板件之间的缝隙,以及与车身曲线是否平行。图 2-6-86 所示为行李舱盖间隙调整的要求。$A = 3.5 \sim 4.5 \mathrm{mm}$;$B = 1.5 \sim 2.5 \mathrm{mm}$。

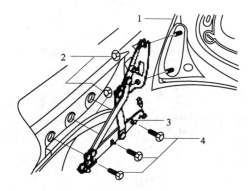

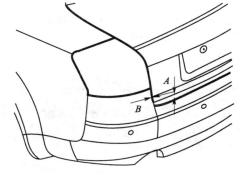

图 2-6-85 拆卸行李舱盖
1-行李舱盖;2-铰链与行李舱盖螺栓;3-铰链;4-铰链与车身螺栓

图 2-6-86 轿车行李舱盖间隙调整的要求

(3)如果行李舱盖的前部高度不合适,可在行李舱盖与铰链臂之间增减垫片进行调整,并通过行李舱盖的前后、内外移动,使之与后翼子板装配平齐。如果要抬高前缘,应在前部螺栓部位的铰链与盖板之间放调整垫片。要降低前缘时,则应在铰链的下方放置垫片,如图 2-6-87 所示。

(4)为了使行李舱盖与防水橡胶条保持良好密封,并使行李舱盖锁能对准锁头,应将行李舱盖锁的锁止楔固定螺栓拧松,直至调整妥当后再将螺栓锁紧,如图 2-6-88 所示。

3. 行李舱盖锁的拆卸

1)拆卸

行李舱盖锁及其操纵装置的安装位置,如图 2-6-89 所示。拆卸流程如下:

(1)打开行李舱盖,拆下内饰板。
(2)拉出拉索,将支撑夹从操纵杆中压出。
(3)旋转卡扣,分离操纵杆。
(4)松开固定螺栓,取下锁体。

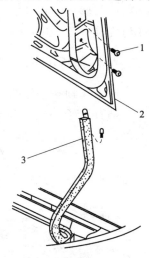

图 2-6-87 行李舱盖前缘高度的调整
1-螺栓;2-行李舱盖;3-铰链摇臂

2)安装

(1)安装按拆卸相反的顺序进行。
(2)安装完毕后,检查是否准确安装,确保间隙合适。

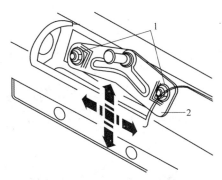
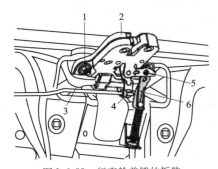

图 2-6-88　行李舱盖锁锁止楔的调整
1-固定螺栓；2-锁止楔

图 2-6-89　行李舱盖锁的拆装
1-螺栓；2-行李舱盖锁；3-操纵杆；4-卡扣；5-支撑夹；6-拉索

第二节　汽车内饰件的更换

一、杂物箱的拆装

(1) 拆下侧面盖板。
(2) 打开杂物箱盖，松开紧固螺栓，如图 2-6-90 所示。
(3) 断开线束插头，取下杂物箱，拆卸其他附件。
(4) 安装按照拆卸的相反顺序进行。注意线束插头的连接，紧固螺栓数量较多不能遗漏。

二、A 柱盖板的拆装

(1) 卸下车顶扶手处的固定螺栓。
(2) 撬开夹子，取下盖板，如图 2-6-91 所示。注意不要损坏盖板和车身。

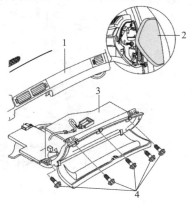
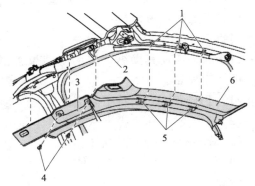

图 2-6-90　杂物箱拆卸
1-仪表板；2-侧面盖板；3-杂物箱；4-螺栓

图 2-6-91　A 柱盖板的拆卸
1-固定架；2-密封条；3-车顶扶手；4-固定螺栓；5-夹子；
6-A 柱内盖板

(3)安装按照拆卸的相反顺序进行。其他立柱护板可以参照 A 柱盖板的拆装方法操作。

三、车门内饰板的拆装

车门内饰板的结构如图 2-6-92 所示,拆装流程如下:
(1)取下车门装饰条和扶手盖板,漏出内部的螺栓。
(2)卸下所有的紧固螺栓。
(3)向外拉内饰板,使其与车门分离。
(4)向上抬内饰板,取下车门内操作装置的拉索,断开线束插头连接。
(5)取下车门饰板,拆卸其他附件。
(6)安装按照拆卸的相反顺序进行。

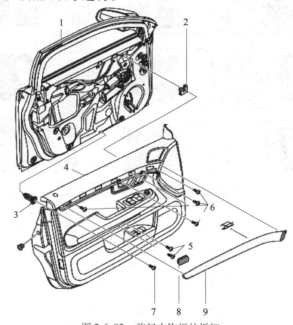

图 2-6-92　前门内饰板的拆卸

1-车门;2-卡扣螺母;3-膨胀螺母;4-车门饰板;5-扶手盖板处螺栓;6-装饰条处螺栓;7-螺钉;8-扶手盖板;9-装饰条

第三节　汽车座椅的更换

一、座椅的组成

1. 座椅的布置形式

座椅是重要的车身内附件,为乘员提供舒适的乘坐条件,保证驾驶安全,减少长时间乘坐的疲劳。而且应保证乘客的安全,在发生事故时,座椅作为保安件,应起到保护乘员的作用。根据使用要求,座椅的若干部位应该是可以调节的。如座椅的前、后移动,靠背的倾斜,

坐垫的高度,头枕的位置等都可以调节,如图 2-6-93 所示。有的座椅具有记忆功能。有的座椅为方便乘员取暖,在靠背上设有加温取暖装置。

座椅的布置随车型而异,图 2-6-94 所示为轿车座椅布置的样例。

2. 座椅的结构

座椅通常是由座椅主体、调节机构以及扶手、加热、通风等辅助部件构成,如图 2-6-95 所示。

图 2-6-93　座椅可多向调节

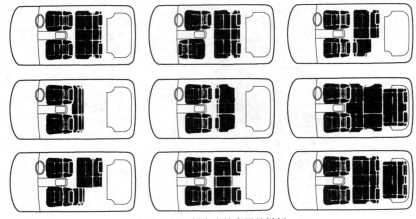

图 2-6-94　轿车座椅布置的样例

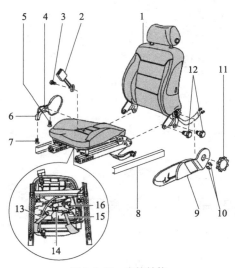

图 2-6-95　座椅结构

1-靠背;2-安全带锁;3、5、7、12-螺钉;4-内侧饰板;6-压板;8-导轨饰板;9-外侧饰板;10-夹子;11-靠背调节轮;13、15-橡胶带;14-座椅加热装置插头;16-安全气囊插头

二、座椅主体

座椅主体由坐垫、靠背、头枕三部分构成,图 2-6-96 所示为轿车前座椅主体结构,每部分

由骨架、软垫、饰面组装而成。坐垫和靠背是由螺栓固定连接的，外部装有罩板，罩板主要起装饰作用。头枕总成是通过支杆插在镶入靠背顶部的导向套内，靠卡簧锁紧。

1. 骨架

1）坐垫骨架

坐垫骨架是由冲压件盆形底座和钢管框架焊接成形。盆形底座的外形复杂，上面安装软垫。盆形底座下部焊钢管框架，钢管框架起加强和连接作用。钢板框架中部焊有中间导轨，中间导轨是Z形冲压件，上面有若干长孔，是调节前后移动距离的定位孔。钢管框架两侧焊有侧连接板、连接轴、内螺纹座，起连接和固定靠背的作用。钢管框架上还焊有内、外滑板。在滑板上装有导向块。导向块是塑料件，在座椅前后移动时无响声且耐磨。座椅移动导轨焊在车身底板上。骨架上装有操纵杆，操纵座椅前后移动，依靠弹簧回位，如图2-6-97所示。

图2-6-96　座椅组成
1-头枕；2-靠背；3-坐垫

坐垫骨架成形主要是用二氧化碳气体保护焊，局部采用点焊或凸焊。骨架总成焊接后喷涂油漆，以防骨架生锈。

2）靠背骨架

靠背骨架由左右侧骨架、上框加强板、左右侧成形框、连接管、横拉钢丝、靠背调节器组成，如图2-6-98所示。左、右侧成形框是钢丝冲压成形，焊在侧骨架上，使靠背骨架加强侧支承并符合人体形态。连接管由钢管制成，内有传动管通过，以传递力矩，使靠背调角器调整时左右达到同步，控制靠背角度调整。靠背调角器是有级调节，靠齿轮啮合，传递力矩。钢丝骨架总成用拉簧安装在靠背骨架焊接总成上，起支撑垫作用。

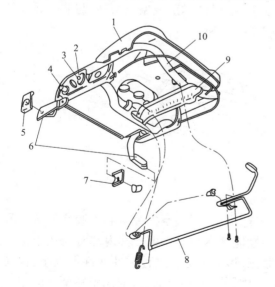

图2-6-97　坐垫骨架
1-盆形底座；2-侧连接板；3-连接轴；4-内螺纹座；
5-导向块；6-内、外滑板；7-导向块；8-操纵杆总成；
9-中间导轨；10-钢管框架

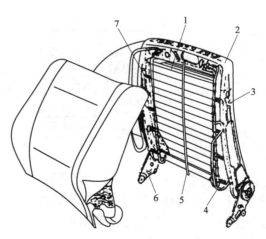

图2-6-98　靠背骨架
1-横拉钢丝；2-上框加强板；3-侧骨架；4-成形框；
5-钢丝架总成；6-靠背调节器；7-拉簧

2. 软垫

软垫是采用聚氨酯发泡成型。由于成型软垫形式采用了桶形，所以在车辆高速行驶和转弯过程中，能有效地防止人体侧滑，提高乘坐的舒适性。软垫在成型时，内部注入了镶嵌钢丝，起固定饰面和成型作用。

有些车辆的座椅在坐垫骨架与软垫之间装设有弹性元件，以减缓和吸收由车身传到人体的振动和冲击。座椅的弹性元件按其材质不同，有金属元件和非金属零件两种。

（1）金属弹性元件包括螺旋弹簧、S形弹簧等。螺旋弹簧按其形状可分为圆锥形、圆柱形、双曲线形三种。圆锥螺旋弹簧当负荷达到一定程度时，弹簧由大圈到小圈依次逐渐并紧，有利于缓和冲击和减少共振。圆柱形螺旋弹簧结构简单，刚度稳定，制造容易，但阻尼较小，一般用在座椅和靠背骨架的边框周围起连接作用，如图2-6-99a)所示。双曲线螺旋弹簧外形相当于两个锥形弹簧连接在一起，这类螺旋弹簧减振性能较好，多安装在坐垫上，如图2-6-99b)所示。

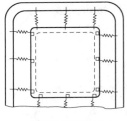   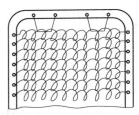

a)圆柱形螺旋弹簧　　　　　　b)双曲线螺旋弹簧

图2-6-99　螺旋弹簧

与其他弹性元件相比，螺旋弹簧衰减性能差，多与其他阻尼元件配合使用。

S形弹簧的两个相邻簧节构成"S"形，这种弹簧衰减性能好，减振能力强，与非金属弹性元件配合使用，可使座椅有较好的合适性，如图2-6-100所示。

图2-6-100　S形弹簧

（2）非金属弹性元件主要包括乳胶海绵、聚氨酯泡沫塑料、空气弹簧和橡胶弹簧等。乳胶海绵和聚氨酯泡沫塑料都是发泡结构，结构和性能基本相同。由于其内部有无数个微气孔，里面充满空气，空气与孔壁相对运动，产生摩擦，形成阻尼。这种弹性元件振幅小，振动衰减快，共振时传递率低，减振性好。但是乳胶海绵成本高，相对而言，泡沫塑料坐垫应用广泛，但其透气性较差。

有的轿车座椅靠背内设置有气垫，由一个电动气泵来控制充气。气垫有较好的缓冲性，并且可以通过充、放气而改变靠背形状以适应不同的人的需要。

3. 饰面

包裹坐垫与靠背总成的表面材料称为饰面（或蒙皮），一般用棉织品、毛织品、皮革、人造革等材料缝制。蒙皮应具有良好的弹性和伸缩性，耐磨，并有良好的透气性和透湿性。

面料下面复合一层 4mm 的薄泡沫，经样板剪裁和拉带缝合在一起，拉带以钢丝拉紧，拉紧钢丝的作用是使坐垫表面更好地成形。饰面总成通过夹钉（图 2-6-101）固定在软垫和骨架总成上。

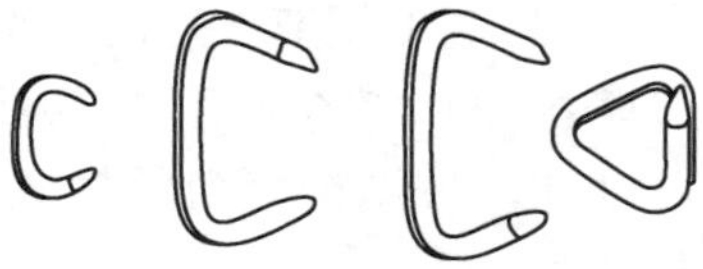

图 2-6-101　固定座椅饰面用的夹钉

4. 头枕

在撞车或受冲击时，头枕可防止乘员头部向后方移动、减轻颈部受伤。在汽车碰撞事故中一旦发生追尾碰撞，汽车受后面冲击力作用瞬间急速向前，由于惯性作用乘员的头部却会突然向后仰，这种后仰动作将持续到颈部被拉伸到极限为止，然后头部就像鞭梢一样被颈部加速甩向前方，这种颈椎的伤害非常严重。有了头枕承托，减少头部自由移动的空间就可以降低对颈椎的冲击力。

头枕有与座椅一体的，也有不一体的。头枕骨架总成由泡沫塑料整体发泡而成，金属支柱直接插入铰链臂中，靠卡簧锁止，如图 2-6-102 所示。饰面材料与坐垫及靠背相同，饰面经样板剪裁后与封闭框缝合，直接镶嵌在头枕套框架的凹槽中。

5. 辅助部件

装用扶手的目的是要减轻长时间行驶时的疲劳，使乘坐更加舒适。加热器直接安装在座椅上，它具有乘车后即刻便热的效果，电阻供热体加热器安装在装饰罩内或装饰罩和座椅衬垫中间。

三、座椅的调节机构

为了使不同身高的驾驶员操作方便，乘坐舒适，驾驶员座椅往往设有前后、上下、靠背倾角等调整机构。其中前后、上下调整机构是装在坐垫骨架与车身地板之间，通过手动或其他动力操纵，把座椅调至不同位置。靠背倾斜角度调整机构，装在坐垫骨架与靠背骨架之间，不仅起调整靠背角度的作用，而且同时又是坐垫与靠背的连接件。

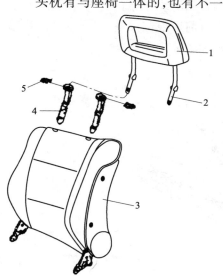

图 2-6-102　头枕的连接
1—头枕总成；2—支杆；3—靠背总成；4—导向套；5—卡簧

不管哪种调整机构，都必须设有可靠的锁止机构，以保证行车安全，尤其要防止紧急制动可能产生的锁止机构失灵的现象。

1. 机械式调整机构

（1）前后调节。前后调整机构多采用滑轨式，它分为带滚珠的滑轨机构和不带滚珠的滑轨结构，如图 2-6-103 所示。其共同点是都由上、下滑轨组成，区别是带滚珠的滑轨机构采用滚珠或滚珠保

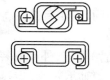

a) 带滚珠的滑轨机构　　b) 不带滚珠的滑轨机构

图 2-6-103　滑轨形式

架,运动自如、寿命长,但结构复杂、成本较高。无滚珠的滑轨结构简单、零件少、制造容易,但摩擦面大、易发卡和生锈、寿命低。

(2)角度调节。角度调节主要是靠背角度调节,坐垫的调节都与高度调节机构结合考虑。靠背调节机构调节角度较大,调节方式可分为微调和无级调节两种。

(3)高度调节。是调节座椅上下位置的机构,按调节方式分为座椅整体水平上下平行升降机构和座椅前后单独升降的前后单独升降机构两种,后者可兼起调节座椅坐垫角度的功能。按结构分为丝杠式、螺旋弹簧式、油缸式、四连杆式等多种,广泛应用的是四连杆式。

2.电动调整机构

电动座椅的角度调节由电动机来驱动,每台电动机有一只换向开关控制供入电动机电流的正负方向,开关上有三个位置,正、反方向位置控制向电动机通电的正、反方向,中立位则切断电源向电动机供电,电动机停转。

1)前后调节

座椅滑动调控电动机带动两根螺杆旋转,使与螺杆啮合的滑块在导轨上前后移动,滑块固定在坐垫骨架上,从而带动座椅前后移动。螺杆两端设有前后限位挡块,以限制上滑块移动的行程,如图2-6-104所示。

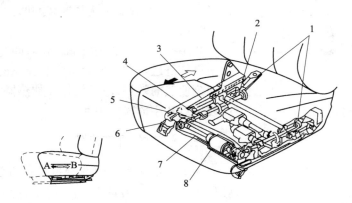

图2-6-104 前后位移调整

1-螺杆支架;2-后挡块;3-上导轨;4-螺杆;5-前挡块;6-下导轨;7-电动机支架;8-电动机

2)上下调节

(1)座椅前方上下调整。电动机带动丝杆转动,使丝杆上啮合的拉杆位移,拉动联动装置中的三角板绕轴线转动,连杆的高度位置变化,从而使坐垫前端上下翘起,如图2-6-105所示。

(2)座椅后方上下调整。如图2-6-106所示,调整方法与座椅上下方向调整相同,只是联动装置结构略有不同,它使后连杆高度变化,使坐垫后端翘起或下落。

3)靠背倾斜调节

内齿与上臂(靠背)相连,外齿安装在偏心销轴上,当偏心销轴旋转带动外齿紧贴内齿,并与内齿啮合。偏心销轴承安放在下臂(坐垫骨架)上。电动机转动,通过链轮使外齿转动,外齿带动内齿,内齿使上臂倾斜,从而调节靠背倾斜角度,如图2-6-107所示。

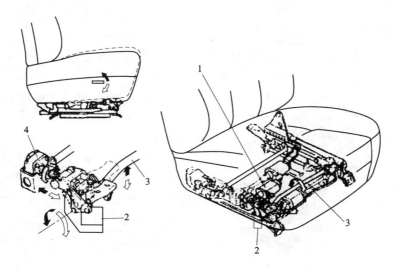

图 2-6-105　座椅前方上下调整
1-电动机;2-联动装置;3-连杆;4-罩盖

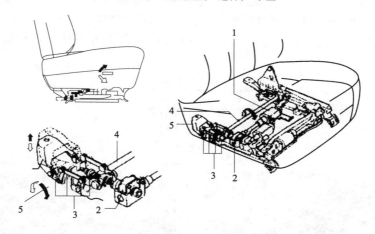

图 2-6-106　座椅后方上下调整
1-调整电动机;2-罩盖;3-联动装置;4-连杆;5-托架

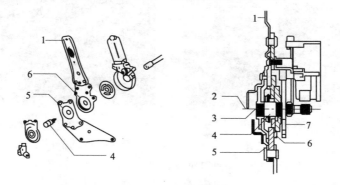

图 2-6-107　靠背倾斜调整
1-上臂;2-偏心轮中心线;3-销轴中心线;4-偏心销轴;5-外齿;6-内齿;7-盖板

四、儿童座椅

汽车座椅是为成人设计的，儿童因身材矮小，坐在成人座椅上很不舒服。而安全气囊也是针对成年人设计的，当成年人抱着婴孩乘坐车辆发生碰撞事故时，安全气囊却反而会对儿童造成伤害。同时，在汽车碰撞事故中，儿童更容易受到伤害，为了降低受伤风险，要使用专用儿童座椅。

一些汽车生产商为了解决儿童乘车安全性问题，在成人座椅上设置了可以临时挂接儿童座椅的连接机构。此类型的儿童座椅实际上就是由饰面和软垫构成的靠背、坐垫、头枕、扶手等相互连接在一起，然后用挂钩等连接在成人座椅上，如图 2-6-108 所示。按适用儿童体重的不同将儿童座椅分为 5 级，见表 2-6-1。

图 2-6-108 儿童座椅的安装

（1）0 和 0+ 级儿童座椅。不满 9 个月且体重 10kg 以下的婴儿，或者不满 18 个月且体重 13kg 以下的婴儿，最适于使用可调整到躺卧位置的儿童座椅，如图 2-6-109 所示。

（2）1 级儿童座椅。约 4 岁以下，体重在 9～18kg 的婴幼儿最适合坐在面朝行驶方向的儿童座椅上，如图 2-6-110 所示。

儿童座椅分级　　　　　　　　　　表 2-6-1

座椅级别	儿童质量（kg）	座椅级别	儿童质量（kg）
0	0～10	2	15～25
0+	0～13	3	22～26
1	9～18		

图 2-6-109　0/0+ 级儿童座椅

图 2-6-110　1 级儿童座椅

（3）2/3 级儿童座椅。约 12 岁以下且体重在 15～36kg，身高低于 150cm 的儿童，最好是儿童座椅和三点式安全带并用，如图 2-6-111 所示。肩部安全带部分必须大致通过肩部中间且贴紧上身，不允许勒过颈部。腰部安全带部分必须放在儿童的髋部且贴紧身体，不允许勒过腹部。

事故统计证明，儿童坐在后座椅上总体来说比坐在副驾驶员座椅上具有更高的安全性，

12岁以下的儿童一般应当坐在副驾驶员座椅的后面。根据儿童的年龄、身高和体重,在后座椅上使用儿童座椅或现有的安全带对儿童加以防护。身高150cm以上的儿童可以不用儿童座椅,直接使用车内已有的安全带。

图2-6-111　2/3级儿童座椅

五、前座椅的拆装

1.拆卸前座椅

（1）将前排座椅向后推到底。

（2）拆下导轨盖板,漏出固定螺栓。

（3）卸下固定螺栓,断开线束插头,取下座椅,如图2-6-112所示。

注意：在带有加热座椅的车上,在此之前必须先拔下电路插座接头。

2.座椅靠背的拆装

座椅靠背的拆卸如图2-6-113所示。拆装方法如下：

（1）卸下安全带锁。

（2）取下靠背调节轮,卸下座椅侧盖板。

（3）卸下紧固螺栓,取下座椅靠背。

（4）安装按照拆卸的相反顺序进行。

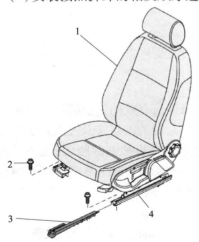

图2-6-112　前座椅的拆卸

1-座椅；2-固定螺栓；3-导轨盖板；4-导轨

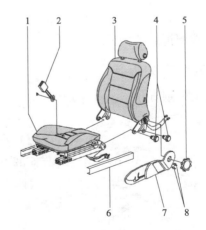

图2-6-113　前座椅靠背的拆卸

1-坐垫；2-安全带锁；3-靠背；4-固定螺栓；5-靠背调节轮；6-导轨盖板；7-座椅侧盖板；8-卡子

3.安装前座椅

安装按照拆卸的相反顺序进行。

六、后座椅的拆装

1.拆卸后坐垫

（1）将坐垫按A方向抬起,并按B方向向前拉,拆下坐垫,如图2-6-114所示。

(2)在带有电加热座椅的车上,拔下电路接头。

2. 拆卸后座靠背

(1)拆下头枕。

(2)将后排座椅靠背向上从支架的钢丝夹中取出,如图2-6-115所示。

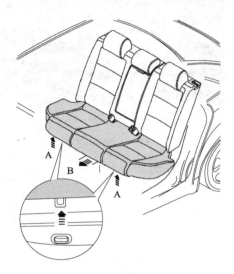

图2-6-114 拆卸后坐垫

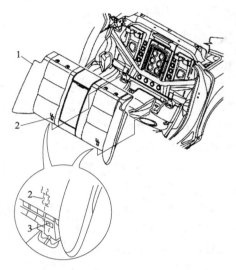

图2-6-115 拆卸靠背
1-座椅靠背;2-钢丝夹;3-支架

3. 安装后座椅

安装按照拆卸的相反顺序进行。

七、安全带的拆装

座椅安全带是防止乘员在车内冲撞或被抛出车外的廉价而有效的保护装置。依照座椅安全带在车上的固定点,分为两点式及三点式座椅安全带。在两点式中,有单独约束腰部的腰带,或单独约束乘员躯干的肩带。同时约束乘员的腰部及躯干的三点式座椅安全带应用得很普遍。

1. 安全带拆装

(1)拆门槛压条,局部拆卸车门框密封胶条。

(2)取下盖子,松开座椅安全带与B柱间的固定螺栓,如图2-6-116所示。

(3)取下螺母,松开B柱内衬的螺栓,拆B柱上护板。

(4)松开B柱底部衬板的两个固定螺钉,拆B柱下护板。

(5)拆卸装饰盖,松开座椅安全带与车地板间的固定螺栓,松开自动锁装置与B柱间的固定螺栓。

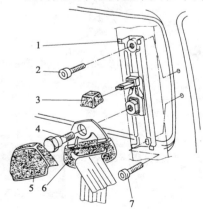

图2-6-116 座椅安全带调整装置
1-座椅安全带高度调整装置;2、4、7-螺栓;
3-释放钮;5-护罩;6-安全带连接环

(6)松开转向板的固定螺栓,拆转向板。拆座椅的安全皮带装置,此时注意防止带子拧在一起,因为固定螺栓已脱开,而带子是反卷在自动装置上的。

(7)松开锁与前座椅框间的固定螺栓,即可拆前座椅安全带锁。

2. 安全带自动卷带器拆卸

(1)撬下座椅导轨护罩,拆下前座椅。

(2)松开安全带搭扣处的安全带。

(3)拧下螺栓,拆下安全带自动卷带器。

3. 安装

安装步骤与拆卸相反。

第四节　汽车玻璃的维修

一、汽车玻璃的使用要求

为了保证汽车玻璃质量,行业将汽车玻璃按照加工工艺分成夹层玻璃、区域钢化玻璃、钢化玻璃、中空安全玻璃和塑玻复合材料五类,其中夹层玻璃安全性能最高。国家标准规定,夹层玻璃和塑玻复合材料适用于所有机动车;区域钢化玻璃适用于不以载人为目的的载货汽车,不适用于以载人为目的的轿车及客车等;钢化玻璃适用于设计时速低于40km/h的机动车。

加工完毕的成品汽车玻璃,从外观上看应没有明显的气泡和划痕。前风窗玻璃透光率不得低于70%。轿车的曲面风窗玻璃要做到弯曲拐角处的平整度要高,不能出现光学上的畸变,从驾驶座上的任何角度观看外面的物体均不变形、不炫目。

二、汽车玻璃的安装形式

汽车上的车窗玻璃有固定式玻璃和可移动玻璃两种形式。固定式玻璃包括前风窗、后风窗以及角窗上的固定玻璃。可移动玻璃包括前后车门上的玻璃以及带天窗车型的天窗玻璃。

1. 固定式车窗玻璃

固定式车窗玻璃有密封条固定的车窗玻璃和胶黏法固定的车窗玻璃两种,现代汽车上大多都采用胶黏法固定的车窗玻璃。通过黏结,提高了车辆的扭转刚性,如图2-6-117所示。

密封条法在旧式汽车上使用的较为普遍,在新型汽车上也有使用。密封条上开有沟槽,用来装夹玻璃和钢板翻边固定,有的还装有外装饰

图2-6-117　黏结式汽车前风窗玻璃

条,如图 2-6-118 所示。

2. 可移动式车窗玻璃

按玻璃跟升降器的连接方式分为紧固件固定方式和黏结固定方式。对于客车的侧窗玻璃还有推拉式的可移动车窗玻璃。

1) 紧固件固定方式

采用紧固件固定时,所用的紧固件为螺栓或铆钉,并配有塑料垫或橡胶垫,以免与玻璃直接接触而造成玻璃破损。如图 2-6-119 所示,紧固件穿过玻璃把玻璃固定到升降器槽或托架上,胶垫则垫在玻璃与紧固件及托架之间。

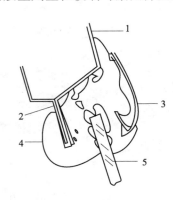 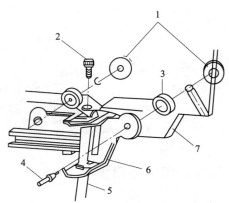

图 2-6-118　密封条的装配　　　　　　图 2-6-119　紧固件固定的车门玻璃
1-车顶盖板;2-压焊法兰;3-外装饰条;　　1-夹持衬板;2-螺钉及垫圈;3-垫块;4-铆钉;5-导轨;6-托
4-密封条;5-玻璃　　　　　　　　　　　架;7-玻璃

2) 黏结固定方式

采用黏结方式固定时,用黏结剂把玻璃与托架固定在一起,如图 2-6-120 所示。托架上通常设有 U 形槽,内置若干个垫块,以防止玻璃与金属槽或托架直接接触。

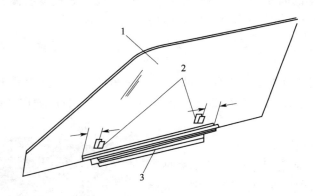

图 2-6-120　黏结固定的车门玻璃
1-玻璃;2-垫块;3-托架

3) 推拉式侧窗

推拉式侧窗的结构类型很多,通常将侧窗各部件装成总成,再将总成从外向内推入,到位后用紧固螺栓与止口连接,最后装密封条,如图 2-6-121 所示。

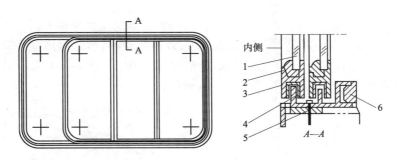

图 2-6-121 推拉式侧窗结构
1-玻璃;2-玻璃密封条;3-内窗框;4-外窗框;5-螺钉;6-侧窗密封条

三、车窗玻璃升降器

玻璃升降器是调节门窗玻璃开度大小的专用部件,其功能是保证车门玻璃平衡升降,门窗玻璃能随时并顺利地开启和关闭;当摇手柄不转动时,玻璃应能停在任意位置上,既不能向下滑,也不能由于汽车的颠簸而上下跳动;锁上车门后,能防止外人将玻璃降下而进入车内。

1.玻璃升降器的类型

升降器根据操作方式分为手摇式和电动式两种,按结构不同,分为杆式和钢绳式两种。杆式玻璃升降器又分为 X 型双臂式、单臂式及车轮拱形位置关系式三种。

1)X 型双臂式玻璃升降器

(1)手动 X 型双臂式玻璃升降器。构造如图 2-6-122 所示,若转动手柄,和手柄轴一体的小齿轮带动扇形齿轮转动,以手柄回转中心为支点使升降臂摆动,使玻璃托槽推动玻璃上下移动。

(2)电动 X 型双臂式玻璃升降器。构造如图 2-6-123 所示。在交叉的双臂中,一根是可动的升降臂,另一根是与之保持相对角度的平衡臂,两个交叉臂像钳子一样动作,两臂的端部在玻璃托槽中移动,使玻璃托槽平行地升降运动,推动玻璃的升降。

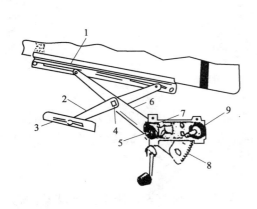

图 2-6-122 手动 X 型双臂式玻璃升降器
1-玻璃托槽;2-平衡臂;3-平衡臂托槽;4-交叉臂支点;5-回转中心点;6-升降臂(主动臂);7-扭簧;8-扇形齿轮;9-手柄轴

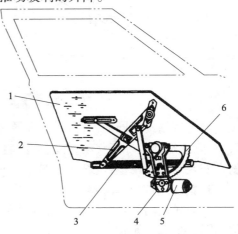

图 2-6-123 电动 X 型双臂式升降器
1-玻璃;2-升降臂;3-托槽;4-齿轮箱;5-电动机;6-扇形齿轮

X 型双臂式玻璃升降器是由两臂端部滚轮的两个支承点支承玻璃升降。在玻璃上下移动过程中,支承中心始终接近或重合于玻璃质心,载荷变动小,因此其运动平稳,升程较大,升降速度快,该结构适用于尺寸大而形状不规整的车门玻璃。图 2-6-124 所示为 X 型双臂式玻璃升降器在玻璃处于最高和最低两个位置时的状态。

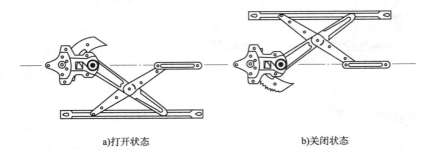

a)打开状态　　　　　　　b)关闭状态

图 2-6-124　X 型双臂式玻璃升降器的两个极限位置

2)单臂式玻璃升降器

单臂式玻璃升降器由单点支承玻璃,其运动轨迹为弧线,在水平方向产生分力,水平位移较大,影响了玻璃升降的平稳性,所以要求玻璃导轨要平直。但由于其结构简单,与车门关联比较少,被广泛应用于形状规整的矩形窗框或有避让要求的后车门上。

单臂式结构如图 2-6-125 所示。当转动手柄或电动机驱动时,通过小齿轮带动扇形齿轮及升降臂(单臂)回转,由此推动玻璃托槽及玻璃升降。

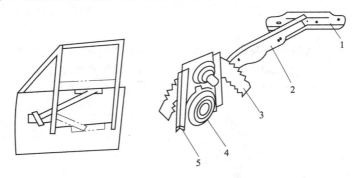

图 2-6-125　单臂式玻璃升降器

1-玻璃托槽;2-升降臂;3-扇形齿轮;4-平衡弹簧;5-固定板

与上例结构不同的,有采用一根导杆式的单臂结构,如图 2-6-126 所示。即当升降臂回转时,它的端部沿导杆移动,并支承玻璃上下升降。这种结构的特点是,玻璃前后方向的倾斜在安装导杆时调整,玻璃插入部分由下构件调整。

3)钢绳式玻璃升降器

钢绳式玻璃升降器是通过摇转手柄时驱动机构牵拉钢索来驱动玻璃托架移动的,其结构如图 2-6-127 所示。

图 2-6-128 所示为钢绳的两种不同的缠绕形式。

钢绳式结构的优点是手柄位置可自由布置,钢绳的松紧度可利用张紧轮进行调节,结构简单,加工容易,体积小,质量轻,由于玻璃装配在运动托架上,所以玻璃的质量始终能与钢绳平行,玻璃升降过程均十分顺畅。但由于这种升降机对自身倾斜没有保持能力,必须设置玻璃导轨。

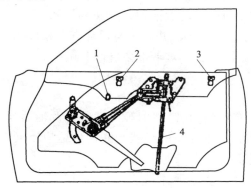

图 2-6-126　有一根导杆的单臂式玻璃升降器
1-稳定器;2-挂钩;3-下构件;4-导杆

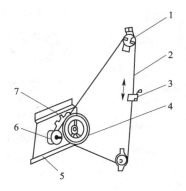

图 2-6-127　钢绳式玻璃升降器
1-滑轮;2-钢绳;3-玻璃托架;4-钢绳卷筒;
5-座板;6-小齿轮;7-扇形齿轮

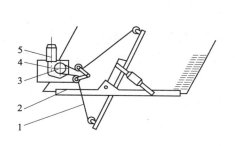

a)钢绳的缠绕形式一

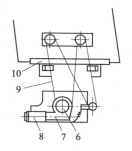

b)钢绳的缠绕形式二

图 2-6-128　钢绳的两种缠绕形式
1、9-钢绳;2-玻璃安装导槽;3、6-钢绳卷筒;4、7-齿轮减速器;5、8-电动机;10-玻璃托槽

2. 玻璃升降器电动机

电动式玻璃升降器由可逆直流电动机和减速器取代摇手柄,可通过控制按钮实现集中控制,如图 2-6-129 所示。电压方向可正反向切换,使电动机轴可正反向旋转,电动机轴端设有蜗轮蜗杆机构作为一级减速,在蜗轮轴上的小齿轮驱动升降器扇形齿轮进行二级减速,进一步带动升降臂。

3. 制动机构

制动机构的作用是防止玻璃升降器倒转。这种机构通常采用弹簧涨圈式结构,如图 2-6-130 所示,它是由制动鼓、制动弹簧、传动轴和联动盘等元件组成的。制动鼓用铆钉固定在底板上,是不动件;制动弹簧是一个螺旋形扭力弹簧,在自由状态时,外径稍大于制动鼓内径,在给予一定预紧而径向变形的情况下,装进制动鼓内。传动轴与手柄连接,而联动盘则通过铆接在盘上的小齿轮、扇形齿板和传动臂与玻璃托槽相连接。当摇动手柄时,传动轴转动超过空行程(间隙b)后继而带动弹簧(使

图 2-6-129　玻璃升降器用电动机
1-蜗轮;2-小齿轮;3-滚珠;4-锁紧母;5-推力调整螺栓;6-蜗杆

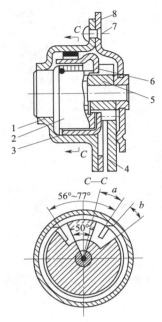

图 2-6-130 制动机构

1-制动鼓；2-传动轴；3-制动弹簧；4-扇形齿板；5-小齿轮；6-联动盘；7-铆钉；8-底板

弹簧直径缩小）一起旋转；当转过了留有的间隙 a（使弹簧离开制动鼓的最小值）以后，又推动联动盘转动，此时玻璃便可以升降。反之当外力作用于玻璃时，联动盘推动弹簧使其扩张，于是弹簧与制动鼓内壁之间的压紧力增大，并产生与运动方向相反的摩擦力矩，阻止联动盘继续转动，因而玻璃不会自行下降。

四、车身密封

密封条用来保持车身的门、窗玻璃等可动部分及前后窗、三角窗等不动部分的密封。密封条的形状与断面应适应不同的使用部位及不同功能的要求。

1. 车身密封的作用

（1）保持车内避风雨、防尘、隔热、隔声。

（2）当车身受到振动与扭曲时，密封条还起到缓冲、吸振、保持玻璃的作用。

（3）对门窗交接的边缘起装饰作用。

2. 车门密封

车门与车身的密封是一个比较困难的部位，密封要求比较严、应密封的部分比较长，各密封部位的断面形状不尽相同。车门密封条的基本断面形状有弯曲型、压缩型和复合型三种，如图 2-6-131 所示。

车门密封条的布置形式有车门安装型（密封条固定在车门的四周），车身安装型（密封条固定在门洞周围的骨架上），车门、车身双重安装型（在车门四周及门洞周围双侧均安装密封条），如图 2-6-132 所示。

a)弯曲型

b)压缩型

c)复合型

图 2-6-131 车门密封条的种类

a)车身安装型

b)车门安装型

c)车门、车身双重安装型

图 2-6-132 车门密封条的布置形式

3. 车窗玻璃密封

车窗玻璃的两侧和上部都靠导槽密封，导槽与玻璃接触部分多用静电植绒，如图2-6-133所示。窗玻璃密封条装在玻璃导槽内，起缓冲和弥补导槽制造误差的作用。

移动式车窗玻璃一般采用双面密封，以防止灰尘与雨水进入车内，还能隔声，并可减少脏物挂在车窗玻璃上。双面密封的几种常见形式如图2-6-134所示。

图2-6-133 车窗玻璃导槽

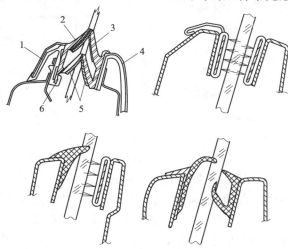

图2-6-134 窗台处玻璃的双面密封

1-车外侧嵌条；2-车外侧密封条；3-车内侧密封条；4-车门内护板；5-植绒；6-卡头

五、固定式汽车玻璃的拆装

1. 由密封条固定的车窗玻璃的拆装

1）拆卸

（1）拆下周围的装饰件，在车窗玻璃和车窗框的中心做标记，如图2-6-135所示。

（2）用专用工具拆下内外装饰条。用专用工具撬开密封条，使其与压焊法兰分离，慢慢将玻璃取下。拆卸玻璃时一定要小心，防止玻璃发生大弧度的扭曲和振动，而造成玻璃的损坏。

2）安装

（1）用溶剂清理窗框法兰上的污物和残留的密封胶，安装垫块和垫条。小心地将玻璃安放到垫块上，检查安装位置并对中。

（2）玻璃定好位后，用纸胶带做好标记，然后沿玻璃周边将胶带切断，把玻璃放置在一边。在正式安装时，使窗框上的胶带对准玻璃上的胶带来定位，如图2-6-136所示。

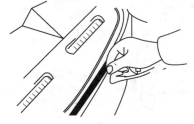

图2-6-135 做中心标识

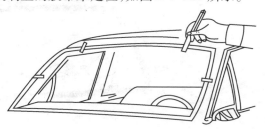

图2-6-136 用胶带做定位标记

(3)将玻璃的边缘和密封条清理干净。把密封条安装在玻璃上,并沿密封条的凸缘槽内埋入预先准备好的尼龙软线。塞线时应从玻璃的顶端开始塞,使线的两端在玻璃的下缘中部汇合,用胶带把线的末端粘贴到玻璃的内表面上,如图2-6-137所示。

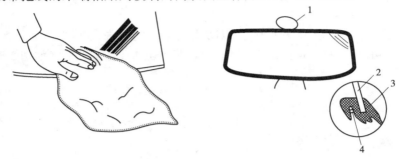

a)清洁玻璃　　　　　　　　　b)装上密封条并埋入软线

图2-6-137　准备玻璃
1、4-尼龙软线;2-玻璃;3-密封条

(4)密封条凸缘槽和窗口压焊法兰的边缘上涂抹肥皂水。在车外用手掌压住密封条的同时,于车内玻璃下部的中间部位起,牵拉装玻璃用的尼龙作业线,风窗玻璃随之被镶装在车身的压焊法兰上,如图2-6-138所示。应注意按标记将胶带调整对位。拉线时应从玻璃的下缘开始,使密封条进入位置,然后侧缘,最后是上缘。线的两端要同时拉,否则玻璃容易破裂。

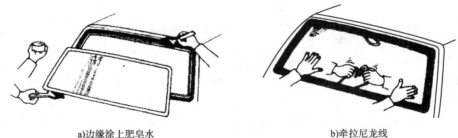

a)边缘涂上肥皂水　　　　　　　　　b)牵拉尼龙线

图2-6-138　安装玻璃

为使橡胶条、玻璃、窗口三者之间贴合紧密,在镶装过程中可用手掌从外部轻轻拍打玻璃。如图2-6-139所示。

图2-6-139　确保玻璃安装合格

2. 由胶黏法固定的车窗玻璃的拆装

1）拆卸

（1）首先拆除玻璃嵌条和所有应拆除的元件。

（2）切割黏结剂。必须使用专用的工具和保护措施。将卷盘固定在玻璃的内侧，切割时先用钢丝牵引头将原黏结剂钻透，将切割钢丝穿过并固定在卷盘上，通过钢丝将黏结剂割断，黏结剂条应尽可能贴着车窗玻璃周围被切下，如图 2-6-140 所示。

2）安装前准备

（1）用酒精清洁车身黏结区域和玻璃陶瓷表面。

（2）如果没有车窗玻璃安装的标准尺寸，涂胶前应将风窗玻璃放到窗口定位，并做出准确安装位置的定位标记，如图 2-6-141 所示。

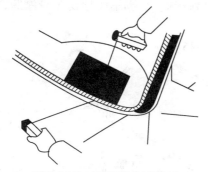

图 2-6-140　用钢丝切割黏结剂

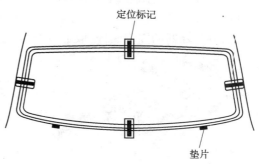

图 2-6-141　做定位标记

3）涂敷黏结剂

（1）将黏结剂筒装入黏结剂枪中，拆下封口，并将黏结剂挤出约 50mm 的试验黏结剂条，注意在试验条中是否有气泡产生，如果没有气泡，则应立即将黏结剂涂覆到黏结面上。

（2）在涂覆黏结剂条时，中断时间不得超过 5s，并保持黏结剂筒垂直于黏结面。用刮刀将黏结剂涂在黏结面上，涂层厚度约 2mm（根据黏结缝隙），如图 2-6-142 所示。用纸张或抹布清除多余的黏结剂。

（3）将涂敷好黏结剂的玻璃用两个吸力装置小心提起，按定位标记安装。调整好玻璃与车顶侧边缘和上边缘的距离（后窗位置必须比车顶外蒙皮低，只有这样才能避免风噪声）。

（4）玻璃定位好后，用塑料胶带将玻璃固定，如图 2-6-143 所示。当黏结剂完全固化后才能拆掉塑料胶带。

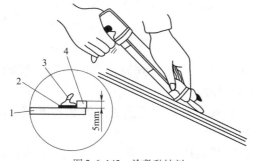

图 2-6-142　涂敷黏结剂
1-玻璃；2-胶带；3-挡水圈；4-黏结剂

图 2-6-143　后窗的安装
1-塑料胶带；A-玻璃距车顶边缘的距离

(5)密封性能试验。待黏结剂固化后,再进行淋水密封性能试验。如有渗漏时,可使用黏结剂进一步加以密封。

六、移动式玻璃的拆装

1. 拆卸

(1)拆卸车门窗玻璃应先使其移动至安装位置,在这个位置下才能够到车窗升降机上的车窗玻璃固定螺栓。

(2)依次拆下门锁拉手、内饰板、密封条等。

(3)断开线束插头连接。

(4)卸下升降器电动机的固定螺栓,取下升降器电动机,如图2-6-144所示。

(5)卸下玻璃托架固定螺栓,慢慢将玻璃取出,不要划伤玻璃,也不能划伤车身涂膜,如图2-6-145所示。

(6)卸下升降器的固定螺栓,取下升降器,如图2-6-146所示。

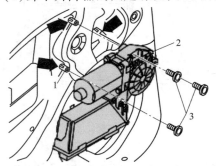

图2-6-144 玻璃升降器电动机拆卸
1-盖帽;2-电动机;3-电动机固定螺栓

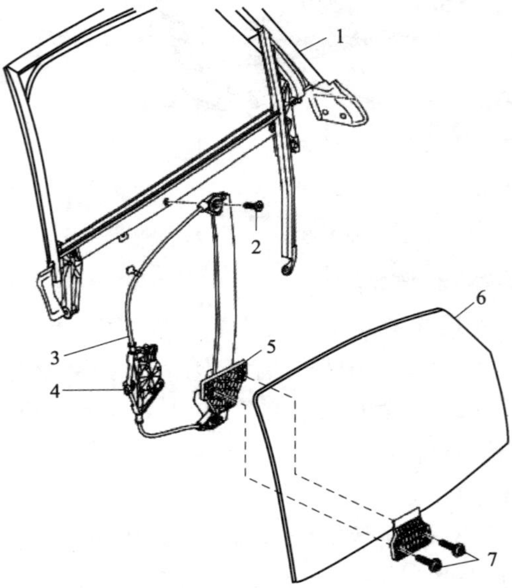

图2-6-146 玻璃升降器拆卸
1-车窗框;2-升降器固定螺栓;3-拉索;4-升降器;
5-托架;6-玻璃;7-玻璃固定螺栓

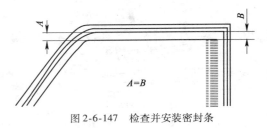

图2-6-145 取出玻璃

2. 安装

(1)将玻璃安放到固定夹内,将玻璃托架与升降器连接。

(2)在车窗玻璃完全关闭的状态下按规定力矩拧紧螺栓。

(3)检查两端水平方向上的高度是否符合标准,如图2-6-147所示。

图2-6-147 检查并安装密封条

(4)将密封条装卡牢靠。

七、车外后视镜的拆卸

1．拆卸

车外后视镜的拆卸如图2-6-148所示。拆卸流程如下：

(1)打开车门,拆下内饰板。

(2)断开线束插头,卸下固定螺栓,取下后视镜总成。

(3)拆卸后视镜玻璃,先撬开上部,再撬开下部。

(4)拆卸方向调节电动机。

(5)拆下后视镜壳。

2．安装

(1)安装按拆卸相反的顺序进行。

(2)安装后视镜玻璃时,要在玻璃中心施加压力,防止损坏。

(3)安装完毕后,检查是否准确安装。

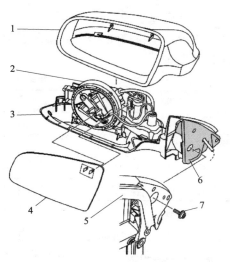

图2-6-148 车外后视镜的拆卸
1-后视镜壳；2-方向调节电动机；3-底座；4-后视镜玻璃；5-前门；6-密封垫；7-螺栓

第五节 车身塑料件的维修

由于在减轻质量、降低制造成本、耐腐蚀等方面对所用材料的要求越来越高,钢材等传统材料使用得越来越少,而轻合金和塑料的应用不断增多。因此,对于维修工作来说,能够正确处理这些材料也变得越来越重要。

一、车身使用塑料的类型

车身使用的塑料有热塑性塑料、热固性塑料和弹性体三种类型,这些塑料在结构、温度关系和维修方法各不相同。

1．热塑性塑料

热塑性塑料根据材料成分可以设计出坚硬且刚度高的,或柔软且防碰撞性能好的塑料,热塑性塑料在车身上的使用情况见表2-6-2。这种材料可以黏结维修,例如由聚丙烯(PP)制成的保险杠和门槛饰板,经过正确预处理后,能进行黏结和喷漆维修。

车身常用的热塑性塑料类型和应用　　　　表2-6-2

塑料类型	缩写	特　性	应 用 示 例
聚丙烯	PP	较好的强度和化学耐腐蚀性	保险杠、车轮罩盖板、侧饰板
聚乙烯	PE	耐老化和耐化学腐蚀	燃油箱、清洗液储液罐
聚氯乙烯	PVC	耐腐蚀	底部防腐层、车内饰板

2. 热固性塑料

热固性塑料是硬化塑料，温度变化时其自身变化很小。热固性塑料在车身上的使用情况见表2-6-3。

车身常用的热固性塑料类型和应用　　　　　　　表2-6-3

塑料类型	缩写	特性	应用示例
聚氨酯	PU	减振、弹性较好、导热性较弱	密封剂、吸收能量
环氧树脂	EP	耐热、强度高、耐风蚀	点火线圈、印制电路板
聚酯树脂	UP	耐热、强度高、耐风蚀	点火线圈、印制电路板
玻璃纤维	SMC	耐热、强度高且尺寸稳定	行李舱盖、侧围、折叠式车顶盖

3. 弹性体

弹性体是一种形状稳定，但具有弹性变形特性的塑料，例如车门密封件，在车身上的使用情况见表2-6-4。按规定不得维修车辆上的弹性体，通常需更换已损坏的部件。

车身常用弹性体塑料类型和应用　　　　　　　表2-6-4

塑料类型	缩写	特性	应用示例
聚氨酯	PU	减振、弹性较好、导热性较弱	坐垫、车顶内衬、仪表板填充物
硅	SI	较高的弹性、耐热性	发动机罩和盖板、安全带、安全气囊
聚酯	PET	抗拉强度、刚度、较好的阻隔作用	织物、盖板、安全带、安全气囊

二、塑料部件的维修方法

1. 塑料部件的损伤

塑料部件的损坏通常分为轻度损坏、中度损坏和严重损坏三种类型。轻度和中度损坏通常仅指表面损伤，鉴定损伤情况时通常无须拆卸部件。严重损坏时，大多数情况下不仅部件表面损坏，位于其后的变形元件（聚苯乙烯泡沫塑料、铝合金托架）也可能已损坏，确定整个损伤范围时需要拆卸相关部件。

严重变形或变形元件损坏时建议不要进行维修，此时应更换部件。就是说，只有造成轻度和中度损坏时才能维修塑料部件，例如车身面板刮痕、裂缝、穿孔，但位于其后的结构部件未损坏。

2. 塑料部件的维修方法

塑料部件的维修方法有成形、焊接和黏结三种。

1）热塑成形

这种方法仅适用于热塑性塑料，适于维修凹痕，裂缝、穿孔或刮痕无法用这种方法进行维修。由于这种方法迅速、简单、干净且成本低廉，因此通常采用。

2）焊接塑料部件

并非所有类型的塑料都能进行焊接，因此需要识别塑料种类，此外，穿孔维修难度也很大，因此很少采用这种维修方法。

3）黏结

这种方法最适于作为维修，黏结剂适用于所有塑料部件，因此无须识别塑料种类。黏结方法也适用于穿孔、刮痕和裂缝。同时,这种维修解决方法修复后强度较高,且具有很好的喷漆附着性。

3. 塑料部件维修时的安全防护措施

进行塑料部件维修时必须戴上耐化学腐蚀的防护手套(防护指数至少为2),必须佩戴密封很严的防护眼镜,为了保护身体应穿上合身的防护服(工作服)。

进行塑料部件维修时要采取一般性保护措施,工作时不能吃东西、喝水或吸烟。避免黏结剂接触到眼睛和皮肤,只有在通风不足的情况下才需要呼吸防护装置。如果黏结剂接触到眼睛、皮肤,应立即用流水冲洗,必要时去看皮肤科医生。

三、塑料部件黏结维修工艺

1. 清洁损坏部件

用水清洁维修的塑料部件并进行干燥处理,最后用清洁剂和稀释剂对部件进行彻底处理,风干5min,如图2-6-149所示。

2. 对塑料部件进行预处理

(1)如果损伤部件有一个裂缝,那么必须在裂缝端部钻孔,最好钻出直径大约6mm的孔,这样可以避免裂缝继续扩大,如图2-6-150所示。

图2-6-149 清洁处理维修部位

图2-6-150 裂纹端部钻孔

(2)用研磨机或粒度为P120的砂纸打磨维修部位,将维修部位边缘正面研磨成楔形,如图2-6-151所示。背面与正面同样要进行打磨处理,处理完成后要清除研磨粉尘。

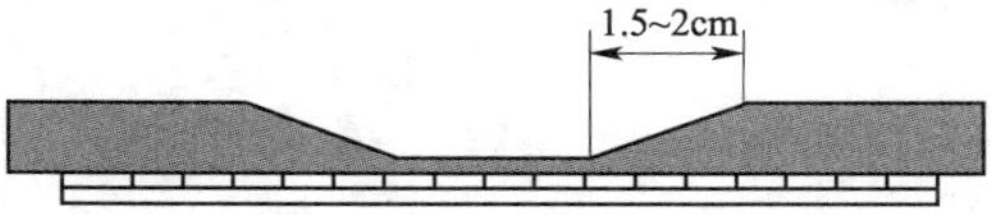

3. 黏结

1)维修部件背面

图2-6-151 楔形研磨面

(1)为了增加维修后部件强度,在裂缝端部处黏结加固条,这样可明显加固薄弱部位。在损伤部位背面涂敷黏结剂,如图2-6-152所示。

(2)随后根据损伤部位大小裁一块网状加强织物,将其放入黏结剂中,使黏结剂完全渗入整块织物,如图2-6-153所示。

(3)烘干。使用红外线灯以60~70℃照射维修部位大约15min,如图2-6-154所示。必须先等经过处理的背面硬化后,才能对维修部位正面进行黏结。

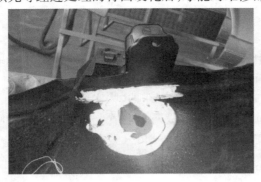
图 2-6-152　黏结剂、加固条处理

图 2-6-153　黏结网状加强织物

2) 维修部件正面

(1) 将黏结剂涂敷在维修部位的正面,尽量不要渗入空气,用刮刀从维修部位中部向外刮平,保证黏结剂的量足够填平缺陷部位,如图 2-6-155 所示。

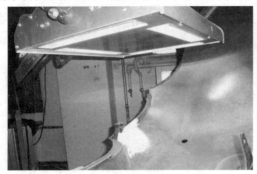
图 2-6-154　使维修部位背面硬化

图 2-6-155　涂敷黏结剂(正面)

(2) 随后再次用红外线灯对维修部位干燥处理约 15min,使其在室温条件下冷却下来。

(3) 磨掉过量的黏结剂。先使用 P120 号砂纸,将维修部位粗磨出部件的原有形状,然后使用粒度 P240 号的砂纸精磨,如图 2-6-156 所示。研磨完成后清洁部件。

(4) 在维修部位上喷涂薄薄的一层用于车漆的底漆,如图 2-6-157 所示。大约风干 10min,可以进行面漆的喷涂施工。

图 2-6-156　研磨黏结剂

图 2-6-157　在维修部位喷涂底漆(正面)

四、塑料件的焊接维修工艺

塑料焊接主是采用热空气焊接法,焊接时一般都用热空气焊炬。图2-6-158所示为一种典型的热空气焊炬,采用一个陶瓷或不锈钢电热元件来产生热风,热风的温度为230~340℃,热风通过喷嘴吹到焊件及焊条上,加热塑料接缝,使其软化,同时将加热的塑料棒压入接缝即可。

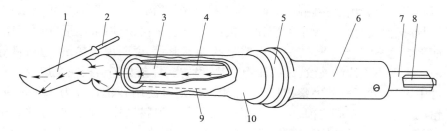

图2-6-158 典型的热空气塑料焊接焊炬

1-焊嘴;2-焊条;3-加热元件;4-加热腔;5-固定螺母体;6-把手;7-空气管;8-电源;9-内套管;10-外套管

1. 焊缝形式

在塑料焊接前要在焊缝处做出60°左右的斜槽,在斜槽内填加熔化的焊条形成焊缝。通常焊缝的形式有V形和X形两种,如图2-6-159所示。X形可用于厚度较大的焊接,焊缝的角度大些,强度也可提高。

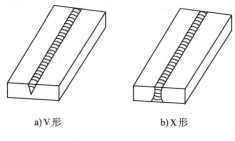

a) V形　　b) X形

图2-6-159 焊缝的形式

2. 接缝的定位焊

用夹钳对接缝进行定位固定,用喷嘴将坡口两侧熔化而在坡口底部形成定位焊点,沿着坡口进行定位焊。焊接时喷嘴要压紧,确保喷嘴接触到坡口的两边,而且要匀速、稳定地移动。在进行定位焊时不要用焊条,用喷嘴头在坡口底部将两板同时熔化很窄的一条,熔化后两板即焊接到一起。必要时还可断开进行定位调整,然后再焊上。

3. 焊接操作

1)焊接准备

接缝定位后,将焊条端部切成60°左右角的切口。操作过程中,焊嘴离焊缝12~13mm,焊炬倾角为30°,焊条垂直于塑料板,如图2-6-160所示。

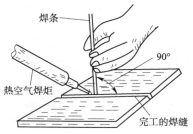

图2-6-160 焊条与焊炬的位置

2)连续焊接

焊条与塑料板同时被加热到发光并带有黏性,则焊条便会粘住板片,此时必须维持焊条与塑料的正确温度,切不可过高。若温度过高会引起焊缝皱褶,变为棕色,而降低焊接强度。当焊条与板缘受热熔化,都略带亮光,将焊条略施拖压力,就会伸入焊缝。继续加热,焊条与焊缝材料互熔结为一体。如果焊条落入焊缝后堆成一团,或焊条在焊接过程中拉断,则焊缝强度必然降低。因此焊接速度和焊条的熔化应配合协调。塑料焊接时的平均速度应保持在 150～200mm/min。

在整个焊接过程中,焊条上的压力应保持一致。当需要另接一根焊条时,在焊条尚未太短而不够把持之前即停止焊接。随后在焊条和塑料板接触点快速切断。新焊条也切成 60°角,保持接合处平滑过渡。结束焊接时,宜迅速加热焊条和塑料板片的接触区域,停止焊条移动;拿开焊炬,并继续保持对焊条的保持压力直到焊缝冷却后拧断焊条。

4. 焊缝处理

塑料板的焊缝应看出沿接触两侧焊条与板材完全熔合,不应出现棕黄色或皱褶,若出现此现象,说明焊接温度过高。焊条不应比焊接前拉长或压粗,与原来圆形断面相比,应略显扁平状。如果焊缝不完全互熔,焊缝中有明显的焊条形状,说明焊接热量不足,良好的缝应在焊缝的两侧出现小流线或波纹,说明压力和热度适当,焊条与塑料板完全熔合。

焊缝可用 36 号砂纸打磨平整,对于大面积焊缝则可使用砂轮直径为 220mm 或 240mm 的低速砂轮机磨平。在打磨之前,应先用刀子把多余的塑料刮掉。打磨时应注意不要引起过热,以免塑料变形,为了加快打磨速度而又不致损坏焊缝,可以定时加水进行冷却。粗磨后应目测检查焊缝是否有缺陷,焊缝不应有气眼和裂纹,受到弯曲也不应该产生任何裂纹。

第三部分
机动车钣金维修技能与管理

学习目标

完成知识点学习应达到的目标,包括应掌握的理论知识和技术要求。
1. 掌握钣金零件的放样与板件下料技能。
2. 掌握钣金零件的手工成形技能。
3. 掌握不同焊接工艺在车身维修中的应用要求。
4. 掌握惰性气体保护焊维修损伤的车身板件。
5. 掌握电阻点焊和钎焊工艺。
6. 掌握制定机动车碰撞损伤维修计划方法。
7. 掌握钣金维修车间工具和设备的管理。

理论要求

完成知识点学习应掌握的原理、结构及其在维修中的应用。
1. 学会钣金零件的放样与板件下料技能。
2. 熟悉钣金零件的手工成形技能。
3. 熟悉不同焊接工艺在车身维修中的应用要求。
4. 掌握使用惰性气体保护焊维修车身板件的方法。
5. 了解电阻点焊和钎焊工艺。
6. 掌握机动车碰撞损伤维修计划的制定方法。
7. 熟悉钣金维修车间安全管理规定和工具的维护方法。

技术要求

完成知识点学习应掌握的技术要求及其在维修中的应用。
1. 能够对板件零件进行放样,按要求下料,并能手工制作。
2. 能够在车身维修中合理选用焊接方法和工艺。
3. 能够熟练使用焊接设备进行车身板件的焊接。
4. 能够针对不同的碰撞损伤制定合理的维修计划。
5. 能够维护钣金设备和工具。

第七章
车身钣金维修专业技能管理

第一节 放样与下料技能

在实际的钣金操作中,有时对于车身的损坏部位需要进行切割更换,这就需要操作人员掌握基本的划线和裁切工艺。如果手头没有成形的零件更换,就需要利用钢板进行手工加工,这时也要用到下料工艺。

一、展开图的画法

将立体所有表面的实际形状和大小依次摊画在一个平面上所得到的图形,称为立体的表面展开图,简称展开图,其工作过程俗称"放样"。

图2-7-1所示是高为H、边长为A的正六棱柱表面展开示意图。图2-7-2所示是根据该六棱柱的投影画出的展开图。可见,立体表面展开的实质就是画出立体各表面的线段实长及其实形。

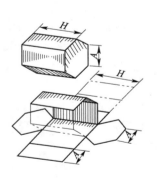

图2-7-1 正六棱柱表面的展开示意图

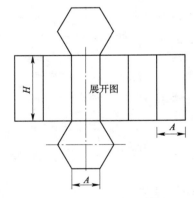

图2-7-2 六棱柱的表面展开

在汽车制造及修理工作中,为了制造薄板构件,必须先根据设计图样作出展开图,在板料上放样,进行切割下料,再经过弯曲或冲压成形,最后进行组装(咬合、焊接、铆接、黏结等)完成制作。

钣金制品按其形状和特点分别采用平行线展开法、放射线展开法、三角形展开法等将其展开。下面分别介绍这几种展开法的基本画法。

1. 平行线展开法

1）平行线展开法的基本原理

平行线法的展开原理，是将零件的表面看作由无数条相互平行的素线组成，取两相邻素线及其两端线所围成的微小面积作为平面，只要将每一小平面的真实大小，依次顺序地画在平面上，就得到了零件表面的展开图。所以，只要零件表面的素线或棱线互相平行，如各种棱柱体、圆柱体、圆柱曲面等都可以用平行线法展开。

2）直角弯管的展开画法

直角弯管是由两个相同的圆柱体组成，如图 2-7-3 所示。在展开画线时，只需画出一部分即可。

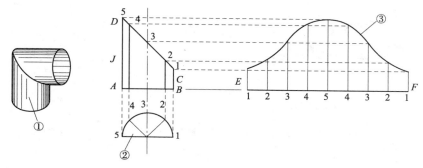

图 2-7-3　直角弯管的展开
①-直角弯管；②-半圆俯视图；③-投影展开图

（1）按弯管尺寸要求作投影图的主视图和俯视图（按国家制图标准，允许只画半个圆）。

（2）把主视图的投影线 AB、AD、BC 表示出来。

（3）等分俯视图半圆周为四或八等分，得出各等分点为 1、2、3、4、5 或 1、2、3…8、9。

（4）通过各等分点，向上作垂直线，交于 CD 线上，分别得到相应各点 1、2、3、4、5 或 1、2、3…8、9。

（5）延长 AB 线，在 AB 延线上截取 EF 线段，其长度等于圆管的周长，若俯视图是半圆时，它等分为二倍的俯视图等分；若俯视图是全圆，则它等分为俯视图同样等分，然后将其各等分点逐次标明其号数。

（6）在 EF 线上各等分点向上引垂线，并与主视图 CD 线上各点向右引出的水平线对应相交，得出各交点。

（7）最后把这些交点用曲线板连成一条光滑的曲线，即画出所求的展开图。

不论弯管的直径和所弯的角度怎样，展开图形都可以用上述方法作出。展开图形画好后，如要求进行咬接，应按咬缝宽度，加上咬边尺寸。

2. 放射线展开法

1）放射线展开法的基本原理

放射线展开法适用于零件表面的素线相交于一点的形体，如圆锥、椭圆锥、棱锥等表面的展开。放射线法的展开原理是将零件表面由锥顶起作出一系列放射线，将锥面分成一系列小三角形，每一小三角形作为一个平面，将各三角形依次展开画在平面上，就得出所求的展开图。

2) 正圆锥管的展开

正圆锥的特点是锥顶到底圆任一点的距离都相等,所以正圆锥管展开后的图形为一扇形,如图2-7-4a)所示,它的展开图可通过计算或作图求得。如图2-7-4b)、c)所示,展开图的扇形半径等于圆锥素线的长度,扇形的弧长等于圆锥底圆的周长 πd,扇形中心角 $a = 360\pi d/2\pi R = 180d/R$。

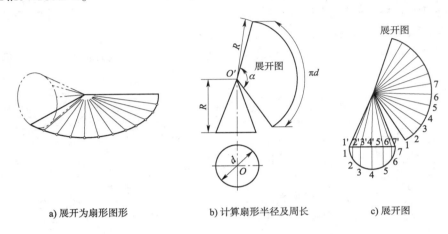

a) 展开为扇形图形　　b) 计算扇形半径及周长　　c) 展开图

图 2-7-4　正圆锥管的展开

用作图法画正圆锥管的展开图时,将底圆周等分并向主视图作投影,然后将各点与顶点连接,即将圆锥面划分成若干三角形,以 O' 为圆心,R 为半径作圆弧,在圆弧上量取圆锥底圆的周长便得到展开图。

3. 三角形展开法

1) 三角形展开法的基本原理

三角形法展开是将零件的表面分成一组或很多组三角形,然后求出各组三角形每边的实长,并把它的实形依次画在平面上,得到展开图。必须指出,用放射线作展开图时,也是将锥体表面分成若干三角形,但这些三角形均围绕锥顶。用三角形法展开时,三角形的划分是根据零件的形状特征进行的。用三角形法展开时,必须求出各素线的实长,这是准确地做好展开图的关键。

由投影原理可知,如果一线段与两投影面都倾斜,则该线段在两投影面上的投影都不是其实长,求该线段实长的方法,可以用直角三角形法求实长。

图2-7-5a)所示为线段 AB 对两个投影面都倾斜,所以它的两个投影 $a'b'$ 和 ab 都不是实长,从图中可知,如过 B 点作 BC 垂直于 Aa,得直角三角形 ABC,直角边 $BC = ba$;另一个直角边 AC 就是 AB 两点的高度差 H,恰等于 AB 正面投影的两个端点 a'、b' 在垂直方向的距离 $a'c'$,由此可知,只要作两互相垂直的两直角边,如图2-7-5b)所示,使 $B_1C_1 = ab$、$A_1C_1 = a'b' = H$,则斜长 A_1B_1 即为线段的实长。

根据这样的原理,如果已知一线段的两投影,使用直角三角形法求实长,其方法可归纳为如图2-7-5c)所示,$a'b'$ 和 ab 为线段的两投影,求实长时,只要作一直角,在直角的一边上量取投影 ab(或 $a'b'$)长,则另一边上量取另一视图的投影差,则直角三角形的斜边即为线段 AB 的实长。

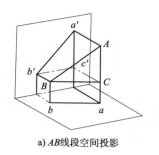
a) AB 线段空间投影

b) 求 AB 线段实长原理

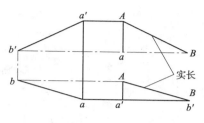
c) 求 AB 线段实长方法

图 2-7-5 直角三角形法求线段实长

2) 变形管接头的展开

图 2-7-6a) 所示的管接头，其上端管口为圆形，下端管口为正方形，用来连接方管过渡到圆管（俗称"天圆地方"）。

从图 2-7-6b) 的投影分析可知，它是由四个等腰三角形平面和四个部分斜锥面围成。图 2-7-6c) 是它的展开图。画展开图时，四个斜锥面部分也应分划成若干个三角形区域（图中各为三个），然后以每个三角形平面代替每一部分曲面，依次摊开与四个等腰三角形平面相间连接，即得其展开图。图中锥面上各三角形的倾斜边用直角三角形法求得实长；有一个等腰三角形被对半分开布置，是为了满足接缝的工艺性要求。

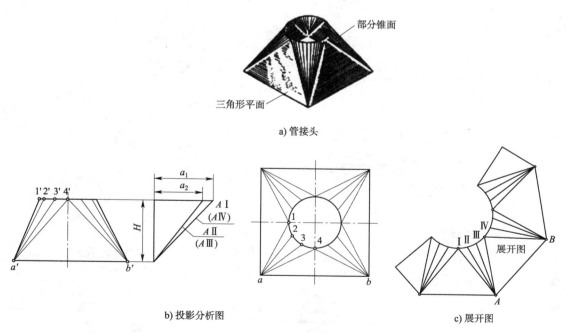

图 2-7-6 变形管接头的展开

二、划线工艺

划线是指根据图样或实物的尺寸，准确地在工件表面上划出加工界线的操作。划线可以分为平面划线和立体划线。只需在一个平面上划线就能明确表示出工件的加工界线的，称为平面划线；要同时在工件上几个不同方向的表面上划线，才能明确表示出工件的加工界线的,称为立体划线。

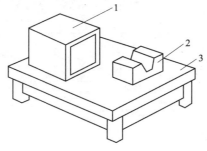

图 2-7-7 划线平板
1-平台;2-方箱;3-V 形块

1. 划线平板的使用

划线平板又称划线平台,用做划线时的基准面。通常将 V 型块或方箱放在平板上,再将工件靠在 V 形块或方箱上,然后用划线盘或高度尺对工件进行划线,如图 2-7-7 所示。平板工作表面应经常保持清洁,用后擦拭干净,并涂上机油防锈。工件和工具在平板上要轻拿轻放,不可损伤其工作面。

2. 划针的使用

划针用来在工件上划线条,用弹簧钢丝或高速钢制成,直径一般为 3～5mm,尖端磨成 15°～20°的尖角,并淬火使之硬化或在尖端焊上硬质合金。使用划针时,应使针尖与钢直尺或样板底边接触并向外倾斜 15°～20°,向划线方向倾斜 30°～60°。用均匀的压力使针尖沿钢直尺或样板移动,划出线来,划线粗细不得超过 0.5mm。针尖要保持尖锐,划线时要尽量做到一次划成,使划出的线条既清晰又准确。划线时若针尖没有紧靠钢直尺或样板的底边,容易造成划线误差,如图 2-7-8 所示。

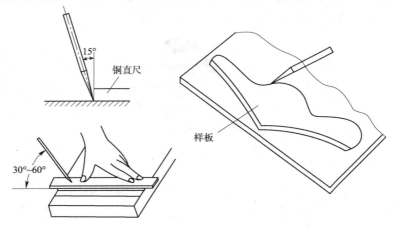

图 2-7-8 划针的使用方法

3. 钢直尺的使用

钢直尺主要用来量取尺寸和测量工件,也可作为划直线时的导向工具,如图 2-7-9 所示。量取尺寸读数时应使视线垂直于测量处,否则会产生读数误差。

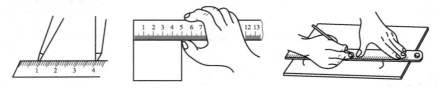

图 2-7-9 钢直尺的使用方法

4. 直角尺的使用

直角尺常用做划平行线或垂直线的导向工具,也可用来找出工件平面在划线平台上的垂直位置,如图 2-7-10 所示。

5. 角度规的使用

角度规用于划角度线,如图 2-7-11 所示。

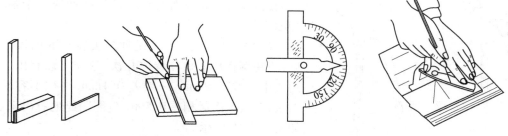

图 2-7-10　直角尺的使用方法　　　　图 2-7-11　划角度线

6. 样冲的使用

样冲用于在工件所划加工线条上冲点,作为加强界线的标志(称为检验样冲点)和作为划圆弧或钻孔所定的中心(称为中心样冲点)。其顶尖角度用于加强界线标记时大约为 40°,用于钻孔定中心时约取 60°。

(1)剪切下料前,对钻孔标记线应用样冲打上中心孔,打样冲孔时,要把冲尖对准中心点上,斜着放上去。在锤打时,要把样冲竖直,握牢样冲,用锤轻轻敲击。位置要准确,冲点不可偏离线条,如图 2-7-12 所示。

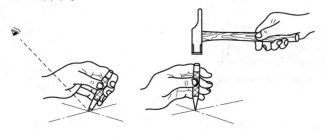

图 2-7-12　冲点方法

(2)在曲线上冲点距离要小些,在直线上冲点距离可大些。在线条的交叉转折处必须冲点。

(3)在薄壁上或光滑表面上冲点要浅些,在粗糙表面上要深些。

7. 划规的使用

划规用来划圆或圆弧、等分线段、等分角度和量取尺寸等,如图 2-7-13 所示。滑杆式划规用于划大圆弧。

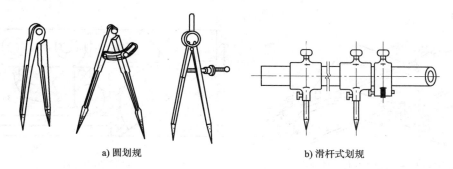

a) 圆划规　　　　b) 滑杆式划规

图 2-7-13　划规

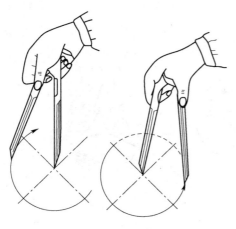

(1) 使用圆划规划圆。用圆划规划圆时，掌心压住圆划规顶端，使规尖扎入金属表面或样冲孔中。划圆周线时，常常正反各划半个圆周线而成一个整圆，如图 2-7-14 所示。

(2) 量取尺寸。为了使划规尖脚移取的尺寸准确，应在钢直尺上重复移取几次，这样可以看出误差的大小。如量 10mm，一次差 0.1mm，往往不容易看出来，若量 5 次后相差 0.5mm 就能明显地看出来了，如图 2-7-15 所示。

(3) 中心点在工件边缘的划法。如图 2-7-16 所示，如果圆弧的中心点在工件的边缘上，可借助于辅助支座进行。

图 2-7-14 划圆

(4) 中心点在工件之外的划法。如图 2-7-17 所示，如果圆弧中心点在工件之外，可将一块打样冲孔的延长板夹在工件上。

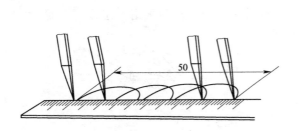

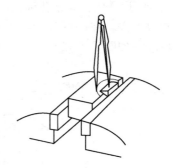

图 2-7-15 划规开档位置的调整

图 2-7-16 中心点在工件边缘的划法

三、下料工艺

1. 集中法

由于工件的形状大小不一，为了合理使用材料，将使用同样牌号、同样厚度材料的工件集中一起划线下料。这样可以统筹安排，大小搭配，如图 2-7-18 所示。

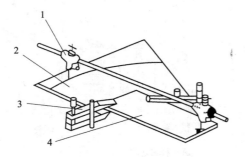

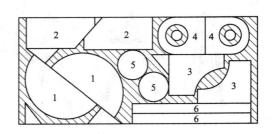

图 2-7-17 中心点在工件之外的划法
1-划规；2-工件；3-夹子；4-延长板

图 2-7-18 集中下料法

2. 长短搭配法

长短搭配法适用于条形板料的下料。下料时先将较长的料排出来，然后根据长度再排短料，这样长短搭配，使余料最小。

3. 零料拼整法

在钣金作业中，有时按整个工件下料，则挖去的材料较多，浪费较大。常常将该工件裁成几部分，然后再拼起来。

4. 排板套裁法

当工件下料的数量较多时，为使板料得到充分利用，必须对同一形状的工件或各种不同形状的工件进行排板套裁。排板的方式通常有直排、斜排、单行排列、多行排列、对头直排、对头斜排等，如图2-7-19所示。

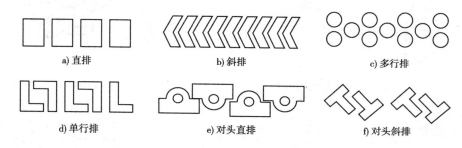

图2-7-19 排板套裁法

四、手工剪切工艺

剪切时，剪刀要张开大约2/3刀刃长。上下两刀片间不能有空隙，否则剪下的材料边上会有毛刺。左手拿板料，右手握住剪刀柄的末端。

1. 直线的剪切方法

（1）剪切短料时，被剪去的那部分，一般都放在剪刀的右面，如图2-7-20所示。

（2）剪切长或宽板材料时，必须将被剪去的部分放在左面，这样使被剪去的部分容易向上弯曲，如图2-7-21所示。

2. 圆形剪切方法

（1）外圆的剪切方法。剪切外圆应从左边下剪，按顺时针方向剪切，边料会随着剪刀的移动而向上卷起，如图2-7-22所示。若边料较宽时，可采取剪直线的方法。

图2-7-20 短料的剪切方法

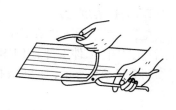

图2-7-21 长料的剪切方法

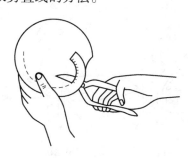

图2-7-22 外圆的剪切方法

(2)内圆的剪切方法。剪切内圆时,应从右边下剪,按逆时针方向剪切,边料会随着剪刀的移动而向上卷起,如图2-7-23所示。

3.厚料的剪切方法

剪切较厚板料时,可将剪刀夹在台虎钳上,在剪刀柄套上一根管子,右手握住管子,左手拿住板料进行剪切,如图2-7-24所示。也可由两人操作,1人敲,1人持剪刀和板料,这样敲击也可剪切较厚板料。

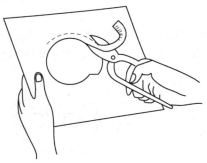

图2-7-23 内圆的剪切方法

图2-7-24 厚料的剪切方法

第二节 板件的手工成形技能

常见的钣金手工制作工艺有弯曲、收边、放边、拔缘、拱曲、卷边及咬缝等。

一、弯曲工艺

板料弯曲是钣金成形基本操作工艺,弯曲形式一般有两种,即角形弯折和弧形弯曲。

1.角形弯折

1)角形弯折的基本方法

(1)板料角形弯折后出现平直的棱角。弯折前,板料根据零件形状划线下料,并在弯折处画出折弯线,一般折弯线画在折角内侧。

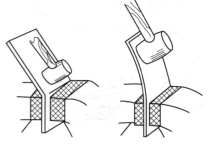

a)正确　　b)错误

图2-7-25 弯钳口上段较长的工件

(2)如果零件尺寸不大,折弯工作可在台虎钳上进行。将板料夹持在台虎钳上,使折弯线恰好与钳口衬铁对齐,夹持力度合适。

(3)当弯折工件在钳口以上较长或板料较薄时,应用左手压住工件上部,用木锤在靠近弯曲部位轻轻敲打,如图2-7-25所示,如果敲打板料上方,易使板料翘曲变形。

(4)若板料在钳口以上部分较短,可用硬木垫在弯角处,再用力敲打硬木,如图2-7-26所示。

(5) 如果钳口宽度较零件宽度小，可借助夹持工具完成，如图 2-7-27 所示。弯成各种形状工件时，可借助木垫或金属垫等作辅助工具。

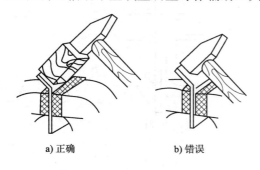

图 2-7-26 弯钳口上段较短的工件

a) 正确　　b) 错误

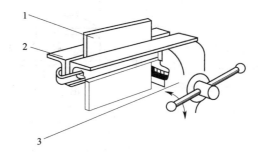

图 2-7-27 用角铁夹持弯直角
1-工件；2-夹具；3-台虎钳

2) 弯"S"形件

(1) 依划线夹持板料，弯成 α 角，如图 2-7-28 所示。

(2) 然后将方衬垫垫入 α 角，再弯折 β 角，如图 2-7-29 所示。

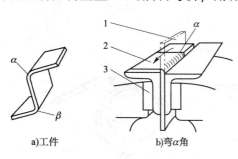

图 2-7-28 弯 α 角
1-工件；2-夹具；3-台虎钳

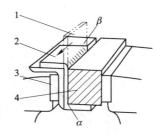

图 2-7-29 弯 β 角
1-工件；2-夹具；3-台虎钳；4-方衬垫

3) 弯"⊓"形件

先弯成 a 角，再用衬垫弯成 b 角，最后完成 c 角，如图 2-7-30 所示。弯曲封闭的盒子时，其方法步骤与弯⊓形件大致相同，最后夹在台虎钳上，使缺口朝上，再向外弯折成形。

2. 弧形弯曲

以圆柱面弯曲为例，首先在板料上划出若干与弯曲轴线平行的等分线。作为弯曲时的基准线，后用槽钢作为胎具，将板料从外端向内弯折。当钢板边缘接触时，将对接缝焊接几点。将零件在圆钢管上敲打成形，再将接缝焊牢。捶击时，应尽量使用木锤，以防板料变形，如图 2-7-31 所示。

3. 复杂形状工件的弯曲

车身前翼子板外形复杂，成形时，用垫铁和手锤配合进行弯曲，一手持垫铁在工件背面垫托，垫铁的边缘要对准弯折线，另一手持手锤子从正面弯折线处敲击，边敲击边移动垫铁，循序渐进，使工件边缘逐渐形成弯曲，如图 2-7-32 所示。

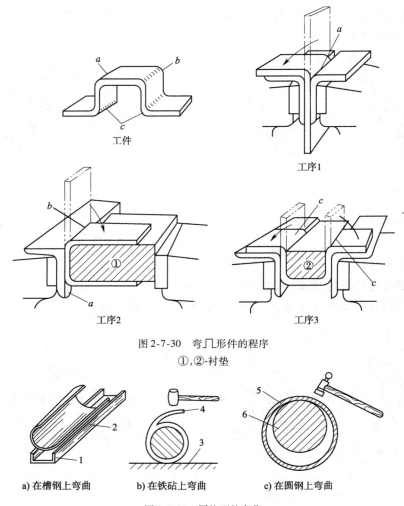

图 2-7-30 弯⊓形件的程序
①,②—衬垫

a) 在槽钢上弯曲　b) 在铁砧上弯曲　c) 在圆钢上弯曲

图 2-7-31 圆柱面的弯曲
1,3,5—坯料；2—槽钢；4—铁砧；6—圆钢

二、放边

通过板料变薄而导致角形零件弯曲成形的方法称为放边。常见的放边方法有两种，一种是把角形板料一边打薄，称为打薄放边。此法效果显著，但表面有锤打痕迹，板料厚薄不均。另一种是将角形板料一边拉薄，称为拉薄放边。加工时表面光滑，厚度均匀，但易拉裂，操作较困难。

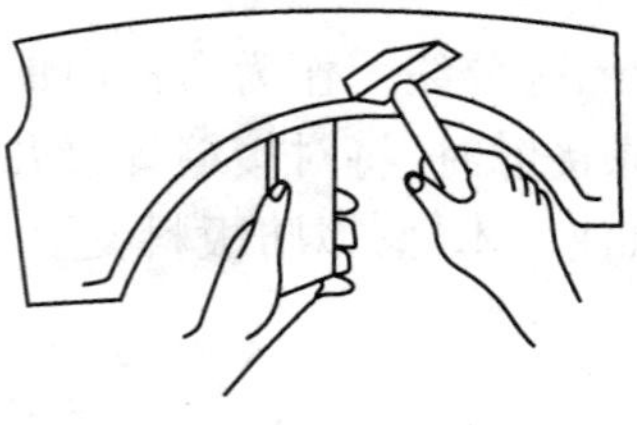

图 2-7-32 复杂形状工件的弯曲

1. 打薄放边

制作凹曲线弯边零件，可用直角角材制作。使其一边缘变薄，面积增大，导致角材弯曲。在打薄放边过程中，角材底面必须与铁砧表面贴平，否则会产生翘曲现象。锤击点应均匀并呈放射线状。锤击面积占锤击边面积的 3/4 左右。且不得敲打角材弯角处。锤击时，材料可能会产生冷作硬化现象，应及

时退火。另外,随时用样板或量具检查外形,防止弯曲过大,如图 2-7-33 所示。

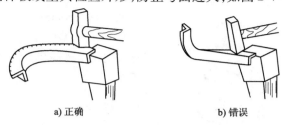

图 2-7-33　打薄放边

2. 拉薄放边

拉薄放边是用木锤或铁锤将板料一边在木墩上锤放,利用木墩的弹性,使材料伸展拉长。这种方法一般在制作凹曲线弯边零件时采用。为防止裂纹,可事先用此法放展毛料,后弯制弯边,这样交替进行,完成制作。

3. 半圆形制件展开尺寸估算

半圆形制件具体尺寸标注如图 2-7-34 所示。

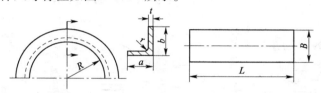

图 2-7-34　半圆形制件尺寸

需要使用的长方形板材的尺寸规格(B、L)按下式估算：

$$B = a + b - \left(\frac{r}{2} + t\right)$$

式中：a、b——弯边宽度,mm；
　　　r——圆角半径,mm；
　　　t——材料厚度,mm。

$$L = \pi\left(R + \frac{b}{2}\right)$$

式中：L——展开料长度,mm；
　　　R——制件弯曲半径,mm；
　　　b——放边的一边宽度,mm。

三、收边

对长直角形零件单边起皱收缩而弯曲成形的方法称为收边。此法主要制作凸曲线弯边的零件。如板件强度要求不高,可根据要求的弯度在应该收缩的一面用剪刀剪出若干豁口,然后弯曲板料,再将剪口焊接。

1. 起皱收边

先用折皱钳将角形板料一边边缘起皱收缩,因而迫使另一边弯曲成形。板料在弯曲过程中,起皱一边应随时用木锤锤击皱纹,使材料皱折消失,厚度增大,如图 2-7-35 所示。在敲平过程中，如发现加工硬化现象，应及时进行退火处理。

2. 搂弯收边

将坯料夹在型胎上，用铝棒顶住毛坯，用木锤敲打顶住部分，使板料弯曲逐渐被收缩靠胎，如图2-7-36所示。

四、拔缘

利用收边和放边的方法把板料的边缘弯曲成弯边的方法称为拔缘。拔缘常有两种形式，一种称为外拔缘，即把圆筒形制件的边缘向外延展折弯，其目的是增加刚性。一般在无配合要求的情况下多采用外拔缘；另一种是内拔缘，又称孔拔缘，即将制件上孔洞的边缘延展弯折，其目的是增加刚性，减轻质量，美观光滑。如大客车框板、肋骨等板件上常有拔缘孔。图2-7-37所示为部分板料构件的拔缘情况。

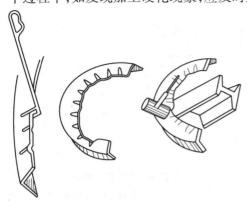

图 2-7-35　起皱收边

图 2-7-36　搂弯收边

图 2-7-37　部分拔缘加工件图例

金属板件拔缘时，部分材料被拉长形成凸缘，因此，应根据材料厚度和其延展性能确定拔缘角度和宽度。拔缘的方法可分为自由拔缘和型胎拔缘两种。

1. 自由拔缘

自由拔缘是利用一般的拔缘工具进行的手工拔缘，如图2-7-38所示。

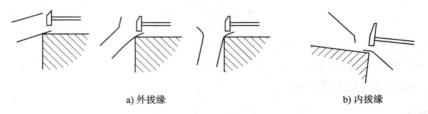

a) 外拔缘　　　　　　　　　　b) 内拔缘

图 2-7-38　自由拔缘

（1）先划出拔缘标记线，将板件靠在砧座边缘，标记线与砧座边缘靠齐，板料锤击部位与座平面形成30°左右的夹角。

（2）锤击伸出部分，使之拉伸并向外弯曲，敲击时用力适当，敲击均匀，并随时转动构件。若凸缘要求边宽或角度大时，可适当增加敲击次数。

2. 按型胎拔缘

板料在型胎上定位，按型胎拔缘孔进行拔缘，适合制作口径较小的零件拔缘，可一次成形,如图 2-7-39 示。

五、拱曲

把较薄的金属板料锤击成凹面形状的零件称为拱曲。板料通过锤击其中部变薄向外伸展,周边部分起皱收缩,最终零件完成拱曲。

操作时需用带凹坑的座,如图 2-7-40 所示,将板料对准座凹坑放置左手持板料,右手锤击。锤击点由里向外,并根据板料变形情况确定锤击密度和力,且锤击过程中不断转动板料。随着曲面的形成,制件周边会出现皱褶,此时应及时将皱褶贴平在座上敲平。对拉伸和收缩的部位轮流反复锤击,即可得到拱曲制件。

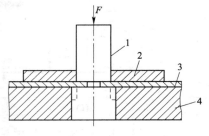

图 2-7-39 型胎拔缘
1-铁锤头;2-压板;3-毛料;4-型胎

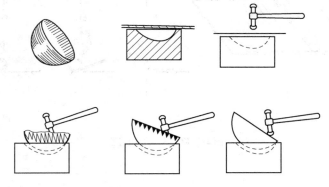

图 2-7-40 半球形拱曲过程

六、卷边

为了增加零件边缘的刚度和强度,使板料制件安全、美观、耐用,将零件边缘卷起来,这种方法称为卷边。卷边分为空心卷边和夹丝卷边两类。空心卷边是将板料边缘卷成圆筒形;夹丝卷边是空心卷边内嵌入一根铁丝,增强刚性。铁丝的尺寸可根据板件的使用要求确定,一般铁丝的直径应为板料厚度的 4~6 倍。

1. 卷边展开尺寸计算

如图 2-7-41 所示,确定卷边展开尺寸,L 为展开长度,L_1 为板料未卷边部分长度,L_2 为卷边部分长度,则

$$L = L_1 + L_2$$

其中

$$L_2 = \frac{3\pi}{4}(d+\delta) + \frac{d}{2} = 2.35(d+\delta) + \frac{d}{2}(\text{mm})$$

所以

$$L = L_1 + 2.35(d+\delta) + \frac{d}{2}(\text{mm})$$

2. 卷边方法

卷边工艺流程如图 2-7-42 所示,具体操作步骤如下:
(1) 先在卷边部位划出两条卷边线。

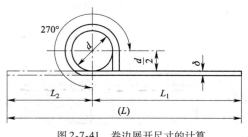

图 2-7-41 卷边展开尺寸的计算

(2)将板料放在平台上,使卷边部分的 $d/2$ 伸出平台,左手压住板料,右手用木锤敲击,使伸出部分向下弯曲成 85°左右。

(3)将板料慢慢向外伸,随时敲击伸出部分,但不能敲击过猛,直到伸出平台长度为 L_2。

(4)将板料翻转,使卷边朝上,均匀敲打卷边向里扣,使卷边部分逐渐成圆弧形,放入铁丝,一边放,一边扣。

(5)翻转板料,使接口抵住平台缘角,敲击使接口靠紧。

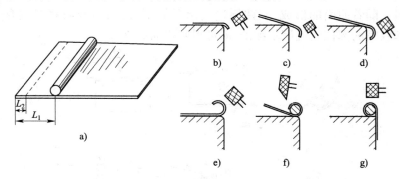

图 2-7-42 夹丝卷边过程

七、咬缝

将薄板的边缘相互折转扣合压紧的连接方式称为咬缝。咬缝可将板料连接牢固,可代替焊接、铆接等工艺方法。

1. 咬缝余量的计算

1)确定咬缝宽度

以 S 表示咬缝宽度。若板料厚度在 0.5mm 以下,则 S 为 3~4mm;若板料厚度在 0.5~1mm,则 S 为 4~6mm;若板料厚度在 1mm 以上,宜用焊接而不宜用咬接。

2)卧接咬口的余量计算

如图 2-7-43 所示,若 A 处在 S 段中间,则板Ⅰ和板Ⅱ的余量 δ 相等($\delta=1.5S$);若 A 处在 S 段的右侧时,板Ⅰ的余量 $\delta=S$,而板Ⅱ的余量 $\delta=2S$。

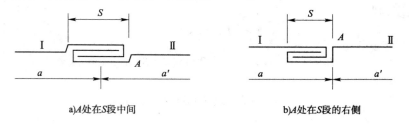

a) A 处在 S 段中间 b) A 处在 S 段的右侧

图 2-7-43 卧接咬口的余量

3)角接咬口的余量计算

如图 2-7-44 所示,咬口为内单角咬口时,板Ⅰ的余量 $\delta=2S$,板Ⅱ的余量 $\delta=S$;当咬口为内双角咬口时,板Ⅰ的余量 $\delta = 3S$,板Ⅱ的余量 $\delta = S$;当咬口为外双角咬口时,板Ⅰ的余量 $\delta = 2S + h$,板Ⅱ的余量 $\delta = S$。

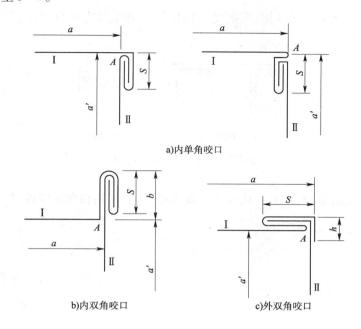

图 2-7-44　角接咬口余量

a-板Ⅰ的可用部分;a'-板Ⅱ的可用部分;h-外双角咬口时,板Ⅰ的折边余量;S-咬口部分尺寸;A-交接点

2. 卧扣的制作

1)卧扣单咬

卧扣单咬的制作工艺过程如图 2-7-45 所示。

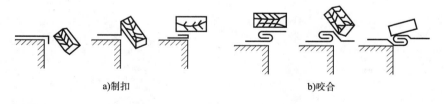

图 2-7-45　卧扣单咬的工艺过程

(1)按留边尺寸下料,并划出折边线。

(2)将板料放在工作台上,使弯折线对工作台的边缘,并将伸出部分按折边线折弯 90°。

(3)翻转板料,使弯边朝上,并伸出台面 3mm,敲击弯边顶端,使伸出部分形成与弯边相反的弯折,将第一次弯边向里敲成钩形。

(4)与之相接的另一边照上述方法加工后,将两弯钩扣合、敲击即成卷边。

2)卧扣双咬

先在板料上按上述方法做出卧扣,然后向里弯,翻转板料使弯边朝上,再向里扣,然后在第二块板料上用同样方法弯折双扣,最后把弯成的扣彼此扣合并压紧即完成。

3. 立扣的制作

1）立扣单咬

在一块板料上做成立式单扣，而把另一块析料的边缘弯成直角，然后相互压紧即成，如图 2-7-46 所示。

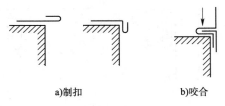

a)制扣　　　　　　b)咬合

图 2-7-46　立扣半咬的工艺过程

2）立扣双咬

在一块板料上做双扣，在另一块板料上做单扣，然后互相扣合压紧即可。

第八章

焊接技术在车身钣金维修中的应用与管理

在汽车制造和维修作业中,焊接一直是必不可少的生产作业手段。传统的氧乙炔焊(气焊)在以前传统的事故车修复工作中曾经发挥了巨大的作用。但由于其热量难以集中、金属变形大、焊接质量差、易氧化等缺点在汽车维修行业中将会逐步被淘汰。目前,仍有一些中小型维修企业在继续使用它,而一些规模较大的维修企业、4S 店等已相继制定出对其使用时间、操作部位等方面的限制,适用范围也仅局限于对车辆修复时的热收缩、钎焊、表面清洁、切割非结构性部件等。取而代之的是一些具有高速、低耗、变形小、易操作、使用范围广、焊接质量高等优点的如二氧化碳气体保护焊(MIG、惰性气体保护焊)、电阻焊等,它们的功用在事故车修复工作中越来越突现。

第一节 惰性气体保护焊

一、常用的焊接工艺

从大的方面焊接工艺可分为压焊、熔焊和钎焊。

1. 压焊

压焊焊接过程中,必须对焊件施加压力(加热或不加热),以完成焊接的方法称为压焊。电阻点焊是车身上应用较多的压焊焊接方法。

2. 熔焊

熔焊焊接过程中,将焊件接头加热至熔化状态,不加压力完成焊接的方法称为熔焊。按照电极是否熔化分为熔化极电弧焊和非熔化极电弧焊。

1)"TIG"焊

钨极气体保护电弧焊(国际上简称为 TIG-Tungsten Inert Gas arc welding)是一种不熔化极气体保护电弧焊,是利用钨极和工件之间的电弧使金属熔化而形成焊缝的。焊接过程中钨极不熔化,只起电极的作用。同时由焊炬的喷嘴送进氩气或氦气作保护,还可根据需要另外添加金属。

2)"MIG"焊和"MAG"焊

"MIG"焊和"MAG"焊为熔化极气体保护电弧焊,是利用连续送进的焊丝与工件之间燃烧的电弧作热源,由焊炬喷嘴喷出的气体保护电弧来进行焊接的。通常用的保护气体有氩气、氦气、二氧化碳或这些气体的混合气。

以氩气或氦气为保护气时称为熔化极惰性气体保护电弧焊,在国际上简称为 MIG-Metal Inert-Gas arc welding;以惰性气体与氧化性气体(O_2,CO_2)混合气为保护气体时,或以 CO_2 或 CO_2+O_2 混合气为保护气时,统称为熔化极活性气体保护电弧焊,在国际上简称为 MAG-Metal Active-Gas arc welding。

人们习惯用惰性气体保护焊来概括所有的气体保护电弧焊接。许多焊接机都是既可使用二氧化碳(活性气体),又可使用氩气(惰性气体),只需要更换气瓶和调节器就可以了。

3. 钎焊

钎焊焊接过程中,采用比母材熔点低的金属材料作钎料,将焊件和钎料加热到高于钎料熔点、低于母材熔点的温度,利用液态钎料润湿母材,填充接头间隙并与母材相互扩散实现连接焊件的方法称为钎焊。

二、车身维修中焊接工艺的应用

1. 手工电弧焊在车身维修中的应用

现代车身维修不许使用手工电弧焊,原因如下:

(1)操作方法不容易掌握。操作者需受到长时间的指导并经过练习,才能熟练掌握。很难做到焊接的质量更高、速度更快、性能更稳定。

(2)现代车身板件尤其覆盖件部分都很薄,利用手工电弧焊更难保证焊接质量。

(3)手工电弧焊不适合焊接有缝隙和不吻合的地方。对于若干处缝隙,不能迅速地在每个缝隙上点焊,需要清除熔渣。

(4)汽车制造业现在大量使用高强度钢板,手工电弧焊产生热量大,对邻近部位的损害大,造成维修后钢板强度降低和变形。

2. 氧、乙炔焊接工艺在车身修理中的应用

由于氧乙炔焊接操作中要将热量集中在某一个部位,热量将会影响周围的区域而降低钢板的强度。因此汽车制造厂都不赞成使用氧乙炔焊来修理车身。但氧乙炔焊在车身修理中有其他的应用,如进行热收缩、硬钎焊和软钎焊、表面清洁和切割非结构性零部件等。

3. 惰性气体保护焊在车身维修中的应用

与常规的手工电弧焊和氧乙炔焊相比,惰性气体保护焊有许多优点,不管是在高强度钢构件及整体式车身的修理中,还是在车身外部覆盖件的修理中,都可以使用惰性气体保护焊。

4. 电阻点焊在车身维修中的应用

在修理大量采用高强度钢和超高强度钢的车身时,要求采用电阻点焊机进行焊接修理。这种焊接方式像制造厂进行焊接那样进行点焊连接。采用挤压式电阻点焊机进行焊接时,应适当调整对金属板的夹紧力、电流强度和焊接时间。

5. 钎焊在车身维修中的应用

钎焊类似于将两个物体黏在一起,在焊接过程中只熔化有色金属(铜、锌等),而不熔化金属板件(有色金属的熔点低于金属板)。在钎焊过程中,熔化的焊条充分扩散到两层板件之间,形成牢固的熔合区。焊接处强度与熔化焊条的强度相等,小于板件的强度。因此,只能对制造厂已进行过钎焊的部位进行钎焊,其他地方不可使用钎焊焊接。

三、惰性气体保护焊

1. 惰性气体保护焊设备

惰性气体保护焊主要由焊机、焊枪、送丝机构、减压表、保护气、焊丝和各种附件组成,如图2-8-1所示。焊接时,焊丝以一定的速度自动进给,在板件和焊丝之间出现电弧,电弧产生的热量使焊丝和板件熔化,将板件熔合连接在一起。保护气通过减压表调整后按规定流量从枪嘴喷出,保护焊缝。

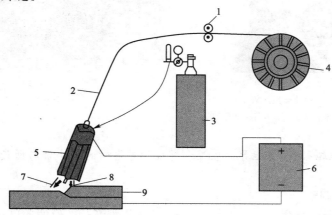

图2-8-1　气体保护焊焊接设备

1-送丝机构;2-焊丝;3-保护气罐;4-焊丝卷;5-焊枪;6-焊机;7-电弧;8-保护气;9-工件

2. 保护气

1) 保护气的选择

在焊接过程中,惰性气体对焊接部位进行保护,以免熔融的板件受到空气的氧化。惰性气体的种类由需要焊接的板件而决定,钢材都用二氧化碳(CO_2)或二氧化碳(CO_2)和氩气的混合气作为保护气体。而对于铝材,则根据铝合金的种类和材料的厚度,分别采用氩气或氩、氮混合气体进行保护。如果在氩气中加入4%~5%的氧气作为保护气,就可以焊接不锈钢。

大多数车身修理中都采用二氧化碳或二氧化碳和氩气(Ar)的混合气作为保护气体,混合气的比例为:75%的氩、25%的二氧化碳,这种混合气体通常被称为C-25气体。

2) 保护气流量的调整

带有流量调节的压力表能显示气瓶内剩余气体的压力,还能调节焊接时所用保护气的流量。如果是二氧化碳压力表在下面还有加热器,因为气瓶内二氧化碳是以液态的形式储存的,挥发成气态时会吸热将管路冷却,严重的可能结冰,影响焊接质量,如图2-8-2所示。

保护气流量应根据喷嘴和板件之间的距离、焊接电流、焊接速度以及焊接环境(焊接部位附近的空气流动)来调整。如果保护气体的流量太大,将会形成涡流而降低保护层的效果。如果流出的气体太少,保护层的效果也会降低。

3. 焊丝

1) 焊丝的选择

车身修理中使用的焊丝种类是 AWS-70S-6,使用焊丝的直径为 0.6~0.8mm,如

图2-8-3所示。使用最多的是直径为0.6mm的焊丝。直径很细的焊丝可以在弱电流、低电压条件下使用,这就使进入板件的热量大为减少。焊接时,先用手将焊丝送进约300mm,保证焊丝能够顺利地通过送丝管和焊枪。

图2-8-2 二氧化碳减压表
1-保护气流量表;2-压力表;3-加热器;4-气瓶阀;
5-气瓶

图2-8-3 焊丝

注意:确保送丝轮轴槽、焊丝导向装置和焊枪的导电嘴的尺寸都与所使用的焊丝的尺寸相一致。

2)送丝速度的调整

图2-8-4 单轮送丝机构
1-送丝从动轮;2-焊丝;3-压紧手柄;4-送丝主动轮

送丝装置可对送丝的速度进行控制,根据送丝主动轮数量可分为单轮送丝机构(图2-8-4)和双轮送丝机构。

压紧手柄拧紧送丝加快,反之变慢。送丝速度通过焊接前的试焊来确定,如果送丝速度太慢,随着焊丝在熔池内熔化并熔敷在焊接部位,将可听到嘶嘶声或啪哒声,此时产生的视觉信号为反光的亮度增强,当送丝速度较慢时,所形成的焊接接头较平坦。如果送丝速度太快将堵塞电弧,这时焊丝不能充分的熔化,焊丝将熔化成许多金属熔滴并从焊接部位飞走,产生大量飞溅,这时产生的视觉信号为频闪弧光。

4.焊接电流与电压

电源的极性对于焊接熔深起着重要的作用。直流电源的连接方式一般为直流反向极性连接,即焊丝为正极、工件为负极,采用这种连接时,焊接熔深最大。如果需焊接的材料非常薄,应以正向极性连接方式进行焊接,焊丝为负极而工件为正极,焊接时在焊丝上产生更多的热量,工件上的焊接熔深较浅。采用正向极性的缺点是它会产生许多气泡,需要更多地抛光。

1)焊接电流的调整

焊接电流的大小会影响板件的焊接熔深、焊丝熔化的速度、电弧的稳定性、焊接溅出物的数量。随着电流强度的增加,焊接熔深、剩余金属的高度和焊缝的宽度也会增大,如图2-8-5所示。不同板厚和不同粗细的焊丝所需要的焊接电流不同(表2-8-1)。

2) 电弧电压调整

高质量的焊接有赖于适当的电弧长度,而电弧长度是由电弧电压决定的。电弧电压过高时,电弧的长度增大,焊接熔深减小,焊缝呈扁平状。电弧电压过低时,电弧的长度减小,焊接熔深增加,焊缝呈狭窄的圆拱状。由于电弧的长度由电压的高低决定,电压过高将产生过长的电弧,从而使焊接溅出物增加,而电压过低会导致起弧困难。

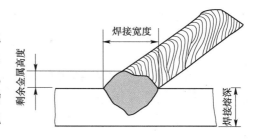

图 2-8-5　焊接质量的参数

5. 焊枪的使用

焊枪又称焊炬,如图 2-8-6 所示。将焊丝引导至焊接部位,在焊枪上有启动开关,焊枪有两个主要功能:一是提供合适的保护气体;二是给工作部位加压,以防止焊丝移出熔池。

焊接电流的调整　　　　　　　　　　　　　表 2-8-1

焊丝直径 (mm)	金 属 板 厚(mm)						
	0.6	0.8	1.0	1.2	1.4	1.6	1.8
0.6	20~30A	30~40A	40~50A	50~60A			
0.8			40~50A	50~60A	60~90A	100~120A	
1.0					60~90A	100~120A	120~150A

一般在焊接中会在气体喷嘴的附近产生氧化物熔渣,必须将它们仔细地清除掉,以免落入喷嘴内部并形成短路。当送丝速度太慢时,还必须清除掉因送丝太慢而形成的金属微粒,以免短路。

1) 导电嘴到喷嘴的距离

调整导电嘴到喷嘴的距离大约为 3mm,焊丝伸出喷嘴为 5~8mm。将焊枪的导电嘴放在靠近工件的地方,焊枪开关被接通以后,焊丝开始送进,同时保护气体也开始流出。焊丝的端部和工件相接触并产生电弧。如果导电嘴和板件之间的距离稍有缩短,将比较容易产生电弧。如果焊丝的端部形成了一个大的圆球,将难以产生电弧,所以应立即用偏嘴钳剪除焊丝端部的圆球,如图 2-8-7 所示。在剪断焊丝端部的圆球时,不可将导电嘴指向操作人员的脸部。

图 2-8-6　焊枪
1-焊丝;2-导电嘴;3-气体喷嘴;4-控制开关

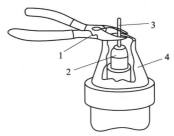

图 2-8-7　剪断多余的焊丝
1-焊丝;2-偏嘴钳;3-导电嘴;4-喷嘴

2) 焊接时导电嘴到工件的距离

导电嘴到工件的距离是高质量焊接的一项重要因素,如图 2-8-8 所示。标准的距离为 7～15mm。如果导电嘴到工件的距离过大,从焊枪端部伸出的焊丝长度增加而产生预热,就加快了焊丝熔化的速度,保护气体所起的作用也会减小。如果导电嘴到板件的距离过小,将难以进行焊接,并会烧毁导电嘴。

3) 焊接时焊枪的角度

焊接方法有两种,即正向焊接和逆向焊接,如图 2-8-9 所示。正向焊接的熔深较小且焊缝较平。逆向焊接的熔深较大,并会产生大量的熔敷金属。

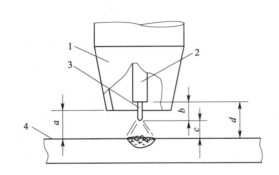

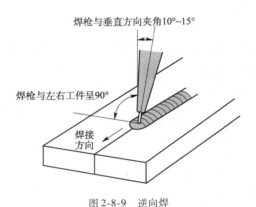

图 2-8-8　导电嘴到工件的距离
1-喷嘴；2-导电嘴；3-焊丝；4-工件；a-喷嘴到工件距离；
b-焊丝伸出长度；c-电弧长度；d-导电嘴到工件距离

图 2-8-9　逆向焊

4) 焊接时焊接的速度

焊接时,如果焊枪的移动速度快,焊接熔深和焊缝的宽度都会减小,而且焊缝会变成圆拱形。当焊枪移动速度进一步加快时,将会产生咬边。而焊接速度过低则会产生许多烧穿孔,如图 2-8-10 所示。一般来说,焊接速度由工件的厚度、焊接电压两种因素决定。不同厚度的板件焊接时的焊接速度见表 2-8-2。

a)快

b)正常

c)慢

图 2-8-10　焊接速度对焊接效果的影响

焊 接 速 度 调 节　　　　　　　　　表 2-8-2

板件厚度(mm)	焊接速度(m/min)	板件厚度(mm)	焊接速度(m/min)
0.6～0.8	1.1～1.2	1.2	0.9～1.0
1.0	1.0	1.6	0.8～0.85

四、车身板件的焊接

1. 板件的固定

大力钳、C形夹钳、薄板螺钉、定位焊夹具或各种专用夹具,都是焊接过程中必不可少的工具。在焊接前要用焊接夹具把所要焊接的部件正确地夹在一起。在无法夹紧的地方,常用锤子和铆钉将两块金属板固定在一起,如图2-8-11所示。

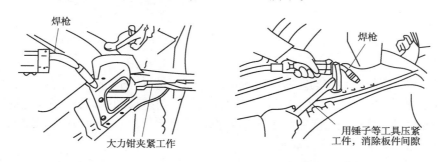

图 2-8-11　焊接前的夹钳定位

在有些情况下,一块金属板的两边不能同时夹紧。这时,可采用一种简单的方法,就是用些薄板金属螺钉将两块金属板固定在一起,以便在焊接过程中得到适当的定位。

2. 焊接位置

在车身修理时,焊接位置通常由汽车上需要进行焊接部件的位置决定。常用的焊接位置有平焊、横焊、立焊和仰焊,如图2-8-12所示。平焊一般容易进行,而且它的焊接速度较快,能够得到最好的焊接熔深,汽车上拆卸下的零部件进行焊接时,尽量将它放在能够进行平焊的位置。水平焊缝进行焊接时,应使焊炬向上倾斜,以避免重力对熔池的影响。垂直焊缝焊接时,最好让电弧从接头的顶部开始,并平稳地向下拉。最难进行的焊接是仰焊,在进行仰焊时,一定要使用较低的电压,同时还要尽量使用短电弧和小的焊接熔池。

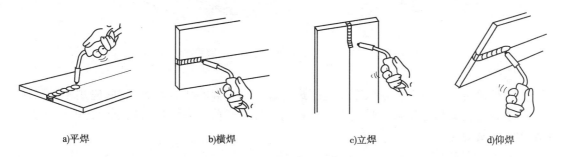

a)平焊　　　　b)横焊　　　　c)立焊　　　　d)仰焊

图 2-8-12　各种典型的焊接位置

3. 焊接前的定位焊

这种方法实际上是一种临时点焊(图2-8-13),就是在进行永久性焊接前,用很小的临时点焊来取代定位装置或薄板金属螺钉,对需要焊接的工件进行固定。和定位装置或薄板金属螺钉一样。

各焊点间的距离大小与板件的厚度有关,一般其距离为板件厚度的15~30倍,如图2-8-14所示。定位焊要求板件之间要正确地对准。

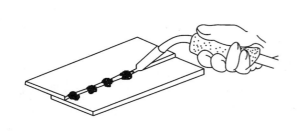

图 2-8-13　定位焊　　　　　　　　　　图 2-8-14　定位焊的焊点间距

4. 连续焊

连续焊时,焊枪缓慢、稳定的向前运动,形成连续的焊缝,如图 2-8-15 所示。操作中保持焊枪的稳定进给,以免产生晃动。采用正向焊法时,连续地匀速移动焊炬,并经常观察焊缝。平稳、均匀地操纵焊炬,将得到高度和宽度恒定的焊缝,而且焊缝上带有许多均匀、细密的焊波。

5. 车身板件维修的焊接连接形式

维修车身板件时,多采用对接或搭接的焊接形式连接。对接焊是将两个相邻的金属板边缘靠在一起,沿着两个金属板相互配合或对接的边缘进行焊接的一种方法。搭接焊是在需要连接的几个相互依次重叠的金属板的上表面的棱边处将两个金属表面熔化,如图 2-8-16 所示。搭接焊只能用于修理原先在制造厂进行过这种焊接的地方,或用于修理外板和非结构性的金属板。当需要焊接的金属多于两层时,不可采用这种方法。

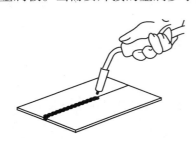 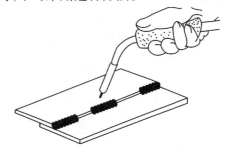

图 2-8-15　连续焊　　　　　　　　　　图 2-8-16　搭接焊

6. 塞焊

塞焊经常用在车身上曾在汽车制造厂进行过电阻点焊的所有地方,它的应用不受限制,而且焊接后的接头具有足够的强度来承受各结构件的载荷。塞焊还可用于装饰性的外部板件和其他金属薄板上。

(1)进行塞焊时,在需要连接的外层板件上钻一个孔来进行焊接,如图 2-8-17 所示。一般结构性板件的孔直径为 8mm,装饰性板件上孔的直径为 5mm,在装饰板件上孔太大后使后面的打磨工作量加大。

(2)将两板件紧紧地固定在一起,焊枪和被焊接的表面保持一定的角度,将焊丝放入孔内,短暂地触发电弧,然后断开触发器。熔融金属填满该孔并凝固。一定要让焊接深入到下面的金属板。在金属板下面的半球形隆起表明有适当的焊接熔深,如

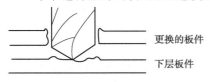

图 2-8-17　塞焊钻孔

图 2-8-18 所示。在进行一个孔的焊点塞焊时要求一次完成,避免二次焊接。

(3)塞焊焊接过的部位应该自然冷却,然后才可以焊接相邻部位。不能用水或压缩空气对焊点周围进行强制冷却。

(4)当需要将两个以上的金属板焊接在一起时,应在每一层金属板上冲一个孔(最下面的金属板除外)。每一层金属板的塞焊孔直径应小于最上层金属板塞焊孔的直径。

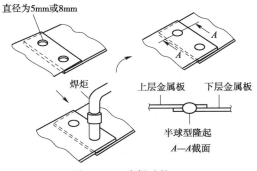

图 2-8-18 塞焊过程

采用塞焊法焊接不同厚度的金属板时,应将较薄的金属板放在上面,并在较薄的金属板上冲较大的孔,这样可以保证较厚的金属板能首先熔化。

7. 焊接注意事项

(1)金属板的厚度越小,焊缝的长度应越短。车身板件的厚度多为 0.8mm 以下,为防止烧穿薄板,进行焊接时必须注意,每次焊接的长度最好不超过 20mm。

(2)焊接时采用分段焊接,让某一段区域的对接焊自然冷却后,然后再进行下一区域的焊接,如图 2-8-19 所示。

(3)为了防止金属板弯曲,应从工件的中心处开始焊接,并经常改变焊接的位置,以便将热量均匀地扩散到板件金属中去。如果从金属的边缘处或靠近边缘的地方开始焊接,金属板仍会产生弯曲变形,如图 2-8-20 所示。

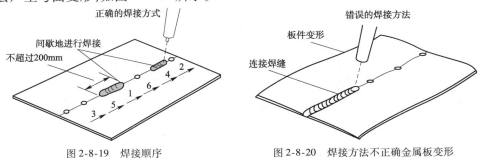

图 2-8-19 焊接顺序　　图 2-8-20 焊接方法不正确金属板变形

五、焊接质量的检查

在对汽车上的零部件进行焊接之前,可以先在金属板上进行试焊。这些金属板和汽车上需要焊接的零部件的材料相同。焊接这些试验板时,焊机的各项参数要调整适当,那么车身板件的焊接质量就有了保证。试验板的焊接处用錾子断开,以检验焊接的质量。

1. 搭接焊和对接焊质量的检查

试验板件的厚度均为 1mm。

(1)工件正面。最短长度为 25mm,最长长度为 38mm;最小宽度为 5mm,最大宽度为 10mm。

(2)工件背面。焊疤宽度为 0~5mm。

(3)对接焊工件夹缝宽度是工件厚度的 2~3 倍。

(4)焊件正面焊疤最大高度不超过 3mm,焊件背面焊疤最大高度不超过 1.5mm。

(5)搭焊撕裂后工件上必须有与焊疤长度相等的孔。

(6)对接焊撕裂破坏后工件上必须有与焊疤长度相等的孔。

2. 塞焊质量的检查

试验板件的厚度均为1mm。

(1)工件正面。焊疤直径最小为10mm,直径最大为13mm。

(2)工件背面。焊疤直径为0~10mm。

(3)焊疤不允许有孔洞或焊渣等缺陷。

(4)塞焊扭曲破坏后下面工件上必须有直径不小于10mm的孔。

六、车身铝合金件焊接

由于铝板的导热性好,它最适合采用惰性气体保护焊接,用这种方法更容易进行高质量的焊接。在焊接之前要清除焊接区域的氧化层,因为氧化层的存在会导致焊缝夹渣和裂纹。

(1)要使用铝焊丝和100%的氩气,保护气体的数量要比焊接钢板时增加约50%。

(2)和焊接钢板相比,焊接铝板时的送丝速度较快。

(3)焊接铝板时,焊炬应更加接近垂直位置。焊接方向只能从垂直方向倾斜5°~15°。

(4)只能采用正向焊接法,不能在铝板上进行逆向焊接。只能推,不能拉。进行垂直的焊接时,应从下面开始,向上焊接。

(5)将送丝滚轴上的压力调低一点,以免焊丝弯曲。但压力不能调得过低,防止造成送丝速度不稳定。

第二节 电阻点焊和钎焊

一、电阻点焊

1. 维修焊点数量的确定

修理用的电阻点焊机功率一般小于制造厂的点焊机功率。因此,和制造厂的点焊相比,修理中进行点焊时,应将焊点数量增加30%,如图2-8-21所示。

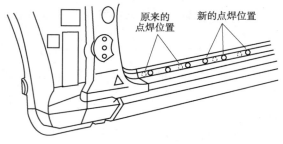

图2-8-21 焊点数量

2. 影响电阻点焊焊接强度的因素

点焊的强度取决于焊点的间距（两个焊点之间的距离）和边缘距离（焊点到金属板边缘的距离）。

1）焊点的间距

两层金属板之间的结合力随着焊接间距的缩小而增大。但如果再进一步缩小间距，结合力将不再增大，这是因为焊接电流将流向已被焊接过的焊点产生分流，焊接部位流过的电流变小，焊接强度下降。随着焊点数量的增加，这种往复的分流电流也增加。而这种分流的电流并不会使原先焊接处的温度升高。电阻点焊时焊接间距的选取标准见表2-8-3。

焊接的最小间距　　　　　　　　　　　　　　　表2-8-3

板材厚度(mm)	焊点间距 S(mm)	边缘距离 P(mm)	图　示
0.4	≥11	≥5	
0.8	≥14	≥5	
1.0	≥17	≥6	
1.2	≥22	≥7	
1.6	≥30	≥8	

2）边缘距离

到边缘的距离是由电极头的位置决定的。即使焊接的情况正常，如果到边缘的距离不够大，也会降低焊点的强度。在靠近金属板端部的地方进行焊接时，焊点到金属板端部的距离应符合规定值（表2-8-4）。如果距离过小，将会降低焊接强度并引起金属板变形。

焊点到金属板的边缘和端部的最小距离　　　　　　表2-8-4

板材厚度(mm)	最小距离(mm)	图　示
0.4	≥11	
0.8	≥11	
1.0	≥12	
1.2	≥24	
1.6	≥16	
2.0	≥16	

3. 点焊的顺序

不要只沿着一个方向连续地进行焊接操作，这样会使电流产生分流而降低焊接质量。应按图2-8-22所示的正确顺序进行焊接。

4. 角落处的焊接

不要对角落的半径部位进行焊接，如图2-8-23所示。对这个部位进行焊接将产生应力集中而导致开裂,车身上需要注意的部位有前支柱和中心支柱的顶部角落、后顶侧板的前上方角落及前、后车窗角落等。

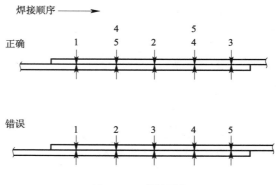

图 2-8-22 焊接顺序

5. 点焊质量的检查

1) 外观检查

外观检查除了看和手摸来检验焊接处的表面粗糙度外,还有下列项目需要检验。

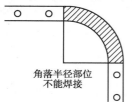

图 2-8-23 焊接角落处的正确方法

(1) 位置。焊点的位置应在板件边缘的中心,不可超过边缘,还要避免在原有的焊接过的焊点位置进行焊接。

(2) 点的数量。焊点的数量应大于汽车制造厂焊点数量的 1.3 倍。例如,原来在制造厂点焊的焊点数量为 4 个,那么新的修理焊点大约为 5 个。

(3) 焊点间距。修理时的焊接间距应略小于汽车制造厂的焊接间距,焊点应均匀分布。间距的最小值,以不产生分流电流为原则。

(4) 压痕(电极头压痕)。焊接表面的压痕深度不能超过金属板厚度的一半,电极头不能产生电极头焊孔。

(5) 气孔。不能有肉眼可以看见的气孔。

(6) 溅出物。用手套在焊接表面擦过时,不应被绊住。

2) 焊接质量检查

在一次点焊完成后,可用錾子和锤子按下述方法检验焊接的质量。

(1) 将錾子插入焊接的两层金属板之间并轻敲錾子的端部,直到在两层金属板之间形成 2~3mm 的间隙(当金属板的厚度大约为 1mm 时),如图 2-8-24 所示。如果这时焊点部位仍保持正常没有分开,则说明所进行的焊接是成功的。这个间隙值由点焊的位置、金属板的厚度、焊接间距和其他因素决定,这里给出的只是参考值。

(2) 如果两层金属板的厚度不同,操作时两层金属板之间的间隙限制在 1.5~2mm 范围内。如果进一步錾开金属板,将会变成破坏性试验。

(3) 检验完毕后,一定要将金属板上的变形处修好。

3) 破坏性试验

取一块和需要焊接的金属板同样材料、同样厚度的试验工件,按图 2-8-25 所示的位置进行焊接。然后,按图中箭头所指的方向施加力,使焊点处分开。根据焊接处是否整齐地断开,可以判断出焊接质量的好坏。实际进行修理焊接时不能用这种方法来检验,试验的结果只能作为调整焊接参数的参考依据。

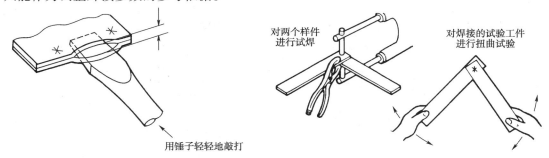

图 2-8-24　非破坏性试验　　　　　　　　图 2-8-25　破坏性试验

(1)扭曲试验。扭曲后在其中一片焊片上留下一个与焊点直径相同的孔,如图 2-8-26 所示。如果孔过小或根本就没有孔,说明焊点的焊接强度太低,需要重新调整焊接参数。

(2)撕裂试验。撕裂后在其中一个焊片上留有一个大于焊点直径的孔,如图 2-8-27 所示。如果留下的孔过小或根本没有孔,说明焊点的焊接强度太低,需要重新调整焊接参数。

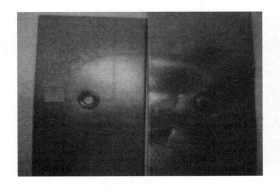

图 2-8-26　扭曲试验后的效果　　　　　　　图 2-8-27　撕裂试验后的效果

二、钎焊

1. 钎焊操作的一般过程

(1)清洁工件表面。如果板件的表面上黏有氧化物、油、油漆或灰尘,钎焊材料就不能顺利地流到金属表面上。尽管焊剂可以清除氧化层和大部分污染物,但还不足以清除掉所有的污染物,残存在金属表面上的污染物最终还会导致钎焊的失败。所以在钎焊操作前要用钢丝刷对表面进行清洁。

(2)施加焊剂。板件被彻底清洁后,在焊接表面均匀地施加焊剂(如果使用带焊剂的钎焊条,就不需要进行该操作)。

(3)对板件加热。将板件的接合处均匀地加热到能够接受钎焊材料的温度。调节焊炬气体的火焰,使它稍微呈现出碳化焰的状态。根据焊剂熔化的状态,推断出钎焊材料熔化的适当温度。

(4)对板件进行钎焊。当板件达到适当的温度时,将钎焊材料熔化到板件上,并让其流动,钎焊材料流入板件的所有缝隙后,停止对板件接合处加热,如图2-8-28所示。

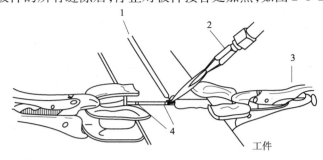

图2-8-28 钎焊料的涂敷
1-焊条；2-焊炬；3-大力钳；4-定位焊点

2. 软钎焊的操作过程

软钎焊不能用来加固金属板上的接头,而只能用于最终的精加工,例如校正金属板表面或修正焊接接头的表面。由于软钎焊具有"毛细现象",可产生极好的密封效果。在对一个接头进行软钎焊之前,应先将接合处及其周围的油漆、锈斑、油和其他外来杂质清除掉。软钎焊的过程如下：

(1)对需要进行软钎焊的表面加热,加热后用一块布擦净。

(2)充分摇晃焊膏,然后用刷子将焊膏涂在金属的表面上,所涂的面积应比需要钎焊的面积宽12~25mm。

(3)保持一定的距离进行加热。

(4)按照从中心到边缘的顺序,擦掉焊膏。

(5)钎焊部位会呈现出银灰色,如果为浅蓝色,表明加热温度过高。

(6)如果焊接的部位未被焊上,应涂上焊膏重新钎焊。

3. 钎焊后的处理

钎焊部位充分冷却以后,用水冲洗掉剩余的焊剂残渣,并用硬的钢丝刷擦净金属表面。焊剂叮用砂轮或尖锐的工具清除。如果没有完全清除掉剩余的焊剂残渣,油漆就不能很好地黏附,而且接头处还可能产生腐蚀和裂纹。

4. 钎焊操作的注意事项

(1)为了钎焊材料能顺畅流过被加热的表面,必须将整个接合区加热到同样的温度。

(2)不能让钎焊材料在板件加热前熔化(以免钎焊材料不与板件黏结)。

(3)如果板件的表面温度太高,焊剂将不能够达到清洁板件的目的,这将使钎焊的黏结力减小,接头的接合强度降低。

(4)焊炬喷嘴的尺寸应略大于金属板的厚度。

(5)钎焊前要用大力钳固定好金属板,防止板件的移动和钎焊部位的开裂。

(6)均匀地加热焊接部位,防止板件熔化。

(7)应尽量缩短钎焊的时间,以免降低钎焊的强度。

(8)避免同一个部位多次钎焊。

第九章
车身钣金维修车间管理

第一节　机动车碰撞损伤维修计划制定

一、碰撞损伤的维修方案

对车辆进行损伤诊断之后，就需要制定科学的修复方案了，这一阶段的主要工作是针对直接受损部位、间接受损部位及惯性效应受损部位，确定具体的修复方式。根据车身各部位材料的应用情况，确定需要采用的焊接工艺；考虑在校正拉伸过程中如何使用辅助支撑定位，以确保顺利修复。考虑在实施焊接换件作业中如何对所需更换部件进行准确定位，以避免在焊接完毕后再对所更换部件位置进行校正。

1. 确定修复方案注意事项

制订的修复方案，除了要考虑降低维修成本之外，还要综合考虑整体维修质量，比如局部拉伸时如何保证周边部位不受影响，切割和焊接时如何保证金属内部结构尽量不发生较大的变化，以及使用何种钻孔、打磨工具不会对安装造成影响。凡是与整体修复方案有关的因素，考虑得越周详越好，这样才能在后续的工作中有备无患。

2. 维修方案对技术人员的要求

要掌握科学高效的修理工艺，技术人员必须了解当今计算机辅助设计的车架结构知识，计算机辅助设计的车架对碰撞能量的吸收和传递方面的知识。除此之外，技术人员对车辆碰撞损伤程度的确认、需要更换的部件、需要修理的部件、修理方式的确定、设备工具的选用以及各种操作规范化等方面的知识都必须熟知，才能确保修复效果最佳化，进而提高客户满意度。

二、车漆未受损伤的维修方案

确定维修方案需要视情况而定，择优而取。在碰撞部位损伤并不严重的情况下，就需要根据具体情况，确定是采用传统钣金喷涂方案，还是新兴的凹陷修复技术。实际上，只要车漆未受损伤，大多数情况下都可以采用凹陷修复技术。

凹陷修复技术是由日本于1986年研发出来的，经过20多年的发展，在汽车美容行业形成了一项单独的项目，在日本及欧洲国家已得到广大车主的认可。1999年微钣金凹陷修复技术进入中国，经过国内多年的探索与实践，现已具备了一套完整的适合于中国国情的推广方案。

汽车凹陷修复技术是对汽车车身各部位,对因外力撞击而形成的各种凹陷进行修复的新兴技术。它操作简单,运用光学、力学及化学等多方面技术原理,对未损伤车漆的凹陷部位通过局部的特殊工艺进行修复,无须传统的钣金、喷漆就可以达到100%的复原,让车辆恢复原有状态,该技术大大缩短了修复时间。

凹陷修复技术主要针对尚未损伤车漆的凹陷,由于保留了原有车漆,就避免了烤漆所造成的漆雾、漆流、色差、色变和橘皮等缺陷,从而最大限度地保留了车辆原有价值,这是传统钣金技术无法比拟的。

三、车身严重损坏的维修方案

校正汽车的碰撞损伤时,对损伤部位的拉或推操作必须按照与碰撞相反的方向进行。事实上,大多数的碰撞及事故结果是以上所述损伤类型的混合。左右弯曲和上下弯曲变形经常几乎同时发生,此外,碰撞力的分力还作用在车架的横梁上。比如,在汽车倾翻事故中,由于发动机质量会使其支撑横梁受到推或拉而变形,造成上下弯曲。由于横梁影响整个车辆修复工作的效果,因此不管横梁的损伤程度怎样,都必须对其进行校正。

首先将碰撞力分解为三维尺寸上的三个值:垂直分力,汽车前部向下变形;水平分力,汽车前翼子板变形方向指向发动机罩中心;侧向分力,汽车的前翼子板向后变形,如图2-9-1所示。车身维修人员在对车辆进行测量分析时,经常会运用点对点测量或对角线测量,认为只要这些尺寸正确就可以了。实际上这只是进行了长度和宽度方向的测量,而忽视了高度方向的测量和调整。

1. 车身整体更换或维修

当汽车发生严重损坏几乎没有一处完好的地方,判定为车身整体无法修复时,可按照用户需求进行整车车身的更换。从坏车上拆下可用的总成和零部件,对发动机等主要总成进行全面检查和修理,换用新的轿车车身总成和需要更换的全部零件,按照整车装配工艺重新予以装配。因为

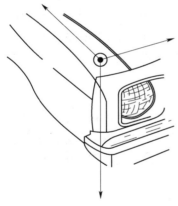

图2-9-1 碰撞力的分解

车身的更换费用和各总成的更换费用很高,甚至可达到购买新车的一半费用,所以一般汽车修理厂会使用现代化的先进设备对受损车辆进行高质量的维修,使其恢复到原有的质量标准。

2. 车身局部更换或维修

当汽车发生碰撞时,损伤只发生在局部,如前后翼子板、车门、发动机罩或行李舱盖受到损伤时,可以进行车身局部更换,达到省事、省时和降低成本的目的。随着轿车国产化率的提高,在一些制造厂家的汽车配件中有部分汽车车身钣金件出售,其价格远低于车身钣金件的修理费用。如能买到所要更换的部件,如轿车车身的前翼子板,只要在车身上轻易拆下或焊下损坏后的前翼子板,再将新的翼子板按照原来的位置装上去,即可达到轻易修复车身的目的。当然在修复中伴随有汽车和其他零部件总成的拆卸和更换,应达到重新修配和恢复原有功能的目的。拆卸损坏后的车身钣金件,可视损坏程度的轻重,决定重新单独修复或者当废铁处理,如能修复,待修复后可做备件以备更换。

3. 车身底板校正

当汽车发生严重损坏,涉及车身底板发生变形,无须全部更换车身时,应先进行车身底板校正和车身校正,再修复损坏的车身钣金件。车身底板校正的全部完成,保证了车身底板的立体位置,可以保证轿车车身的总体位置。确定了发动机总成和前悬架的安放位置,可恢复汽车车轮的定位角度及其他总成的定位。车身底板校正后,再进行车身钣金修理。

4. 车身侧面撞击的校正

撞车时,如果车身侧面受到严重损伤,会使车身的一侧发生凹陷变形。碰撞力较大时,车身侧面变形可能由一侧传至车身底板,使车身底板发生严重变形。也可能传至车顶,使车顶发生变形。甚至从车身底板和顶盖传至另一侧,使车身另一侧凸起,此时应以校正的方法使其恢复原来的形状。当一侧门槛发生严重变形并且涉及车身底板时,可视变形部位和变形情况在门槛处焊上一块或几块牵引铁,顶住前后两端车身底板,使用牵引索牵拉牵引铁。根据变形情况的不同,还可以在车身底板的前后两端的相反方向进行辅助牵引,但是这种维修方法已经比较陈旧且不能完全恢复到原车的尺寸要求。现在大量的汽车维修企业已采用新的"定位法"来修理。按照车身底盘维修图样通过定位夹具将车身底部未变形的点定位装卡,使用拉塔逐步拉伸变形部位,直到所有变形部位的点都能按照车身底盘维修图样所示的尺寸通过定位夹具装卡固定,当这些点固定完毕即表示车身底盘已恢复到原车的尺寸要求,再通过测量系统把外观件定位焊接。

5. 车身支柱换修

当车身支柱、前风窗支柱、前围支柱或后支柱严重损坏后而无法简单修复时,只能采用更换法。先进行相关部位的校正,如支柱损伤,可能涉及车身顶盖和车身底板等部位的变形。首先应使大面积部位的变形得以恢复,然后把损坏后的一段支柱用锯或等离子切割机粗切割下来(比正常切割位置要短),点焊点要用点焊去除钻去除。再次进行相关部位的校正,把相邻部位的变形修复到位,然后准确地切割到支柱更换焊接的位置。才能换接上一段规则和形状完全相同的支柱。

第二节 汽车钣金维修工具设备管理

一、钣金车间规划

车身维修车间主要完成车身修复和涂装两项主要工作,工作区域分为车身修复工作区域(钣金工作区)和涂装工作区域(喷漆工作区)。由于钣金操作经常会产生火花和明火,而喷涂工位是严禁有明火存在的,所以在两个区域之间一定要有安全防火的隔离带。并且操作人员要时刻有安全防火意识,掌握规范的防火知识。

1. 工作区布置

车身修复工作区一般分为钣金加工检查工位、钣金加工校正工位、车身校正工位和材料存放工位等,如图 2-9-2 所示。在车身修复工作区域要完成事故车辆的检查、车辆零部件拆卸、板件维修、车身测量校正、车身板件更换,车身装配调整等工作。

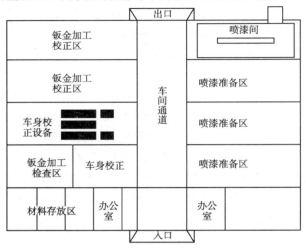

图 2-9-2 车身维修车间工位布置图

车身测量校正、车身焊接、车身装配调整工作一般在一个固定的工位进行,即在车身校正仪上完成这些工作。车身校正工位是车身修复工作区最重要的工位,同时也是完成工作最多的工位。此工位要放置一台车身校正仪,车身校正仪平台的长度一般为 5~6m,宽度一般为 2~2.5m,要有足够的安全操作空间。在车身校正平台外围至少要有 1.5~2m 的操作空间,车身校正工位的长度一般为 8~10m,宽度一般为 5~6.5m。

2. 气路、电路布置

车身修复工作区的工作要使用压缩空气和电,所以气路和电路的布置是否合理非常重要。

(1) 维修车间内压缩空气的压强一般为 0.5~0.8MPa。一般车间使用一个压缩空气站,各个工位都有压缩空气接口。管路沿着墙壁布置,布置高度不超过 1m,也可以布置在靠近车间顶板的位置。在每个工位至少要留出 2 个接口,在每个接口上安装有开关,然后再安装 1~2 个母快速接头。在从主气管路分流到各工位的分管路的连接要通过一个三通阀完成,三通阀分流出的气路要朝上布置,防止主管路冷凝的油、水流入分管路。

(2) 车身修复的焊接工作用电量很大,特别是气体保护焊和电阻点焊焊接用电,气体保护焊焊接时的电流不能小于 15A,而大功率的电阻点焊机焊接时的电流不能小于 30A。在车身校正工位附近应该设置一个专用的配电箱供车身修复焊接用电,配电箱位置距离车身校正仪不能超过 15m。否则焊机接线过长会引起线路过热。

在每个车身修复工位要留出至少 2 个三孔的插座(不小于 15A)。每个插座要保证接地良好。

二、工具的规范使用

在车身修理时会用到大量的手动、电动、气动工具和校正设备,在使用每一件工具前要充分了解使用方法、安全提示及操作规程,避免产生危险。

1. 手动工具的安全操作

(1) 请勿将手动工具做任何非设计规定的用途,如不要对锉或螺丝刀进行敲击,工具可能会断裂并造成人身伤害。

(2) 手动工具应保持清洁和良好的工作状况。工具粘满润滑脂、机油后容易从手中滑脱,可能造成关节挫伤或手指折断。工具使用完毕和收拾前应将其擦拭干净。

(3) 扳手操作时用拉而不是推的动作。如果推手从紧固件上意外滑脱,手就会被撞伤。如果不得不采用推的动作时,应伸开五指,用手掌推动。

(4) 不要同时打开多个工具柜抽屉。盛满工具的工具柜非常重,容易造成工具柜倾翻。打开下一个抽屉前要关闭前一个抽屉。

(5) 手动工具在使用前应检查是否存在裂纹、碎片、毛刺、断齿或其他的情况。如果工具存在问题,要修理或更换后再使用。

(6) 在使用锋利或带尖的工具时应特别当心,例如錾子和冲子应正确研磨,保持锋利。錾子的刃应该锋利而且是方正的,长时间使用后,錾子和冲子的头部会变形或变大。利用砂轮机消除工具头部的变形部位,重新修整倒角(带锥度边)。

(7) 在进行其他操作时不要把螺丝刀、冲子或其他尖锐的手动工具放到口袋里,可能会刺伤自己或损坏车辆。

(8) 将所有的零件和工具整齐、正确地存放在指定位置,保证其他工作人员不会被绊倒,同时还能缩短寻找零件或工具的时间。

(9) 不要把车底躺板放到地面上,不用时应将其竖起,防止有人踩在车底躺板上摔倒受伤。

2. 动力工具和设备的安全操作

(1) 在使用动力工具前要安装好动力工具的护具。在对工具进行修理和维护之前,先将工具的空气软管或电源线断开。

(2) 动力工具使用时不要超出其额定功率。如砂轮通常有每分钟的最大转数(r/min),操作时应确保动力工具未超出砂轮、刷子或其他工具的极限转速,否则砂轮或刷子可能会炸开,砂轮碎块或钢丝被甩出造成人员、物品的损伤。

(3) 当用工具进行研磨修整时,应慢慢研磨,避免工具表面的硬化金属过热。如果研磨金属呈现蓝色时,会产生过多的热量使得工具表面硬化层从金属上脱落,并软化了工具的金属部分。

(4) 在用动力设备对小零件进行操作时,不要一手持零件,一手持工具操作,否则零件容易滑脱,造成手部的严重伤害。在进行研磨、钻孔、打磨时一定要使用夹紧钳或台虎钳来固定小零件。

(5) 在车身修理中要经常使用液压装置,在使用液压机时,应确保施加的液压是安全的。在操作液压机时要站在侧面,一定要戴上全尺寸面罩,防止零件飞出造成伤害。

(6) 焊接用的气瓶要固定牢靠,防止倾倒产生危险。使用完毕后应关上气瓶顶部的主气阀,避免气体泄漏流失或爆炸。

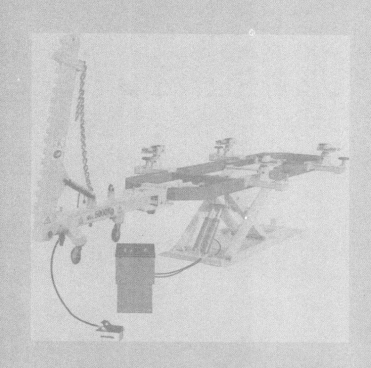

第三篇　实务篇

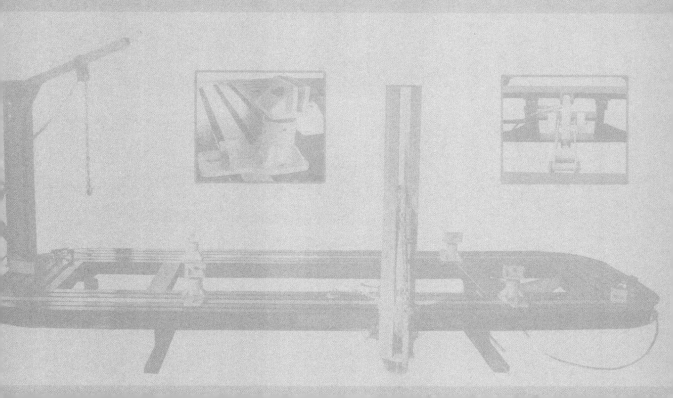

第一章

实操考试系统介绍

一、实操考试系统特点

机动车检测维修实操考试采用人机对话的形式完成考试操作,系统具有以下技术特点:

(1)实操考试系统的组题功能按照维修士、工程师、高级工程师三个级别划分考试类别,考试科目及考试内容。

(2)该系统采用三级 DES 加密技术,对题库和考生信息、考试信息、考试成绩等进行加密,确保考试的公平性和公正性。

(3)系统能够实现汽车专业的无纸化、局域网化、自动化的考试,集成零部件检测、机电考试、车身修复、车身涂装、检测评估与运用等多套题组。

(4)支持考试有效时间安排、考试倒计时等功能;支持考试成绩保密、答卷保密、防舞弊等安全设定。

(5)题目类型支持单选题、多选题,模拟互动实操题、图表片等题型。

(6)导入试卷,可设置试卷的难度等级,可按照知识点设置考试题目数量、题型、分值等参数。

(7)创建与修改,包括考试有效日期、考试时间、考试人员、试卷。

(8)执行考试,考生登录、考生信息输入;考生信息确认;考试列表,显示该考生未进行的考试;选择考试,显示考试说明,考试时间、考试规则等考试须知;答题是通过鼠标点击选项进行。

(9)考试终止功能,在考试过程中,若出现考生违反考试纪律等情况,监考员可通过系统终止考试。

(10)考试结束后,考生无法进行任何操作,考试成绩自动形成数据包存储在局域网服务器上,同时进行安全加密,考务人员下载本次考试成绩的加密数据包拷贝或刻录光盘移交至交通运输部职业认证中心。

二、实操考试系统使用说明

1. 考试系统登录

考生打开考试系统,分别输入准考证号和登录密码,并点击"登录"按钮,登录界面见图 3-1-1 所示。

2. 考生信息确认及考题选择

输入准考证号及登录密码并点击"登录"后,出现考生信息界面,如图 3-1-2 所示,请核对考生信息是否准确,包括姓名、考号、证件编号、考试专业、考试级别等,若有错误需要和监考人员核对。

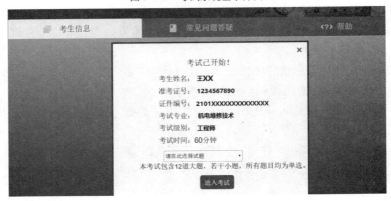

图 3-1-1　考试系统登录界面

图 3-1-2　考生信息确认界面

在确认考生信息无误之后需要选择考试试题的类型，点击页面底部的"下拉选择"按钮，选择相对应的试题类型，如图 3-1-3 所示，之后点击底部的"进入考试"按钮，开始考试过程的操作。

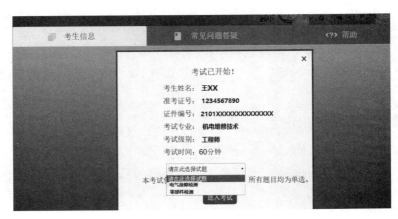

图 3-1-3　选择试卷类型界面

3. 实操考试界面

进入实操考试界面后，系统会根据考生选择的试卷类别给出相应的考试题目，考生要根据系统的提示进行相关的操作,在试题的页面上部会显示相关的信息,如图 3-1-4 所示。

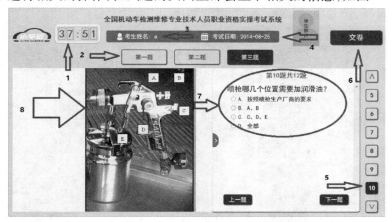

图 3-1-4　实操考试操作界面

在图 3-1-4 中,箭头 1 表示的是"实操考试的倒计时的结束的时间",在本界面中距离考试结束时间还剩 37 分 51 秒。

箭头 2 表示的是"正在进行的是第一题(蓝色标识)",这部分考试共有三个题。

箭头 5 表示的是"正在进行的是第三题的第 10 个小题(蓝色标识)",第三题的题目下共有 12 个小题。

箭头 3 和 4 表示"考生姓名"和"考试时间"。

箭头 6 表示"交卷按钮",考试答题完毕可以点击此按钮提交试卷并结束考试过程。

箭头 8 表示题目内容的相对应的图片。

进入考试后,系统默认从第一题开始作答,考生个人可点选第二题、第三题,本次考试中第三题共包含 12 道小题,目前界面显示的是第 10 道题,图中箭头 7 所示。

考生可以通过观看左侧系统提供的考试信息,在右侧题目框进行题目作答,作答之后点击"下一题"继续作答,已作答题目序号外边框为绿色边框,未作答题目正常显示,如图 3-1-5 所示。

图 3-1-5　实际操作答题界面

在考试过程中若遇到有些题目的相关图片不是十分清晰,可以通过移动鼠标到图片的位置上并点击鼠标,图片将会放大,方便读图,如图 3-1-6 所示。

图 3-1-6　图片放大界面

4. 交卷并结束考试界面

在考生完成所有的考试题目并确认无误或者部分完成题目的情况下,均可以点击"交卷"按钮,进行交卷操作,此时系统界面会提示考生未完成的题目题号,但不影响提交试卷,按照系统提示输入识别码,如图 3-1-7 所示。

当考生正确地输入识别码后,系统提示"已成功交卷,考试已经结束,请离开考场",如图 3-1-8 所示,考试结束。

 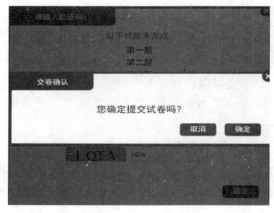

图 3-1-7　考试提交试卷页面　　　　　图 3-1-8　试卷提交页面成功界面

第二章 实操考试系统操作

"机动车整形技术"专业工程师级别的实物部分考试项目,有钣金和喷漆两部分专业试卷,考生可以任意选择一个专业试卷作答。本章就钣金专业工程师级别实操考试项目进行相关的系统操作讲解说明。

钣金专业的考核主要内容有车身修复方案制订、车身修复工艺和设备、安全环保和工具设备使用与维护等。要求考生按照系统的提示进行相关的操作和测量,记录测量的数据并分析测量数据,最后给出自己结论,选择正确的选项。

一、车身修复方案制订

(一)考核知识点

(1)掌握车身修复方案制订流程。
(2)掌握测量工具、量具正确的使用方法。
(3)掌握事故车辆的测量部位和数据的基本要求。
(4)掌握测量数据的分析方法和车身修复方案的具体制订。

(二)操作页面介绍

选择第一个题目,操作系统会提示该题目的考核专业、考核内容为"车身修复方案制订"以及题目要求。如图 3-2-1 所示。

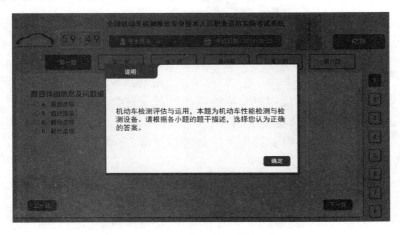

图 3-2-1 考核内容及要求界面

"车身修复方案制订"的主界面由三部分组成,如图 3-2-2 所示,屏幕左侧部分是测量工具的测量数据显示区域;屏幕中间部分是事故车辆的实际图片;右侧为题目要求。在本例中,关于车身修复方案制订的题目有 12 个小问题需要完成。

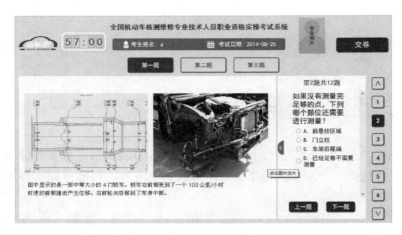

图 3-2-2　车身修复方案制订界面

在操作过程中,根据题目内容的要求,接合考试系统提供的测量界面和测量的数据,进行分析,选择你认为正确的选项,然后点击"下一题"按钮,进入下一题操作界面。

第一题:需要检测的点是否已经足够的被检测出来(图 3-2-3)?

　　A. 没有　　　　　　　　　　　B. 是的

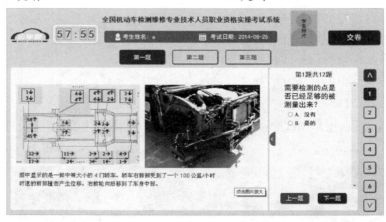

图 3-2-3　车身修复方案制订(第一题界面)

(1)进行事故车测量时,需要根据车辆的损坏情况来选择长度基准,若汽车前部发生碰撞,则选择后部的基准点作为长度基准;若汽车后部发生碰撞,则选择前部的基准点作为长度基准;若车辆中部发生碰撞,则要对车身中部进行整修,直到车身中部的四个基准点有三个点的尺寸被恢复。

(2)根据车身的具体情况来选择车身上的哪些点需要测量,需要测量的点按照测量设备的显示器的提示,选择合适的安装头。

(3)不同公司提供的数据图形式上可能不同,但是基本数据信息是相同的,都要反映出车身上的测量点的长度、宽度、高度的三维数据。

(4)本题中的测量位置是 5 个,根据测量数据的准确性和合理性原则并结合车辆碰撞事故的具体部位,题目中的测量位置没有完全选择出来。

(5)选择正确的答案,点击"下一题"按钮,进入下一题操作。

第二题:如果没有测量完足够的点,下列哪个部位还需要进行测量(图 3-2-4)?

  A. 前悬架区域　　　　　　　　　　B. 门立柱
  C. 车架后尾端　　　　　　　　　　D. 已经足够不需要再测量

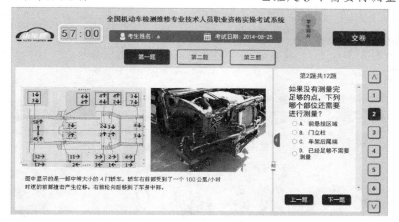

图 3-2-4　车身修复方案制订(第二题界面)

(1)题目中的车辆前部因为撞击产生位移,而且右侧前轮后移到车辆中部。

(2)题目中已经测量了车辆的五个位置,根据测量数据的准确性和合理性原则,结合车辆碰撞事故的具体部位,题目中的关键测量位置没有完全选择出来。

(3)右前部变形严重,需要测量车辆前部悬架区域的数据,以此检查车辆碰撞区域的变形状态,有利于校正维修。

(4)选择正确的答案,点击"下一题"按钮,进入下一题操作。

第三题:根据题目中碰撞的类型,图中所显示的车辆的测量数据是否是应该测量的数据(图 3-2-5)?

  A. 是的　　　　　　　　　　　　　B. 不是

图 3-2-5　车身修复方案制订(第三题界面)

(1)为了保证汽车使用性能良好,总成的安装位置必须正确,因此修理后要求车身尺寸的配合公差不能超过 ±3mm。

(2)测量点和测量公差要通过对损坏区域的检查来确定。例如,一般引起车门轻微下垂的前部碰撞,其损坏传递不会超过汽车的中心位置,后部的测量就没有太多的必要。而对于碰撞较为严重事故,必须进行大量位置测量以保证适当的修理调整顺序。

(3)本题中的碰撞事故属于较为严重的事故,所以需要测量的数据较为全面,这样可以保证维修校正过程后车身的配合公差符合要求。

(4)选择正确的答案,点击"下一题"按钮,进入下一题操作。

第四题:如图3-2-6所示,技术员需要使用三点基准吗?

  A. 是的   B. 不是

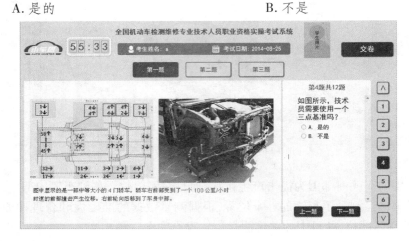

图3-2-6 车身修复方案制订(第四题界面)

(1)为了测量数据的准确性和合理性需要尽可能多地确定测量基准点。

(2)确定基准点后,就可以利用测量设备来测量车身上的各个测量点。如果测出的车辆的基准点与标准数据上的位置不同,则表明车辆上的基准点可能发生了变形。

(3)使用三点基准的方法是测量过程中使用较多、测量数据比较准确、测量过程比较方便的一种方法。

(4)选择正确的答案,点击"下一题"按钮,进入下一题操作。

第五题:如果需要选择使用三点基准,哪个点需要被删除掉(图3-2-7)?

  A. 右前   B. 左前   C. 左后   D. 右后

图3-2-7 车身修复方案制订(第五题界面)

(1)选择三点基准时要考虑基准点选择的合理性和测量数据的准确性。需要根据车辆的损坏情况来选择长度基准,若汽车前部发生碰撞则选择后部的基准点作为长度基准;若汽车后部发生碰撞则选择前部的基准点作为长度基准;若车辆中部发生碰撞,则要对车身中部进行整修,直到车身中部的四个基准点有三个点的尺寸被恢复。

　　(2)如果车辆的基准点所处的位置发生严重变形,基准点的数据超过规定公差范围,就必须先对基准点进行校正,或者重新选定新的在正确位置的基准点。

　　(3)本题中事故车辆的碰撞点位于右前方,并且发生较严重的变形,所以不应该选定右侧前方位置为测量点基准,可以删除此点。

　　(4)选择正确的答案,点击"下一题"按钮,进入下一题操作。

　　第六题:如果车轮没有被拉回到准确位置,还是比另一边的要靠后一点,哪个悬架角度将受到影响(图3-2-8)?

　　　　A. 主销后倾　　　　B. 车轮外倾　　　　C. 前束　　　　D. 推力角度

图3-2-8　车身修复方案制订(第六题界面)

　　(1)当车辆发生较严重事故导致底盘形状发生变形时,其底盘数据也要发生改变,影响车辆的正常行驶。

　　(2)车辆的主销后倾角、车轮外倾角、前束值和推力角等底盘数据对车辆的行驶稳定性有较大的影响。

　　(3)该车辆事故中,由于碰撞时车速较快,导致车轮后移到车身中部,所以对车辆的主销后倾角度影响比较大。

　　(4)选择正确的答案,点击"下一题"按钮,进入下一题操作。

　　第七题:车身中部宽度的变形将影响到哪个尺寸(图3-2-9)?

　　　　A. 中心线　　　　B. 基准面　　　　C. 高度　　　　D. 长度

　　(1)根据图中车辆变形位置数据的测量,车辆的中部宽度变形较严重已经超出公差范围。

　　(2)事故车辆中部的宽度严重变形会影响到车辆的中心线位置,其车辆基准面、车辆高度、车辆长度影响不大。

　　(3)选择正确的答案,点击"下一题"按钮,进入下一题操作。

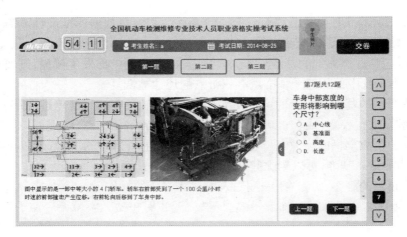

图 3-2-9　车身修复方案制订(第七题界面)

第八题:你认为将在车辆的哪个位置发生扭曲变形(图 3-2-10)?

　　A. 车辆车身中部

　　B. 前部撞击部位

　　C. 由于惯性原因,在车辆的另外一面

　　D. 从风窗玻璃部位到车辆的上部结构

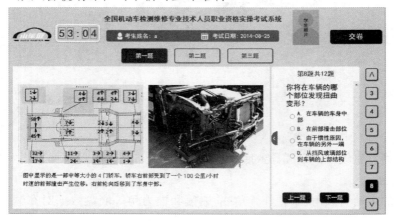

图 3-2-10　车身修复方案制订(第八题界面)

(1)车身的变形分为左右弯曲变形、上下弯曲变形、断裂变形、棱形变形和扭曲变形等形式。

(2)整体式车身是由许多薄钢板连接而成,碰撞引起的振动大部分被车身壳体吸收掉。

(3)在碰撞过程中,一部分碰撞能量被碰撞区域的部件通过变形吸收掉,另一部分能量会通过车身的刚性结构传递到远离碰撞区域。

(4)分析考试界面的测量数据,当测量数据超出标准公差范围 ±3mm 时,测量系统会以红颜色显示出测量数据;当测量数据在标准公差范围 ±3mm 内时,测量系统会以蓝颜色显示出测量数据。

(5)考试界面的测量数据显示在车辆车身中部的变形较大,其他部位也有变形但不是十分明显。

(6)选择正确的答案,点击"下一题"按钮,进入下一题操作。

第九题:当进行修复的时候,我们需要监控车辆的哪个部位(图3-2-11)?

  A. 前部、中部、后部都需要监控

  B. 仅监控损伤的部位

  C. 仅在修复拉伸的部位

  D. 如果拉伸正确,它将自行修复,无须监控

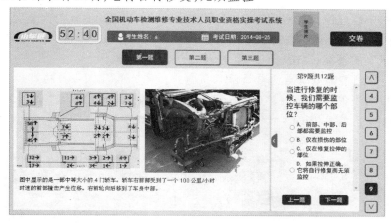

图3-2-11 车身修复方案制订(第九题界面)

(1)在车身修复过程中,消除因碰撞而造成的车身和车架上的变形和应力时,要同时在损坏区域不同的方向上施加拉力,把力加在与变形相反的方向是确定有效拉力方向的原则。

(2)在修复过程中,由于施加在车身上的力的大小、方向不同,其合力就会相对复杂。另外,车身的结构和材料也不同,所以在修复过程中需要监控的部分就比较多,前部、中部、后部都要监控。

(3)选择正确的答案,点击"下一题"按钮,进入下一题操作。

第十题:如图3-2-12所示,车身的后部是否已经发生变形?

  A. 是的   B. 没有发生变形

图3-2-12 车身修复方案制订(第十题界面)

(1)整体式车身是由许多薄钢板连接而成,碰撞引起的振动大部分被车身壳体吸

收掉。

（2）在碰撞过程中一部分碰撞能量被碰撞区域的部件通过变形吸收掉，另一部分能量会通过车身的刚性结构传递到远离碰撞区域。

（3）分析考试界面的测量数据，当测量数据超出标准公差范围±3mm时，测量系统会以红颜色显示出测量数据；当测量数据在标准公差范围±3mm内时，测量系统会以蓝颜色显示出测量数据。

（4）该题目中碰撞位置为右前方，由于车速比较快，车身变形较为严重且传递到车身其他位置。车身的后部也有变形，并且超出标准公差范围。

（5）选择正确的答案，点击"下一题"按钮，进入下一题操作。

第十一题：右侧前部基本点测量显示了高度的什么变化（图3-2-13）？

　　A. 向下偏移4mm　　　　B. 向下偏移7mm

　　C. 向下偏移1mm　　　　D. 向上偏移4mm

图3-2-13　车身修复方案制订（第十一题界面）

（1）不同的测量设备品牌提供的测量数据图在表现形式上有所不同，但是基本的数据信息是相同的，都要反映出车身测量点的长度、宽度、高度的三维数据。

（2）考试系统提供的测量数据的格式在最上部为测量的高度值，方框内的数字表示该测量点的偏差值，两个数字是指在车身的左右对称点位置测量值，方框内箭头方向表示偏差值的变形方向。

（3）中部区域为宽度测量值，测量值以中心线为基准位置，底部为长度方向测量值，数字表示变形值，箭头表示变形方向。

（4）如果测量值超出标准公差范围±3mm，系统会以红颜色显示测量数据；若测量数据在标准公差范围±3mm内，系统会以蓝颜色显示测量数据。

（5）按照题目要求，查找车辆右侧前部高度的测量数据。

（6）选择正确的答案，点击"下一题"按钮，进入下一题操作。

第十二题：车辆起步朝着哪个方向发生的偏移变形更为严重（图3-2-14）？

　　A. 向后　　　　B. 向上　　　　C. 向下　　　　D. 向左

(1) 依据上一题的说明,查找车辆前部变形最大的数据和变形方向。
(2) 选择正确的答案,点击"下一题"按钮,进入下一题操作。

图 3-2-14　车身修复方案制订(第十二题界面)

二、车身修复工艺与设备考核

(一) 考核知识点

(1) 掌握机动车车身修复工艺的方法和步骤。
(2) 掌握机动车修复工艺的设备和使用方法。
(3) 掌握车身修复结果的判定标准和解决方法。

(二) 题目操作过程

选择第一个题目,操作系统会提示该题目的考核专业、考核内容为"车身修复工艺与设备"以及题目要求,如图 3-2-15 所示。在该考核题目下,一共有 12 问题需要操作。

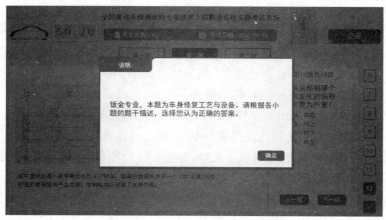

图 3-2-15　车身修复工艺与设备考核内容及要求界面

第一题:对车身修复前,首先要选择校正设备。如果选择地板式校正设备(地八卦),那么说法正确的是什么(图 3-2-16)?

A. 可以提供快速勾挂和强制固定且不占用空间
B. 不能进行复杂的拉伸校正
C. 地板式固定设备可以直接对损伤部位进行拉伸,而不需要对拉塔进行固定
D. 地板式校正设备不能用于小轿车的维修

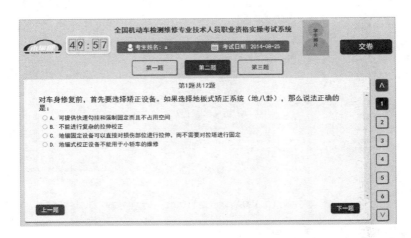

图 3-2-16　车身修复工艺与设备(第一题界面)

(1)地板式校正设备最适合小型的车身修理车间使用,因为当设备使用完毕后,快速顶杆、夹具和快速挂钩的辅助设备在即时清理后,校正作业区域就可以用作其他用途,有利于车间面积的充分利用。

(2)车辆可以直接在地板式校正系统上对车辆损伤部位进行拉伸,但是需要在系统上对设备的拉塔进行固定。

(3)选择正确的答案,点击"下一题"按钮,进入下一题操作。

第二题:更换车身零部件时,需要进行焊接作业,一般不使用的焊接方法是什么?

　　　　A. 氧—乙炔焊　　　　　　B. 点焊　　　　　　C. 气体保护焊

(1)氧—乙炔焊是熔焊的一直形式,将乙炔和氧气在一个腔内混合,在喷嘴处点燃后作为一种高温热源(大约 3000℃),将焊丝和工件熔化,冷却后工件就熔合在一起了,由于氧—乙炔焊在操作中要将热量集中在某个部位,热量将会影响周围的区域而降低钢板的强度,因此汽车制造厂都不赞成使用氧—乙炔焊来修理汽车。

(2)现在车身中的纵梁、横梁、立柱等结构件都是应用高强度钢或超高强度钢制造,惰性气体保护焊在焊接整体式车身上的高强度钢板方面比其他常规焊接方法更合适。当今,汽车上使用的新型高强度钢不能使用氧—乙炔或电弧焊进行焊接,而广泛使用惰性气体保护焊。

(3)电阻点焊是汽车制造厂在流水线上对整体式车身进行焊接的最常见的方法。电阻点焊过程中产生的热量较少,对板件的影响小,可以进行快速、高质量的焊接。

(4)选择正确的答案,点击"下一题"按钮,进入下一题操作,如图 3-2-17 所示。

第三题:面板修复后,造成表面出现孔洞,必须进行焊接修补,增加工作量,根据图片发现修复中存在哪些问题(图 3-2-18)?

A. 表面出现孔洞,必须进行焊接修补
B. 打磨不正确
C. 采用填充材料,修补孔洞
D. 采用胶粘方式

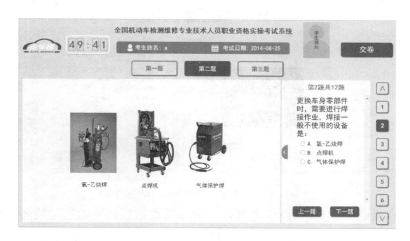

图 3-2-17　车身修复工艺与设备(第二题界面)

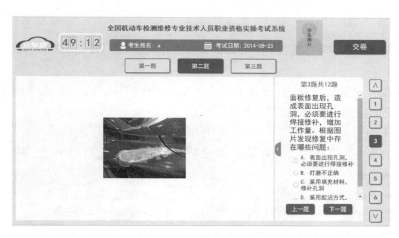

图 3-2-18　车身修复工艺与设备(第三题界面)

(1)在修复过程中,由于剐蹭、撞击、维修中的锤击、采用不正确的研磨工具和研磨方法,都有可能造成钢板变薄。加之操作不规范、修复方式不正确、整形机作业时电流过大、强行拉拔,将会导致面板拉拔过程中出现孔洞。

(2)如果这些孔洞不进行焊接,由于原子灰具有吸湿性,在使用一段时间后上述部位将出现开裂或起泡。出现孔洞后,需要使用二氧化碳气体保护焊进行焊接修复。

(3)选择正确的答案,点击"下一题"按钮,进入下一题操作。

第四题:在打磨准备过程中,技师 A 说:"在喷涂环氧底漆前,没有必要打磨出羽状边"。技师 B 说:"在喷涂环氧底漆前,必须要打磨出羽状边"。谁正确(图3-2-19)?

A. B 技师的说法正确
B. A 技师的说法正确
C. A 和 B 技师的说法都不正确
D. A 和 B 技师的说法都正确

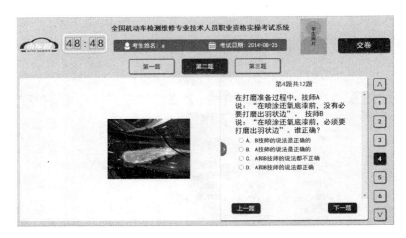

图 3-2-19　车身修复工艺与设备(第四题界面)

(1)车身修复的基本流程为:钣金修理→去除油漆涂层做羽状边→喷环氧底漆→刮原子灰→打磨原子灰→喷中涂底漆→施涂打磨指示层→打磨中涂底漆→进入面漆喷涂工序。

(2)首先使用 7mm 偏心距打磨机或单作用打磨机配合 P60~P80 砂纸打磨除漆至裸金属。

(3)使用 7mm 偏心距打磨机配合 P120 干磨砂纸打磨出羽状边,要求羽状边的宽度大约为 30mm。

(4)如果没有打磨成羽状边,或者羽状边的宽度处理不规范,会造成喷面漆后出现原子灰的印记,严重时会造成原子灰开裂或脱落现象。

(5)选择正确的答案,点击"下一题"按钮,进入下一题操作。

第五题:在基本修复完成后,对题目给定的车辆修复情况进行检查,其说法正确的是什么?

　　　　A. 再次测量　　　　　　　　　B. 装配前部元宝梁
　　　　C. 装配后部元宝梁　　　　　　D. 使用水平尺校直

(1)车辆基本修复(包括所有校正和焊接操作)完成以后,要对车辆进行最后的检查。如果维修时没有使用定位器,最后应该进行测量并与车身/车架尺寸参数进行比较;如果使用了定位器,仔细检查所有的定位器的控制点,保证在不施加力或锤击的状态下,定位器的夹紧装置依然平直。

(2)回顾维修的全部程序,以确定该做的工序是否全部完成。

(3)检查在维修过程中是否发生了二次损伤。如果出现维修过程中的二次损伤,必须进行维修。

(4)在目视检查的基础上,如果在诊断阶段发现车身的结构存在损伤,那么维修后应该进行维修后的测量操作,维修后的测量能够与维修前的测量数据形成对比,从而确保维修质量,测量结果应该能够反映出车辆的维修情况。

(5)在检查、测量确保无异常的情况下,重新安装那些修理前拆卸下的部件。

(6)选择正确的答案,点击"下一题"按钮,进入下一题操作,如图 3-2-20 所示。

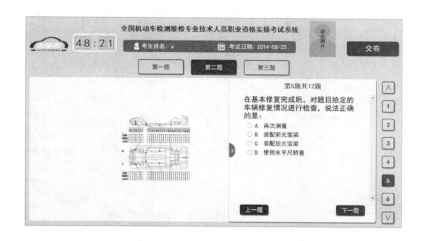

图 3-2-20　车身修复工艺与设备(第五题界面)

第六题:在检查车身主体结构合格后,一般要检查车身外观,说法正确的是什么?

  A. 发现左前翼子板与车门缝隙在 8mm,调整后不能减小,说明车身左侧结构还存在损伤

  B. 左前翼子板与车门存在明显断差,说明左前部存在损伤

  C. 如果右前翼子板与车门存在断差,可以通过装配调整来消除,因为断差不能因车身结构损伤而产生

  D. 外观检查只能检查装配情况

(1)在大多数情况下,碰撞部位能够显示出结构变形或断裂的迹象,用肉眼进行外观检查时,首先要与车辆保持一段距离,对其进行总体估测。

(2)目视检查不但要检查装配情况,还要检查零件是否有变形、断裂、截面损坏、脱落以及车身部位的间隙和配合情况。

(3)一般情况,下车身主体结构合格,依然存在断差现象,可以通过调整装配来消除,但是过于明显的断差是由损伤造成的,其通过调整是解决不了的。

(4)前翼子板与车门缝隙过大通过调整不能减小的原因可能是车门存在损伤变形、翼子板变形或结构存在损伤,需要进一步检查。

(5)选择正确的答案,点击"下一题"按钮,进入下一题操作,如图 3-2-21 所示。

第七题:在拉伸后,去除裙边夹具后,车辆的裙边出现情况如图 3-2-22 所示,说法正确的是什么?

  A. 裙边在拉伸过程中受到损伤

  B. 使用裙边固定方式固定车辆,拉伸后裙边就一定受到图上所示的损伤

  C. 拉伸力分配错误造成裙边损伤

  D. 如果更换适当夹具,能够避免图中的损伤

(1)该图中的现象属于裙边在拉伸过程中受到损伤,裙边损伤的拉伸力过大、拉伸方法不正确或固定夹具不正确都可能造成裙边损伤。

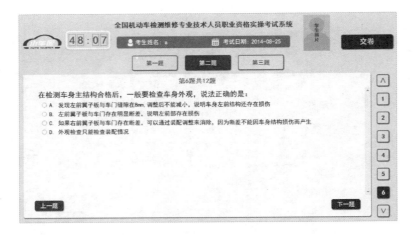

图 3-2-21　车身修复工艺与设备（第六题界面）

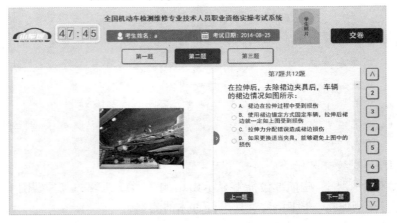

图 3-2-22　车身修复工艺与设备（第七题界面）

（2）在整体式车身损伤较轻的表面，可以使用简单的单向牵拉。在牵拉修理结构复杂部件的损伤时，一定要注意防止与其关联的那些未损伤的或已修复的部件受到拉伸，以免造成不应有的损伤甚至无法修复的结果。

（3）为了避免发生这类情况，需要辅助牵拉和定位，使用复合牵拉系统。使用复合牵拉系统能对任何牵拉进行严格控制，并大大改进牵拉的精确度。

①可以同时从三点或四点上，精确地按所需方向成功地进行牵拉，对整体式车身修复程度进行必要的控制。

②多点的复合牵拉，极大地减少了每个点上所需的力，大的拉伸力通过几个连接点加以分散，因此减少了薄钢板被拉断和变形的危险。

（4）选择正确的答案，点击"下一题"按钮，进入下一题操作。

第八题：左图中是在车辆拉伸修复后，发现安装新的悬架总成时，遇到的情况，对此解释正确的是什么（图 3-2-23）？

A. 需要进行测量车身结构尺寸

B. 调整其他安装螺栓，减小安装差距，主要原因是安装问题

C. 因为更换的是新的悬架总成，所以一定是悬架模块变形
D. 装配需要使用特殊工具，加力使螺栓安装入位

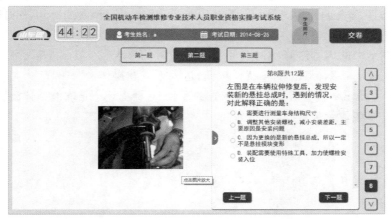

图 3-2-23　车身修复工艺与设备（第八题界面）

（1）图中显示的是悬架安装时，下部零件的螺栓孔与上部螺栓孔对应不上，导致螺栓杆不能正确穿过螺栓孔，安装不能到位。

（2）造成这种现象的原因有多种，需要仔细分析，不能强加外力或使用特殊工具（锤子、撬棍等）使螺栓入位，这样会造成事故隐患。

（3）分析该车辆进行拉伸修复后出现的现象，排除配件型号不对和安装方法不当的原因，优先考虑的是该车的车身出现了修复过程中的二次变形故障，需要重新进行车身结构尺寸测量。

（4）选择正确的答案，点击"下一题"按钮，进入下一题操作。

第九题：图中是车辆维修后的局部照片，对其说法正确的是什么（图 3-2-24）？

A. 恢复时使用明火，不符合维修要求
B. 形状维修符合要求，但是表面处理得不好
C. 表面形状可以通过覆盖填充材料来处理
D. 材料强度没有变化

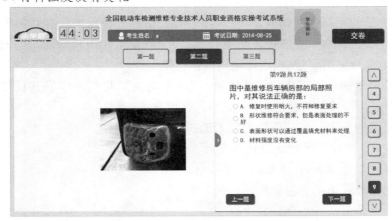

图 3-2-24　车身修复工艺与设备（第九题界面）

(1)图中显示的是车架的变形部位的修复后的图片。
(2)该修复的过程中使用明火,其材料的强度发生变化,不符合车身修复的要求。
(3)车身部件的表面形状变形损坏可以通过焊接、拉伸、敲击、切割更换等方式来处理。
(4)该题图示中的内容维修(焊接)不符合该位置的要求。
(5)选择正确的答案,点击"下一题"按钮,进入下一题操作。

第十题:图中给出的修复后车身承载部位的照片,对其描述不正确的是什么(图3-2-25)?

  A.焊缝质量较好,焊接牢靠

  B.保护焊焊接的焊缝

  C.没有进行打磨处理

  D.在检查修复情况时,必需指出此问题

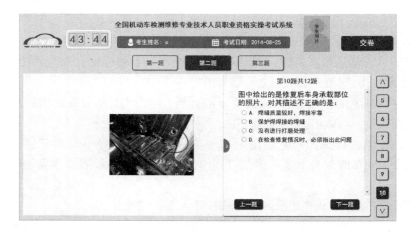

图3-2-25 车身修复工艺与设备(第十题界面)

(1)在车身承载部分进行焊接时,需要考虑焊接工艺的可行性和合理性,焊接后要求符合车身承载部分性能的要求。
(2)通过图片展示观察判断,该处使用的是气体保护焊。现在汽车车身中的纵梁、横梁、立柱等结构件都是使用高强度钢或超高强度钢制造,惰性气体保护焊在焊接整体式车身上的高强度钢板方面比其他常规焊接方法更合适,当今汽车上使用新型高强度钢一般不能使用氧—乙炔或电弧焊进行焊接,而广泛使用惰性气体保护焊。
(3)该图片展示的焊接工艺的焊缝质量一般(不均匀),焊接不牢靠并且没有进行打磨处理,需要重新进行焊接并打磨处理。
(4)选择正确的答案,点击"下一题"按钮,进入下一题操作。

第十一题:对于中心线的叙述正确的是什么(图3-2-26)?

  A.可以选择3~5个点确定中心线

  B.必须选择4个测量点确定中心线

  C.选择测量点必需左右对称

  D.确定中心线的测量点之间的距离与中心线的精度无关

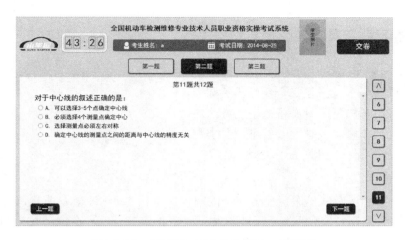

图 3-2-26　车身修复工艺与设备（第十一题界面）

（1）任何测量系统都要首先确定基准,确定车辆中心线是电子测量系统测量车身的基准。在对车辆车身的若干点测量后,电子测量系统会自动生成一条虚拟的车辆中心线。

（2）为了获取理想的中心线,建议选择尽量多的测量点用于确定中心线(3~5个点),并要求:选择没有受损的测量点,尽量选择驾乘区域的测量点,相互间隔尽可能大。

（3）车辆的中心线的精度与测量点的距离相关,在长度上的测量点应在2000mm以上;在宽度上的测量点应在1000mm以上。

（4）如果对校准中心线的测量结果不满意,可以在测量系统中删除,并选择其他参照点测量。

（5）选择正确的答案,点击"下一题"按钮,进入下一题操作。

第十二题:电子测量系统中心线的含义描述正确的是什么(图3-2-27)?

　　A. 中心线是系统虚拟的一条直线与被测车辆的中心线平行

　　B. 中心线就是长尺的对策中心,测量数据表中的数据都是根据它确定的

　　C. 中心线是测量的基准,但是确定中心线不能确定车辆的装卡状态

　　D. 中心线的质量与测量碰撞严重程度有关,与选择测量点无关

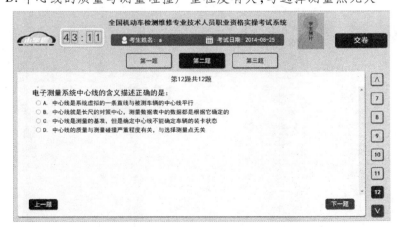

图 3-2-27　车身修复工艺与设备（第十二题界面）

（1）依据上一题的说明,判断题目中关于电子测量系统中心线相关知识点的正误。

（2）选择正确的答案,点击"下一题"按钮,进入下一题操作。

三、安全环保、工具设备使用与维护考核

(一)考核知识点

(1)掌握机动车车身修复安全环保相关知识。
(2)掌握机动车修复工具设备的使用方法。
(3)掌握机动车修复工具设备的维护要求与方法。
(4)掌握安全环保的相关法律法规。

(二)题目操作过程

选择第一个题目,考试操作系统会提示该题目的考核专业(钣金专业)、考核内容为"安全环保、工具设备使用与维护"以及题目要求。如图3-2-28所示,在该考核题目下,一共有12个问题需要操作。点击"确定"按钮进入答题操作界面。

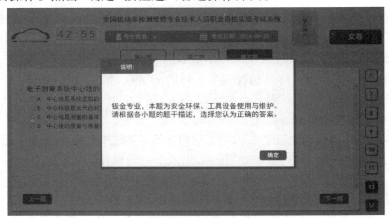

图3-2-28 安全环保、工具设备使用与维护考核内容及要求界面

第一题:下列哪个不是油漆喷涂单位必须遵守的法规(图3-2-29)?
    A.《危险化学品生产安全监督管理法》   B.《安全生产法》
    C.《危险化学品安全管理条例》   D.《安全生产许可条例》

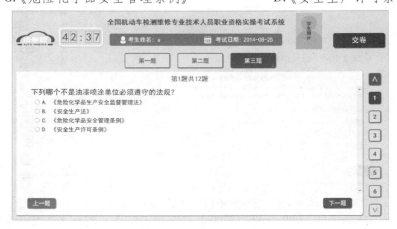

图3-2-29 安全环保、工具设备使用与维护考核(第一题界面)

(1)《安全生产法》第一章 总则第二条有如下规定:在中华人民共和国领域内从事生产经营活动的单位(以下统称生产经营单位)的安全生产及其监督管理,适用本法;有关法律、行政法规对消防安全和道路交通安全、铁路交通安全、水上交通安全、民用航空安全以及核与辐射安全、特种设备安全另有规定的,适用其规定。

(2)《危险化学品安全管理条例》在第二条中有如下规定:危险化学品生产、储存、使用、经营和运输的安全管理,适用本条例。废弃危险化学品的处置,依照有关环境保护的法律、行政法规和国家有关规定执行。

《危险化学品安全管理条例》第三条中规定:本条例所称危险化学品,是指具有毒害、腐蚀、爆炸、燃烧、助燃等性质,对人体、设施、环境具有危害的剧毒化学品和其他化学品。

(3)《安全生产许可条例》第二条中有如下规定:国家对矿山企业、建筑施工企业和危险化学品、烟花爆竹、民用爆破器材生产企业(以下统称企业)实行安全生产许可制度。企业未取得安全生产许可证的,不得从事生产活动。

(4)《危险化学品建设项目安全监督管理办法》第二条中规定:中华人民共和国境内新建、改建、扩建危险化学品生产、储存的建设项目以及伴有危险化学品产生的化工建设项目(包括危险化学品长输管道建设项目,以下统称建设项目),其安全审查及其监督管理,适用本办法。

危险化学品的勘探、开采及其辅助的储存,原油和天然气勘探、开采的配套输送及储存,城镇燃气的输送及储存等建设项目,不适用本办法。

(5)选择正确的答案,点击"下一题"按钮,进入下一题操作。

第二题:下列哪些操作可以在修补车间喷漆房进行(图3-2-30)?

  A. 红外灯烘烤漆膜   B. 干磨
  C. 喷漆房内喝水   D. 振荡油漆

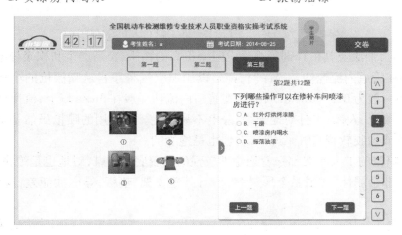

图3-2-30 安全环保、工具设备使用与维护考核(第二题界面)

(1)喷漆房是一个对过滤喷漆对象进行喷漆的房间。喷漆房是提供涂装作业专用环境的设备,能满足涂装作业对温度、湿度、光照度、空气洁净度等要求,它能将喷漆作业时产生的漆雾及有机废气限制并处理后排放,是环保型的涂装设备。喷漆房内只允许进行与喷漆作业相关的辅助操作,除了用吹风枪和粘尘布除尘外,其他所有喷涂前的工序都应该在烤漆房外完成。

(2)严禁在喷烤漆房内进行打磨、烧焊、切割等明火作业,严禁在运转的设备上喷涂作业,车间操作人员不得将"火种"带入生产岗位。调配含有溶剂挥发浓度较大的油漆时,应戴防毒面具,严禁用汽油或香蕉水洗手,严禁在喷漆房内饮食、饮水。

(3)现在的大多数喷漆房都配有烤漆功能,能够快速烤干喷涂位置,一般不建议在喷漆房内使用红外线烤灯烤干漆膜。

(4)选择正确的答案,点击"下一题"按钮,进入下一题操作。

第三题:下列哪个不是喷漆时穿防静电服的原因?(图3-2-31)

  A. 防止溶剂蒸气透过衣服

  B. 避免接触漆雾

  C. 防止衣服掉毛落到工件上影响喷涂质量

  D. 避免产生静电影响喷涂质量

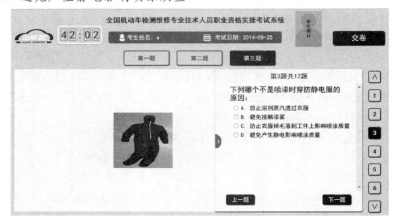

图3-2-31 安全环保、工具设备使用与维护考核(第三题界面)

(1)喷漆时,油漆及其稀释剂等都是电阻率很高的物质,容易产生和积聚静电。

(2)漆料在管道内流速快。喷涂时,都是以压缩空气将漆料从喷漆枪的小孔中喷出,气泵的工作压力一般为 $0.3\sim0.4\mathrm{MPa}$,喷漆在管道内流速一般在 $3\mathrm{m/s}$ 以上,流速这样快,也容易产生静电。喷枪、人体、工件对地绝缘,静电不易导走。喷漆用的喷枪虽然是金属的,但是通过塑料软管或橡胶软管与气泵连接,对地也是绝缘的。

(3)手持喷枪的工人一般都穿着绝缘性较强的橡胶底工作鞋,对地也是绝缘的。被喷涂的工件如果是非金属体,或虽系金属材料,但有其他支架、垫板,导电性能差,这些都会积聚静电。

(4)防静电工作服可以有效地避免因喷涂过程中产生的静电而影响喷涂效果,消除安全隐患。现在的防静电工作服大多数的是一次性的,少部分也有可洗涤的。

(5)防静电工作服最好使用中性洗涤剂清洗,洗涤时不要与其他衣物混洗,采用手洗或洗衣机柔洗程序,防止导电纤维断裂。穿用一段时间后,应对防静电服进行检验,若静电性能不符合要求,则不能再以防静电服使用。

(6)选择正确的答案,点击"下一题"按钮,进入下一题操作。

第四题:油水分离器是利用什么原理减少水分进入输气管内的(图3-2-32)?

A. 离心力　　　　　B. 过滤法　　　　　C. 气压聚积法　　　　　D. 气阀控制

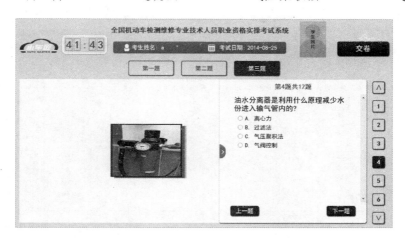

图3-2-32　安全环保、工具设备使用与维护考核(第四题界面)

(1)空气压缩机油水(气/水)分离器主要是分离出压缩空气中的冷凝水,避免损坏高压空气下端的设备和工具。

(2)压缩空气油水(气/水)分离器是运用离心及集流相结合的原理,重力及碰撞等机理的完美结合,能有效地去除压缩空气中的液体态水雾,是压缩空气高效过滤器及冷冻式、吸附式压缩空气干燥机必要的预处理装置。除去压缩空气中的水分是压缩空气净化处理的首要任务,压缩空气中的水夹带杂质会侵蚀管道、阀门、仪表及设备、造成生产成本的提高。

(3)当含有水、油的压缩空气等气体通入油/水分离器时,大液滴在重力作用下落到油水分离器底部,雾状小液滴被丝网捕获凝结成的大液滴滴落到油水分离器底部。夹带的液体因此被分离出来,被分离出来的液体流入下部,经人工打开阀门排出或者在下部装上空气排液阀排出体外,干燥清洁的气体从油水分离器出口排出。

(4)选择正确的答案,点击"下一题"按钮,进入下一题操作。

第五题:现在我需要打磨20×20mm面积的底漆,应该选择什么类型的打磨机?

　　　　A. 3～5mm 双动作　　　　　　　　B. 1～3mm 双动作
　　　　C. 5～7mm 双动作　　　　　　　　D. 单动作

(1)打磨机的动作类型按照磨片动作的运动路线常见的有双动作型和单动作型两种,双动作型打磨机因打磨效果好,打磨效率高而广泛应用。

(2)车身喷涂打磨工艺按照打磨要求的不同分为预磨、粗磨、中级磨、细磨、精细打磨、超精细打磨等几个等级。

(3)底漆位置打磨按照精度要求的不同属于"预磨"或"初磨"的级别,不需要打磨机的磨片有较小的运动幅度,这样打磨的速度可以很快。这里应选择双向运动幅度较大的打磨头(5～7mm),配以较粗糙的砂纸(P24～P180)进行操作。

(4)选择正确的答案,点击"下一题"按钮,进入下一题操作,如图3-2-33所示。

第六题:大面积喷涂时与喷枪物体的距离因该保持多少(图3-2-34)?

　　　　A. 200～300mm　　　　　　　　　　B. 100～20mm

C. 300～400mm　　　　　　　　D. 400～500mm

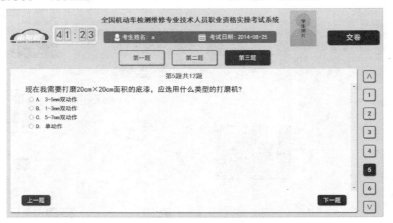

图3-2-33　安全环保、工具设备使用与维护考核(第五题界面)

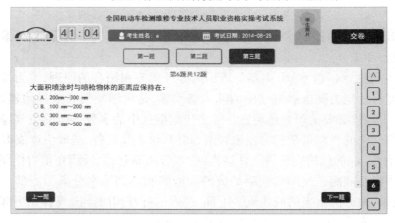

图3-2-34　安全环保、工具设备使用与维护考核(第六题界面)

（1）喷涂时,应根据被喷工件选择合适的涂料以及适当的黏度,要根据涂料的种类、空气压力、喷嘴的大小以及被喷面的需要量来确定涂料。

①喷嘴口径为0.5～1.8mm。

②供给喷枪的空气压力一般为0.3～0.6MPa。

③喷嘴与被喷面的距离一般以20～30cm为宜。

④喷出漆流的方向应尽量垂直于物体表面。

⑤操作时,每一喷涂条带的边缘应当重叠在前一条已喷好的条带边缘上(以重叠1/3为宜),喷枪的运动速度应保持均匀一致,不可时快时慢。

（2）选择正确的答案,点击"下一题"按钮,进入下一题操作。

第七题：图中副输气管弯曲形状,有什么作用(图3-2-35)？

　　　　A. 减少主输气管内水分进入副输气管

　　　　B. 减少从主输气管进入副输气管的风压

　　　　C. 增加主输气管进入副输气管的风流量

　　　　D. 减少从主输气管进入副输气管的流量

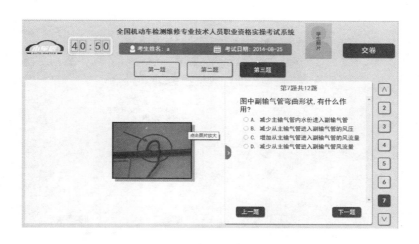

图 3-2-35　安全环保、工具设备使用与维护考核(第七题界面)

(1)在本图中表示的是在主供气管路上分出来一条副输气管路,由副输气管路给下端的工作设备提供压缩空气。

(2)经过主输气管路的压缩空气的中可能含有一少部分的水汽,这样就有可能进入副输气管中,存在损坏副输气管下端设备的安全隐患。

(3)副输气管道应从主输气管道上方引出,在此处的向上弯曲的结构,是利用的离心力和重力的原理,能够进一步分离并减少主输气管内水分进入副输气管。

(4)选择正确的答案,点击"下一题"按钮,进入下一题操作。

第八题:测试喷枪时,出现葫芦形状的喷幅,是什么原因?

  A. 油漆太稀,气压太大   B. 油漆太浓,气压太小
  C. 油漆太浓,气压太大   D. 油漆太稀,气压太小

(1)用洁净的溶剂将涂料调至合适喷涂的黏度,以黏度计测量,合适的黏度一般是 20～30s。如一时没有黏度计,可用目测法:用棒(铁棒或木棒)将涂料搅匀后挑起至20cm高处停下观察,如漆液在短时间(数秒)内不断线,则为太稠;如一离桶上沿即断线则为太稀;要在20cm 高处刚停时,漆液成一直线,瞬间即断流变成往下滴,这个黏度较为合适。

(2)空气压力最好控制在 0.3～0.4MPa。压力过小,漆液雾化不良,表面会形成麻点;压力过大易流挂,且漆雾过大,既浪费材料又影响操作者的健康。

(3)选择正确的答案,点击"下一题"按钮,进入下一题操作,如图 3-2-36 所示。

第九题:图中使用干磨手刨存在什么重要问题(图 3-2-37)?

  A. 手刨没有吸尘装置   B. 手刨太大
  C. 砂纸不合格   D. 手刨太小

(1)传统的水磨工艺通常会导致钢板锈蚀、漆面起泡等油漆品质问题。为了杜绝此类问题的发生,现在普遍采用干磨工艺。

(2)目前的干磨设备和工艺是在传统干磨的过程中粉尘污染严重的情况下发展起来并逐渐成熟起来的,目前已经比较成熟。现代干磨工艺具有打磨速度快、效率高、工作环境好、污染小、工艺质量高、操作方便等优点,被广泛使用。

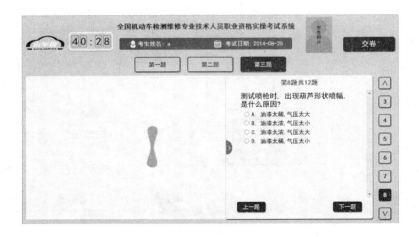

图 3-2-36 安全环保、工具设备使用与维护考核(第八题界面)

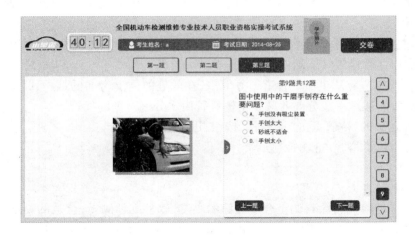

图 3-2-37 安全环保、工具设备使用与维护考核(第九题界面)

(3)手刨的大小选择没有固定的模式,原则是与打磨面积的大小相配合,并尽量在使用过程中减小劳动强度。

(4)现代干磨工艺有手刨干磨和打磨机干磨两种,两种干磨都配有吸尘装置,不仅起到的保护环境和避免污染的作用,而且对于施工人员身体防护也有帮助。

(5)选择正确的答案,点击"下一题"按钮,进入下一题操作。

第十题:喷枪的哪个位置需要加润滑油(图 3-2-38)?

  A. 按照喷枪生产厂家的要求 B. A 和 B
  C. C、D D. 全部

(1)每日工作完毕后,必须清洗喷枪。(里外都需清理干净),清洗喷枪时(用稀料清洗),禁止将整支喷枪放入稀料浸泡。(因喷枪的配件中 O 形环材质是尼龙材质易泡弯形)需将枪针、枪嘴、雾化帽取下,放入稀料里清洗。

(2)油漆浓度越大,喷枪的使用寿命缩短(必须加强对枪针枪嘴的清洗工作)。

(3)在喷枪上加润滑油的作用主要是润滑运动部位,确保运动部件阻力正常无噪声和干涉,注意避免润滑油与油漆溶剂接触。

图3-2-38　安全环保、工具设备使用与维护考核(第十题界面)

(4)需要定期在喷枪的相关位置涂抹润滑油,确保喷枪工作正常,其涂抹润滑油的周期和具体位置应按照喷枪的使用说明书严格执行。

(5)选择正确的答案,点击"下一题"按钮,进入下一题操作。

第十一题:图中表面情况,为什么压缩机停止操作(图3-2-39)?

　　A. 漏油导致过热　　　　　　　　B. 电源问题
　　C. 压缩机过热　　　　　　　　　D. 气压量过高

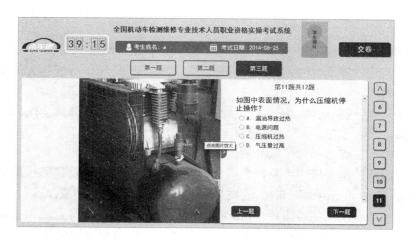

图3-2-39　安全环保、工具设备使用与维护考核(第十一题界面)

(1)压缩机的日常清洁工作有:主电动机风叶罩和散热片的清洁工作、冷却器的清洁工作、疏水器的清洁工作、油呼吸器的清洁工作、空气过滤器的清洁工作、电器控制箱内的清洁工作等。

(2)定时排放冷凝水、定期更换润滑油、定期给电动机添加润滑脂。

（3）定期预防维护工作包括：定期检查跑、冒、滴；定期检查、紧固各个螺栓；紧固电动机主桩头；检查交流接触器动静触点；检查传感器、电脑的接插件；紧固电气控制线路接头。

（4）图例中压缩机的储气罐外部明显有润滑油泄漏的痕迹，并且有较大面积的油泥状态。此压缩机存在故障不能被操作。

（5）选择正确的答案，点击"下一题"按钮，进入下一题操作。

第十二题：喷漆房顶棉应该多长时间更换（图3-2-40）？

A. 每六个月或根据工作量和堵塞情况　　B. 每12个月

C. 最多每3个月　　D. 至少每6个月

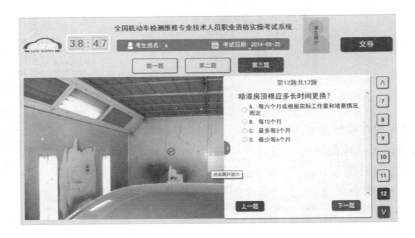

图3-2-40　安全环保、工具设备使用与维护考核（第十二题界面）

（1）喷漆房的维护项目主要有下面一些内容：

①每天清洁房内墙壁、玻璃及地台底座，以免灰尘和漆尘积聚。

②每星期清洁进风隔尘网，检查排气隔尘网是否有积塞，如房内气压无故增加时，必须更换排气隔尘网。

③每工作150h应更换地台隔尘纤维棉；每工作300h应更换进风隔尘网。

④每月清洁地台水盘，并清洗燃烧器上的柴油过滤装置。

⑤每个季度应检查进风和排风电动机的传动带是否松弛。

⑥每半年应清洁整个烤漆房及地台网，检查循环风活门、进风及排风机轴承，检查燃烧器的排烟通道，清洁油箱内的沉积物，清洗烤漆房水性保护膜并重新喷涂。

⑦每年应清洁整个热能转换器，包括燃烧室及排烟通道，喷漆房过滤顶棉的更换周期，因使用环境及使用频率的不同会有所区别，就平均使用寿命而言，顶棚过滤棉一般为6个月，还要考虑喷漆房的工作量和堵塞情况。

（2）选择正确的答案。

当全部题目完成或者确定提交答卷时，可点击上半部分右侧的"交卷"按钮，系统会提示未完成题目，但是并不影响提交答卷，输入验证码即可交卷，如图3-2-41所示。

交卷成功则展示考试结束页面，如图3-2-42所示，考试结束。

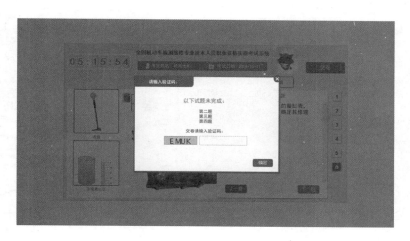

图 3-2-41　提交试卷界面

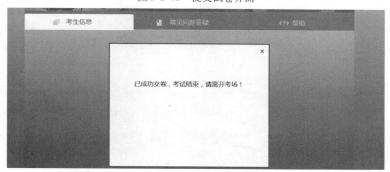

图 3-2-42　考试结束界面

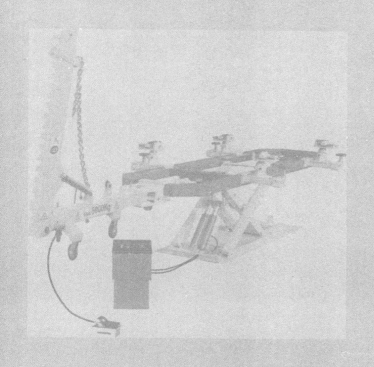

第四篇 案例分析篇

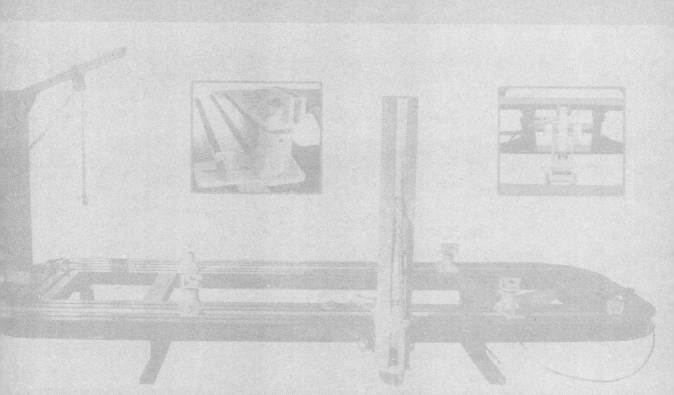

案例一

猎豹越野车拖曳日产奇骏 SUV，将奇骏车身后部拉坏。

1. 案例现象

猎豹越野车拖曳陷入水坑中的日产奇骏 SUV，结果猎豹加速过急将奇骏后车身拉坏。

2. 现象分析

车身结构按车身按受力情况不同可分为非承载式车身和承载式车身。非承载式车身，具有完整的骨架（或构架），车身蒙皮固定在已装配好的骨架上。车身通过弹性元件与车架相连，车身不承受汽车载荷，因此又称车架式车身。货车和越野车多采用。

承载式车身利用各种蒙皮板连接时所形成的加强筋来代替骨架。全部载荷均由车身承受，底盘各部件可以直接与车身相连，所以取消了车架，故也称为整体式车身。承载式车身具有更轻的质量、更大的刚度和更低的高度。现代轿车包括普通轿车、SUV、MPV 等车型大多采用该种车身结构。

3. 案例小结

由于车架式车身拖车钩焊接在车架上，相比整体式车身强度高，所以在两车相拉的过程中，奇骏车后部与拖车钩相连的车身部件才会被拉坏。

案例二

普通钻头无法钻穿沃尔沃 S90 车身 B 柱。

1. 案例现象

钣金技师在更换沃尔沃 S90 车身 B 柱时，想用电钻分离损伤的板件，结果用普通钻头根本无法钻透板件。

2. 现象分析

车身结构可分成若干个称为组件的小单元，它们本身又可分成更小的单元，称为部件或零件。车身组件按功能不同可分为结构件和覆盖件两大类。结构件主要用来承载质量、吸收或传递车身受到的外力或内力，所用材料以钢板为主，使用的钢板较厚，多为车身上的梁、柱等零件。如前纵梁、前立柱、B 柱、地板梁、车顶梁等。覆盖件是指覆盖在车身表面的组件,单个组件的面积较大,所用材料较多,使用的钢板较薄,多为车身外部的蒙皮、罩板等。如发动机罩、保险杠蒙皮、风窗玻璃等。

外部覆盖件一般采用低碳钢或强度比较低的高强度钢制造,但是车身的结构件都采用高强度钢或超高强度钢来制造。高强度钢具有强度好、质量轻的特点,现代车身大部分的板件用高强度钢来制造。

3. 案例小结

沃尔沃S90车身B柱属于结构件,采用超高强度钢制成,强度要高于普通的钻头,所以无法用普通钻头将其分割。在维修时,可以用切割砂轮磨削或等离子切割机分割。同时,要注意对于高强度钢板加热温度不要超过200℃,同时加热时间不可超过3min。

案例 三

宝马530轿车前翼子板维修后锈蚀。

1. 案例现象

宝马530轿车前翼子板为铝合金件,钣金技师维修损伤时,放置了一段时间后,维修部位产生了严重的锈蚀(图4-0-1)。

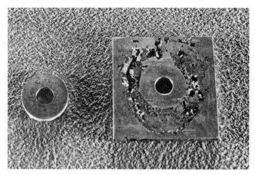

图4-0-1 前翼子板的锈蚀

2. 现象分析

铝合金的强度、刚性不如传统的钢铁车身,但它大大减轻了车身质量,重要的是减少燃油消耗,改善车辆的操纵性。减少在生产制造过程中污染物的排放。铝有良好的塑性和刚性,一定厚度的板材可以制造整车和部分板件。铝材的一致性要比钢材好,它能够很好地通过冲压或挤压加工成形。

车身铝合金件腐蚀类型主要是电化学腐蚀,铝合金材料的电压(标准电位)要低于铁材料的电压(标准电位),铝合金部件涂层的损坏区域,接触到铁就会发生电化学腐蚀。所以在维修铝合金车身时,不能使用钢铁工具。

3. 案例小结

维修铝合金件时,要用木制、铝或塑料锤等专用的工具,受到钢微粒污染的工具应进行彻底清洁,否则会产生严重的表面腐蚀。不得使用有锐边的工具,以避免过度延展和开裂。砂轮在进行钢加工后务必更换。要用不锈钢刷替换钢刷,否则有腐蚀危险。油漆残余和氧化部位只能用专用于铝的砂纸进行处理。

案例四

车身三维测量必须先找到长度、宽度和高度的测量基准。

1. 案例现象

车身修理中对变形的测量,实际上就是对车身及其构件的形状与位置偏差的检测。车身三维测量必须先找到长度、宽度和高度的测量基准,如图4-0-2所示。只要找到基准,测量才能顺利进行。

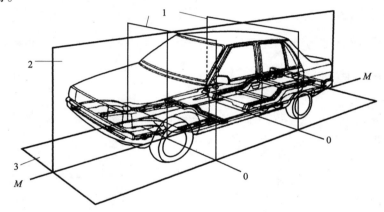

图4-0-2 长度、宽度和高度的测量基准
1-零平面;2-中心面;3-基准面

2. 现象分析

基准面是一个假想的面,与车身底板平行并与之有固定的距离,如图中3所示。基准面被用来作为车身所有垂直轮廓测量的参照面,汽车高度尺寸数据就是从基准面得到的测量结果。

中心面是三维测量的宽度基准,它将汽车分成左右对等的两部分,如图中2所示。对称的汽车的所有宽度尺寸都是以中心面为基准测得的。大部分汽车都是对称的,对称意味着汽车右侧尺寸与左侧尺寸是完全相同的。

为了正确分析汽车损伤,一般将汽车看作一个矩形结构并将其分成前、中、后三部分,三部分的基准面称作零平面,如图中1所示,这三部分在汽车的设计中已形成。不论车架式车身还是整体式车身结构,中部区域是一个具有相当大强度的刚性平面区域,在碰撞时汽车中部受到的影响最小。这一刚性中部区域可用来作为观测车身结构对中情况的基础,所有的测量及对中观测结果都与零平面有关。在实际测量中,零平面又称零点,是长度的基准。

3. 案例小结

由于基准面是一个假想平面,基准高度可增加或减小以使测量读数更方便。因此在实际的测量过程中,只要找到一个与基准面平行的平面作为测量的基准面,而读取高度数值时只考虑所有的测量值与标准值的差距变化即可。

有些测量系统在找中心时需要调整车辆或测量尺,把测量系统的中心与车辆的中心重合,以后测量得到的读数就是实际数值。有时要求测量系统的中心与车辆的中心平行即可,但要知道两个中心面的距离,测量点的宽度数值也要考虑这两个中心面距离的因素,否则可能读数错误。

在实际测量工作中,长度的基准不在平台或测量尺上,而是在车身上,可以找到前或后的零平面作为长度基准,来测量其他测量点的长度数据。因为零平面有两个所以车身尺寸的长度基准也有两个,有时同一点的长度值会不同,就是因为相对的长度基准不同。

案例五

长期从事钣金工作听力受损。

1. 案例现象

有些汽车钣金工从事汽车钣金维修工作 3 年以上,会出现睡眠不良,听力下降等现象。

2. 现象分析

噪声是一类引起人烦躁或音量过强而危害人体健康的声音。车身维修噪声主要来源于对板件进行整形时的敲打和锤击,一般都在 100dB 以上。噪声给人带来生理上和心理上的危害。一般来说产生噪声病后,不可恢复。需要钣金技师在平时工作中注意使用耳塞等听力保护装备,加强预防。

在实际工作中要经常操作举升机、电动切割机、车身拉伸等,如果不注意安全操作,很容易会对操作者的身体造成伤害。焊接弧光包含红外光、紫外光和强可见光,会危害施工人员的眼睛、皮肤等。焊接操作中的金属烟尘是焊条和母材金属熔融时所产生的金属蒸气在空气中迅速冷凝及氧化所形成非常微小的颗粒物。长期吸入高浓度的焊接烟尘,会使呼吸系统、神经系统等发生多种严重的器质性变化。在焊接电弧的高温和强烈紫外光作用下,焊接电弧周围形成许多有毒气体,主要有氮氧化物、氟化物、臭氧等。

3. 案例小结

钣金操作有很多影响健康的因素,在提高自身防范意识的同时,各种必要的安全防护设施也是必不可少的,正确的使用和维护各种安全防护设施也是钣金操作人员必须掌握的。

案例六

车身上部尺寸数据图的使用。

1. 案例现象

车身上部如发动机舱、前后风窗框、行李舱和车门框等部位变形损伤后,需要使用图 4-0-3 尺寸数据图进行测量。

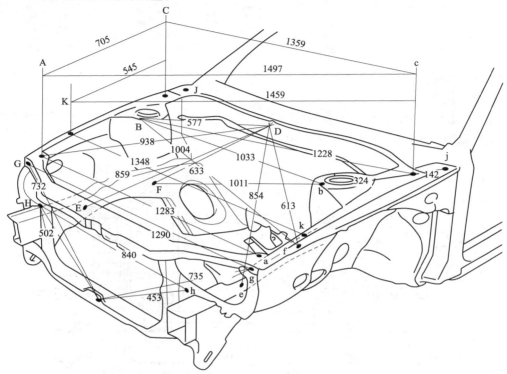

图 4-0-3　车身上部尺寸数据图(单位:mm)

2. 现象分析

车身上部数据图主要显示上部车身的测量点。包括发动机舱部位翼子板安装点、散热器框架安装点、减振器支座安装点和其他一些测量点,还有前、后风窗的测量点,前后门测量点,中、后立柱铰链和门锁的测量点,行李舱的测量点等。上部车身的这些测量点如发动机舱的测量点对车身的性能影响很大,其他的测量点数据对车身的外观尺寸调整非常重要。

有些数据图显示的是车身上部测量点的点对点之间的数据。发动机舱的数据图中显示发动机舱部位的主要部件的安装点数据,可以通过点对点测量的方式测量。前风窗的尺寸测量点在车顶板的拐角和发动机罩铰链的后安装孔。后风窗的测量点是车顶板的角和行李舱点焊裙边上一条搭接缝隙。前门的测量点是风窗立柱上的搭接焊缝位置、前柱铰链的上表面、中柱门锁闩的上表面和中柱门铰链的上表面。后门的测量点是后柱门锁闩的上表面和中柱门铰链的上表面。中柱的测量点是中柱门锁闩的上面固定螺栓的中心。后柱的测量点是后柱门锁闩的上面固定螺栓的中心。行李舱的测量点是行李舱点焊裙边上一条搭接缝隙、李舱后围板的角和保险杠上部固定螺钉的中心。

3. 案例小结

利用点对点数据图时,可以使用卷尺、轨道式量规等工具进行测量。将测量值与数据图上的标准数据进行对比,来评估车身变形情况和指导维修工作,并检查维修效果。

案 例 七

车身底部数据图的识读。

1. 案例现象

图 4-0-4 所示为利用俯视图和侧视图来表达的车身底部数据图,是车身维修中常用的一种三维数据图。如何正确识读该数据图?

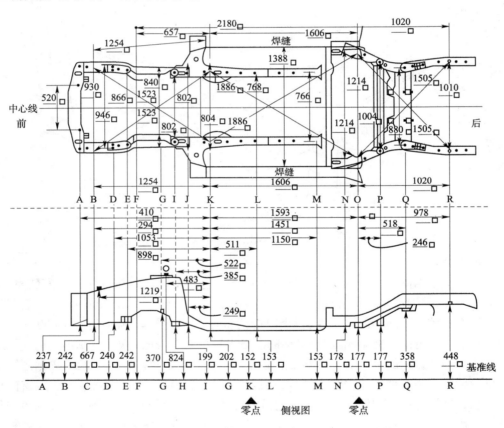

图 4-0-4 车身底部数据图(单位:mm)

2. 现象分析

图的上半部分是俯视图,下半部分是侧视图,用一条虚线隔开。图的左侧部分代表车身的前方,右侧部分代表车身的后方。要读取数据,首先要找到图中长、宽、高的三个基准。

在俯视图中间位置有一条贯穿左右的线,这条线就是中心面,又称中心线,它把车身一分为二。在俯视图上的黑点表示车身上的测量点,一般的测量点是左右对称的。两个黑点之间的距离有数据显示,单位是毫米(有些数据图还会在括号内标出英制数据,单位是英寸),每个测量点到中心线的宽度数据是图上标出的数据值的1/2。

在侧视图的下方有一条较粗的黑线,这条线就是车身高度的基准线(面)。线的下方有从A至R的字母,表示车身测量点的名称,每个字母表示的测量点一般在俯视图上部显示两个左右对称的测量点。俯视图上每个点到高度基准线都有数据表示,这些数据就是测量点的高度值。

在高度基准线的字母K和O的下方各有一个小黑三角,表示K和O是长度方向的零点。从K点向上有一条线延伸至俯视图,在虚线的下方位置可以看出汽车前部每个测量点到K点的长度数据显示。从O点向上有一条线延伸至俯视图,在虚线的下方位置可以看出汽车后部每个测量点到O点的长度数据显示。长度基准点有两个,K点是车身前部测量点的长度基准,O点是车身后部测量点的长度基准。

3. 案例小结

该数据图中数据表示的是车身测量点的三维数据,图中属于基准点有四个分别是左右K点和左右O点。以前部基准点为基准,I点的三维尺寸为385、401、199,以后部基准点为基准,I点的三维尺寸为1978、401、199。

案 例 八

轨道式量规的使用。

1. 案例现象

车身上很多测量点之间有零件或其他障碍,使用直尺不方便,同时测量结果也不准确。此时需要使用量规来进行测量。

2. 现象分析

量规主要有轨道式量规、中心量规和麦弗逊撑杆式中心量规等多种。轨道式量规多用于测量点对点之间的距离,中心量规用来检验部件之间是否发生错位,麦弗逊撑杆式中心量规可以测量麦弗逊悬架支座(减振器支座)是否发生错位。轨道式量规和麦弗逊撑杆式中心量规既可作为一个整体使用,也可作为单独的诊断工具使用。

用轨道式量规测量的最佳位置为悬架和机械元件上的焊点、测量孔等,它们对于部件的对中具有关键性作用。在车身尺寸测量中,两孔之间的距离是两孔的中心距。孔径较大时,测量孔间距离多采用同缘测量法。若测得A、B两孔左侧边缘距离为L_1,测得A、B两孔右侧边缘距离为L_2,则两孔间距D的计算公式$D = (L_1 + L_2)/2$。

3. 案例小结

修理车身时,对关键控制点必须用轨道式量规反复测定并记录,以监测维修进度,防止过度拉伸。车身上部的测量可以大量使用轨道式量规来进行。

案例九

对角线对比测量方法判断车身变形情况。

1. 案例现象

在发动机舱及下部车身数据遗失、车身尺寸表上没有可提供的数据或汽车在倾翻中受到严重创伤时,可以使用对角线对比测量方法来判断车身变形情况,同时检测车身维修情况。

2. 现象分析

在进行对比法测量时,经常要利用车身的左右对称性。运用对角线测量法可检测出车身的翘曲,如图 4-0-5 所示。通过长度 AC、BD 的测定和比较,可对损伤情况作出很好的判断,这一方法适用于左侧和右侧对称的部位,它还应与对角线测量法联合使用。

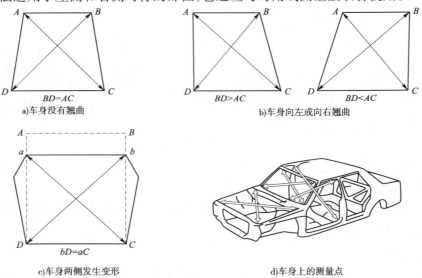

图 4-0-5 对角线测量

3. 案例小结

在检测汽车两侧受损或扭转情况时,不能仅仅使用对角线测量法,因为测量不出这两条对角线间的差异。如果汽车左侧和右侧的变形相同,对角线长度相等,此方法就不宜使用了。

案例十

使用中心量规测量车身变形。

1. 案例现象

为了快速评估车身变形情况,以及检查维修效果,可以使用中心量规来测量。图 4-0-6 所示为使用中心量规测量车身变形的几种情况,如何根据测量情况来判断车身变形情况。

2. 现象分析

中心量规按安装方式不同,中心量规可分为杆式、链式和麦弗逊式几种,最常用的是自定心量规。自定心中心量规测量的原理是找到车辆的基准面、中心面和零点平面等基准,找出它们的偏移量。杆式自定心量规可安装在汽车的不同位置,在量规上有两个由里向外滑动时总保持平行的横臂,通过挂钩可使量规在汽车不同测量孔上安装,观察中心销的位置情况来判断车身变形。图 4-0-6a)表示车身良好没有变形,图 4-0-6b)表示车身发生扭曲变形,图 4-0-6c)表示车身发生左右弯曲变形,图 4-0-6d)表示车身发生上下弯曲变形。

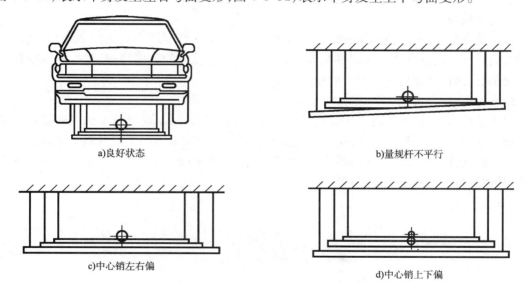

图 4-0-6 利用杆式中心量规检查车身变形

3. 案例小结

中心量规不是用来测量,在车身维修中只能做一个大体的分析,它不能显示测量的具体数据。具体到每一个尺寸的变形量的测量,则需要使用三维测量系统来测量。

案 例 十 一

机械式测量系统的选择和使用。

1. 案例现象

在车身维修测量中,很多维修企业会选用价格相对便宜的机械式测量系统,机械测量系统种类很多,如何正确选择和使用这些测量系统呢?

2. 现象分析

机械式测量系统按使用范围不同分为专用测量系统和通用测量系统。专用测量系统是为某种车型或某个系列车型设计的测量设备,使用方便,但是有局限性。常用的通用测量系统有门式和米桥式等。

使用时,将车身安置在车身校正仪上,调整车身的位置。车身尽量要放置在平台的中部。选择车身中部四个测量基准点来进行定位测量。车身高度按照要求调整到这套测量系统所要求的高度。调整车身横向位置,使得前边两个基准点的宽度尺寸相等,后两边两个基准点的宽度尺寸也相等。根据车辆的损坏情况,选择长度方向的基准点。如果汽车前部碰撞就选择后面的基准点作为长度基准点;如果汽车后部碰撞就选择前面的基准点作为长度基准点;如果汽车中部发生碰撞,就需要对车辆中部先进行整修,直到中部四个基准点有三个尺寸是准确的。

在拉伸测量时,可以把测量头定在标准的宽度、长度和高度尺寸上拉伸部件,直到要测量的点的尺寸达到标准值。用测量头以同时测量几组要拉伸的数据,同时监控拉伸中数据的变化情况,保证修理后数据的准确性。

3. 案例小结

对于品牌专一的4S店可选用针对某种车型的专用测量系统,而维修车辆品牌较杂的维修企业要选用通用测量系统。使用时首先要通过测量车身底部的四个基准点尺寸来定位车身。长度的基准不在测量系统的零点上,而在车身上。车辆定位后,要记住基准点对应的长度值,其他测量在此基础上进行计算。

案 例 十 二

电子测量系统的使用。

1. 案例现象

电子测量系统使用方法简单,测量准确,能满足现代车身维修精度要求,维修企业已经大量选用,如何正确使用该种测量系统呢?

2. 现象分析

常见的电子测量系统分为半机械半电子测量系统、半自动电子测量系统和全自动电子测量系统,其中全自动电子测量系统有红外线测量系统和超声波测量系统等。半机械半电子测量系统一次只能测量两个测量点之间的高度和长度或高度和宽度,半自动电子测量系统在实际拉伸修复中不能做到多点同步进行测量,由于这些局限而影响了推广使用。

红外线和超声波车身测量系统不但能测量独立车身的尺寸,还能在不拆卸车身零件的情况下对车身尺寸进行测量。它们的使用方法基本相同。

测量时,将车身安装到校正平台上,调整好高度,并固定好。若在不拆卸零件的情况测量车身尺寸,只要将车身举升到规定高度即可。在车辆的中部下面放置红外线接收发射器,保证安放牢固,并连接好发射器与电脑之间的连接线。在电脑测量界面输入车型信息,调出被测车身的车身尺寸数据图。根据电脑提供测量点的实物参考图,安装测量标靶。首先测量 4 个基准点的长、宽、高尺寸,或者是测量点的变形尺寸,如图 4-0-7 所示。通过测量图可以得到的信息有:长度是以前部基准点为零点,左后基准点后移了 552mm,右后基准点后移了 531mm;左前基准点降低了 1mm,右前基准点升高了 1mm。左后基准点升高了 26mm,右后基准点升高了 22mm。左前基准点变宽了 92mm,右前基准点也变宽了 92mm。左后基准点变窄了 90mm,右后基准点也变窄了 90mm。图中 C、D 两点的长度都向后增加了 500 多 mm,出现该种结果最可能的原因是所测车型与系统选择车型不匹配。

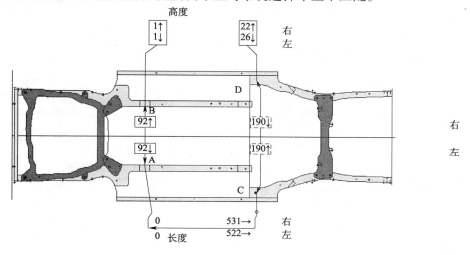

图 4-0-7 基准点的测量

3. 案例小结

车身尺寸测量准许的误差范围是 ±3mm,电子测量系统可以满足该精度测量要求。要保证所测车型与测量系统数据库中标准数据相同。

案 例 十 三

车身的碰撞试验评估车身安全性。

1. 案例现象

车身的碰撞试验是为了评估车身安全性,重点是在车辆碰撞中对驾乘人员的伤害情况。碰撞试验的内容和要求有哪些？如何评估车身的安全性？

2. 现象分析

试验时用假人模拟真人收集数据。给车辆加载以便碰撞试验车辆的质量(质量的分布)与满负载车辆的质量相同。汽车多以 50km/h 的速度撞击。

碰撞试验内容包括正面、侧面、尾部、顶部碰撞。正面碰撞模拟车辆发生正撞情形,分为

100%正撞和40%正撞。侧面碰撞模拟了一辆正在穿过十字路口的汽车被另一辆闯红灯的汽车从侧面撞击的情景。汽车后部碰撞时其受损程度取决于碰撞面的面积、碰撞时的车速、碰撞物及汽车的质量等因素。在汽车发生翻滚时,车的顶部顶盖、立柱,车下部的悬架会严重损伤,悬架固定点的部件也会受到损伤。

根据碰撞过程中乘客(假人)可能受伤的程度对汽车进行分级。1级指轻微的伤口及划伤,3级指需要立即进行医疗救治并可能危及生命的严重伤害,6级指致命的伤害。

在正面撞击时,星级由头部碰伤标准、胸部受力减速程度、腿部承受力中分数最低的一条决定。三项标准必须全部低于严重伤害为10%,才能达到5星级指标,见表4-0-1。

正面撞击测试级别　　　　　　　　　　　　　　　　　　　表4-0-1

星　　级	严重伤害概率	星　　级	严重伤害概率
5	<10%	2	36%~45%
4	11%~20%	1	>46%
3	21%~35%		

在侧面撞击测试中,星级由胸部损伤指标、侧骨盆加速值决定,两条标准必须都控制在严重伤害概率低于5%的范围内,才能达到5星级指标,见表4-0-2。

侧面撞击测试级别　　　　　　　　　　　　　　　　　　　表4-0-2

星　　级	严重伤害概率	星　　级	严重伤害概率
5	<5%	2	21%~25%
4	6%~10%	1	>26%
3	11%~20%		

3. 案例小结

通过碰撞试验来评估车辆的安全性,碰撞试验项目分为正面、侧面、后部和车顶碰撞,碰撞试验的车速一般为50km/h,对车辆进行评估分级时主要依据乘客(假人)可能受伤的程度。发生碰撞后,车身前部或后部发生较大变形,驾驶室发生的变形较小,这样的车身被称为安全车身。

案 例 十 四

影响车身碰撞损伤的因素。

1. 案例现象

影响车身碰撞损伤的因素有碰撞的位置高低、碰撞物形状的不同、碰撞车辆的行驶方向、不同类型的车辆和碰撞力的方向等。各种情况下车辆损伤有何特点?

2. 现象分析

当碰撞点在汽车前端较高部位,就会引起车壳和车顶后移及后部下沉。当碰撞点在汽车前端下方,因车身惯性使汽车后部向上变形、车顶被迫上移,在车门的前上方与车顶板之间形成一个极大的裂口。

两辆相同的车,以相同的车速碰撞,当撞击对象不同时,撞伤结果差异就很大。如果撞上墙壁,其碰撞面积较大,损伤程度就较轻。相反,撞上电线杆,因碰撞面积较小,其撞伤程度较严重,汽车保险杠、发动机罩、散热器框架、散热器等部件都严重变形,发动机也被后推,碰撞影响还会扩展到后部的悬架等部位。

当横向行驶的汽车撞击纵向行驶汽车的侧面时,纵向行驶汽车的中部会产生弯曲变形,而横向行驶汽车除产生压缩变形还会被纵向行驶的汽车向前牵引,导致弯曲变形。

不同类型的车辆碰撞时,碰撞车辆质量越大,被碰撞车辆的变形和损害也越大。

撞力的损坏程度还取决于碰撞力与汽车质心相对应的方向。碰撞力的延长线不通过汽车的质心,一部分冲击力将形成使汽车绕着质心旋转的力矩,该力矩使汽车旋转,从而减少了冲击力对汽车零部件的损坏;碰撞力指向汽车的质心,汽车就不会旋转,大部分能量将被汽车零件所吸收,造成的损坏是非常严重的。

3. 案例小结

在所有影响碰撞损伤的因素中,对车辆损伤程度影响最大的是碰撞时的车速。汽车碰撞时,碰撞接触面积较大,碰撞力分散,车身损伤较轻。碰撞车辆质量越大,被碰撞车辆的变形和损害也越大。碰撞力的延长线通过汽车的质心时,车身损伤更严重。在所有类型的碰撞中,发生侧面被撞损伤更严重。

案 例 十 五

车身碰撞损伤分析。

1. 案例现象

汽车碰撞时,产生的碰撞力及受损程度取决于事故发生时的状况。通过了解碰撞的过程,能够部分地确定出汽车损伤。如何正确评估车辆损伤?

2. 现象分析

整体式车身的碰撞损伤可以用圆锥图形法来进行分析。将目测撞击点作为圆锥体的顶点,圆锥体的中心线表示碰撞的方向,其高度和范围表示碰撞力穿过车身壳体扩散的区域。

从受力点开始,按照碰撞力的传递路线逐一排查,如图4-0-8所示。A点受到一个大小为F_0的碰撞力,在B点断面形状变化很大的部分先变形,减弱为F_1。其次由C点孔洞处的变形吸收了部分的冲击力,余下F_2的力改变传递方向至D点,减弱为F_3。接着是前门柱和车顶板接合处E点的变形,使传递力减弱成F_4。中柱和车顶板接合处F点附近的碰撞力逐渐趋于零。

首先观察法估测损伤情况,检查中要特别仔细观察板件连接点有没有错位断裂,加固材料(如加固件、盖板、加强筋、连接板)上有没有裂缝,各板件的连接焊点有没有变形,油漆层、内涂层及保护层有没有裂缝和剥落，以及零件的棱角和边缘有没有异样等。这样，损伤部位就容易识别出来。对于更准确的评估要拆卸损伤严重的零件，并采用测量仪器进行进一步评估。

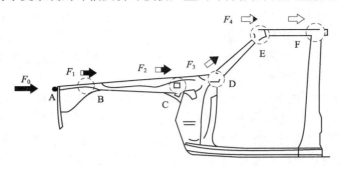

图 4-0-8　车身碰撞冲击的传递路径

3. 案例小结

整体式车身的碰撞损伤可以用圆锥图形法来进行分析。为了评估结果准确无遗漏，要沿碰撞力的方向和范围从外观到内部逐一检查。

案 例 十 六

车身碰撞吸能区为何只能更换不能维修。

1. 案例现象

在所有碰撞中，超过70%的碰撞发生在汽车的前部。在碰撞力比较小时，由前部的保险杠、保险杠支撑等变形来吸收能量。碰撞剧烈时，前面的纵梁等能很好地吸收能量。这些车身零件是如何吸收碰撞能量的？

2. 现象分析

由薄钢板连接成的车身壳体，在碰撞中碰撞能量被碰撞区域的部件通过变形吸收，汽车在前部和后部设计了吸能区（抗挤压区域）。前保险杠支撑、前纵梁、挡泥板、发动机罩、后保险杠支撑、后纵梁、挡泥板、行李舱盖等部位，都设计为波纹或结构强度上的局部弱化。在受到撞击时，它们就会按照预定的形式折曲，这样碰撞振动波在传送过程中就被大大减小直至消散。中部车身有很高的刚性，把前部（或后部）吸能区不能完全吸收而传过来的能量传递到车身的后部（或前部），引起远离碰撞点部件的变形，从而保证中部乘客室的结构完整及安全。这是现代汽车安全性设计的一个重要特点。

3. 案例小结

车身上设计有碰撞吸能区的零件有前保险杠支撑、前纵梁、后纵梁、挡泥板、发动机罩、后保险杠支撑、行李舱盖等。吸能型零件结构会在强度上做局部弱化，表现形式为设计成波纹结构、做钻孔处理、使用易溃缩材质等。对于损坏的吸能型零件，不能维修要更换新件。

案 例 十 七

车门维修后,内部出现腐蚀。

1. 案例现象

有一辆桑塔纳轿车的左前车门肇事经过拉拔维修,一段时间后车门内部出现图 4-0-9 所示的腐蚀。

2. 现象分析

图中板件背面的锈蚀是由于在维修中防锈涂层被损坏造成的。车身外覆盖件的损伤维修工艺有敲打、热收缩和拉拔工艺,对于板件的断裂、新件的连接等还要配合焊接工艺。

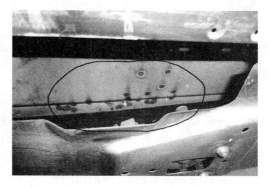

图 4-0-9　焊点背面的锈蚀

热收缩、拉拔和焊接工艺修复时,会对破坏涂层。操作时要注意加热点、拉拔点和焊接点要尽可能少。能用 1 点拉拔修复的就不要采用 2 点,减少焊点的个数,就会减少产生锈蚀的面积。把握好加热和焊接的程度。焊接垫圈时不要焊接过度,以免对板件背面的防腐涂层造成严重的损伤而很快产生锈蚀。要注意控制拉拔垫圈的力度。只要能将凹陷拉出即可,不能将板件拉穿,产生孔洞。

3. 案例小结

车身覆盖件最佳的维修工艺是敲打法维修,对于不方便拆卸和双层结构的外板维修时,使用拉拔法维修。为了防止板件维修后锈蚀现象产生,维修后对板件另一面做防腐蚀处理。

案 例 十 八

前翼子碰撞损伤的最佳维修工艺。

1. 案例现象

图 4-0-10 所示为左前翼子板发生碰撞损伤,需要采用哪种维修工艺?如何维修才能保证维修质量。

2. 现象分析

观察损伤占翼子板面积 1/3 左右,下部向内弯折,变形不重。外板上没有严重折痕、孔洞和断裂等损伤。翼子板与前照灯之间缝隙变大,与发动机罩间缝隙变化不严重。前保险杠蒙皮有变形,将叶子板修复后,即可恢复。综上检查结果,确定该翼子板能够维修,不用更

图4-0-10 前翼子板发生碰撞损伤

换其他零件。由于前翼子板为可拆卸零件,内部没有双层结构和其他附件。所以可将翼子板拆卸进行敲打维修。

首先要将其从车身上拆卸下来,放在操作平台上。从板件的背面用橡胶锤将凹陷轻轻敲击,进行粗平作业。粗平作业后,要将凹陷全部敲出,敲击时用力要轻,不要损坏板件和板件上的防腐涂层。粗平之后再进行精细整平。在操作时选择断面合适的垫铁,紧贴于小凹凸的背面。根据板件的形状选择合适外形的手锤,轻轻敲击,修复变形,消除板件变形处的应力。在进行精平操作时要注意以下几点:第一、敲击力度不可过大,防止将板件敲坏;第二、手腕要灵活、放松;第三、敲击时,垫铁、板件、手锤之间不能完全贴靠,防止将板件敲延展。精平完成后,用钢直尺贴到板件的表面,进行维修效果的检查。当板件维修后变形程度在2mm之内,维修完成,可以交给下一道工序。

3. 案例小结

车身零件的外板凹陷损伤维修工艺有敲打、热收缩和拉拔工艺。按损伤程度、板件结构和安装等具体情况确定维修工艺。当损伤零件结构简单,内部没有衬板和其他零件,可方便拆卸时,敲打工艺是最佳的选择。敲打时,注意敲打方式和力度,不要敲打过度造成板件延展。

案 例 十 九

车门损伤碰撞损伤的最佳维修工艺。

1. 案例现象

图4-0-11所示为左后车门发生碰撞损伤,需要采用哪种维修工艺?如何维修才能保证维修质量。

2. 现象分析

观察外观车门外板产生的凹陷较深,面积占2/3左右,但是外板上没有严重折痕、孔洞和断裂等损伤。左后门与左后翼子板和左前门之间缝隙变化不严重,将外板凹陷修复后,缝隙即可达到规定要求。车门能够打开,观察车门铰链安装部位完好,门锁安装部位完好。车门玻璃升降自如,内部开锁拉手工作正常。综上检查结果,确定该车门能够维修,不用更换其他零件。由于车门内部有玻璃及其升降系统、内板和饰板等,

图4-0-11 左后车门发生碰撞损伤

拆卸较烦琐,并容易造成内饰板损坏,所以进行就车外部拉拔维修。

拉拔时,先在损伤板件的边缘处将涂层处理掉一小块,露出金属板材。然后用大力钳将外形修复机的负极电缆与板件牢固连接。根据损伤的部位的情况,确定拉拔的位置和拉拔点的个数。然后将需要拉拔部位的涂层处理掉,露出金属板材,便于焊接垫圈。用拉拔器的钩子挂在焊接好的垫圈上,按照与碰撞力相反的方向进行拉拔修复。当将凹陷基本上拉拔修复好了以后,用一只手稳定住拉拔器不动,再用钣金锤轻轻敲打凹陷变形的边缘,以消除板件内部集中的内应力。在取垫圈时要采用旋转的方式将其取下,防止将板件拉穿。取下垫圈后留下的焊点,用车身锉将焊点锉平。修复完成。

3. 案例小结

当损伤零件结构复杂,内部有衬板和其他零件不便于拆卸时,拉拔工艺是最佳的选择。拉拔时,若凹陷是单点状、范围较小可以采用单点拉拔,若凹陷是条状、范围较大时采用多点拉拔。同时,要注意焊接和拉拔垫圈要适度,尽可能不损伤板件背面的涂层。

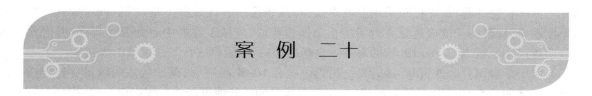

案 例 二十

车身板件维修后出现内外跳动。

1. 案例现象

车身发动机罩外板、车门外板、翼子板等覆盖件,在使用过程中或损伤维修中,有时板件产生凹陷。从内部按压会恢复平整状态,压力解除又会回弹。有时表面会有凸起,按压凸起部位向内凹陷,从内按压外部又产生凸起。跳动的部位影响美观,在进行涂装维修时无法刮涂腻子填平缺陷。

2. 现象分析

车身覆盖件多采用面积较大的薄钢板,在使用过程中或损伤维修中会发生延展而产生跳动。此时要将钢板进行收缩维修。车身维修中常用的收缩工艺是加热收缩法。

维修前,先评估跳动部位的准确位置,通过按压找到跳动的中心点,并观察板件发生跳动的范围,用记号笔做好标记。根据确定跳动的的程度和范围,确定加热点的位置和数量。加热点直径与板材厚度成正比(1mm 厚薄板直径控制在 10~15mm),当加热点的板件变红后立刻停止加热。

加热完成后,快速在变形部位一侧用垫铁拖住(垫铁要大于变形部位或采用偏托法),用精平锤轻轻敲击变形部位,用力方向要从变形部位向外,以消除板件变形的内应力。待加热部位红色消失后,用沾水的抹布或压缩空气使加热部位冷却。收缩完成后检查维修效果,若修复效果不好继续增加加热点,再次进行热收缩,直至修复完成。

3. 案例小结

加热收缩时,要遵循加热点更少的原则。热收缩时以压缩空气作为冷却介质最好。

案例 二十一

车身板件焊接时容易焊穿并且变形严重。

1. 案例现象

钣金工小李曾经从事过焊接,技术很好,但是他在焊接车身板件时,板件容易焊穿并且变形严重。

2. 现象分析

车身板件的厚度多为0.8mm以下,焊接时很容易烧穿并伴有板件的变形。为了避免这些现象,施工人员除了具备熟练的焊接技术,还要掌握车身板件焊接的技巧。

为防止烧穿薄板,焊接时采用分段焊接,每段焊接的长度最好不超过20mm。金属板的厚度越小,焊缝的长度应越短。为了防止金属板弯曲,应从工件的中心处开始焊接,并经常改变焊接的位置,让某一段区域的对接焊自然冷却后,然后再进行下一区域的焊接。

对于车身铝合金件,在焊接时要使用铝焊丝和100%的氩气,保护气体的数量要比焊接钢板时增加约50%。和焊接钢板相比,焊接铝板时的送丝速度较快。焊接铝板时,焊炬应更加接近垂直位置。焊接方向只能从垂直方向倾斜5°~15°。只能采用正向焊接法,不能在铝板上进行逆向焊接。进行垂直的焊接时,应从下面开始,向上焊接。

3. 案例小结

车身板件的厚度多为0.8mm以下。焊接时采用分段焊接,板的厚度越小,焊缝的长度应越短。焊接车身板件最常用的焊接设备是二氧化碳气体保护焊,焊接车身铝合金件时,要特别注意使用铝焊丝并用纯氩气做保护气。

案例 二十二

车身侧面严重碰撞的维修。

1. 案例现象

图4-0-12所示为一辆车身侧面发生碰撞的轿车,如何维修才能保证维修质量。

2. 现象分析

外观观察左后车门损伤严重,表面有严重折痕,无法维修需要更换。左前门损伤面积较小,单表面损伤严重,也需要更换。左后翼子板下部有变形,可拉拔维修。左门槛后部损伤可拉拔维修。拆卸左后门,内饰板、玻璃及升级器均损坏,需更换。左侧B柱有变形,需拉伸。

拆卸车门内饰零件,断开车门内通到车身的线束插头。从车门检修孔内拆下车门限位器限位块锁紧螺母,拆下限位器缓冲块护罩及缓冲块。拆下车门铰链安装螺栓,拆下车门总成,将其放在工作台上,拆卸其他附件。

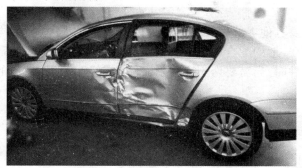

图 4-0-12　车身侧面发生碰撞

维修 B 柱时,将车身安放到车身校正平台上,并准备好车身测量系统。在损伤部位安装夹具,装夹要牢固,检查钳口螺栓是否紧固牢靠。向一边拉伸力大时,一定要在相反一侧使用辅助固定,以防将汽车拉离校正台。在拉伸开始时,要慢慢地启动液压系统,仔细观察车身损坏部位的移动,是否在正确的方向上变形。如果不是,要检查原因,调整拉伸角度后再开始。在拉伸出现一定变形后要停止并保持拉伸拉力,再用锤子不断锤击损伤区域以消除应力,卸载使之松弛,然后再次拉伸并放松应力。为防止产生过度拉伸而损坏整体式车身,在每一次的拉伸校正过程中,都要对损伤部位的校正进程进行测量、监控。

B 柱维修完成后,更换新的车门。维修完成。

3. 案例小结

对于损伤严重的车身维修,首先要准确评估损伤情况,确定需要维修和更换的零件。维修时,先恢复结构件尺寸,再维修覆盖件。结构件拉伸时,要配合测量系统,注意不要过度拉伸。覆盖件更注重外观的配合情况。

案 例 二十三

车身 B 柱的更换。

1. 案例现象

车身 B 柱在侧面撞击中,如果发生严重的变形损伤,应该如何维修?

2. 现象分析

B 柱属于结构性板件,是后车门和前门的安装基础。因此,更换后定位的精确性,决定了外形的配合准确性。B 柱断面为封闭截面,内部有加强板。同时也是安全带的固定位置。切割或分割板件,应完全遵照制造厂的建议。要避开构件中一些"孔",不要切穿任何内部加强件,如金属的双层构件。避开安全带固定点作偏心切割,以避免影响固定点的加固。不允许反复分割。

按切割位置的尺寸,准备好新件,采用偏置对接方式安装。通过不断测量确定尺寸达到要求。在最终焊接前,先进行预安装,保证车门安装位置和缝隙达到质量要求。

3. 案例小结

结构性板件是车身其他零部件和外部板件的安装基础。因此,结构性板件更换后定位的精确性,决定了所有外形的配合和悬架装置的准确性。必须精确地定位后才能进行焊接操作。修理结构性板件时,当需要切割或分割板件,应完全遵照制造厂的建议。

案 例 二十四

现代车身维修不许使用手工电弧焊和氧乙炔焊。

1. 案例现象

在汽车制造和维修作业中,焊接一直是必不可少的生产作业手段。随着车身材料和结构科技含量不断提高,传统的焊接方式已经无法满足现代车身维修要求。

2. 现象分析

现代车身维修不许使用手工电弧焊,因为现代车身板件尤其覆盖件部分都很薄,利用手工电弧焊更难保证焊接质量。手工电弧焊不适合焊接有缝隙和不吻合的地方。对于若干处缝隙,不能迅速地在每个缝隙上点焊,需要清除熔渣。汽车制造业现在大量使用高强度钢板,手工电弧焊产生热量大,对邻近部位的损害大,造成维修后钢板强度降低和变形。同时该种焊接操作方法不容易掌握。

由于氧乙炔焊接操作中要将热量集中在某一个部位,热量将会影响周围的区域而降低钢板的强度。因此汽车制造厂都不赞成使用氧乙炔焊来修理车身。但氧乙炔焊在车身修理中有其他的应用,如进行热收缩、硬钎焊和软钎焊、表面清洁和切割非结构性零部件等。

不管是在高强度钢构件及整体式车身的修理中,还是在车身外部覆盖件的修理中,都可以使用气体保护焊。车身维修常用的是二氧化碳气体保护焊,也可以按条件选用电阻点焊。

焊接处强度与熔化焊条的强度相等,小于板件的强度。因此,只能对制造厂已进行过钎焊的部位进行钎焊,其他地方不可使用钎焊焊接。

3. 案例小结

现代车身维修准许使用的焊接方式有二氧化碳气体保护焊和电阻点焊,尤其是在维修高强度钢板时,手工电弧焊和氧乙炔焊禁止使用。

案 例 二十五

严重碰撞的宝来轿车维修后车辆跑偏。

1. 案例现象

有辆宝来轿车左前部严重碰撞,经过维修已经交车。车主在行车过程中,发现车辆跑偏并伴有轮胎偏磨。

2. 现象分析

车辆来到维修站,首先应该检查四轮定位和车轮动平衡,发现车轮平衡情况良好,但是前轮定位很难调整到标准值。后用卷尺测量发现左侧轴距为2565mm,右侧轴距为2612mm。由于该车车身经过拉伸,交给钣金车间处理。经查询该车的标准轴距为2610mm,说明车身维修时左侧没有拉伸到规定值,右侧轴距在规定误差范围内(±3mm)。将车辆安装到校正平台上,向前拉伸左侧减振器支座,向后拉伸右侧减振器支座。同时用测量系统监测拉伸过程,直至达到规定值。装车后,行车正常,故障排除。

3. 案例小结

车身结构性板件更换后定位的精确性,会影响悬架装置的准确性。

案 例 二十六

车门间隙调整。

1. 案例现象

有辆奥迪A4轿车更换左侧车门后,间隙不均匀。

2. 现象分析

车门间隙的调整,通常是从后门开始,因为后翼子板是不可调的,故必须调整后门与这些不可调的部件之间的间隙和配合。后门调好后,再调整前门使之与后门相匹配。车门前、后和上、下位置通过铰链进行调整。通过锁止楔能够调整车门的内外位置。

不同车型的车门间隙有相应的调整要求,一般轿车前门与前翼子板的间隙为 $a = 3 \sim 4mm$,前后门间隙为 $b = 4 \sim 5mm$,后门与后翼子板的间隙为 $c = 3 \sim 4mm$,如图4-0-13所示。

维修后车门开关灵活,在倾斜路面上车门也能够顺利开启并可靠地锁止在开启位置。在关门时没有敲击声,行驶时不产生振动和噪声。车门与门洞之间有良好的密封性。

3. 案例小结

调整车门间隙通常是从后门开始,车门前、后和上、下位置通过铰链进行调整。通过锁止楔能够调整车门的内外位置。调整后的间隙要满足维修技术要求。

图4-0-13 车门间隙的调整要求

案 例 二 十 七

车门玻璃升降困难。

1. 案例现象

有辆2011年款的雪佛兰科鲁兹轿车,左前门玻璃升降困难。

2. 现象分析

车门玻璃属于可移动式,由玻璃升降器驱动。该车升降器是电动、钢绳式,玻璃通过黏结安装在升降器上。由于玻璃装配在运动托架上,所以玻璃的质量始终能与钢绳平行,玻璃升降过程顺畅。但由于这种升降机对自身倾斜没有保持能力,必须设置玻璃导轨。导轨与玻璃左右接触部分加密封条,玻璃与车门之间采用双面密封,以防止灰尘与雨水进入车内,还能隔声,并可减少脏物挂在车窗玻璃上。造成玻璃升降困难现象的可能原因有升降器开关接触不良、蓄电池电量不足、玻璃密封条中有异物、玻璃升降器电动机损坏等。首先检查玻璃密封条内是否有异物,并清理。将玻璃上升到一半位置,用手掌夹住玻璃有明显晃动,说明玻璃升降器可能有损坏。将玻璃拆下,发现升降器托架老化松动。更换新的升降器,故障排除。

3. 案例小结

要快速并准确排除故障,要熟悉汽车玻璃升降系统结构,清楚产生故障现象的原因有哪些。检查时从易操作处着手,逐步排除。

案 例 二 十 八

速腾轿车后车门无法打开。

1. 案例现象

有辆2010年款大众速腾轿车,右后车门无论从内部还是外部都不能打开。

2. 现象分析

该车使用的门锁是卡板锁,能够控制门锁开关的机构有内开拉索(杆)、外开拉索(杆)、锁止操纵杆和儿童锁开关。内或外开拉索(杆)是从内部或外部打开车门的机构。锁止操纵杆锁止时,从内外均不能打开车门,可以在内部手动控制也可通过中控锁控制。儿童锁锁止时,只能从外部打开车门。首先检查锁止操纵杆没有卡滞现象,检查中控锁电动机不工作,更换电动机。发现在外部能够打开车门而在内部无法打开,检查儿童锁开关处于锁止状态。

将其拨到"开"位置,在内部仍无法打开。检查内开拉索(杆)与内手柄连接处断开,维修后故障排除。

3. 案例小结

要快速并准确排除故障,要熟悉车门锁系统结构,清楚产生故障现象的原因有哪些。检查时从易操作处着手,逐步排除。

案 例 二十九

骏捷轿车后风窗玻璃破碎更换后反复自行破裂。

1. 案例现象

有一辆2009年款中华骏捷轿车后风窗玻璃破碎更换后,使用一段时间自行在右下角处开裂。再次更换,用过一段时间依然自动产生裂纹。

2. 现象分析

该车的后风窗玻璃采用黏结法固定安装,更换后如果安装位置不良,局部受力不均,经常会自动产生裂纹。更换该种类型的玻璃要规范操作流程施工。

首先拆除玻璃嵌条和所有应拆除的元件,保护车身和内饰。将卷盘固定在玻璃的内侧,切割时先用钢丝牵引头将原黏结剂钻透,将切割钢丝穿过并固定在卷盘上,通过钢丝将黏结剂割断,黏结剂条应尽可能贴着车窗玻璃周围被切下。

安装前准备。用酒精清洁车身黏结区域和玻璃陶瓷表面。如果没有车窗玻璃安装的标准尺寸,涂胶前应将风窗玻璃放到窗口定位,并做出准确安装位置的定位标记。

涂敷黏结剂。将黏结剂挤出约50mm的试验黏结剂条,观察在试验条中是否有气泡产生,如果没有气泡,则应立即将黏结剂涂覆到黏结面上。在涂覆黏结剂条时,中断时间不得超过5s,并保持黏结剂筒垂直于黏结面。用刮刀将黏结剂涂在黏结面上,涂层厚度约为2mm(根据黏结缝隙)。

将涂敷好黏结剂的玻璃用两个吸力装置小心提起,按定位标记安装。调整好玻璃与车顶侧边缘和上边缘的距离(后窗位置必须比车顶外蒙皮低,只有这样才能避免风噪声)。

玻璃定位好后,用塑料胶带将玻璃固定。当黏结剂完全固化后才能拆掉塑料胶带。待黏结剂固化后,再进行淋水密封性能试验。如有渗漏时,可使用黏结剂进一步加以密封。

3. 案例小结

黏结式安装的车窗玻璃如果安装位置不正确,易产生破裂现象。安装时要特别注意涂敷黏结剂条高度要一致。为了保证质量,安装时还应该注意:安装前要做好定位标记,保证安装位置正确。玻璃安装后,用塑料胶带固定,当黏结剂完全固化后才能拆掉塑料胶带。待黏结剂固化后,进行淋水密封性能试验。后窗玻璃位置必须低于车顶外蒙皮。

案例 三十

凯越轿车行李舱渗水。

1. 案例现象

一辆2014年款别克凯越轿车,左后翼子板被撞整体更换。下雨时行李舱内有大量积水。

2. 现象分析

首先通过淋水查找渗水的具体部位,发现渗水点在行李舱口框的左前部拐角处。首先拆下行李舱上边缘密封条,检查无损伤。检查行李舱口框发现渗水点是更换的后翼子板焊接部位凸起,密封条无法咬合。将凸起部位打磨平整,重新安装密封条,故障排除。

对于车身双层板件原厂采用电阻点焊连接方式,为了尽可能达到原厂效果,在维修中可以采用塞焊工艺。进行塞焊时,在需要连接的外层板件上钻孔。一般结构性板件的孔直径为8mm,装饰性板件上孔的直径为5mm,在装饰板件上孔太大后使后面的打磨工作量加大。然后将两板件紧紧地固定在一起,将焊丝放入孔内,短暂地触发电弧焊接,保证焊接深入到下面的金属板。采用塞焊法焊接不同厚度的金属板时,应将较薄的金属板放在上面,并在较薄的金属板上冲较大的孔,这样可以保证较厚的金属板能首先熔化。

3. 案例小结

车身上的双层板件连接多采用点焊,原厂车身点焊数量多达上千个。例如风窗框、车门口框、行李舱口框等。对于需要密封的口框部位,维修后要保证焊点不能过高,造成密封不严而漏水、漏风。在维修后淋水检查行李舱密封情况。

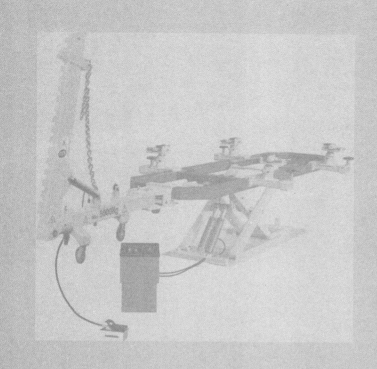

第五篇 练习篇

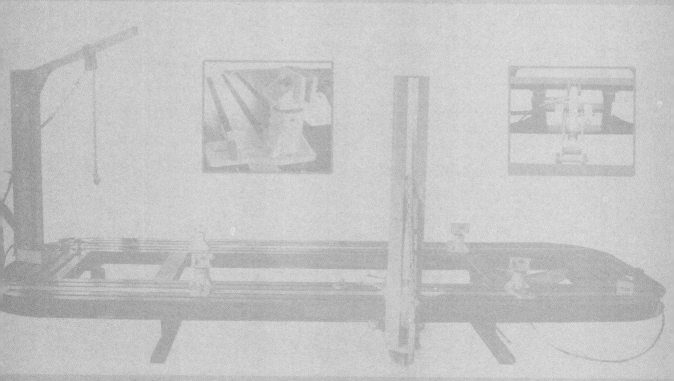

第一章 基础知识练习题

第一节 基础知识判断题

1. 道德和法律一样,都是社会的上层建筑组成部分,都是由物质生活条件决定的。（√）
2. 《道路交通安全法》规定了国家实行机动车强制报废制度,根据机动车的安全技术状况和不同用途,规定不同的报废标准。（√）
3. 一类机动车维修企业可以从事危险货物运输车辆维修。（×）
4. 承担机动车维修竣工质量检验的机动车维修企业或机动车综合性能检测机构应对检测结果承担法律责任。（√）
5. 出现机动车维修质量纠纷,质量纠纷双方当事人均可以向道路运输管理机构提出维修质量纠纷调解申请。（√）
6. 禁止使用报废的、擅自改装的、拼装的、检测不合格的客车以及其他不符合国家规定的车辆从事道路客运经营。（√）
7. 用人单位应当建立职业培训制度,按照国家规定提取和使用职业培训经费,根据本单位实际,有计划地对劳动者进行职业培训。（√）
8. 合同约定的违约金低于造成的损失的,当事人可以请求人民法院或者仲裁机构予以增加。（√）
9. 无驾驶资格的修理人员在作业区域可以驾驶车辆。（×）
10. 机动车维修技术负责人应该熟悉机动车维修业务,掌握机动车维修相关政策法规和技术规范,无须了解维修服务收费标准。（√）
11. 我国机动车维修检测的标准体系分为国家标准和行业标准两类。（√）
12. 按《汽车维护、检测、诊断技术规范》（GB/T 18344—2016）规定,汽车一级维护作业以清洁、润滑、紧固为中心,以确保行车安全和排放合格为目标。（×）
13. 《道路运输车辆综合性能要求和检验方法》（GB 18565—2016）规定了在用道路运输车辆的技术要求以及检验方法。（×）
14. 按《道路运输车辆技术等级划分及技术评定要求》（JT/T 198—2016）规定,道路运输车辆技术等级划分为一级、二级和三级。（×）
15. 《商用汽车发动机大修竣工出厂技术条件》（GB/T 3799—2005）适用于所有的商用汽车发动机。（×）

16.按《道路运输车辆技术等级划分及技术评定要求》(JT/T 198—2016)规定,道路运输车辆技术评定内容,不包括排放污染物检测。　　　　　　　　　　　　(×)

17.乘用车是指在其设计和技术特性上主要用于载运乘客及其随身行李和/或临时物品的汽车,包括驾驶人座位在内最多不超过7个座位。它也可以牵引一辆挂车。　　(×)

18.前照灯的近光灯在会车和市区内使用,用于保证夜间车前50m内的路面照明。
　　　　　　　　　　　　　　　　　　　　　　　　　　　　　　　　　(√)

19.选用汽油主要依据压缩比,高压缩比的发动机应选用牌号较低的汽油,低压缩比的发动机可选用牌号较高的汽油。　　　　　　　　　　　　　　　　　　　(×)

20.目前国内应用的轻柴油按凝点分为多个牌号,它们反映了柴油的低温流动性。(√)

21.百分表利用指针和刻度将心轴移动量放大来表示测量尺寸,主要用于测量工件的尺寸误差以及配合间隙。　　　　　　　　　　　　　　　　　　　　　　　(√)

22.一字或十字螺丝刀用于拧螺栓,任何时候不可当作冲子或撬棍用。　　　(√)

第二节　基础知识单项选择题

1.服务群众是衡量机动车维修从业人员(B)水平的重要标志。
　　A.政策执行　　　B.职业道德　　　C.领导能力　　　D.个人素质

2.《道路运输条例》是我国第一部规范道路运输经营活动和管理行为的(B)。
　　A.法律　　　　　B.行政法规　　　C.行业规章　　　D.国家标准

3.《机动车维修管理规定》中规定,机动车维修经营业务根据维修对象分为(C)类。
　　A.二　　　　　　B.三　　　　　　C.四　　　　　　D.五

4.《机动车维修管理规定》中规定,从事一类和二类维修业务的应当各配备至少(A)名技术负责人员。
　　A.1　　　　　　B.2　　　　　　C.3　　　　　　D.4

5.机动车维修合同在《合同法》中属于(D)规范的范畴。
　　A.劳动合同　　　B.委托合同　　　C.技术合同　　　D.承揽合同

6.《汽车维修业开业条件》(GB/T 16739.1~.2—2014)规定,汽车整车维修企业检验人员数量应与其(D)相适应。
　　A.维修车型　　　B.企业类型　　　C.资金投入　　　D.经营规模

7.按《汽车大修竣工出厂技术条件》(GB/T 3798.1~2—2005)规定,载客或载货汽车大修竣工出厂要求:左右轴距差不得大于原设计轴距的(B)。
　　A.2/1000　　　　B.1/1000　　　　C.2/100　　　　D.1/100

8.按《商用汽车发动机大修竣工出厂技术条件　第1部分:汽油发动机》(GB/T 3799.1—2005)规定,发动机大修出厂时,在标准状态下,发动机额定功率和最大转矩不得低于原设计标定值的(B)。

A. 100%　　　　B. 90%　　　　C. 80%　　　　D. 70%

9. 按《机动车维修服务规范》(JT/T 816—2011)规定,经营者应将主要维修项目收费价格、维修工时定额、工时单价报所在地(A)备案。

　　A. 道路运输管理机构　　　　B. 工商管理机构
　　C. 税务机构　　　　　　　　D. 消费者协会

10. 按《事故汽车修复技术规范》(JT/T 795—2011)规定结合车辆损伤情况、维修工作量、维修难度,可将损伤等级划分为(C)类。

　　A. 二　　　　B. 三　　　　C. 四　　　　D. 五

11. 车辆识别代号(VIN)是国际上通行的标识机动车辆的代码,是制造厂给每一辆车指定的一组字码,足以保证(B)之内在世界范围内对一辆车的唯一识别性。

　　A. 20 年　　　B. 30 年　　　C. 40 年　　　D. 50 年

12. (A)可以缓和由于不平路面带来的冲击,并承受和传递垂直载荷。

　　A. 弹性元件　　B. 减振器　　C. 导向机构　　D. 横向稳定器

13. 汽车空调制冷系统在放热过程中,高温高压的过热制冷剂气体进入(B)后,由于温度的降低,达到制冷剂的饱和蒸气温度,制冷剂气体冷凝成液体,并放出大量的液化气热。

　　A. 压缩机　　B. 冷凝器　　C. 储液干燥器　　D. 蒸发器

14. −10 号柴轻油表示适用于风险率为 10% 的最低气温在(B)以上的地区使用。

　　A. 4℃　　　B. −5℃　　　C. −14℃　　　D. 8℃

15. 简写"LPG"是指:(B)

　　A. 液化天然气　B. 液化石油气　C. 压缩天然气　D. 液化天然气

16. D 类火情(黄色),火险类别为可燃金属,典型燃料如铝、锰、钾、纳、锆等,只能用(A)灭火。

　　A. 通用干粉灭火器　　　　B. 二氧化碳灭火器
　　C. 卤化物灭火器　　　　　D. 泡沫灭火器

第三节　基础知识多项选择题

1. 制定出台《道路运输条例》是为了(ABCD)。
　　A. 解决我国道路运输市场管理无法可依的迫切需要
　　B. 落实《行政许可法》管理道路运输市场的需要
　　C. 适应加入世界贸易组织后道路运输市场管理的需要
　　D. 适应建立全国统一开放、竞争有序的道路运输市场体系的需要

2. 从事机修、电器、钣金、涂漆的维修技术人员应当熟悉所从事工种的(BD),并了解汽车或者其他机动车维修及相关政策法规。

　　A. 岗位职责　　B. 维修技术　　C. 职业道德　　D. 操作规范

3.《道路运输从业人员管理规定》中所指的机动车维修技术人员,包括机动车维修(BC),以及从事机修、电器、钣金、涂漆、车辆技术评估(含检测)作业的技术人员。
  A. 企业负责人   B. 质量检验人员
  C. 技术负责人员   D. 业务接待员

4.《汽车维护、检测、诊断技术规范》(GB/T 18344—2016)规定了汽车各级维护的(ABD)。
  A. 间隔周期   B. 作业内容   C. 工时定额   D. 技术规范

5.《汽车维修业开业条件》(GB/T 16739.1~2—2014)规定了汽车整车维修企业和汽车专项维修业户必须具备的(ABCD)等条件。
  A. 安全生产   B. 组织管理   C. 人员   D. 设施

6.《汽车大修竣工出厂技术条件》(GB/T 3798.1~2—2005)规定,关键部位螺栓、螺母的(BC)应符合原制造厂维修技术要求。
  A. 型号   B. 拧紧顺序   C. 拧紧力矩   D. 锁紧装置

7.《机动车维修管理规定》中规定机动车维修档案的主要内容包括(ABCD)。
  A. 维修合同   B. 维修项目   C. 维修人员   D. 维修结算清单

8. 要想使汽车行驶,必须对汽车施加一个驱动力以克服各种阻力。汽车行驶阻力包括(ABCD)。
  A. 滚动阻力   B. 空气阻力   C. 上坡阻力   D. 加速阻力

9. 液压式制动传动装置一般由(ABC)等组成。
  A. 制动主缸   B. 制动轮缸   C. 制动踏板   D. 制动器

10. 下列属于发动机润滑油作用的有(ABCD)。
  A. 润滑   B. 冷却   C. 密封   D. 清洁

第二章

专业技术练习题

第一节 专业技术判断题

1. 汽车车身钣金维修操作时,工作场一定所要保持通风。 （×）
2. 轿车车身都采用整体式车身结构。 （×）
3. 结构件用来形成车身独立空间,多为车身上的梁、柱等零件。 （×）
4. 车身上不同材料的零件只能用铆接方式连接。 （×）
5. 对于车身上点焊的部位维修时可以采用塞焊方式连接。 （√）
6. 现代轿车车身使用的材料越来越多样化、科技含量越来越高,车身的维修要求越来越高。 （√）
7. 车身铝合金件碰撞变形后,只能更换不能维修。 （×）
8. 车身生产制造时留下的孔可作为测量控制点。 （√）
9. 在车身三维尺寸数据图中一个测量点有 2 个长度尺寸。 （√）
10. 轨道式量规可以方便地测量发动机舱的尺寸。 （√）
11. 车身尺寸测量的偏差范围为 ±20mm。 （×）
12. 拉伸校正车身损伤时,要通过测量来确定维修情况。 （√）
13. 保险杠横梁在侧面发生碰撞时,能将碰撞力全部吸收。 （×）
14. 发动机罩位置通过拉锁调节。 （×）
15. 现代轿车的前后风窗玻璃大多采用胶粘法固定。 （√）
16. 汽车内饰件多用塑料卡扣固定,不可野蛮拆卸。 （√）
17. 车身结构件损坏后,按工作需要进行割断。 （×）
18. 车身损伤以腐蚀损伤为主。 （×）
19. 局部更换车身地板,采用搭接的方式焊接。 （√）
20. 车身发生碰撞后,通过前部和后部变形来吸收碰撞能量。 （√）
21. 修理车身损伤遵循"先进后出"的原则,首先校正最先发生的损伤。 （×）
22. 在修理中发现一些未被检查到的损伤,要重新进行损坏分析。 （√）
23. 轿车车身前翼子板与车身焊接为一体,更换时必须进行切割分离。 （×）
24. 用等离子切割机切割厚度 6mm 以上的材料时,最好先从材料的边缘开始切割。 （√）

25. TIG 焊是熔化极气体保护焊的简称。 （×）
26. MIG 和 MAG 是非熔化极气体保护焊的简称。 （×）
27. 角向磨光机只能用来切割板件。 （×）
28. 清除车身点焊焊点只能使用点焊转除钻。 （×）
29. 更换结构性板件时要进行精确地测量。 （√）
30. 正圆锥管展开后的图形为扇形。 （√）

第二节　专业技术单项选择题

1. 不需要佩戴防护眼镜的钣金操作有(B)。
 A. 板件焊接　　　　　　　　B. 车身损伤评估
 C. 板件敲打维修　　　　　　D. 板件切割
2. 承受全部载荷,底盘各部件直接与车身相连的车身为(D)。
 A. 货车车身　　　　　　　　B. 客车车身
 C. 车架式车身　　　　　　　D. 承载式车身
3. 车架式车身的特点有(D)。
 A. 车身紧挨地面,质心低,行驶稳定性较好
 B. 内部的空间更大,汽车可以小型化
 C. 刚性较大,有助于向整个车身传递和分散冲击能量
 D. 当碰撞损坏更简单
4. 豪华型轿车多采用的动力搭配形式为(D)。
 A. 中置后驱　　　　　　　　B. 前置四驱
 C. 前置前驱　　　　　　　　D. 前置后驱
5. 前置前驱车身特点有(B)。
 A. 发动机纵向放置　　　　　B. 车身质量小
 C. 传动轴安装在地板下的通道内　　D. 发动机方便独地拆卸和安装
6. 下列属于车身结构性部件的是(A)。
 A. 前立柱　　　　　　　　　B. 前翼子板
 C. 后保险杠蒙皮　　　　　　D. 车门
7. B 柱的内外板通常采用的连接方式是(B)。
 A. 折边　　　B. 点焊　　　C. 螺栓　　　D. 铆接
8. 车身材料的发展方向是(C)。
 A. 经济性好　　B. 易维修　　C. 质量轻、强度高　　D. 易加工
9. 现代车身的中柱大都采用(B)。
 A. 低碳钢　　B. 超高强度钢　　C. 铝合金　　D. 工程塑料

10. 对加热要求严格的钢材是(A)。
    A. 高强度钢   B. 低碳钢   C. 合金钢   D. 镀锌钢
11. 以基准面作为尺寸测量基准的是(A)。
    A. 高度   B. 宽度   C. 长度   D. 平整度
12. 以中心面作为尺寸测量基准的是(B)。
    A. 高度   B. 宽度   C. 长度   D. 前悬
13. 车身长度尺寸的测量基准是(C)。
    A. 基准面   B. 中心面   C. 零平面   D. 参考面
14. 在实际测量时,车辆的基准面和测量系统的基准面(C)。
    A. 要求完全重合   B. 只要求平行
    C. 重合或平行都可以   D. 可以不用调整
15. 量基准点分布在车身的(C)。
    A. 车身前部   B. 车身后部   C. 车身中部   D. 车身上部
16. 在车身数据图上,若一对测量点之间的尺寸是840mm,则其中一点的宽度值为(A)。
    A. 420mm   B. 840mm   C. 1260mm   D. 1680mm
17. 测量车身减振器支座尺寸的专用工具是(D)。
    A. 轨道式量规   B. 中心量规
    C. 钢直尺   D. 麦弗逊撑杆式中心量规
18. 能够准确测量车身尺寸的测量工具是(C)。
    A. 卷尺   B. 中心量规
    C. 自由臂式测量系统   D. 轨道式量规
19. 用同缘测量法测量两个直径不同孔的距离时,外边缘距离为540mm,内边缘距离为360mm,两个孔的距离是(C)。
    A. 180mm   B. 360mm   C. 450mm   D. 540mm
20. 电子测量系统不能(D)。
    A. 在不拆卸车身零件的情况下对车身尺寸进行测量
    B. 必须首先测量4个基准点
    C. 可以边拉伸边测量
    D. 可以快速校正变形的车身
21. 红外线测量系统的发射器在测量时向前移动50mm,会使(C)。
    A. 长度读数增加50mm   B. 长度读数减少50mm
    C. 长度读数不变   D. 长度读数变化50mm
22. 在前部碰撞事故中首先变形的是(C)。
    A. B柱   B. A柱   C. 前保险杠   D. 前纵梁
23. 吸能型保险杠损坏后的维修方法为(C)。
    A. 损坏不严重的修复后使用   B. 损坏严重的焊接牢固后使用
    C. 更换新件   D. 更换前纵梁

24. 对于前翼子板的描述错误的是(A)。
    A. 前翼子板是用焊接方式与车身本体连接的
    B. 前翼子板的后端通过中间板和前立柱连接
    C. 侧面与发动机罩缝线处的挡泥板相连
    D. 前部和散热器固定架延长部分相连

25. 调整四门轿车的车门间隙时,参考的顺序为(A)。
    A. 先调整后门,以适合后翼子板。再调整前门以适合后门和前翼子板
    B. 先调整前门,再调整后门以适合前门
    C. 先前翼子板调整到适合前门,再调整前门以适合后门,最后调整后门
    D. 同时调整后门和后门,以适合后翼子板和前翼子板

26. 修复车窗玻璃升降机构时,升降机构否灵活的关键是(A)。
    A. 定位   B. 强度   C. 刚度   D. 润滑

27. 在发生碰撞后,车身变形较小的部位是(A)。
    A. 驾驶室部分   B. 车身底板部分
    C. 车顶部分   D. 车身前部或后部

28. 车身损坏程度与碰撞物的形状有关,损坏严重的是(B)。
    A. 与墙碰撞   B. 与柱碰撞
    C. 与车碰撞   D. 与人碰撞

29. 比较复杂的车身损坏,为了精确检查车身的损伤情况,需要使用(B)。
    A. 轨道式量规   B. 电子三维测量系统
    C. 钢卷尺   D. 定心量规

30. 板件焊接前要对焊接表面(D)。
    A. 用手工电弧焊焊接   B. 加热除湿
    C. 用氧乙炔焊焊接   D. 涂抹点焊防锈底漆

31. 用角磨机进行金属板件切割时需配套(B)。
    A. 研磨型砂轮   B. 切割型砂轮
    C. 钢丝轮   D. 抛光轮

32. 当切割厚度在3mm以上钢板时,最好使等离子切割枪与工件的角度(B)。
    A. 保持水平   B. 成45°角   C. 保持垂直   D. 任意角度

33. 分离车身上连续焊缝的最佳方式是(C)。
    A. 等离子切割   B. 切割锯分离   C. 角磨机磨除   D. 钻除

34. 维修车身铝合金件最佳的焊接设备是(A)。
    A. 气体保护焊   B. 手工电弧焊   C. 氧乙炔焊   D. 钎焊

35. 为了修复制造厂点焊部位,可以采用的焊接工艺是(D)。
    A. 对接焊   B. 搭接焊   C. 钎焊   D. 塞焊

36. 拉伸校正车身简单损伤时的原则是(B)。
    A. 先加热变形部位   B. 按与碰撞力相反的方向拉伸
    C. 按多方向拉伸   D. 无须进行测量

37. 车身后翼子板更换后更注重的是(C)。
    A. 尺寸的精确   B. 焊接方式
    C. 与相邻板件的配合   D. 确认焊点位置
38. 塑料损伤维修的通用方法是(D)。
    A. 热塑成型   B. 焊接   C. 铆接   D. 黏结
39. 在对金属零件进行研磨、钻孔、打磨时,正确固定方法是(D)。
    A. 由其他人用手扶牢固即可
    B. 自己一只手扶牢固,另一只手操作
    C. 对于单独的车身板件可以不用固定直接进行操作
    D. 一定要使用夹紧钳或台虎钳来固定小零件

第三节　专业技术多项选择题

1. 在进行车身拉伸校正时,应佩戴防护用具有(BC)。
   A. 防尘口罩   B. 安全鞋   C. 防护眼镜   D. 耳塞
2. 前置后驱汽车中部的地板拱起是因为(AC)。
   A. 作为传动轴通道   B. 增加车内空间
   C. 增加地板刚性   D. 通风效果好
3. 多用于车身可拆卸覆盖件的连接方式有(CD)。
   A. 黏结连接   B. 铆接连接   C. 铰链连接   D. 螺纹连接
4. 现代轿车车身使用的材料主要有(AD)。
   A. 铝合金   B. 碳纤维   C. 钛合金   D. 钢板
5. 整体式车身上不需要由高强度钢或超高强度钢制造的零件有(AC)。
   A. 翼子板   B. 中立柱   C. 车顶板   D. 后纵梁
6. 维修车身高强度钢需要注意(CD)。
   A. 不能打磨   B. 不能加热
   C. 加热温度   D. 选择合适的焊接方式
7. 承载式车身上的测量控制有(AB)。
   A. 车身设计的关键点   B. 车身制造的定位孔
   C. 车身表面的拐角   D. 车身表面的棱线
8. 车身测量的基准面是(AC)。
   A. 假想平面   B. 长度基准   C. 高度基准   D. 地面
9. 车身测量的零平面是(BD)。
   A. 在车身前部   B. 在车身中部
   C. 测量点宽度的基准   D. 测量点长度的基准

10. 对车身的外观尺寸调整非常重要的测量点有(BCD)。
    A. 车身底部测量点　　　　　　　　B. 前后风窗的测量点
    C. 中、后立柱铰链和门锁的测量点　　D. 行李舱的测量点

11. 在车身修复的各个环节中,不需要使用测量系统的有(AB)。
    A. 诊断分析　　　　　　　　　　　B. 拉伸操作
    C. 拆除部件　　　　　　　　　　　D. 切割部件

12. 准确测量车身左右前纵梁的尺寸数据不能用(AC)。
    A. 轨道式量规　　　　　　　　　　B. 通用测量系统
    C. 麦弗逊撑杆式中心量规　　　　　D. 超声波测量系统

13. 不能用轨道式量规测量快速测量的是(AD)。
    A. 纵梁的高度　　　　　　　　　　B. 减振器支座
    C. 车身侧面板件　　　　　　　　　D. 严重变形的底部车身数据

14. 在整体式车身中,前翼子不采用的安装方式有(BC)。
    A. 螺栓连接　　B. 铆接　　C. 折边连接　　D. 黏结

15. 发动机罩锁不能用来(AD)。
    A. 使发动机罩安全锁闭　　　　　　B. 打开发动机罩
    C. 支撑发动机罩开启　　　　　　　D. 调整发动机罩的位置

16. 不属于玻璃升降器结构类型的是(AB)。
    A. 手动式　　B. 电动式　　C. 钢绳式　　D. 杆式

17. 拆除玻璃黏结剂时,不可以使用(AD)。
    A. 尼龙绳　　B. 钢丝绳　　C. 加热刀　　D. 螺丝刀

18. 在电化学腐蚀中,与铁在一起先被腐蚀的有(BD)。
    A. 铜　　B. 铝　　C. 铅　　D. 锌

19. 汽车发生翻滚后,不容易损伤的零件是(BC)。
    A. 中立柱　　B. 纵梁　　C. 挡泥板　　D. 车顶板

20. 不属于等离子切割枪上易损件的是(AB)。
    A. 开关　　B. 陶瓷护罩　　C. 喷嘴　　D. 电极

21. 更换中立柱时,不能使用的焊接方式有(BC)。
    A. 惰性气体保护焊　　　　　　　　B. 钎焊
    C. 氧乙炔焊　　　　　　　　　　　D. 电阻点焊

22. 关于电阻点焊,错误的说法是(BC)。
    A. 前、后车窗角落裙边上不能焊接
    B. 可以在一个方向连续地进行焊接操作
    C. 两层金属板之间的结合力随着焊接间距的增大而增大
    D. 焊点到边缘的距离不够大,会降低焊点的强度

23. 焊接铝板时(ABC)。
    A. 使用铝焊丝　　　　　　　　　　B. 使用100%的氩气
    C. 保护气体的量要增加约50%　　　D. 使用氧乙炔焊

24. 铝板热收缩用到的工具有(BCD)。
    A. 电加热碳棒　　　　　　　　B. 热风枪
    C. 热敏材料　　　　　　　　　D. 非铁制钣金锤和垫铁

25. 当车身纵梁过度拉伸超过了极限尺寸后(BD)。
    A. 向反方向拉伸　　　　　　　B. 需要更换新件
    C. 进行热收缩　　　　　　　　D. 不能再修复使用

26. 单点拉拔用来修复的损伤为(BD)。
    A. 条形凹陷损伤
    B. 点状凹陷损伤
    C. 同时焊接多个垫圈,进行一次性的拉拔修复
    D. 焊接1个垫圈,进行拉拔修复

27. 不属于整体式车身封闭截面结构件的有(AD)。
    A. 行李舱地板　　　　　　　　B. 立柱
    C. 车身梁　　　　　　　　　　D. 中部地板

28. 可以作为分割车身结构性部件时位置有(BD)。
    A. 构件中一些"孔"　　　　　　B. 技术手册中规定的部位
    C. 支承点　　　　　　　　　　D. 接缝部位

29. 车身上不需要用插入件连接的构件有(AB)。
    A. 中部地板　　B. 后围板　　C. B立柱　　　　D. 前总梁

30. 不能够用平行线法展开的零件有(CD)。
    A. 棱柱体　　　B. 圆柱体　　C. 棱锥体　　　　D. 圆锥体

第三章

案例分析题

1. 小张从事汽车钣金维修工作5年,最近睡眠不好,听力下降。请根据该现象回答以下问题。

(1)案例中小张遇到的问题可能是由于钣金作业中(D)。

  A.焊接弧光辐射引起　　　　　　B.焊接有害气体引起

  C.焊接金属烟尘引起　　　　　　D.敲打和锤击产生的噪音引起

(2)为了避免案例中的现象,在钣金操作中应该(AC)。(多选题)

  A.戴焊接面罩　　　　　　　　　B.戴防尘口罩

  C.戴防护眼镜　　　　　　　　　D.戴耳塞

(3)做车身损伤鉴定时,操作人员穿戴的安全防护用品有(AD)。(多选题)

  A.工作帽　　　B.耳塞　　　C.防护眼镜　　　D.安全鞋

(4)做车身板件焊接时,操作人员穿戴的安全防护用品有(ABD)。(多选题)

  A.焊接面罩　　　B.皮质围裙　　　C.防护眼镜　　　D.安全鞋

(5)进行车身板件敲打整形作业时,需穿戴的防护用品有(ABCD)。(多选题)

  A.工作帽　　　B.耳塞　　　C.防护眼镜　　　D.安全鞋

2. 图5-3-1为一类车身发动机室部位的尺寸数据图,请据图回答下系列问题。

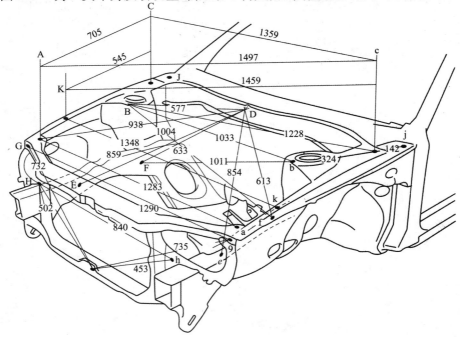

图5-3-1　发动机室尺寸数据图(单位:mm)

(1) 该数据图中数据表示的是车身测量点的(B)。
   A. 三维数据 B. 点对点数据 C. 长度数据 D. 高度数据
(2) 该数据图表示的测量点多位于车身(A)。
   A. 上部 B. 下部 C. 前部 D. 后部
(3) 图中的测量点多数为(D)。
   A. 在车身上不存在 B. 车身装配孔
   C. 设计留下的孔 D. 成对出现
(4) 该数据图跟实际测量值比较,可以判断(C)。
   A. 某点的变形情况
   B. 某点的尺寸是否变化
   C. 车身变形情况
   D. 若两点间距离符合尺寸要求,则车身没有变形
(5) 利用该图测量车身数据时,可以使用的工具有(AB)。(多选题)
   A. 卷尺 B. 轨道式量规
   C. 红外线测量仪 D. 超声波测量仪

3. 图 5-3-2 为车身某测量点的尺寸,根据本图回答以下问题。

b[右]	长度	宽度	高度
标准数据	0	510	65
测量值	-35	589	69

另一侧			
b[左]	长度	宽度	高度
标准数据	0	510	65
测量值	35	589	61

图 5-3-2　车身某测量点的尺寸

(1) 车身上可以作为测量控制点的位置有(CD)。(多选题)
   A. 发动机曲轴轴线位置
   B. 车轮中心位置
   C. 车身生产工艺上留下来的基准孔
   D. 汽车各主要总成在车身上的装配连接部位
(2) 图中测量点的标准尺寸(mm)是(C)。
   A. 0、510、65 B. -35、589、69
   C. 35、589、69 D. 35、589、61
(3) 图 5-3-2 中右侧测量点尺寸变化情况是(A)。
   A. 长度方向向后移了 35mm,宽度方向向外移了 79mm,高度方向向上移了 4mm
   B. 长度方向向前移了 35mm,宽度方向向外移了 79mm,高度方向向上移了 4mm
   C. 长度方向向后移了 35mm,宽度方向向内移了 79mm,高度方向向上移了 4mm
   D. 长度方向向后移了 35mm,宽度方向向外移了 79mm,高度方向向下移了 4mm

(4)维修右侧点时,要(D)。

　　A. 在长度方向向前拉伸 35mm,在宽度方向向内拉伸 79mm,在高度方向向下拉伸 4mm

　　B. 在长度方向向后拉伸 35mm,在宽度方向向内拉伸 79mm,在高度方向向下拉伸 4mm

　　C. 在长度方向向前拉伸 35mm,在宽度方向向外拉伸 79mm,在高度方向向下拉伸 4mm

　　D. 在长度方向向前拉伸 32～38mm,在宽度方向向内拉伸 79～82mm,在高度方向向下拉伸 1～7mm

(5)根据图中测量数据分析,该车可能发生的碰撞是(B)。

　　A. 左前部受到从下向上的撞击
　　B. 右前部受到从下向上的撞击
　　C. 右后部受到从下向上的撞击
　　D. 左后部受到从上向下的撞击

4. 钣金工小李曾经从事过焊接,技术很好,但是他在焊接车身板件时,板件容易焊穿并且变形严重。请根据该现象回答以下问题。

(1)推测小李焊不好车身板件的原因是(C)。

　　A. 焊接技术　　　　　　　　B. 焊接设备
　　C. 车身板件较薄　　　　　　D. 焊接方法

(2)现代车身不准许使用手工电弧焊接的原因是(B)。

　　A. 工艺落后　　　　　　　　B. 焊接产生热量大
　　C. 成本高　　　　　　　　　D. 焊接强度低

(3)焊接车身板件最常用的焊接设备是(A)。

　　A. 二氧化碳保护焊　　　　　B. 氩弧焊
　　C. 电阻点焊　　　　　　　　D. 氧乙炔焊

(4)要保证焊接质量,焊接车身板件时要(A)。

　　A. 采用分段焊　　　　　　　B. 焊接部位用水冷却
　　C. 一点一点地焊　　　　　　D. 采用塞焊

(5)焊接车身铝合金件时,要特别注意(AD)。(多选题)

　　A. 使用铝焊丝　　　　　　　B. 用二氧化碳做保护气
　　C. 可以使用铁焊丝　　　　　D. 用纯氩气做保护气

5. 有辆大众速腾轿车右后车门无论从内部还是外部都不能打开,请根据故障现象回答以下问题。

(1)轿车门锁通常使用(C)。

　　A. 钩子锁　　　B. 舌簧锁　　　C. 卡板锁　　　D. 磁力锁

(2)控制门锁开关的机构有(ABCD)。(多选题)

　　A. 内开拉索(杆)　　　　　　B. 外开拉索(杆)
　　C. 锁止操纵杆　　　　　　　D. 儿童锁开关

(3)针对案例中故障现象应首先查找(C)。
　　A. 内开拉索(杆)与内手柄或门锁连接是否断开,及其他损坏
　　B. 外开拉索(杆)与车门把手或门锁连接是否断开,及其他损坏
　　C. 锁止操纵杆是否卡死,及中控锁电机是否损坏
　　D. 儿童锁开关是否损坏

(4)若经过检查并维修后,在外部能够打开车门而在内部无法打开,则应检查(D)。
　　A. 内开拉索(杆)与内手柄或门锁连接是否断开,及其他损坏
　　B. 外开拉索(杆)与车门把手或门锁连接是否断开,及其他损坏
　　C. 锁止操纵杆是否卡死,及中控锁电机是否损坏
　　D. 儿童锁开关是否损坏

(5)若经过检查并调整后,在内部仍无法打开,则应检查(A)。
　　A. 内开拉索(杆)与内手柄或门锁连接是否断开,及其他损坏
　　B. 外开拉索(杆)与车门把手或门锁连接是否断开,及其他损坏
　　C. 锁止操纵杆是否卡死,及中控锁电机是否损坏
　　D. 儿童锁开关是否损坏

参考文献

[1] 任恒山.现代汽车概论[M].北京:人民交通出版社,2005.
[2] 蔡兴旺.汽车概论[M].北京:机械工业出版社,2005.
[3] 王海兴.汽车概论[M].北京:人民交通出版社,2002.
[4] 凤勇.汽车机械基础[M].北京:人民交通出版社,2005.
[5] 吴兴敏.汽车车身结构[M].北京:人民邮电出版社.2010.
[6] 齐晓杰.汽车液压与气压传动[M].北京:机械工业出版社,2005.
[7] 程叶军.汽车材料与金属加工[M].北京:中国劳动出版社,1999.
[8] 董正身.汽车检测与维修[M].北京:机械工业出版社,2002.
[9] 马勇智,汪贵行,等.汽车检测技师培训教材[M].北京:人民交通出版社,2003.
[10] 金艳秋,田春霞等.汽车专业英语[M].北京:北京理工大学出版社,2014.
[11] 吴兴敏,祖国海.汽车整形与美容[M].北京:北京理工大学出版社,2015.
[12] 王玉东.汽车钣金维修技术培训教程[M].北京:国防工业出版社,2005.
[13] 天津市机电工业控股集团公司.高级焊工[M].天津:天津科学技术出版社,2004.
[14] 吴兴敏,巴福兴.汽车车身修复与美容[M].2版.北京:机械工业出版社,2011.
[15] 张成利,宋孟辉.汽车钣金修复技术[M].2版.北京:人民邮电出版社,2017.
[16] 谷定来.冷作工工艺学[M].北京:机械工业出版社,2009.
[17] 金禧德.金工实习[M].4版.北京:高等教育出版社,2014.
[18] 凤勇.汽车机械基础[M].2版.北京:人民交通出版社,2010.
[19] 交通运输部职业资格中心.机动车整形技术(检测维修工程师)[M].北京:人民交通出版社,2012.